ASIA:
A Concise History

ASIA
A CONCISE HISTORY

아서 코터렐 지음 김수림 옮김

아시아 역사

세계의 **문명** 이야기

知와사랑

ASIA: A Concise History by Arthur Cotterell
Copyright © 2011 John Wiley & Sons (Asia) Pte Ltd
All rights reserved.
Authorized Translation from English language edition published
by John Wiley & Sons (Asia) Pte Ltd
Korean translation copyright © 2013 by Jiwa Sarang
Korean translation rights are arranged with John Wiley & Sons (Asia) Pte Ltd
through Amo Agency, Seoul, Korea
이 책의 한국어판 저작권은 AMO 에이전시를 통해 저작권자와 독점 계약한
知와 사랑에 있습니다. 신저작권법에 의해 한국 내에서 보호를 받는 저작물이므로
무단 전재와 무단 복제를 금합니다.

아시아 역사
세계의 문명 이야기

초판1쇄 2013. 5. 10. | 초판2쇄 2018. 3. 4.
지은이 아서 코터렐 | 옮긴이 김수림
펴낸이 김광우 | 편집 최정미 | 디자인 박솔 | 영업 권순민 | 펴낸곳 知와 사랑
경기도 고양시 일산동구 중앙로 1275번길 38-10, 1504호
전화 (02)335-2964 | 팩스 (031)901-2965 | 이메일 jiwa908@chol.com
등록번호 제2011-000074호 | 등록일 1999. 6. 15.
ISBN 978-89-89007-72-2 (03910)

값 28,000원
www.jiwasarang.co.kr

이 도서의 국립중앙도서관 출판시도서목록(CIP)은 e-CIP홈페이지(http://www.nl.go.kr/ecip)와 국
가자료공동목록시스템(http://www.nl.go.kr/kolisnet)에서 이용하실 수 있습니다.
(CIP제어번호 : CIP2013004819)

1968년 함께 수업한
사라와크 쿠칭의
세인트 토마스 학교 학생들을
기억하며

아시아 역사 차례

지도 목록 10 | 머리말 11 | 서문 15

1부 고대 아시아 ANCIENT ASIA

1장 • 고대 서아시아　　　　　　　　　　29
　첫 번째 문명: 수메르　　　　　　　　　30
　위대한 제국: 바빌론·아시리아·페르시아　45
　세계의 이해: 신앙과 신화　　　　　　　61
　종반전: 유럽 대륙의 그리스, 로마 VS 아시아의 페르시아　78

2장 • 고대 남아시아　　　　　　　　　　95
　아시아의 두 번째 문명: 인더스 계곡　　96
　인도의 대서사시: 아리아인의 침략　　110
　불교도들의 혁명: 마우리아 왕조　　　122
　침략의 시대: 박트리아인으로부터 훈족까지　136

3장 • 고대 동아시아　　　　　　　　　153
　동방의 요람: 상나라　　　　　　　　154
　중국의 고대 왕조: 주나라　　　　　　167
　제국의 통일: 진나라와 전한의 황제들　181
　제국의 위기: 후한의 실패　　　　　　198

4장 • 고대 중앙아시아　　　　　　　　209
　대륙을 잇는 고속도로: 초원지대　　　210
　유목민: 농경민의 수난　　　　　　　222
　불교의 전파: 아시아를 아우른 최초의 종교　238
　대침공: 훈족의 아틸라　　　　　　　253

2부 중세 아시아 MEDIEVAL ASIA

5장 • 중세 서아시아   265
    이슬람교: 두 번째의 범동양적 종교   266
    우마이야 왕조와 아바스 왕조의 통치   279
    셀주크의 도래   289
    십자군전쟁   296
    사파비 왕조 페르시아   305
    오스만투르크 제국   315

6장 • 중세 남아시아   323
    이슬람교의 도래   324
    힌두국가와 불교국가   335
    무굴 제국   344
    유럽의 경쟁구도   360
    영국의 승리   371

7장 • 중세 동아시아   377
    중국의 당송 시대   378
    한반도의 유교   398
    일본의 봉건 시대   407
    명나라의 부흥   423

8장 • 중세 중앙아시아   433
    투르크족과 거란족   434
    티베트 제국   441
    몽골 제국   449
    절름발이 티무르, 이슬람의 검   466
    만주족의 정복   472

9장 • 중세 동남아시아　　　　　　　　　　481
　베트남 독립왕조　　　　　　　　　　482
　크메르 제국　　　　　　　　　　489
　버마의 왕조들　　　　　　　　　　499
　섬의 권력: 스리비자야·마타람·마자파히트　　506
　더딘 이슬람의 확산　　　　　　　　　　517
　유럽 세력의 출현　　　　　　　　　　520
　타이의 부흥　　　　　　　　　　531

3부 현대 아시아 MODERN ASIA

10장 • 현대 서아시아　　　　　　　　　　545
　오스만투르크 제국의 멸망　　　　　　　　　　546
　양차 세계대전의 시기　　　　　　　　　　554
　이스라엘의 설립　　　　　　　　　　563
　시리아·레바논·요르단　　　　　　　　　　566
　이라크 VS 이란　　　　　　　　　　571
　사우디아라비아와 페르시아 만 인근 국가들　　579
　현대 터키　　　　　　　　　　581

11장 • 현대 남아시아　　　　　　　　　　587
　영국령 인도　　　　　　　　　　588
　인도인의 반란　　　　　　　　　　595
　영국 동인도회사의 몰락　　　　　　　　　　606
　간디와 인도의 민족주의　　　　　　　　　　611
　독립과 분할　　　　　　　　　　620
　스리랑카와 방글라데시　　　　　　　　　　624

12장 • 현대 동아시아   **629**

    중국의 굴욕   630
    일본의 제국주의   641
    중화인민공화국   655
    한국 전쟁   662
    환태평양 지역의 부상   665

13장 • 현대 중앙아시아   **667**

    러시아의 진군   668
    그레이트 게임   680
    뼈의 땅, 아프가니스탄   686
    시베리아와 몽골   693
    중앙아시아의 공화국들   697

14장 • 현대 동남아시아   **705**

    네덜란드령 동인도 제도   706
    영국의 점령국   710
    프랑스령 인도차이나와 타이   719
    대동아공영권   725
    2차 세계대전 후의 탈식민지화   731
    인도네시아 공화국   740
    베트남의 비극   745
    필리핀의 민주주의   752

후기 **현대 아시아의 부상** 757
부록 **더 읽을 책** 766 | **Photo Credits** 775
    용어설명 778 : 신화의 인물 778 용어 781
    사항색인 792 | **인명색인** 810

지도 목록

지도 1　고대 메소포타미아　　　　　　　　　　48
지도 2　페르시아 제국　　　　　　　　　　　　56
지도 3　굽타 왕조　　　　　　　　　　　　　147
지도 4　한나라(전한前漢)　　　　　　　　　　197
지도 5　유라시아 초원지대　　　　　　　212~213
지도 6　셀주크 제국　　　　　　　　　　　　293
지도 7　무굴 제국의 영토　　　　　　　　　　346
지도 8　1127년. 금나라에 의해 카이펑開封이
　　　　함락된 이후의 송나라　　　　　　　　391
지도 9　몽골 제국　　　　　　　　　　　　　458
지도 10　중세 동남아시아　　　　　　　　　　488
지도 11　오스만투르크 제국　　　　　　　　　550
지도 12　영국령 인도　　　　　　　　　　　　597
지도 13　청나라　　　　　　　　　　　　　　636
지도 14　중앙아시아의 공화국들　　　　　　　700
지도 15　1941년의 동남아시아　　　　　　　　724

- 지도 제작: 레이 더닝

머리말

"그건 불가능합니다. 고대 그리스는 제 인생을 통째로 바쳐야 했을 정도로 방대한 연구과제인걸요." 옥스퍼드 대학의 한 연구실에 조지 포레스트의 당황한 음성이 울려 퍼졌다. 때는 어느 금요일, 그가 막 5,000단어 분량으로 고대 그리스를 설명해달라는 내 부탁을 전해들은 직후였다. 당시 난 편집자로서『펭귄 고대문명 대백과사전*Penguin Encyclopedia of Ancient Civilization*』을 집필하고 있었다. 난 그의 말이 끝나기가 무섭게, 만약 그가 오는 화요일 군부정권의 총탄에 스러질 운명이라면, 그래서 이번 의뢰가 그의 고견을 세상에 길이 남길 마지막 기회라면 어떻게 하겠느냐고 물었다. "하겠습니다"란 대답이 돌아왔다. 돌이켜보면 내겐 참 다행한 일이다. 아직 그의 저작에 필적할 만한 고대 그리스의 소개글은 찾아볼 수 없으니 말이다.

    이 책의 발행인 닉 월워크가 아시아 역사 입문서를 출간하는 것이 좋겠다고 했을 때 난 포레스트가 느꼈을 막막함을 조금이나마 이해할 수 있었다. 백과사전 편집에 비하면 분량의 제약이 덜한 것은 사실이나, 아시아란 엄청나게 방대한 시공간의 얼개를 한 권의 책에 담아내는 일은 막막하기 이를 데 없는 과제였기 때문이다. 이 엄청난 과제에 선뜻 도전한 것은 오직 한 가지 이유 때문이었다. 바로 세계문명의 지형에 엄청난 영향력을 행사하고 있는 아시아 대륙에 대한 개괄적인 입문서가 전무하다는 사실 말이다. 특히나 금세기에 아시아가 전 세계에 어마어마한 영향력을 행사할 것은 자명한 사실이므로, 이 놀라운 대륙에서 일어난 크고 작은 사건들이 어떻게 이곳의 사람들과 조직들을 형성해왔는지를 이해하는 것은 전에 없이 중요한 일이 되었다.

본서에서는 서아시아, 남아시아, 동아시아, 중앙아시아, 동남아시아의 주요 지역에 대한 연대기적 연구를 통해 아시아를 총체적으로 조망하고자 한다. 이토록 광대한 인간사를 다루는 저작의 수준은 필연적으로 입문 강좌 수준의 지식 전달 정도에 그치게 마련이다. 하지만 그럼에도 본서는 일반 독자들에게 아시아를 개관할 수 있는 유용한 정보를 제공할 것이다. 이것도 여의치 않다면, 적어도 엄청나게 방대한 족적을 남긴 아시아의 발자취를 더듬어보고자 하는 독자들에게 의미 있는 경험을 선사하는 책이 되길 빌어본다.

본서에서는 아시아 대륙 여러 민족들의 제각기 다른 역사의 차이점에 주목할 것이다. 다른 대륙 국가들의 역사와의 차이점은 물론이고 말이다. 역사에 획을 그은 인물 몇 명만 살펴보아도 세계사에서 아시아가 차지하는 확고한 입지를 확인할 수 있다. 길가메시, 아슈르바니팔, 조로아스터, 키로스 2세, 붓다는 말할 것도 없고, 아소카, 예수, 사도 바울, 아틸라, 무함마드, 아브드 알말리크, 공자, 진시황, 나가르주나, 주희, 칭기즈 칸, 영락제, 이순신, 히데요시, 샤 압바스, 악바르 대제, 간디, 아타튀르크, 마오쩌둥, 호치민, 수하르토 등 헤아릴 수 없을 정도로 많은 걸출한 인물들이 각국에 포진하고 있으니 말이다.

고대부터 면면히 이어온 흐름을 지나, 엄청난 다양성을 꽃피웠던 중세까지 아시아의 역사를 따라가다 보면, 아시아의 역사를 관통하는 하나의 특성을 발견할 수 있다. 바로 아시아 대륙은 끊임없이 세계화의 움직임에 적응해왔다는 점이다. 서구열강의 식민주의가 이 엄청난 파급효과를 가져온 진화의 촉매 역할을 했다. 그리고 최근 아시아에 드리웠던 검은 손길을 거두어야만 했던 서구세력의 후퇴로 세계의 정치적 지형은 전혀 새로운 국면을 맞이했다. 하지만 아시아 대륙 역사의 무엇보다 놀라운 특징은 바로 그 장구함이다. 이것은 비단 충격적인 기록의 역사를 보유한 중국만의 특성은 아니다. 지구 최초의 정치체제가 다름 아닌 아시아에서 발원했으니 말이다. 비록 이 고대 국가들의 정치체제의 정교함은 최근 150년간의 고고학 연구 덕에 밝혀졌지만 말이다.

이 책의 저술에 아낌없는 도움을 주신 분들에 대한 감사인사를 전하려 한다. 먼저 아시아의 언어로 기록된 문서의 번역에 큰 도움을 준 사랑하는 아내 용 얍에게 감사를 표한다. 다음으로 이슬람 세계에 대해 조언해준 오랜 벗 다투크 흐 하룬 딘에게도 감사를 전한다. 세 번째로 본서의 중세와 근대부분에 실린 1900년대 이전 시대의 방대한 회화 자료와 궁정미술 자료를 제공해준 오랜 벗 그래햄 게스트에게 감사를 전한다. 마지막으로 본서에 실린 모든 지도와 삽화 작업을 담당해준 레이 더닝에게도 깊은 감사를 표한다.

1968년 강의실을 언급한 헌정사에 대한 설명을 덧붙이겠다. 1960년대에 나는 사라와크Sarawak에서 학생들을 가르치는 행운을 누렸다. 사라와크는 당시 갓 독립한 말레이시아 연방 서북부의 한 주였다. 나는 그곳에서 40여 부족들이 조화를 이루며 살아가는 모습에 큰 충격을 받았다. 그곳에는 최초의 "백인 라자rajah(왕)"인 제임스 브룩이 남긴 유산이라 할 수 있는, 관대함과 용인의 문화가 깊이 뿌리내려 있었다. 헌정사에 언급한 이 강의실에는 여섯 부족 출신의 학생들이 있었을 뿐이지만, 사뭇 다른 관점을 가지고 있었던 여러 부족의 청년들이 벌인 토론에서 우리는 종종 아주 새로운 사실을 발견하곤 했다. 난 그 수업에서 수많은 가능성의 존재를 절감했고, 이후에도 그 덕에 아시아에 대한 관심의 끈을 놓지 않을 수 있었다. 마지막으로 한 가지 바람이 있다면 아시아 역사에 대한 이 개괄적인 입문서를 통해 아시아 대륙 사람들이 이룩한 괄목할 만한 성과를 비슷한 방식으로 조망하고자 하는 또 다른 움직임이 일었으면 한다.

서문

인류 최초의 문명은 아시아에서 발생했다. 기원전 4000년경, 현재 이라크의 수메르에서 최초의 도시들이 생겨났다. 곧이어 이집트에서도 도시들이 생겨났지만, 고대 서아시아의 뿌리를 형성하는 데 중대한 영향을 미친 건 수메르인이었다. 아시리아 왕들의 행적이 담긴 고문헌은 현대의 우리에게 수메르인의 심오한 사상을 전해준다. 1872년에 진행된 아시리아 왕궁 서고의 문헌을 해독하는 작업은 엄청난 반향을 일으켰다. 성경의 이야기로 알고 있던 노아의 홍수 이야기가 바빌로니아 신화의 한 대목과 상당히 유사하다는 사실이 밝혀졌기 때문이다. 노아의 방주 신화가 수메르 신화인 아트라하시스의 이야기에서 비롯되었다는 사실을 학자들이 확인하게 되면서, 지구상에서 가장 오래된 이야기들 가운데 몇몇이 이곳에서 발원했다는 사실이 밝혀졌다.

    1장에서는 고대 서아시아에서 수메르의 후계 국가인 바빌로니아·아시리아·페르시아 제국을 통해 수메르인의 유산을 살펴본다. 페르시아의 세력을 꺾은 사람은 알렉산드로스 대왕이었다. 알렉산드로스의 영토는 인도 북서부까지 뻗어나갔을 정도였다. 하지만 알렉산드로스의 제국은 이 막대한 영토를 관리하기에 역부족이었고, 재정비를 마친 페르시아가 지중해에서 로마 제국과 맞닥뜨린다. 아시아와 유럽 세력의 일진일퇴는 중세의 십자군전쟁과, 오스만투르크의 발칸 반도 점령까지 이어지게 된다. 고대에도 대륙 간 전쟁은 이미 종교적 성향을 띠고 있었다. 수메르의 다신교사상이, 기독교에 의해 예수 유일신사상으로 상당부분 대체되고 있었기 때문이다. 기독교인이 예수에게 대입한 개념은 수메르 신의 죽음과 부활의 개념이었으며, 놀랍게도 이러한 개념을 훗날 이슬람의 무함마드가 차용했다.

2장은 기원전 2200년경, 인더스 강 유역에서 발생한 인더스 문명에 관한 이야기로 시작한다. 세계에서 두 번째로 오래된 문명이라서 문자판독이 불가능한 부분이 많아 완벽하게 이해하는 건 어렵지만, 고고학적 유물들이 인도인의 삶에 중대한 영향을 끼친 종교적 전통을 보여준다. 인도의 세정의식이나 요가·모신숭배 등이 기원전 1750~1500년 사이 인더스 강 유역에 자리 잡고 있던 아리아인에게 전파되었다.

아리아인은 전차부대를 앞세워 인도를 침략했고, 이후 전차는 아리아인 문화의 상징이 되었다. 인도의 대서사시 『마하바라타 Mahabharata』에는 전차의 효용을 극찬하는 내용이 등장한다. 『마하바라타』는 세계에서 두 번째로 긴 장편 대서사시이다. 인도네시아 중앙부에 있는 섬 술라웨시에 거주하던, 말레이-폴리네시아어계에 속하는 부기스족은 대서사시 『라 갈리고 La Galigo』를 저술했다. 오직 『라 갈리고』에서만 인간세상에 내려와 사람이 된 신의 후예인 샤웨리가딩의 업적을 대대적으로 칭송하고 있다. 반면 아리아 문화에 호락호락하게 길들여지지 않은 것도 있었다. 최초의 범아시아적 종교 불교가 그런 경우이다. 오히려 붓다의 교리가 서서히 아리아인의 정신을 물들였고, 아리아인이 역으로 자신들의 삶에 불교를 받아들이는 일이 일어났다. 마우리아 왕조와 쿠샨 왕조의 왕들이 불교를 후원했으며, 수도승들이 불교를 중앙아시아로 전파했다. 수도승들의 왕성한 포교활동 덕에 불교는 저 먼 동아시아의 중국·한반도·일본에까지 전해졌다.

쿠샨족은 중앙아시아 민족들 가운데 유일하게 인도 북부를 통치했다. 인도 북부의 토착민족인 굽타족이 세운 굽타 왕조의 통치기에 인도는 태평성대를 누렸다. 훈족이 밀려들어오기 전까지 말이다. 아틸라의 후예 아니랄까봐 훈족의 왕 미히르쿨라도 농경민족의 삶을 폐허로 만들어버리는 것을 즐겼다. 굽타 왕조 말기의 통치자들은 불교를 배척하고 힌두교를 숭상했다. 7세기에 이슬람교가 인도에 전파되었다. 하지만 남아시아의 대표적인 종교는 여전히 힌두교였다.

3장에서는, 아시아에서 세 번째로 오래된 동아시아 문명 발상지에 대해서 주로 살펴볼 것이다. 상나라와 주나라 황제들의 행보에서 중국만의 고유하고도 지속적인 문화의 형성과정을 볼 수 있다. 중국 문화는 장구한 세월 동안 면면히 이어져 내려왔다. 하나의 흐름을 가진 문화가 무려 기원전 221년부터 기원후 1912년까지 지속된 것이다. 진시황의 통치 하에 중국이 통일되기 전, 유교와 도가가 출현하여 통치사상의 자리를 놓고 자웅을 겨뤘고, 중국 황제들은 가족중심적 사상이라 할 수 있는 유교를 선택했다. 서아시아나 남아시아의 다른 고대 문명의 중심지와 상당히 멀리 떨어져 있었던 덕에 중국은 고유한 세계관을 정립할 수 있었다. 중앙아시아 초원지대의 유목민은 두고두고 중국의 골칫거리였다. 결국 이 문제의 해결을 위해 중국의 농업지대와 유목민의 초원지대 사이에 만리장성이 축조되었다.

하지만 유목민들이 연합을 이루게 되면서, 만리장성만으로는 중국의 안전을 담보할 수 없는 시대가 열렸다. 316년 중국은 거의 대부분의 북부영토를 중앙아시아의 유목민들에게 빼앗기고 말았다. 대표적인 유목민인 훈족의 침입과, 그로 인한 게르만족의 이동으로 멸망하고 만 서로마 제국의 쇠망사를 떠올리게 하는 대목이다. 하지만 두 국가의 쇠락을 동일선상에 놓고 평가할 것은 아니다. 역사의 흔적이 되어버린 라틴어와는 다르게 중국어는 온전히 살아남아 유구한 역사의 기억을 후대에 전했다. 중국을 침략한 이민족들이 한족의 언어를 자신들의 공식언어로 채택했을 정도였다. 이처럼 칼과 공포로 제압할 수 없는 힘을 가지고 있었던 언어는 중국어 말고 페르시아어가 유일하다. 아랍어들의 각축장에서도 꿋꿋이 살아남은 페르시아인의 아름다운 언어 말이다. 하지만 이 과정에서 페르시아어도 상당부분 변질된 것만은 사실이다.

4장에서는 중국 북부지역을 정복한 중앙아시아 민족에 관해 알아볼 것이다. 그들은 유럽인뿐만 아니라 여타 아시아인과도 판이하게 다른 세계관을 가진 민족이었다. 전차부대와 기마부대가 흙먼지를 날리면서 내달리던 유라시아 초원지대가 어떻게 대륙 간 교두보 역할을 하게 되었는지에 대해 밝혀진 건 극히 최근의 일이다. 당시 대부분의 유목민들이 대서양의 기류가 초원을 우거지게 만들어주는 땅을 찾아 서쪽으로 이동했다. 하지만 어찌된 일인지 동쪽으로 이동한 토카라족에게 전차기술을 전수받았다. 토카라족은 원래 러시아 초원지대에 살던 사람들이었다. 만리장성 축조로 동아시아를 침략할 가능성이 적어진 이후에는 유목민들이 서쪽으로 이동하는 것이 일반적이었기 때문에, 토카라족의 동진은 매우 예외적인 일이었다. 중앙아시아를 둘러싸고 있던 각국의 지도자들은 이 초원지대를 활보하는 유목민들을 애물단지 취급했다. 이러한 풍조는 투르크족과 무굴족이 각각 중앙아시아와 남아시아에 거대한 제국을 건설하고 나서야 점차 자취를 감추었다.

하지만 티무르가 건설한 대제국의 영고성쇠는 중앙아시아에 당연한 일은 아무것도 없다는 사실을 증명했다.

5장에서는 서아시아의 중세에 관해 살펴볼 것이다. 이 시기에 두 번째 범아시아 종교인 이슬람교가 발흥했다. 예언자 무함마드의 사역은 아시아 대륙에 엄청난 영향을 끼쳤다. 그의 놀라운 교리는 성전에 몸을 바친 아라비아 병사들에 의해 중앙아시아와 남아시아로 전파되었다. 또한 이슬람교로 개종한 인도 상인들이 무역을 하면서 이 신흥 종교를 말레이 반도와 필리핀·인도네시아까지 전파했다. 가장 중요한 사건은 예루살렘과 메카 모두를 이슬람교의 성지로 지정한 것이다. 카바 신전[1]으로 순례하는 이슬람교도들의 관행을 통해 아시아 전역 이슬람교도들의 통합이 가능해졌으니 말이다.

무함마드 사후 이슬람교 지도부에 불화가 싹텄다. 권력투쟁의 소용돌이 속에서 무함마드의 후계자로 지목된 네 명 가운데 세 명이 암살당했다. 그 중엔 무함마드의 사위 알리 이븐 아비 탈리브도 포함되었다. 우마이야 왕조와 아바스 왕조가 자리 잡은 후에야 당파를 가르고 정쟁을 일삼는 동족상잔의 비극이 자취를 감추었다. 750년에는 무함마드의 사위 알리를 살해한 데 대한 뒤늦은 복수가 우마이야 왕조에 피바람을 일으키는 일이 다시 한 번 벌어지기는 했지만 말이다. 아바스 왕조가 몰락한 후, 이슬람의 맹주 자리를 꿰어찬 건 이슬람교를 선도한 셀주크투르크 제국이었다. 이 비운의 제국은 1095~1229년 십자군 전쟁을 겪게 된다. 이후 맹렬한 기세로 셀주크투르크를 압박해

---

1   Ka'ba: 메카의 대본산 안에 있는 네모진 검은 돌의 건물로 이슬람교도들이 가장 존경하는 신전. 현재의 건물은 1663년에 건립되었다.

들어온 몽골군으로 인해 나라 전체가 엄청난 혼란에 빠지고, 이어서 출현한 사파비 왕조 페르시아와 오스만투르크 제국이 아라비아의 맹주를 탐내기 시작한다. 이 강대했던 제국의 통치자들이 건립한 놀라운 기념건축물들을 오늘날 이스파한과 이스탄불에서 접할 수 있다.

6장은 이슬람교의 인도 전파에 대한 이야기로 시작한다. 힌두교와 불교국가들이 인도 남부와 스리랑카에서 번영을 누렸지만, 남아시아는 중세로 접어들면서 외세의 지배를 받게 된다. 이슬람 세력의 거듭된 중앙아시아 침략은 조국 티무르에서 쫓겨난 칭기즈 칸의 후예 자히르 웃딘 무함마드 바부르가 1530년 무굴 제국을 건립하고 나서야 끝이 났다. 바부르는 자신을 따르던 유목민들의 통치자가 되었다. 이는 아시아 중세 역사의 한 획을 긋는 사건들 가운데 하나다. 다행히 그의 후계자인 악바르는 인도의 종교와 풍습을 적극적으로 수용하려고 했다. 악바르 대제가 세웠다는 아그라 부근에 있는 도시 파테푸르시크리에서 지금도 그 흔적을 접할 수 있다.

육로로 오는 이방인만이 인도 아대륙을 탐낸 건 아니었다. 해로를 통해 유럽인이 인도로 몰려왔다. 최초로 아시아 해상 무역에 걸린 이권을 탐낸 건 포르투갈과 네덜란드였다. 곧이어 다른 강대국들도 이권 다툼에 속속 참가했고, 과열된 경쟁이 프랑스와 영국의 갈등을 초래했다. 이로 인해 벌어진 전쟁의 승자는 영국이었다. 1803년 아서 웰즐리(웰링턴 공작)가 인도 남부의 마라타 동맹까지 제압하면서 영국의 동인도회사는 무역독점권을 확보한다. 영국령 인도를 좌지우지하는 캘커타의 집권세력이 델리에 무굴 황제의 왕궁이 버젓하게 자리 잡고 있는 인도 아대륙의 실질적인 지배자로 등극한 것이다.

7장에서는 당나라와 송나라의 수도 장안長安과 카이펑開封을 중심으로 만개한 중국 문명의 흔적을 더듬어보겠다. 중국은 당나라와 송나라 집권기 동안 중앙아시아 민족에게 빼앗겼던 중국 북부지역을 회복하고 태평성대를 누린다. 중세 최대의 도시 당나라의 수도 장안에는 200만 명에 이르는 사람들이 거주했다. 단일 도시의 거주인구로는 당대 최대라 할 수 있다.

  중국 문명은 절정에 달했고, 정점에 달한 문화는 한반도와 일본에 엄청난 영향을 미쳤다. 이 영향으로 한반도와 일본에도 나름의 문화가 자리 잡았다. 한반도에는 유교가 깊이 뿌리내린 반면, 봉건주의 사회였던 일본에서는 유교가 설 자리가 없었다. 끊임없는 전란에 시달려야 했던 일본 열도는 중국 황제처럼 무소불위의 권한을 보유한 황제가 등장할 수 없는 땅이었다. 중국은 1276~1368년 몽골의 지배를 받았지만 명나라의 건국으로 다시 한족의 세상이 도래했다. 명나라는 만리장성을 개보수하여 북방수비를 강화했고, 환관제독 정화鄭和의 영도 하에 남해원정단을 남대양으로 보내기도 했다. 이 대규모 선단의 원정 행보는 어느 순간 갑자기 멈췄다. 만약 1433년까지 정화의 원정대가 세계 곳곳을 누비고 다녔더라면, 바스코 다 가마는 자신의 선단 네 배에 육박하는 중국 함대와 마주쳤을 것이다. 아시아 국가들이 아시아의 해상에 관심을 두지 않자, 포르투갈·스페인·네덜란드·프랑스·영국까지 자신들이 최초로 이곳을 항해한 탐험가라는 착각을 하게 되었다.

  중세 중앙아시아의 군세는 최고조에 달하여, 누구도 그들을 굴복시킬 수 없는 수준이 되었다. 몽골의 영웅 칭기즈 칸은 일련의 정복을 통해, 아시아·러시아·페르시아·한반도·중국·캄보디아·자바까지 아우르는 대제국을 건설했다. 티베트군과 만주군 또한 강력한 주변국가들을 하나둘 물리치고 제국의 앞날을 개척했다. 티베트군과 만주군 모두 중국 대륙을 노렸지만 결국 1644년 중국 역사상 마지막 제국 청나라를 건국한 승리자는 만주에서 온 전사들이었다.

8장에서는 그리 길지 않았던 티무르 왕조가 어떤 이유로 역사의 중요한 변곡점으로 인식되고 있는지에 대해서 살펴볼 것이다. 왕조의 창시자 티무르는 적의 머리를 베어 탑을 쌓는 걸 좋아했다. 바그다드를 점령한 1401년에는 무려 90,000개의 머리로 120개의 탑을 쌓았다고 한다. "이슬람의 검"으로 불린 티무르였지만 그는 함부로 사람의 목숨을 앗는 자는 아니었다.

같은 종교를 믿었지만 티무르의 적이었던 이슬람 세력의 행보에 비하면 티무르는 기독교인·유대교도·불교신자·힌두교도 모두에게 참극만은 피할 수 있도록 배려해준 관대한 정복자였다. 물론 티무르도 그들에 대한 분노가 폭발할 때가 있었지만 그것조차도 어느 정도는 형평에 맞는 것처럼 보였다.

9장에서는 중세 동남아시아에 대해 집중적으로 살펴볼 것이다. 이 시기에 동남아시아에서는 상당히 다양한 문명들이 싹트기 시작했다. 맨 처음 베트남이 1000년간의 중국 지배에서 벗어나 939년에 최초로 독립된 응오 왕조를 건립했다. 하지만 응오 왕조는 끝내 깊게 뿌리내린 중국의 관습을 뿌리 뽑진 못했다. 특히 유교는 1900년대에 호치민이 베트남 관료들을 모집하는 데 유교를 평가기준으로 삼지 못하도록 조치할 때까지 베트남의 주류문화를 점령했다. 베트남 남부의 참파·캄보디아·인도네시아 군도 등지는 인도 문화가 사회 저변을 깊이 잠식한 곳이었다. 특히 인도네시아 군도에선 힌두교국가들이 번성했다. 스리랑카를 통해 오늘날의 미얀마인 버마로 불교가 전래되었다. 필리핀은 이슬람교와 기독교가 출현하기 전까진 외부사상의 영향을 전혀 받지 않은 땅이었다.

16세기, 스페인을 통해 기독교가 필리핀에 전래되었다. 초기에는 네덜란드와 포르투갈이 향신료 무역을 독점했다. 얼마간의 시간이 지난 후 자바 섬을 근거로 한 영구적인 무역로를 구축한 네덜란드가 우위를 점하기 시작했다. 네덜란드령 동인도 제도란 이름의 인도네시아 식민제국을 구축한 것은 물론이고 말이다. 14세기에는 타이족, 즉 현재의 윈난雲南을 떠나온 부족이 뒤늦게 이 정복자 대열에 합류했다.

이처럼 화려한 문명을 꽃피운 아시아에 근대의 시작과 함께 어두운 그림자가 드리우기 시작했다. 내륙과 해상 양방위로 공략해오는 서구세력의 거센 흐름을 막을 수 없었던 아시아 각국은 식민국과 속국으로 전락해버린다. 2차 세계대전 이후 정치적 현실은 급물살을 타게 되었지만, 기술적 우위를 바탕으로 한 유럽과 미주의 서구열강은 아시아에 유례가 드물 정도로 공고한 지배체계를 구축했다.

서아시아에서 오스만투르크 제국의 붕괴는 피할 수 없는 일이었다. 10장에서는, 더 이상 손쓸 수 없을 정도로 내리막길을 걷던 오스만투르크에 관해 서두에서 살펴본 후, 이 지역이 어떤 방식으로 나뉘어 여러 국가들이 각각의 길을 가게 되었는지를 살펴볼 것이다. 이스라엘에 대한 적개심은 서아시아 신생국가들이 공유한 몇 안 되는 정서들 가운데 하나였다. 서로 간의 차이는 불신과 의심을 낳았다. 이라크와 이란은 개와 고양이와 다를 바 없는 사이가 되어버렸고, 시리아와 레바논은 불안한 동침을 이어갔으며, 요르단과 사우디아라비아는 결국 각자의 길을 가기로 했다. 반면 터키는 건국의 아버지 아타튀르크의 영도 아래 근대화를 거치면서 엄청난 성장을 이뤘다. 현재의 터키는 유럽 연합의 예비회원국으로 거론되는 국가다.

근대 남아시아에서 가장 기념비적인 사건은 1857년에 발발한 세포이 항쟁이었다. 세포이 항쟁 이후에 무굴의 마지막 황제가 폐위되었고, 이는 독립이야말로 식민주의에서 벗어날 유일한 방법이라는 걸 모두에게 각인시켰다. 특히 간디는 인도 독립에 자신의 생애를 바쳤다. 11장에서는 독립의 열망을 품은 지식인 간디의 불굴의 의지와 생애에 관해 살펴볼 것이다. 비폭력으로 모든 것을 해결하고자 한 간디의 이념은 더할 나위 없이 이상적이었지만 현실의 더러움, 예를 들어 유혈사태와 같은 모든 폐단을 막기에는 역부족인 이념이었다. 1947년 인도에서는 국토 분리와 관련한 대혼란이 일어났다. 이 과정에서 무려 700,000명이 목숨을 잃었고, 단기적으로만 보자면 간디의 노력은 수포로 돌아갔다. 이런 대혼란의 시대에 인도와 새로 독립한 파키스탄은 세 차례에 걸쳐 전쟁을 겪어야 했다. 그리고 1971년에 벌어진 마지막 전쟁에서 방글라데시가 독립을 쟁취한다. 스리랑카도 독립 이후 각 계층과 집단 간의 화합을 이루는 데 따르는 당면과제들 때문에 골머리를 썩고 있다. 비록 반군세력인 타밀 타이거즈[2]에게는 승리를 거뒀지만 말이다. 골이 깊은 이런 문제들은 현재까지 이어져 내려오고 있다.

오스만투르크의 경우처럼 극단적 쇠퇴를 겪은 건 아니지만, 중국도 근대에 들어서 침략국들에게 강력한 억압을 받을 정도의 약체로 전락했다. 1840~1842년에 벌어진 아편 전쟁에서 영국이 승리함으로써 중국의 허약함이 만천하에 여실히 드러나고 말았다. 영국령 동인도회사는 차茶의 구입자금으로 필요한 은이 부족해지자, 아편을 밀매하

---

[2] Tamil Tigers: 스리랑카 북부·동부 주를 통합한 타밀 국가의 건설을 목표로 하는 과격파 조직.

기 시작했다. 영국은 중국 정부가 이런 밀매를 규제하는 걸 막기 위해 무력을 동원했고 이를 계기로 중국 국정에 다른 열강들이 간섭하기 시작했다. 12장에서는 1911년 청나라가 멸망하기 전까지의 열강의 위협에 관해 살펴볼 것이다. 프랑스·러시아·일본과 같은 당대의 강대국들이 위태한 청나라에게서 이득을 얻어내기 위해 어떤 억압을 했는지에 관해서 말이다. 일본은 아시아에서 최초로 근대화의 길을 걸은 나라다. 이러한 선택 덕에 새로운 열강으로 급부상한 일본은 힘의 균형을 바꾸어 놓았다. 일본은 한반도·중국·동남아시아, 즉 동아시아 각지에서 끝이 보이지 않는 제국주의 야심을 드러냈다. 새로 부상한 나라의 이러한 제국주의 야심은 서구열강의 기존 식민왕국을 위협했다.

13장에서는 근대 중앙아시아가 겪어야만 했던 고난의 여정에 관해 다룰 것이다. 영국과 대립각을 세운 러시아는 아프가니스탄과 티베트에서 유목민들을 정복하려고 했다. 물론 그 지역의 풍부한 천연자원을 차지하고 싶은 속내도 있었다. 소련 체제 하에서 중앙아시아 공화국들은 값싼 노동력과 아랄 해 덕분에 얻을 수 있는 풍부한 수자원을 이용해 목화를 재배하는 거대한 목화농장으로 변모하는 최악의 변이를 겪어야 했다. 현대에 와서야 이들은 점진적으로 진정한 독립을 완성해가고 있다. 다분히 내부적인 문제인 이들의 민족갈등이야 어쩔 수 없는 일이지만 말이다. 시베리아와 만주의 일부분은 아직도 러시아의 지배 하에 있다. 아프가니스탄의 강건한 백성만큼은 외세의 힘을 견딜 정도로 힘을 키웠지만 말이다.

마지막 14장에서는 근대 동남아시아의 성쇠를 거시적으로 조망하면서 아시아 역사를 면밀히 살펴볼 것이다. 상당히 이른 시기에 인도의 독립을 승인하는 역사적인 결정을 내린 이후 영국은 식민지에 주둔하던 세력을 차례차례로 철수했다. 반면 네덜란드와 프랑스는 세상이 변한 것을 감지하지 못했다. 아니 감지했음에도 불구하고 인정하고 싶지 않았는지도 모른다. 그들은 어떻게든 자신들의 식민지를 보유하려고 애썼다. 하지만 세월엔 장사가 없다. 반프랑스 운동의 선봉에 선 베트남에서는 사상 최악의 비극이 빚어졌다. 얼마 후 미국이 이 전쟁에 동참하면서 그 비극은 한층 확대되었다. 월남전은 인간이 저지른 냉전시대의 오류를 뼈아프게 깨닫게 해준 사건이었다. 심지어 미국은 북베트남인이 갈망한 베트남의 통일이라는 본질적인 목표를 제대로 이해조차 못했다.

필리핀의 경우 2차 세계대전이 태평양 전쟁으로 번지는 국면이, 1946년 7월 4일로 예정되어 있던 이 나라의 독립에는 별 영향을 미치지 않았다. 하지만 마닐라가 폐허가 된 것은 독립이라는 기념비적인 사건의 빛을 바래게 했다. 당시 마닐라는 바르샤바와 부다페스트에 비견될 정도로 심각한 손상을 입었다. 타이와 미얀마와 마찬가지로 필리핀도 어떻게든 군사 쿠데타를 피하려고 애썼지만 민주주의가 대중의 혼란에 어떤 해결책도 제시하지 못한다는 사실을 깨달았을 뿐이다. 반면 말레이시아 연방에 속한 말레이시아와 싱가포르는 식민시대 이후의 변화과정을 비교적 잘 극복했다. 1960년대 인도네시아의 초대 대통령 수카르노의 정복욕을 막기 위해서는 말레이시아 연방에도 타국의 원조가 필요했지만 말이다. 인도네시아 공화국의 팽창주의의 또 다른 피해국이자 유럽 최후의 식민국가였던 동티모르는 1999년 돌연 해방을 맞게 되었다. 동티모르는 향수의 원료가 되는 백단유가 자라는 숲이 도처에 있는 산림자원이 풍부한 나라다. 이를 놓칠리 없는 포르투갈은 1642년 이미 이곳에 교역소를 설치해놓았다.

1부
고대 아시아

1장

고대 서아시아

지친 닌후르사그는 술 한 모금이 절실했다.
그녀는 위대한 신들이 머무는 곳에 앉아서 한참을
훌쩍였다. 그들의 입에서는 양의 매에 하는
울음소리와 비슷한 고통스런 한숨이 터져 나왔다.
끔찍한 갈증이 그들을 괴롭혔고, 굶주림에 지친
입술은 바짝바짝 타들어갔다.
7일 밤과 7일 낮 동안 한시도 쉬지 않고,
급류와 폭풍 그리고 홍수가 서슬 퍼런 맹위를
떨쳤다. 그때 아트라하시스의 거대한 방주가
나타나한 떼의 황소와 양을 제물로 바쳤다.
오랜만에 신선한 제물의 향기를 맡은 신들이
양과 황소 주위로 벌떼처럼 몰려들었고, 다시
활기 넘치는 시절이 도래했다.

― 수메르 홍수 이야기 중에서

첫 번째 문명: 수메르

고대 아시아가 비밀의 베일을 벗은 건 극히 최근의 일이다. 면면히 이어져온 고대의 기록을 신주단지처럼 간직해온 유일무이한 제국인 중국을 제외하면 말이다. 아시아 대륙의 다른 나라들은 고고학자들이 오래된 문명의 자취를 발견해줄 때까지 그저 넋 놓고 기다리는 수밖에 없었다. 고고학자들의 손길은 태곳적에 아시아를 지배했던 이들이 남긴 흔적에 쉽게 닿지 않았다. 현대에 와서야 아시아의 고대유적들이 비로소 하나둘 세상 밖으로 그 모습을 드러내기 시작한 것이다.

한 세기 반이라는 오랜 세월에 걸친 끈질긴 발굴 끝에 드디어 인도뿐 아니라 서아시아의 잃어버린 문명이 빛을 보게 되었다. 특히 북부 이라크 모술 근방의 고대 니네베 유적지의 한 고분에서 아시리아 왕가의 서고가 발굴된 건 기념할 만한 수확이었다. 최초의 문명, 그 놀라운 비밀을 꼭꼭 숨기고 있던 보물창고의 문이 열린 것이다. 인류는 이 서고에서 발견된 문서들 덕에 세계에서 가장 오래된 문명의 발상지에 한 발짝 더 다가갈 수 있었다. 인류 최초의 문명은 수메르인의 손에 의해 이곳에서 태동했다. 기원전 612년에 멸망한 니네베보다 무려 2000년 전에 세워진 세계에서 제일 오래된 도시에서 말이다. 참고로 니네베를 멸망시킨 건 신바빌로니아인(칼데아인)과 이란 종족의 일파인 메디아인 연합군이었다. 아시리아 최후의 도시 몰락으로 서아시아의 고대 역사는 막을 내렸다. 그 뒤를 이은 건 소아시아 전체를 차지한 강대한 대제국 페르시아였다.

왕궁 서고에서 발견된 문서의 해독에 세인의 이목이 집중되었다. 문서는 대부분 메소포타미아를 지배한 고 왕조 시대의 수메르인에 관한 것이었다. 가장 큰 반향을 일으킨 건 1872년에 발굴된 점토판이다. 이 점토판에는 수메르에서 가장 오래된 서사시가 새겨져 있었다. 그리고 기나긴 세월 진흙과 먼지 속에 파묻혀 있던 고대의 기록에서는 누구도 예상치 못한 이야기가 흘러나왔다. 바로 바빌로니아 대홍수에 관한 것이었다. 이 서사시에는 수메르판 노아라 할 수 있는 영웅 아트라하시스가 등장한다. 그는 대홍수에 휩쓸린 세상을 구한다. 성서의 내용과는 달리 수메르의 대홍수는 인간의 죄업 때문에 일어난 것이 아니었다. 엄청나게 불어난 수의 인간이 내는 소음을 더 이상 견딜 수 없었던 수메르의 신들은 온 세상을 물로 쓸어버리기로 결심한다. 특히 도통 잠을 이룰 수 없었던 하늘의 신 엔릴은 세상에 넘쳐나는 사람들의 수를 줄이기 위해 전염병·기아·홍수를 인간세상에 보낸다. 다행히 인간이 몰살되는 것을 그냥 두고 볼 수 없었던 물의 신 엔키가 아트라하시스에게 인류 최후의 재난이 다가오고 있음을 알리고 우여곡절 끝에 아트라하시스가 인류의 멸망을 막아낸다.

 1920년대에 인더스 계곡에서도 고대유적 발굴이 진행되었다. 인더스 강 하류의 신드 지역에서는 모헨조다로 도시유적이, 펀자브 서부에서는 하라파 도시유적이 발굴되었다. 세계 고대문명 역사의 판도를 바꾸는 획기적인 발견이었음에도 불구하고 이 발굴은 메소포타미아 유적의 발굴 당시에 비하면 그다지 큰 호응을 불러일으키지는 못했다. 인더스 문명의 문자를 끝내 해독해내지 못했기 때문이다. 인더스 계곡에서 발견된 유적들은 이곳에 놀라운 고대도시를 건설한 수메르 문명과 바빌론 문명의 존재를 만천하에 드러냈다. 오랫동안 인더스 계곡의 토착민으로 살면서 남다른 생활양식으로 최초의 문명사회를 일군 사람들의 존재도 함께 말이다. 저 먼 동방의 땅 중국에 문명국가가 자리

1-1 1847년 아시리아의 수도 니므루드 유적에서 발굴된 아시리아의 황소상이 대영박물관에 도착하는 광경

잡은 건 한참 뒤의 일이었다. 중국 대륙에서는 기원전 1650년경에 이르러서야 비로소 최초의 왕조인 상商나라가 중국 북부 평원에 둥지를 틀었다. 인더스 문명의 영고성쇠가 끝나고도 한 세기가 더 흐른 뒤에 말이다. 인더스 계곡의 고대도시에서 발견된 유물들에 기록된 문자를 해독할 수는 없었지만, 학자들은 인더스 문명이 아시아 대륙의 종교에 큰 영향을 미쳤다는 중요한 사실을 발견했다. 인더스 문명은 아리아인의 철기문명에 의해 멸망했다. 하지만 이 고대문명은 은밀한 방식으로 침략자 아리아인에게 복수했다. 아리아인이 자기도 모르는 사이에 자신들이 침략한 인더스 문명이 품고 있던 사상에 홀린 듯이 매료되었던 것이다. 아리아인은 인더스 문명에서 널리 시행된 세정의식洗淨儀式

을 그대로 흡수했을 뿐만 아니라 신성한 요가에도 푹 빠져버렸다. 아리아인은 이 금욕운동이 신성한 계시를 받는 현자에게 특별한 능력을 부여해준다고 믿기 시작했다. 인더스 계곡에서는 뿔 달린 신이 요가 자세를 취하고 있는 모양이 새겨진 인장들도 발견되었다. 요가를 하는 뿔 달린 신의 정체는 현재 힌두교의 최고신으로 받들어지고 있는 시바이다. 인더스 계곡에서 태어난 시바가 호전적인 아리아인의 인드라 신을 무찌르고 힌두교 최고신의 자리를 차지한 것이다. 인더스 계곡을 공격한 아리아인에게 승리를 안겨준 '파괴의 신' 인드라가 인더스 계곡 출신 요가족에게 밀려나고 말았다.

수메르인이 어떤 경로로 이라크 남부에 도착하게 되었는지에 관해서는 알려진 바가 없다. 학자들은 수메르인이 서쪽 방향으로 이동했다고 믿었기 때문에, 인더스 문명 발견 이후에는 그들이 인도 서북부의 초기 정착민이었을 수도 있다는 가설이 힘을 얻었다. 하지만 현재의 이란 지역에 거주하던 수메르인이 비옥한 티그리스-유프라테스 지역으로 이동했을 가능성도 있다. 이 지역의 엄청난 농업 잠재력에 이끌려 이동한 다른 민족들처럼 말이다. 또한 수메르인이 처음부터 이라크 지역에 계속 거주했을 가능성도 배제할 수는 없다. 티그리스 강과 유프라테스 강이 만나는 곳에서 우리가 바빌로니아로 알고 있는 나라가 서남아시아 고대문명의 황금기를 일궈냈다. 바빌로니아는 메소포타미아 남동쪽, 바빌로니아 남부에 위치한 수메르란 도시에 살던 사람들이 건국한 나라란 뜻이다. 우리가 바빌로니아인이라 부르는 이 뛰어난 고대 민족은 자신들의 나라를 켄지르라 명명했다. 켄지르Kengir는 '문명화된 땅'이라는 뜻이다. 켄지르는 페르시아 만에서부터 현재 바그다드에서 남쪽으로 100km 떨어진 곳에 있던 도시 니프루(현대명

1-2　　　우르에서 발굴된 지구라트 유적

은 누파르)까지 이어지는 대제국이었다. 메소포타미아 지역 특유의 반건조한 기후 탓에 물을 끌어들이는 일은 애초부터 선택이 아닌 필수였다. 자연스럽게 인공수로가 발전했고, 나라 전역에 거미줄처럼 건설된 인공수로의 지속적인 감독·준설·수리는 국가의 주요 업무들 중 하나였다. 놀라운 수자원 관리능력을 보유한 켄지르의 휘하로 인근 도시들이 하나둘 편입되었다. 신의 대리인을 자처하는 왕이나 왕자의 통치 아래 있던 도시들이었다. 각 도시는 저마다의 수호신을 모셨으며, 군주는 수호신에게 선택된 주권의 대행자였다. 각 도시의 군주는 엔시 ensi, 또는 루갈lugal로 불렸다. 수메르인은 최초의 왕조를 설립한 시기로 알려져 있는 기원전 2650년경의 초기 왕조 시대에 이르러서야 도시의 왕자, 엔시, 왕, 루갈 등 통치세력의 개념을 구분하기 시작한 것으로 보인다.

수메르 왕의 권력기반은 엄청난 수의 친위대였다. 왕의 소유물이나 다름없던 이들에게는 자유가 허락되지 않았다. 일부는 왕이 목숨을 살려준 포로들 가운데서 차출되기도 했다. 이런 관행이 중세까지 이어졌다. 오스만투르크 제국의 술탄이었던 메메트 2세의 친위 보병 모두 1453년 콘스탄티노플에서 생포한 기독교인 노예들이었다. 평생토록 왕의 그림자 역할을 해야 하는 이 친위대원들은 술탄의 개인 경호원 역할을 하기도 했다. 오스만투르크의 친위보병처럼 이 친위대원들은 왕에게 육신과 영혼을 모두 바친 신세였다. 그들은 왕과 함께 궁전에 기거하며 먹고 마실 때를 포함한 모든 순간에 늘 함께해야 했다. 전시 뿐만 아니라 평시에도 왕의 분부에 귀를 기울여야 했다. 이런 군사력 외에도 추가적인 권력기반이 필요했던 슬기로운 통치자들은 수메르 사회의 소외계층 이야기에 귀를 기울였다. 그들은 부와 권력을 소유한 강자로부터 약자를 보호하는 법체계를 고안하여 사회 정의의 실현을 도모했다.

도시들이 신전을 중심으로 팽창해나갔기 때문에, 수메르인은 각기 모시고 있던 지방 신에게 번영을 기원했다. 신전은 수메르 모든 사회 핵심기반의 중심이었다. 최남단에 위치한 습지 인접 도시들에서는 낚시와 새 사냥을 주관하는 지방 신을 모셨다. 강 상류에 위치한 도시에서는 밭과 과수원에 영향력을 행사하는 신을 모셨다. 특히 대추야자를 재배하던 이들은 다산의 여신 이난나의 신성한 능력에 특별한 관심을 기울였다. 초원에서는 신성한 목자 두무지Dummuzi를 섬겼다. 이난나Inanna는 여러 신의 모습을 한 몸에 가지고 있는 수메르 최고의 여신으로 '천상의 여왕'이라는 뜻의 니난나Ninanna란 별칭으로도 불렸다. 아침과 저녁의 별, 즉 금성이 바로 이 여신을 상징하는 별이었다. 이 메소포타미아 대표 여신은 '죽음의 여왕'인 언니 에레슈키갈Ereshkigal과 철천지원수 사이였다. 어느 날 이난나는 '명계'에 발을 들이는 무모한 선택을 한다. 자신의 권능을 언니가 지배하는 돌아올 수 없는 땅에서까지 증명하겠다는 심산이었다. 하지만 명계로 들어가려면 일곱 관문을 지나야 한다. 매 관문을 지날 때마다 이난나가 입고 있던 옷가지며 지니고 있던 장신구가 모두 벗겨졌다. 결국 그녀는 발가벗은 몸으로 에레슈키갈 앞에 서게 된다. 때를 만난 잔인한 언니는 이난나를 지독한 고통에 시달리다 죽게 만든다. 그녀의 시신이 명계의 말뚝에 매달린 지 사흘째 되는 날 물의 신 엔키가 두 명의 거세된 남자를 보냈고, 이 거세된 남자가 '생명의 음식과 물'을 뿌리자 이난나가 되살아났다.

이난나는 가까스로 명계에서 벗어난 후에도 섬뜩한 명계 신들의 경호를 받았다. 어디든지 쫓아오는 악의 그림자를 피하기 위해 그녀는 이 도시 저 도시로 떠돌아다니는 방랑을 하게 된다. 명계의 신들에게도 합당한 이유는 있었다. 그녀가 명계의 규칙을 어겼으니 이난나가 그녀를 대신할 자를 내놓을 때까지 그녀의 곁을 떠나지 않겠다는 것이었다. 고민 끝에 고향 우루크로 돌아온 이난나가 발견한 것은 태연히 연회를 벌이고 있던 남편 두무지였다. 머리끝까지 화가 난 그녀는 명계의 신들에게 두무지를 에레슈키갈의 명계로 데리고 가라고 명한다. 결국 두무지는 일 년의 반은 생명의 땅에서, 나머지 반은 죽음의 땅에서 보내는 신세가 되었다. 서아시아 최초의 죽음과 부활의 신이 탄생한 것이다.

1-3 이난나의 철천지원수이자 '죽음의 여왕'으로 알려진 에레슈키갈

    속세의 왕은 신성한 혼인을 하는 신년의식을 통해 여신의 매개자 신분을 획득했다. 우루크에서 이를 증명하는 유물이 발견되기도 했다. 이 신년의식에는 두무지의 역을 맡은 통치자와 이난나의 역할을 맡은 여사제가 등장한다. 의식이 어떻게 행해졌는지에 대한 자랑을 늘어놓는 우루크 왕의 이야기를 들어보자.

    정결한 식물이 흩뿌려진 아름다운 침대에 이난나와 함께 누워⋯
해는 지지 않았으며 밤이 지나지도 않았도다.

1-4 이난나의 목각상이 착용하고 있던 실물
     크기의 설화 석고가면. 우루크에서 발견되었다.

짐은 열다섯 시간 동안 내리 이난나와 함께 누워 있었노라.

왕의 표현대로 끊임없이 사랑을 나눌 정도로 정력적인 여신은 사람들의 욕망을 각성시키고 곡식을 무르익게 하는 힘을 상징했다. 통치자가 "여신의 신성한 음부의 달콤함"을 즐기는 것은 수메르인에게 지극히 중요한 의식이었다. 그들은 이 신성한 결합을 통해서만 도시의 생존이 보장된다고 믿었기 때문이다. 두무지가 명계에서 이난나의 "영원한 젊음의 침대"로 돌아갔다는 건 새 계절이 시작하는 걸 의미했다. 수메르인은 설레는 봄의 전갈에 흠뻑 취한 채 새해맞이 축제를 벌인 것이다. 〈솔로몬의 노래〉로 알려진 「아가서」 2장 17절에도 수메르인의 신년 축제를 연상케 하는 내용이 수록되어 있다. 노래의 화자는 사랑하는 이에게 "날이 저물고 그림자가 사라지기 전에 돌아와서" 자신을 "베데르 산의 노루와 어린 사슴"처럼 나긋나긋하게 대해달라고 부탁한다. 이 짧은 사랑 시의 내용은 성스러운 결혼, 즉 수메르의 여신과 왕의 결혼식에 대한 묘사와 놀라울 정도로 흡사하다. 하지만 〈솔로몬의 노래〉는 중동의 신화가 아니라 이집트 문명에서 영감을 받아 쓴 시라는 학설도 있다. 언제 누가 지었는지에 대해서는 확실히 밝혀진 바가 없다. 이 노래가 성경에 편입된 시기는 차치하고라도 말이다.

우루크는 바빌로니아의 길가메시 서사시의 주 무대이기도 하다. 길가메시는 수메르의 전설적인 왕으로 수메르어로는 빌가메스Bilgames이다. 길가메시 서사시는 우루크의 기틀을 닦은 군왕들의 무용담에 홀린 후대 바빌로니아 시인들의 작품이다. 트로이 전쟁 영웅들에 온통 마음을 빼앗긴 그리스의 서사시인 호메로스가 기념비적인 서사시를 남겼듯 말이다. 음유시인들은 왕실의 사랑을 독차지했고, 왕궁의 주인들은 대를 이어 수메르 영웅들의 서사시에 귀를 기울였다. 현존하는 가장 완전한 형태의 길가메시 설화 판본은 니네베의 아시리아 왕가 서고에서 발견되었다. 사실 수메르 문명이 기록문화를 확립한 때는 기원전 3000년이 끝나갈 무렵이었다. 당시 슐기 왕은 점토판에 기록을 남기는 필경 학교를 우르에 설립했다. 이 서사시가 세상에 모습을 드러낸 건 1872년 대영박물관에서 가져온 니네베 출토 점토판을 해독한 조셉 스미스의 덕이다. 점토판을 훑어 본 스미스는 "모든 인류를 진흙으로 되돌린" 홍수에서 인간을 구한 우트나피스팀Utnapishtim을 방문한 길가메시의 이야기를 묘사한 대목에서 주인공의 이름을 읽을 수 없다는 사실을 발견한다. 서구 각국에서 해독불가 문자에 대한 연구가 진행되었고, 이는 니네베판 길가메시 서사시 전문의 해독으로 이어졌다. 길가메시의 조상인 우트나피스팀은 바빌로니아판 아트라하시스라 할 수 있는 인물이다. 그는 길가메시 서사시에 등장하는 현인으로 신화 속의 대홍수에서 살아남아 영생을 얻게 된 인물이다. 신들에게 영생을 하사받은 이 고결한 현자는 그를 찾을 능력이 있는 인간에게만 진실을 전해주려고 했다. 한편 친구 엔키두를 잃은 충격에서 빠져나오지 못한 길가메시는 생과 사의 비밀을 캐기 위해 선조 우트나피스팀을 찾아 나선다. 비탄으로 정신이 마비된 나머지 그 누구도 피해갈 수 없는 죽음과 맞서기로 결심한 것이다. 우트나피스팀을 찾는 여정을 떠나기 전 통한에 사무친 초인 길가메시는 엔키두의 "시신 앞에서 울며 7일 밤낮을 지새운" 것도 모자라서 "시신의 한쪽 콧구멍에서 구더기가 떨어질 때까지 시신을 매장하길 거부했다."

 길가메시는 우여곡절 끝에 우트나피스팀의 지하 저택에 다다른다. 그곳에서 길가메시를 기다린 건 "죽음은커녕 잠조차 이길 수 없다"는 우트나피스팀의 청천벽력 같은 답변뿐이었다. 물론 방법이 없는 건 아니었다. 저 시커먼 바다 밑에 잠겨 있는 '불로초'란 환상의 식물을 구하면 불멸의 존재가 될 수 있다는 것이다. 유일한 방법이라곤 했지만 밑져야 본전이었다. 천신만고 끝에 불로초를 손에 넣은 길가메시는 가뿐한 발걸음으로 우루크로 향했다. 금의환향 길에 긴장이 풀린 길가메시는 한적한 물웅덩이 부근에서 잠을 청한다. 순간 모든 것이 수포로 돌아가 버린다. 근사한 향기를 뽐내던 불로초가 그곳을 지나던 뱀의 입속으로 순식간에 사라져버린 것이다. 횡재수가 터진 뱀은 허물을 벗고 젊음을 되찾았지만 길가메시에게 남은 건 "흙으로 돌아간 자들의 집"으로 천천히 걸어가는 일뿐이었다.

수메르인 하면 유사 이래 최고의 발명이라 할 수 있는 '쓰기 법'의 발명을 가장 먼저 떠올릴 것이다. 이 천재적인 발명은 인류에게 많은 선물을 안겨주었다. 인구가 조밀한 도시 간 의사소통의 증진은 경제를 부강하게 만들었으며, 공신력 있는 자료의 보관도 용이해졌다. 또한 서면계약이 구두계약을 대체하게 되면서 상거래가 한층 빈번해졌다. 안전한 거래방식 덕에 새로운 무역로가 여럿 개척되었고 후대의 왕들도 이 무역로를 중시했다. 이 인류 최초의 문명에 대한 기록의 진정한 가치는 고대문명의 면면을 알려주는 자료들을 영구적인 매체에 기록했다는 데 있다. 수메르인의 기록이 없었다면 길가메시 서사시 같은 아름다운 고대의 신화는 죽었다 깨어나도 알 수 없었을 것이다. 수메르인이 얼마나 사후의 세계에 깊이 심취해 있었는지는 말할 것도 없고 말이다. 기원전 3000년경, 우루크의 수메르인은 수백 개의 그림문자와 숫자, 치수를 나타내는 기호들을 고안해냈다. 그들은 점토판에 갈대의 뾰족한 끝으로 이 문자와 기호들을 새겼다. 설형문자체계의 탄생이다.

인간의 언어를 점토판에 새겨넣을 수 있게 한 이 횃불과도 같았던 발명은 고대 무역로를 따라 이방에도 전해졌다. 바빌론에서도 아카드어Akadian(바빌로니아, 아시리아 지방을 포함하는 지역의 셈족의 언어)를 설형문자로 기록했다. 이는 수메르어가 사멸된 한참 후에도 고등교육을 받은 계층은 수메르인이 개발한 설형문자체계를 섭렵하고 있었다는 걸 의미한다. 르네상스 시대까지 유럽 지배계층이 라틴어를 애호했던 것과 마찬가지로 말이다. 셈족은 수메르인이 바빌로니아 북부지역에 자리 잡은 지 얼마 되지 않은 시기에 이곳에 진출했다. 그 후 지속

1-5　설형문자의 초기 표본. 기원전 3000년경에 수메르인이 발명한 기록체계

적으로 이어진 셈족의 유입으로 결국 수메르인은 설 자리를 잃고 만다. 엘람Elam은 이란에서 최초로 바빌로니아의 수도 바빌론의 예를 따른 도시였다. 엘람족은 바레인Bahrain 섬을 지나 인도로 가는 메소포타미아와 인도 간 무역로를 개척했다. 이 무역로를 통한 메소포타미아와 인도 간의 상거래는 인더스 문명 내 기록체계의 탄생을 촉발시켰다. 하지만 인도로 전해진 이 기록체계가 중국으로 전파되었다는 일부 학자들의 주장은 타당하지 않다. 산시성陝西省 시안西安 근방의 요새 마을터인 반파 유적에서 이 주장을 뒤엎을 만한 증거가 발견되었기 때문이다. 반파 유적에서 중국 상형문자의 전신이라 할 만한 문자

들을 새겨놓은 도기가 발견된 것이다. 이는 수메르인이 설형문자를 점토판에 쓰기 시작했던 것과 얼추 비슷한 시기에 중국인이 고유의 기록체계를 이미 사용하고 있었다는 사실을 증명한다. 비록 완전히 발전된 문자체계의 흔적은 상나라의 유물에서나 발견할 수 있지만 말이다. 상나라의 왕들은 신처럼 받들던 조상들에게서 얻은 신탁의 내용을 신성한 뼈에 새겼다. 하지만 수메르인의 문명에 비견될 정도로 오래전에 자리 잡은 중국 고대문명의 흔적에서 문자의 기록이 발견된 것은 설형문자 전래설을 반박할 충분한 근거가 될 수 있다.

수메르인의 국가 통일로 인해 종전에 왕이 중재에 나서야만 해결되었던 도시 간의 분쟁이 현격히 감소했다. 아울러 발전된 정부제도 덕에 현존하는 최고의 법전을 담은 점토판인 우르남무 법전이 세상에 모습을 드러냈다. 수메르 도시국가 시대가 막을 내리는 것과 동시에 인류 최초의 법이 탄생한 것이다. 그 후로 유명한 함무라비 법을 비롯하여 헤아릴 수 없을 만큼 많은 법이 제정되었다. 수메르 도시국가 말기의 라가시Lagash 왕 우르남무는 선대 왕들이 사원의 재산을 압류한 것을 개탄하여 과감한 사회개혁을 단행했다. 법전의 제정 및 압류한 재산의 반환은 이런 개혁조치의 일환이었다. 하지만 반대파에 의해 라가시에서 내몰린 그는 라가시 북서쪽의 도시국가 기르수Girsu의 왕이 된다. 그리고 기원전 2340년 아카드의 셈족 통치자에 의해 포로로 끌려가 죽음을 맞는다. 아카드가 정확히 어디에 위치했는지는 아직 밝혀내지 못했지만, 이 고대도시는 바빌로니아 북쪽 근방 어딘가에 위치했다. 셈족의 한 갈래로 유목민이었던 아카드인으로 대변되는 황제 권력의 등장은 수메르인의 독립국가 시대를 종식시켰다. 수메르인의 도시국가들을 정복하여 메소포타미아 최초의 통일국가를 건설한 아카드인이 선호한 지배의 도구는 대규모 학살이었다. 아카드인은 동부 소아시아뿐만 아니라 메소포타미아와 시리아를 아우르는 대제국을 건설했다. 하지만 피와 공포로 제국의 명맥을 영원히 이어갈 수는 없었다. 아카드에는 반유목민 구티족이라는 적수가 있었다. 이란 산지에서 내려온 이 용맹한 종족은 아카드인이 사용한 방식과 똑같은 방식으로 셈족과 수메르인을 공포의 도가니로 몰아넣었다.

아카드의 몰락 이후 수메르 문화의 마지막 전성기가 도래했다. 우르 제3왕조의 2대 왕 슐기의 사서에 기록되어 있듯이, 기원전 2050년경 슐기 왕은 수도 우르에 산을 등진 성벽을 건설하여 호시탐탐 이라크 남부를 노리는 이란의 호전적인 침략자들을 막아냈다. 하지만 그의 후계자들은 슐기 왕과 같은 태평성대를 누리지는 못했다. 이란과 동맹을 맺은 엘람 왕국[1]의 맹렬한 공격에 수메르의 마지막 왕조는 힘없이 무릎을 꿇고 말았다. 고국의 멸망을 한탄한 한 수메르인의 말이 당시의 참혹한 상황을 잘 보여준다.

> 끔찍하게 메마른 수로에선 잡초 한 뿌리도 자라지 않고, 비옥한 토양에 울리던 곡괭이질 소리는 들리지 않네. 씨앗이 심기지 않은 빈 땅을 일구는 이 없고, 평원에는 소를 치는 목자의 노래가 울려 퍼지지 않으며, 외양간에서도 우유 젓는 소리를 들을 수 없네.

---

1   Elamite: 기원전 2700년경에 생성되어 기원전 539년까지 존재했다. 현재 이란의 남서부 지역, 서부지역인 이람 주, 쿠제스탄 주 아래에 해당한다. 엘람을 이란 역사의 출발점으로 보는 견해가 농후하지만 엘람 시대의 언어와 이란의 언어는 다르다. 오늘날 이란의 주 가운데 하나인 일람Ilam의 명칭이 엘람에서 유래했다.

신들은 수메르를 떠났고, 더럽혀진 신전만 덩그러니 우르를 지켰다. 고대의 삶은 영원한 저편으로 사라졌다. 폐허가 된 도시 우르에서는 사람의 흔적은 고사하고 개들조차 보이지 않았다.

위대한 제국: 바빌론·아시리아·페르시아

고대 아시리아의 존재를 만천하에 드러낸 고고학적 발견에 뒤이어 고대 바빌로니아의 수도 바빌론 유적이 세상에 그 모습을 드러냈다. 니네베 발굴 당시와 같은 대규모 발견은 아니었지만 적어도 바빌로니아 북쪽에 상당히 발전된 형태의 또 다른 아시아 초기문명이 존재했다는 사실만은 분명해보였다. 바빌론에서는 공중에 걸쳐 있는 듯한 정원도 발견되었다. 일명 공중정원으로 불리는 이것은 무려 91m에 이르는 계단식 정원이다. 당시의 기술을 짐작케 하는 놀라운 건축물이다. 바빌론의 공중정원은 고대 세계 7대 불가사의 중 하나다.

엘람족이 수메르를 멸망시킨 직후에 바빌론 제1왕조가 메소포타미아의 패권을 다퉜다. 뒤숭숭한 시절이었지만 강대한 도시국가 바빌론의 거주자들은 다른 지역에서는 꿈도 꿀 수 없는 정치적 안정을 누렸다. 밥 먹듯이 주인이 바뀌는 다른 도시들과는 달리 바빌론의 주인은 무려 3세기 동안 단 한 차례도 바뀌지 않았기 때문이다. 완벽하게 요새화된 이 철벽 같은 도시는 점점 더 넓은 지역에까지 그 영향력을 미치기 시작했다. 바빌론 제1왕조의 6대 왕 함무라비에 이르러서는 메소포타미아 전역에 대한 종주권을 확립했다. 한 비문에서 함무라비는 스스로를 바빌로니아와 수메르의 통치자라 추켜세웠다. 그는 전 세

1-6 　　함무라비 법전이 기록된 석판들 중 하나

계의 4분의 1을 다스리는 명실상부한 왕 중 왕이었다. 기원전 1750년 함무라비의 사망 이후 바빌론은 쇠락의 길을 걸었다. 바빌론은 외침을 방어하기 바쁜 도시국가로 전락하고 말았지만, 한때 메소포타미아를 호령했던 대제국의 이름만은 영원히 기억되었다.

　이 고대도시의 신비로운 흔적만큼이나 바빌론 하면 절대로 빼놓을 수 없는 것이 바로 함무라비 법전이다. 함무라비 법전은 2.25m 높이의 49개의 석판에 새겨져 있다. 법전 내용 중 "눈에는 눈, 이에는 이"라는 셈족의 철학이 시민들 간의 분쟁에서 신체 상한 이를 벌금으로 배상하던 수메르인의 벌금제도를 대체했음을 알 수 있다. 비록 수메르인도 살인자와 강도를 사형으로 다스렸지만 말이다. 함무라비는 수메르인의 벌금제도를 통한 온건한 제재방식이 신생 제국의 범죄를 예방하기에 미흡하다고 여겼던 것 같다. 이런 엄격한 동해보복同害報復(피해자가 입은 피해와 같은 정도의 손해를 가해자에게 가하는 보복)의 관념은 현대 서아시아 국가들의 모욕에 대한 대응방식에까지 이어진다. 현대에도 서아시아인은 한쪽 뺨을 맞으면 다른 쪽 뺨을 내놓는 것은 어림 반 푼어치도 없는 일이라 여기는 것 같다.

바빌론 제1왕조가 쇠락하기 시작한 것은 히타이트의 왕 무르실리스 1세가 기원전 1595년경 바빌론을 함락하면서부터이다. 바빌론을 장악한 무르실리스 1세는 이후 소아시아로 예기치 못한 후퇴를 감행했고, 권력의 공백을 틈타 카시트족이 바빌론을 차지했다. 이란에 살고 있던 카시트족은 함무라비의 후계자들이 바빌론을 다스리는 동안 지속적으로 바빌로니아 북부로 흘러들어왔다. 기원전 1152년경 카시트 왕조는 엘람족의 침략으로 멸망했고, 그 후로는 누구도 카시트의 왕들을 외세의 침략자로 여기지 않았다. 바빌로니아의 최고 성군이었던 네부카드네자르 1세는 엘람족에 의해 폐위된 카시트의 왕들에 대한 의리를 보여준다는 명목으로 엘람족을 응징하기도 했다. 통상적으로 사용되는 네부카드네자르의 영어표기는 성경에서 유래한 것이다. 바빌론 제4왕조(이신)의 4대 왕 네부카드네자르는 바빌론을 22년 동안 통치했다.

한 번은 엘람족이 바빌론의 수호신인 마르두크 신상을 약탈해간 일이 있었다. 심한 모욕감을 느낀 바빌론 시민들은 즉각 보복에 나섰지만 신상을 되찾아 에사길라의 위대한 마르두크 신전에 되돌려놓으

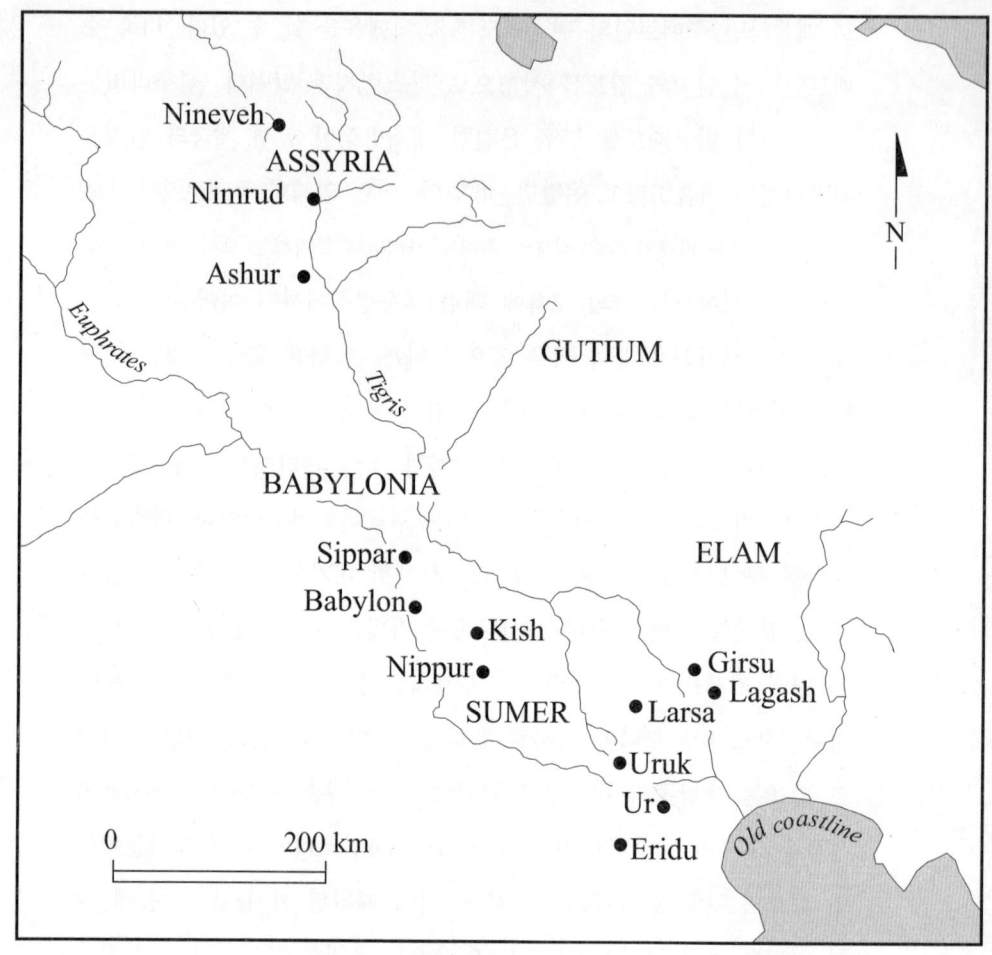

지도 1   고대 메소포타미아

BABYLONIA 바빌로니아	Ashur 아수르	Nippur 니프루
ELAM 엘람	Babylon 바빌론	Sippar 시파르
GUTIUM 구티움	Eridu 에리두	Ur 우르
SUMER 수메르	Girsu 기르수	Uruk 우룩
	Kish 키시	
	Lagash 라가시	*Euphrates* 유프라테스 강
	Larsa 라사	*Old coastline* 고대 해안지대
	Nimrud 니므루드	*Tigris* 티그리스 강
	Nineveh 니네베	

려는 첫 번째 시도는 어이없이 좌절되었다. 네부카드네자르의 군대에 전염병이 돈 것이다. 호시탐탐 기회를 노리던 왕은 유리한 징조가 보이자마자 두 번째 신상탈환 원정을 떠났다. 네부카드네자르와 그의 전차부대는 한여름의 찌는 듯한 더위를 이기며 한 발 한 발 엘람 땅으로 나아갔다. 이 원정길이 얼마나 고된 여정이었는지 들어보자.

> 두무지의 달에 병사들의 도끼는 손안의 불덩이와 같이 불타고 있었고, 길바닥은 화염에 그슬린 것만 같았다. 우물바닥은 말라붙었고, 지독한 갈등을 해소시켜줄 것은 어디에도 없었다. 기력이 쇠한 말들이 하나둘 나가떨어졌으며, 최고의 전사들마저 과로로 비틀거렸다.

끝나지 않을 것만 같던 지옥의 행군 덕에 전차부대는 엘람족을 불시에 습격할 수 있었다. 피비린내 나는 전투로 강가에 피어오른 먼지가 "대낮의 빛을 완전히 덮어버렸다." 우측 진영에 도열해 있던 네부카드네자르의 전차부대가 격전을 마무리지었다. 바빌론 시민들은 승전보를 울리며 마르두크 신상과 함께 금의환향했다.

이 승리에는 군사적 이해득실보다 중요한 의미가 담겨 있다. 사서에 기록되어 있듯 이 승리 덕에 "위대한 신 마르두크께서 진노를 거두시고 다시 이 땅을 보살피러 돌아오셨다"고 하니 말이다. 네부카드네자르는 마르두크를 바빌론의 수호신일 뿐만 아니라 온 바빌로니아를 다스리는 모든 신 가운데 최고신으로 선포했다. 이런 행보에는 엘람 왕국을 상대로 힘들게 얻어낸 드문 승리를 효과적으로 선전하려는 속셈이 숨어 있었을 것이다. 바빌론의 군주들은 매년 마르두크 신전에서

1-7 니네베에서 포도주를 음미하고 있는 아시리아의 왕 아슈르바니팔의 부조. 왼쪽 나무에 엘람 왕의 잘린 목이 걸려 있다.

그들의 통치권을 확인하는 신년의식에 참여했다. 이 의식을 위해 주변 대도시의 수호신들이 바빌론으로 이송되었다. 다른 도시들의 수호신들이 마르두크 신전에서 거행되는 의식의 증인이 되는 것이었다. 이런 관행은 사회가 너무 불안정하여 다른 도시들에서 바빌론까지 신상을 옮기는 것이 너무 위험해진 네부카드네자르의 통치 말기까지 지속되었다.

바빌로니아와 아시리아는 별다른 권력투쟁을 하지 않았다. 전쟁이라고 해봐야 몇 차례 일어난 소규모 접전이 전부였다. 아시리아는 티그리스 강과 그 주요 지류가 합류하는 지점을 중심으로 바빌론 북부지역을 차지하고 있었다. 아시리아의 완만한 구릉지대에는 주기적으로 비가 내렸고, 덕분에 목자와 농부들이 이곳에서 삶을 이어갔다. 아시리아에서는 바빌로니아와 달리 대추 재배가 불가능했다. 대신에 포도 재배가 가능했고, 아시리아인은 포도를 그대로 먹거나 포도주를 담갔다. 성경에는 칼라흐(님루드의 고대명)라는 명칭으로 등장하는 님루드에서 엄청난 규모의 포도주 저장고와 포도주 리스트들이 발견되기도 했다. 님루드는 이라크 북부 아르마우실의 남동쪽 35km 지점에 있는 아시리아의 대도시이다. 이라크 북부의 티그리스 강 서쪽 기슭에 있던 아슈르와 니네베에서 멀지 않은 곳에 있는 님루드는 아시리아 군대의 사령부가 위치한 도시였을지도 모른다. 시리아, 팔레스타인을 평정하여 아시리아 신제국을 건설한 아슈르나시르팔 2세가 전쟁의 신 니누르타에게 바친 님루드 신전에는 고대의 잔혹상이 생생하게 기록되어 있다. 이 기록에 따르면 기원전 870년경 아슈르나시르팔 2세는 치가 떨리는 방식으로 적들을 처치했다. 그는 적의 "목을 밟고 서서 옷감을 물들이듯 그들의 피로 산맥을 빨갛게 물들였다"고 한다. 이것이 전부가 아니다. 더 정확히 말해 이 피도 눈물도 없는 왕은 포로들의 "코, 귀와 사지를" 잘라내는 것으로도 모자라, "눈을 뽑아내고", "죄수들을 태워 죽였으며", "반란군들의 살을 베어내거나" 산 채로 "가죽을 벗겼다"고 한다. 끝까지 굴종을 거부한 적국 통치자의 가죽을 벗겨 "니네베 성벽에 걸어 놓았을" 정도였다. 학살·약탈·대규모 이주정책은 아시리아 통치자들이 즐겨 사용한 정복의 도구였다. 그들은 "위대한 신 아슈르와 아다드로부터 부여받은 최고의 통치권"을 들어 이런 야만적인 정복방식을 정당화했다. 아시리아의 통치자들이 그 누구의 제지도 받지 않고 이 같은 거침없는 행보를 이어갈 수 있었던 건 아시리아의 막강한 군사력 덕분이었다.

아시리아의 마지막 왕 아슈르바니팔의 궁전 부조에는 니네베 사람들이 포도를 즐겨 먹었다는 사실이 기록되어 있다. 부조에는 그리스인처럼 의자에 비스듬히 기대 포도주를 마시는 광경이 새겨져 있다. 토론장에서 남성들과 어울려 포도주를 즐겼던 그리스인과는 달리 아슈르바니팔은 아내 아슈르-슈라트 왕비와 술잔을 나누었다. 그녀는 왕 앞에 있는 옥좌에 앉아 군주이자 주인인 남편을 응시하며 포도주잔을 입술에 갖다대었다. 파리를 쫓는 하인들의 손이 바빠졌다. 벌레들이 국왕 부부의 휴식을 방해하는 건 있을 수 없는 일이었다. 근처 나뭇가지에는 엘람족의 왕 테-우만의 목이 매달려 있었다. 아늑한 정원에도 유혈이 낭자한 아시리아 통치자의 천성이 흘러 넘쳤다. 잘린 목 주위에 새까맣게 내려앉은 새들이 눈을 파내고 시뻘건 살을 쪼아댔다. 막강한 절대권력자 아슈르바니팔은 포도주를 음미하며 고대 서아시아의 종주국 아시리아가 불멸의 대제국이라는 생각에 빠져들었을 것이다. 하지만 그의 바람과 달리 기원전 627년 그가 생을 마감하고 15년 뒤에 아시리아는 멸망한다. 그의 두 아들이 왕권을 놓고 벌인 다툼 때문이었다. 내전의 소용돌이에 휘말린 아시리아는 메디아인과 바빌로니아인의 좋은 먹잇감이 되었다.

아시리아가 메소포타미아에서 빠른 속도로 두각을 나타낼 수 없었던 건 오랜 이웃인 미탄니 왕국과 관련이 있다. 메소포타미아 서북부에 자리한 이 호전적인 이웃은 '최고의 기수' 쿠쿨리kukkuli의 훈련을 받은 막강한 전차부대를 거느리고 있었다. 쿠쿨리의 훈련지침에는 산스크리트어와 유사성을 보이는 단어들이 다수 등장한다. 미탄니의 기록에 남아 있는 인도 아대륙을 침략한 아리아인의 언어인 산스크리트어의 흔적은 전차군단이 고대 아시아의 영토 전쟁의 승패를 좌우했음을 암시한다. 뿐만 아니라 서아시아 전차와 인도의 전차 형태의 유사성에서 서아시아 국가들이 인도 아대륙을 침략했다는 사실을 알 수 있다. 전차가 최초로 발명된 지역은 러시아와 아시아의 중위도 부근에 위치한 초원지대였다. 하지만 전차는 고대 서아시아에서 처음으로 본격적인 전쟁장비로 사용되었다. 전차부대의 훈련사 쿠쿨리에 대한 기록은 현재 터키의 보가즈쾨이Bogazkale에 있는 고대 하투샤Hattusha 유적지에서도 발견되었다. 고대 히타이트 제국의 수도 하투샤에 대한 미탄니어 점토판 기록을 히타이트어와 아카드어로 번역한 기록도 발견되었다. 미탄니의 기록이 실제로 꽤 광범위한 지역에서 읽힌 것이다.

미탄니 왕국에 대해서는 밝혀진 바가 별로 없다. 그래서 후르리족의 언어를 사용하는 미탄니족과 한데 섞여 살았던 미탄니 내 아리아인의 숫자에 대한 학자들의 의견은 여전히 분분하다. 쿠쿨리의 훈련지침에는 전차부대 훈련과 관련 있는 명칭과 기술적인 용어에 관한 내용 외에도 미탄니와 다른 권력 간의 협정을 맺을 때 언급되는 신들의 이름이 등장한다. 이 신들의 존재가 바로 많은 수의 아리아인이 미탄니에 거주했다는 사실을 증명하는 증거자료다. 도덕적 질서를 관장하는 바루나 같은 인도 신들의 존재 말이다. 히타이트가 미탄니를 멸망시킨 건 기원전 14세기에 이르러서였다. 그로부터 200년 후 히타이트족도 에게해에서 몰려온 해양민족 때문에, 정점을 지난 다른 모든 것과 마찬가지로 서서히 붕괴되었다. 그리고 그때서야 자신들의 왕국을 건설하려는 아시리아인의 야망이 서서히 기지개를 켰다.

일명 '해양민족'으로 불린 사람들의 대규모 이주 원인은 아직 완전히 규명되지 않았다. 그 원인이 어찌되었든 이들의 이동으로 그리스·소아시아·시리아·팔레스타인의 도시와 궁전들은 완전히 파괴되어 흙으로 되돌아갔다. 아시리아는 유프라테스-티그리스 유역으로 넘어오려는 이 이주민들을 안간힘을 다해 물리쳤다. 같은 시기에 고대 이집트 제20왕조의 2대 왕으로 팔레스타인 땅 일부를 차지했던 람세

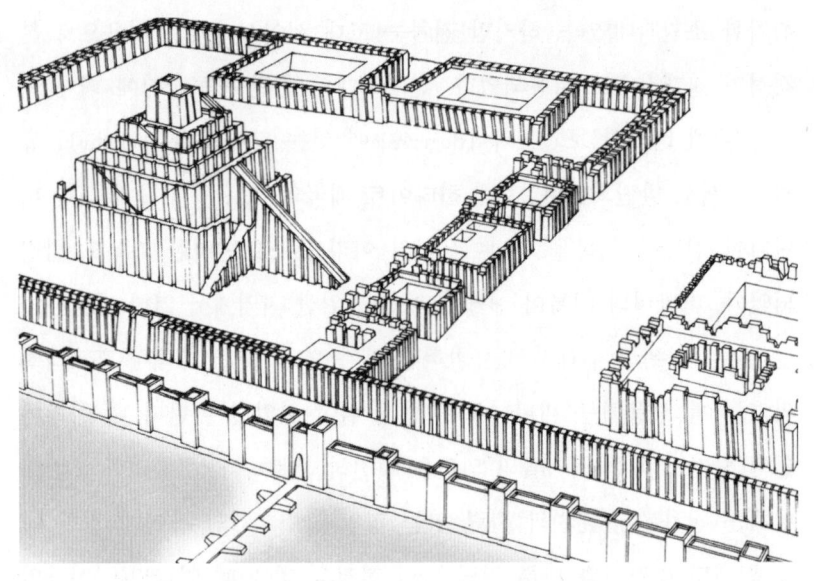

1-8   고대 바빌론의 에사길라 사원 맞은편에 있는 마르두크 지구라트.
에사길라Esagila는 "그 꼭대기가 하늘처럼 높은 집"이라는 뜻이다.

스 3세도 국경지역에서 두 차례 힘겨운 전투를 벌인 끝에 이 해양민족의 대부분을 되돌려 보내는 데 성공했다. 기원전 1182년에 이르러서 이 끈질긴 파라오는 해양민족을 바닷가 부근에서뿐만 아니라 육지에서도 완전히 몰아냈다. 외세의 침략을 성공적으로 방어해낸 아시리아인에게는 고대 서아시아의 패권을 차지할 수 있을 것이라는 자신감이 모락모락 피어올랐다. 아시리아 군사력도 괄목할 만한 성장세를 보였다. 기원전 9세기에 이르러서 아시리아는 시리아와 팔레스타인 지역에 60,000명의 군대를 배치했으며, 1세기 후인 기원전 8세기에는 정규 병력이 75,000명에 육박했다. 이에 그치지 않고 기원전 704~681년까지 아시리아를 통치한 왕 센나케리브(성경에는 산헤립)의 집권시기에 병력이 200,000명으로 불어났다. 그의 군사력은 막강했으나 국내의 크고 작은 반란이 그칠 줄 몰랐다. 급기야 바빌로니아의 반란세력이 센나케리브의 아들이자 바빌론의 통치자였던 아슈르나딘슈미를 엘람족에게 넘기는 사건이 일어났다. 격노한 센나케리브는 보복조치를 단행하여 기원전 689년에 엘람 왕국을 무찌르고 바빌론을 수복했다. 센나케리브의 병사들이 아름다운 도시 바빌론을 무차별 약탈했다. 센나케리브의 명령 하에 이뤄졌을 이 약탈은 자승자박인 악수였다. 센나케리브는 몇 년 후 목숨으로 이 악업에 대한 대가를 치른다. 바빌론 시민뿐 아니라 아시리아인도 그의 바빌론 파괴를 신성모독으로 여겼다. 왕위를 탐낸 센나케리브의 아들들은 이런 민심을 등에 업고 아버지를 살해한다. 사실 아시리아에는 분명한 왕위 후계자가 있었다. 가장 아끼던 아들 아슈르나딘슈미가 엘람족의 손에 목숨을 잃자 센나케리브는 에사르하돈을 황태자로 책봉해놓았다. 부왕의 살해 소식을 전해들은 에사르하돈은 골육상쟁의 진흙탕 싸움에 말려들었다는 사실을 예감하고 비통해한다.

내 형제들은 이성을 잃고 신들이 끔찍하게 여길 악행을 저질렀다.
니네베에서 품은 악마 같은 계획을 가지고, 무력에 의존하여
손에 잡힐 것만 같은 왕위를 차지하기 위해 숫염소처럼 서로 치고받았다.

아시리아의 귀족들은 이미 충성을 맹세했던 선왕이 선택한 황태자에 대한 서약을 충실히 지켰다. 귀족들의 원조를 등에 업고 니네베로 진군한 에사르하돈은 내란을 성공적으로 진압했다. 니네베 시민이 "그의 발에 입을 맞추며" 신왕의 탄생을 경하했다.

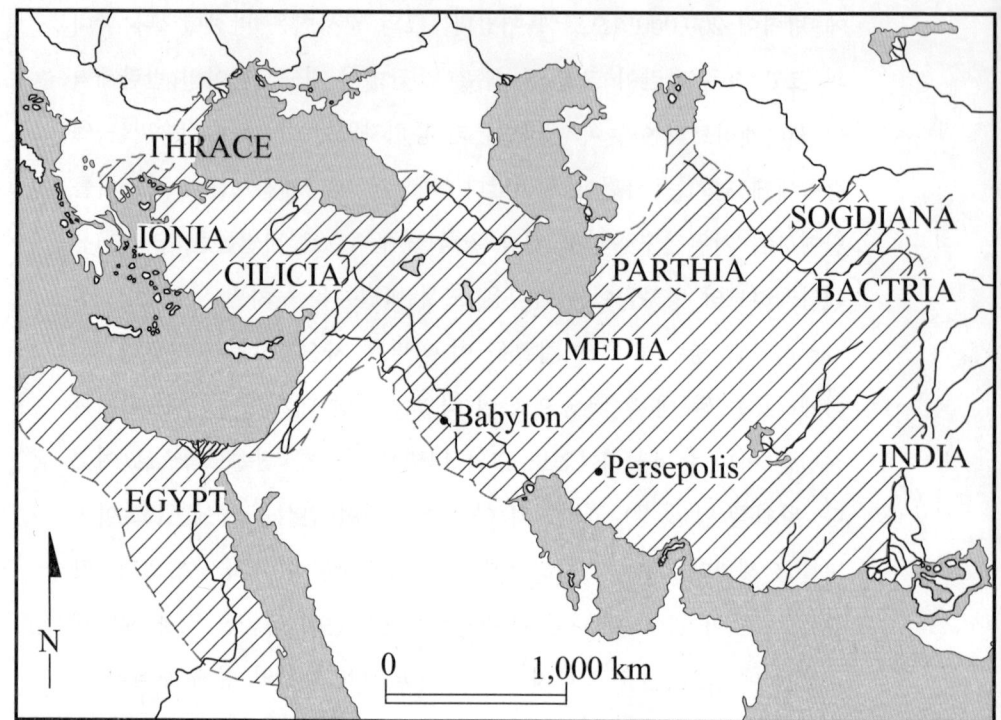

지도 2 페르시아 제국

BACTRIA 박트리아
CILICIA 실리시아
EGYPT 이집트
INDIA 인도
IONIA 이오니아
MEDIA 메디아

PARTHIA 파르티아
SOGDIANA 소그디아나
THRACE 트라키아

Babylon 바빌론
Persepolis 페르세폴리스

에사르하돈은 재위기간 동안 바빌론 시가와 신전 부흥에 노력하며 도시 재건에 힘썼다. 그는 아버지가 자행한 끔찍한 약탈의 상흔이 가시지 않은 바빌론을 재건하기로 마음 먹었다. 특히 도시의 상징인 마르두크 사원의 재건에 열정을 쏟았다. 에사르하돈은 재위기간 내내 놀라운 승리의 행진을 보여준 정복왕이었다. 그는 북방의 외적을 물리치고 아시리아의 세력을 이집트까지 확장했다. 아시리아의 영토는 나일 강 삼각주를 넘어 이집트의 수도 멤피스에까지 이르렀다. 하지만 이집트까지 통치할 여력이 없었던 아시리아인은 이집트의 통치를 동맹세력에게 위임했다. 얼마 지나지 않아 이 배은망덕한 동맹세력이 독립해버렸다. 이 좀도둑이나 다름없는 통치자들은 이집트의 네코 1세에게 그 자리를 내주었다. 네코 1세는 고대 이집트의 마지막 왕조인 제26왕조(사이스 왕조)를 연 프삼티크 1세의 아버지다. 이집트의 마지막 왕조는 아시리아의 영토를 물려받은 대제국 페르시아의 침략으로 기원전 525년에 몰락했다.

연이은 전쟁으로 아시리아의 국력이 몰라볼 정도로 쇠약해졌다. 점령지역의 거주민들을 이주시키는 대규모 이주정책으로 국력보강을 꾀했음에도 말이다. 마지막 숨을 몰아쉬고 있던 아시리아는 사나운 기세로 몰려드는 단호한 적들에게 놀라울 정도로 싱겁게 무너져버렸다. 한때 막강했던 대제국은 기원전 612년을 끝으로 역사의 뒤안길로 사라졌다.

바빌로니아인은 아시리아의 몰락을 이용하여 네부카드네자르 2세(신바빌로니아의 2대 왕, 성경에는 느부갓네살)의 지휘 하에 메소포타미아와 시리아 전역을 손에 넣고자 발 빠르게 움직였다. 네부카드네자르 2세는 페르시아 만 유역에 살던 셈족의 나라 칼데아인의 후손이었다.

이때 유대 왕 여호야킴은 갑작스럽게 바빌론과의 동맹을 끊어버렸다. 그 이유에 대해서는 밝혀진 바가 없다. 유대 왕의 결정에 반발한 네부카드네자르는 기원전 579년에 예루살렘을 함락했다. 예루살렘 시민이 엄청난 벌금을 내는 것으로 도시의 파괴는 막았으나, 10,000명의 유대인이 인질의 신분으로 바빌론에 끌려갔다. 바빌론에는 예언자 다니엘이 살고 있었다.

『구약성경』의 「다니엘」에는 이 인질들의 '바빌론 유수'에 대한 다양한 이야기들이 수록되어 있다. 다니엘(벨테샤트르Beltshzzar)은 다른 세 명의 유대인 포로와 함께 궁정에서 교육을 받게 되었다. 이 세 유대인의 바빌로니아 이름은 샤드라크(하나냐Hananiah), 메샤크(미사엘Mishael), 아벳느고(아사랴Azariah)였다. 이들에 관한 많은 일화들 가운데서도 단연 눈에 띄는 세 가지 일화가 있다. 첫 번째 일화는 샤드라크·메샤크·아벳느고가 네부카드네자르가 만들어 놓은 '황금 신상' 앞에서 절하는 것을 거부한 이야기다. 이들의 보란 듯한 항명에 격분한 네부카드네자르는 그들을 "활활 타오르고 있는 풀무불에 던져 넣으라"고 명한다. 하지만 이들은 그을림 하나 없이 불속에서 살아나왔다. 경악을 금치 못한 네부카드네자르는 신이 보낸 천사가 그들을 보호했다고 확신했다. 두 번째 일화는 아케메네스 왕조 페르시아의 왕으로 행정조직가로서 후세에 명성을 남긴 다리우스 1세와 다니엘의 이야기다. 바빌론의 새 주인이 된 페르시아의 왕 다리우스는 왕에게 절을 하라는 법을 반포했다. 유일신만을 섬기는 다니엘은 이를 거부해서 사자굴에 던져졌다. 그렇게 밤이 지나고 다음날 아침 털끝 하나 다치지 않고 사자굴을 걸어 나온 다니엘의 모습에 놀란 다리우스는 하느님의 임재를 받아들인다. 세 번째 일화에서는 가혹행위가 등장하지 않는다.

1-9　　　사자굴에 갇힌 다니엘. 비잔틴 양식으로 표현된 다니엘의 기적적인 생환

이 일화는 페르시아가 바빌론을 정복하게 될 것이라는 예언과 관련된 것이다. 네부카드네자르 2세의 손자 벨샤자르가 주최한 연회에서 벽에 갑자기 신비한 글자가 나타난다. 아무도 해독해내지 못한 이 글귀를 다니엘이 해석해낸다. 그 의미는 바로 "왕국의 운이 다 되었다"는 것이다.

「다니엘」에서는 페르시아 제국을 건설한 키루스 2세(성경에서 고레스)를 다리우스 1세와 혼동하고 있다. 키루스 2세는 기원전 539년 바빌론에 무혈 입성했다. 바빌로니아는 그가 점령한 나라들 가운데 가장 문명화된 선진국이었다. 이 때문에 이 새로운 제국의 통치자는 지배계급을 학살하는 대신에 흡수하고자 했다. 그는 새로운 정권에 봉사할

용의가 있는 자들을 모두 요직에 기용했다. 그의 판단은 옳았다. 이들이 탁월한 국정운영능력을 십분 발휘하여 새로운 지배계급과 고대 서아시아에서 가장 많은 인구를 자랑하는 지역 민간의 조화를 이끌어냈다. 한편 유대인 포로들은 바빌로니아를 침략한 관대한 키루스 2세를 신의 사자로 여겼다. 예언자 이사야는 페르시아의 등장이 예루살렘을 재건하기 위해 하느님께서 안배해놓은 계획의 일환이라고 주장했다. 하지만 바빌로니아인의 말은 달랐다. 바빌로니아인은 키루스 2세가 바빌로니아를 점령하게 된 건 마르두크 신의 뜻이라고 생각했다. 그들은 마르두크가 "모든 나라를 둘러보고 살펴보신 결과 신년의식에서 왕위를 이어받을 자로 키루스 2세를 점지하여, 그가 세계의 지배자임을 공표한 것"이라고 믿었다.

    키루스 2세와 그의 후계자들은 피점령국 사람들에게 새로운 지평을 열어주었다. 그들은 점령국 백성의 관습과 신앙을 존중했다. 뿐만 아니라 지역 성소에 기부금을 후하게 하사하기도 했다. 페르시아인은 귀향을 원하는 포로들을 고향으로 보내주었다. 관습처럼 답습되어온 대규모 이주는 페르시아가 다스리는 땅에서는 찾아볼 수 없었다. 아시리아의 잔혹한 공포정치는 영원히 자취를 감췄다. 바빌론을 비롯한 페르시아 제국의 영토에서 간헐적으로 반란이 일어나긴 했다. 승승장구하던 페르시아인의 앞길을 막아선 것은 다름 아닌 마케도니아인이었다. 다리우스 1세는 인도의 북서부 점령으로 동방 정복의 물고를 텄다. 하지만 서방으로의 진출은 난항을 겪었다. 그리스 이오니아인들의 예기치 못한 반격으로 소아시아 진출에 먹구름이 드리운 것이다. 다리우스 1세는 정벌 실패에 대한 보복으로 그리스를 공격했고, 이 사건으로 그리스인과 페르시아인 사이에는 좁힐 수 없는 감정의 골이 패였다. 다리우스 사후 기원전 480년에 있었던 대규모 그리스 원정길에 마케도니아를 지나치면서 페르시아는 엄청난 수의 군사로 위세를 과시하며 동맹국이 될 것을 마케도니아에 강요했다. 이로부터 정확히 146년 후 알렉산드로스 대왕은 엄청난 수의 군사를 이끌고 페르시아를 침략하여 이때의 수모를 그대로 돌려준다.

세계의 이해: 신앙과 신화

고대 서아시아인에게 신앙은 세계를 이해하기 위한 틀이었다. 아무리 애를 써봐도 만물 창조의 비밀을 캐낼 수 없었던 고대인은 모든 존재에 그 의미를 부여해줄 새로운 존재를 필요로 했다. 그래서 그들은 삼라만상의 창조자, 초자연적인 절대자를 그려냈다. 그리고 이 불가사의한 존재들을 통해 세상의 질서가 지금과 다름없이 영속할 것이라는 사실을 확인받았다. 역설적인 점은 이 초월적인 존재들의 모습이 인간의 모습을 꼭 닮았다는 것이다. 신들의 본래 기능은 자연을 다스리는 것이었다. 이런 기대는 수메르인뿐 아니라 셈족의 신앙에서도 발견된다. 수메르의 위대한 여신 이난나는 비를 관장했다. 그녀는 촉촉한 봄비를 내려 메마른 땅을 신록으로 물들였다. 충만한 성적 매력의 소유자였던 이난나는 사랑의 여신이기도 했다. 그녀는 매춘부의 벗이자 수호신이었다. 길가메시 서사시에는 이 서사시의 주인공인 영웅 길가메시에게 자신의 몸을 취하라는 제안을 하는 이난나 여신이 등장한다. 길가메시는 여신의 제안을 일언지하에 거절해 그녀의 분노를 산다. 사실 길가메시는 미인계의 치명적인 함정에 대해 익

1-10 수메르인 신자. 기원전 3000년경

히 알고 있었다. 그 자신도 '매춘부 샘핫'을 보내 야인 엔키두를 미혹한 일이 있었기 때문이다. 엔키두는 샘핫의 몸에서 질리도록 쾌락을 취하고 나서야 정신이 들었다. 아무리 주위를 둘러보아도 그의 무리가 눈에 띄지 않았다. 사람이 살지 않는 사막에서 자란 엔키두에게 가족이라곤 야생동물들밖에 없었다. 하지만 그가 꿈 같은 환락의 시간을 보내고 있는 동안 야생동물 무리는 이동했고 그는 이제 혼자가 되었다. 외톨이가 된 엔키두를 부른 것은 문명의 달콤함이었다. 우르를 들썩이게 하는 화려한 축제, 도시에 성행하는 매춘, 위대한 통치자 길가메시의 명성 등, 도시의 매력에 대한 샘핫의 감언이설에 마음을 빼앗긴 엔키두는 홀린 듯이 길가메시의 품으로 향한다.

셈족의 언어인 아카드어로 기록된 현존하는 가장 완전한 형태의 길가메시 설화 판본에서 이난나 여신은 이슈타르라는 이름으로 불린다. 이난나는 본래 수메르의 여신이었다. 이 막강한 여신이 바빌로니아와 아시리아의 신전에도 자신의 자리를 마련한 것이다. 바빌로니아 신전 입성은 그

1-11 길가메시 서사시 점토판 파편

리 어려운 일이 아니었다. 바빌로니아인은 이난나 여신을 있는 그대로 받아들였다. 하지만 아시리아의 신전에 발을 들여놓기 위해서는 일대 변혁이 필요했다. 싸움을 즐기는 민족의 수호신이 되기 위해 활과 화살을 손에 잡은 이난나는 호전적인 성향과 함께 턱 밑에 자라나는 구불구불한 수염을 얻었다. 심하게 손상된 점토판 파편에서 남편 탐무즈를 애도하는 이슈타르 여신의 통곡에 대한 아카드어 기록이 발견되었다. 탐무즈는 매년 죽음의 땅을 밟았다 다시 살아나 이난나와 결합하는 남신이다. 이 풍성한 수확을 기원하는 신년 혼인의식의 신랑은 아카드판 두무지라 할 수 있다. 이난나가 악마들에게 내어주어 매해 수메르의 저승으로 가는 비운의 남편 두무지의 아카드식 변형인 것이다. 팔레스타인인도 이 죽음과 부활의 신 탐무즈를 숭배했다. 오죽했으면 예언자 에스겔(혹은 에제키엘)이 여호와의 집 대문 앞에 탐무즈를 위해 애곡하는 여인들이 앉아 있었다고 통탄했겠는가.

그가 또 나를 데리고 여호와의 전으로 들어가는 북문에 이르시기로 보니 거기 여인들이 앉아 탐무즈를 위하여 애곡하더라.
(「에스겔」 8: 14)

〈솔로몬의 노래〉에 이 혼인의식을 연상케 하는 내용이 등장한다는 사실은 이미 살펴보았다. 하지만 유대의 왕이 메소포타미아 땅에서 성행한 신성한 혼인의식, 즉 살아 돌아와 첫날밤을 치루는 혼인의식을 거행했던 것 같지는 않다. 대신 예루살렘 시민은 죽은 것으로 여겨지던 왕이 아침에 살아 돌아오는 부활의식으로 밤을 지새우며 새해 아침을 맞았다. 「시편」에는 이런 부활의식을 조명한 대목이 등장한다. 환난에 빠진 백성이 이렇게 외친다.

사망의 줄이 나를 얽고 불의의 창수가 나를 두렵게 하였으며
스올의 줄이 나를 두르고 사망의 올무가 내게 이르렀도다.
(「시편」 18: 4~5)

유대의 왕이 부활의식에서 이 같은 고통을 실제 겪었는지 여부는 확

인할 수 없다. 하지만 확실한 것은 왕이 만백성의 환호 속에 예루살렘으로 살아 돌아왔다는 것이다. 후대의 예언자들은 이러한 원시 종교의식을 배격했다. 숭배문화에 대한 예언자들의 우려는 「출애굽기」에서부터 지속적으로 등장한다. 시나이 산에서 내려온 모세는 금송아지를 섬기는 동족의 모습에 경악한다. 예언자들에게 백성의 거듭된 우상숭배는 또다시 겪어야 할 종교적 박해의 전조라 할 수 있었다. 여러 신들을 모시는 사람들의 땅 서아시아에 정착하면서 모진 세월을 보내야 했던 유대인이 또다시 겪어야 할 참혹한 시절 말이다.

수메르 도시국가들 전체에 영향력을 미치는 주신들이 분명히 존재했음에도, 각 도시국가에서 살아가는 수메르인은 자신들의 도시의 신을 살뜰하게 모셨다. 우르 사람들은 달의 신 난나를, 라르사 사람들은 해의 신 우투를, 키시 사람들은 모신母神 닌후르사그를, 에리두에서는 물의 신 엔키를, 우룩인은 하늘을 다스리는 엔릴을 섬겼다. 간혹 죽음의 땅에 발을 들여놓는 수메르의 신들도 있었다. 필멸의 존재인 인간과 불멸의 존재인 신 사이의 경계가 허물어진 것이다. 심지어 수메르인은 초기 왕들에게 신격을 부여하기도 했다. 이처럼 수메르인은 신에 대해서 상당히 자유로운 관점을 가지고 있었다. 인간과 신을 엄격히 구분하는 셈족의 종교관이 수메르인에게 영향을 미친 건 한참 후의 일이었다.

하지만 운명을 대하는 태도만큼은 셈족과 수메르인이 다르지 않았다. 두 종족은 모든 운명이 신에 의해 결정되며, 신이 자신들의 풍족하고 안락한 삶을 위해 인간의 운명을 결정한다고 믿었다. 오직 신들의 영화를 위해 우주의 삼라만상이 만들어졌다고 믿었다고 해도 과언이 아니다. 수메르인은 신들의 결정에 내포되어 있는 크고 작은 결

1-12　원통인장 음각. 수메르의 태양신 우투가 중앙의 산 뒤편에서 솟아오르고 있고 이난나 여신은 왼쪽, 엔키 신은 오른쪽에 서 있다. 엔키에게서 유프라테스 강과 티그리스 강이 양 갈래로 쏟아져 나오고 있다.

함에도 주의를 기울였다. 진흙으로 최초의 인간을 만들어낸 것은 엔키다. 뿌듯한 마음에 엔키는 연회를 열었고, 연회에 참석한 여러 신들은 부어라 마셔라 도수가 센 맥주를 마셔댔다. 취해서 인사불성이 된 엔키와 그의 아내 닌후르사그는 '인간창조 내기'를 한다. 닌후르사그는 사람을 창조하기에 앞서 그녀가 만드는 사람이 "어떤 운명을 타고나느냐" 하는 것이 자신의 결정에 달렸다는 점을 밝힌다. 하지만 만취상태에서 한 일에는 실수가 있기 마련이다. 닌후르사그는 한 군데씩 모자란 구석이 있는 인간들을 만들어낸다. 이 인간들에게 쓰임새를 찾아주자니 엔키의 골치가 이만저만 아픈 것이 아니었다. 하지만 하늘을 관장하는 신 엔키는 번뜩이는 기지를 발휘하여 이들로 하여금 "빵을 먹고 살 수 있게" 해준다. 불구인 자는 왕의 시종이 되고, 눈먼 자는 왕의 음유시인이 된다. 또 불임인 여성이 황제의 할렘에 들어가게 되고, 무성無性인 자는 사제가 된다. 엔키의 인간창조 이야기는 가정을 꾸리지 않는 자들의 운명을 설명하고 있다.

당시에 샘핫과 같이 몸을 파는 여성들은 신성한 직업을 가진 이들로 떠받들어졌다. 이런 여성들이 여러 명의 '남편'과 몸을 섞는 것은 단순히 이난나 여신의 대역을 하기 위해서 행한 일이 아니었다. 바그다드 동남쪽에 있는 니푸르에서 발견된 점토판에는 이런 '신성한 매춘'이 행해지는 동안 불렀을 것으로 추정되는 노래가 기록되어 있다.

그녀의 벗은 몸에서 60명이 안식을 얻었네. 젊은이들은 지친 기색이 역력했으나, 여신은 전혀 피곤해하지 않았다네.

사원뿐만 아니라 선술집에서도 울려 퍼졌을 이 노래에 담긴 의미는 놓칠 수 없는 것이었다. 고대 그리스의 역사학자 헤로도토스는 『페르시아 전쟁사』에서 바빌로니아 여성들이 신성한 기운을 받기 위해 일생에 적어도 한 번은 아프로디테 여신의 신전 앞뜰에 앉아 있다가 지나가는 낯선 남자와 성관계를 가졌다고 기록했다. 부정확한 기록이기는 하지만, 그리스의 사랑의 여신과 수메르의 이난나, 바빌로니아의 이슈타르 같은 고대 메소포타미아 지역 여신들 간의 관계를 암시했다는 점에서는 의미가 있다. 헤로도토스가 『페르시아 전쟁사』에서 언급한 여신 중 아프로디테와 가장 가까운 여신으로는 키프로스인이 숭배하던 고대 페니키아의 여신 아스타르테(바빌로니아의 이슈타르)가 있다. 헤로도토스는 "키프로스 섬 거주민들이 바빌론의 이런 풍습을 따랐다"고 기록했다. 키프로스는 아프로디테가 탄생한 섬이다. 키프로스의 짙푸른 바다에 떨어진 우라노스 신의 남근에서 나온 거품 속에서 그리스의 사랑과 미의 여신이 탄생한 것이다. 애매하지만 우라노스 신이 아프로디테의 아버지인 셈이다. 남근에서 태어난 여신의 존재에서 이난나·이슈타르·아스타르테가 유럽에 미친 영향을 짐작해볼 수 있다.

수메르인이 고대 서아시아뿐만 아니라 고대 그리스에도 상당한 영향을 미쳤다는 사실에 대한 연구가 이뤄진 건 극히 최근의 일이다. 특히 그리스 신들의 조상 오케아노스와 테티스 부부 신화의 내용은 바빌로니아의 창세 서사시 『에누마 엘리시』를 그대로 옮겨놓은 듯하다. 『에누마 엘리시』는 네부카드네자르 1세 치세 하에 기록된 바빌로니아의 창세 서사시로 천지창조 이전에 벌어진 신들의 전쟁에 관한 이야기를 담고 있다. 모든 신들의 어머니 티아마트는 자신의 잘린 신체에서 신들을 탄생시킨다. 마르두크도 티아마트의 자손이다. 불어난 신들 때문에 골치가 아파진 티아마트는 신들을 멸망시키려 한다. 티아마트와 그녀의 자녀들 사이에 처절한 싸움이 시작되었고, 결국 마르두크가 티아마트를 죽인다. 마르두크는 모든 신들의 존경을 받으며 '최고신'이 된다. 그리고 신들이 마르두크에게 선사한 50개의 영광스런 이름을 나열하는 것으로 이 서사시는 끝을 맺는다. 이 서사시는 "그때 높은 곳에서는"이라는 말로 시작된다. "그때 높은 곳에서"를 바빌로니아어로 말하면 바로 이 서사시의 제목인 『에누마 엘리시』가 된다. 이 서사시의 첫머리를 살펴보자.

> 그때 높은 곳에서는 아직 하늘의 이름이 없었고 아래에는 딱딱한 땅의 이름이 없었다. 아무것도 없었고 단지 태고의 단물 아프수, 그리고 모든 것을 품고 있던 쓴물 티아마트가 있었으며, 그들의 물은 하나로 섞여 있었다. 아직 초원이 생겨나지 않았고, 갈대도 없었으며, 습지도 없었다. 어떤 신도 나타나지 않았고 아무도 이

름이 없었다. 그리고 어떤 운명도 정해지지 않았다. 그때 그들 중에서 신들이 태어났다.

쓴물의 여신 티아마트와 마찬가지로 바다를 관장하는 그리스의 여신 테티스는 남편 오케아노스와 세상 끝에서 살고 있었다. 오케아노스는 테티스 여신의 오빠이자 남편으로 지구를 둘러싼 모든 바다를 다스리는 신이다. 테티스에 대해서는 이 이상 알려진 바가 없었으므로 그리스인은 이 여신을 열렬히 숭배하지는 않았다.

반면에 메소포타미아 지역의 바다의 여신 티아마트는 테티스 여신과는 아주 다른 모습을 하고 있었다. 특히 바빌로니아판 창세 신화에서 이 바다의 여신은 교활한 악마의 전형이라 할 수 있는 가공할 괴물로 묘사된다. 근동에서 바다의 신을 사악한 존재로 표현한 것과는 달리, 동아시아에서는 물을 관장하는 용을 고귀하고 신성한 존재로 섬겼다. 고래로 중국에서 용은 비를 내리게 하는 물의 신, 구름·습지·강·바다를 관장하는 신으로 여겨졌다. 하지만 아시아 대륙의 서쪽 변방에서는 용을 사악하고 불길한 동물로 간주했다. 동굴에 사는 용이건 바다에 사는 용이건 종류를 가리지 않았다. 그런 의미에서 '돌돌 감긴'이라는 의미의 히브리어 이름을 가진 괴물 레비아탄은 티아마트의 직계 후손이라 할 수 있다. 레비아탄은 『구약성경』과 우가리트(시리아 북쪽 고대 페니키아의 도시) 문서, 후대 유대 문학에서 언급되는 바다를 혼돈에 빠뜨리는 신화적인 바다 뱀 또는 용을 일컫는 괴물이다.

바빌론에서 마르두크가 '최고신'으로 자리매김한 것이 다음의 세 가지 현상으로 이어졌다. 마르두크는 이제 바빌로니아라는 국가 전체를 수호하는 수호신이 되었다. 바빌로니아의 국력을 회복한 네부카드네자르 1세의 명실상부한 수호신이 된 것이다. 바빌로니아가 엘람 왕국을 무릎 꿇린 후 바빌론에 마르두크 신상이 다시 건립되었고, 바빌론인은 마르두크의 가호가 다시 한 번 자신들의 도시를 지켜줄 것이라 믿어 의심치 않았다. 네부카드네자르 1세가 정권을 강화하려는 정치적 목적 때문에 마르두크 숭배에 더욱 열을 올렸던 것만은 사실이다. 하지만 사람들이 한층 더 깊은 신심을 품게 된 건 이러한 정치적 선전 때문만은 아니었다. 사람들은 마르두크가 『에누마 엘리시』 서사시에서 전 우주를 수호했다는 이유로 마르두크를 숭배했다. 바빌론이라는 도시를 수호하는 지방 신에 불과했던 마르두크는 이제 만백성이 우러러 보는 신 중의 신이 되었다. 그는 이제 특정한 곳에서만 통하는 신이 아니었다. 마르두크를 전지전능한 최고신으로 모시기 시작하면서 사람들은 역설적으로 신이라는 존재를 더 가깝게 느끼기 시작했다. 신자들이 "마르두크는 제가 모시는 신입니다"라고 말할 수 있게 되면서 사람들은 자신의 인생 전부를 의탁하고 언제나 신에게 조언을 구하는 개인적인 종교를 처음 갖게 된 것이다. 드디어 바빌론 시민이 "여호와여 주의 도를 내게 보이시고 주의 길을 내게 가르치소서. 주의 진리로 나를 지도하시고 교훈하소서"(「시편」 25: 4~5)라고 말하는 기독교인과 비슷한 태도로 신을 대하기 시작한 것이다. 그럼에도 불구하고 마르두크를 모시는 사람들은 절대로 자신들을 원죄를 지은 죄인이라 여기지 않았다. 고대 서아시아인에게 '원죄'는 아직 생소한 개념이었다. 죄를 짓는 것은 온전히 도시 법의 규제를 받는 문제였을 뿐이지, 그 이상도 그 이하도 아니었다.

반면에 순결과 타락은 유대인의 신앙에서 중추적 개념이었다. 그들은 죄라는 개념을 통해 에덴동산이라는 낙원을 만들어냈다. 뱀의 사악한 속삭임에 속아 넘어간 아담과 그의 아내 이브는 금지된 '선악과'를 따먹고 에덴동산에서 추방된다. 불복종의 쓰라린 대가였다. 이 이야기에 등장하는 뱀은 후에 사탄과 연관된다. 인간에게서 에덴동산을 빼앗아버린 뱀이라는 존재는 팔레스타인인의 신앙을 비하하기 위한 의도에서 등장한 것일 수도 있다. 뱀을 숭배하는 건 비의 신 바알 숭배사상의 일환이었다. 바알은 팔레스타인인이 숭배하던 풍요와 폭풍우의 남성 신이었다. 그리고 뱀은 모신의 상징이기도 했다.

서아시아 국가의 지배를 받기도 했던 크레타 섬에서는 뱀을 손에 들고 있는 여신이나 사제들의 상이 발견된다. 그리스 신화에 따르면 페니키아의 항구도시 티레의 왕 아게노르는 자신의 다섯 아들을 보내 딸 에우로페를 되찾으려 한다. 황소로 변장한 제우스가 그의 딸을 납치해갔기 때문이다. 수치도 모르는 희대의 정력가 제우스는 에우로페에게서 세 명의 아들을 얻는다. 그 중 가장 유명한 이가 크노소스의 왕 미노스다. 미노스에게는 황소의 머리를 한 사내 미노타우로스를 가둬놓은 미로가 있다. 미노타우로스에게 매년 일곱 명의 소년과 일곱 명의 소녀를 바쳐야 했다. 투우시합에서 영감을 받아 멋대로 지어낸 내용인지, 아니면 서아시아 신화에 등장하는 이 황소 머리를 한 사내란 존재를 오해한 것인지는 몰라도, 그리스 신화에서 미노타우로스는 죽음을 면치 못할 사악한 존재였다. 하지만 그 의미가 너무나 정반대라서 당혹스러울지 몰라도, 메소포타미아 지역에서 이 황소 머리를 한 사내는 악마에 대적하는 인간의 수호신으로 받들어지는 존재였다. 그러므로 그리스에서만 유독 황소 머리를 한 사내가 악명을 떨치게 된 건 황소 머리를 한 사내의 모습을 하고 에우로페를 납치한 제우스 때문이라고 설명하는 것이 가장 그럴듯하다. 에우로페가 팔레스타인인이 섬기는 밤의 여신일 수도 있다는 가설에 대해 오랜 논란이 있었다. 에우로페의 이름은 셈어의 동사 '지다'에 어원을 두고 있다. 해가 지는 방향인 서쪽에 위치한 대륙이 '유럽'이라는 이름을 갖게 된 것도 같은 원리이다.

아담과 이브가 에덴동산에서 추방된 건 신의 박식함을 훔친 것 때문만은 아니었다. 이들의 추방은 이 부부가 성에 눈을 뜨게 된 것과도 관련이 있어 보인다. '선악'은 전지전능한 신만 알 수 있는, 그리고 오로지 신만이 알아야 하는 '모든 것'을 의미했다.『구약성경』「에스겔」에는 두 번째 에덴이라 할 수 있는 성산聖山에서 살다가 쫓겨난 두로 왕에 관한 이야기가 나온다. 두로 왕은 마음이 교만하여 자신을 신이라 여겼다. 이 왕은 하느님의 성산에 살며 "화광석 사이에서 왕래했고," 자신의 아름다움에 사로잡힌 나머지 그의 영화를 누리다가 "슬기와 지혜"를 쏟아버렸다.(「에스겔」 28: 14~17) 수메르인의 천국 이야기에는 엔키와 닌후르사그가 등장한다. 닌후르사그는 물의 신 엔키가 그녀의 딸·손녀·증손녀까지 모조리 임신시켜버리자 격노한다. 마지막 잠자리에서 모든 힘을 소진한 엔키는 사경을 헤매게 된다. 여신의 음부는 물의 신 엔키의 정액으로 넘쳐흐른다. 지칠 대로 지친 엔키는 닌후르사그가 흘러넘친 그의 정액으로 만든 여덟 개의 식물을 먹어치운다. 그의 병세는 걷잡을 수 없을 정도로 악화되고, 다른 신들은 엔키의 죽음을 예감한다. 금지된 식물을 먹은 것 때문에 엔키는 닌후르사그의 저주를 받아 죽을 운명이 되었다. 여우가 명계의 신들에게 엔키를 위해 닌후르사그와 엔키의 중재에 나설 것을 부탁할 때까지 엔키는 이승으로 살아 돌아갈 수 없었다. 이 수메르식 '추방' 이야기는 유대의 '추방' 이야기와 사뭇 다른 내용을 담고 있다. 금지된 식물을 먹었다는 것만 빼면 말이다.

　이러한 차이가 발생하게 된 건 유대 역사상 유례없는 종교적 해석 때문이다. 유대인은 이후 서아시아를 물들인 '유일신'이라는 독특한 개념을 고안해냈다. "우리 하느님 여호와는 오직 유일한 여호와이시니"라는 「신명기」 6장 4절로 대변되는 개념 말이다. 이러한 개념의 발전을 설명해내기 위해 다양한 의견들이 제시되었다. 하지만 유대인 관념의 연속적인 변화 속에서 특정 시점을 찾아내기란 여간 어려운 것이 아니다. 아브라함이 유일신론자였을까? 아브라함은 우르Ur(현재의 텔 엘 무카이야르)에 살았다. 우르에서는 모든 사람이 운명의 예언자 난나를 최고신으로 신봉했다. 아니면 모세의 경험이 결정적인 영향을 끼친 것일까? 이집트에서 성장한 모세는 고대 이집트의 태양신 아톤Aton(혹은 아텐Aten)을 신으로 모시고자 하는 파라오 아크나톤(아멘호테프 4세)에 대해서 익히 알고 있었을 것이다. 아니면 신이 안배해놓은 이스라엘을 위한 원대한 계획을 예언한 예언자들, 아시리아의 잔혹한 군사들을 마주해야 했던 예언자들이 유일신론자였던 것일까?

　누가 유일신 개념을 고안해냈건 간에, 확실한 것은 '불가사의한 힘'을 대하는 유대인의 생각이 남달랐다는 점이다. "만국의 모든 신은 우상들이지만 여호와께서는 하늘을 지으셨음이로다."(「시편」 96: 5) 다른 모든 서아시아의 신은 인간이 만들어낸 허상에 불과하다는 말이다. 출처가 불분명해보이는 「다니엘」의 외경 〈벨과 용〉 편에는 이런 기독교인의 사고를 드러내는 이야기가 실려 있다. 키루스 2세는 다니엘에게 벨을 섬기라고 명한다. 다니엘은 벨이 가짜신이라 주장하고, 키루스 2세는 가짜신이 어떻게 바친 음식을 모두 먹어치우느냐고 반문한다. 사람들이 매일 밀가루 열두 말과 양 40마리, 포도 여섯 섬을 벨에

1-13　고대 바빌로니아의 도시 시파르(현재의 아부 합바)에 기원전 870년
　　　재건된 아카드의 태양신 샤마슈 신상에 대한 기록. 샤마슈Shamash는
　　　수메르의 태양신 우투의 바빌로니아식 명칭이다.

게 바쳤기 때문이다. 다니엘은 우상이 세워져 있는 신전 마루에 몰래 재를 뿌리고 제물을 바친 후 신전 문을 봉하게 한다. 다음날 재를 뿌린 마루에서 발자국이 발견되고 다니엘은 이곳의 "사제와 그들의 식솔들이 와서" 제물을 먹는다는 사실을 밝혀낸다. 이어 키루스 2세가 용을 섬길 것을 강요하자, 다니엘은 "역청과 비계, 머리카락"을 끓여 만든 약을 용에게 먹인다. 이 약 때문에 내장이 갈기갈기 찢긴 용은 죽음을 맞는다.

　서아시아의 타 종교의 사상을 끈질기게 거부해온 유대인이었지만 조로아스터교의 '최후의 심판' 개념만큼은 노골적으로 배격하지 않았다. 앞서 살펴보았듯이 키루스 2세 치세 하의 페르시아에서는 종교의 자유가 보장되었다. 비록 페르시아가 갖가지 종교를 믿는 타 민족들로 문전성시를 이루었지만, 조로아스터의 가르침에 대한 페르시아인의 굳건한 믿음만은 흔들림이 없었다. 조로아스터는 기원전 1000년경 페르시아의 종교를 개혁한 예언자이다. 당시에는 중앙아시아의 초원지대에 살고 있던 페르시아인은 그들의 사촌뻘인 아리아인이 북서쪽의 인도를 점령한 직후 남쪽으로 이동하기 시작한다. 그때부터 페르시아인은 페르시아라는 그리스식 이름 대신 '이란'이라는 새 명칭으로 자신들의 국가를 지칭하기 시작했다. 그리고 그들은 조로아스터의 가르침을 받아들였다. 조로아스터는 세계의 창조자 지고의 신 아후라 마즈다의 신성한 명령을 따라야 한다고 설파했다.

　아후라 마즈다가 절대선이라면 아리만은 어둠과 악을 상징하는 신이다. 이 "파괴적이고 사악한 영혼"은 아후라 마즈다와 숙명적 대결을 펼치고 세상은 혼돈에 휩싸인다. 이전에는 페르시아에 전지전능한 지고신이라는 개념이 존재하지 않았다. 조로아스터가 처음으로 아후라 마즈다를 통해 절대선의 경지를 보여준 것이다. 조로아스터는 모든 피조물은 아후라 마즈다가 아리만에게 압승을 거둘 수 있도록 온 힘을 다해 도와야 한다고 믿었다. 여러 명의 구세주들이 백성을 선한 길로 인도하기 위해 세상을 찾아왔다. 그리고 마지막으로 세상에 당도한 구세주는 사람들이 목숨을 잃은 장소에서 망자들을 일으킬 수 있는 능력을 가지고 있었다. 최후의 심판의 날에 옳은 일을 행한 자는 구원

1-14   조로아스터교의 장례식. 중앙의 사제 옆에서
기다리고 있는 개의 모습이 인상적이다.

을 받고 죄를 지은 자는 고통을 받게 된다. 그리고 부활한 자와 산 자가 심판을 받게 되고, 이 심판과정에서 쇳물로 뒤덮여 정화된 대지를 무사히 통과한 자만이 영생을 누리게 되는 것이다.

유대인·기독교인·이슬람교도에게 이 최후의 심판사상은 엄청나게 매력적인 이야기였다. 유대교에서는 아직 사후세계에 대한 개념이 미비했다. 당시 유대교에서는 망자들이 스올에 간다고 믿었다. '황량함'이라는 뜻의 아카드어에서 유래한 스올Sheol은 죽음·음부를 의미하는 수메르의 명계와 비슷한 개념이다. 스올에서는 "무덤에게 너는 내 아버지", "구더기에게 너는 내 어머니, 내 자매"라 불러야 하며, 모든 것이 "흙속에서 쉴 때" 희망이 스올의 문으로 내려간다는 내용을 『구약성경』의 「욥기」에서 확인할 수 있다.(「욥기」 17: 14~15) 페르시아인의 등골이 오싹한 장례풍습은 이민족들의 마음을 잡아끌기에는 역부족이었다. 헤로도토스에 따르면 페르시아인은 "시체가 개나 새에 의해 갈가리 찢기기 전까지는 시체를 매장하지 않았다"고 한다. 축생의 도움으로 살과 분리된 뼈는 납골당에 안치되었다. 『구약성경』에는 유대인이 매장할 때 마땅히 아침 제례를 지내야 한다는 것을 암시하는 구절이 종종 등장한다. 하지만 망자를 매장할 의무가 생겨난 연유에 대한 설명은 없다. 오늘날에도 유대인은 화장을 하지 않는다. 오로지 매장만이 올바른 장례방식이라 여기는 것이다. 이처럼 유대인은 페르시아의 장례문화에서는 한 오라기만큼도 영향을 받지 않았다. 하지만 최후의 심판사상만큼은 확실히 매혹적이었나 보다. 키루스 2세가 유대인이 예루살렘을 재건하는 것을 허락해준 후부터는 '부활'이라는 개념에 토를 다는 사람은 아무도 없어 보였다. 예언자 다니엘도 자신 있게 외쳤다.

> 땅의 티끌 가운데에서 자는 자 중에서 많은 사람들이 깨어나 어떤 이들은 영생을 받는 자도 있겠고 수치를 당하여서 영원히 부끄러움을 당할 자도 있을 것이며(「다니엘」 12: 2)

종반전: 유럽 대륙의 그리스, 로마 VS 아시아의 페르시아

대제국을 건설한 페르시아인이 호전적이었다는 건 두말하면 잔소리다. 하지만 정복의 과정이 그러했을 뿐 영리한 키루스 2세는 관대한 지배자의 역할을 하는 것으로 유연한 국정운영능력을 과시했다. 키루스는 파괴되거나 손상된 도시를 복원하고, 피지배국의 숭배문화를 존중하는 관대한 왕으로 스스로를 포장했다. 마르두크 신전의 부흥과 함께 바빌론에서 싹튼 우상숭배문화 말이다. 마르두크 신전 터에서 발견된 점토판에는 "모든 땅의 왕, 키루스는 에사길라 신전에 애정을 보였다"는 내용이 기록되어 있다.

키루스 2세의 의욕 넘치는 후임자들인 캄비세스 2세와 다리우스 1세의 치세기에 페르시아 제국의 영토는 기하급수적으로 늘어났다. 아라비아 땅을 빼면 이집트와 북서부 인도를 포함하는 서아시아 대부분이 페르시아 제국의 땅이었다. 특히 다리우스 1세의 영토확장의 야심은 멈출 줄을 몰랐다. 기원전 490년에 소아시아의 식민지 그리스에서 반란이 일어났다. 그리고 아테네와 에레트리아가 이 반란군에 원군을 보냈다. 이 "서쪽의 야만인"을 척결하기로 결심한 다리우스는 그리스 정벌에 나선다. 사실 다리우스가 유럽 대륙을 향한 야욕을 공공연하게 드러낸 건 어제 오늘의 일이 아니었다. 다리우스의 페르시아 함대는 이미 기원전 513년 스키타이 원정길에 지중해 해안을 따라 이탈리아까지 정찰을 마치고 돌아왔다. 기원전 480년에 다리우스의 아들 크세르크세스는 아버지의 뒤를 이어 그리스 원정길에 오른다. 세계 최대의 제국 페르시아의 자존심이 기원전 490년 마라톤 전투에서 아테

1-15 페르세폴리스에서 열린 크세르크세스 왕의 즉위식. 기원전 480년에 있었던 크세르크세스의 그리스 침공으로 아시아와 유럽 간 분쟁이 촉발되었다.

네인에게 패퇴했다는 사실을 도저히 용납할 수 없었기 때문이다. 크세르크세스는 부왕이 트라키아에 지어놓은 왕궁에서 자신의 군대를 사열하기도 했다. 언젠가 그리스인을 두 발 아래 무릎 꿇리고야 말겠다던 다리우스의 결심은 그의 자손에게 전해졌다. 유럽과 아시아의 혈투의 서막이 오른 것이다. 두 대륙의 피비린내 나는 힘겨루기는 엎치락뒤치락하며 중세까지 이어진다.

크세르크세스 대군의 예기치 않은 퇴각으로 그리스인은 짜릿한 희열을 맛보았다. 이 기념비적인 사건 이후 아테네는 페르시아와의 해전에서 그리스 해군 전체의 수장 역을 맡게 되었다. 이후 그리스 동맹군이 페르시아를 역습한다. 그리스의 강국 스파르타와 아테네 간의 날선 긴장관계 탓에 페르시아를 향한 복수는 생각만큼 쉽게 성공하지 못한다. 하지만 페르시아를 향한 그리스인의 분노 덕에 바다 건너 페르시아 원정에 필요한 병사를 그리스 도시에서 징집하고자 했던 알렉산드로스와 같은 정복자는 우레와 같은 전장의 함성을 들을 수 있었다. 소국 마케도니아의 왕이었던 알렉산드로스는 그리스 군사로 조직된 헬라스 동맹의 수장을 맡아 페르시아 침공에 나섰다. 그리고 약관의 청년 대왕에게 패한 다리우스 3세를 끝으로 전 세계에 맹위를 떨쳤던 아케메네스 왕조는 허망하게 먼지 속으로 사라졌다.

알렉산드로스의 연전연승의 비밀은 바로 세계 최고의 무적군단에 있었다. 그 중심에는 엄청나게 긴 창을 들고 밀집 대형으로 적을 섬멸하는 창병이 있었다. 기존의 창기병들이 2.4m 길이의 창을 사용했던 것과 달리 알렉산드로스의 창병들은 무려 5m에 달하는 창을 휘둘렀다. 기원전 334년 이 야심만만한 청년 대왕은 32,000명의 보병과 5,100명의 기병을 거느리고 소아시아를 가로질렀다. 주변의 페르시아 소부대를 모두 무찌르고 소아시아를 손에 넣은 알렉산드로스는 자신의 창을 땅속 깊숙이 박아 넣고는 이렇게 외쳤다. "신으로부터 아시아를 선물로 받았노라!" 완전히 새로운 그의 정치관을 드러내는 말이었다. 알렉산드로스는 점령지 아시아인을 마케도니아에 복속된 식민국의 백성이라거나 그리스의 노예쯤으로 여기는 법이 없었다. 이런 행보는 이상에 대한 그의 굳건한 믿음에 기반을 둔 정치적 선전의 일환이었다. 그의 선전은 주효했다. 수많은 아시아인들이 이 매력적인 영웅에게 마음을 빼앗겼으니 말이다.

서아시아와 최초로 대적한 그리스의 국가 트로이를 방문해 아킬레우스의 묘소에 참배하며 그리스의 정기를 받은 이 마케도니아의 왕은 내륙으로 진격하여 페르시아 원정에 오른다. 그리고 총 세 번에 걸친 공격 끝에 페르시아 제국을 패퇴시킨다. 처음에 그는 마케도니아 병사와 그리스의 기병 약간 명으로 구성된 간소한 군대를 이끌고 전장에 나선다. 하지만 두 번째, 세 번째 전투에서는 그리스군·발칸군·

마케도니아군이 연합한 대군을 이끌게 된다. 물론 모든 전투에서 선봉에 서 혁혁한 공을 세운 건 마케도니아군이었고, 이들을 이끈 건 당연히 알렉산드로스였다. 하지만 그의 원대한 계획은 연합군 병사들의 도움 없이는 현실화될 수 없는 것이었다. 페르시아를 점령한 후 그는 병력 증강을 위해 서아시아에서도 병사들을 모집했다. 기원전 326년 그가 인도 땅에 발을 디뎠을 즈음 그의 군대는 무려 120,000명으로 불어나 있었다. 그리고 아시아 출신이 병사들의 거의 절반을 차지했다. 하지만 이때에도 진격의 가부를 결정한 건 마케도니아인이었다. 마케도니아인은 왕의 결정을 비준하는 마케도니아인으로 구성된 의회를 조직했다. 동남아시아의 계절풍에 시달리며 행군을 계속했지만 알렉산드로스가 호언장담했던 아시아 대륙의 끝은 보이지 않았던 탓에 그들은 이미 지칠 대로 지쳐 있었다. 그들은 알렉산드로스의 결정을 의심하기 시작했다. 인도란 나라의 어마어마한 크기에 당황하긴 알렉산드로스도 매한가지였다. 그는 내심 갠지스 밸리에 있는 마그다Magdha까지 진격하길 바랐지만, 더 이상은 무리라는 걸 그도 알고 있었다. 그는 회군을 결심한다.

 영원할 것 같던 승리의 나날은 종지부를 찍었지만 알렉산드로스가 고대에 누구도 감히 상상하지 못했을 정도의 방대한 영토를 손에 넣은 것만은 분명하다. 그는 페르시아 제국의 광활한 영토보다 훨씬 더 넓은 전무후무한 제국의 지배자였다. 그의 특별함은 비단 정복자로서의 탁월한 능력에만 있었던 것이 아니다. 그는 이제껏 어떤 군주도 선보인 적 없는 이상을 추구했으며 다민족이 한데 어울려 사는 왕국을 꿈꿨다. 알렉산드로스는 모든 인간은 자신의 혈통과 상관없이 그 사람 자체로 인간의 가치를 판단해야 한다는 점을 분명히 했다. 그와

1-16 　알렉산드로스 대왕을 표현한 로마 시대의 모자이크.
　　　율리우스 카이사르는 이 마케도니아의 정복자를 숭배했다.

그의 최측근 인사들 가운데 여덟 명은 페르시아 귀족 가문의 처자와 혼인하기도 했다. 병사들과 아시아 현지처 간의 결혼이 합법적으로 공인되었고, 병사들이 아시아 여성들에게서 낳은 자식의 교육비가 지급되었다. 이들 중 다수가 알렉산드로스가 아시아에 건설한 70여 개의 신도시에 정착했다. 하지만 비대해진 대제국을 건사하는 건 쉬운 일이 아니었다. 거대한 영토에 안정을 구가하기 위해서는 군사력의 증강이 급박했다. 하지만 이런 현실적인 고민을 뒤로한 채 알렉산드로스는 신으로부터 부여받은 신성한 임무를 완수해야 한다고 굳게 믿었다. 이런 그의 몽상적인 태도는 그를 따르던 마케도니아인과 그리스인을 불안에 떨게 했다. 이에 대해 그리스의 역사학자 플루타르크는 다음과 같이 말했다.

알렉산드로스 대왕은 자신을 온 세계를 화합하게 할 신이 보낸 지배자라 여겼다. 사람들을 이성으로 화합하게 할 수 없을 때 무력을 사용하긴 했지만, 그의 모든 행보는 단 하나의 목적을 위한 것이었다. 사람들의 삶·관습·결혼·생활방식을 모두 한데 어우러지게 하는 것 말이다. 이를테면 그는 전 세계를 화합의 잔 속에 담고 싶어 했던 것이다.

알렉산드로스는 다방면에서 혁신을 추진했다. 그 중 마케도니아인이 가장 꺼렸던 것은 바로 궁정에서 절을 하는 새 예법이었을 것이다. 사실 왕에게 절을 하는 데 전혀 반감이 없는 아시아인에게만 이 새 예법을 시행했어도 되는 일이었다. 마케도니아인에게는 기존의 예법을 고수하게 하고 말이다. 하지만 알렉산드로스는 새 예법을 굳이 모든 이에게 시행하려고 들었다. 자신의 만백성을 동등하게 대우하려는 그의 통치사상을 엿볼 수 있는 대목이다.

  문화융합에 대한 알렉산드로스의 끝없는 갈구를 가로막은 건 그의 갑작스런 죽음이었다. 모든 것을 가진 대왕은 33세의 나이로 바빌론에서 유명을 달리한다. 사인은 열병이었다. 기원전 323년 병상에서 마지막 전투에 한창이던 이 전무후무한 정복자에게 측근들이 물었다. "누구에게 왕위계승을 하시렵니까?" 알렉산드로스는 힘겹게 마지막 숨을 몰아쉬며 이렇게 대답했다고 한다. "가장 강한 자에게." 그의 휘하에 있던 부장들의 복마전을 예상이라도 한 듯한 말이었다. 알렉산드로스가 세상을 뜨기가 무섭게 권력 실세들의 혈투가 벌어졌고, 대왕의 거대한 제국은 여러 갈래로 찢겨졌다. 새로 건립된 나라들 중에서 알렉산드로스가 주창한 문화융합이라는 기조를 유지한 나라는 셀레우코스 1세가 서아시아에 창건한 시리아 왕국이 유일했다. 이 왕국의 수도는 현재의 이라크 지역에 해당하는 동부의 티그리스 강 유역에 있었다. 셀레우코스는 이 수도의 한 교외지역에 아시아인 아내 아파네아 Apanea의 이름을 딴 명칭을 붙이기도 했다. 아파네아는 알렉산드로스의 동화정책에 따라 셀레우코스가 결혼한 정복국 박트리아 왕국의 공주였다. 아파네아 공주는 마케도니아 병사와 결혼한 다른 아시아 국가 여인들과는 달리 알렉산드로스 사후에도 원만한 결혼생활을 이어갔다. 그녀가 낳은 셀레우코스의 장남이 왕위를 이은 데서 이를 확인할 수 있다. 그가 바로 탁월한 국정운영능력으로 유명한 안티오코스 1세이다.

셀레우코스는 기원전 281년에 서거했다. 생전에 장남의 출중한 재능을 알아본 그는 왕세자를 섭정으로 임명했다. 당시로서는 상당히 이례적인 결정이었다. 하지만 이 혁신적인 결정 덕에 셀레우코스 왕조는 오랜 번영을 누리게 된다. 안티오코스 1세는 왕위에 오르기 전부터 제국의 동부를 다스렸다. 단순히 왕을 대리하는 섭정으로서 이 지역을 책임진 것이 아니었다. 시리아 왕국에서 섭정 안티오코스는 셀레우코스와 동등한 권한을 지닌 군주의 대우를 받았다. 셀레우코스는 광활한 영토를 다스리는 섭정 왕세자에게 군주와 다름없는 결정권이 필요하다는 걸 알고 있었던 것이다. 제국의 창건 초기부터 셀레우코스는 아르메니아에서 인도에 이르는 광대한 영토 내에 다양한 민족들이 한데 섞여 살고 있는 대제국을 통치하는 문제에 대해 고심했다. 그가 자신을 페르시아 왕의 현신으로 포장했던 것도 바로 이 때문이다. 알렉산드로스의 후계자란 사실을 내세우기 바빴던 알렉산드로스의 다른 측근들과는 달리 말이다. 권력다툼에 열을 올리던 알렉산드로스의 후계자들은 정통성을 알리기 위해 알렉산드로스의 초상이 새겨진 주화를 통용시키기도 했다. 하지만 자신의 왕조를 차별화했던 명민한 셀레우코스의 제국에서는 이런 주화를 좀처럼 찾아볼 수 없었다.

안티오코스 1세는 아버지의 이런 접근방식을 전적으로 지지했다. 다음은 기원전 286년에 바빌론 부근의 보르시파Borsippa 유적의 에지다Ezida 사원에서 발견된 아카드어 비문이다. 안티오코스 1세가 남긴 것으로 알려진 이 비문은 다음과 같이 시작한다.

> 마케도니아인이자 셀레우코스 1세의 장남인 나는 위대한 왕 안티오코스 1세다. 뛰어난 국왕이자 온 세상의 왕인 나는 바빌론의 왕이자, 대지의 왕으로 에사길라와 에지다의 수호자이다. 나는 에사길라와 에지다, 두 신성한 사원의 재건을 결심하고 최상급 기름을 사용하여 나의 정결한 두 손으로 손수 벽돌을 빚었다.

안티오코스는 그리스어와 아카드어로 기록되는 모든 문서에 종전과는 다른 새로운 날짜를 기입했다. 셀레우코스 왕조가 외세의 침략세력이 세운 왕조가 아니라 지역 신에 익숙할뿐더러, 지역 신 숭배를 장려하는 합법적 통치세력이라는 사실을 강조하기 위한 방편이었다. 페르시아 제국의 연장선상에 있는 국가란 점을 강조하는 것으로 체제 정통성을 확립하려고 했던 것이다. 완전히 틀린 이야기도 아니었다. 셀레우코스 왕조의 혈통에 이란인의 피가 반은 섞여 있었으니 말이다.

셀레우코스 왕조의 실용주의는 왕조의 오랜 번영과 밀접한 관계가 있었다. 그리고 운 좋게도 주변에 셀레우코스 왕조의 시리아에 대적할 만한 강대국이 없었다. 인도 북서부에 대한 마우리아 왕조와의

1-17 안티오코스 1세. 셀레우코스 왕조는 알렉산드로스 대왕의 민족화합정책의 명맥을 이어갔다.

영토분쟁을 협상으로 해결한 일도 있었다. 박트리아처럼 외진 지역의 영토가 다른 나라로 넘어간 일은 있었지만 셀레우코스 왕조는 오랫동안 태평성대를 누렸다. 하지만 오랜 세월은 이 대제국을 현재 시리아의 영토보다 약간 더 넓은 땅을 차지한 나라로 전락시켰다. 게다가 파죽지세로 몰려오는 파르티아와 로마의 세력은 셀레우코스 왕조 시리아에 커다란 위협으로 다가왔다. 셀레우코스 왕조가 로마와 갈등을 빚기 시작한 건 기원전 190년 무렵 안티오코스 3세의 주장 때문이었다. 안티오코스 3세는 트라키아가 셀레우코스 왕조의 영토라는 해묵은 주장을 반복했다. 셀레우코스 왕조의 전성기를 이끌어낸 왕답게 그는 강력한 국력을 자랑하며 반유목민족인 파르티아인을 효과적으로 견제했다. 비록 소아시아의 도시 마그네시아에서 맞닥뜨린 로마군과의 전쟁에서는 고전을 면치 못했지만 말이다. 셀레우코스 왕조의 군대를 격파하기 위해서는 병사들에게 미늘로 뒤덮인 갑옷을 지급해야 했고, 말을 탄 궁수를 반드시 대동해야 했다.

하지만 안티오코스 3세의 뒤를 이은 왕들의 운명은 달랐다. 파르티아의 국력은 날로 융성했고 국내에서는 왕위찬탈 시도가 끊이지 않았다. 급기야 내전까지 발생했다. 시리아의 분열이 못내 기뻤던 로마는 두 손을 놓고 지켜보기만 했고, 이때를 틈타 파르티아가 현재의 이란에 해당하는 지역을 집어삼켰다. 이 전략적 요충지를 수복하려는 시리아의 시도는 실패했고 이는 국력의 급격한 쇠퇴로 이어졌다. 기원전 126년경 셀레우코스 왕조는 유프라테스 강 서쪽까지 밀려났다. 국고가 바닥나 반격할 군사 양성조차 힘들었던 이 노쇠한 시리아 왕국은 결국 기원전 64년경에 그 오랜 역사의 막을 내린다.

바로 그해 로마가 시리아 왕국을 속주로 병합했고, 이는 두고두고 로마와 파르티아 간 반목의 씨앗이 되었다. 파르티아의 왕들은 끊임없이 이 이란 지역에 대한 수복의지를 불태웠다. 하지만 정확히 따지고 보자면 그들은 페르시아 아케메네스 왕조의 후예는 아니었다. 파르티아는 단 한 번도 세계 최강의 대제국 반열에 오르지 못한 나라였다. 오히려 사실상 자치지역이나 다름없는 영지들의 연합국으로 보는 것이 옳았다. 게다가 파르티아의 왕들은 그들의 후예인 사산 왕조 페르시아의 왕들처럼 강력한 국가의 군주도 아니었다. 기원전 53년의 카레Carrhae 전투에서처럼 로마 제국에 압승을 거둔 일도 있었지만 말이다. 파르티아는 카레 전투에서 놀라운 승리를 거뒀고 10,000명의 로마 제국 병사를 포로로 사로잡았다. 이 포로들 중 일부는 파르티아의 동부에 정착했다. 그리고 이보다 더 멀리 간 포로들은 중앙아시아 투루판Turufan 근처에 주둔하고 있던 중국 병사들과 마주쳤던 것 같다. 중국의 고대문서에는 기원전 36년에 용병부대를 이끌고 중국에 투항한 한 야만족 족장에 관한 내용이 기록되어 있다. 이들의 훈련방식에 대한 내용으로 미루어볼 때 이들은 로마 군단 출신의 병사들이었을 가능성이 매우 높다.

제국 동부의 골칫덩이 파르티아를 견디지 못한 로마 황제 트라야누스는 마침내 파르티아를 완전히 점령하기 위한 동방원정에 올랐다. 하지만 그는 당당하게 출발한 이 원정길에서 다시는 돌아오지 못했다. 로마의 영토가 최대에 이르렀던 시기인 117년에 트라야누스 황제는 명계의 강을 건넜다. 파르티아 정복은 녹록지 않은 일이었다. 후임 황제는 선왕의 정책을 포기했고 로마는 유프라테스 강 동쪽지역에 대한 불개입의 원칙을 반세기 동안 고수했다. 하지만 이것으로 끝이 아니었다. 특히나 파르티아 멸망 후 226년에 사산 왕조 페르시아가 집권하면서부터 오랜 분쟁의 씨앗은 다시 활활 타오르기 시작했다. 자신들을 "왕 중 왕"이라 칭했던 사산 왕조의 통치자들은 이후 두 대륙 간 분쟁의 핵으로 떠오른다. 이들은 이란 지역의 종주권을 두고 로마와 지루한 싸움을 벌였고, 로마 멸망 후에는 동로마 제국과 잦은 충돌을 빚었다. 그리스식 이름을 가진 황제들을 필두로 지중해 동부를 차지한 로마 제국의 후예들과 말이다.

파르티아인과 사산 왕조는 모두 조로아스터교를 신봉했다. 하지만 파르티아와 달리 신정국가에 가까웠던 사산 왕조는 이교도에게 개종을 강요했다. 당연히 기독교를 믿는 유럽 대륙과 잦은 충돌을 빚게 되었고 이런 강경한 대응은 결국 십자군원정을 부르고 말았다. 226년 사산 왕조를 건국한 아르다시르 1세는 조로아스터교에 의한 통일을 꾀했으며, 많은 도시들을 건설했다. 사산 왕조 2대 왕 샤푸르 1세는 로마와 두 차례 전쟁을 벌였다. 첫번째 승리를 기념하는 전승기념상을 이란 남부 낙쉐 로스탐Naqsh-e-Rostam에 건립하기도 했다. 로마와의 첫 번째 전쟁은 싱겁게 끝났다. 로마 황제 필리푸스는 권력을 잡은 후 샤푸르에게 무릎을 꿇고 평화를 애걸했다. 256년 다시 시작된 페르시아와 로마의 두 번째 전쟁에서 기독교박해정책으로 악명을 떨친 로마 황제 발레리아누스는 포로의 신세가 되고 말았다. 260년에 생포된 발레리아누스 황제는 샤푸르가 말에 오를 때마다 무릎을 땅에 대고 등을 대어주는 전용 발판이 되는 굴욕을 맛보아야 했다.

로마를 상대로 두 차례나 압승을 거뒀음에도 불구하고 샤푸르는 로마의 영토를 사산 왕조로 복속시키지 않았다. 그의 마음이 콩밭에 가 있었기 때문이다. 그는 예언자 마니의 급진적인 가르침에서 많은 영향을 받았던 것 같다. 마니는 오늘날의 이라크 남부 바스라 부근의 금욕적인 기독교 공동체에서 태어났으며 25세가 되던 해에 마니교를 창시했다. 세속적인 것으로부터 멀어져야 한다는 마니교의 가르침은 조로아스터교사제들의 분노를 샀다. 인도를 방문해 불교를 접한 경험이 있는 마니는 마니교의 교리에 불교사상도 다수 가미했다. 마니의 이름을 따 마니교라 불린 이 종교는 사실 고대 서남아시아의 종교를 아우르는 단일 종교체계를 만들고자 하는 시도였다고 할 수 있다. 마니는 자신에게 우호적이었던 샤푸르의 비호 아래 비교적 안전한 생활을 할 수 있었다. 하지만 샤푸르의 사후에 조로아스터교사제들이 다시 사산 왕조의 궁정에서 득세했다. 오늘날의 아야톨라와 비슷한 신분의 대사제였던 카르티르가 새 국왕이 된 바흐람 1세에게 마니의 처형을 종용했고, 마니는 273년 '마니의 수난'이라 불리는 26일간의 재판을 받은 뒤 유명을 달리했다. 조로아스터교 성직자들은 이후 수많은 유대인·

1-18   로마를 무찌른 페르시아의 두 번째 전승기념상. 로마 황제 발레리아누스를 생포한 샤푸르 1세. 이란 남부 낙쉐 로스탐에 있다.

기독교도·마니교도·불교도들을 박해했다.

사산 왕조는 고대에서 종교적인 정통성을 확립하기 위한 체계적인 정책을 국가 차원에서 마련한 유일무이한 국가였다. 사산 왕조만큼 열성적이지는 않았지만 지중해 동부에서도 비슷한 움직임이 일었다. 콘스탄티노플이 기독교 제국의 수도가 된 후 유럽과 아시아의 오랜 반목이 깊은 종교갈등의 골을 만들어낸 건 어쩌면 피할 수 없는 일이었다. 로마 제국을 기독교국가로 변모시킨 건 콘스탄티누스 대제였다. 콘스탄티누스는 예수 그리스도의 신성을 부정하는 세력을 몰아내기 위해 현재의 이즈니크Iznik에 해당하는 소아시아의 니케아Nicaea에서 공의회를 개최하기도 했다. 그 결과 콘스탄티누스의 바람대로 새로운 신조가 채택되었다. 이 신조가 바로 니케아 신경[2]이다. 니케아 공의회에서 콘스탄티누스는 예수의 신성이라는 민감한 사안에 대한 토론을 직접 주재하여 만장일치를 이끌어냈다. 그는 이렇게 말했다. "하느님의 교회 내에서의 분쟁은 다른 어떤 전쟁이나 갈등보다 위험하고 사악한 것이다."

유럽 대륙과 아시아 대륙의 날선 긴장관계가 극에 달한 것은 사산 왕조 23대 왕 호스로 2세 집권기였다. 호스로는 619년까지 소아시아·시리아·팔레스타인 그리고 이집트까지 점령했다. 예루살렘에서 성 십자가[3]를 빼앗아오기도 했다. 잠시 동안이었지만 서아시아가 일방적으로 우세한 것처럼 보였다. 보스포루스 해협에 정주한 사산 왕조의 대군이 콘스탄티노플에 시시각각으로 위협을 가했고, 서쪽 해안에는 아바르족의 침입이 끊이지 않았다. 슬라브족과 불가리아족이 발칸 반도로 대거 유입되었고, 롬바르드족이 이탈리아를 침공했다. 하지만 헤라클리우스가 동로마(비잔틴) 제국의 황제로 즉위하면서 상황은 180도로 달라졌다. 이 새 황제의 등장으로 지중해 동부는 유례없는 전쟁의 포화에 휩싸이게 되었다. 동로마는 그간 엄청난 영토를 외세에 빼앗긴 탓에 군인들에게조차 급료를 제대로 지급할 수 없을 지경이었다. 재정난에 허덕이던 헤라클리우스는 교회에서 엄청난 금액을 빌려 해외원정을 떠나기로 결심한다. 호스로를 제물로 삼은 거듭된 원정에서 헤라

---

2   Nicaenum: 니케아 신경의 특징을 나타내는 단어는 호모우시오스homoousios인데 그 의미는 동일본질同一本質, 곧 성자聖子는 성부聖父와 본질이 하나라는 것이다. 당시 교회의 쟁점이 된 것은 '그리스도는 하느님'이라는 것이었다.
3   True Cross: 예수가 십자가형을 당한 실제 십자가로 여겨지는 기독교 유물. 많은 교회들이 진품으로 확신하는 성 십자가 조각들을 나누어 보유하고 있다.

1-19 동로마 제국의 맞수 사산 왕조 페르시아의 왕 호스로 2세의 동전

클리우스는 갖은 고초를 겪는다. 고대판 십자군원정이나 다름없는 이 일련의 침략행위는 기독교인의 광적인 믿음과 이교도에 대한 증오에서 시작된 것이다. 결국 이들은 예루살렘을 신성모독한 대가라며 조로아스터교의 신전을 파괴하는 만행을 저지르기에 이른다.

헤라클리우스와 호스로 2세의 피비린내 나는 악연이 동로마의 정치적 분쟁에서 비롯되었다는 건 역사의 아이러니다. 590년에 사산 왕조를 다스리던 호스로는 귀족들의 반란으로 망명길에 오른다. 그는 동로마의 황제 마우리키우스에게 의지하여 왕위를 회복을 시도한다. 마우리키우스는 아르메니아의 대부분을 헌납받는 조건으로 군대를 빌려주었고, 호스로는 그 덕에 다시 권좌에 오르게 된다. 잦은 외세의 침략에 시달리던 마우리키우스에게 사산 왕조와 평화협정을 맺는 것은 그 가치를 따질 수 없는 일이었다. 마우리키우스가 선대 황제에게 물려받은 것이라곤 바닥난 국고와 끊임없는 전쟁의 위협에 시달리고 있는 국경이 전부였으니 말이다. 평화협정을 맺는 데는 성공했지만 재정난을 해결할 길은 요원했다. 여전히 돈에 쪼들리던 마우리키우스 황제는 발칸 반도에 파병한 군인들에게 지급해야 하는 배급을 끊어버리기로 결정한다. 병사들에게 알아서 겨울을 나라는 가당치 않은 명령이 하달되었고, 배고픈 군사들은 폭도로 돌변했다. 그러나 폭동이 끝이 아니었다. 콘스탄티노플로 진군한 병사들은 마우리키우스를 시해하고 포카스라는 이름의 자신들의 지휘관을 새 황제로 추대했다.

호스로가 자신의 은인 마우리키우스의 복수를 하겠다고 나섰다. 처음에 그는 황위계승의 자격이 있는 마우리키우스의 아들 테오도시우스를 지지했다. 아비의 설욕을 실천하는 과정에서 젊은 아들마저 세상을 떠나자, 호스로는 흑심을 품는다. 동로마를 서아시아의 세력권으로 편입시키고 싶은 욕심이 그의 마음에서 스멀스멀 피어오르기 시작한 것이다. 610년에 동로마에서 포카스를 축출하기 위한 쿠데타가 일어났다. 이 쿠데타의 선봉에는 카르타고 총독 헤라클리우스가 있었다. 폭도들은 맹렬한 기세로 콘스탄티노플로 진격했다. 당시의 기록을 살펴보자.

포카스 황제는 알몸으로 헤라클리우스 앞에 섰다. 헤라클리우스가 황제의 오른팔을 어깨에서 떼내라고 명했다. 그리고 칼이 황제의 머리를 관통했다. 반란군은 팔이 잘린 황제의 시체를 싣고 콘스탄틴 광장에서 출발하여 콘스탄티노플 구석구석을 행진했다.

포카스가 살해당한 바로 그날 플라비우스 헤라클리우스는 황제의 관을 머리에 썼다. 새 황제는 왕위를 찬탈한 역적을 몰아내 제국에 질서를 바로 세웠다는 명분을 내세웠다. 호스로에게 이 두 번째 쿠데타는 동로마를 집어삼키려는 그의 야욕에 불을 지피는 사건이나 마찬가지였다. 실제로 그런 상황도 더러 존재했다. 어쨌거나 그의 입장에서 보자면 무력행사를 중단할 이유가 없었던 셈이다.

하지만 호스로도 628년에 살해당했다. 오랜 전쟁에 지친 사산 왕조의 백성이 평화를 갈구했기 때문이다. 민심의 이반으로 뿌리가 흔들린 왕조는 근자에 점령한 모든 영토에 대한 소유권을 포기해버린다. 거듭된 반란으로 극도로 쇠약해진 사산 왕조 페르시아는 이슬람의 페르시아 정복의 기세를 견디지 못하고 651년에 멸망한다. 반면 동로마는 이슬람의 무지막지한 침략에 가까스로 맞서긴 했으나, 서아시아의 영토 대부분을 잃고 말았다. 서아시아를 한입에 집어삼킨 이슬람 세력은 무서운 기세로 세계로 뻗어나갔다. 서아시아·중앙아시아·남아시아에 중세의 시작을 알리는 신호탄을 쏜 건 알라의 가호를 받는 이 용맹한 민족이었다.

2장

고대 남아시아

신들이 불로장생의 영약을 마시는 순간을 틈타 라후란 이름의 악마가 영약을 한 모금 입에 머금었다. 태양과 달이 위대한 비슈누 신에게 이를 고해바쳤고, 악마가 신들의 묘약을 들이키기 직전 비슈누 신이 악마의 머리를 베었다. 악마의 머리가 땅에 떨어져 데굴데굴 굴렀고, 끔찍한 굉음이 온 땅과 하늘을 메웠다. 결국 라후의 머리통만이 영생을 얻었다. 이때부터 라후의 머리통은 턱을 쩍 벌리고 태양과 해를 집어삼키려 쫓아다니기 시작했다.

— 『마하바라타 *Mahabarata*』 중에서

아시아의 두 번째 문명: 인더스 계곡

1921년에 펀자브의 작은 마을 하라파에서, 그리고 1922년에는 인더스 강 하류 신드의 모헨조다로에서 인도 아대륙에서 가장 오래된 고대도시의 흔적이 발견되었다. 지금껏 제일 오래된 것으로 알려진 도시유적보다 무려 2000년 전에 존재한 도시의 자취였다. 첫 발굴 이후로 일명 '인더스 문명'이라 불리는 인도 아대륙 최고문명의 수혜를 받은 촌락터들이 속속 모습을 드러냈다. 그 수가 천여 개에 이를 정도였다. 놀라운 사실은 이 촌락들이 일률적인 도시계획에 의해 건설된 거주지구라는 사실이었다. 북쪽에 위치한 촌락이건 남쪽에 위치한 촌락이건 촌락터에는 기가 막힌 질서가 존재했다. 고고학자들은 이 거대 촌락지구의 발견은 대제국, 아니면 적어도 국가연합의 존재를 제시하는 사건이라는 결론을 내렸다. 이 촌락들은 엄청나게 광범위한 지역에 퍼져 있었다. 현재까지 발견된 촌락의 분포만으로도 아시아 3대 문명의 발상지, 즉 메소포타미아 문명·인더스 문명·황허 문명 중에서 가장 인구 수가 많은 지역이라는 결론을 내리기에 충분했다. 그 차이는 메소포타미아 문명과 비교해볼 때 한층 확연했다. 티그리스 유프라테스 계곡의 면적은 약 65,000km²인 데 반해, 인더스 계곡의 면적은 무려 1,200,000km²에 달했다. 중국의 상나라가 지배했던 지역은 인더스 문명의 영향력이 미치는 지역의 3분의 1에 불과했다. 현대의 중국은 엄청난 땅덩어리를 차지하고 있지만 말이다. 다른 점은 이것만이 아니었다. 도시를 기반으로 한 수메르인과 달리 인더스 계곡의 거주자들 대부분이 도시 관할 하의 촌락에 살았다. 이것은 매우 근본적인 차이점이다. 하라파 거주 인구는 약 40,000명이었고 모헨조다로의 거주 인구는 약 30,000명이었다. 메소포타미아 문명의 도시들과 그 규모 면에서는 큰 차이가 없었던 것이다. 하지만 인더스 문명의 도시들은 이례적으로 광범위한 지역에 자리 잡고 있었다. 인더스 계곡에 위치한 대부분의 도시들은 중앙집권세력이 거주하는 중심부 촌락이 중심에 있고, 그곳에서 멀리 떨어진 외곽지역에 촌락들이 듬성듬성 자리 잡고 있는 형태를 띠고 있었다. 반면 수메르나 바빌로니아의 거주지들은 다른 거주지의 모습을 육안으로 확인할 수 있을 정도로 근접거리에 자리 잡고 있었다.

인더스 문명이 메소포타미아 문명이나 중국의 황허 문명과 달리 오래 지속되지 못했다는 것도 중요한 차이점이다. 이 고도로 발달된 아시아의 두 번째 문명은 기원전 2400~1800년까지 고작 600여 년 동안 지속되었을 뿐이다. 심지어 모헨조다로에서 도시가 활성화되기 시작한 건 기원전 2350년 즈음으로 추정된다. 동부지역에 거대한 시가지가 생겨났는데, 이 동부지역 전체를 요새화할 수 없었던 것도 이해가 간다. 또 서쪽에는 진흙과 진흙을 구워 만든 벽돌로 성채도 건설했다. 남쪽은 높이 3m, 북쪽은 높이 6m에 이르는 이 성채에 쓰인 진흙벽돌 덕에 이곳 사람들은 홍수를 막아낼 수 있었다. 인더스 강의 주기적인 범람으로 보리나 밀, 각종 과일과 채소를 재배할 수 있는 비옥한 토양을 얻을 수 있었던 것은 사실이다. 하지만 자연의 선물에는 대가가 따랐다. 강변에 위치한 촌락은 홍수를 막아내기 위해 지속적인 주의를 기울일 필요가 있었다. 구운 진흙벽돌의 발명으로 진흙을 이용해 건설한 벽과 기반은 몰라보게 튼튼해졌다. 인더스 강변에 위치한 모헨조다로의 시민들에게는 더없이 필요한 선물이었던 것이다. 현재 모헨조다로 유적지에는 성채가 있는 '고지대'와 시민들의 주거지가 있는

'저지대'가 남아 있다. 이곳에서 발견된 어마어마한 규모의 인공구조물들은 헤아릴 수 없을 만큼 많은 사람들의 손길로 이 고대도시가 건설되었음을 시사한다.

인더스 문명에서 발견된 문서는 그 수도 얼마 되지 않거니와, 아직까지도 해독되지 못했다. 수메르어와 아카드어로 쓰인 고대 기록 덕분에 고대 서아시아 문명의 면면을 살펴볼 수 있었던 것과 달리, 인더스 문명은 여전히 우리에게 거대한 수수께끼로 남아 있다. 인더스 문명은 말이 없으니 유적지에 남아 있는 유물들을 살펴 그들의 삶을 어림짐작해보는 것이 고작이다. 모헨조다로에서 발견된 건축물은 크게 세 가지, 즉 대형 목욕탕·곡물창고·기둥이 세워진 집회장으로 분류된다. 너비가 12m, 폭 7m에 이르는 대형 목욕탕은 깊이가 무려 3m나 된다. 목욕탕 양 끝에 있는 역청을 바른 나무 발판이 있는 견고한 계단으로 탕에 출입할 수 있다. 탕 안에 물을 가두어두기 위해서 욕탕 바닥을 톱으로 잘라, 시멘트와 모래를 물로 반죽한 석고 모르타르를 바른 벽돌로 만드는 것으로 방수처리를 했다. 벽돌의 겉면에는 비슷한 비율로 모르타르가 칠해져 있고, 벽돌 사이사이에 역청을 발라 이어 붙였다. 물은 근처 우물에서 끌어오게 되어 있고, 한쪽 모서리에 배수시설이 마련되어 있다. 목욕탕 주변에는 탈의실들이 있고, 위층으로 이어지는 계단도 있다. 고지대의 최상부에 위치한 이 정교한 건물은 종교적인 용도로 쓰인 건물임이 거의 확실시되고 있다. 이 목욕탕은 이후의 인도 역사에서 자주 등장하는 사원 호수의 원형인 제례용 목욕탕이었을 것이다.

그러므로 이 목욕탕을 이용할 수 있었던 건 아마도 특권계급인 사제들뿐이었을 것이다. 당시 사제의 모습을 가장 여실하게 보여주는

2-1   소형 사제 조상. 모헨조다로에서 발견되었다.

유물은 모헨조다로에서 발견된 소형 조상이다. 소형 조상은 장식 머리 띠를 하고 있는 턱수염이 난 사제의 모습을 돌에 새긴 조각상이다. 오른쪽 어깨를 드러내는 것은 붓다에게 일생을 바친 데 대한 존경의 상징으로 여겨졌다. 대형 목욕탕에서 조금 떨어진 북쪽에서는 여덟 개의 소형 목욕실이 발견되었다. 이곳을 발굴한 이는 이 유적이 사제들만의 성소였을 것으로 추정했다. 하지만 종교를 후원하는 상류계급의 전용 욕실이었을 가능성도 배제할 수 없다. 심지어는 상류층 인사들의 부인이나 딸들이 이곳을 이용했을지도 모를 일이다. 모헨조다로 사람들이

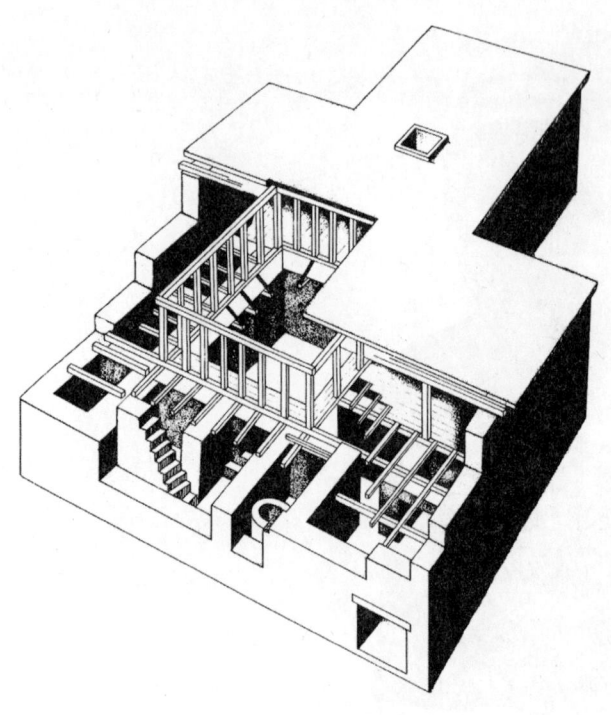

2-2 모헨조다로의 전형적인 주거지

몸을 씻는 것을 매우 중요하게 여겼다는 사실은 이 목욕탕이 종교적 의식과 관련 있는 시설임을 분명히 암시한다. 이 종교적 의식에 대해서는 아직 밝혀진 바가 전혀 없지만 말이다. 대형 목욕탕 서쪽에는 거대한 곡물창고가 있는데, 이곳은 목욕탕처럼 알쏭달쏭한 미지의 공간은 아니다. 이 곡물창고는 환기구가 이리저리 복잡하게 나 있는 27개의 벽돌 구조물 위에 건축되어 있다. 소실된 곡물창고의 상부는 아마 목재로 건축되었을 것이다. 그도 그럴 것이 인더스 계곡의 울창한 숲에서는 흑단같이 쓸 만한 목재를 구하기가 어렵지 않았다. 이곳의 흑단을 실은 상선이 페르시아 만과 메소포타미아 남부에 도착했다는 기록도 있다.

곡물창고는 대형 목욕탕보다 더 오래된 건축물인 것으로 추정된다. 여기서 고대인이 곡물의 저장을 수단으로 사회질서를 유지했다는 사실을 알 수 있다. 집권세력은 노예이건 자유인이건 간에, 고용인에게 현물로 임금을 지불해야 했을 것이다. 모헨조다로에서 잉여식량을 곡물창고에 저장한 것은 생산과 분배의 체계가 엄격한 통제 하에 있었다는 걸 의미한다. 저 멀리 남쪽 로톨에 있는 벽돌로 지은 항구에서 그러했듯이 말이다. 인더스 문명에도 상거래를 하는 계층은 분명 존재했다. 하지만 고고학적 증거들은 정부 주도의 경제활동이 주를 이뤘음을 보여준다. 모헨조다로 북부의 하라파 유적지에서는 두 채의 곡물창고가 발견되었다. 각 곡물창고에는 5칸의 작업장과 2칸의 창고가 있었다. 특정한 목적을 위해 건축된 이 시설에서 정부가 고용한 인부들이 도시의 거주민들을 위해 밀가루를 저장했다는 사실을 알 수 있다.

모헨조다로에서 눈에 띄는 대형 건축물들 중 세 번째는 목욕탕과 곡물창고 남쪽에 있는 집회장이다. 북쪽 성벽 중앙에 입구가 있고, 직사각형 기둥들이 지붕을 떠받들고 있는 구조의 이 집회장의 면적은 약 27m²에 달한다. 이 회합의 장에서 멀리 떨어지지 않은 곳에 정교하게 포장된 방과 벽으로 둘러싸인 안뜰의 잔해가 있다. 형체를 알아볼 수 없을 정도로 심하게 손상된 이 잔해는 고위 공무원의 사유지였을지도 모른다. 이후 인도 문명의 알현실을 떠올리게 하는 이 기둥이 세워져 있는 집회장은 시민들의 토론의 장이었을 개연성이 매우 높다. 이곳에서는 주요 거주지의 운영에 대한 합의가 도출되었을 것이다. 이를 위해 '고지대' 동쪽의 '저지대'에 사는 일반 시민대표들이 이곳에 모여들었을 것이다.

이 '저지대'에 건설된 시가지는 인더스 계곡 촌락과 도시 시가지의 전형적인 모습을 띠고 있다. 세심하게 설계된 도로들이 건물 사이사이를 바둑판 형태로 가로지른다. 이 바둑판 형태의 도로에서 벗어난 오솔길이나 간선도로도 찾아볼 수 있다. 이는 고대 메소포타미아 지역 도시들과는 사뭇 다른 도시 형태이다. 메소포타미아 지역의 고대도시의 도로는 정신없이 얽히고설켜 있는 것이 보통이기 때문이다. 오늘날 서아시아의 이슬람 도시들에도 이러한 도로 형태가 여전히 남아 있다. 모헨조다로에서 또 한 가지 놀라운 점은 놀라울 정도로 획일적인 주택 디자인이다. 안뜰과 벽·창문·욕실 등의 형태가 균일하다. 당시에 엄격한 건축규제 법령이 있었을지도 모른다는 생각이 들 정도이다.

인더스 계곡 도시들의 또 한 가지 특이한 점은 종교적 목적의 건축물이 없다는 것이다. 물론 목욕탕이 종교적 의식을 행하는 장소로 사용되었을 가능성은 배제할 수 없지만 말이다. 하지만 그렇다고 인더스 계곡에는 아직 종교가 생겨나지 않았다고 속단해서는 안 된다. 1000년쯤 뒤에 갠지스 계곡 최초의 도시들에서도 종교용 건축물의 고고학적 흔적이 발견되지 않았지만, 이 도시들의 성벽 외곽지역에서 최초의 불교 유물이 다수 발견되었기 때문이다. 도시 외곽에 종교적인 시설을 건축한 것은 불교사원을 묘지 근처에 짓고 싶어 한 사람들의 바람 때문이었다. 당시 사람들은 승려의 강력한 신통력이 불교를 믿지 않는 이들을 홀릴 수도 있을 만큼 망자에 깃든 악령을 물리쳐줄 것이라고 믿었다. 또 다른 이유는 승려의 삶은 속세와 거리를 두어야 한다는 관념 때문이었다. 모든 승려에게는 속세와 거리를 유지하고 금욕을 통해 영성을 유지하는 것이 매우 중요한 과업이었다. 그럼에도 불구하고 속인들의 기호를 귀신같이 알아맞혀 금전적 지원을 이끌어내

2-3 인더스 문명의 모신母神

야 하긴 했지만 말이다. 갠지스 계곡의 도시들에는 불교신앙을 구전하는 전통이 확실히 뿌리내리고 있었다. 이와 마찬가지로, 아니 꼭 불교가 아니더라도 인더스 계곡에도 문자로 기록되지 않았을 뿐 구전으로 전해진 그들만의 신앙이 분명히 존재했을 것이다. 이를 증명하기 위해 우리가 할 수 있는 일은 유물 중에서 명백하게 종교적 의미를 담고 있는 것들을 찾아서 연구하는 것뿐이다. 종교적 의미가 담겨 있는 유물로는 소형 조상과 인더스 인장이 있다.

이 중에서도 꽤나 명확하게 종교적 의미를 담고 있는 유물은 여신을 빚은 테라코타이다. 이 테라코타는 이난나 이슈타르 여신에 대응하는 인더스 문명의 여신을 형상화한 것으로 보인다. 이런 테라코타가 여러 지역들에서 아주 많이 출토되었다. 대부분 허리에 띠를 두르거나 로인클로스[1]를 입은 여인이 부채 모양의 머리 장식과 목걸이를 착

1　loincloth: 고대에 일반적으로 입던 간단한 옷으로 직사각형의 천을 허리에 둘러 입고 끈으로 매어 고정시켰고, 왕은 여기에 장식적인 거들을 첨가했다.

용하고 서 있는 형태가 대부분이었다. 특별히 세심하게 공들여 예술적으로 빚어낸 테라코타는 발견되지 않은 것으로 보아, 저렴한 비용으로 쉽게 제작할 수 있는 이 테라코타 여인상은 가정용 종교의례에 쓰였을 것으로 추정된다. 아직 인더스 문명의 문자를 해독할 수 없기 때문에, 인더스 계곡의 여신숭배문화를 설명해줄 기록은 존재하지 않는다. 이 여신은 다산과 풍요의 여신이었으리라고 추론해볼 따름이다. 이 인더스 문명의 여신이 오늘날 힌두교에서 모시는 여신 데비의 원형일지도 모른다는 상상을 해보는 것도 재미있다. 데비는 물소 모습을 한 악마 마히사를 죽인 것으로 유명한 힌두교 최고 여신이다. 힌두교에서 이 여신의 위상은 그녀와 대적할 만한 남성 신 비슈누와 시바를 압도할 정도이다.

사실 인더스 문명에서 발견된 이러한 종교 관련 유물들은 다른 인도-유럽어족에게는 생소한 것이었다. 고대 그리스인은 여신 헤라를 숭배했다. 에게 해에 정착하면서부터 숭배되기 시작한 이 토착 여신은 그리스의 최고신 제우스의 아내이다. '헤라Hera'라는 이름은 계절과 관련이 있으며 이름 자체에서 결혼 적령기를 맞은 여성들의 풍성한 원숙미가 연상된다. 고대 그리스인은 매년 봄 헤라가 신성한 샘에서 목욕재계하면서 처녀성을 되찾는다고 믿었다. 하지만 다혈적인 성격만은 그대로였나 보다. 그녀는 외도를 일삼는 남편 제우스를 달달 볶았고, 아들을 낳은 혼외자들을 핍박하는 데 열을 올렸다. 특히 헤라클레스에게는 갖은 만행을 저질렀다. 이 때문에 이 영웅은 요람에서조차 괴력을 선보여야 했다. 헤라가 보낸 뱀 두 마리가 요람으로 기어들어왔으니 자신을 보호하자면 힘으로 뱀의 목을 졸라 죽이는 것 외에는 별다른 방법이 없었던 것이다. 뱀은 땅의 여신 헤라가 아끼는 피조물이었다.

　인더스 문명의 풍요의 여신을 데비와 엮어보려는 시도가 억지 주장인 것은 아니다. 아리아인 침략자들의 가장 오래된 브라만교 경전인 『리그 베다Rig Veda』에는 시바 신의 아내에 대한 별다른 기록이 남겨져 있지 않다. 그래서 힌두교에서 시바의 아내로 받들고 있는 자비의 여신 파르바티와 이 인더스 문명의 풍요의 여신 사이에 공통점이 있는지 여부를 『리그 베다』에서 확인할 수는 없다. 데비는 이름을 여러 개 가지고 있다. 사티·파르바티·두루가·칼리가 모두 데비 여신의 이름이다. 파르바티Parvati는 '산에 사는 여자'란 뜻이다. 이것은 파르바티가 아리안의 침략이 있기 전부터 이곳에서 숭배되었던 신이라는 걸 의미한다. 산과 같이 도시와 유리된 곳을 선호하는 여신은 시바에게 적합한 짝이었을 것이다. 인더스 계곡에서 시작된 풍요의 여신에 대한 숭배는 아리아인의 침략 이후까지 인도 아대륙에 영향을 미쳤을 것이다. 아리아인의 침략으로 최하층계급인 노예신분이 된 인도 아대륙 토착민들은 『리그 베다』를 접하는 것이 금지되어 있었기 때문이다. 하지만 이 두 민족의 종교는 상호 영향을 미쳤음이 분명하다. 힌두교의 최고신 시바가 그 증거이다. 이 '신성한 요가 수행자'를 통해서 우리는 아리아 정복자들이 믿던 신들에 남겨진 인더스 계곡 사람들의 희미한 종교의 자취를 발견할 수 있다. 인더스 인장에는 요가 자세를 취한 뿔이 달린 신의 형상이 새겨져 있다. 인장에 새겨진 신은 앉은 자세에서 다리를 굽혀 발바닥을 서로 맞댄 자세를 취한 채 앉아 있다. 답답한 노릇이지만 어떠한 추론을 해본들 인더스 문자를 해독할 수 없다는 사실 때문에 언제나 막다른 골목에 다다르게 된다. 그럼에도 불구하고 데비의 경우와 마찬가지로, 이러한 시바의 모습에서 아주 오

2-4   요가 자세를 한 신이 새겨져 있는 인더스 인장

래된 신앙의 단면을 엿볼 수 있다. 이 모습만큼은 인더스 문명에서 영향받은 것이 분명해보이니 말이다.

인더스 계곡의 상인들은 사치품뿐만 아니라 원자재도 거래했다. 모헨조다로와 하라파에도 항구가 있었다. 하지만 보존이 가장 잘 된 항구는 로톨Lothol에 있던 선창이었다. 이 항구 유적은 1954년에 현재 구자라트Gujarat 지역의 아마다바드Ahmadabad에서 8km쯤 떨어진 곳에서 발견되었다. 가로 580m, 세로 365m 면적의 담으로 에워싸인 항구 터에는 널찍한 부두가 자리 잡고 있었다. 지금은 물길이 다 말라버렸지만 예전에는 부두로 흘러드는 푸른 강물의 세찬 물살이 파고들었을 좁은 수로도 남아 있다. 항구 외벽과 진흙과 진흙벽돌로 마감한 바닥 설계는 침입자들로부터 항구를 보호하기 위해서가 아니라, 홍수에 대비하기 위한 것이다. 로톨에는 성문이 없다. 그저 항구도시를 꽁꽁 둘러싼 외벽 사이에 드나들 수 있는 열린 공간이 서쪽으로 나 있을 뿐이다. 가로 215m, 세로 36m에 이르는 이 인공부두는 구운 벽돌, 석고 모르타르, 역청을 사용하여 건설한 것이다. 배가 드나들고 짐을 하역하기에 충분한 물을 부두에 가둘 수 있었던 건 방수기술 덕분이었다. 이 놀라운 기술에 힘입어 조류의 세기와 상관없이 일정한 수위를 유지하게 하는 제어 메커니즘이 완성되었다. 하지만 수해를 전혀 입지 않았던 건 아니다. 잦은 홍수피해와 보수의 흔적이 남아 있으니 말이다. 로톨은 무역의 요충지였고, 이 항구를 출입하는 정기 운행선이 20km 떨어진 강어귀에 정박한 대형선으로부터 화물을 항구로 실어 날랐다.

각양각색의 물품이 로톨 항구를 거쳐 갔다. 목재·금·준보석, 심지어 상아까지 수출되었고, 채색도자기는 수입되기가 무섭게 팔려나가는 인기품목이었다. 이 도자기들은 인더스 계곡 상인들의 군락이 있는 메소포타미아의 아카드 지역에서 들여온 것이었다. 기원전 2200년 경에 새겨진 한 비문에는 멜루하Meluhha라는 도시로부터 오는 무역선에 투자한 한 메소포타미아인에 대한 이야기가 기록되어 있다. 메소포타미아 지역에 살던 셈족이 인더스 문명과 교류한 증거라 할 수 있다. 앞서 살펴보았듯이 메소포타미아 지역에서는 아카드 몰락 이후 수메르 문명이 짧은 기간에 다시 한 번 마지막 불꽃을 태운다. 그리고 이 시기에 해상교역로의 종착 도시가 인더스 강 하구 쪽으로 이동하게 된다. 이 시기가 바로 인더스 계곡 사람들이 멜루하와 교역하던 시기이며, 이 교역에서 가장 큰 수혜를 받은 것은 우르에 거주하는 수메르인 상인들이었다. 강 하구에서 가장 각광받은 수출입항은 바레인 Bahrain이었을 것이다. 비록 바레인에 인더스 계곡의 상인이 거주했다

2-5 소형 무희 조각상. 모헨조다로에서 발굴되었다.

는 기록이 남아 있지 않지만, 바레인 섬에는 당시 딜민이라는 독립 무역도시가 자리 잡고 있었다.

인더스 지역과 아라비아 반도의 교역을 가능하게 했던 해상교역로는 기원전 2000년경부터 쇠퇴하기 시작한다. 그 이유는 명확하지 않다. 강의 흐름이 바뀐 탓일 수도 있고, 교역의 중심축이었던 도시가 엄청난 홍수에 빈번하게 피해를 입었기 때문일 수도 있다. 아니면 인더스 강의 다른 지류들처럼 강물이 다 말라버리고 강줄기가 다른 곳으로 아예 이동해버린 것 때문일 수도 있다. 모헨조다로에서도 수해를 방지하기 위해 갖은 노력을 기울였음에도 불구하고 무소불위의 자연에 굴복할 수밖에 없었던 흔적, 즉 찬란한 문명을 펼친 이 도시의 인구가 점차로 줄어들었음을 보여주는 흔적들이 발견되었다. 자연에 과도하게 손을 댄 것이 화를 불렀을 수도 있다. 나무를 과도하게 벌채하고 도시를 잔디로 덮어버린 탓에 홍수에 대응할 수 없게 된 인재였을 수도 있으니 말이다. 고대 아시아에서 가장 평등한 사회를 구가했던 인더스 문명은 기원전 1750년경에 돌연 붕괴했다. 인더스 문명의 붕괴는 북부 펀자브 지역의 하라파와 남쪽 신드 지역의 모헨조다로에 각기 다른 영향을 미쳤다. 하라파의 도시 잔해에는 새로운 공동체가 둥지를 틀었다. 그들은 건물 잔해에서 쉽게 구할 수 있었던 벽돌을 이용하여 다시 건물을 지었다. 하지만 이 새로운 도시유적의 바로 다음 지층에서 재가 발견된 것으로 보아, 이 도시 또한 극적인 최후를 맞았음이 틀림없다. 모헨조다로 유적에서 발견된 거리에 널려 있는 유골들도 의미심장하긴 마찬가지다. 이 한 많은 영혼들을 해한 것으로 보이는 가장 유력한 용의자는 아리아인이다. 펀자브 지역에 있던 하라파Harappa(하리유피야Hariyupipya라고도 함)에서 이미 도시를 불태우고 압승을 거둔 전적이 있는 아리아인은 이 모헨조다로를 침략했을 것이다. 『리그 베다』에는 아리안 침략자들이 펀자브 지역을 침략의 교두보로 삼았다는 사실이 명시되어 있다. 신드 지역에서 인더스 문명이 좀 더 오래 그 자취를 남길 수 있었던 것도 이 때문이다. 펀자브 지역에 머무르며 남쪽의 상황도 훤히 꿰뚫게 된 아리아인은 모헨조다로를 불시에 급습하는 편을 택했을 것이다. 아리아인의 출현으로 고대 남아시아에서는 무려 1000년 동안이나 도시가 자취를 감추게 된다.

인도의 대서사시: 아리아인의 침략

아리아인은 머리카락 한 오라기까지 불태워버리는 잔인한 파괴자였다. 비록 그들이 세정의식·요가·모신 숭배사상 같은 인더스 문명의 여러 요소들을 받아들이긴 했지만 말이다. 이들의 정복상이 얼마나 모골이 송연했는지는 『리그 베다』에서 불의 신 아그니를 찬미하는 대목에 나타나 있다.

> 검은 피부를 가진 사람들은 한 번 싸워보지도 못한 채, 자신들이 가진 것을 모두 뒤로한 채 도망치기 바빴다. 바이슈바나라Vaisvanara (아그니의 다른 명칭)가 모든 것을 불태워 파괴된 도시 가운데서 밝게 빛나고 있었기 때문이다.

아리아인이 인더스 계곡을 침략한 건 기원전 1750~1500년경 사이에 있었던 일이다. 『리그 베다』라 불리는 브라만교의 찬가 경전이 집대성된 것은 그로부터 상당한 세월이 흐른 뒤의 일이다. 그동안 민족 간의 관계 변화가 이 경전의 내용에 영향을 미쳤을 것임을 쉽게 짐작할 수 있다. 다스유스Dasyus는 아리아인의 침략 이전에 원래 인도 북서부에 살던 드라비다인Dravidian을 가리키는 말이었다. 하지만 『리그 베다』에서는 이 다스유스란 단어가 인드라 신과 끝나지 않는 싸움을 벌여야 하는 아수라Asuras 일족을 가리키는 말로 쓰였다. 아리아인은 다스유스를 '노예'를 지칭하는 말로도 사용했다. 이런 용어의 변천은 아리아인이 중앙아시아 초원지대로부터 인더스 계곡으로 이동했다는 사실을 의미한다.

언어학자들의 연구결과도 이를 뒷받침한다. 영국의 인도 통치 시대인 1786년 영국인 판사였던 윌리엄 존스 경은 그리스어·라틴어·산스크리트어·독일어·켈트어 간의 유사성을 밝혀냈다. 그는 캘커타에서 벵골 아시아협회를 창립하기도 했다. 1785년에는 영국 동인도회사의 한 직원이『마하바라타』의 일부를 번역하기도 했다.『마하바라타』는『리그 베다』시대의 가장 핵심적인 부족 바라타족의 전쟁에 관한 대서사시로 세계적으로 손꼽힐 정도의 엄청난 분량을 자랑한다. 산스크리트어로 된 이 대서사시는 아리아인이 인더스 계곡에서 갠지스 강 유역까지 뻗어나간 전쟁사를 찬미하고 있다. 윌리엄 존스 경의 연구 덕에 초원지대 언저리에 살았던 것으로 추정되는 최초의 인도어-유럽어 사용자들, 그 중에서도 특히 영국인과 페르시아인, 그리고 인도 북서부를 침략한 아리아인 침략자의 선조가 어떤 식으로 중국 북부에서부터 헝가리 평원의 언어에까지 영향을 미치게 되었는지에 대한 조직적인 연구가 가능해졌다. 당시 러시아 남부는 인도어-유럽어 확산에 가장 적합한 여건을 갖추고 있었다. 러시아 남부의 유목민은 경작하는 땅에 발이 묶여 있었던 서아시아·남아시아·동아시아의 여러 농경민과는 달랐다. 말 위에서 생활하는 데 익숙한 그들은 엄청난 기동성을 보유하고 있었다. 그들은 처음엔 이 기운찬 가축에 마구를 채워 짐마차나 전투용 마차를 끌게 했다.

얼마 지나지 않아 재갈이라는 획기적인 기구의 발명으로 기수가 말을 자신의 의도대로 몰 수 있게 되었다. 하지만 등자가 발명된 건 한참 후의 일이다. 그때까지 재블린javelin(촉과 자루, 끈으로 감은 손잡이 세 부분으로 되어 있는 가벼운 창)을 사용하는 창병이나 궁수는 여전히 충돌의 위험을 무릅쓰고 말에 올라야 했다. 기원전 1000년경에는 '청동재갈'이 발명되어 전차부대가 기갑부대로 대체되는 변화도 일어났다. 그러나 거대한 장창을 쓰는 창기병이 등장하기에는 아직 시기상조였다. 이를 위해서는 등자와 안장이 말에 장착되어야 했기 때문이다. 이후 아시아에서 발명된 등자와 안장 덕분에 말에 오르내리는 것과 말을 모는 것이 한층 수월해져서, 말을 안정적으로 탈 수 있는 시대가 열렸다. 이 효과적인 안장 덕에 날개 달린 창winged spear과 여러 보호 장구들을 이미 사용하고 있던 게르만 중에서도 서게르만에 속하는 다양한 부족들의 연합인 프랑크족의 기마병들은 중무장을 할 수 있게 되었다. 전 유럽을 호령한 기사들의 탄생이 목전으로 다가온 것이다. 십자군원정 당시 중무장한 프랑크족 기마병들로 구성된 기갑부대가 중세 서아시아 민족들의 간담을 서늘하게 한 건 우연한 일이 아니었다.

하지만 인더스 문명의 종말을 고한 것은 먼지를 흩날리며 달려온 아리아인의 전차부대였다. 가공할 공격력을 지닌 이 부대에 대응할 이렇다 할 전력이 없었던 인더스 계곡의 주인들이 내세운 건 보병이었다. 물론 승패는 자명했다. 아리아인이 인도 북서부를 점령했고, 아리아 군대의 효자 노릇을 톡톡히 한 전차는 이후 1000년 동안 아리아인의 지속적인 사랑을 받았다. 전차가 전장에서 더 이상 제 역할을 할 수 없게 된 때에도 인도 군대에는 전차부대가 편성되어 있었을 정도였다. 전차는 심지어 신성한 들것으로 받들어지기까지 했다. 신전에서 이 거대한 운송수단을 애용했던 것이다. 힌두교의 여러 신들을 실은 전차가 도시 곳곳을 행진하는 행사가 종종 열렸다. 이 전차를 뜻하는 산스크리트어 자간나타Jagannatha에서 영어 저거너트Juggernaut가 유래했다. 저거너트는 대형 트럭이나 버스를 의미한다. 힌두교 행사에 쓰인 전차는 매우 거대했다. 전차를 지탱하는 여섯 개의 바퀴 지름이 사

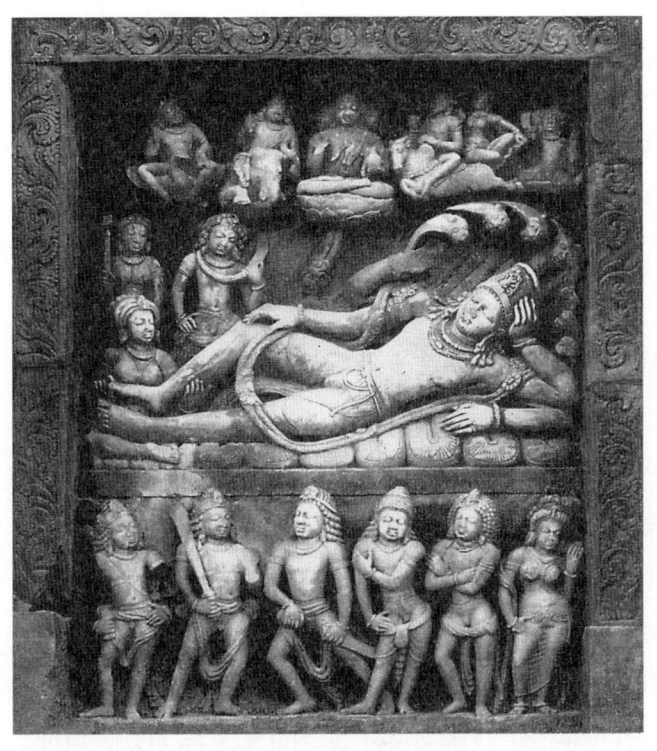

2-6　　　우주의 대양에 떠 있는 뱀 아난타의 현신
　　　　위에서 쉬고 있는 우주의 수호자 비슈누 신

람 키의 두 배가 넘는 것도 있었다.

　서사시 『마하바라타』에는 이 아리아 전차부대 전사들의 무용담이 담겨 있다. 음유시인들은 전차부대의 전사로 전투에 나서는 주인을 따라 전장에 나가는 경우가 왕왕 있었다. 시인들이 숨 가쁘게 진행되는 전차부대의 박진감 넘치는 혈투에서 벌어지는 영웅들의 일거수일투족을 낱낱이 후대에 전해줄 수 있었던 것도 이 때문이었다. 갠지스 강 상류를 배경으로 하는 『마하바라타』는 쿠루족의 수도로 갠지스 강의 상류, 델리의 동북 약 95km 지점으로 추정되는 하스티나푸라에서 벌어진 왕위를 둘러싼 골육상잔의 전투를 다루고 있다. 여러 개의 에피소드들로 구성된 이 대서사시는 오랫동안 구전되면서 수정·증보를 거쳐 4세기경 현재의 형태를 갖추게 되었다. 이 과정에서 권선징악의 내용이 다수 추가된 탓에 『마하바라타』는 전형적인 서사시와는 다소 거리가 있다. 하스티나푸라에서 벌어진 판두족(판두족에는 5명의 왕자가 있었다)과 쿠루족(쿠루족에는 100명의 왕자가 있었다) 간의 왕위 다툼에 대한 이야기가 주된 줄거리이다. 친족임에도 오랜 기간의 왕위계승 문제로 견원지간이 된 두 왕족은 마침내 쿠루크셰트라Kurukshetra 평원에서 대접전을 벌인다.

『마하바라타』에는 뛰어난 궁술을 지닌 아르주나 왕자가 등장한다. 쿠루크셰트라 평원의 결전에 참여하기 위해 전차에 오른 아르주나는 발길이 떨어지지 않았다. 동족상잔의 비극에 동참해야 한다는 사실이 그를 괴롭혔던 것이다. 그는 자신이 탄 전차를 모는 전차병 크리슈나에게 가혹한 운명을 한탄했다. 크리슈나는 비슈누의 제8화신이다. 그는 아르주나에게 판두족의 왕자이자 전사로서의 소명을 다해야 하는 이유를 설명하며 그의 참전을 독려한다. 아르주나를 향한 크리슈나의 설교를 담은 문헌이 바로 『바가바드 기타Bhagavad-Gita』이다. 『바가바드 기타』에서 크리슈나는 이렇게 말한다.

죽은 자나 산 자를 위해 비탄에 잠기는 건 현명치 못한 일이니라. 나 자신이나, 네가 존재하지 않았던 순간은 없었고, 우리의 존재가 사라지는 순간은 결코 다가오지 않을 것이기 때문이다.

2-7 맹독을 지닌 뱀신 칼리야를 무찌른 비슈누의 제8화신 크리슈나 청동상. 인도 남부에서 발견되었다.

아르주나는 인간의 영혼은 '영원불변'하기에 파괴할 수 없다는 크리슈나의 가르침을 쉽사리 받아들일 수 없었다. 번민에 휩싸여 있는 아르주나에게 크리슈나는 선택의 여지가 없음을 일깨워준다. "생각이 아닌 실천으로만 깨달음에 이를 수 있노라." 그리고 이렇게 덧붙인다. "다른 이의 의무를 행하는 것보다 자신의 의무를 성심으로 완수하는 것이 더 훌륭한 일이니라." 『바가바드 기타』에 담긴 윤회사상과 각자 맡은 바 임무에 충실해야 한다는 윤리관은 후대 인도 신앙의 근간을 형성했다. 『바가바드 기타』가 『마하바라타』로 편입될 즈음에 구전되던 이 대서사시의 기록이 완결된 것으로 보인다.

크리슈나는 내면의 갈등으로 혼란에 빠진 왕자의 정신적 지주 역할만 한 것이 아니었다. 능숙한 전차병이었던 크리슈나는 아르주나와 함께 전장을 누비는 든든한 조력자였다. 그의 도움이 얼마나

2-8　인도 중부 베스나가르Besnagar(현재 명칭은 비디샤Vidicha)에서 발견된 비슈누 신의 두상. 베스나가르는 크리슈나 숭배의 중심지였던 고대도시이다.

절실한 것이었는지는 아르주나가 크리파와 벌인 전투에 대한 묘사에서 확인할 수 있다. 매 순간 고도의 집중력을 발휘해도 대적하기 힘든 막강한 상대를 만난 아르주나에게는 전차에 신경 쓸 정신이 없었다.

그때 아르주나가 번개 같은 동작으로 적을 향해 화살을 네 대 연달아 쏘았다. 금빛 깃털을 휘날리며 날아간 화살의 날카로운 촉이 불타는 뱀처럼 크리파의 말 네 마리의 살갗을 파고들었다. 고통에 몸부림치는 말들의 비명이 전장에 울려 퍼졌고 크리파의 전차는 순간적으로 균형을 잃었다. 제대로 땅에 발을 딛지 못하는 크리파를 보고 있자니 적일지언정 그 순간 그를 덮치고 싶지는 않다는 생각이 아르주나의 뇌리를 스치고 지나갔다. 비록 수많은 적군의 영웅들을 이미 살육했을지라도 말이다. 크리파의 위엄을 지켜주고자 천금 같은 기회를 날려버린 것이다. 이내 균형을 회복한 크리파는 백로 깃털이 달린 화살 열 대를 아르주나를 향해 쏘았다. 하지만 명궁 아르주나가 단 한 대의 화살로 크리파의 활을 반동강 냈고, 크리파는 활을 놓치고 말았다. 곧이어 아르주나가 쏜 화살이 크리파가 입은 갑옷의 취약한 부위에 명중했다. 크리파의 가슴을 덮고 있던 갑옷이 산산이 부서져 내렸다. 그러나 크리파는 털끝 하나도 다치지 않았다. 갑옷이 벗겨진 크리파는 흡사 허물을 벗은 뱀처럼 보였다. 크리파는 다시 활을 집어 들었다. 하지만 두 번째 활도 세 번째 활도 아르주나가 쏜 화살 때문에 연거푸 놓치고 말았다. 뭔가 단단히 결심한 듯한 표정을 지은 크리파는 거대한 장창을 움켜쥐었다. 맹렬한 기세로 집어던진 장창이 낙뢰가 떨어지듯 아르주나를 덮쳤다. 아르주나가 황급히 쏘아올린 화살은 이 거대한 장창마저 산산조각내 버렸다. 거듭된 실패에도 불구하고 흔들림이 없는 크리파는 다시 활을 잡고 열 대의 화살을 아르주나에게 날렸고 아르주나도 불을 뿜을 듯한 기세로 열세 대의 화살을 쏘아 반격에 나섰다. 첫 번째 화살이 멍에를 박살낸 것을 시작으로 네 대의 화살이 전차를 끌던 말들의 명줄을 끊어놓았다. 여섯 번째 화살에 전차병의 목이 달아났고, 세 대의 화살이 연이어 전차를 지탱하는 네 개의 대나무 기둥에 박혔다. 차축에는 두 대의 화살이 날아와 박혔고 열두 번째 화살이 크리파의 전차를 장식한 삼각기를 갈가리 찢어놓았다. 벽력 같은 기세로 바람을 가른 열세 번째 화살의 날카로운 촉이 마침내 정통으로 크리파의 가슴을 파고들었다. 남은 것은 부러진 활과 넝마가 된 전차, 그리고 죽어 널브러진 말들뿐이었다. 안간힘을 써 몸을 일으킨 크리파는 아르주나를 향해 징이 잔뜩 박힌 곤봉을 있는 힘껏 집어던졌다. 하지만 이마저도 그의 뜻대로 되지 않았다. 아르주나의 신들린 화살이 날아오는 곤봉에 명중한 것이다.

크리파의 부하들이 말리지 않았다면 이 결투는 아마 끝나지 않았을지도 모른다. 하지만 주군을 지키기로 작심한 크리파의 보병들이 비 오듯 화살을 쏘아대며 접근하여 아직 분이 식지 않은 크리파를 전장에서 끌어냈다. 애매모호한 점이 없는 것은 아니지만 크리파는 인도 서사시의 대표적인 영웅이자 전사로 추앙받는다. 하지만 사실 크리파가 위와 같은 명승부를 펼칠 수 있었던 건 크리파가 균형을 회복할 때까지 기다려준 아르주나의 아량 덕분이었다. 이뿐만이 아니었다. 아르주나는 충분히 적을 해할 수 있었음에도 적병들이 부상당한 크리파를 안전하게 옮길 때까지 어떠한 위해도 가하지 않았다. 그는 크리파의 명예를 존중했으며, 그 덕에 크리파는 살아남아 다시 전투에 임할 기회를 얻은 것이었다.

아리아인의 무용담을 담은 대서사시로는 『마하바라타』 외에도 『라마야나 Ramayana』가 있다. 『라마야나』는 『마하바라타』에 비하면 비교적 짧은 서사시이다. 『마하바라타』가 여러 차례의 수정·증보를 거친 문헌이라는 사실을 감안하더라도 말이다. 『라마야나』의 탄생은 기원전 3세기경 인도의 전설적인 시인 발미키의 덕이라 해도 과언이 아니다. 발미키는 구전되던 음유시가들을 모아 『라마야나』를 집대성했다. 고대 그리스의 호메로스가 『일리아드』란 대작을 남긴 것처럼 말이다. 그래서인지 호메로스의 작품세계와 인도 대서사시를 비교하는 학문적 연구가 많다. 그 중에서도 초기 산스크리트 문학의 교본이라 할 수 있는 『라마야나』와 『일리아드』를 비교하는 연구가 많다. 특히 『라마야나』에서 주인공 라마(코살라 왕국의 왕자)가 납치된 아내 시타를 구하기 위해 현재의 실론 섬인 랑카 섬으로 원정을 떠나는 대목이 주로 원용된다.

고대 그리스와 인도에 구전되던 신화는 같은 뿌리를 갖고 있었다. 두 사회의 이야기꾼들은 그들이 살아가는 땅에서 얻은 경험에 맞게 공유한 신화를 각색하는 작업을 해야만 했을 것이다. 발을 붙인 땅이 다르니 내용이 달라지는 것은 당연지사이다. 『라마야나』의 중반부는 아유타야Ayudhaya에서 벌어지는 일을 중점적으로 묘사하고 있다. 『일리아드』의 내용처럼 미케네 왕이 실제로 연합군을 조직하여 그리스 함대를 트로이까지 끌고 갔을지도 모른다. 하지만 『일리아드』에서 미케네 왕 아가멤논의 리더십은 신들의 갈등에 가려 그 빛을 발할 기회가 없다. 『일리아드』에서 미의 여신 자리를 놓고 다투다 등을 돌린 여신들과 이에 가세한 신들이 옥신각신하며 편을 가른다. 어떤 신은 트로이 편을 들고 어떤 신은 그리스 편을 드는 식이다. 물론 『일리아드』에서 인간이 일으킨 전쟁의 원인은 다름 아닌 스파르타의 왕비이자 최고의 미녀 헬레네이다. 헬레네가 트로이의 왕자 파리스와 야반도주를 한 탓에 전쟁이 일어난 것이다. 하지만 태풍의 핵이라 할 수 있는 이 제멋대로인 여인도 왕비이기 이전에 여신이었다. 전지전능한 최고신 제우스의 딸인 헬레네는 알에서 부화한 나무의 여신이었다. 그리고 그녀를 위해 모든 것을 불사하는 유괴범과 그녀의 의사는 아랑곳하지 않는 구조대원들을 추종자로 거느리고 있었다.

『라마야나』와 『일리아드』의 대표적인 공통점은 바로 이 유괴된 여인들, 헬레네와 시타의 신성이다. 『라마야나』에서 라마는 랑카 섬에 있는 마왕 라바나의 근거지를 악전고투 끝에 함락한 후에야 아내 시타와 재회하게 된다. 하지만 외간남자와 눈이 맞아 달아난 아내 헬레네 왕비를 기꺼이 용서한 스파르타 왕 메넬라우스와 달리 라마는 외간남자에게 사로잡혀 있던 아내를 다시 맞아들인다는 것이 영 꺼림칙했다. 고민 끝에 라마는 시타를 내쳤고 억울함을 호소할 길 없던 시타는 자신의 정결함을 증명하기 위해 대지에 안겨 대지의 균열 속으로 사라져버렸다. 이에 큰 충격을 받은 라마는 강으로 몸을 숨겨 그녀의 뒤를 따랐다고 한다. 물은 비슈누의 여덟 번째 요소로, 비슈누의 여덟 번째 분신인 라마 자신의 속성이라 할 수 있다. 라마는 『마하바라타』에 등장하는 크리슈나보다 더 신성한 존재로 받들어진다. 『라마야나』에는 비슈누의 화신인 라마가 환생한 이유가 반복적으로 등장한다. 바로 '절규하는 자'란 뜻의 이름을 지닌 마왕 라바나를 무찌르기 위해서이다. 고행과 헌신을 보여 창조신 브라마의 환심을 산 라바나는 신들은 물론 악마들마저 대적할 수 없는 불사신이 되어버렸다. 만물을 수호하는 신 비슈누의 개입이 절실해진 것이다.

이 대목에서 드러나는 극단적인 금욕을 통해 힘을 얻는다는 사상은 상당히 보기 드문 생각이다. 인더스 문명의 영향을 받은 대표적인 사례라고 결론지을 수밖에 없다. 신들마저 무릎 꿇릴 수 있는 성선聖仙이나 보유할 수 있는 힘을 얻게 된 라바나의 마음속에서 라마에게 도전장을 내밀고 싶은 욕망이 자라났다. 정기적으로 천상에서 지상으로 내려와 세상의 악을 정화하고 떠나는 비슈누의 권능을 생각해보면 상당히 무모한 결심이 아닐 수 없었다. 성선의 막강한 힘은 인드라 신이 모욕당한 일화에서 확인할 수 있다. 인드라는 성선 고타마의 아내를 유혹했다. 불장난에 대한 대가는 컸다. 분노한 고타마가 인드라의 고환을 잘라버린 것이다. 신들이 후에 인드라에게 숫양의 고환을 대신 달아주긴 했지만, 이는 두고두고 인드라의 굴욕의 상징으로 남았다. 인도-유럽어족의 신들 가운데서 이런 가혹한 처사를 견뎌야 했던 건 인드라가 유일무이했다.

시인 발미키가 그전부터 존재해왔던 구전자료를 바탕으로 『라마야나』를 집필했다는 데 대해서는 이론의 여지가 없다. 그는 애초부터 종교적 관점에서 이 대서사시를 집필하려 했던 것 같다. 이 서사시는 비슈누의 환생에 관해서 중점적으로 다루고 있다. 이 환생을 통해 비슈누가 전지전능한 힘을 얻으려는 악마들의 시도를 저지할 수 있었다는 사실을 강조하고 있는 것이다. 시바와 달리 비슈누에게서는 불길하거나 위험한 어떤 결점도 찾아볼 수 없다. 구세주가 되어야 마땅한 완벽한 자질을 지닌 신인 것이다. 비슈누는 매우 다양한 화신으로 환생한다. 심지어는 불교의 신 붓다로 환생하여 속세에 강림하기도 한다. "다양한 변설로 악마들을 꾀여내어 악마와 악인을 파멸시켰던" 신묘한 비슈누의 아홉 번째 화신 붓다로 말이다. 힌두교신앙에 반불교적인 태도가 스며 있었던 것만은 부정할 수 없는 사실이지만, 비슈누를 섬기던 이들에게 붓다의 비폭력적인 특징을 강조하는 것이 매력적으로 다가왔을 가능성은 분명히 존재한다. 비슈누를 섬기는 힌두교도들은 이 '악인의 파괴자' 붓다를 비슈누의 화신으로 차용하는 것으로 자신들의 지고신 비슈누가 동물을 제물로 삼는 것을 금한 연유를 설명하려고 했던 것이다. 당시에는 가축을 제물로 바치는 일이 비일비재했기에 살생을 금하는 사상은 상당히 색다른 것이었다.

불교도들의 혁명: 마우리아 왕조

갠지스 계곡에 자리 잡은 하스티나푸라와 아유다야는 아리아인의 세력이 동쪽으로 뻗어나갔음을 보여준다. 『마하바라타』나 『라마야나』에는 아리아인의 인도 내 정착지인 펀자브 지역에 대한 별다른 언급이 등장하지 않는다. 320년에 굽타 왕조가 시작되기 전까지, 아리아바르타Aryavarta, 즉 '고귀한 종족들의 거주지'는 '동부에서 서부의 해안'까지 뻗어 있었다. 아리아인의 동부 진출이 이처럼 지연된 건 하나의 사실을 암시한다. 바로 아리아인이 갠지스 계곡지역의 문명에 상당한 감명을 받았다는 사실 말이다. 당시 마가다Magadha로 불린 갠지스 계곡지역의 사람들은 독특하고 풍성한 문화를 꽃피웠다. 아리아인은 이 때문에 갠지스 계곡지역을 인더스 계곡보다는 조심스럽게 다뤄야 하는 지역으로 여겼을 것이다. 파괴는 열쇠가 될 수 없었다. 조화를 이루는 것만이 해답이었다. 특히 종교적 측면을 고려하면 더욱 그랬다.

마가다 지역사회를 접한 아리아인의 경악은 『마하바라타』에 그대로 기록되어 있다. 그들은 마가다 지역민의 불경스러움과 무질서에 입을 다물지 못했다.

이 세상은 본말이 전도된 곳이다. 신들의 사원은 무시당하고 있으며, 대지는 납골당으로 메워져 있다. 심지어 가장 미천한 신분의 사람들조차 브라만을 섬기기를 거부한다.

기원전 185년 마우리아 왕조를 무너뜨린 숭가 왕조에서는 브라만의 사회적 계급이 가장 높았고, 그들에게 이는 당연한 것이었다. 숭가 왕조 사람들도 브라만 계급에 속했다. 『바가바드 기타』가 완성되었을 즈음 계급체계가 정립되기 시작했다. 하지만 진정한 의미의 엄격한 계급체계는 마누 법전의 집대성으로 확립되었다. 그리고 한 차례 외세의 침략이 인도 아대륙을 휩쓸고 지나간 여파가 아직 남아 있던 250년경 입법자들이 카스트 제도를 고안해냈다. 카스트 제도에 따라 인도인은 네 계급으로 나뉘었다. 마누 법전은 여성의 지위도 격하시켰다. 최하위계급과 마찬가지의 대우를 받게 된 여성은 이후로 『리그 베다』의 암송마저 들을 수 없는 존재로 전락하고 만다.

바르나의 초기 원칙은 『바가바드 기타』에서 크리슈나가 자세하게 설명하고 있다. 이 책에서 크리슈나는 아르주나에게 사제인 브라만과 호전적인 크샤트리아, 노동자인 바이샤와 최하계급인 수드라에 관해 자세히 알려준다. 다음은 크리슈나에게는 무척 당연한 이야기였다.

브라만의 천성은 차분하며, 자제력이 있고 금욕적이고 순수하다. 또한 참을성이 강하고 강직하고 이론적이며, 실용적 지식을 갖추고 있고 종교적인 신념 또한 강하다. 한편 크샤트리아의 본성은 영웅적 행위나 장엄함과 관련이 있으며 강직하고 숙련되었을 뿐 아니라 더러 관대하며 충성심이 있다. 농사와 목축, 상업에 종사하는 것이 바이샤의 본래 모습이며, 수드라의 임무는 다른 계급을 모시는 것이다.

위의 네 가지 구분이 바로 카스트의 계급이다. 계급은 세습되는 것이었기 때문에 이에 대해 의문을 품어서도 안 되고 이에 따르는 의무를 수행하는 것이 각 계급에 속한 자들에게는 당연한 일이었다. 당연히 크샤트리아 계급에 속한 아르주나의 의무는 적과의 싸움에서 승리하는 것이었다. 그리고 영혼의 불멸은 둘째치고라도 그에게 의무 지워진 살육은 죽음과 환생의 끝없는 고리 속에서 아무것도 아닌 일이었다.

브라만이 누리는 면세와 공공의무의 면제라는 특권은 기원전 500년경 갠지스 계곡에서부터 움튼 인도의 두 번째 도시 문명사회에서 널리 인정된 건 아니었다. 아리아인의 유입 초기에 브라만 계급은 아리아인의 전통에 비추어볼 때 상당히 생경한 타 종교 종사자들과 경쟁해야 했기 때문이다. 실제로 자이나교도나 불교도, 그리고 사명외도를 믿는 사람들은 브라만에 대한 특권 부여에 상당한 반감을 표명했다. 아리아인의 방식을 납득시키기 위해서는 이런 토착적인 믿음의 사상을 일부 받아들일 필요가 있었다. 이때 힌두교로 편입된 환생과 윤회, 그에 따른 응보와 같은 개념은 이후 힌두교에 지속적으로 영향을 미쳤다. 힌두교는 현대 인도인이 가장 많이 믿는 종교이다.

인도 북부 통합은 알렉산드로스 대왕 덕에 한 발 앞당겨졌다. 기원전 326년 알렉산드로스는 인더스 계곡으로 진격했다. 이 관문만 통과하면 페르시아 제국 정복은 따놓은 당상이나 마찬가지였다. 패배를 모르는 군왕 알렉산드로스는 인더스 계곡 전체를 손에 넣었다. 하지만 그의 눈부신 승리에도 불구하고 마케도니아 병사들은 마가다 지역의 난다 왕국으로의 진군을 거부했다. 열병과 악천후에 시달려 지칠 대로 지친 병사들에게는 황제의 명도 소용없었다. 얼마간의 수비대가 알렉산드로스의 점령지에 남겨지긴 했지만, 알렉산드로스의 때 이른 죽음

2-9 붓다가 깨달음을 얻은 곳으로 알려진 마하보디 사원. 아소카 왕이 인도 부다가야에 세운 사원이다.

으로 세계 제패의 꿈은 물거품이 되었다. 기원전 317년에는 마지막까지 남아 있던 그리스 군대도 인도 아대륙에서 철수하고 만다. 알렉산드로스의 뒤를 이은 후임자들 간의 분쟁에 관한 소식을 들은 지휘관들은 서쪽으로 향했다. 이후 남아시아 대륙에 몇 차례 짧은 기간에 걸친 외세의 침략이 있었다고는 하지만, 미미한 군사적 움직임이 대부

2-10 기원전 300년경에 주조된 셀레우코스 왕조의 동전. 찬드라굽타가 전쟁에 동원한 코끼리가 새겨져 있다.

분이라 인도에는 이에 대한 어떤 기록도 남아 있지 않다. 마가다 출신의 피 끓는 젊은이 찬드라굽타 마우리아는 알렉산드로스의 뒤를 좇는 모험을 하기로 결심한다. 한 애송이 모험가의 공상 같기만 했던 계획은 현실이 되어버린다. 찬드라굽타는 갠지스 강 남안의 파탈리푸트라Pataliputra에서 난다 왕조를 궤멸시킨 후, 마케도니아에서 온 제왕이 증발해버린 인도 북서부의 정치적 공백을 십분 이용했다. 그는 기원전 317년에 마우리아 왕조를 창건하고 파탈리푸트라를 수도로 정했다. 그리스와 인도의 자료에 따르면 찬드라굽타는 그 출생의 합법성에 대한 논란이 분분하며, 난다 왕조의 마지막 자손이긴 하지만 어머니의 신분이 매우 낮았다고 한다.

찬드라굽타는 인도 북서부에 주둔한 마케도니아의 잔존세력을 완전히 축출했다. 알렉산드로스가 점령했던 광대한 영토의 동쪽 부분을 물려받은 셀레우코스 1세와도 성공적인 국경 협상을 하여 오늘날의 아프가니스탄 지역을 넘겨받기도 했다. 그에 대한 답례로 찬드라굽타는 셀레우코스가 서아시아에서 사용할 전쟁용 코끼리 500마리를 선사했다. 셀레우코스는 파탈리푸트라에 메가스테네스를 외교사절로 파견하기도 했으며, 찬드라굽타의 궁에 머물 때는 마우리아 왕조에 대한 기록을 담은 사료를 편찬하기도 했다. 메가스테네스는 마우리아 군체계의 전문성에 혀를 내두르기도 했다고 한다. 당시 마우리아의 군대는 총 30명으로 이뤄진 장수의 휘하에 여러 개의 작은 조직들이 복속되어 있어, 보병대와 전차부대·코끼리부대·해군·보급부대 등의 하위부대를 관리하는 구조로 편성되어 있었다.

마가다 왕국이 남부 아시아의 열강으로 대두할 수 있었던 건 휘하 무관들만의 공은 아니었다. 찬드라굽타를 보필하던 관료들의 뛰어난 행정능력도 못지않은 보탬이 되었던 것이다. 찬드라굽타는 엄청나게 뛰어난 장수들로부터 헤아릴 수 없이 많은 도움을 받았다. 이 모든 것은 노련한 재상 브라만 카우틸랴의 덕이라 해도 과언이 아니었다. 카우틸랴의 저작물로 전해지는 『아르타샤스트 *Arthashatra*(실리론實利論)』를 통해 그가 마우리아 왕조의 체제에 대해 명확하게 인지하고 있었음을 알 수 있다. 그는 마우리아가 합당한 녹봉을 받는 문무대신들에게 전적으로 의지하고 있으며, 이런 체제는 효율적인 조세제도를 통해서만 확립될 수 있다는 점을 누구보다 잘 알고 있었다. 농민으로부터 걷어들이는 세수가 국가재정 안정의 기초를 이루고 있다는 사실 또한 잘 알고 있었지만, 카우틸랴는 마우리아 왕조의 치세 하에서 점점 그 규모가 확대되고 있는 무역도 세금징수의 대상이 될 수 있으니 면밀히 관찰해야 한다고 주장했다. 세금·행정·군사력이라는 세 요소를 유기적으로 연관지으려 했던 그의 시도는 인도 최초의 통일제국 건립의 주춧돌 역할을 톡톡히 했다.

이처럼 제국의 정치적 지형이 급변하던 시절 인도의 종교 또한 완벽하게 탈바꿈했다. 자이나교와 불교가 엄청난 기세로 그 세를 늘려갔다. 백성들만이 두 종교에 의탁한 것은 아니었다. 찬드라굽타도 자이나교에서 마음의 안식을 얻었다. 그는 끔찍한 기근이 발생한 데 대한 책임을 지고 기원전 298년에 아들 빈두사라에게 왕위를 물려준다. 퇴위 후 인도 남부로 향한 찬드라굽타는 그곳에서 자이나교의 은둔자가 된다. 마이소르 주(현재의 명칭은 카르나타카 주)에 위치한 자이나교의 유적지 스라바나 벨골라Sravana Belgola에는 찬드라굽타의 말년에 관한 내용이 새겨진 비석이 있다. 이에 따르면 그는 말년에 출가하여 성지 스라바나 벨골라에서 고행을 하며 금식하다 죽음을 맞이했다고 한다. 수많은 나라들이 난립해 있던 광대한 영토를 한 손아귀에 움켜쥔 최고권력자였지만, 혜성같이 등장한 낮은 계층의 영웅이라는 점에서 찬드라굽타는 고대 인도의 정국에서는 매우 새로운 존재였다. 이같이 차별화되는 출신 덕에 그가 자이나교를 선택할 수 있었는지도 모른다. 자이나교는 당시의 불교에 비하면 상당히 꾸밈없는 것을 지향하는 종교였다. 자이나교의 이상은 개인의 생존과는 상당히 동떨어진, 탈인간적이고 추상적인 것과 관련이 있었다. 자이나교의 교리에 따르면 금욕생활을 지속하는 것만이 현세의 고통에서 영혼을 해방시키는 유일한 방법이었다.

자이나교와 불교 둘 다 아리아인의 문화에서 비롯된 종교는 아니었다. 물론 인도인의 장례문화와 브라만이 지독히도 싫어했던 금욕주의도 마찬가지였다. 아리아인 고위 성직자들은 마가다 왕국 곳곳에 생겨난 둥그런 무덤을 "악마에 홀린 사람들이 하는 짓"이라고 혹평했다.

2-11　　　붓다의 사리탑 조각. 브라만이 그토록 싫어했던 마가다 왕국의 납골당

그들은 사각형만이 신이 좋아하는 형태라고 믿었기 때문이다. 그럼에도 불구하고 이 둥그런 형태의 무덤과 사리탑은 불교도가 있는 모든 지역에 속속 생겨났다. 힌두교도와 달리 불교도는 이런 시설물을 종교적 헌신의 상징으로 여겼기 때문이다. 하지만 이런 브라만의 반발은 금욕사상에 대한 그들의 경멸에 비하면 아무것도 아니었다. 브라만은 엄격한 금욕생활을 했던 자이나교 승려들의 삶에 엄청난 불쾌감을 표시했다.

인더스 문명에서는 요가에 상당한 관심을 보였다. 그러므로 인도의 금욕주의가 매우 오래된 사상이라 생각할 수도 있을 것이다. 그러나 요가 자세를 한 신의 모습이 새겨져 있는 인더스 인장만으로는 이런 금욕사상이 고대 인도의 토착신앙에서 비롯된 것이라고 속단할 수는 없다. 하지만 자이나교가 우리가 확인할 수 있는 범주 안에서는 최초로 금욕사상을 펼친 종교라는 점만은 확실하다. 붓다와 동시대인이었던 자이나교의 성인 마하비라는 네 단계의 명상을 거치는 동안 깨달음을 얻어 윤회의 업보를 없애고 해탈했다고 한다. 자이나교의 이론에 따르면 첫 번째 단계에서는 영혼이 하나의 대상에서 다른 대상으로 옮겨간다. 두 번째 단계에 이르러서야 영혼은 이동을 멈추고 고요히 정지해 있게 되며, 세 번째 단계와 네 번째 단계를 거치면서 육신과 영혼이 완벽한 정지상태에 이르게 되어 그때서야 평안한 죽음을 맞이하게 된다. 이런 자이나교의 참선을 통한 해탈의 개념이 인도인에게 얼마나 많은 영향을 미쳤는지는 『마하바라타』에서 확인할 수 있다. 『마하바라타』에는 참선을 하는 수도자는 "마음을 굳건히 하여 미동도 없이 놓인 돌과 같이 고요해야 한다. 기둥과 같은 미세한 떨림도 없어야 하며 산과 같이 꿈쩍도 하지 않는 완벽한 정지상태에 도달해야 한다"는 내용이 등장한다.

붓다는 이러한 자이나교의 이론을 정면으로 부정했다. 그는 욕망이나 의도를 인간의 중요한 속성으로 여겼다. 자이나교승려들이 금욕을 통해 정신과 신체를 억압하는 것과 달리, 불교승려들이 정신적인 훈련을 통해 욕망과 두려움을 없애는 것도 이 때문이다. 불교도들의 목표는 속세의 온갖 복잡다단한 문제들로부터 마음이 해방되는 것이었다. 해탈을 얻는 전혀 새로운 방식이 등장한 것이다. 불교에서는 실제로 작용하는 현상이 중요한 것이 아니라 그 현상을 만들어낸 이면의 동력이 중요한 것이라고 가르쳤다. 자이나교의 이론가들은 불교의 이런 가르침을 두고 불교의 윤회개념에는 실체가 존재하지 않는다고 비아냥거렸다. 그들은 불교도가 아이를 구워먹는 사례를 들먹이며 불교의 이론적 오류를 밝혀내려고 했다. 자이나교의 이론가들은 불교이론에 따르면 자신이 그렇게 하고 있다는 사실 자체를 모르고 아이를 구워 먹었다면 아무 책임이 없는 것이 아니냐며 빈정거렸다. 이 일화에서 확인할 수 있듯이 자이나교도는 영혼이 물질에 구속된다고 믿었다. 그렇기에 영계에 이르는 유일한 방법으로 물질계를 떠나 우주를 자유롭게 돌아다니는 존재가 되어야만 윤회에서 벗어난 해탈을 할 수 있다고 여겼던 것이다. 또한 자이나교승려들은 살생을 금기시했다. 그들은 우연히 벌레를 삼켜 업을 쌓는 일을 막기 위해 베일로 입을 가리고 다니기까지 했다.

 마우리아 왕조의 왕들은 매우 다양한 종교적 기호를 보였다. 찬드라굽타는 자이나교에 심취했지만 아들 빈두사라는 사명외도교의 결정론을 마음에 들어 했다. 사명외도교는 자이나교의 이단적인 한 분파로, 인간은 84,000번의 윤회를 해야만 해탈할 수 있다고 주장했다. 찬드라굽타의 손자 아소카는 세계 최초의 불교도 군주였다. 기원전 270년 빈두사라 왕의 사후에 왕위계승과 관련한 분쟁이 발생했으며, 얼마 지나지 않아 형을 제치고 아소카가 왕위를 거머쥐었다. 그는 기원전 261년경 인도 동부 오리사Orissa 지역에서 카링가 왕국을 정복했다. 하지만 불교적 관점에서 보았을 때 자신의 정복욕 때문에 일어난 전례 없는 유혈사태로 인한 참상에 심적 충격을 받은 아소카는 마우리아 왕조의 이름을 떨치기 위한 전쟁에 회의를 느꼈다. 번민 끝에 그

2-12 바르후트Bharhut 불탑. 상부에는 '성스러운 법륜'이 새겨져 있고, 중앙에는 붓다가 처음 설법을 했다는 인도의 고도 베나레스Benares에 위치한 공원, 맨 아래에는 자기 의무의 참 의미를 깨우친 코끼리들의 모습이 묘사되어 있다.

는 불교에 귀의하여 마음의 안정을 찾았다. 그는 집권 내내 내면의 수행을 강조하는 불교를 열성적으로 지지했으며, 그 후로는 전쟁이 아닌 '법을 통한 정복'을 지향했다. 아소카의 전격적인 포교활동 덕에 불교는 붓다가 세상을 떠난 지 250년 만에 범아시아적인 종교의 위상을 획득하게 되었다.

이전에도 불교에서 전파하는 붓다의 가르침에 우호적 태도를 보인 왕들이 몇몇 존재했다. 하지만 붓다가 설파한 삶의 원리를 조직적인 방식으로 전파하려 한 경우는 없었다. 하지만 붓다는 이에 대해 염려하지 않았다. 그는 미래에 위대한 지도자가 나타나 불교적인 세계질서를 확립할 것이라고 예언했다. 왕위에 오른 이들은 아소카 왕이 나타나기 전까지는 누구도 붓다의 예언을 믿지 않았지만 말이다. 아소카는 자신의 영토 도처에 불법을 설파하는 칙령을 새긴 암석 또는 석주를 세우게 했다. 그 칙령에는 다음의 내용도 포함되어 있다.

나의 지배를 받는 왕국의 영토가 아직

넓지 않아 불법이 세계 곳곳에 전파되지 못했도다. 하지만 나는 사람들에게 어떻게 살아가야 하는지를 알리기 위해 더 많은 노력을 아끼지 않아야 할 것이니라.

거대한 돌기둥 표면에 새겨져 있는 이 칙령은 아람어로부터 그리스어까지 아우르는 다양한 언어들로 적혀 있다. 특히 이 두 언어로 적힌 비문은 1958년 아프가니스탄 동남부 칸다하르Kandahar 지역에서 고고학자들의 손에 의해 세상에 모습을 드러냈다. 알렉산드로스가 인도 아대륙에 정착시킨 사람들에게 불교를 전파하고자 만든 것으로 추정된다. 데칸 고원 북쪽의 고대 인도에서 일반적으로 통용되던 언어는 프라크리트Prakrit어였다. 마하비라와 붓다가 태어나기 훨씬 전에 산스크리트어에서 파생되어 나온 아리아인의 언어로 대부분의 사람들이 의사소통을 했던 것이다. 산스크리트어는 브라만 계급의 전용언어였다. 브라만이 남긴 종교적인 문헌들이 산스크리트어의 원형을 그대로 간직하고 있는 것도 이 때문이다.

　기독교 시대가 열리기 직전의 시기에 인도 아대륙 북부의 불교도들에 의해 산스크리트어가 재조명되었다. 이들은 프라크리트어로 기록된 문헌들을 찾아내 산스크리트어로 번역했을 뿐만 아니라, 산스크리트어를 이용한 새로운 기록들을 남겼다. 이는 브라만교가 불교와 융합된 것 때문이라고 할 수 있다. 굽타 왕조 시절에 브라만교와 불교를 융합한 힌두교가 왕가와 백성들의 지지를 받게 되었다. 굽타 왕조에서 인도 고유의 불교형태를 발견하기가 어려워졌다는 말이다. 종교 융합이라는 사실에 기쁜 마음을 감출 수 없었던 브라만은 붓다의 가르침을 원형 그대로 전하는 사명을 까맣게 잊어버렸던 것 같다. 이 시기에

2-13　　　전차에 오른 고타마 싯다르타 왕자. 후에 붓다가 된다.

기억 저편으로 사라진 붓다의 온전한 가르침은 이후 원시불교의 내용을 복원한 대승불교에 의해서 다시 부흥된다. 사무드라굽타가 재위했던 4세기까지의 기간에 힌두교가 불교를 대체하는 과정을 지켜본 중국인 순례자 법현法顯이 남긴 글에서 당시의 상황을 짐작해볼 수 있다. 다음은 법현이 전해준 불가촉천민과 관련한 이야기이다.

만약 그들이 마을이나 시장의 입구에 들어서고자 한다면, 그들은 나
무조각으로 소리를 내서 다른 사람들이 자신을 피하게 해야 한다.

원시불교의 가르침을 상상하고 인도에 왔을 중국 승려에게는 참으로 놀라운 광경이었을 것이다. 이보다 약간 뒤에 작성된 인도 문헌에 따르면 "수많은 브라만들이 불가촉천민이 손을 댄 음식을 취한 것 때문에 신분을 잃었다"고 한다. 엄격한 카스트 제도가 사회를 지배하고 있었던 것이다. 몇몇 불교문헌에서는 이러한 일들을 금기시한다. 붓다는 세습되는 지위 자체를 거부했다. 그는 한 사람의 지위는 태어날 때부터 정해지는 것이 아니라 개인의 가치로 결정되는 것이라고 끊임없이 말했으며, 세습되는 것이 아니라 각자의 수행과 성격으로 결정되어야 한다고 주장했다.

이러한 붓다의 가르침이 담겨 있는 원시불교의 세는 역설적으로 아시아에서는 유지되었다. 아소카 왕이 세계 각지로 사람을 보내 불교를 포교했기 때문이다. 스리랑카의 왕 데와남피야 팃사와 아소카 왕이 친밀한 관계를 맺은 덕분에 스리랑카에는 매우 이른 시기에 불교가 전파되었다. 아소카의 왕자가 포교를 위해 타국에 파견된 일도 있었다. 스리랑카에서는 '작은 나룻배'란 뜻을 지닌 소승불교가 번성했는데, '큰 나룻배'란 의미의 대승불교와 반대되는 교리를 설파하는 교파이다. 지금도 스리랑카 섬의 거주민들은 여전히 불교를 믿고 있으며, 대승불교사원에서 모시는 반신들을 숭배한다. 스리랑카를 통해 버마·타이·라오스·캄보디아로도 불교가 전파되었다. 당연히 인도 아대륙에서 득세한 훈고적인 불교보다 훨씬 순수하고 순화된 불교가 전파되었다.

침략의 시대: 박트리아인으로부터 훈족까지

기원전 232년 아소카 왕이 타계한 후 마우리아 왕조는 급속히 쇠락하기 시작했다. 많은 학자들이 아소카가 비폭력정책을 선택했기 때문에 벌어진 일이라는 분석을 내놓았다. 하지만 아소카는 완벽한 비폭력만을 고수한 평화주의자는 아니었으므로 그의 이상적인 정책을 마우리아 왕조의 군사력이 약해진 점과 연관 짓는 건 타당하지 않다. 그는 자신의 후계자들이 가능한 한 최소한의 무력을 사용하길 염원했을 뿐이다. 그가 정말로 꽉 막힌 평화주의자였다면 그의 통치기간 중 단 한 차례의 처형도 시행되지 않았어야 하는 것이 아니겠는가. 그 몰락 원인이 무엇이건 간에, 마우리아 왕조는 쿠데타 세력의 반란으로 문을 닫고 만다. 기원전 185년 군사령관 푸시야미트라가 마우리아의 마지막 통치자를 시해하고 새로운 왕조를 설립한 것이다. 푸시야미트라는 스스로 숭가 왕조의 첫 번째 왕이 된다.

인도 북서부의 불안정한 정세는 박트리아 왕국을 세운 그리스인들의 관심을 끌었다. 그리고 이들은 즉각 군사적 행동에 나섰다. 사실 이 시기 인도 북서부에 외세의 침략이 끊이지 않았던 건 따지고 보면 상당히 먼 나라에서 일어난 일 때문이었다. 인도 북서부와는 상관도 없어 보이는 중국 대륙에서 최초의 통일왕국 황제 진시황이 기원전 221년 진秦나라를 세운 일이 근원적인 원인을 제공했던 것이다. 중국 대륙을 한 손에 움켜쥔 시황제는 중앙아시아 유목민들을 견제하기 위해 만리장성을 쌓았다. 이 거대한 방벽의 건축이 중앙아시아 초원지대에 살고 있던 유목민들을 압박한 것이다. 특히 그들 중에서도 대월지와 흉노는 만리장성 너머의 북쪽 초원지대를 차지하기 위해 격렬한 전쟁을 벌였다. 기원전 165년경 대월지의 완패로 이동이 시작되었다. 대월지가 박트리아의 경계지역으로 옮겨간 것이다. 대월지의 이동에 자극을 받은 중앙아시아의 또 다른 유목민족인 샤카족이 기원전 1세기에 페르시아와 힘을 합쳐 인도를 침략했다. 인도 북서부에는 이미 이 침략이 일어나기 전에 박트리아 왕이 건국한 그리스 왕국이 자리 잡고 있었다. 박트리아의 왕은 이 왕국에서 키워낸 군사들을 자신의 왕국 군인으로 차출했다.

고대 그리스의 역사가이자 지리학자 스트라보에 따르면, 박트리아와 인도에 알렉산드로스가 정착시킨 사람들은 상당히 윤택한 생활을 했다고 한다. 비옥한 옥서스Oxus 강이 지척에 있었기 때문이다. 그의 말에 따르면 "광활한 그 지역에서는 올리브 오일 말고는 거의 모든 것을 생산할 수 있었다"고 한다. 또 "이 축복받은 땅의 위대함 덕에, 셀레우코스 왕조의 통치에 반기를 들었던 그리스인의 힘은 세월이 지날수록 강성해졌고, 마침내 그들은 아리아인의 땅과 인도에까지 그 세를 확장했다"고 한다. 현재의 아프가니스탄 남부와 인더스 강 유역에 이르는 이들의 땅은 해안까지 거침없이 뻗어나갔다. 인도 아대륙까지 손에 넣은 박트리아는 마침내 마케도니아인이 점령했던 영토보다 더 넓은 땅의 주인이 된다. 스트라보는 이러한 영토확장이 위대한 두 군주 덕분이라고 기록했다. 박트리아의 왕 에우티데모스 1세의 아들 데메트리오스 1세와 밀린다고도 불리는 메난드로스 왕이 바로 그들이다. 불교에는 메난드로스를 칭송하는 문학작품들이 전해온다. 에우티데모스는 알렉산드로스가 점령한 광대한 중앙아시아 지역에서 정권을 유지하기 위한 최후의 분전을 했던 셀레우코스 왕조 사람이었다. 그는 안티오코스 3세와의 세력다툼에서 밀려났지만, 기원전 200년경 박

2-14   박트리아의 왕 에우티데모스 1세의 모습.
        왼쪽이 젊은 시절, 오른쪽이 노년의 모습이다.

트리아의 왕으로 즉위했다. 그의 뒤를 이은 데메트리오스는 푸시야미트라가 마우리아 왕조를 전복한 직후에 인도를 침략했다. 이 침공으로 데메트리오스의 군대가 간다라, 펀자브와 인더스 계곡을 정복하고 갠지스 강 상류에 주둔하게 되었다. 갠지스 강 상류의 주둔부대 사령관이 바로 데메트리오스의 사위 메난드로스였다.

메난드로스가 파탈리푸트라에 건립한 사리탑은 기원전 155년 스스로 박트리아의 왕위에 오르자마자 단행한 마가다 왕국 2차 침공을 기리기 위한 것으로 보인다. 숭가 왕조는 데칸 지역의 최북단에 위치한 비디사Vidisa로 천도할 수밖에 없었다. 오늘날 이 지역의 마을 어귀에 세워져 있는 기념비에는, 기원전 100년경 인더스 강을 지배했던 박트리아 왕 안티알키다스가 보낸 그리스 특사의 명령으로 새겨진, 크리슈나를 기리는 비문이 남아 있다. 당시 박트리아인들은 크리슈나를 숭배했다. 메난드로스도 갠지스 계곡에 불교 기념비를 건립했다. 당시에는 기념비 건립이 유행이었으므로 이 사실이 그다지 놀라운 일은 아니다. 이 기념비에는 "왕 중 왕이자 위대한 구원자인, 정의로운 천하무적 메난드로스 대왕"이라는 글귀가 새겨져 있다. 이러한 거창한 수식어에도 불구하고 그는 평범한 불교도가 되고자 했다. 아들에게 양위한 후 메난드로스는 수도원에 들어가 깨달음을 얻었다.

샤카족이 인도로 유입되면서 박트리아의 국력도 쇠했다. 흑해 주변에 살던 그리스인은 샤카족을 스키타이족으로 여겼다. 샤카족에 이어 박트리아를 차지한 건 대월지족이었다. 단숨에 힌두쿠시 산맥까지 세를 뻗친 대월지족은 비옥한 옥서스 강 유역에 정착한다. 그들의 본거지였던 중앙아시아 지역에서도 목축을 하지 않았던 민족이기에 유목을 하는 대신 관개를 하기로 한 것이다. 이들은 농부와 무역상으로서의 삶에 크게 만족했다. 쿠샨 왕조가 나타나 박트리아인과 샤카족을 인도 북서쪽으로 몰아낼 때까지 말이다. 78년 쿠샨 왕조의 3대 왕 카니슈카가 즉위하기 전의 쿠샨 왕조에 관해서는 여러 학자들의 갑론을박만 존재할 뿐, 명백히 밝혀진 바는 없다. 카니슈카는 아소카 왕과 같은 열렬한 불교도였다. 그는 중앙아시아의 거대한 지역을 지배했던 쿠샨 왕조의 영토 내에 대승불교를 전파했다. 카니슈카의 영향력이 갠지스 강 유역의 파탈리푸트라까지 이르렀으며 인더스 유역에도 미쳤던 것으로 보이나, 인도 아대륙의 얼마만큼이 카니슈카의 영토였는지에 대해서는 학설이 분분하다. 광대한 영토를 다스렸던 카니슈카는 파키스탄과 아프가니스탄을 잇는 주요 산길인 카이버 고개를 통해 들어오는 중국의 실크로드 개척의 부산물을 모두 흡수할 수 있었다. 이 문물은 인더스 계곡까지 전해졌으며 쿠샨 왕조의 상인들은 페르시아 만의 초입부분까지 진출했다.

위대한 카니슈카도 쓰라린 패배를 맛본 적이 있다. 공주에게 청혼

2-15　　　마투라에서 발견된 쿠샨 왕의 조각상.
　　　　　이름은 밝혀지지 않았다.

한 쿠샨 왕조의 무엄함을 엄히 다스리고자 출병한 중국의 장수 반초班超에 의해서였다. 그럴듯한 명분 뒤에는 중앙아시아에 자리 잡은 중국의 동맹국들을 위협하는 쿠샨 왕조의 행보에 훈수를 두고자 하는 중국의 속셈이 숨어 있었을 것이다. 투루판의 오아시스 지역의 도시 쿠추Kuchu에 본거지를 차린 반초는 쿠샨과 90일간의 전투를 벌인 끝에 그들을 박트리아의 영토 어딘가에서 격퇴했다. 반초의 부대는 이에 그치지 않고 카스피 해까지 진격했다. 중국 군대가 자국 역사상 가장 먼 서쪽, 유럽에서 가장 가까운 지역까지 진출했던 사건이다. 하지만 중국의 이러한 일회적인 개입이 쿠샨의 흥망에 큰 영향을 끼치지는 않았다. 쿠샨은 인도 아대륙의 사람들에게 자연스럽게 동화되었다. 쿠샨 왕조는 아대륙의 문물과 고유문화를 마우리아 왕조만큼이나 반감 없이 절충했다. 쿠샨은 아대륙의 다양한 종교에 모두 관심을 보였다. 동전에 새겨진 신들의 형상에서는 훨씬 더 광범위한 영적 관심을 확인할 수 있다. 쿠샨 왕조가 주조한 동전에는 서아시아와 유럽의 신들뿐만 아니라 남아시아의 신들까지 새겨져 있으니 말이다. 카니슈카의 재위기간 중에 제4회 불전이 추진되었다. 이 불전에서 18개의 불교 종파들이 만나 교리의 차이에 관해 논의했다고 한다.

보살을 칭송하는 내용이 담긴 쿠샨의 비문이 마투라Mathura에서 발견되었음에도 불구하고, 카니슈카의 개인적인 믿음의 깊이가 어느 정도였는지는 측정이 불가능하다. 당시는 대승불교의 사상이 아직 완성되기 전이었다. '깨달은 사람'이라는 뜻의 보살의 강조와 대승불교의 부흥은 불교의 성인 나가르주나의 사상이 세상에 모습을 드러낸 이후의 일이었다. 나가르주나의 사상이 세상에 알려진 뒤에야, 서방정토 붓다인 아미타불Amithbha, 미래불인 미륵Maitreya, 그리고 자비의 신 관세음보살Avalokitesvara의 존재가 완벽하게 정립되었다. 아미타불·미륵·관세음보살은 대승불교에서 붓다는 아니지만 여러 생을 거치며 선업을 닦아 높은 깨달음의 경지에 다다른 위대한 반신半神으로 추앙받았다. 나가르주나는 관세음보살이 남자·여자 혹은 동물의 형태로 변할 수 있다고 주장했다. 그의 이론 덕에 관세음보살이 중국의 자비의 신 관음으로 변신한 것이라는 설명이 가능해졌다. 중국 동진東晉의 승려 법현은 자신이 목격한 대승불교 반신들의 기념행렬에 대한 기록을 남겼다. 불교의 여러 반신들을 태운 정교하게 꾸며진 의식용 마차를 한 무리의 가수·음악가·승려들이 에워싸고 시가를 행진했다고 한다. 힌두교사찰의 행사용 운송수단과 마찬가지로 이 마차는 그 높이가 웬만한 건물 5층 높이에 이를 정도로 높아서, 도시를 대표하는 거대한 건축물이나 성문을 제외한 대부분의 건물이 이 마차 꼭대기에서 내려다보였을 정도였다고 한다.

이 시기에 불교와 힌두교의 관계는 매우 우호적이었다. 하지만 불교 내에서는 대승불교와 소승불교학자들 간에 피 튀기는 논쟁이 한창이었다. 갈등의 골이 어찌나 깊었던지 붓다가 살아 있었다면 고개를 절레절레 흔들었을 정도였다. 나가르주나의 말을 빌어 표현하면 "붓다의 가르침이 위험에 처하게 된 것"이다. 나가르주나는 절묘한 논리로 불교의 모든 종파의 사상적 오류를 지적해갔다. 나가르주나 자신의 논리에 대해 설명해보라는 요청을 받았을 때는 아무것도 존재하지 않기 때문에 설명할 것도 없다는 무생無生의 논리를 폈다. 감각의 소용돌이에 둘러싸여 있는 마음으로는 세상을 이해할 수 없다는 것이다. 고유한 형태를 가진 건 세상에 존재하지 않고, 그렇기 때문에 특정 현상에 대해서 완벽하게 만족스러운 설명을 하는 건 불가능하다는 그의 논리에 따르면, 모든 것이 우리가 이해할 수도 설명할 수도 없는 관계에 존립기반을 두고 있기 때문에, 모든 것은 실재가 아니라는 결론에 도달하게 된다. 나가르주나는 모든 것의 무상함을 받아들여야만 궁극의 진리에 대한 직관적 깨달음을 얻을 수 있다고 주장했다. 이러한 그의 논리는 전무후무한 것이었다. 그는 자신의 논리만이 붓다가 중생에게 전하고자 했던 심오한 가르침이라는 입장을 보였다.

반감을 품은 몇몇 사람이 그의 '무無'에 대한 사상 때문에 불교계 전체가 파멸에 이르게 되었다고 나가르주나를 비난했다. 이에 대해 나

2-16 위대한 불교 성인이자 사상가인 나가르주나

가르주나는 그들이 '무'의 개념을 잘못 이해하고 있다고 답했다. 붓다는 다음과 같은 두 가지의 진리를 깨달은 것이라는 말도 덧붙였다. 사물을 통한 매일의 경험에 대한 진리와 이 명백한 현실 이면에 모든 것이 실재하지 않는다는 진리를 깨달았다는 것이다. 이 심오한 두 가지 진리를 깨우친 불자만이 꿈과 같은 매일의 삶에서 해방되어 붓다의 반열에 오를 수 있다는 말이다.

대승불교의 근원적인 진리를 발견하고자 했던 모든 사람, 승려로부터 보통의 불자까지 모두 아우르는 열성적인 불교신도들의 이 같은 행보가 대승불교를 발전시켰다. 다양한 붓다와 보살들에 대한 개념이 정립된 것도 수확이었다. 특히 보살은 중생의 지위고하나 선악을 불문하고 모두를 구제하고자 하는 동정과 연민의 화신이었다. 깨달음과 열반의 세계가 눈앞에 있는데도 지옥에서 고통받는 모든 중생이 구원받기 전에는 붓다가 되지 않겠다고 서원한 지장보살도 있었다. 대승불교의 이상적인 측면이 이처럼 두드러졌던 탓에 대승불교의 추종자들은 이타적인 자기 종파의 보살과 이기적인 소승불교승려들을 대별하기도 했다. 소승불교의 승려들은 사찰에 은둔한 채 자신들 일신의 깨우침만을 얻으려고 고군분투한다는 것이다.

쿠샨 왕조는 3대 왕 카니슈카의 재위기에 전성기를 맞았다. 차례로 왕위를 이어받은 그의 두 아들 바시슈카와 후비슈카는 왕국의 전성기를 유지하는 일에서는 시원찮은 성과를 보였다. 후비슈카는 34년이라는 긴 재위기에 별다른 업적을 내놓지 못했지만 종교에는 지대한 관심을 기울였다. 그는 힌두교의 부흥을 열성적으로 지지했다. 이로 인해 막강한 국력을 자랑했던 굽타 왕조에서 불교는 인도 북부지역에서만 약간의 세를 유지할 정도로 위축되었다. 카니슈카 가문의 마지막 왕이었던 카니슈카의 손자 바수데바는 힌두교에 완전히 심취해 있었다. 그의 이름이 크리슈나를 부르는 여러 명칭들 가운데 하나를 딴 것이라는 점만 보아도 알 수 있겠지만 말이다. 왕조 초기에 주조된 동전과 달리 그의 재위기에 제작된 쿠샨 왕조의 동전에는 다른 종교의 신이 단 한 명도 새겨져 있지 않다. 역설적인 사실은 쿠샨 왕조 말기에 불교가 쇠락했음에도 불구하고, 바로 이 시기에 인도에서 가장 기념비적인 불교건축물들이 건립되었다는 점이다. 데칸 고원을 지배했던 한 독립국의 군주는 무려 25개나 되는 석굴사원을 건축했다. 이 석굴사원들은 와그호라Waghora 강 물줄기가 굽으면서 생겨난 말발굽 모양의 계곡을 따라 줄지어 서 있었다. 특히 데칸 고원 북서쪽에 자리 잡은 아잔타 석굴은 유명하다. 현재 인도 서부의 아우랑가바드 북동쪽으로 100km 정도 떨어진 곳에 위치한 아잔타 석굴 내부는 붓다의 생애를 표현한 조각과 그림들로 장식되어 있다. 깨달음을 얻어 열반에 이

2-17　　　　　인도 중앙의 아잔타에 위치한 불교석굴의 입구

른 붓다의 모습, 새·동물·사람 등으로 환생한 붓다의 전생 등 표현의 소재도 매우 다양하다.

　　아우랑가바드와 가까운 마하라슈트라 주 엘로라Ellora 마을에도 석굴이 건립되었다. 아잔타 석굴에 맞서기 위해 힌두교도들이 건립한 석굴사원이었다. 783년까지 거슬러 올라가는 이 석굴사원은 매우 아름답다. 힌두교도들이 산등성이를 타고 나란히 놓인 두 협곡 사이에 놓여 있는 거대한 한 덩어리의 암석을 조각하여 사원을 만들었다. 전체가 하나의 암석으로 이뤄진 이 사원은 시바 신에게 헌정되었다. 불교의 세를 물리친 힌두교의 위용이 어떠했는지를 가히 짐작하게 하는 유적이다. 먼 남쪽의 힌두교를 신봉하는 한 왕국에서도 힌두교사원이 건립되었으며, 시바의 공적을 기리는 이야기를 돌에 새기기도 했다.

오늘날 첸나이Chennai 남쪽의 마말라푸람Mamallapuram 해안에는 팔라바의 왕 마헨드라바르만 1세가 갠지스 강의 흐름을 기리고자 세운 석상이 있다. 전능한 강에서 힘차게 떨어져 내리는 물줄기는 시바의 엉킨 머리카락을 통해 천국에서 땅으로 떨어져 내리는 성수로, 이 성수가 망자들의 업을 씻어낸다는 의미를 담고 있었다. 마헨드라바르만은 610년 금욕주의를 표방한 힌두 시인 아파르스바민의 영향으로 자이나교에서 시바를 모시는 힌두교로 개종했다. 오늘날 마말라푸람(마하발리푸람Mahabalipuram이라고도 함)에는 이때 만들어진 일곱 개의 탑과 화강암으로 만든 동물 조각, 거대한 바위를 잘라 만든 사원 등의 유적이 남아 있다. 팔라바 왕조와 그들의 뒤를 이은 촐라 왕조의 문화는 중세시대에 저 멀리 캄보디아·베트남과 인도네시아에까지 영향을 미쳤다.

320년 굽타 왕조가 정권을 잡은 후 대략 550년까지 인도 북부는 비교적 평화로웠다. 찬드라굽타 1세의 뒤를 이은 굽타 왕조의 2대 왕 사무드라굽타는 여러 차례의 전쟁으로 쿠샨 왕조 시절에 난립했던 주변 소국들을 정복했고, 제국의 영토를 인더스 강 상류까지 확장시켰다. 그 후 아소카 집권기 이후 시대에서는 비교 대상이 없을 정도의 위업을 달성했다. 굽타 왕조는 일부러 마우리아 왕조를 모방한 것이 아닐까 하는 의심이 들 정도로 많은 면에서 마우리아 왕조와 유사하다. 하지만 한 가지 분명한 차이는 굽타 왕조가 열성적으로 힌두교를 신봉했다는 점이다. 남방원정에서 개선하는 도중 사무드라굽타는 "모든 바다 너머"까지 뻗어나간 자신의 권세를 만방에 알리기 위해 장엄한 의식을 거행하기도 했다.

저 멀리 스리랑카까지 위세를 떨친 사무드라굽타의 위대함을 알리기에 이보다 더 적합한 방식은 없었다. 예로부터 전해져 내려오는

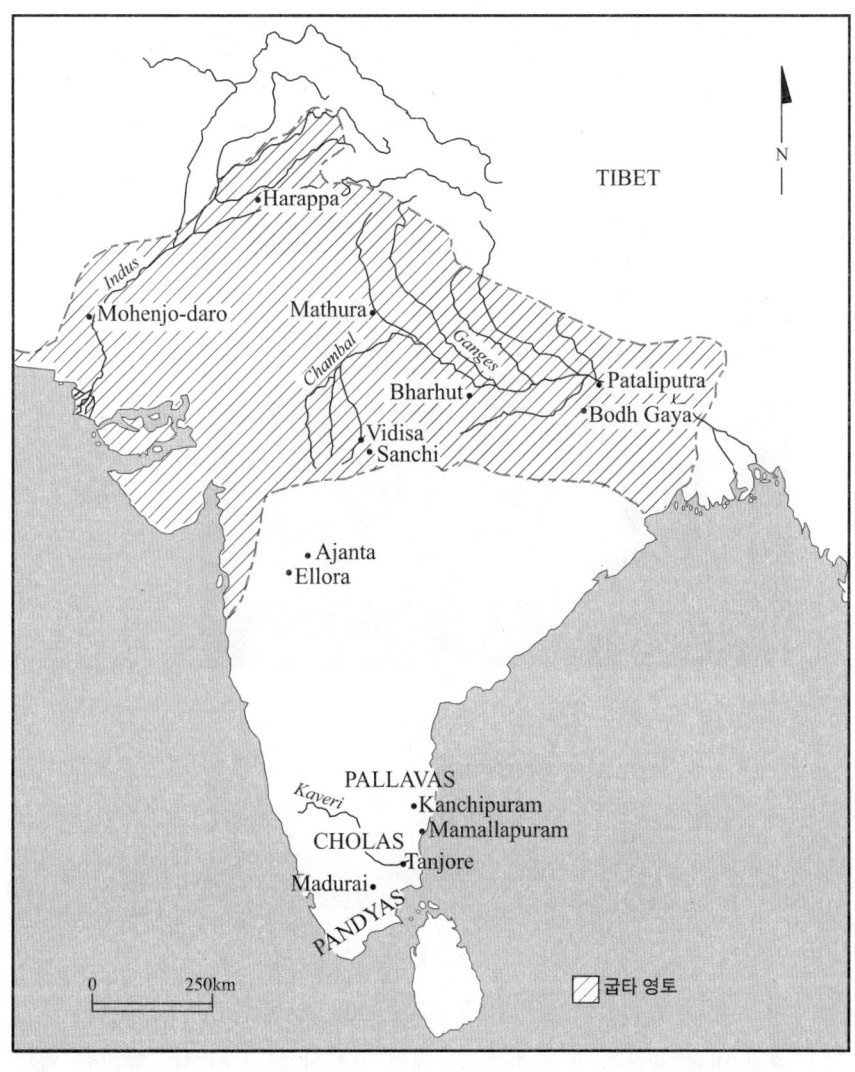

지도 3   굽타 왕조

CHOLAS 촐라 왕조	Ajanta 아잔타	Mohenjo-Daro 모헨조다로
PALLAVAS 팔라바 왕조	Bharhut 바르후트	Pataliputra 파탈리푸트라
PANDYAS 판디아 왕조	Bodh Gaya 보드가야	Sanchi 산치
TIBET 티베트	Ellora 엘로라	Vidisa 비디사
	Harappa 하라파	
	Kanchipuram 칸치푸람	*Chambal* 참발 강
	Madurai 마두라이	*Ganges* 갠지스 강
	Mamallapuram 마말라푸람	*Indus* 인더스 강
	Mathura 마투라	*Kavari* 카바리 강

2-18　엘로라에서 발견된 시바의 아내 두르가(전쟁의 여신) 여신상. 데비 여신과 종종 동일시되는 두르가 여신이 물소 형상을 한 악마 마히샤를 죽이고 있다. 엘로라 석굴은 모두 34개로 2Km에 걸쳐 있다.

이 의식은 제를 올리는 이가 가축과 가축이 자란 땅의 주인임을 확인시켜 주는 의미를 담고 있었기 때문이다. 왕권을 손에 쥔 지 얼마 되지 않아 권력기반이 약한 통치자는 자신을 명실상부한 제국의 주인으로 바로 세우길 원했고, 그럴 때면 자신이 가장 아끼는 종마로 제를 올리곤 했다. 이 아름다운 동물은 원하는 곳 어디라도 갈 수 있는 빠른 다리를 지니고 있었다. 언제나 한 무리의 전사들이 종마를 따라다녔지만, 자신을 생포하고자 하는 놈은 언제라도 이 빠른 다리를 이용해 따돌릴 수 있었다. 사무드라굽타가 제에 올리기로 한 말은 1년간의 유랑을 해야만 했다. 이 기간을 거쳐야만 말과 왕이 정결해진다고 믿었던 것이다.

자유의 몸이 되게 하여 유랑을 시키기 전에 이 의식을 진행하는 이들이 웅덩이에서 말의 몸을 씻겼다. 한쪽에서는 개 한 마리를 죽여 이 웅덩이에 집어넣었다. 굽타 왕조의 전사들은 이 종마를 1년간 따라 다니며 암말의 접근과 강이나 계곡 진입을 막았다. 말이 세상을 유랑한 지 1년이 다 되어가는 즈음에 의식을 집전하는 이들은 거대한 장작더미를 쌓아 올렸다. 사무드라굽타가 사흘 동안의 준비의식을 마친 다음날 말은 제단에 바쳐졌다. 왕은 제물이 될 말과 다른 말들이 끄는 전차를 탔다. 왕의 세 왕비들이 제물에 성유를 바르고 진주로 꼬리를 장식해놓았다. 이 말의 희생의식에는 양과 염소도 함께 제물로 바쳐졌다. 몸에 상처가 나서는 안 된다고 여겼기 때문에 제물을 질식시켜 죽였다. 그러는 동안 왕의 첫 번째 왕비가 장막 아래에서 이 희생된 말과 관계를 가졌다. 실제로 그랬다는 것이 아니라 상징적인 설정이었다. 왕비가 이에 전념하는 동안 궁정의 사람들은 그녀에게 외설적인 말을 건네 그녀의 상징적인 성관계를 독려했다. 이 모든 과정이 끝나고 나면 의식의 진행자가 여러 조각으로 잘린 말의 몸을 장작더미 위에 얹고 불을 질렀다.

376년에 거행된 이 의식에 사무드라굽타가 큰 만족을 표했을 정도로 성공적으로 진행되었음에도 불구하고, 이후 사무드라굽타는 자신의 기대에 못 미치는 행적을 남기게 된다. 데칸 고원에 영향을 미치기 위해서는 그 지역 통치자들의 도움이 필요했다. 그들을 유순하게 만들기 위해서는 군사적 압박이 반드시 동반되어야만 했다. 그러나 사무드라굽타가 스리랑카 왕에게 자신의 신하가 되라고 요구한 것도 받아들여지지 않았다. 스리랑카에서 파견한 사신이 도착하긴 했지만, 굴종의 의사를 전한 것은 아니었다. 스리랑카에서 온 사신은 왕에게 엄청난 선물을 바치긴 했다. 하지만 이는 사무드라굽타의 환심을 사 붓다가 깨달음을 얻은 성지인 부다가야[2]로 향하는 신할리족 순례자들을 위한 사원과 휴양소 건설에 착수하게 하기 위한 미끼였을 뿐이다.

사무드라굽타 사후 굽타 왕조의 국력은 샤카족의 침입과 함께 급격하게 쇠락하기 시작했다. 사무드라굽타의 아들 라마굽타는 샤카족의 왕에게 휴전의 의미로 각자의 부인을 교환하자는 제안을 했다. 하지만 유약한 형과 달리 용맹했던 어린 동생 찬드라굽타 2세는 여장을 한 채 샤카족 주둔지로 잠입하여 적군의 지도자 목숨을 앗았다. 호전적인 성향이 지나쳤던 것일까. 찬드라굽타 2세는 왕위에 오르기 위해 형 라마굽타의 명줄마저 끊어놓는다. 지금은 꾸와트알 이슬람 모스크가 세워져 있는 델리의 남쪽지역에 건립되었던 굽타 왕조의 철제기념비에는 찬드라굽타 2세의 용맹함에 대한 기록이 새겨져 있다. 그는 "적대적이었던 주변 국가의 통치자들을 격퇴하고 (중략) 인더스로 들어가는 일곱 입구를 다시 탈환했다"고 한다.

하지만 그가 돌에 새겨가면서까지 뽐낸 위용은 허망한 것이었다. 흉포한 무리가 이미 인도 아대륙으로 돌진하는 중이었기 때문이다. 5세기에 이르러 훈족의 무리가 인도 아대륙으로 몰려들어와 굽타 왕조의 땅을 순식간에 잿더미로 만들어버렸다. 훈족의 왕 아틸라의 군대가

---

2 Buddha Gaya: 인도 북동부 비하르 주 가야 시에서 11km 떨어진 곳에 있다. 붓다의 탄생지 룸비니, 최초의 설법지 녹야원(사르나트), 열반지 구시나가라와 함께 불교의 4대 성지이다. 4대 성지는 붓다가 열반하기 전에 제자 아난다에게 사람들이 참배할 네 곳을 일러준 데서 유래한다.

로마 제국을 경악시켰던 것과 아주 비슷한 방식으로 말이다. 훈족은 중앙아시아의 초원지대 출신으로서는 처음 헝가리의 평야지대를 정복했다. 가장 먼 서쪽 땅까지 다다른 훈족은 그곳에서 짐을 풀고 말을 먹였다. 하지만 상대적으로 작은 초원의 규모 때문에 초원에서 말을 먹이면서 주변의 촌락을 공격하여 물자와 병력을 얻는 기존의 전투방식을 유지하는 것이 이내 곤란해져버렸다. 훈족은 점령지의 국가들이 흡족한 액수의 조공을 바칠 경우 기꺼이 평화를 보장했다. 하지만 이와 같은 평화유지를 빌미로 한 착취도 아틸라의 죽음으로 끝나고 말았다. 453년 이 위대한 훈족의 영웅이 서거하자 말 많고 탈 많은 그의 아들들의 권력다툼이 벌어진 것이다. 당근과 채찍의 절묘한 균형이 유지되어야 받아낼 수 있는 조공은 이제 그림의 떡이 되어버렸다.

  거의 한 세기 동안 훈족이 굽타 왕조를 압박했던 인도 북부에서도 비슷한 상황이 전개되었다. 아틸라의 재림이라 불렸던 훈족의 왕 미히르쿨라는 매우 무례한 자였다. 그는 자신의 뜻에 반하는 자들에게는 무지막지한 보복을 가한 잔인한 왕이기도 했다. 불교승려들의 학살과 사원의 파괴를 즐겼던 미히르쿨라는 공포의 대상 그 자체였다. 이렇듯 한때 세계를 공포로 물들였던 훈족의 호전적인 행보만큼은 여전했으나, 그가 세상을 떠나는 542년까지의 재위기간에 사분오열된 훈족의 위용은 예전 같지 않았다. 미히르쿨라 사후 훈족은 박트리아에 정착한 투르크족으로부터 지속적인 침략을 받았다. 얼마 지나지 않아 투르크족은 북부 인도까지 밀고 들어간다. 아랍인의 군대가 인더스 계곡에 당도했고 인도 아대륙은 중앙아시아에서 온 새로운 침략자들의 거듭된 침입에 고통받게 된다.

3장
_____

고대 동아시아

상나라의 수도는 우주의 질서를 담은
도시였고, 사방 천지의 중심이었다.
영광스런 명성이 드높았고,
신성한 힘을 정화하는 땅이었다.
장수와 평안 위에 세워진 이 도시는
후손의 안전을 보장하는 요람이었다.

— 안양에 대한 묘사

동방의 요람: 상나라

안양安陽 건설 이전 상나라[1]는 수도를 여러 번 옮겼다. 상나라에서 영구적인 수도의 건설은 그 무엇보다 중요한 급선무였다. 하지만 상나라의 신성한 조상들을 흡족하게 할 만한 최적의 장소를 찾기 전까지, 잦은 수도의 이전은 불가피한 일이었다.

중국인에게 '하늘의 아들'인 천자天子는 지도자 이상의 그 무엇을 의미했다. 최초의 역사기록을 남긴 상나라 이래로 중국인은 천자를 중심으로 정치를 이해했다. 1911년에 왕정이 폐지되기 전까지, 중국인은 황제위에 오른 용의 아들이 사회질서를 수호한다고 믿었다. 그렇다고 신성시되었다는 말은 아니다. 하지만 천자는 하늘로부터 나라를 다스릴 신성한 권한을 부여받았다고 여겨졌다. 천자에 대한 이러한 관념은 상나라에서 관행적으로 치러지던 의식에서 비롯된 것이다. 비문에 새겨져 있는 신탁의 기록에 따르면 조상들에게 제를 올리는 것은 오로지 황제만이 할 수 있었던 것이다. 조상이 복을 주거나 벌을 내린다고 믿었던 중국인에게 황제는 복을 빌거나 천벌을 막아줄 수 있는 유일한 사람이었던 셈이다. 귀신이 된 조상을 숭배했던 상나라에서 왕은 절대권력자인 동시에 영계와 인간계를 소통시켜주는 샤먼이었던 것이다. 특히 상나라 백성은 하늘의 최고신인 상제上帝가 이승의 인간들에게 다산·풍요·승리를 내려준다고 믿었다. 상나라 백성은 저승에 머무르는 직계 조상들에게서 받은 점괘를 통해 이 최고신이 가장 기뻐하

---

1   상商나라(기원전1600~기원전1046년): 역사적으로 실제했다고 여겨지는 최초의 중국 왕조. 주周나라를 비롯한 다른 나라에서는 은殷나라라는 명칭으로 더 잘 알려져 있다.

는 것이 무엇인지에 대한 신탁을 받았다. 상나라 백성은 상제의 황궁에서 이승으로 내려온 신왕神王을 자신들의 선조로 여겼다.

하늘로부터 받은 수권을 바탕으로 통치를 한 상나라 군주들은 '여일인余一人'이라 불리며 지고무상한 권력을 휘둘렀다. 이들의 막강한 권위는 황제만이 주관할 수 있는 종교적 제례에 의해 강화되었다. 왕권이 신권에 바탕을 두고 있었던 상나라에서는 1년을 주기로 각종 제례를 올렸다. 상나라 말년에는 모셔야 할 선조가 160명에 달해 평균 이틀에 한 번꼴로 제사를 지냈을 정도였다. 기원전 1027년에는 상나라의 마지막 황제 주왕紂王에 대한 반란이 일어났다. "상제께서 상나라 왕의 폭정에 노하여, 서쪽의 주周나라로 눈을 돌리셨고 새로운 땅에 거하기로 하셨다"라는 기록에서 알 수 있듯이 반란세력은 폭군의 전형이라 할 수 있는 주왕이 신의 대리인 자격이 없다는 사실을 명분으로 내세웠다. 물론 후대에 기록을 남기는 사관들이 반란을 통해 들어선 새 왕조의 입장을 비호하며, 부정부패 척결의 시도였다고 포장하는 경향이 있었다는 사실은 유념해야 한다. 하지만 상나라를 멸망시킨 주나라의 등장만큼은 실제 존재했던 변화의 필요성 때문에 일어났던 일로 보인다. 주나라의 개국세력은 이후 중국 대륙에 새로운 왕조를 세운 여러 나라 황제들에게 보기 좋은 변명거리를 제공한 것이다.

상나라의 왕위계승체계는 매우 복잡했다. 왕위에 오른 자들의 절반 이상이 장자의 아들이었다. 이러한 계승방식은 결국 장자상속제로 이어졌고, 이러한 변화가 상나라에게는 불운한 일이었을 것이다. 장자상속제 덕에 주왕이 왕위에 오르게 되었기 때문이다. 주왕의 잔학한 통치만은 열외로 해야 하지만, 상나라의 천자들은 샤머니즘에 기반한 신권에 그 권력기반을 둔 절대권력자였다. 인간 이성을 뛰어넘는 모든 지혜와 진리를 관장하는 하늘에, 오직 천자만이 신적인 존재가 된 조상들을 매개로 접근할 수 있었기 때문이다. 기원전 5세기에 작성된 문서는 이에 대해 언급하고 있다.

> 고대에는 사람과 영혼이 한데 섞여 있지 않았다. 언젠가 매사에 분명하고 강건하나 겸손한 자들이 나타났다. 이 지혜로운 이들은 위와 아래에 있는 것이 무엇인지를 이해했다. 그리하여 그들은 무엇이 멀고 무엇이 깊은지를 설명할 수 있게 되었다. 놀라운 능력을 소유하게 된 이들은 (중략) 종교적인 의식에서 영혼의 위치를 지정했고, 그들을 위한 제사를 지냈으며, 종교적인 제 문제들을 다루었다. 그들로 인해 영혼의 땅과 이승이 명백히 구분되었다. 천계의 넋은 아래 세상의 사람들에게 축복을 내렸고, 이승의 인간을 자신들의 자손으로 받아들였다. 그리고 천재지변은 이 땅에서 자취를 감추었다.

샤먼에게만 허락되었던 영과의 소통을 모든 가정에서 시작하게 되면서 무질서가 시작되었다. 영혼은 살아 있는 자의 땅에 너무 익숙해져 버린 나머지 수시로 재앙을 일으켰다. 사람들은 더 이상 영혼을 경외하지 않았다. 이 모든 상황을 바로잡기 위해 신은 모든 것을 그들 본래의 자리로 되돌려 놓았다. "하늘과 땅의 소통이 차단된 것이다."

    이 신화는 중국 천자의 본래적 의미를 명쾌하게 설명한다. 왕을 표시하는 한자 '王'자는 세 개의 수평선을 관통하는 하나의 수직선으로 이뤄져 있다. 이 세 개의 수평선은 위에서부터 차례로 각각 하늘·인간·땅을 나타낸다. 그리고 이 세 수평선의 중심을 관통하는 수직선

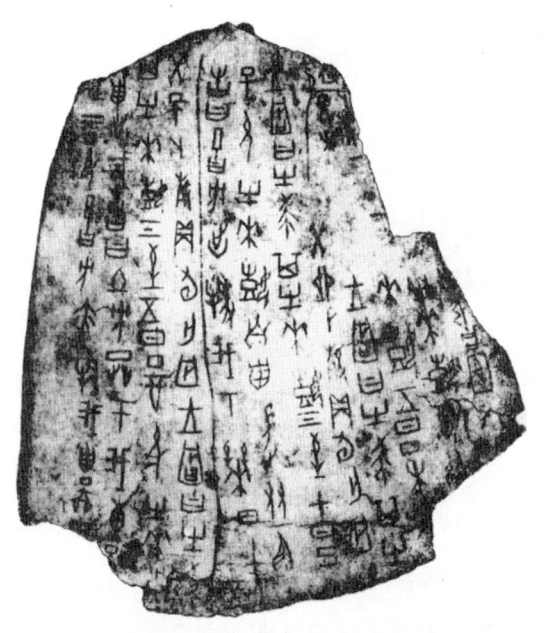

3-1 　　　　기원전 11세기 무렵 상나라의 복골卜骨

이 바로 '여일인'인 천자를 상징한다. 즉 왕은 하늘·인간·땅을 연결하는 유일한 의사소통 수단이었다. 그렇기에 상나라 왕들은 그들의 생물학적 조상으로 여겨지는 영들과 지속적인 접촉을 해야 했던 것이다. 앞서 살펴보았듯 상나라 말기에 이 유일무이한 샤먼들은 일 년의 대부분을 제사에 바쳐야 했을 정도였다.

　　조상이 내린 신탁을 이해하기 위해 이들은 불에 탄 동물뼈나 거북이 등껍질에 있는 균열을 관찰했다. 상나라의 왕들은 길흉복을 점치기 위한 제례 전용으로 준비된 복골을 사용했다. 복골을 만들기 위해서는 동물뼈를 톱으로 자른 뒤, 긁고 광을 낸 후 더 많은 균열을 만들기 위해 구멍을 뚫어야 했다. 후에 거북이 등껍질도 제례용 복골 재

3-2　선사 시대의 단지에 새겨진 이 같은 기호들은 훗날 발명된 한자의 기원이라 할 수 있다.

료에 추가되었다. 반경제가 기원전 1300년경에 안양(당시에는 은殷이라 했음)으로 도읍을 옮긴 것은 이러한 점괘의 결과를 따른 것이었다. 기원전 4세기에 편집된 중국의 역사서에는 반경제가 수도를 이전하려고 했을 때 겪은 고충에 대한 기록이 남아 있다. 그는 먼저 대신들에게 천도하려 한다는 말을 꺼냈다. 자신의 뜻을 반대하는 대신들에게 반경제가 말했다.

황제 조을祖乙께서 이곳에 오셔서, 이곳을 수도로 정하셨소. 백성을 끔찍이 아끼는 마음으로 내린 결정이었소. 사람들이 서로를 도와 생계를 유지할 수조차 없는 곳에서 모조리 죽음으로 내몰리는 것을 두고 볼 수 없었기에 그리하셨던 것이오. 짐은 거북 등껍질에 나타난 점괘를 통해 신탁을 받았소. '이곳은 사람이 살 만한 땅이 아니다'라는 것이 신탁의 내용이오. 우리 선조 황제들은 중요한 결정을 내려야 할 때면, 늘 경건한 마음으로 하늘의 명을 따르셨소. 선조 황제들께서는 한 치의 망설임도 없으셨소. 이 같은 신탁을 받고도 같은 도시에 머무르는 일은 하지 않으셨다는 말이오. 우리가 위대한 선조들의 예를 따르지 않는다면, 왕조의 맥이 끊어지는 천벌을 받아도 할 수 없는 일이 아니겠소. 게다가 앞서 가신 황제들의 선례를 따르지 않는 불경은 또 어찌할 것이오! 베어진 나무에서는 새 싹이 돋는 법이오. 그러니 우리의 새로운 수도에도 하늘에서 새로운 힘을 내려주실 것이오. 위대한 과거의 유산도 이어져갈 것이며, 평화가 새 땅의 구석구석을 채울 것이오.

반경제는 조상신이 내린 신탁에 대한 역대 황제들의 복종을 거론하며, 신탁의 내용을 따르지 않는 것이 얼마나 중죄인지, 그리고 신탁을 따르길 거부하는 대신들로 인해 백성이 얼마나 고통을 겪어야 하는지에 대한 경각심을 일깨웠다. 말하자면 신의 사도인 황제가 전하는 신의 뜻을 따르지 않는다면, 신의 분노로 천벌을 받아 엄청난 고통에 시달리게 될 것이라는 말을 우회적으로 전하는 은근한 협박을 한 것이다.

 그의 입장을 강조하기 위해, 반경제는 백성을 동원했다. "황제의 땅에 살기에 황제의 명령에 복종해야 하는" 백성이 입을 해악을 거론하며 백성에게 직접 신탁을 전한 것이다. 그는 백성에게 수도를 옮겨야 하는 이유를 설명했다. 신탁에 따르면 왕조의 시조인 조상신께서 현재의 도읍에 재앙을 내릴 것이기 때문에 천도를 해야만 하며, 자신의 결정은 어떤 일이 있어도 변치 않을 것이라고 말한 것이다. 대중에게 직접적으로 신의 뜻을 전한 것은 효과가 있었다. 반경제는 모든 백성을 황허黃河 강 너머의 안양으로 이주시키는 데 성공했다. 그는 관료들에게 "백성을 살뜰하게 살펴 새 도읍이 영속적인 정착지가 되게 하라"는 어명도 내렸다.

3-3　　　상나라가 제례에 사용했던 정교한 청동 용기

이 고사는 여러 가지 의미에서 상당히 흥미롭다. 신의 사자인 황제가 황가의 조상신이 자신의 명을 따르지 않는 자들에게 천벌을 내릴 것이라는 암묵적인 협박을 한 것이다. 하지만 그것은 반경제가 수도 이전을 하지 않으면 재앙이 닥칠 것이라는 강한 확신을 갖고 있었기 때문이라는 사실도 부정할 수 없다. 그의 가장 큰 걱정은 실제로 상나라 백성이 겪어야 할 고통이었던 것이다. 천계에서 거북 등껍질에 생긴 균열을 보이는 것으로 천계가 심각한 재앙을 경고해오지 않았는가? 그러니 그가 어떻게 이런 경고를 무시할 수 있었겠는가? 그래서 그가 다음과 같이 말한 것이다.

> 선왕들은 엄청난 재앙이 내릴 것이라는 하늘의 계시를 듣고 나서도 어리석게 한 곳에 머무르는 우를 범하지 않았다. 그들은 백성의 안녕을 먼저 생각했기에 도읍을 다른 곳으로 옮긴 것이다.

'백성'의 삶을 수호할 황제의 의무도 이 고사에서 눈여겨볼 만한 점이다. 여기에는 통치자와 백성이 상호 의존관계를 맺고 있다는 관념이 담겨 있다. 이러한 관념은 공자의 사상에 많은 영향을 주었다. 그리고 후에 다음과 같은 금언으로 정리되었다. "백성이 보는 것을 하늘도 보고, 백성이 듣는 것을 하늘도 듣는다." 공자의 뒤를 이은 위대한 사상가 맹자는 군주가 백성에 대해 마땅히 품어야 할 선의를 도외시하고 백성을 탄압할 때 천명은 철회되므로 그러한 군주에 대한 반란은 정당화된다고 주장했다. 중국 통치원리의 안전장치라 할 수 있는 이 같은 민주적 사상은 맹자의 사상에서 비롯한 것이다. 맹자는 궁극적인 통치권이 백성으로부터 나온다고 주장했다. 왕위는 하늘이 부여하는 것이지만, 왕위계승은 새로운 통치자에 대한 백성의 수용이 있어야만 가능하다는 것이다. 우리는 이러한 인본주의 사상이 신정국가, 즉 종교를 통치의 도구로 삼은 나라에서 싹텄다는 사실을 유념해야 한다. 상나라는 당대의 다른 어떤 아시아 국가의 통치자보다 인본주의적이고, 백성 중심적인 믿음을 가진 통치세력이었다.

이런저런 이유로 기원전 1300년 반경제가 수도를 안양으로 이전하기 전까지, 상나라의 수도는 여러 번 바뀌었다. 안양에 건축된 제례용 건축물에는 흙다짐 공법이 사용되었다. 한 사료에는 다음과 같은 내용이 기록되어 있다.

> 백성이 못을 이용해 나무판자들을 결합시켰고 그것으로 흙을 지탱했다. 그리고 우주의 형상을 본떠 조상들을 위한 사당을 지었다.

새로 지은 제례용 건물에서, 황제는 거북이 등껍질을 이용해 선조들로부터 신탁을 받았고, 이 신탁에 대해 신하와 백성의 동의를 얻는 조치가 취해졌다. 이를 '위대한 합의'라 불렀다. 상나라와 관련하여 살펴본 모든 것은 중국 황가 통치의 가부장적인 측면과 관련이 있다. 상나라 황제의 통치권한은 황가의 식솔들을 통솔하는 일의 연장으로 여겨졌다. 이런 관념은 후에 공자에 의해 국가의 정치적 정당성에 관한 사상으로 발전되었다. 공자는 국가를 이끄는 한 가족인 황가 아래 여러 가족들이 집합되어 있는 것이 국가라고 생각했다. 그렇기에 복종은 통치자와 백성 간의 관계를 규정하는 핵심적인 가치였다. 치국의 도리에 대한 질문을 받았을 때 공자는 대답했다.

> 왕은 왕다워야 하고, 신하는 신하다워야 하며, 아비는 아비다워야 하고, 자식은 자식다워야 합니다.

그는 올바른 가족관계를 사회질서의 주춧돌로 여겼다. 공자는 인간의 복지를 위한 개개인의 책임에 대한 심오한 사상을 정립하기도 했다. 기원전 1세기경 전한 시대에 그의 사상이 널리 유포되었다. 이후 중국의 관료들은 너도나도 백성의 수호자를 자처하고 나섰을 뿐 아니라,

3-4   안양, 상나라의 마지막 황가에서 발견된 제례용 도끼

자신들이 아버지와 같은 따뜻함으로 백성의 곤궁한 삶을 살폈던 자애로운 황제 반경제의 후손이라 여기기도 했다.

   상나라 황가는 도시를 설계함에 있어 조상을 모시는 제례용 건축물뿐만 아니라 수도 전체에 우주의 질서를 옮겨놓으려는 의식적인 노력을 아끼지 않았다. '사방의 중심축'인 수도는 인간세상에서 일어난 일에 대한 황제의 책임, 천계에 대한 황제의 책임 이행을 원활하게 하기 위한 형태로 설계되었다. 모든 수도는 황가의 조상을 위해 지은 사당을 중심으로 건설되었다. 그리고 이 사당의 위치는 고대의 풍수 전문가에 의해 결정되었다. 그들은 상서로운 기운이 흐르는, 아니면 적어도 안온한 기운이 스며든 지점을 찾았다. 때로 그러한 지점을 아예 찾지 못하기도 했다. 그럴 때는 풍수 전문가들이 직접 나서 산 사람들이 거하는 자리, 혹은 망자들이 머무는 자리로 흘러들어오는 음습한

3-5　안양의 황릉에서 발견된 올빼미와 호랑이 형상의 대리석 조각

기운을 차단하는 일을 하기도 했다. 국운은 선정된 땅, 그 중에서도 특히 황릉의 위치가 그 지역에 흐르는 우주의 기운과 조화를 이루는지의 여부에 달려 있었다. 풍수에 달통한 지관地官들이 나서 우주와 조화를 이루게 하고, 액을 막기 위한 각종 조치를 취한 것도 이 때문이었다. 지관들은 나무나 관목을 심어 음양의 조화를 유지시키며, 언덕의 형태를 변형시키고 바위를 없애거나 땅을 파는 등 다양한 방식들로 불길한 장소의 기운을 보완했다.

고대 중국인에게 자연의 흐름과 조화를 이루는 건 매우 중요한 일이었다. 그들은 이를 음과 양의 이론으로 설명했다. 반목하는 대신 균형을 이뤄 조화를 이루는 성질을 갖고 있는 음과 양은 서로 연관되어 작용하는 두 개의 힘이다. 중국인은 이 두 힘 간의 균형이 깨질 때 재앙이 닥친다고 믿었다. 이러한 사상은 중국 북부의 황투黃土 고원에서 발원했을 가능성이 매우 크다. 황투 고원은 갑작스런 폭우로 지형이 급작스럽게 변하는 지역이었기 때문이다.

조상을 신적인 존재로 떠받들었던 고대 중국인은 신들의 영역과 인간의 영역이 서로 친밀하게 연결되어 있다고 믿었다. 영계와 인간계의 매개역할을 하는 황제가 집전하는 제례는 이 두 세계를 연결하는 핵심적인 연결고리였다. "제방이 홍수를 막듯, 제사가 불운을 막는다"는 『예기禮記』의 기록에서도 이를 확인할 수 있다. 조상을 위한 제를 올리는 사당에는 황제가 집전하는 종교의식을 보조하는 전문인력들이 배치되어 있긴 했다. 하지만 이 제례에서 '여일인'인 황제가 중추적이고도 대체 불가능한 역할을 맡았다는 사실은 아시아의 세 번째 문명인 중국 문명에서는 아직 성직聖職에 대한 개념이 자리 잡지 않았음을 보여준다. 이런 중국 문명의 독특한 양상은 중세가 되어서야 변화하기 시작한다. 서역에서 불교가 전래된 것이다. 근대 이전 중국인이 외국에서 받아들인 문물 중 이보다 훌륭한 것은 없었다. 불교의 전래가 늦었던 것은 중국 땅에 뿌리 깊이 박혀 있던 유교사상 때문이었다. 불교에 깊이 심취한 사람들이 인도의 종교를 중국에 전파하려고 많은 노력을 기울였으나, 이성적이고 회의적인 공자의 사상이 언제나 이를 가로막았던 것이다. 당시 중국에는 황제를 천자로 여기는 믿음에 배어 있는 강력한 중앙집권적 권력을 당연시하는 관념과 가문을 잇는 것을 조상에 대한 필생의 의무로 여기는 전통이 사회 밑바닥까지 깊이 스며들어 있었다. 중국에 불교를 포교하고자 했던 선각자들이 한순간에 중국인의 영적 세계관이나 사회관을 뼛속 깊이 변화시키는 건 여간 어려운 일이 아니었던 것이다. 지위고하를 막론하고 중국인이라면 누구나 조상을 숭배하고 있으니, 조상에 대한 감사를 표하기 전에 개개인 자신부터 구원을 받으라는 소리가 귀에 들릴 리 만무했던 것이다.

서구나 남부 아시아의 고대문명과 상나라의 차이점은 상나라에 성직이 존재하지 않았다는 것 외에 또 있었다. 상나라는 독특한 기록체계를 사용해 한 세대에서 다음 세대로 문화를 전달했다. 뼈나 나무에 새겨진 그림문자를 이용한 기록체계가 바로 한자의 모태라고 할 수 있다. 이 그림문자는 천계에 있는 조상들의 영이 알려주는 광대무변한 지식에 관한 기록이었다. 복골을 이용해 제례를 지냈던 고대 중국인은 복골에 먼저 질문을 새겼다. 그런 다음 복골을 태워 생겨나는 균열을 보고 그 의미를 해석하고, 그것을 조상들의 응답이라고 여겨 기록했다. 그렇기 때문에 이들은 이 그림문자 자체에 고유한 힘이 내재되어 있다고 믿었다. 문자가 지닌 힘에 대한 중국인의 경외심은 유교사당에 설치되었던 특별한 가마에서 확인할 수 있다. 이 가마는 원치 않은 글자가 적힌 문헌을 폐기하는 종교의식에 사용되었다. 문자의 영적인 힘에 대한 신화도 중국인의 이런 믿음을 보여준다. 전설 속의 황제 헌원軒轅의 재상이 처음 한자를 발명했을 때, 꽁꽁 숨겨져 있던 세상의 은밀한 이치들이 이제 글로 쓰여 기록될 것이라는 사실에 모든 영들이 비탄에 잠겼다는 것이다. 중국인은 기록을 남길 서사재료書寫材料로 얇게 쪼갠 대나무 조각들을 가죽이나 비단 끈으로 엮어 만든 죽간竹簡을 사용했다. 죽간은 1세기에 종이가 발명되기 전까지 가장 많이 사용된 서사재료였다. 여러 장의 죽간을 편철한 것을 책이라 불렀다. 중국에는 대나무가 남아시아의 야자나무만큼 많았다. 죽간은 종이가 발명되어 일반에서 널리 통용된 후에도 꾸준히 사용되었다.

중국의 고대 왕조: 주나라

중국 최초의 왕조 상나라의 멸망은 주왕이 달기라는 애첩에게 푹 빠져 학정을 일삼았기 때문이다. 달기는 주왕이 사람들에게 잔인한 형벌을 가하도록 부추겼다. 애첩의 꼬임에 넘어간 이 망나니 황제는 고통에 몸부림치는 죄수들을 보며 웃고 즐겼다고 한다. 삼촌인 충신 비간이 목숨을 불사하고 폭정을 멈출 것을 간언하자, 격노한 주왕이 비간을 살해한 일도 있었다. 달기는 주왕에게 다음과 같이 속삭였다.

> 듣건대 비간은 성인이라 하던데, 성인의 심장에는 구멍이 일곱 개가 나 있다 합니다. 한 번 확인해 보옵소서.

달기의 얼토당토않은 속삭임을 믿은 패륜 황제는 삼촌을 죽여 심장을 꺼내보고야 말았다는 것이다.

주周나라가 무도한 독재자를 실각시키고 새로운 정부를 세웠을 때, 중국인이 상나라를 전복한 주나라의 봉기가 도덕적으로 정당하다고 여긴 것은 놀랄 만한 일이 아니었다. 하지만 왕조 교체는 백성의 믿음처럼 상제의 뜻을 따른 순리적인 작용으로 인한 것만은 아니었다. 주나라의 등장은 실제로는 매우 복잡한 문제들 때문에 일어난 일이었다. 상나라 말기의 왕들은 동부와 남부 국경지역의 군사작전에 엄청난 자원을 쏟아부어야 했다. 상나라의 치세에 불만을 품은 주변 동맹국 백성들의 동정이 상당히 불안정했기 때문이다. 주나라의 건국세력은 상나라의 주왕이 실각하기 전에는 원래 서쪽에서 그 세를 확장해나가던 무리였다. 이들은 농경과 유목을 동시에 하는 반유목·반농경민들이었다. 주나라는 중원을 지배하기 전에 상나라의 서쪽에서 상나라와 상당 기간 공존했다.『서경書經』에 기록된 것처럼 붕괴 직전이었다고는 하나 상나라는 썩 호락호락한 상대는 아니었기에 주나라가 상나라의 영토였던 지역 전체에 대한 통치권을 확립하는 데는 꽤 오랜 시간이 걸렸다. 서백西伯이라는 직위를 갖고 있던 희창이라는 제후의 대에 와서야 주나라가 천하를 평정할 조짐이 보였으니 말이다. 희창은 후에 문왕文王으로 추존된 주나라의 시조이다.

후대의 역사가들은 주나라 문왕을 지혜로운 현자로 평했다. 많은 유학자들이 혼란의 소용돌이에 빠진 중원을 평정하여 태평성대를 만들어낸 주나라의 통치기간을 "잃어버린 이상의 치세"라 일컬었다. 희창은 멸망한 제국의 황가에도 예우를 갖추었다. 몰락한 상나라 황가의 후계자에게 조상에 대한 제례를 지낼 영토를 하사한 것이다. 또한 상나라 관료들에 대한 대우도 섭섭지 않게 했다. 주나라의 시조가 품은 평화에 대한 염원을 엿볼 수 있는 대목이다. 주나라의 관료로서 새로운 직책을 부여받은 전직 상나라의 관료들에게 희창은 왕조의 교체는 상제의 뜻이었다고 말했다. 망국의 신하라지만 다름 아닌 자신들의 선조이자 지고신인 상제의 명이라는 데 반기를 들 자는 없을 것이다.

사실 주나라가 모시는 조상신은 따로 있었다. 그렇기에 상나라의 조상신 '상제'를 지고신으로 인정한 희창의 선택은 탁월한 것이었다. 상제를 모시는 종교를 포용한 주나라의 행보는 이후 중국 문명에 지대한 영향을 끼친다. 그가 그런 행보를 한 것은 새로이 건립된 주나라가 번영하기를 바라는 마음 때문만은 아니었을 것이다. 한때 상나라의 수도 안양에 기거한 바 있는 희창은 상제숭배라는 전통에 뿌리를 둔 상나라의 정교한 제례의식에서 엿볼 수 있는 백성의 순수한 경외심에도 상당히 관심이 있었을 것이기 때문이다. 상나라의 종교를 포용한 희창의 정책 덕에 고대 중국에서는 20세기 초까지 지속되는 통치구조가 확립된다. 천자는 하늘의 명령에 따라 제국을 통치한다는 이념이 중국 대륙에 확고히 자리 잡은 것이다. 비록 희창 자신은 이런 하늘의 수권을 유지하기가 쉽지 않음을 자인했지만 말이다. 그는 "하늘의 뜻이 언제나 변함없는 것은 아니기 때문에, 하늘의 뜻을 받드는 것은 쉽지 않다"고 했다. 그는 "하늘은 의존하기 어렵고 그 뜻이 변함없지 않다"고 했다. 이런 현실주의는 주나라 왕의 입장에서 보면 주나라 백성과, 주나라 백성이 된 유민 모두에게서 '하늘의 뜻'이 반영된 인정을 받기 위해서 필요불가결한 면모였다. 희창은 상나라 관료들에게 경고했다.

> 보통 시작은 흥하게 마련이오. 하지만 아름답게 마무리하는 것은 참으로 드문 일이라오.

주나라 문왕文王의 사상은 놀라울 정도로 완벽했다. 그의 사상의 완전함에 매료된 공자가 후에 자신은 국가 정치체제를 고안한 '창조자'라기보다는 고대의 이상을 계승한 '전달자'일 뿐이라고 말했을 정도였다. 인류의 석학이 스스로 고대의 진리를 전달하는 일을 하는 자에 불과하다는 겸양을 보인 것이다. 평생 주나라 문왕을 스승으로 여겼다는 공자는 제자들에게 "나는 고대의 것을 신봉하며, 사랑한다"고 말했을 정도였다.

　어린 시절 종종 제례용 기물을 마련하는 일을 했던 공자는 성인이 되어 제례 전문가로서의 명성을 얻었다. 이런 일련의 경험에서 보

3-6   주나라 제례에 사용되었던 술잔

람을 느낀 공자는, 개개인이 가족이라는 울타리 안에서 바로 서게 하는 예법을 정립하게 된다. 그는 올바른 행동은 예를 지킬 때 가능한 것이라 믿었다. 유교적 제사의례의 규정과 절차를 구성하는 예는 실제 생활에서는 예의범절을 의미했다. '예禮'[2]라는 한자의 어원적 의미가 제사의례에 있다는 점에서 우리는 공자의 의중을 확인할 수 있다. 공자는 조상을 숭배하는 제례를 올바른 사회관계를 정립하는 도덕률의 핵심으로 보았던 것이다. 신하가 군주에게 바치는 충성심은 아들이 아

---

[2] 禮: '기示'는 신적인 존재를 의미하고, '풍豊'은 제기인 '두豆'에다 제물인 '곡曲'을 담아 신께 봉헌한다는 의미를 갖고 있으니, 예는 제사의례를 뜻하는 한자이기도 했다.

버지에게 보이는 예와 같은 것이었다.

공자는 부모의 살아생전에는 순종하여 존경을 표하고, 돌아가신 후에는 적절한 매장의식을 치르고 음식을 바침으로써 예를 표현해야 한다고 주장했다. '효孝'는 성인이 된 후에도 지속적으로 부모에게 존경을 보이는 것을 의미했다. 즉 아이들이 부모에게 보이는 자연스러운 고마움보다 훨씬 더 의식적인 마음가짐을 일컫는 말이었다. 여기에는 후손에게 더 나은 삶을 제공해준 데 대해 조상에게 감사해야 한다는 생각이 깔려 있었다. 오늘날에도 중국인은 여전히 이러한 사고방식이 기저에 깔린 인생관을 지니고 있다.

가정을 잘 건사하는 건 바람직한 사회 구현을 위한 초석이었다. 그뿐만 아니라 제가齊家는 훌륭한 인생의 시작이자 끝이었다. 공자는 예로부터 전해오는 납득할 수 있는 실례를 들어 고대 중국에 필요한 것은 백성을 훈육할 수 있는 덕을 갖춘 어진 통치자라고 주장했다. 또한 공자는 성문법은 전통과의 단절을 의미하며, 이는 상당히 위험하다고 말했다. 엄격한 법제도를 백성이 숙지하고 신봉하게 되면, 법이 그 어떤 것보다 우선하는 권위를 인정받게 될 것이라는 사실을 지적한 것이다. 후에 진시황이 각석角石에 비문을 새겨넣어 법치를 확립한 이후에 벌어질 상황을 예리하게 예측한 것이다. 판관의 역할을 하는 자들이 전통을 근거로 판결의 정당성을 논하는 것이 불가능해질 것이라는 말이다. 공자가 전통을 운운하며 독단적인 결정을 정당화하려는 시도를 옹호한 것은 물론 아니다. 그의 말을 들어보자.

백성을 규제와 처벌로 다스린다면, 백성은 법을 피하는 방법부터 찾게 될 것이다. 그리고 죄를 뉘우치지도 않게 될 것이다. '예'로 다스리고 '인仁'으로 이끈다면, 백성은 스스로 잘못을 바로잡을 것이다.

뉘우침은 없어서는 안 되는 감정이다. 뉘우치지 않는 인간에게는 개선의 기회도 찾아오지 않기 때문이다. 공자는 예의범절을 지키는 것은 도덕적인 성품을 드러내는 것이기 때문에, 교육받은 사람이라면 마땅히 예의범절을 존중해야 한다고 주장했다. '인'과 '예'를 결합시킨 공자의 사상은 이런 그의 사유를 분명히 보여준다.

유교는 문명인으로서 살아가기 위한 준비과정이라 할 수 있는 교육과 양육의 중요성을 중국인의 뇌리에 각인시켰다. 후대 중국인이 교육에 놀라울 정도로 열성적이었던 것은 공자의 가르침을 몸소 실천한 것으로 해석될 수 있다. 이런 그의 사상을 탐탁지 않게 여겼던 도가주의자들에 대해 공자는 이렇게 말하기도 했다. 도가는 중국 대륙에 이미 널리 퍼져 있는 토착 종교였다.

그들은 사회를 개혁하려 했다는 이유로 나를 배척한다. 하지만 우리가 우리 인간들끼리 더불어 살고자 하지 않는다면, 그 누구와 함께 살아갈 수 있겠는가? 인간이 금수와 더불어 살아갈 수는 없는 노릇이다. 세상이 마땅한 이치대로 굴러가고 있었다면, 내가 개혁을 꿈꿀 필요도 없었을 것이다.

후대 유학자들은 전 인류가 더 나은 삶을 살 수 있도록 노력할 소임을 다해야 한다는 공자의 신념을 수 세대에 걸쳐 지켜갔다. 유교가 중국을 다스리는 통치자들의 이념으로 간택된 것은 피치자에 대한 봉사를

3-7   주공단周公브에게 진상된 청동 그릇에 새겨진 글귀.
주공단은 주 왕조를 세운 문왕의 아들

강조하는 사상이라는 점이 주된 요인이었다. 지도자의 자격은 세습된 지위로부터 비롯되는 것이 아니라는 공자의 위대한 가르침이 중국 대륙 구석구석까지 전파되었던 것이다. 그는 유교적 덕목을 갖춘 개인의 진정성 때문에 저절로 고개를 수그리게 될 때에야 비로소, 누구를 가르치거나 다스릴 자격을 얻게 된다고 주장했다.

봉건주의의 몰락에 고무된 공자는 기원전 479년 숨을 거둘 때까지 끊임없는 개혁의지를 불태웠다. 주나라는 중국 역사상 가장 오랜 기간 왕조의 명맥을 유지했다. 하지만 기원전 771년 뤄양洛陽으로 천도한 뒤 국운이 급격히 쇠하기 시작했다. 주나라 왕은 왕권을 다지기 위해 옻칠한 활과 화살을 제후들에게 나눠주었다. 왕을 대신해 자신의 영토 내 질서를 바로잡을 권한을 수여한다는 징표였다. 하지만 왕의 바람과 현실은 동떨어져 있었다. 제후들의 작위만이 신하 됨을 나타낼 뿐, 이들의 행보는 독립국가의 군주나 다름없었다. 사실상 독립한 제후들은 서로 더 많은 영토와 권위를 획득하기 위해 치열하게 다퉜다. 기원전 8세기에 이르러서는 무려 200여 개에 이르는 제후국이 난립하여 중원의 패권을 다투었다. 이 중 기원전 500년까지 살아남은 나라는 20개국도 채 되지 않았지만 말이다. 이런 아귀다툼이 정점에 달했던 시절을 전국戰國 시대라 한다. 전쟁하는 나라들의 시대라니 참으로 그럴듯한 작명이다. 이 파란만장한 세월을 살아남아 최초로 중국 대륙을 통일한 나라가 바로 진秦나라이다. 시황제가 진나라를 건립할 때까지 살아남아 끝까지 분투했던 진秦·초楚·연燕·제齊·조趙·위魏·한韓의 일곱 제후국을 전국칠웅戰國七雄이라 한다.

끈질긴 생명력을 지닌 전국칠웅에게도 진나라의 약진은 경이로운 일이었다. 한 치의 망설임도 없이 절대권력자의 길을 걸은 진나라 왕들의 행보가 어찌나 거침없었던지, 이들은 뽕나무 잎을 집어삼키는 누에 같다는 평을 들어야 했다. 현재 산시성陝西省의 성도 시안西安 부근에 둥지를 튼 진나라는 중국 대륙 최고의 경제대국으로 거듭났다. 그 지역은 원래 주나라 백성의 고향이었다. 이 지역의 세수는 다른 지역에 비해 월등히 많았다. 이곳에서 거두어들이는 곡식만으로 중국 전역을 다스릴 수 있을 정도였다. 서쪽의 이 지역에서 세를 키워 중원으로 진출한 주나라와 마찬가지로, 진나라는 황허 강 하류의 뤄양으로 수도를 옮겼다. 오랑캐들의 침입이 잦았던 덕에, 진나라 통치자들은 풍부한 실전경험을 바탕으로 한 막강한 전투력을 자랑하는 병력을 유지할 수 있었다. 대규모 관개사업을 통해 국가경제도 한층 더 탄탄해졌다. 그럼에도 불구하고 중국인은 진나라를 진정한 중국의 왕조로 인정하려 하지 않았다.

사람들은 시황제가 전국 시대를 활보한 제후국의 군주 출신이라는 사실에 곱지 않은 시선을 보냈다. 하지만 진나라가 과거의 유물인 봉건적 예법을 받아들이기 꺼린 것은 비단 이 때문만은 아니었다. 크고 작은 전투로 편할 날 없는 국경의 불안정을 일거에 잠재울 강력한 영도력이 필요했던 것이다. 새로운 정신, 새로운 정부가 절실했다. 효율성이 최우선 과제였고 '예'와 '인'을 실천하는 것은 그 다음 문제였다. 과거 전국 시대에는 여러 제후국들이 도덕을 강조한 공자의 정신을 추앙했지만 말이다. 진나라의 승상 상앙商鞅이 기원전 356년 법가사상이라 알려진 철학을 진나라에 도입했다. 가혹할 만큼 엄격한 사상으로 강력한 부족들을 와해시키고, 농민을 속박에서 풀어주어 귀족들의 영향력을 약화시키고, 국가의 군사력을 강화할 새로운 법제를 도입하라는 시황제의 명을 받아 단행한 조치였다. 과거와 같이 '예'를 숭상하는 자연법적인 관계 안에서 질서를 찾는 대신, 법에 기초한 총체적 책임이라는 도구를 이용하여 질서를 확립하려는 시도였다.

상앙은 주어진 권한을 십분 활용하여 면밀한 국정개혁안을 마련했다. 범죄자나 반역자를 적발하기 위해 다섯 내지 열 가구를 한 단위로 묶는 인조隣組 제도인 오가작통법五家作統法도 그 중 하나였다. 이웃의 죄상을 고발하지 않은 사람들의 몸은 두 동강이 났다. 반대로 죄를 고발한 이들은 적의 목을 벤 경우에 상응하는 상을 받았다. 진나라의 백성이라면 어느 누구나 농업이나 직조산업에 종사하며 나라경제에 보탬이 되어야 했다. 부역에서 면제를 받을 수 있는 사람은 오로지 대지주들뿐이었다. 극빈자나 게으름뱅이, 심지어는 상인들까지 노예가 되었다. 융통성을 모르는 상앙의 이런 부국강병책은 많은 사람들의 원한을 샀다. 상앙의 후원자이자 오랜 지기였던 효공이 붕어한 지 얼마 지나지 않아, 상앙에게 앙심을 품고 있던 태자가 진나라 혜문惠文 왕으로 즉위한다. 상앙은 혜문 왕 즉위 후 반역자로 몰려 사지가 찢기는 거열형에 처해졌다. 하지만 그가 숙청되었다고 해서 그가 주도한 모든 개혁조치가 철회된 건 아니었다. 진나라의 통치자들은 중앙집권적 정부, 규율과 기강이 바로잡힌 관료체계, 강한 군대의 이점을 너무 잘 알고 있었다. 엄벌주의로 일관하면 백성이 "사법부의 심판을 받느니, 차라리 적과 대면하려" 들 것이라는 상앙의 말을 내심으로는 믿고 있었던 것이다. 이런 사고방식 탓에 진나라의 통치자들은 점점 더 전제적인 통치를 펼치게 된다. 그리고 이런 경향은 무소불위의 권력을 누린 중국 최초의 대제국의 주인 진시황 대에 와서 절정을 이룬다.

하지만 법가사상을 통해 급성장을 이룬 진나라가 치러야 하는 대가는 컸다. 이에 대해서는 아리스토텔레스의 친절한 설명을 상기해볼 필요가 있다. 아리스토텔레스는 기원전 404년 아테네를 제압한 스파르타가 그리스를 통치하면서 저지른 실수를 지적했다. 그는 군사력에만 국력을 집중하는 정책은 평화를 구가하기 위한 준비가 아니라, 국가 패망의 원흉이라고 말했다. 아리스토텔레스의 말이다.

스파르타인은 여가를 전혀 누리지 않았으며, 전쟁을 제외한 다른 어떠한 것도 추구하지 않았다. (중략) 스파르타인처럼 한 가지에만 치중한 나머지 다른 모든 것을 도외시하는 교육을 받은 이들은 인간이 아닌 기계로 자라나게 된다.

진나라의 상황도 이와 크게 다를 바 없었다. 진시황이 객사하자, 건국황제의 강력한 영도력으로 유지되고 있던 제국에 균열이 생겨났다. 군사체계의 결점들이 속속 드러났고, 진나라의 권력기반은 점차 약해졌다. 결국 기원전 209년 진나라의 관료들이 반란을 일으켰다. 영원불멸하리라 여겼던 제국은 진시황의 어린 아들 부소扶蘇를 제물로 삼아, 진시황 사후 4년 만에 어이없이 멸망해버린다.

상인을 노예로 삼을 정도로 상업을 드러내놓고 업신여긴 상앙의 개혁정책이 현대인의 눈에는 이상하게 보일 수 있을 것이다. 하지만 이는 모든 산업이 군주의 감독관리 하에 있었던 고대 중국에서는 지극히 당연한 일이었다. 안양에는 전차를 제조하는 장인, 금속을 가공하는 장인, 도공, 베 짜는 장인 등 각종 산업에 종사하는 장인들의 거주지가 따로 마련되어 있었다. 직업에 따라 사회계급을 나누는 중국 특유의 제도가 확립된 건 전국 시대였다. 선비·농민·공장工匠·상인 순으로 귀천이 정해졌다. 선비계급이 부상한 것이다. 제후국 간 분쟁과 국내 분쟁이 끊이지 않던 전국 시대, 각국의 군주들은 선비계급의 자제들을 교육시켰다. 비록 고위직을 물려받지는 못했을지라도, 또 시절이 수상했을지라도 고등교육을 받은 선비들은 당황하지 않고 주어진 기회를 꽉 움켜쥐었다. 많은 이들이 관직에 기용되거나, 귀족가문의 가신이 되었다. 공자의 애제자 중 몇몇도 선비계급 출신이었다.

공자 사후 유교는 중국 대륙에서 그 어떤 사상보다 우세한 입지를 갖게 된다. 하지만 주나라의 집권기에는 그렇지만은 않았다. 당시에는 공자의 사상과 세를 겨루는 경쟁상대가 분명히 존재했다. 바로

3-8 공자의 무덤이 있는 공림孔林. 산둥성山東省 취푸曲阜에 있다. 공자의 제자들은 이 무덤 앞에서 3년 동안 공자의 죽음을 애도했다.

도가였다. 도가는 공자보다 조금 더 일찍 태어난 동시대인, 노자老子가 정립한 사상이다. 노자는 춘추전국 시대 말기 뤄양에서 장서실藏書室을 관리하던 수장실사守藏室史였다. 그곳에는 공자가 미처 접해보지 못했을 엄청난 양의 문헌들이 보관되어 있었다. 이런 근무환경 덕에 노자는 가르침을 받기 위해 뤄양을 찾은 공자에게 봉건제의 구습을 찬미하는 것이 옳지 않음을 깨우쳐줄 수 있었을 것이다. 공자와 달리 노자는 중국이 겪어야 했던 엄청난 혼란이 주나라의 제도가 미흡했기 때문은 아니라고 생각했다. 그는 봉건주 자체가 질서와는 거리가 먼, 순리를 거스르는 제도라고 확신했다. 그는 자비와 정의를 부르짖는 자들의 가면 뒤에, 욕망으로 이글거리는 얼굴이 숨어 있을 때가 많은 것도 문제라 생각했다. 다음은 『도덕경道德經』의 한 대목이다.

절벽에서 굴러떨어지는 바위가 내는 청천벽력 같은 소리를 들어본 자 중에, 과연 그 누가 옥이 달린 목걸이의 짤랑거리는 소리를 더 좋아하겠는가.

제후국 간의 암투가 일상이었던 시대를 살아야 했던 노자가 치열한 정쟁을 바라본 시각이다. 그는 무릇 인간이라면 누구나 자연세계에 두고 있는 뿌리, 스스로 생각하는 것보다 훨씬 더 현명한 인간으로 거듭나게 해주는 이 내면의 힘의 부름에 응해야 한다고 주장했다. 이처럼 세상의 흐름에 따라 자연스럽게 사는 방식을 강조했던 도가의 입장에서 볼 때 과거 봉건제 사회의 모든 인위적인 요구는 인간의 타고난 능력을 해하는 너무나 부자연스러운 것이었다. 노자는 이런 인위적인 요구로 인해 사람은 타고난 내면의 힘을 잃고 순리에 따르는 삶 대신, 명예와 의무라는 굴레를 쓰고 살아가는 삶에 갇히게 된다고 주장했다. 노자의 추종자들은 도가의 이러한 무위자연無爲自然의 정신을 몸소 실천했다. 도가사상을 계승·발전시킨 장자는 기원전 3세기경 초나라의 재상직을 거절하기도 했다. 그는 "도둑은 부잣집의 돈을 훔치지만 재상은 한 나라를 통째로 훔친다. 누가 더 큰 도둑인가?"란 말로 부귀영화를 걷어차 버렸다고 한다.

    이런 도가주의자들의 태도가 공직에 몸을 담아 국가에 헌신하는 것을 절대적인 도덕적 가치로 여겼던 유교사상가들의 반감을 산 것은 불을 보듯 뻔한 일이었다. 이들에게 정부 직책에서 물러나거나 은둔자가 되는 편을 선택하는 도가주의자들의 행보는 정치적 시위로밖에 해석되지 않았다. 당시 중국에는 사상가 양성을 위한 공식적인 학제가 마련되어 있지 않았다. 그리스 철학자들과 달리 도

3-9 춘추전국 시대에 관한 한漢대의 기록.
공자가 작성한 문서로 알려진 적도 있었다.

가주의자들은 실용적 민주철학을 발전시킬 기회를 얻지 못했을 것이라는 말이다. 도가의 세력이 한때 득세한 시절도 있었다. 후한 말기 극심한 정치적 혼란이 민초들의 삶을 도탄에 빠트렸다. 이런 민심을 위로하고자 장릉[3]이라는 자가 3세기경 도가 교리를 변용하여 오두미도란 종교를 창시했고, 오갈 데 없는 백성들이 이 새로운 종교에 의지하기 시작했다. 장릉은 하늘의 계시를 받아 오두미도의 첫 교

---

[3] 張陵: 중국의 도교 교단의 원류 중 하나가 된 오두미도五斗米道의 개조로 장도능張道陵이라고도 한다. 오두미도란 명칭은 신자들로부터 입문할 때 쌀 다섯 말을 바치게 하는 관례에서 비롯된 것이다. 이 오두미도와 태평도 등의 종파로 파생된 도교는 노자와 장자의 도가사상을 바탕으로 했지만, 그와는 확연히 대별되는 신비주의적인 종교이다.

주가 되었다. 그는 반독립적인 나라를 세워 통치하기도 했다. 신자인 농민들을 모아 종교적 성격의 군대를 조직한 것도 이러한 일련의 파격적인 모험의 일환이었다. 그는 156년 홀연히 사라졌다. 평소 그가 즐겨 입던 옷가지가 그가 남긴 전부였다. 도교신자들은 장릉이 불사의 존재인 천선天仙이 되었다고 믿었다. 노자와 마찬가지로 장릉도 자신의 무덤을 남기지 않았다. 이 사실에서 도가와 도교세력이 조상숭배에 무관심했다는 점을 짐작할 수 있다. 장생불사를 염원했던 도교신자들이 열심이었던 것은 불로장생의 영약을 구하는 일이었다.

제국의 통일: 진나라와 전한의 황제들

기원전 237년부터 태자 정政은 승상이 된 이사李斯라는 자를 깊이 신뢰했다. 정은 진시황의 본명이다. 그는 상앙에 비견할 정도로 엄격한 법가주의자였다. 이사는 진나라가 주변 제후국들을 완벽하게 제압하여 최초의 통일 중국 제국을 건설한 기원전 221년까지 진나라를 이끈 인물이다. 주나라의 마지막 왕이 이미 왕위를 빼앗긴 뒤였기 때문에, 진나라의 황제 정이 자신을 진시황에 봉하고 이를 널리 알리는 데 반기를 들 자는 없었다. 이 새로운 명칭에는 황제를 신적인 존재로 부각시키겠다는 정치적 계산이 깔려 있었다. 그는 기원전 219년부터 장안長安의 동북쪽 리산驪山에 어마어마한 규모의 왕릉을 건축하기 시작했다. 무려 700,000명이 동원된 이 대공사가 시작된 바로 이때 신선을 찾기 위한 황제 사절들의 원정이 시작되었다. 이들의 임무는 불멸의 존재로 신성한 산꼭대기에 살고 있다는 신선을 만나 황제에게 바칠 불로장생의 영약을 구해오는 것이었다. 진시황 만년에 있었던 두 번의 암살시도는 불로장생에 대한 황제의 집착을 더욱 심화시켰다. 두려움이 부른 어리석음으로 측근들의 간언에까지 귀를 닫아버린 황제의 태도는 제국의 몰락을 앞당겼다. 무소불위의 권력을 휘두르던 진시황이 붕어하기가 바쁘게, 진시황 통치에 반감을 품고 있던 반란세력이 은밀한 반란을 꾀했다. 유언을 위조하여 황위계승자를 바꿔치기한 것이다.

그 후 급속한 와해로 진나라는 짧은 역사에 종지부를 찍고 만다. 짧지만 강렬했던 진나라의 흥망성쇠는 동아시아 역사의 상징적인 전환점이라 할 수 있다. 진나라 집권기에 향후 중국 통치구조의 근간을 이룬 관료체제의 틀이 마련되었기 때문이다. 이 엄청난 발명은 진나라의 뒤를 이어 중원을 차지한 전한前漢의 황제 유방劉邦에 의해 마무리된다. 그 후 무려 2000년의 세월 동안 통일왕국의 군주가 광활한 중국 대륙을 통치하게 된다. 물론 왕조 교체기에 중국 대륙에 여러 나라들이 난립한 경우가 전혀 없었던 건 아니지만 장구한 세월 계속된 통일왕조의 통치는 중국에 내적 안정을 가져다주었고, 중국은 주변 국가들에 막강한 영향력을 행사하는 아시아의 종주국으로 부상하게 된다.

진시황은 오직 군사력에 의존하여 중국 통일이라는 목표를 달성하려 했다. 중앙집권적인 체제를 지향했던 시황제는 봉건제를 폐지하고, 귀족들로 하여금 이제 전 중국 대륙의 수도가 된 진나라 수도 셴양咸陽에 거주할 것을 명했다. 그 덕에 농민은 자신들이 경작하는 토지에 대한 더 많은 권리를 누리게 되었다. 얻는 것이 있으면 잃는 것이 있는 법, 세금 납부라는 의무가 따랐지만 말이다. 민간인 무기 소지를 금하여, 전국의 무기가 모두 수도로 실려 왔다. 진시황은 이 쇳덩이들을 녹여 12개의 거대한 조각상을 세웠다. 진나라의 통치구조

3-10　　　베이징 북쪽지역의 만리장성. 명나라 때 벽면을 석재로 마감했다.

는 행정부, 전국에 전략적으로 배치된 주둔군을 통할하는 군부, 감찰부 이렇게 세 개의 기관으로 구성되어 있었다. 감찰부에서는 행정부의 사법행위와 회계를 감사했다. 진시황은 도량형, 문자, 화폐의 통일, 전국적인 도로망의 건설·군대의 수송을 위한 수로의 개선 등을 강행했다. 몽골 남부의 고원에 위치한 오르도스Ordos 사막지역을 합병한 진시황은 흉노 등 북방민족의 침입에 대비하여 만리장성을 쌓았다. 흉노족은 후에 로마 제국을 침략한 훈족의 뿌리이다. 서쪽의 간쑤성甘肅省에서 동쪽의 요동 반도까지 뻗어 있는 만리장성은 그 길이가 수천 킬로미터에 달한다. 이 거대한 장성은 달에서도 볼 수 있는 유일한 건축물이라고 한다.

진시황이 만리장성을 건축한 데는 단순한 국경수비 이상의 이유가 있었다. 그는 농민이 북쪽의 초원지대로 유입되는 상황을 걱정했다. 중국 경제의 뿌리를 이루는 농민이 유목민 사회에 편입될 경우 초원지대의 경제력이 신장될 가능성이 존재했기 때문이다. 그는 만리장성을 건축하여 이런 고민을 일거에 해결했다. 오랑캐의 남하를 막았을 뿐만 아니라 북방으로 향하는 백성들의 발길을 잡아둘 수 있게 되었으니 말이다. 그는 기원전 210년경 백성들의 남방 이주를 장려하기 위해 남쪽으로 군사를 파견하여 자신의 세를 저 멀리 홍콩에까지 과시했다. 본토 사람들에게 융화되지도, 그들에게 복종할 의사도 없었던 남방인은 바로 이때부터 중국 제국에 영원히 코를 꿰고 말았다.

전한이 중국 대륙의 두 번째 주인으로 등극한 이후 베트남인의 상황도 비슷했다. 지금의 베트남 북부에 거주하고 있던 사람들은 중국의 통일제국 전한의 수비병력으로 동원되었다. 이들은 1000년 동안 중국의 지배를 받아야 했다. 907년 당나라의 몰락 이후 정권다툼으로 중국 대륙 전체가 극심한 혼란을 겪었던 반세기 동안에만 독립국가로 존속했을 뿐이다. 이 독립국가의 군주는 바로 베트남 최초의 응오吳 왕조를 세운 응오꾸엔이었다. 그는 중국 제국을 본보기로 삼아 새로운 왕국을 정비해갔다. 중국 귀족으로 자라 뼛속까지 중국인이었던 그에게 마땅한 대안이 없었던 탓일 것이다. 기원전 111년에 완전히 정복당하기 전까지 지금의 중국 남부지역은 난위예南岳로 불렸다. '난위예 Nan Yuah'라는 지명은 베트남어에서 유래한 것이다.

유학자들 가운데서 시황제의 전제정치를 비방하는 자들이 늘어났다. 이들은 주나라의 봉건제 부활을 주장했다. 이를 못마땅하게 여긴 시황제는 사상을 통제해야 한다는 이사의 주청을 받아들여, 기원전

3-11   진시황 암살기도 사건

213년 분서焚書를 단행했다. 의술·농경·복서卜筮·임학 관련 서적을 제외한 모든 민간 소장 서적들을 불태워버린 사상 초유의 조치였다. 이사는 영적 세계에 관심이 많은 시황제의 성향을 염두에 두고 점술에 관한 책은 그대로 남겨두자는 간언을 했다고 한다. 하지만 점술의 효험을 철썩같이 믿고 있던 백성을 고려해볼 때, 복서 관련 서적을 발본색원하여 불태우는 건 어차피 쉽지 않은 일이었을 것이다. 이사는 "불충한 것들이 더 이상 현재를 비난하는 데 과거를 이용할 수 없을 것"이라고 단언했다고 한다. 어쨌든 지식은 황가에서만 소유할 수 있는 것이 되어버렸다. 이런 시도가 진나라 치세 아래 처음 있는 일은 아니었다. 상앙이 승상이었던 시절 사관들의 기록이 폐기처분된 일이 있었기 때문이다. 기원전 206년 반란군이 진나라 수도 셴양을 불바다로 만들어버렸고, 이 무시무시한 불길이 황궁 도서관도 삼켜버렸다. 단 한 권씩만 남아 있던 인류의 지혜에 대한 기록은 어이없이 한줌의 재가 되고 말았다. 고대로부터 면면히 이어져온 중국인의 정신적 유산은 그렇게 먼 기억 속으로 사라질 위기를 맞았다. 전한의 황제들이 봉건 시대의 유산을 복원하려는 노력을 열렬히 후원하지 않았다면 말이다. 수많은 학자들이 머리를 맞대고 고대에 대한 기억을 더듬어, 아니면 그 엄혹했던 시절에 위험을 무릅쓴 이들 덕에 남아 있는 서책들을 참고하여 과거의 복원에 매진했다. 누더기가 되어버린 서책과 아련한 기억만으로 되살려내기에 봉건 시대의 지성은 너무 멀리 있었다. 후대의 중국 학자들은 분서라는 유례없는 만행을 저지른 진나라를 곱지 않은 시선으로 바라보았다. 학자들의 분노에도 불구하고 후대 왕조에서 사상통제 조치가 완전히 근절된 것은 아니었다. 오히려 의외의 사건이 이런 황실의 은밀한 폭력에 종지부를 찍어버렸다. 바로 인쇄술의 발명이다. 검열은 불가능한 것이 되어버렸다. 저작권의 확보는 물론이고 말이다. 인류가 분서갱유로 잃어버린 것은 고대의 지혜만이 아니었다.

분서조치가 취해진 지 한 해 뒤인 기원전 212년 진시황은 자신에 대해 비판하는 학자 460명을 셴양에서 생매장해버렸다. 이 사건이 바로 갱유坑儒이다. 길이길이 악명을 떨친 분서갱유焚書坑儒가 완성된 것이다. 이에 분개한 황태자 부소는 부황에게 분서갱유의 그릇됨에 대한 간언을 했고, 결국 국경 근교로 유배되었다. 이제 "천금을 쓰고도 영약을 얻지 못하는 도사들과 황제의 덕 없음을 탓하는 유생들"에 대한 진시황의 들끓는 분노는 그 어떤 것으로도 막을 수 없을 정도였다. 어쩌면 사필귀정이었는지도 모른다. 진시황은 그 유례가 없는 황제였다. 누구도 넘볼 수 없는 절대권력을 한 주먹에 움켜쥔 이 사내는 자신의 세상에서는 유일무이한 존재였으니 말이다. 당시 중국은 다른 고대문명의 존재에 대해 아직 알지 못했다. 고립무원한 세계의 통치자의 외로움은 어쩌면 예정된 것이었는지도 모른다.

3-12　　산둥성 지난의 리산에 있는 진시황 왕릉 고분

불사에 대한 남다른 집착을 보였던 이 고독한 황제는 리산에 내세의 거처를 만든다. 머지않은 미래에 불사신이 될 자신에게 걸맞은 고대광실을 준비하기로 한 것이다. 황릉에 대한 다음의 기록이 당시 황릉 내부의 규모를 짐작하게 한다.

> 궁궐과 탑 그리고 각종 관아의 모형뿐만 아니라 정교한 기구, 귀금속, 희귀품들이 즐비했고 (중략) 황허와 양쯔 강을 비롯한 모든 제국의 물길을 재현해놓았으며, 천장에는 천체의 모습을 옮겨놓았다. 그리고 그 아래에는 지상을 상징하는 것이 놓여 있다.

현대의 고고학자들은 1974년부터 이 놀라운 황릉을 발굴했다. 황릉 동문 밖 지하 갱도에서는 수천 개의 병마도용이 발견되었다. 사람과 말의 실제 크기로 제작된 도용들이 끝도 없이 열을 지어 전투 준비자세로 황릉을 지키고 있었던 것이다. 보병 대열의 병마도용들은 갑옷에 비늘 모양의 쇳조각을 단 미늘 갑옷을 입은 형상이었다. 어찌나 정교하게 만들어졌던지 미늘을 연결하고 있는 대갈못의 형상이 보일 정도였다. 이 병마도용의 철갑옷을 입고 있는 모습에서는 심지어 대갈못의 머리 부분도 볼 수 있었다. 이 병마도용의 백미는 뭐니뭐니해도 선봉에 서 있는 궁수대열이다. 그들은 동시대의 마케도니아 병사와 로마의 병사들을 공포에 떨게 할 수 있는 가공할 무기를 손에 쥐고 있었다. 석궁은 방패를 벌집으로 만들어 버릴 정도의 위력을 지니고 있었다.

실제로 이 중국산 발명품은 중세에 유럽으로 수출되어, 유럽 사회에 일대 혼란을 불러일으켰다. 석궁은 갑옷에 매우 효과적인 무기였기 때문에, 1199년 서거한 영국 왕 리처드 1세를 포함한 수많은 기사와 왕족들이 동방에서 전래된 신무기에 목숨을 잃었다. 서구와 달리 중국 사회에서는 어느 한편이 우세한 경우는 흔치 않았다. 중국 역사상 어느 한쪽의 군세가 압도적으로 우월한 경우는 없었기 때문이다. 중국에서 석궁은 오히려 세상의 균형을 회복하는 데 일조한 도구였다. 폭정을 일삼는 독재자의 체제에 대항하는 반란은 정당하다는 맹자의 가르침을 실천에 옮기는 데 쓰였으니 말이다.

진나라의 전제정치가 애초부터 안고 있던 태생적인 문제점은 내부적으로 곪아가다 기원전 210년 진시황의 갑작스런 죽음으로 밖으로 터져 나오게 된다. 그는 마지막 순행 길에 유명을 달리했다. 바다의 신에 대한 진시황의 꿈을 악령들이 신선들과 진시황의 만남을 막는 것이라 해석한 한 방사方士의 말을 믿고 나선 순행이었다. 이 순행에서 고래로 추정되는 표류한 생물을 연발 석궁으로 해치울 때까지 산둥성

3-13　고대도시 장안이 있던 자리인 시안에서 발굴된 청동용. 진시황은 용을 황제의 수호신으로 여겼다.

3-14　병마도용의 일부. 병사들의 얼굴 생김새가 각각 다르다.

의 해안을 거닐었다고도 한다. 얼마 지나지 않아 진시황은 50세의 나이로 붕어한다. 승상 이사와 환관 조고趙高는 황제의 죽음을 알리지 않았다. 그들은 이 소식이 새어나가지 못하도록 입단속을 철저히 한 후, 황제의 시신을 싣고 셴양咸陽으로 향했다. 한여름이라 시체 썩는 냄새를 막기 위해 썩어가는 물고기가 실린 마차 뒤에 황제의 시신을 실었다고 한다. 그야말로 화무십일홍이다. 황제에 대한 두려움 덕에 황궁 진입은 순조로웠다. 그 누구도 감히 황궁으로 향하는 행렬의 제반사항에 대한 질문을 하지 않았다. 셴양에 도착하여 시황제의 쓸모없는 26남이자 막내아들 호해를 황제에 올리라는 내용의 날조된 유언장에 이의를 제기하는 자도 없었다.

승상 이사는 권력에 대한 개인적인 야망 때문에 왕위계승 1순위였던 부소 황태자에 대한 모반을 꾀했을 것이다. 이사의 검은 속내를 잘 알고 있던 최고위 환관 조고는 이를 교묘하게 이용했다. 하지만 역심을 드러낸 이들이 얻은 것은 결국 아무것도 없었다. 조고의 수작으로 이사는 기원전 208년에 형장의 이슬로 사라진다. 그리고 이 대담한 환관은 바로 다음해에 호해에게 자결을 강요하기까지 한다. 24세에 불과했던 황제는 목숨을 구걸했으나 결국 강요에 못 이겨 자결하고 만다. 명백한 왕위찬탈 시도는 진나라 관료들의 반발을 샀다. 조고는 권세를 유지하기 위해 고군분투해야 했다. 호해의 뒤를 이어 호해의 조카 자영이 진나라의 왕으로 등극했다. 이미 전국 시대의 6개국이 제각기 나라를 다시 세운 뒤였으므로 황제란 칭호 대신에 진왕이라는 명칭을 사용하기로 한 것이다. 진나라가 다시금 여러 나라들 가운데 하나에 불과한 소국이 되었으니 명칭을 교체할 필요가 있다고 황제에게 간언한 조고의 말에 따른 것이었다. "이제 주변국들이 독립을 주장했으니, 진나라의 영토는 줄어들 것입니다. 텅 빈 위엄을 유지하는 것은 적절치 못한 처사입니다." 무도한 환관 조고의 말이다.

정당한 왕위계승자였던 유일한 진나라의 황태자 부소를 숙청하려는 이사의 계획에 가담한 조고의 행보로 진나라는 무방비 상태가 되었다. 계속된 강제노역의 고단함에 백성도 충성심을 잃은 지 오래였다. 특히 이러한 강제노역이 처벌수단으로 강제되었단 사실이 민심의 이반을 불러일으켰다. 나라 영토가 확장됨에 따라 점점 더 많은 농민들이 부역에 동원되었고, 농업 생산량은 감소했다. 식량의 부족은 배고픔이라는 또 다른 고통을 백성에게 안겼다. 진 왕조에 맞서 민중이 봉기하게 된 실질적인 원인은 바로 이 농업경제의 위기 때문이었다. 기원전 209년에 사상 최대 규모의 농민반란이 일어났다. 바로 진승陳勝과 오광吳廣의 난이다. 이 최초의 대규모 농민반란은 또 다른 통일제국의 출현을 예고하는 것이었다. 실패로 돌아간 진승, 오광의 난이 미래 권력 유방과 항우의 봉기를 촉발했으니 말이다. 유방이 바로 한漢나라를 설립한 한고조이다.

기원전 206년 불운한 진나라 왕 자영은 왕위에 오른 지 46일 만에 유방이 이끄는 반란군의 포로가 되고 만다. 이후 항우가 이끄는 반란군 본군이 셴양에 입성했고, 자영을 비롯한 왕족 모두를 몰살해버렸다. 그 참혹함이 전례가 없을 정도였다고 한다. 처음에 유방은 셴양의 주민들을 인도적으로 처우했다. 그는 부하들에게 물자의 약탈이나 주민을 포로로 잡는 행위를 엄금할 것을 명했다. 하지만 이어 도착한 항우 군사의 셴양 파괴와 난립한 반란군 지도자세력들의 권력다툼은 유방이 막을 수 있는 정도를 넘어서고 있었다. 이후 3년 동안 유방은 중원의 주인을 위해 마련된 용좌에 도전할 준비를 마친다. 신중한 행보로 힘을 아낀 유방은 다른 경쟁자들을 모두 물리치고 기원전 202년 마침내 한나라의 황제가 된다. 앞서 말했듯이 그가 바로 한나라의 태조 고황제高皇帝 유방이다.

이때만 해도 전한이 글을 읽고 쓰는 능력의 유무에 따라 계층이 갈리는 사회가 될 것이라는 사실을 누구도 예측하지 못했다. 하지만 유방의 뒤를 이은 전한의 황제들 치세에는 글을 읽고 쓸 줄 아는 능력이 정계진출의 필요조건이 되었다. 각지의 인재를 선발하기 위해 읽고 쓰는 능력을 시험하는 공직 시험제도를 고안해냈기 때문이다. 재미있는 사실은 한나라를 건국한 유방은 일자무식이었다는 점이다. 게다가 배움과 관련된 모든 복잡한 의례를 혐오하는 성정은 소작농과 다를 바 없을 정도였다. 의복을 정제한 학자가 다가오면, 그들의 화려한 모자를 빼앗아 그 안에 소변을 보아버리기 일쑤였다고 한다. 비록 그가 서민 기질이 뼛속까지 박혀 있는 황제인 건 사실이지만, 그는 온건한 심성의 소유자였다. 이는 폭력이 난무하던 시대에 천금을 주고도 사기 힘든 귀중한 미덕이었다. 그의 어진 심성은 즉위 후 많은 사람들의 마음을 샀다. 백성은 잔혹했던 진나라의 절대군주들과 어딘지 모르게 다른 이 새 제국의 황제가 그들을 위한 국정운영을 할 것으로 믿었다. 유방은 귀족들의 행동거지를 흉내 내는 법이 없었을뿐더러 농민을 진심으로 긍휼히 여겼다. 비록 그의 저속한 말투와 쭈그려 앉는 것과 같은 몸에 밴 하층민의 습성이 고상한 고관대작들의 심기를 불편하게 했지만, 그는 인재를 아꼈다. 그는 자신과 달리 박식한 조언자들의 가치를 충분히 잘 알고 있었다. 유방은 웨이허渭河 강을 사이에 두고 폐허가 된 셴양 건너편에 '영원한 평안'이라는 뜻의 새 수도 장안長安을 건설했다. 새 수도의 질서를 바로잡길 원했던 유방은 자신의 열렬한 추종자 중 하나를 왕실 의례담당관으로 임명하기도 했다. 그 자신은 의례를 그토록 혐오했음에도 불구하고 말이다. 새 의례담당관에게 유방이 내린 유일한 하명은 "쉽게 만들라"였다.

진시황이 이룩한 최초의 통일제국이 그 짧은 역사를 마감하면서, 중국 대륙은 한동안 고유문화를 융성시킨 여러 독립국들이 할거하는 땅이 되었다. 비록 땅덩어리는 사분오열되었지만 통일제국이 물려준 관료체제에서 비롯된 유교적 기준과 의식이 이 모든 나라의 기저에 스며들어 있었기에, 중국 대륙에는 어느 정도의 문화적인 통일성이 뚜렷하게 존재했다. 한나라의 황제들도 관료주의를 선택했다. 물론 진나라 시절에 호시절을 보낸 법가사상과는 담을 쌓은 자들이 한나라 조정에 등용되었다. 유교적 관료주의 제국의 기틀이 비로소 완성된 것이다. 하지만 이러한 변화는 비교적 서서히 진행되었다. 진나라의 압제에서 벗어난 백성을 다스려야 했던 한나라 고조가 점층적인 변화를 꾀했기 때문이다. 그는 진나라 치세 하에 몰락한 몇몇 봉건제후 가문들의 복권을 허락했다. 또한 자신의 친인척들에게 봉토를 하사했다. 문제는 이런 식으로 귀족들에게 수여된 봉토가 관료들이 다스리는 국가 행정구역에 속해 있어, 해당 관료들의 관리를 받았다는 사실이다. 이에 불만을 품은 제후들이 기원전 154년에 반란을 일으켰고, 이는 상속법 개정의 계기가 되었다. 봉토의 주인인 제후의 사후에 그 봉토를 가문의 모든 아들들에게 분할하여 나눠주라는 것이 새로운 법의 내용이었다. 이 법안은 광활한 영지를 소유하고 있던 여러 제후 가문의 몰락을 재촉했다.

기원전 180년 한나라(전한)의 5대 황제로 태평성대를 이룬 성군으로 평가되는 문제文帝가 황위에 오른다. 유방의 넷째 아들인 문제의 대에 문관 중심의 관료주의가 꽃을 피웠다. 자신의 몸을 낮출 줄 알았던 이 철학적인 황제는 "황제에게 솔직하게 간언할 수 있고, 황제를 질책하여 약점들을 보완할 수 있는 지혜롭고 똑똑한 인재들"을 장안으로 불러 모았다. 짧았던 진나라 전제군주들의 폭압적인 치세를 제외하면, 국가를 개인 소유라고 생각한 중국 황제는 단 한 명도 없었다. 이는 최초의 통일제국에 대한 강렬한 기억이 중국인에게 폭군을 불신하는 법을 알려주었기 때문이다. 중국 황제들은 다른 고대 아시아의 통치자들과는 확연히 다른 가치관을 갖고 있었던 것이다. 이 때문에 전한의 황제들은 자신들이 중국 역사상 최초로 '지혜로운 자', 그리고 '덕망 있는 자'들을 소환하여 국정운영을 돕게 했던 건국 황제 유방의 후손임을 늘 마음속에 새겨야 했다. 유교적 관료주의가 문제 통치 하에 급격히 융성한 건 사실이었다. 하지만 이런 유교적 관료주의의 틀을 완성한 이는 한나라 무제武帝였다. 외교정치에서 눈부신 업적을 거두어 주변 나라에 영향력을 넓힌 무제는, 주변 국가들을 관리·감독할 믿을 만한 가신이 필요했다. 관료의 수는 기원전 5세기에 이르러서는 135,000명에 달했다. 이는 갑작스런 변화는 아니었다. 과거를 시행한 최초의 황제였던 무제 치세기의 관료 수가 이 수치에 조금 못 미치는 수준이었다고 하니 말이다.

장안에 설립된 유교식 학교인 명당과 태학과 같은 황실의 교육기관을 졸업한 이상적인 관료들은 특별한 존재들로 여겨졌다. 엄청난 재능을 지녔고, 가족을 아끼고, 황제에게 충성하고, 도덕적으로 청렴할 뿐더러 학식이 깊은 국가의 동량으로 일컬어졌던 것이다. 황가에서 태어나지 않은 자들에게 교육은 오랫동안 권력과 명예로 이어지는 신분 상승의 지름길을 제공했다. 상인의 공직 진출은 금지되어 있었다. 학

3-15　　리산에서 발견된 병마도용. 전한의 무제는 흉노에 맞설 기병대를 조직하기 위해 중앙아시아로부터 몸집이 큰 말을 들여왔다.

자들은 공직에 오르지 못해 굶어 죽는 한이 있어도 상업에 종사하길 거부했다. 미래의 공직 진출 기회를 원천봉쇄당하지 않기 위해 재야의 선비들은 농사일로 생계를 이어갔다.

한나라 무제는 기원전 141~87년까지 상당히 오랜 기간 중국을 통치했다. 내우외환이 끊이지 않던 시절이었다. 중원을 넘보는 흉노의 습격에 격분한 무제는 이런 상황을 정면 돌파하기로 결심한다. 명장들을 앞세운 황제는 흉노를 향해 맹공을 퍼부으며 북방의 초원까지 진출한다. 처음의 기세는 단호했으나 이 오랜 기간에 걸친, 그리고 엄청난 재원을 낭비한 북벌의 결과는 그다지 성공적이지 못했다. 비록 중국군이 최초로 중앙아시아에 진출하게 된 계기를 마련해주긴 했지만 말이다. 오랜 전쟁으로 생필품의 생산과 분배에 차질이 생겨 특단의 경제조치가 절실해졌다. 농민은 더욱 궁핍해지고 상인은 더욱더 부유해지는 양극화와 사적인 주화 제조로 인한 인플레이션과 같은 파생 문제들이 백성을 도탄에 빠트렸다. 화폐개혁과 상인들의 호주머니를 긁기 위한 각종 조치가 단행되었다. 정부는 상인들의 사유지 소유를 금지시켰으며, 철과 소금을 전매했다. 정부는 각 지방마다 균수관均輸官을 두고 중앙에는 평준관平準官을 두어 가격이 저렴한 지방의 과잉물자를 매집하게 하고 물자부족으로 가격이 높은 지방에 그것을 매각하게 함으로써 물가의 평균적인 안정을 꾀함과 동시에 그 중간 이윤을 정부가 취득하여 재정수입의 증가를 기도하는 균수법과 평준법을 시행하기도 했다.

말년을 고민과 고통에 휩싸여 지내야 했던 무제는 기원전 92년에 몸져눕는다. 이 일을 계기로 장안은 기원전 92~90년까지 엉망진창이 되어버린다. 무제가 자신의 병이 도사들의 흑마술로 인한 것이라고 믿었기 때문이다. 수많은 고관대작들과 황가의 사람들이 처형되거나 자결을 강요받았다. 가망 없이 병약해져버린 66세의 황제는 흑마술을 한 도사나 여도사를 고발하는 자들의 말을 순순히 믿었다. 그는 이 대소동이 여섯 명의 부인들이 후계구도를 놓고 벌인 정쟁의 결과라는 사실을 잘 몰랐던 것 같다. 사실 외척의 득세라는 전한 황조 몰락의 씨앗을 심은 이가 바로 무제였다. 권모술수가 난무하게 된 황궁에서 한나라 황조의 후계자들이 설 자리는 없었다. 기원후 9년 전한 말의 정치가 왕망王莽이 한나라의 용상을 차지하고 신新나라(8~24년)를 건국한다. 왕망은 전한 말기 20여 년간 한나라를 쥐락펴락했던 외척일가의 사람이었다.

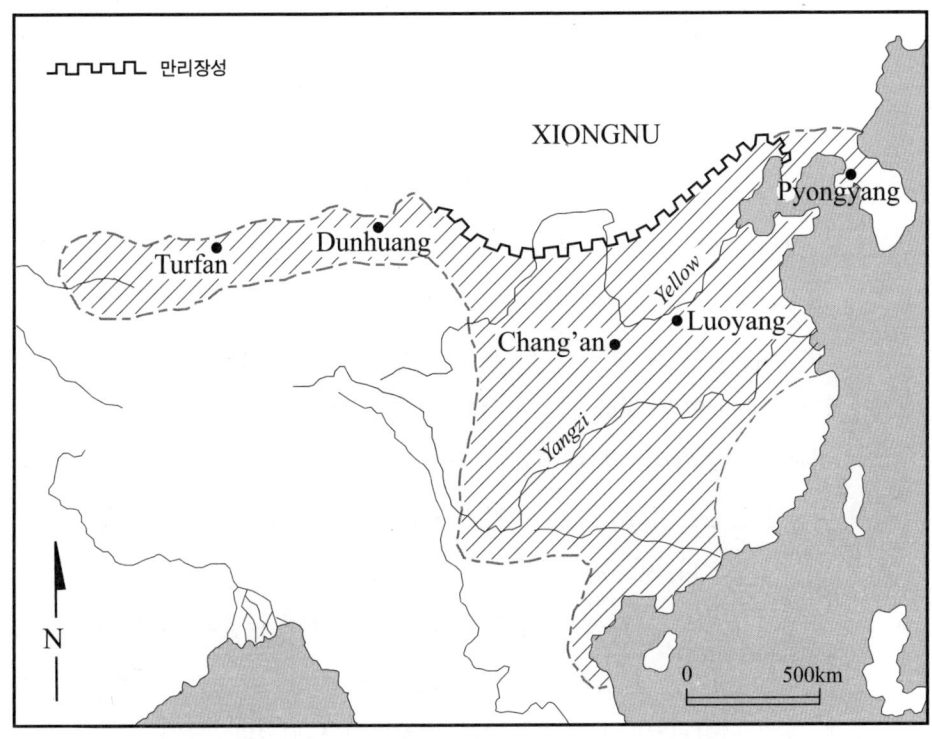

지도 4   한나라(전한前漢)

XIONGNU 흉노

Chang'an 장안
Dunhuang 둔황
Luoyang 뤄양
Pyongyang 평양
Turfan 투루판

Yangzi 양쯔 강
Yellow 황허

제국의 위기: 후한의 실패

한국 역사 최초의 기록에는 중국에 대한 내용이 등장한다. 한나라의 건국 황제 고조에 대항해 반란을 일으켰다 실패한 위만衛滿이 기원전 194년 전한 국경 너머의 피난처를 찾다가 한반도 북부에 위치한 고조선에 정착했다는 이야기이다. 자신을 따르는 무리 천여 명을 이끌고 고조선에 당도한 위만은 위만조선을 세웠다. 중국어로는 웨이만Wei Man이라 발음하는 위만은 명민한 사람이었다. 그는 한국의 귀족들을 호의적으로 대하고, 한국을 중국의 통제 하에 복속되게 할 의도가 없다는 점을 분명히 했다. 고유언어를 사용한 위만은 신중할 필요가 있었다. 이들은 시베리아 출신으로 추정된다. 그들은 발음이 상당히 굴절되는 다음절 언어를 사용했다. 이는 굴절이 없고 단음절인 중국어와는 확연히 다른 것이었다. 중국어와 한국어는 완벽하게 다른 언어체계임에도 불구하고 한자가 도입되었다. 당시 한자는 동아시아 유일의 기록수단이었기 때문이다. 게다가 한자를 습득하면 중국 고전을 읽을 수 있다는 이점도 있었다. 이는 동시대 최고문명을 접할 수 있게 된다는 걸 의미했다. 하지만 한국인의 민족문화에 대한 수호의지가 부족했기에 중국 문화가 유입된 건 아니었다. 한국인은 전한의 무제가 흉노와 전쟁을 치루는 동안 한반도를 심하게 압박했음에도 불구하고 자신들의 고유문화를 꿋꿋하게 지켜나갔다. 한나라의 무제가 이런 정책을 편 것은 한반도의 세력이 북방의 유목민과 연합할 것을 두려워했기 때문이다. 사실 한반도를 점령하는 것만이 이런 우려를 불식하게 하는 완벽한 해결책이었다. 하지만 한나라(후한)의 군사력은 예전만 못했다. 이때 고구려라는 나라가 한반도 북부에 둥지를 틀었고, 이 신생국가는 선조가 중국에 빼앗긴 땅덩어리의 대부분을 되찾았다. 하지만 영토를 수복했다고 해서 중국 문화까지 받아들이길 거부한 것은 아니었다. 많은 수의 중국인 정착민이 고구려 영토에 편입된 지역에 그대로 머물렀다. 이들의 문화는 한반도뿐만 아니라 일본에까지 영향을 미쳤다. 유구한 전통을 지닌 대국 중국의 문화는 한반도를 징검다리 삼아 저 먼 섬나라 일본에까지 전해졌다.

기원후 9~25년 신나라 집권기 동안 흉노는 어렵게 왕위를 찬탈한 왕망의 골치를 썩였다. 대흉노정책 실패 후 일어난 반란으로 왕망은 척살당하고 말았다. 반면 한나라 황제들은 북방의 유목민이 서로 세력다툼을 하느라 바빴던 덕에 상대적으로 평화롭게 지낼 수 있었다. 신나라 멸망 후 한나라 왕족의 일족인 광무제光武帝 유수刘秀(광무제의 본명)가 25년 뤄양에 수도를 정하고 한 왕조를 부활시킨다. 이 제국을 후한後漢 또는 동한東漢이라 부른다. 초원의 패권을 다투느라 북방의 부족들이 세력을 규합하지 못하는 틈을 타, 후한은 중앙아시아까지 세력을 확장한다. 이때 확보한 영토는 150년경 대부분 다시 흉노의 손에 들어간다. 엎친 데 덮친 격으로 선비족의 잦은 출몰로 동쪽 국경의 수비마저 불안해졌다. 투르크계 혼혈민족인 이 유목민은 흉노에 복속되어 있다가 1세기 말에 독립하면서 강대한 부족이 되었다. 이 유목민의 등쌀에 중국인의 눈물이 마를 날이 없었다. "168년 이후로 유목민의 노략질 소식을 듣지 않고 지나간 해가 없었다." 한 중국 사관의 서글픈 기록이다.

남쪽 국경도 위협을 받기는 매한가지였다. 40년경에는 베트남 북부에서 대규모 반란이 일어났다. 베트남의 잔다르크 쯩 자매가 이끈 반란군이었다. 귀족 출신인 쯩차크徵側·쯩니徵貳 자매는 한나라 황실을 향해 중국의 권한이었던 징세권을 베트남에 이관하라고 통보했다. 후한은 이를 중대한 반란행위로 규정했으며, 베트남인이 여왕으로 옹립한 춘차크와 광무제의 대결이 시작되었다. 광무제는 마원馬援 장군을 복파장군[4]에 임명하여 급파했다. 20,000대군과 2,000척의 선박을 이끌고 베트남에 도착한 마원은 초반에는 고전을 면치 못한다. 악천후와 역병으로 행군이 지연되었다. 열대의 숨 막히는 습기는 병사들의 체력을 고갈시켜버렸고, 사기는 땅에 떨어졌다.

> 야영하는 밤이면, 아직 진압되지 않은 반란군에 대한 걱정·비·열기로 인해 피어오르는 증기가 우리를 견딜 수 없게 만들었다. 한 마리의 매가 열기를 견디지 못해 호수에 몸을 던지는 광경을 목격하기도 했다. 그 새는 결국 물에 빠져 죽었다.

마원의 회상이다. 마원의 부대가 악전고투하고 있는 동안, 처음에는 춘차크를 지지했던 귀족들이 서서히 그녀에 대한 믿음을 잃기 시작했다. 하지만 용맹한 춘 자매는 승리에 대한 희망을 안고 전장으로 향했다. 결과는 베트남군의 대패였다. 춘차크와 춘니의 목은 42년이 끝나갈 무렵 수도 뤄양으로 보내졌다. 베트남 반란군이 단 한 번의 패배에 크게 동요했다는 사실이 이상하게 느껴질 수 있을 것이다. 이는 한 세기 반에 걸친 중국의 지배가 베트남 사회를 얼마나 바꾸어 놓았는지에 대한 반증이었다. 베트남인에게는 이전과 같은 확신이 남아 있지

---

4 伏波將軍: 한나라 무제 때부터 있었던 관직으로 장군 중에서도 전공이 뛰어난 사람에게만 수여되었던 관직.

3-16   진흙으로 빚은 무희 토용土俑

않았다. 반란군세력이 춘차크의 지도력에 불만을 느낀 것은 중국인에게서 전래된 가부장적인 사고방식의 영향이 컸다. 베트남 귀족들은 춘차크가 여자란 사실 때문에 그녀에게 등을 돌렸던 것이다.

    직언을 서슴지 않긴 했지만 마원 장군은 광무제의 충실한 조력자였다. 마원은 베트남 영토를 중앙정부가 직접 다스려야 지역경제가 발전하고 정치가 안정될 것이라고 믿었다. 고대의 기록을 통해 "마원 장군이 자신의 발자취를 남긴 모든 곳을 지방행정구역으로 분류하고, 사람들의 거주지와 그 주변지역을 성벽으로 둘러싸 통치했으며, 도랑을 파 그곳 사람들이 농지를 경작하여 생계를 꾸려나갈 수 있도록 해주

3-17　　후한 시대의 고분에서 자주 발견되는 새 조각

었다"는 사실을 알 수 있다. 이렇게 건설된 요새는 황실에서 파견한 관료들을 보호하기 위한 것이었다. 이 관료들이 바로 중국 제국에 베트남 민족을 복속시키는 각종 규제를 실제로 시행하는 이들이었다. 이처럼 마원이 베트남을 완벽한 중국의 행정구역으로 편입시켰음에도 불구하고, 베트남어는 사멸되지 않았다. 베트남의 공식언어는 중국어였지만, 유력한 가문의 사람들은 대대로 베트남어를 병용했다.

　　후한의 2대 황제인 명제明帝에게 그의 이복형 초楚나라 왕 유영 劉英은 애물단지였다. 65년 이복형에게 보낸 서찰에서 황제는 유영을 "도교의 신비로운 가르침을 읊어대면서 붓다에게도 제를 올리는 사람"으로 표현하기도 했다. 이 기록은 인도에서 전래된 불교가 등장한 최초의 고대 중국 문헌이다. 도교와 불교가 융합된 이런 독특한 믿음이 형성된 것은 불교가 전파된 당시 상황과 관련이 깊다. 당시에는 불교서적이 턱없이 부족했고, 인도어를 해독할 수 있는 신자들이 거의

3-18 후한 시대 고분에 세워진 기념비. 상부에 웅크린 모습의 수호신이 새겨져 있다.

없었다. 불교 종파들 간의 경쟁도 극심했다. 상황이 이렇다 보니 대부분 도교에서 개종한 신자들은 도교와 불교의 절충을 택할 수밖에 없었던 것이다.

유영이 도교와 불교에 동시에 심취하여 도사와 승려들에 둘러싸여 지낸 것도 이런 상황 때문이었다. 간신들이 그의 용좌가 아니라 불멸을 얻기 위해 이 같은 종교활동을 하고 있다는 거짓 장계를 뤄양에 올렸다. 그리고 70년경 유영은 사악한 도술을 사용한다는 비방에 휩싸였다. 간신배들이 벌떼처럼 일어나 이복동생을 반역죄로 처단하라고 황제를 압박했다. 하지만 명제는 이런 무도한 요구를 무시했다. 대신 그는 유영을 중국 남부로 귀양 보낸다. 유영은 얼마 지나지 않아 자결한다. 불교문헌을 연구하는 행위 자체가 범죄였던 것은 아니다. 후한이 몰락한 뒤 중국 대륙은 각종 난과 각지에 할거한 군웅들의 정쟁으로 몸살을 앓는다. 이 시기에 수많은 선비들을 위로한 것은 바로 불교였다. 중국 유생들이 처음으로 접한 것은 기존의 도가 표현들을 이용하여 번역된 불교경전이었다. 이 때문에 중국인은 불교를 토착종교의 일파로 여겼다. 유대인이

로마 제국 내 기독교 전파에 크게 공헌했던 것과 유사하게, 도교가 불교사상의 전파에 기여하는 역설적인 일이 벌어진 것이다.

신나라 몰락 이후 재건된 후한의 황실은 전한에 비해 권력기반이 약했다. 광무제 즉위 후 마원 장군이 했다는 다음의 말에서도 이를 짐작할 수 있다.

> 이제 황제만 백성을 선택하는 것이 아니다. 백성도 황제를 선택할 수 있다.

광무제는 11명의 왕위계승 후보들을 물리치고 왕위에 올랐다. 그리고 그 과정에서 후한의 유력가문들에게 많은 신세를 져야만 했다. 마씨 집안도 그의 지지세력 중 하나였다. 황제가 빚을 진 유력가문 출신들이 후한의 관직을 점령해버렸고, 이 같은 상황이 버거웠던 일부 황제들이 환관들에게 의지하기 시작했다. 150년대를 풍미한 양梁씨 가문은 10대 황제 질제質帝를 독살하고 새로운 황제를 옹립한다. 그가 바로 11대 황제 환제桓帝이다. 환제는 질제를 독살한 대장군 양기梁冀·양태후梁太后 남매에 옹립되어 황위에 올랐다. 외척에 신물이 난 환제는 환관들의 도움으로 양씨 가문을 멸문시켜버린다. 하지만 외척을 축출해낸 환제의 승리는 환관세력의 승리이기도 했다. 환관들은 뤄양의 새로운 권력으로 급부상했다. 168년에 후한의 12대 황제 영제靈帝가 13세의 나이로 등극했을 무렵에는 환관들이 국정을 좌지우지할 지경에 이르렀다. 황제의 눈과 귀를 막고 국정을 농단한 열 명의 환관들인 십상시十常侍는 영제의 관심을 정치에서 멀어지게 하기 위하여 주색에 빠지게 만들었다. 재위기간에 끊임없이 이어진 유목민의 급습과 도처의 농민 봉기 때문에 이 허울뿐인 황제는 군사력의 증강에 힘을 쏟았다. 새로 군부의 사령관으로 임명된 이들 가운데 하나가 바로 그 유명한 조조였다. 그의 아들 조비가 220년 후한을 대체한 위魏 왕조의 초대 황제에 등극하면서 후에 태조 무황제武皇帝로 추존된다. 영제가 서거한 189년 몇 달 후 환관들이 대장군 하진을 살해하는 사건이 발생한다. 이 사건을 계기로 군이 정치에 개입하게 된다. 하진의 부하들이 곧바로 궁으로 몰려가 환관이라는 환관은 모조리 도륙한 것이다. "수염이 없는 남자들을 환관으로 착각해 살해하기도 했다"는 기록에서 당시의 참상을 짐작할 수 있다.

이 쿠데타의 최대 수혜자는 다름 아닌 조조였다. 허수아비에 불과한 천자 헌제獻帝가 뤄양에 존재했지만, 실질적인 권력은 모두 조조의 손아귀에 들어가 있었다. 전국 시대의 반복이나 다름없는 시절이었다. 자신이 등극하는 것보다 꼭두각시 황제를 이용하는 편이 정치적으로 유리하다고 판단한 조조는 스스로 승상에 머무르며 상징적인 천자를 모셨다. 하지만 조조의 아들 조비는 헌제를 퇴위시키고 스스로 황위에 올라 위魏나라를 세웠다. 이즈음 위나라의 경쟁상대들도 자신들의 왕국을 세웠다. 중국 서남쪽에 위치한 현재의 쓰촨성四川省 지역에는 촉蜀나라가 둥지를 틀었다. 난징南京에는 오吳나라가 자리를 잡았다. 제국의 자취는 서서히 사라져갔고, 이른바 삼국 시대가 시작되었다.

중국 역사상 가장 잔혹한 대투쟁의 시대는 서진西晉이 위나라를 점령한 지 15년째 되던 해인 280년에 중국 통일의 위업을 달성하면서 막을 내린다. 서진은 조조 휘하의 장수였던 사마염이 건국한 나라이다. 사마염은 조조의 부하였지만 조조 필생의 염원이었던 통일제국의 주인이 되었으니 결론적으로는 상관을 앞지른 셈이다. 그가 오나라

3-19 　　'서쪽의 모신母神' 서왕모西王母. 도교에서는 불사약을 지니고 있는 불로불사의 신선으로 받아들여진다.

를 멸망시키고 중원을 평정한 데는 유목민의 도움이 컸다. 사마염은 짧게밖에 존속하지 못한 이 통일왕국을 건설하기 위해 북방의 유목민과 반유목민을 만리장성 안쪽지역에 정착하게 해주었다. 눈앞의 이익을 좇아 단행된 북방 이민족 정착정책은 매우 심각한 결과를 초래했다. 로마 제국의 서부에 발을 들인 이민족들이 엄청난 변화의 시절을 연 것처럼 말이다. 316년 서진은 짧은 역사에 종지부를 찍는다. 같은 해에 서진의 북부지방은 대부분 초원민족의 영토가 되었다. 뤄양이 함락되고 사마염의 후예들은 난징으로 몸을 피해 동진東晉을 건국했다.

　이 시절 중국 북부를 장악한 최초의 중앙아시아인 이야기는 다음 장에서 논하기로 한다. 316~588년까지 지속된 혼란의 시대를 특징짓는 두 가지는 바로 중국 문화의 생존과 불교의 부흥이다. 선비족이 건국한 북위의 7대 황제 효문제孝文帝는 490년대에 황실에서의 터키어와 터키 복식의 사용을 금지시켰다. 효문제의 명에 따라 북위의 관료들은 중국의 예법을 따라야 했다. 중국 문화가 지속될 수 있었던 건 이처럼 놀라운 흡입력을 지닌 중국 문화에 중앙아시아인이 매료되었기 때문이다. 게르만족의 유입으로 수도원 벽 뒤로 사라져버린 로마 제국의 라틴어와는 달리, 중국 문화는 면면히 후대로 전해졌다.

다음으로 이 시기에 불교가 중국 전역에 널리 전파되었다는 사실을 빼놓을 수 없다. 조직적인 이 대규모 종교운동으로 중국의 신앙세계에는 일대 혁명이 일어났다. 도교와 불교가 가족·지역·사회·계층 등 온갖 세속의 문제를 초월하는 새로운 세계의 이야기를 전해주어 많은 사람들에게 영감을 주었다. 전통적인 유교국가의 완전한 붕괴로 모두가 극심한 혼란을 겪던 그 시절, 백성은 정신적 갈증을 이들 종교에서 해갈했다. 외래신앙이긴 했어도, 불교는 중국인의 삶 곳곳에 엄청난 영향을 미쳤다. 중국인은 처음으로 범아시아적 관점에 눈을 뜨게 되었다. 이처럼 갑자기 세를 불린 새로운 외래신앙과 경쟁했던 도교 역시 사원·수도원·명상을 위한 시설 등을 도입하고 정비하여 제도화된 종교로 변모했다. 재미있는 점은 같은 종교를 믿었어도, 중앙아시아인이 점령한 북방과 여전히 한족의 통치 하에 있던 남방의 접근 방식이 확연히 달랐다는 사실이다. 북부지역에서 불교는 국가의 지원을 받는 종교였다. 그런 탓에 북위의 황제가 주지를 임명할 정도로 승려들은 엄격한 규제를 받았다. 반면 남부의 승려들은 현세를 초월하여 사는 존재들이었다. 이들은 황제에게도 절하지 않는 특권을 누렸다. 북부의 승려들은 언감생심 꿈도 꿀 수 없는 일이었다. 중국 북부의 불교 교단 전체를 관장하는 주지는 북위의 황제가 붓다의 화신이라고 주장하기까지 했다. 이러니 북부의 승려들이 황제에게 절하는 것은 지극히 당연한 일이었던 것이다. 다음 장에서 살펴보겠지만, 초원민족이 그들의 통치자가 신의 화신이라고 믿는 것은 상당히 자연스러운 일이었다.

4장
___

고대 중앙아시아

지난해 아득히 먼 카프카스 산맥의 울퉁불퉁한 바위산에서 풀려난 북쪽의 늑대들이 이곳을 덮쳤다. 이 사나운 짐승들은 전 국토를 맹렬한 기세로 휩쓸고 지나갔다. 헤아릴 수 없이 많은 사원들이 약탈당했으며 우리 민족이 흘린 피로 푸른 강물이 온통 붉게 물들었다. 수많은 사람들이 포로로 잡혀 끌려갔다. 숨 막히는 공포가 아라비아·시리아·팔레스타인 그리고 이집트로 엄습했다.

— 서기 395년 훈족의 침략

대륙을 잇는 고속도로: 초원지대

1944년에 보도된 뉴스에는 중국 북서부 지방에서 발견된 비아시아계 사람의 미라에 관한 내용이 등장한다. 이 보도를 전한 기자는 이 미라의 '머리'에 역사가 담겨 있다고 주장했다. 이 미라들은 중국 북서부 중국의 성省들 가운데 면적이 가장 넓은 신장新疆 우루무치Urumuchi에 있는 한 박물관에 보관되어 있지만, 공식적으로는 등록되어 있지 않다. 이 미라의 역사적 가치에 대해 언론이 이처럼 흥분된 반응을 보인 이유는 바로 이 미라들의 보존상태 때문이다. 금발에 장신인 유럽인의 미라는 믿을 수 없을 만큼 보존이 잘 되어 있었다. 이 미라들은 보통 이집트의 고분에서 발견되는, 내장이 제거된 몸은 말라비틀어지고, 천으로 뒤덮인 것들과는 사뭇 다른 모습을 하고 있었다. 상대적으로 다부진 이 미라들의 몸에는 붕대를 연상시키는 천 대신 일상복이 걸쳐져 있었다. 상당한 보존 상태를 자랑하는 이 미라들 외에도 우루무치 주변의 무덤 터에서 시신 여러 구가 더 발굴되었다. 타림 분지에 고대 서양인이 정착했음을 보여주는 명백한 증거였다.

그렇다면 과연 이 금발의 외지인들은 누구였으며, 어떻게 기원전 2000~1700년 사이에 이곳에 도착했을까? 학계에선 그들이 토카라족이었을 것이라고 입을 모았다. 토카라족은 아리아인이나 페르시아인처럼 인도-유럽어를 사용했다. 현대 유럽 대륙에 거주하는 대부분의 사람들도 인도-유럽어족에 속하는 언어를 사용한다. 토카라족에 관한 문헌은 19세기 말에 세상에 선을 보였으나, 이 문헌들 중 다수가 공개되어 연구자료로 사용되기 시작한 건 1947년에 이르러서였다. 연구결과 토카라어가 고대 켈트족·그리스인·이탈리아인이 사용했던 언어와 밀접한 관련성을 가지고 있다는 사실이 밝혀졌다. 발견된 토카라족 관련 문헌들은 주로 불교에 관해 다루고 있었다. 상업적 용도로 쓰인 문서도 얼마간 발견되긴 했지만 말이다. 이 문헌의 주인들이 토카라족이라는 명칭을 얻은 것은 '쿠차Kucha에서 온 여인'이라는 뜻의 '토카리카tokharika'란 산스크리트어 단어 때문이다. 두 개의 언어로 기록된 한 문서에서 발견된 단어가 토카라족의 정체성을 확립시켜준 셈이다.

이 놀라운 미라를 만들어낸 사람들의 정체를 확인하고 나자, 학계의 관심은 이들의 출신지로 쏠렸다. 그들이 어디에서 온 것일까? 그리고 어떻게 그렇게나 먼 동쪽 땅까지 이동할 수 있었던 것일까? 이 두 가지가 학계의 주된 관심사였다. 학자들이 앞 다투어 이 금발 미라의 고향이 어디인지에 대한 그럴듯한 가설들을 내놓았다. 하나 분명한 것은 이 가설들 모두 머나먼 옛날 토카라족이 러시아 남부의 초원지대에 거주했다는 사실을 긍정해야만 성립될 수 있다는 사실이다. 토카라족에 대한 두 번째 수수께끼, 즉 그들의 이동방식에 대한 의문에 답하기 위해 학자들은 먼 길을 돌고 돌아 초원지대를 베이스캠프로 골랐다. 초원지대는 헝가리 평원부터 중국 만리장성까지 이어지는 두 대륙 이동의 고속도로라 해도 과언이 아닌 지역이다. 토카라족은 바로 이 초원지대에 끝없이 이어지는 초원을 따라 이동한 것이다.

처음에는 토카라족도 동쪽으로의 이동을 망설였다. 그들이 자리 잡고 있던 서쪽이 다른 지역에 비해 더 비옥했기 때문이다. 유라시아의 초원지대 서쪽 끝자락의 초원은 그 어느 곳보다 더 무성하고 푸르렀다. 다뉴브 강 어귀와 흑해 북쪽 해안을 따라 이어지는 푸르른 평원이 우랄 산맥까지 이어져 있었다. 우랄 산맥은 유럽과 아시아의 경계이다. 여름에는 무덥고 겨울에는 매우 추워 기온 변화가 극심함에도

지도 5　　유라시아 초원지대

INDIA 인도
ORDOS 오르도스
TIBET 티베트
BACTRIA 박트리아

Baghdad 바그다드
Beijing 베이징
Bukhara 부하라
Chang'an 장안
Constantinople 콘스탄티노플

Damascus 다마스쿠스
Delhi 델리
Dunhuang 둔황
Isfahan 이스파한
Jerusalem 예루살렘

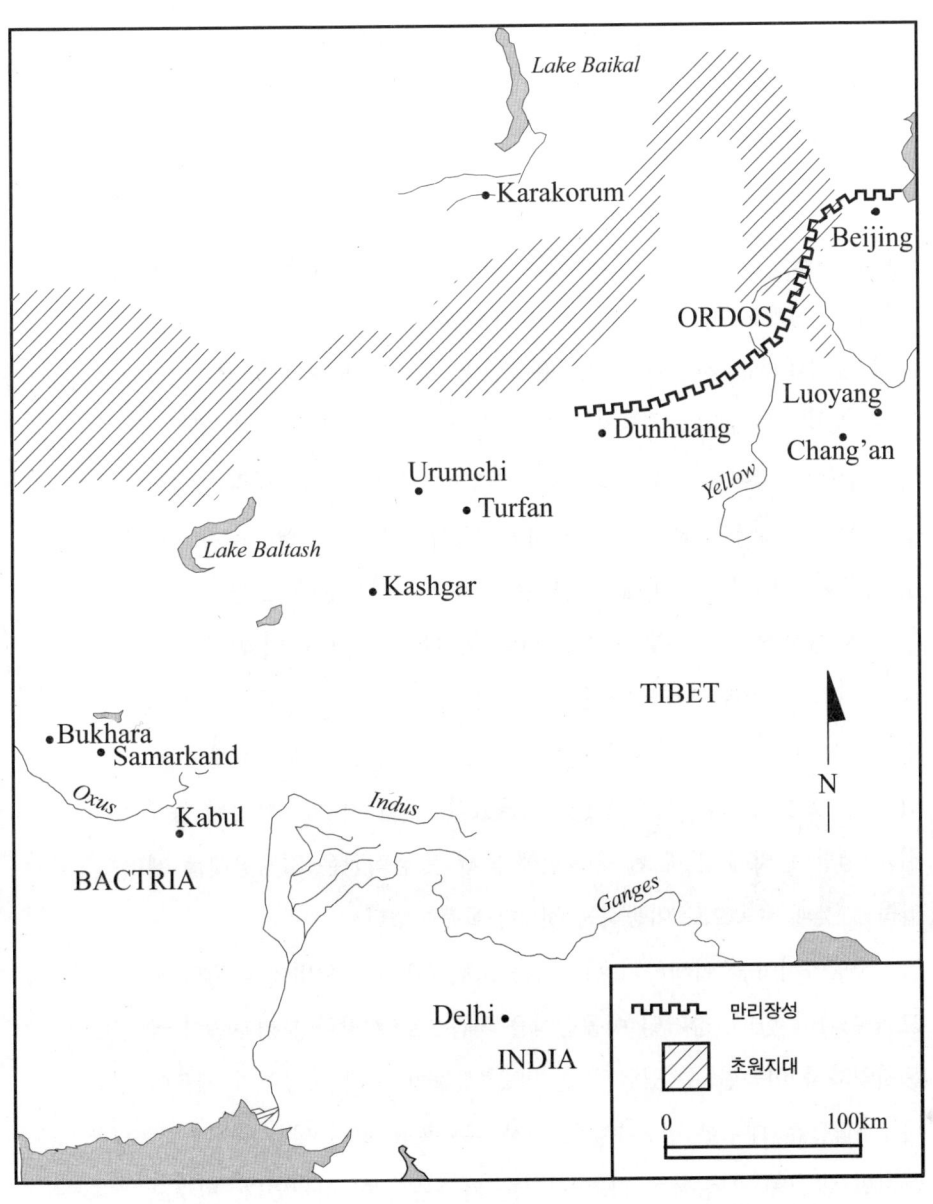

Karakorum 카라코람	Turfan 투루판	Lake Baikal 바이칼 호수
Kashgar 카슈가르	Urumchi 우루무치	Lake Baltash 발타쉬 호수
Luoyang 뤄양		Oxus 옥서스 강
Moscow 모스코바	Dannube 다뉴브 강	Tigris 티그리스 강
Rey 레이	Euphrates 유프라테스 강	Ural Mountains 우랄 산맥
Rome 로마	Ganges 갠지스 강	Yellow 황허
Samarkand 사마르칸트	Indus 인더스 강	

불구하고, 대서양에서 몰려오는 비구름 덕에 유라시아 대륙 전체를 가로지르는 초원지대에는 광활한 목초지가 형성되어 있다.

하지만 중앙아시아의 기후는 급변한다. 특히 초원지대는 유럽 대륙의 다른 지역에 비해 상대적으로 고도가 높을 뿐만 아니라 춥고 건조하다. 강수량이 적은 지역에서도 듬성듬성 풀이 자라나긴 하지만, 유목민의 생계를 책임지기엔 턱없이 부족하다. 초원지대의 눈 덮인 산에서 흘러내리는 강줄기야말로 유목민의 생존을 담보하는 젖줄이라 할 수 있다. 사시사철 마르지 않는 물줄기는 오아시스 지역에 거주하는 사람들의 삶에도 보탬이 되었다. 경작기술을 이용하여 식량 공급량을 늘리는 그들에게 물은 중요한 자원이었기 때문이다. 생존을 위협하는 혹독한 자연환경을 피해 유목민은 동쪽으로 이동했다. 그들 가운데는 드물게 남하하여 인도나 중국 땅에 이르는 유목민도 있었다. 진시황은 기원전 210년 만리장성을 완공하여 중국의 북부 경계를 강화했다. 그가 사망하기 직전의 일이다. 이 일로 고대 동아시아 남부로 진입할 수 있는 통로가 현저하게 줄어들었다. 풀이 자라는 한정된 땅에서 경쟁할 수밖에 없게 된 유목민에게 남은 선택권은 경쟁상대를 제압하는 것과 서쪽으로 이동하는 것, 이 둘뿐이었다.

중앙아시아를 이해하기 위해서는 초원지대의 거주민에 대해서 짚고 넘어가야 한다. 장거리 이동방식을 처음으로 개발한 토카라족이 극동지역까지 이동할 수 있었던 건 말을 길들이는 데 성공했기 때문이다. 사람들은 대부분 이동수단으로 쓰이는 동물 하면 말을 떠올린다. 하지만 맨 처음 사람들이 타기 시작한 가축은 말이 아니었다. 탈것으로 쓰인 최초의 동물은 당나귀였다. 하지만 당나귀는 체구가 작아 그 쓰임새가 많지 않았다. 교배를 통해 몸집이 더 크고 튼튼한 종이 생산되기 전까지는 이따금 탈 수 있을 뿐이었다. 이는 말의 경우에도 마찬가지였다. 더 튼실한 품종의 생산이 가능해진 때에도 말에 올라탄 상태에서 전투에 임해야 하는 기마병은 전차병보다 전력이 약할 수밖에 없었다. 말굽의 편자가 없었기 때문이다. 당나귀는 원래 반사막지대나 초원지대에 서식하던 동물이다. 당나귀는 말보다 더 딱딱한 발굽을 지니고 있다. 말의 발굽은 계속해서 자라나긴 하지만 말을 탄 사람의 무게 때문에 발굽은 이내 닳아 버린다. 지면이 건조하고 딱딱할 경우에는 더욱 그러했다. 기마병이 반드시 갑옷을 착용해야 했던 고대에 이는 극복할 수 없는 문제였다.

그러므로 러시아의 초원지대에서 행해진 말 사육은 애초에 승마가 목적이 아니었다. 그곳에서는 말에 뼈와 철제로 된 장치를 입에 물리고 머리와 몸통에 끈을 달아서 화차·수레 및 전차를 끌게 했다. 또한 말고기를 섭취하기도 했다. 편자·등자·안장 및 재갈이 아직 발명되지 않았기 때문에, 고대인은 말에 올라타기보다는 여러 마리의 말이 끄는 수레에 올라타는 편을 택했다. 아시아 군대에서 기병대가 등장한 건 기원전 1000년경에 이르러서였다. 이때도 전차부대는 여전히 전장에서 중요한 역할을 하는 병력이었다. 달리는 말을 몰면서 활을 쏘는 것이 달리는 마차에서 활을 쏘는 것보다 훨씬 어려운 일이었다. 이런 고난도의 기술을 터득한 것은 초원지대의 초원에서 살던 유목민뿐이었다.

토카라족이 마차와 전차를 끌고 동쪽으로 향한 것도 이 때문이다. 단백질이 적게 함유된 다량의 꼴만으로도 생존할 수 있는 말의 소화기관은 그들의 여정을 수월하게 한 일등공신이었다. 풀 공급량이 부족할 때면 말은 덤불이나 잡목을 대신 섭취했다. 게다가 말은 눈 덮

4-1　　　기원전 2000년경의 전차병 인장. 시리아에서 발굴되었다.

인 땅을 파서 먹을 것을 캐낼 줄도 알았다. 풀이 거의 없는 지역에서도 풀을 뜯을 수 있도록 진화한 말의 구강구조는 마구 장착에 적합했다. 말의 턱 전면부의 어금니와 앞니 사이 공간은 재갈을 물려 넣기에 안성맞춤이었다. 고대 그리스의 역사가 헤로도토스는 고대 유목민의 전차행렬에 대한 묘사를 했다. 헤로도토스는 다뉴브 강쪽 지역에 살던 최초의 기마유목민인 스키타이족이었을 가능성이 높은 시지네족을 다음과 같이 표현했다.

그들은 코가 들려 있고 온몸에 10cm 길이의 털이 텁수룩하게 난 작은 말을 길렀다. 이 말은 사람을 태울 수는 없었으나 마구를 씌우면 엄청나게 빨랐다. 그래서 이곳에서는 대부분의 사람들이 이 말을 사용했다.

러시아 남부에서 시작된 토카라족의 이주의 여정은 몹시 고되었다. 고대 서아시아에서 완성된 바퀴 달린 이동수단이라는 발명품 덕을 톡톡히 보았음에도 말이다. 후대에 인도를 공격한 아리아인 침략자들의 주력무기로 활용된 전차를 이용한 토카라족의 전투방식은 동쪽으로 이동하는 와중에 마주친 다른 유목민들을 대경실색하게 했다. 전차부대는 중심부와 둥근 가장자리가 살로 연결된 바퀴·마차에 올라 활을 쏘는 궁수·사육된 말, 이 세 가지 요소에 전적으로 의존하고 있었다. 초원지대 서부뿐만 아니라 서아시아 전체에서 당시 사용되던 마구는 그다지 효과적이지 못했다. 마차를 빠른 속도로 이동하게 하기 위해서는 갑옷의 무게를 줄이는 수밖에 별다른 방법이 없었다. 목이 긴 말과 같은 동물의 목에 끈을 매는 것은 비효율적이다. 끈을 세게 당길 때마다 기도가 압박되어 말의 호흡이 곤란해지기 때문이다. 이런 문제점을 해결하기 위해 다양한 종류의 마구를 장착하는 실험을 거듭했음에도 불구하고, 이 말의 호흡곤란 문제는 완벽하게 해결되지 않았다. 유일한 대안은 마차의 무게를 줄이는 것뿐이었다. 고대 중국인만이 정확한 해결책을 알고 있었다. 중국인은 목이 아닌 가슴에 채우는 마구를 발명해냈다. 이제 말은 자신의 모든 체중을 실어 짐을 끌 수 있게 되었다. 가슴에 채운 끈 덕에 무게가 어깨 부위에 실려 목에는 영향을 주지 않았기 때문이다. 중국인은 토카라족에게서 배운 전차 제조기술도 진일보시켰다. 중국인이 고안한 디자인 덕에 전차는 고대 동아시아에서 완벽한 전쟁무기로 다시 태어났다.

전차부대의 두 번째 구성요소는 바로 궁수였다. 일반적으로 활은 중심부가 나무로 만들어지고 앞부분에는 뿔이, 뒷부분에는 활줄이 달린 구조였다. 그리고 이 활 전체가 보호용 활집으로 싸여 있었다. 마

4-2   아시리아인 마부. 초원지대에서 최초로 말이 사육되었다.

4-3   산에서 흘러 내려오는 물이 강과 하천을 이룬 덕에 유목민이 키우는 가축이 생존할 수 있었다.

차는 이 호사스러운 무기와 짝을 이루면서부터 중요한 군사장비로 자리매김했다. 활은 오랫동안 통치자와 고관대작들만이 소유할 수 있는 사치품으로 여겨졌다. 마차를 타고 사냥을 하던 상류층 인사들 가운데 누군가가 "전장에서 마차에 궁수를 여럿 태우고 함께 싸운다면 어떨까?"란 생각을 떠올린 것이 전차부대를 탄생시켰는지도 모를 일이다.

궁수를 태운 전차를 이끌고 다니던 토카라족 전차부대는 막강한 전력을 자랑했으며 이에 대적할 자가 없을 정도였다. 그들은 고대 중앙아시아 전역의 어떤 곳이라도 마음대로 터전을 마련할 수 있었을 것이다. 하지만 이 가공할 부대의 본거지가 어디였는지는 아직까지도 수수께끼로 남아 있다. 우루무치 미라를 통해 토카라족 중 일부가 고대 중국 국경에서 가까운 초원지대 남부의 투루판 분지에 정착했다는 사실을 확인할 수 있었다. 나머지 토카라족은 발카쉬 호수 인근의 초원지대에 남아 있었던 것으로 보인다. 이 지역은 말 산지로 유명했다. 기원전 115년 한나라 무제가 이 지역에서 말을 사육하는 사람들과 거래하기 위해 사자를 파견하기도 했다. 무제는 이들이 키우는 말을 종마로 구입하길 희망했다. 흉노족은 몸집이 작은 몽골산 조랑말을 탔다. 한나라 백성 입장에서는 오랑캐를 제압하기 위해 중무장한 병사들을 태울 건장하고 몸집이 큰 말이 필요했던 것이다. 결국 현재의 카자흐스탄에 해당하는 발카쉬 호수 인근의 한 부족의 족장이 협상에 응했고, 중국 공주와 결혼하는 것을 조건으로 말 1,000마리를 약혼선물로 보냈다.

무제가 북부 국경지대에 주둔한 군의 여러 문제점들에 대한 해답을 얻기 위해 중앙아시아를 순시했을 때의 기록에서 서양에서 유래한 전차가 여전히 사용되고 있었음을 확인할 수 있다. 서양 말을 중국 황

4-4   활에 줄을 묶고 있는 스키타이의 궁수

4-5   중국 서북부에서 발견된 조로아스터교에 관한 문서.
       초원지대를 따라 사상이 전파되었음을 보여준다.

제가 소유하게 된 연유에 대해서 정확히 알 길은 없지만, 처음 전차를 사용하기 시작한 상나라 때부터 내려온 말일지도 모른다는 추측을 해 볼 수 있다. 상나라 23대 왕 무정武丁의 집권기에 새겨진 한 신탁에 관한 비문에는 외국에서 수입된 말이 사냥뿐만 아니라 전투에도 활발하게 사용되었다는 사실이 명시되어 있다. 또 다른 비문에서는 코뿔소를 쫓던 왕의 전차가 다른 전차와 충돌하여 "왕이 탄 전차가 뒤집혔다"는 내용도 등장한다. 신탁에 관한 비문에는 전장에서의 군사 대형에 관한 내용도 기록되어 있다. 이 문헌에 따르면 전차부대에는 수백 명의 보병이 따라붙었다.

상나라 왕들이 토카라족 지도자들과 직접적인 교류를 했는지는 불분명하다. 하지만 서양인이 마법사나 점술가로 상나라의 궁정에 발을 들였을 것이라는 최근에 등장한 가설은 서양의 전차 전문가가 이를 계기로 고대 중국으로 유입되었을 가능성을 제시한다. 전차 제작자들이 허난성河南省 북부의 성 안양에 상주하도록 초빙되거나 전쟁포로로 끌려왔을 수 있다는 말이다. 안양의 성터에서는 비아시아인으로 보이는 사람을 표현한 소형 조각품들이 발굴되었다. 조각에 나타난 사람들은 원뿔 형태의 모자를 쓰고 있었다. 이 모자는 초원지대의 일부 사람들이 쓰던 모자와 유사하다. 게다가 그들 가운데는 머리 윗부분에 중국어로 마법사를 가리키는 글자가 적혀 있는 조각도 있다. 중국 내에 토카라족이 존재했음을 뒷받침하는 증거들이 발견된 것이다. 상나라 시대의 생산 및 관리를 토카라족이 전담하여 관리했을 가능성이 상당히 높다고 할 수 있다. 안양에서 발굴된 전차들은 그 형태, 특히 바퀴의 구조가 서아시아의 전차와 흡사하다. 이로 보아 이 전쟁무기가 초원지대를 통해 중국에 유입되었다는 점에는 이론의 여지가 없다.

유목민: 농경민의 수난

청동으로 만든 재갈 덕에 말을 자유자재로 부리면서부터 유목민은 다른 정착촌을 약탈하는 힘을 갖게 되었다. 초원지대의 유라시아 유목민과 그 남쪽에 자리 잡은 농경민 사이의 갈등은 어제오늘의 일이 아니다. 유목민은 언제나 오아시스 부근의 정착촌을 목표로 삼았다. 이제 빠르게 달리는 말 위에 두 다리를 쩍 벌리고 올라앉은 덕에 놀라운 기동성을 보유하게 된 유목민에겐 가까운 유럽과 아시아 땅 전체가 오아시스나 다름없었다. 쏜살같이 나타나 닥치는 대로 파괴하는 유목민의 흉포함은 고대뿐만 아니라 중세에도 두려움을 자아냈다. 특히 유목민이 중국을 위협하는 일은 청나라 6대 황제 건륭이 몽골을 정복한 1760년대에 와서야 자취를 감췄다. 그때까지 중국인은 늘 북쪽의 초원지대에서 몰려오는 오랑캐의 침입에 시달려야만 했다. 오죽하면 그토록 거대한 만리장성을 쌓았겠는가. 건륭제 시대의 장군들은 유목민의 침략에 대비하는 효과적인 전략을 수립했다. 바로 농작물을 경작하는 논밭에 군대를 영구 주둔시키는 방법이었다. 또한 점령지역에 건설된 군 주둔지를 유지하기 위해 농부들을 점령지에 정착시켰다.

기마전이 보편화된 건 기원전 7세기의 일이었다. 물론 초원지대에서는 이미 한 세기 전에 말을 탄 전사들의 혈투가 심심치 않게 펼쳐졌지만 말이다. 고대에 말 위의 전사들이 전장을 지배하기 위해서는 궁술이 필수였다. 활은 초원지대와 같은 광활한 공간에 적합한 무기였다. 하지만 엄청난 속력으로 달리는 말 위에서 화살로 표적을 맞추는 기술을 습득하는 데는 왕도가 없었다. 피나는 연습만이 답이었다. 활을 쏘는 동안에 기수는 손을 사용할 수 없기 때문에, 목소리와 몸동작만으로 말을 완전히 다루는 경지에 올라야 했다.

하지만 숙련된 후에 말에 오른 기수는 모든 방향으로 활을 쏠 수 있는 전천후 궁수로 거듭날 수 있었다. 말 등에 앉은 채 상체를 뒤틀면 뒤편을 바라볼 수 있기 때문에 이 막강한 전사들은 자신을 추격하는 적군에게까지 화살을 날릴 수 있었다. 로마인은 기원전 53년 카레 전투에서의 뼈아픈 참패에서 이 사실을 깨닫게 된다. 적들이 대열을 흩트리도록 유도하는 고도의 전술에 당한 것이다. 그리스의 역사가 플루타르크는 파르티아 전사들을 다음과 같이 묘사했다.

파르티아군이 갑자기 말의 방향을 바꿔 달아나기 시작했다. 로마 기병대가 그들의 뒤를 쫓았다. 보병들마저 쫓아갈 수 있을 정도였다. 로마군의 마음속에서는 승리의 환희와 기쁨이 피어오르고 있었다. 그들은 승리를 믿어 의심치 않았다. 함정에 걸려들었다는 것을 안 건 상당한 거리를 한참 추격한 뒤였다. 도주하는 척했던 파르티아군이 말머리를 돌린 바로 그 순간, 엄청난 수의 파르티아 기병이 모습을 드러냈다. 수적으로 열세였던 로마군은 적들이 근거리로 진입하길 기다리며 멈춰 섰다. 하지만 파르티아 기병대는 로마군에 다가가지 않았다. 무장한 일부 기병들이 로마군의 전면에 멈춰 서 있는 동안 다른 기병들이 듬성듬성한 배열로 로마군을 빙 둘러쌌다. 그리곤 일제히 말발굽으로 땅을 차기 시작했다. 거대한 먼지 구름이 피어올랐고 로마 군사들은 볼 수도 말할 수도 없었다. 좁은 공간에 옹송그리며 모여 있던 로마군은 우왕좌왕하다 서로의 진로를 방해하기 시작했다. 그리고 날아든 파르티아군의 화살에 하나둘 차례로 쓰러졌다.

이는 로마 장군인 마르쿠스 리키니우스 크라수스의 아들 푸블리우스가 진두지휘한 성급한 카레 전투에서 벌어진 상황을 묘사한 것이다. 당시의 전형적인 전투장면이라 할 수 있다. 이란계 유목민인 파르티아인은 로마 군단과 백병전을 하는 불필요한 위험을 감수하지 않았다. 로마 군단은 병사들을 놀라울 정도로 가까운 거리에 배치하는 대열을 고수한 나머지 화살을 쏘아 이들을 빗맞히는 것이 오히려 불가능할 정도였으니, 이는 옳은 판단이라 할 수 있다. 더 많은 화살을 실은 낙타의 행렬이 파르티아 군막으로 줄지어 들어왔다. 푸블리우스의 운이 다한 것이다. 효수된 그의 머리는 전리품이 되어 파르티아의 수도 크테시폰으로 운반되었다.

기마부대의 탁월한 군사력은 기동성을 기반으로 하고 있었다. 순식간에 목표지점으로 이동할 수 있다는 점 때문에 기마부대는 부지불식간에 적을 습격할 수 있었다. 게다가 적의 원군이 오기 전에 빠져나오는 것도 가능했다. 치고 빠지는 데 능했다는 말이다. 전국 시대 중국 북방에 자리 잡고 있던 조趙나라는 이런 유목민의 기습전술에 지긋지긋하게 시달렸다. 서서히 밀려오는 국가적 위기를 감지한 조나라 무령武靈 왕은 고심 끝에 과격한 해결책을 내놓았다. 엄청난 기동성을 자랑하는 유목민에 대적할 방법을 찾지 못하던 조나라 군대를 위해 상당한 규모의 기병대를 조직한 것이다. 그뿐만이 아니었다. 승마를 수월하게 하겠다는 명분을 내세워 병사들에게 유목민이 말을 탈 때 입는 바지를 입혔다.[1]

---

[1] 오랑캐의 옷을 입고 말을 타면서 화살을 쏜다는 호복기사胡服騎射가 탄생한 것이다. 중국인은 자존심에 큰 상처를 입었다. 당시 중국인은 가운처럼 길게 늘어뜨린 옷을 입었다. 바지는 오직 야만인만이 입는 천한 의복이었다.

4-6 중앙아시아에는 사막이 많아 다양한 동물들을 이용할 필요가 있었다.

이를 두고 기원전 307년에 무령 왕의 궁정에서 벌어진 논쟁은 단순히 조나라 북부의 국경수비에 관한 왈가왈부 그 이상을 의미했다. 찬반양론이 팽팽했던 호복기사를 둘러싼 논쟁은 실제로는 한 약소국의 대대적인 개혁에 대한 찬반에 관계된 것이었다. 무령 왕은 조나라의 군사력이 북방의 초원민족이나 전국 시대에 중국에 난립한 중원의 제후국들 틈바구니에서 살아남을 수 없을 정도로 취약하다는 사실을 잘 알고 있었다. 그는 전면적인 군사개혁만이 조나라를 지키는 유일한 방법이라 확신했다. 과도기적 정책을 내놓을 겨를이 없었다. 그는 정면승부를 선택했다.

권좌에 있는 동안 조상들이 지켜온 미덕을 숭상하는 것은 통치자의 마땅한 도리이다. 재상들을 규율하는 법은 통치자의 권력을 증대시키기 위해 고안된 것이다. 고로 덕이 있는 통치자는 활발한 활동을 하지 않을 때도 백성을 인도하고 정사를 훌륭히 처리해내야 하며, 활발한 활동을 할 때는 현재는 말할 것도 없고, 과거에 얻은 명성을 능가하는 성과를 쟁취해야 할 것이다. (중략) 나는 북방 오랑캐의 손아귀에 들어 있는 땅을 얻어, 선조들로부터 물려받은 영토를 넓히려 한다. 하지만 평생을 이에 매진한다 한들, 눈 감기 전에 그 성과를 보지 못할 듯하노라. 하여 짐은 호나라 오랑캐들의 기마궁술과 기마복을 도입하고자 한다. 세상이 짐을 비웃을 것이다. 하지만 짐은 중원 땅의 모든 이가 나를 비웃는다 해도, 북방 오랑캐의 땅을 얻고야 말리라.

한 정승이 새로운 정책에 심각한 우려를 표명하자, 무령 왕은 조나라 군사력의 취약점에 대해서 솔직하게 털어놓는다.

우리 나라의 국경에는 강이 흐른다. 하지만 우리는 이 강 위로 단 한 척의 배도 띄울 수 없다. 국경을 방어할 기마궁수가 단 한 명도 없기 때문이다.

명망 있는 한 관료가 이 정책에 대해 심각한 의구심을 토로하자, 무령 왕은 그에게 다음과 같이 말해주었다.

짐이 국경을 방어할 함선과 해군을 마련한 뒤에, 이 함선을 지킬 기마궁병을 파견한 것이다. 그리고 이들은 말을 타기에 적합한 의복을 입고 있다.

조목조목 이유를 밝히는 왕의 대답에 얼굴을 붉힌 정승은 상황의 중대성과 이에 대응하는 왕의 지략을 이해하지 못한 채 감히 나선 것을 사죄했다. 창조적인 대안을 제시한 군주 앞에서 진부한 설교를 늘어놓는 무모함을 보인 것이다. 하지만 신하의 진심 어린 사죄에 마음이 풀어진 무령 왕이 그에게 직접 호족의 기수복장을 내렸다고 한다.

무령 왕은 조나라 군대의 편재를 전격적으로 변화시켰다. 기병대 위주로 편재된 조나라 군대에서 전차는 더 이상 설 곳이 없었다. 보병대의 규모도 감축되었다. 반대가 완전히 사그라진 건 아니었으나 무령 왕은 기존의 입장을 꿋꿋하게 고수했다. 그는 조나라 병력이 전투를 하는 지형에 가장 적합한 병사는 기마궁수라고 확신했다. 다음은 무령 왕의 말이다.

> 짐의 선조께서 북방 오랑캐의 땅과 맞닿는 곳에 거대한 벽을 세우고 '끝이 보이지 않는 대성벽'이라는 이름을 붙였다. 오늘날 무장한 보병은 그 누구라도 안전하게 이 벽을 넘어갈 수 없다. 우리의 자비, 의로움, 그리고 의례가 저 북방의 오랑캐들을 교화시킬 리 만무하기 때문에, 우리는 반드시 무력으로 저들을 제압해야 한다.

그 어떤 보병도 넘을 수 없던 "끝이 보이지 않는 대성벽"을 "기마부대를 이끌고 나선 최초의 호복기사"는 바로 무령 왕 자신이었다. 무모한 듯 보였던 이 첫 번째 원정은 뜻밖의 성공을 거뒀다. 조나라의 영토확장 가능성을 입증하는 일대 사건이 일어난 것이다.

아울러 기마궁수의 군사적 가치도 입증되었다. 무령 왕의 획기적인 전략이 고대 중국 땅에 살던 수많은 사람들의 조소를 산 것만은 사실이다. 하지만 무령 왕의 기념비적인 성공은 잊을 만하면 찾아오는 오랑캐들의 만행에 넌더리가 난 다른 제후국들의 통치자들에게는 마냥 비웃을 수만은 없는 일이었다. 그들은 기마궁수의 군사적 가치에 주목했다. 기마궁수의 영입으로 얻게 되는 엄청난 기동성이 초원지대와 그 인접지역을 장악하는 데 필수불가결한 군사적 자원이라는 사실을 이해하게 된 것이다. 무령 왕의 천재적인 군 개혁을 통해 기마궁수 부대는 중국 북부 국경지역에 없어서는 안 될 특수병력으로 자리매김했다. 특히 이들은 북쪽에 건설된 거대한 성벽을 넘어오는 오랑캐를 저지하는 전담반으로 편성되었다. 이 거대한 성벽은 후에 만리장성으로 편입된다.

모든 나라가 조나라처럼 유목민의 공격에 유연하게 대처한 건 아니었다. 고대 그리스인이 중앙아시아에 세운 박트리아 왕국은 샤카족이라 불리는 스키타이족의 공격에 힘없이 무너졌다. 스키타이족과는 사촌뻘인 사마리아인은 모두 인도-유럽어족에 속하는 민족이다. 기원전 612년 니네베가 몰락한 이후 28년 동안, 스키타이족은 고대 서아시아 전역을 호령하며 약탈을 일삼았다. 헤로도토스는 흑해에서 처음 마주친 이 호전적인 민족에 대해 "모든 것을 파괴하는 오만한 민족"으로 묘사했다. 그의 말에 따르면 스키타이족은 말을 타고 이곳저곳을 누비며 거의 모두에게서 공물을 받아갔을 뿐만 아니라 더 많은 것을 요구했다. 그리고 빼앗을 수 있는 모든 것을 강탈해갔다. 하지만 이후 페르시아에 대패한 스키타이족은 다시 초원으로 밀려난다.

다시금 초원에 정착한 후부터 스키타이족은 페르시아와 협력관계를 맺었다. 어제의 적이 오늘의 친구가 된 것이다. 그들의 언어는 여전히 통역 없이 서로를 이해할 수 있을 정도로 유사했다. 페르시아인

4-7 페르시아의 수도 페르세폴리스에 나타난 샤카족. 샤카족은 페르시아 제국에 조공을 바쳤다. 인도-유럽어족에 속하는 샤카족은 현재의 카자흐스탄 지역에서 파미르 고원에 이르는 광대한 지역에서 유목생활을 했다.

이 뛰어난 궁수라는 명성을 얻은 사실에서 그들 역시 초원지대에서 흘러들어왔음을 알 수 있다. 이들의 선조는 스키타이족에 의해 소아시아로 쫓겨난 키멜족이었을지도 모른다. 헤로도토스의 『역사』에는 키멜족이 한때 크림 반도에 살았으나 그곳에 유입된 스키타이족에 의해 그곳에서 쫓겨났다는 내용이 나온다. 키멜족이라는 명칭도 크림 반도에서 유래한 것이다. 스키타이족은 키멜족을 크림 반도에서 몰아낸 것에 만족하지 않았다. 그들은 유럽과 아시아의 경계를 이루는 카프카스 산맥을 지나 소아시아로 행군하는 피난민들을 계속해서 추격했다. 이 때문에 남녀노소 할 것 없이 키멜족 피난민은 정처 없이 소아시아를 방랑해야 했다. 이후 어쩌다 길을 잘못 든 스키타이족이 메소포타미아까지 흘러들어가기도 한다.

이 28년에 걸친 스키타이족의 노략은 이주할 땅을 찾기 위한 것이 아니었다. 이는 장기간의 약탈에 불과했다. 그들은 침략한 땅에 정착하지 않고 고향땅으로 돌아갔다. 헤로도토스가 남긴 기록에서 이를 확인할 수 있다. 스키타이 전사들은 가족을 초원지대에 남겨둔 채 길을 떠났다. 오랜 남편의 부재로 인한 외로움을 견딜 수 없었던 스키타이족 여성들이 노예를 연인으로 삼아 지내는 경우가 왕왕 있었고, 이 불균형한 조합에서 아이들도 태어났다. 이렇게 태어난 아이들이 장성하여 군대를 조직해, 집을 떠난 스키타이 전사들의 귀향을 저지하기 위한 전쟁을 벌였으나 실패한 일도 있었다고 한다. 물론 이 일화는 실제로 일어난 일이 아닐 수도 있다. 헤로도토스의 기록에는 이런 허구에 가까운 일화들이 종종 등장한다. 하지만 키멜족의 땅을 침략해 짧은 기간 그곳의 주인 행세를 한 스키타이족에 대한 세세한 묘사는 당시 북방의 유목민이 감행한 대규모 약탈의 실상을 보여주는 귀중한 자료이다.

키멜족에 대한 헤로도토스의 기록이 사실이 아니라고 말할 수 없는 이유는 또 있다. 아시리아의 아슈르바니팔 왕이 곤경에 처한 리디아의 왕 기게스에게 도움을 주었다는 기록이 새로이 발견되었기 때문이다. 이 자료에는 소아시아 서부에 자리 잡고 있던 리디아를 키멜족이 공격했다는 내용이 등장한다. 아시리아 문헌에 따르면 기게스는 아시리아의 주신主神 아슈르가 꾸게 한 꿈에서 아슈르바니팔에 대해 알게 되었다. 기게스는 꿈속에서 다음과 같은 계시를 듣는다.

군왕 아슈르바니팔의 발을 손에 쥐어라!

그의 통치권을 숭배하고 그의 지배를 간청하라.

공물을 바치고 그의 이름을 입에 올리며 기도하라.

그리고 적들을 섬멸하라.

같은 날 기게스 왕은 위대한 왕의 원조를 요청하기 위해서

말을 탄 사신을 급파했다네.

이 짧은 시가는 리디아인과 아시리아인 모두에게 만족스러운 결말로 마무리 지어진다. 아슈르와 마르두크뿐만 아니라 이슈타르 여신까지 기게스 왕에게 전쟁에서 승리할 수 있는 힘을 빌려주었기 때문이다. 생포된 키멜족은 "철로 된 수갑과 족쇄가 채워진" 채 "금은보화"와 함께 니네베로 공수되었다. 하지만 키멜족이 힘을 모아 재기하여 기게스 왕을 살해하고 리디아를 초토화시켰다는 내용이 아시리아 기록에도 존재한다. 리디아 왕이 어리석게도 달콤한 승리를 맛본 후 아시리아 신들을 저버렸기 때문에 키멜족의 반격에 당하는 예기치 못한 결과를 빚었다는 것이다.

기원전 2세기경에 일어난 유목민 샤카족의 박트리아 침공과 관련해서는 이 같은 세밀한 기록이 남아 있지 않다. 사실 샤카족의 박트리아 침공은 서북부 인도 침략의 사전단계였다고 할 수 있다. 샤카족이 전장에서 스키타이족의 의식을 따랐는지는 확실치 않다. 스키타이의 기마궁수들은 말 위에서건 지상에서건 상대를 쓰러뜨리면 적의 머리 가죽을 벗기고 그 피를 마셨다. 말을 타고 있을 경우 말에서 내려 이 의식을 거행했다. 스키타이의 전사들은 머리를 자르는 것보다 머리가죽을 벗기는 것을 더 용맹한 행위로 여겼다. 샤카족은 대월지족大月

4-8　소그드인은 인도-유럽어족에 속하는 언어를 구사하는 종족으로 소그디아나를 근거지로 한다. 중앙아시아에 살던 소그드인도 페르시아 제국에 조공을 바쳤다.

氏族의 박트리아 침공 때문에 남쪽으로의 이동을 서둘렀을 수도 있다. 샤카족은 인도를 침략한 최초의 유목민이 되었다. 대월지족이 서쪽으로 이동한 것은 만리장성 너머 북방 훈족의 일족인 흉노 때문이었다. 흉노의 갑작스러운 융성은 진秦나라 장군 몽염의 공격으로 일시 쇠퇴했던 흉노를 부흥시킨 명군 모돈冒頓 선우單于가 엄격한 규율을 도입한 결과였다. 선우는 흉노 군주의 호칭이다. 기원전 209년에 재위에 오른 모돈 선우는 자신의 명에 무조건 복종하는 충성스러운 수하들을 거느리고 그의 정적인 이복동생과 계모, 그리고 그를 지지하지 않는 족장들을 비롯한 반대세력을 모두 숙청했다. 모돈 선우는 무자비했다. 그의 냉혹한 성정은 훈련방식에서도 드러났다. 그는 휘파람 소리가 나는 자신의 화살로 어떤 표적을 쏠 경우 다른 이들도 그 표적에 활을 쏘도록 병사들을 훈련시켰다. 훈련이 잘 되었는지 시험해보기 위해 그는 자신이 아끼는 명마를 쏘았다. 따라 쏘기를 주저하는 부하들의 목을 벤 후 다시 자신의 부인을 쏘았다. 그의 부하들은 일제히 모돈 선우의 부인에게 화살을 쏘았다. 이런 식으로 그의 애마와 부인이 목숨을 잃었다. 훈련의 완성도를 시험한 군주의 잔인한 방법에서 모돈 선우의 모진 성미를 미루어 짐작할 수 있다.

　　모돈 선우는 기원전 202년에 흉노족의 나라를 세운 두만頭曼 선우의 장자이다. 모돈 선우의 통치 하에 흉노족의 나라가 융성한 시기는 기원전 202년 한나라 고조 유방이 혼란스럽던 중국 통일의 위업을 달성한 때와 일치한다. 북방 흉노세력의 압박을 견디다 못한 고조는 2년 후인 기원전 204년에 대군을 일으켜 모돈 선우의 흉노를 공격했다. 300,000명에 이르는 대군을 이끌고 원정에 나선 고조는 승리를 자신했다. 하지만 그의 예상과 달리 수세에 몰린 고조는 현재 산시성의 다퉁大同 지역에서 얕보던 적에 포위되어 일주일 동안 고립되어 있다 겨우 위기에서 벗어났다. 모돈 선우가 결판을 내고자 했다면 유방은 포로로 잡혀 흉노족의 나라로 끌려갔을지도 모를 일이다. 하지만 모돈 선우는 평화협정을 맺고 중국산 비단과 술, 음식을 매년 연공으로 바치게 하는 것이 더 이득이라 생각했던 것 같다. 덤으로 그는 한나라 황실의 여인을 부인으로 맞았다. 모돈 선우가 평화협정을 체결한 이유에 대한 또 다른 가설이 옳지 않음을 알 수 있는 대목이다. 이 가설에 따르면 모돈 선우가 유방에게 아름다운 여희들을 보내라는 압박을 가했을 때, 이들이 선우의 사랑을 앗아갈 것을 두려워한 모돈 선우의 아내가 그를 설득해 화친정책을 펴게 했다고 한다. 하지만 오히려 모돈 선우가 중국 제국과 우호적인 관계를 가질 필요를 느꼈을 가능성이 꽤 높다. 흉노가 명실상부한 초원의 지도자로 급부상한 것은 대월지족이 서쪽 박트리아로 쫓겨난 이후였다. 그전에는 흉노의 존립기반이 아직 탄탄하지 않았다는 말이다.

하지만 후에 초원을 평정한 흉노의 세력은 200년이 넘는 세월동안 그 세를 유지했으며 이들의 영향력은 만리장성 너머에까지 미쳐 중국에 끊임없는 고민거리를 안겨주었다. 흉노의 세력이 분열된 후에도 중국 황제들은 여전히 기습에 대비하여 수비를 게을리할 수 없을 정도였다. 한나라의 7대 황제 무제武帝는 타림 분지까지 중국의 세력을 확대하는 적극적인 정벌정책을 펴는 등, 군사력 증강을 통한 북쪽 국경의 수비에 매진했다. 하지만 무제가 고대 중앙아시아에서 얻은 체구가 큰 말들은 그가 그토록 갈구했던 승리를 안겨주지는 못했다. 새로운 기병대가 중국군의 기동성을 높이는 데 한몫 단단히 한 것만은 사실이었지만 초원지역은 여전히 얻기 힘든 지역이었다. 기원전 102년에 벌어진 단 한 번의 교전에서만 20,000명의 병사들이 쓰러진 것만 보아도 그러하다.

기원전 99년, 무제 휘하의 용장 이릉 장군은 흉노와의 전투에서 혁신적인 전술을 선보였다. 처음에는 선전을 했지만 수적 열세와 흉노의 기마술 때문에 적에 무릎 꿇고 만 뒤 이릉은 흉노에게 투항한다. 이릉은 둔황燉煌 근방에 주둔하며 증축된 만리장성을 수비하는 임무를 맡고 있었다. 흉노 정벌소식을 전해들은 이릉은 황제에게서 진격 허가를 받아낸다. 그의 부대를 지원할 기마부대가 존재하지 않는 상황에서 독단적으로 공격을 감행할 결심을 한 것이다. 그때까지만 해도 북방의 유목민을 상대한 것은 기마부대였다. 하지만 이릉은 석궁을 활용하면 말 위에서 활을 쏘아대는 북방의 오랑캐를 충분히 제압할 수 있을 것

4-9 　　　몽골 초원지역의 석양

4-10 　　　만리장성 서쪽 끝에 있는 요새.
　　　　　육안으로도 흙다짐 공법의 건축양식을 쉽게 확인할 수 있다.

으로 생각했다.

하지만 무제는 이릉 장군에게 원군이 필요하다고 판단했다. 그는 중국으로 돌아오는 기마부대를 이끄는 총사령관에게 중간지점에서 이릉의 부대와 합류하라는 명령을 담은 전갈을 보냈다. 전갈을 받은 총사령관은 자신보다 계급이 낮은 이릉에게 협조하는 것이 썩 내키지 않았다. 그는 자신에게 하급자 역할을 하게 하는 처사라며 항의했다. 총사령관의 이 꼴사나운 체면치레 때문에 이릉의 부대는 무려 30,000명에 이르는 흉노 기마병과 맞서 싸워야만 했다. 이릉은 방패와 창으로 만든 방어벽 뒤에 석궁병사들을 배치했다. 결과는 엄청났다. 수천 명의 흉노족이 날아드는 석궁에 쓰러졌으며, 살아남은 자들은 모조리 도망쳤다. 만약 이릉이 이 전투 후에 만리장성에서 철수하기로 결심했다면, 아마 그는 얼마 되지 않는 자신의 부대원들은 지킬 수 있었을 것이다. 하지만 이릉의 부대는 패해서 달아나는 흉노 잔당의 뒤를 쫓았다. 적에게 반격의 기회를 준 것이다. 흉노 기마병들로 구성된 적의 원군이 도착했고, 석궁 활이 떨어져가기 시작했다. 이릉은 허겁지겁 부하들에게 본국으로 귀환할 방법을 모색하라 명했으나 때는 이미 늦었다. 그의 부하 중 단 400명만이 만리장성으로 돌아올 수 있었다. 그 과정에서 이릉 자신은 포로의 몸이 되었다. 사기가 충천한 이릉 장군의 부대에 흉노가 서슴없이 반격을 가할 수 있었던 건 미리 입수한 정보 덕이었다. 한나라의 한 변절자가 이릉 장군을 위한 원군이 도착하지 않을 것이라는 군사비밀을 흉노 진영에 흘린 것이다.

흉노가 전투에서 승리했다는 소식이 장안의 궁성에 도착했다. 크게 낙심한 상황에서도 무제는 중국의 관습대로 이릉 장군과 그의 부하들이 자결했을 것이라 내심 기대했다. 이릉이 포로로 잡혔다는 소식에 무제가 불같이 화를 낸 건 이 때문이었다. 하지만 결국 원군을 보내는 것을 기마부대의 총사령관에게 강권하지 못한 자신의 탓이라는 사실을 인정한 황제는 이릉을 데려오기 위해 흉노에 사신을 보냈다. 하지만 이릉은 이를 거절했고, 그의 식솔들은 몰살되었다.

이릉 장군이 초원에서 펼친 이 혈투에 대한 기록은 석궁병과 기마궁수가 맞붙은 전력 대결에 대한 희귀한 자료이다. 로마인이 이 천재적인 중국산 발명품을 도입하여 로마 군단이 카레 전투에서 이 혁신적인 무기를 사용했더라면, 아마 파르티아인은 자신들의 함선이 닻을 내린 만에서 몇 발짝도 나아갈 수 없었을지도 모른다. 하지만 당시 로마 군단은 파르티아 병사들이 쏘아대는 화살의 사정거리를 능가하는 무기를 보유하고 있지 않았다. 석궁을 사용했더라면 파르티아 군사들은 아마 로마군의 석궁에서 발사되는 화살을 맞고 추풍낙엽처럼 말에서 떨어졌을 것이다. 게다가 석궁에서 쏘아진 화살은 파르티아 병사들의 갑옷과 방패를 단숨에 뚫어버릴 정도의 위력을 자랑했다. 로마군이 이 놀라운 무기를 사용해 적의 기동성이 떨어진 틈을 놓치지만 않았더라면 승리는 따놓은 당상이었을 것이란 이야기다. 고대 전차병이나 기마병이 중국에서 위세를 떨친 건 매우 오래된 일이었다. 이 주력부대에 대한 대응책이 고안된 것도 어찌 보면 당연했다. 이제 더 이상 빠른 이동속도가 이들의 안전을 담보하지 못했다. 최고 속도로 달리는 기마병도 맞힐 수 있는 석궁병의 화살이 등장했기 때문이다.

오랜 전쟁은 백성의 불만을 낳았고 민중봉기를 불렀다. 진나라도 이 수순을 따라 멸망했다. 어떤 황제도 그 흐름을 막을 수는 없었다. 그렇기 때문에 중국의 외교정책은 고대 중앙아시아 정복을 목표로 삼을 수 없었다. 내란의 위험성을 도외시할 수 없었던 중국 왕조들은 북방의 오랑캐를 억누르는 것만을 외교적 목표로 삼았다. 기원전 91년 한나라 무제도 더 이상의 군사작전은 무리라는 사실을 인정할 수밖에 없었다. 흉노에게 다시 조공을 바치는 것이 불가피해졌고, 만리장성 너머의 시장에서는 한나라 상인과 유목민 간의 거래가 활성화되었다. 모돈 선우의 후계자가 분열된 흉노를 다시 규합하지 못한 건 한나라에게는 다행인 일이었다. 그 덕에 후한 시대에 중국인은 거의 한 세기 동안 성가신 오랑캐의 침입을 잊고 살 수 있었다. 흉노 내부에 갈등이 있었다고는 하나, 그들이 약탈을 완전히 멈춘 건 아니었다. 한 나라가 멸망한 한참 후까지 자신들의 문제 때문에 코가 석 자나 빠졌던 유목민은 중국에 결정적인 위협을 가하지는 않았다. 4세기에 들어서면서 북방의 유목민은 자신들이 중국 북부 전체를 정복할 수 있을지도 모른다는 사실을 깨닫게 된다.[2]

불교의 전파: 아시아를 아우른 최초의 종교

붓다는 임종을 지키는 제자들에게 도의 길을 가라는 유언을 남겼다. 수도에 정진하는 승려와 여승들을 통해 붓다의 말씀이 대대로 전해질 수 있도록 말이다. 이런 붓다의 태도는 초기 기독교의 메시아 신앙과는 대조적이어서 더 충격적이다. 바울과 같은 카리스마 넘치는 설교

---

2 결국 흉노는 서진西晉 말기에 영가永嘉의 난亂을 일으켜 진나라 황제를 포로로 사로잡는다. 진나라가 사실상 멸망했다고 판단한 진나라의 낭야왕琅邪王 사마예는 양쯔 강 남쪽의 강남지역으로 피해 나라를 건국한다. 이 나라가 바로 동진東晉이다.

자가 예수의 말씀을 널리 전하고 개종을 권유하는 기독교의 방식과는 달리 붓다의 제자들은 엄격한 수도생활의 규율을 정립했다. 그들은 바울이 기독교신자들에게 예수가 다시 돌아오기 전까지 그들이 죽지 않을 것이라고 장담한 것과 같은 강수를 두지 않았다. 『신약성경』에서 제일 먼저 쓰인 「데살로니가서」에 등장하는 바울의 첫 번째 서신에서 바울의 약속을 확인할 수 있다. 바울은 자신이 속한 기독교 공동체에서 공동체의 일원인 한 기독교인의 죽음이 불러온 동요를 잠재우기 위해 이 편지를 쓴 것으로 보인다. 기독교인들은 예수 재림의 시기에 대한 의구심을 품기 시작했다. 흔들리는 기독교인들에게 바울이 제시한 방향은 바로 육체적 부활에 대한 완전한 믿음이었다. 바울은 그리스도 안에서 죽은 자들이 먼저 일어날 것(데살로니가 전서 4: 16)이라는 대담한 주장을 폈다. 고대 인도인은 서아시아인처럼 죽은 육신이 다시 살아나 무덤에서 떨치고 일어나는 데는 별로 관심이 없었다. 그들에게는 윤회, 즉 끊임없는 환생이야말로 그들의 삶에서 가장 중요한 종교적인 문제였다. 인도의 불교도들은 명상하는 삶에 자신들을 온전히 바쳤다.

　이 새로운 종교는 지역사회의 일반 서민들의 삶에 관심을 기울였다. 이것이 기원전 483년 붓다의 죽음 이후 1000년이 넘는 기간에 불교가 그 명맥 유지를 넘어 융성했던 이유이다. 그럼에도 불구하고 불교는 아소카 왕이 불교도로 개종하기 전까지는 여전히 인도 주류사회의 종교는 아니었다. 불교의 가르침을 열정적으로 받아들였던 아소카는 자신이 통치하는 영토 너머에까지 불교를 전파하기 위한 의식적인 노력을 아끼지 않았다. 그리고 그의 노력이 결실을 맺어 불교는 국제적인 종교로 발돋움했다. 아소카가 마우리아 왕조의 수도인 파탈리푸

4-11 쿠샨 왕조(이란의 옛 왕국)의 전사들

트라에서 정법수호를 위한 종교회의를 열기도 했다. 이 회의에서 그는 불교신앙을 전파하는 최적의 방식에 대한 논의를 실제로 진행했다. 기원전 240년 바위에 새겨진 포고령에는 아소카가 승려와 여승의 수를 1.5배로 늘리려 한다는 내용이 담겨 있다.

아소카 왕의 막대한 지원 덕에 불교가 날로 늘어나는 부와 위용을 뽐낼 수 있었던 것은 사실이다. 하지만 인도 아대륙 이외의 지역에서 불교의 영향력이 막강해진 것은 인도 쿠샨 왕조의 3대 왕 카니슈카의 집권 이후이다. 카니슈카는 서북 인도를 통일했을 뿐만 아니라 파미르 고원 너머 중앙아시아의 광범위한 지역을 손에 넣은 쿠샨의 통치자였기에 불교의 해외 전파에 결정적인 역할을 할 수 있었던 것이다. 불교에 대해 연구하는 학자들은 고대 중앙아시아에서 발견된 불교 사원들을 증거로 들어, 카니슈카가 제2의 아소카 못지않은 열혈 불교도였다고 주장했다. 자신이 통치하는 영토의 백성을 신실한 불교도로 만드는 데 일생을 헌신했다는 것이다. 하지만 쿠샨의 통치를 받은 사람들이 종교에서는 절충주의를 선택했던 것 같다. 당나라의 궁정화가 장훤張萱은 순례 중에 현재의 페샤와르Peshawar에서 100m가 넘어 보이는 거대한 사리탑 유적을 발견했다. 1908년에 있었던 이 탑의 발굴과정에서 쿠샨의 왕이 보관해놓은 성유물 상자가 발견되기도 했다. 장훤은 힌두교의 득세로 황폐해진 수많은 불교사원들도 목격했다. 그럼에도 불구하고 그는 스님들의 불경소리가 들리는 불교사원들이 여전히 인도 땅에 존재할 것이라 믿었다. 이곳저곳을 헤매고 다녔지만, 인도 땅에서는 선교활동을 하고 있는 단 한 개의 불교사찰도 발견하지 못했다. 그나마 불교 가르침의 정수가 가장 오래도록 전해진 곳은 불교의 본산이라 할 수 있는 갠지스 강 유역이었다. 그곳의 불교사원들은 중세에 이슬람교도가 그 지역을 짓밟기 전까지는 파괴되지 않은 채 그 명맥을 유지했다.

불교가 중앙아시아로 전파되면서 쿠샨의 통치를 받던 수많은 사람들이 불교를 접하게 되었다. 불교의 전파는 240년대까지 계속되었다. 알렉산드로스 대왕이 박트리아에 정착시킨 그리스인의 후예·박트리아의 원주민·소그드인·파르티아인·샤카족 등 다양한 국가와 민족들이 불교를 받아들였다. 쿠샨 왕조 등장 이전에도 서북부 인도 지역에 그리스인이 세운 왕국의 지도자들이 불교에 매혹되어 있었다. 기원전 155년경에 재위한 메난드로스 왕이 그 대표적인 예다. 하지만 중앙아시아와 극동까지 불교 전파를 가능케 한 것은 쿠샨 왕조였다. 쿠샨 왕조 시대에 불교는 중국·한반도·일본까지 전파되었다. 또한 고대 중앙아시아에 최초의 불교도들로 구성된 지역사회가 생겨난 것은 전적

4-12 북위의 기념비. 불교 포교를 기리기 위해 기원전 536년에 건립된 것으로 추정된다.

으로 카니슈카가 직접 하사한 후한 원조금 덕분이었다. 불교는 사원을 중심으로 한 신앙이었기 때문에 불교가 번창하는 데 국가 차원의 지원이 반드시 필요했다.

중국·티베트·한반도의 통치자들이 불교에 매료되면서, 불교계는 국가 정사에 깊이 관여하기 시작했다. 심지어 승려들이 국가의 행정적·정치적 안건을 처리하는 중책을 맡기도 했다. 중국 내 불교의 영향력은 중세 초기에 최고조에 달했다. 그 후 중국 내 종교적 지형은 서서히 변화하기 시작했고 845년에는 불교탄압 정책이 실시되어 불교도들은 중국 땅에서 설 자리를 잃고 만다. 840년에 재위에 오른 당나라의 15대 황제 무종武宗은 44,600곳의 사찰을 폐쇄하고 260,500여 명의 승려와 여승을 환속시키는 조치를 단행했다. 중국에서 수학하고 있던 일본인 승려 엔닌圓仁은 "수많은 승려와 여승들이 머리를 동여맨 채 퇴출당했고, 사람들이 동과 철로 된 붓다상을 부수고, 그 무게를 달아 염철사鹽鐵使(소금 전매 등을 관장한 관직)에 넘겼다"고 기록했다.

도교를 믿은 무종의 불교탄압은 한반도와 일본의 군벌 출신 독재자들이 취

4-13 북위 초기의 석비. 중앙에 보살이 새겨져 있다.

한 조치에 비하면 상대적으로 온건한 조치였다. 그럼에도 무종의 전격적인 불교탄압 조치는 인도에서 흘러들어온 신앙에 빠져 있던 많은 사람들에게 엄청난 타격을 입혔다. 수많은 종교[3]가 각축전을 벌인 끝에, 이성에 기반을 둔 유교가 중국 황제들의 마음을 사로잡았다. 쇠락한 불교는 정부의 관리를 받게 되었고 사적인 승려 임명이 금지되었다. 사찰에 들어가기를 원하는 사람은 반드시 관청의 허가를 받아야만 했다.

316년 중앙아시아인이 중국의 북부지방을 손에 넣어 극동으로 전파된 뒤 화려한 전성기를 누렸던 불교가 왜, 그리고 어떻게 이런 종교적 위기를 맞게 되었는지가 바로 본 장에서 살펴보고자 하는 주제이다. 중국인이 처음 불교를 믿기 시작한 때는 1세기로 거슬러 올라간다. 중국인이 불교에 의지하기 시작한 건 북방 오랑캐의 통치를 받으면서부터였다. 중앙아시아의

---

[3] 당대에는 불교 이외에도 조로아스터교·마니교·이슬람교·네스토리우스 교파 기독교 등 여러 종교가 중국으로 유입되었다.

지배자들이 불교를 후원하기도 했거니와, 이민족의 지배를 받는 것이 영 불안했던 중국인은 불교에서 위안을 얻기 시작했다. 오랜 분열의 늪에서 허우적대던 중국 지식인은 중국 제국 몰락의 원인은 과연 무엇인지, 그리고 무엇 때문에 그들이 그토록 불안정한 삶을 살게 되었는지를 숙고했다. 사람들의 시선은 도교경전으로 향했다. 그들은 의무로 가득 찬 유교사상과 완벽하게 동떨어진 관점을 담고 있는 도교경전을 대안으로 삼았다. 또 다른 영감의 원천은 불교였다. 한때 불교사상은 이해하기 쉬웠으며 매우 지적이었다. 교육받은 엘리트 계층에서 새로운 신앙이 자라나기 시작한 것은 도교 부흥을 주창하는 학자들의 작품이었다. 그들은 자신들의 고민에 대한 답이 대승불교 안에 있다고 믿었다.

하지만 대승불교의 가르침을 중국어로 옮기는 것이 문제였다. 처음에는 중국어에 서툰 외국 승려가 불경을 낭독하면, 통역가가 이를 중국인 승려에게 통역해주고, 중국인 승려가 주석을 다는 식으로 번역이 이뤄졌다. 신심이 깊은 일반 불교도들이 최종본의 탄생에 힘을 더했을지도 모른다. 귀찮기가 이만저만이 아님에도, 별다른 뾰족한 수가 없었으므로 이 번거로운 작업은 중앙아시아인이 중국 북부지방을 정복하기 전까지 계속되었다. 간쑤성 서부에 있는 둔황에 터를 잡은 한 대월지족 가정에서 태어난 남자가 해결책을 제시하기 전까지 말이다. 다르마락사란 이름의 이 남자는 당연히 날 때부터 중국어를 사용했다. 태생적 배경 덕에 인도어를 이해할 수 있었던 다르마락사는 약 100권에 달하는 불교서적을 번역하는 업적을 남겼다. 그가 번역한 경전들 가운데 중국인에게 가장 많은 사랑을 받은 것은 『정법화경正法華經』이다. 『정법화경』에는 붓다의 경지에 도달하려는 중생은 모두 구제를 받는다는 사상이 담겨 있다. 하지만 경전의 번역작업은 쉬운 일이 아니었다. 이 때문에 중국인이 불교의 가르침을 자신들만의 다양한 방식으로 발전시켰는지도 모른다. 사실 추상적인 붓다의 말씀에는 다양한 해석의 여지가 있었다. 굳이 인도에 출현한 각양각색의 불교 종파들을 들먹이지 않아도 말이다.

중국에서만 네 개의 불교 종파가 생겨났다. 이 새로운 불교 종파에서 인도의 흔적은 자취를 감췄다. 첫 번째로 생겨난 종파는 천태종天台宗이었다. 천태종은 부유한 지식인 계층의 지지를 받았다. 천태종은 모든 현상의 이치를 깨달으면 개개의 불경은 의미가 없어진다는 논리로 불경들 간에 존재하는 괴리를 해결했다. 불교 교리들을 전형적인 중국인의 방식으로 통합해낸 천태종의 이론은 모든 인간에게는 붓다의 본질이 내재되어 있기 때문에 누구나 깨달음을 얻을 수 있다는 것을 의미했다. 이 종파의 명칭은 현재의 저장성浙江省에 있는 천태산에서 유래했다. 이곳은 중국 천태종의 개조開祖 지의智顗가 한때 몸을 담았던 곳이다. 약 550년경 지의라는 이름의 총명한 젊은 승려가 천태산에 자리를 잡았고, 그곳에서 군인들이 서고를 파괴하는 것을 보고 존재의 무상함이라는 진리를 깨달았다고 한다. 그때 지의는 대승불교의 조사라 불리는 인도의 사상가 나가르주나(중국식 이름 용수龍樹)의 가르침의 정수를 깨우친 것이다. 모든 사물에는 타고난 성질이 없으며, 그렇기 때문에 다른 것에 의존하지 않는 사물은 없다는 공空사상을 말이다.

지식층에게 인기가 있었던 두 번째 종파는 화엄종華嚴宗이었다. 화엄종은 지의가 등장한 지 50년째 되던 해에 법장法藏에 의해 세워졌다. 법장의 조상은 소그드인이었던 것으로 보이지만 그는 장안에서 태어나 중국인으로 성장했다. 당시 중국 북부에는 상당히 많은 수의 소그드인이 거주했을 뿐만 아니라, 그들 중에는 중국 상류층에 진입한 자들도 많았다. 하지만 그들이 불교를 중국에 도입했는지는 확실치 않다. 소그드인은 여러 언어들을 구사할 수 있었기 때문에, 필시 불경 전파에 도움이 되었을 것이다. 하지만 중국인은 최초의 불서 역경사譯 經士로 늘 인도의 위대한 승려 다르마락사를 꼽는다.

지의의 가르침과 마찬가지로 법장이 내세운 기본 교리는 공空이었다. 하지만 천태종과 달리 화엄종에서는 만물이 조화를 이루고 있고, 만물의 형태는 하나의 물 위에 생기는 다른 모양의 파도와 같다고 주장했다. 반면 지의는 만물의 형태가 붓다의 사명을 실현하는 것을 목적으로 하는 고귀한 정신의 발현이라고 여겼다. 또 다른 종파로는 비교적 난해하지 않아 대중의 사랑을 받은 정토종淨土宗이 있었다. 정토종은 중국 남부에 먼저 인기를 얻었다. 380년경 정토종을 세운 동진의 승려 혜원慧遠은 승려들을 자신의 주변으로 불러 모았다. 이들은 함께 극락정토에서 다시 태어나기를 빌며 아미타불을 섬겼다. 역사적 실존 인물인 기존의 붓다, 그러니까 고타마 싯다르타 왕자의 자리를 차지한 아미타불은 극락정토의 주인이었다. 그의 휘하에 아바로키테슈바라가 있었다. 중국식 표기로는 관세음보살觀世音菩薩이라 하는 이 구원의 성자는 "크게 중생을 연민하는 보살"로 받들어졌다. 자비의 여신 관음觀音, 승려·가축들의 구세주이자 세간을 이롭게 하는 관자재觀自在 보살이라고도 불린 관세음보살은 중국 불교가 대승불교의 신전에 추가한 성자였다.

혜원은 황제들에게 반기를 들기도 했다. 동진의 황제들은 수도 난징에서 절대권력을 행사했다. 혜원은 꼬장꼬장한 태도로 최고권력자

4-14　　　그림이 그려진 벽돌. 고비 사막 외곽에 위치한 고분에서 발견되었다.

라 할지라도 승려들에게 절대복종을 명해서는 안 된다고 황제를 설득했다. 승려들은 속세 너머의 삶을 살고 있기 때문에 황제라 할지라도 배알하고 절을 해서는 안 된다는 것이었다. 중국 북부를 다스린 중앙아시아인 통치자 중에 한낱 승려의 이러한 무엄한 요구를 받아들일 이는 없었다. 심지어 574년에는 모든 불교사원에서 붓다를 섬기는 것을 금하고, 황제를 신격화하여 모시는 하나의 교단으로 모든 사원을 통폐합하자는 안건마저 올라왔다. 황제를 중생을 보살피는 붓다의 화신으로 삼자는 말이다.

중국 불교의 독특한 네 번째 종파는 남부지방에서 발원했다. 하지만 이내 중국 북부지방까지 그 세를 확장했고, 이어 한반도와 일본 땅에도 영향력을 미치기 시작했다. 선종禪宗, 일명 선불교를 중국에서는 찬, 한반도에서는 선, 그리고 일본에서는 젠이라 발음했다. 불교와 도교가 혼합된 선불교는 일상에서의 명상을 통해 명철한 통찰력을 얻을 수 있다는 사고를 발전시킨 사상이었다. 이 선종의 창시자인 보디다르

4-15 　중국 북서부 간쑤성甘肅省 린샤臨夏에 위치한 서진 시대에 창건한 병령사의 석조상. 인도에서 흘러온 불교가 중국 북부지방까지 전해졌다는 사실을 입증한다.

마, 약칭 달마대사達磨大師는 불가사의한 행적으로 잘 알려져 있다. 달마대사는 소림사에서 무려 9년간 면벽좌선을 했다고 한다. 포교의 뜻을 품고 배를 타고 남조의 양나라에 입국한 달마대사는 난징에서 무제와 대면한다. 열렬한 불교도인 황제와 백성에 둘러싸인 채 달마대사는 무제와 문답을 나누게 된다. 무제가 물었다. "선행을 하여 얻는 것이 무엇인가?" 달마대사가 답했다. "아무것도 없습니다. 폐하!" 큰 충격을 받은 황제는 이어 머나먼 타지에서 온 현인에게 불교에서 가장 중요한 원칙이 무엇이냐고 물었다. "그런 것도 없습니다. 모든 것이 공이기 때문에, 그 어떤 것도 신성하다 할 수 없습니다." 이것이 달마

4-16 중국의 자비의 여신 관음보살. 북위의 양식을 따른 수나라의 조각상

대사의 말이었다. 황제 무제와의 인상적인 조우를 뒤로한 채 달마대사는 북쪽으로 향했다. 북위의 수도 뤄양에 도착한 달마대사는 영녕사永寧寺의 한 벽 앞에서 가부좌를 틀었다. 그는 이 벽을 매우 마음에 들어 하여 이 벽 앞에서 좌선을 했다고 한다.

흉노의 중국 북부 정복의 최대 수혜자는 북위[4]였다. 452년에 투르크족과 몽골족의 혼혈민족인 선비족은 주변의 경쟁상대들을 모두 물리치고 북위를 건국했다. 북위의 영토는 서쪽의 둔황과 동쪽의 한반도에까지 뻗어나갔다. 북위는 불교를 숭상했다. 불교가 탄압을 받았던 것은 도교를 신봉한 북위의 3대 황제 태무제太武帝의 통치기였던 430년대가 유일했다. 북위는 불교를 국교화하기 위해 국가에서 사찰의 주지승을 임명했다. 또한 북위는 유목문화의 생활방식을 뒤로한 채 선비족의 한화漢化정책을 추진했다. 중화사상을 받아들인 북위의 황제들은 자신들을 진시황부터 이어져온 용좌의 진정한 주인으로 여겼다. 북위의 7대

---

4 北魏: 위나라의 시조 도무제道武帝는 386년 대나라를 세웠고 1년 후 국호를 위魏나라로 정했다. 이 위나라를 삼국 시대 조조의 위魏나라와 구별하기 위해 북위라 부른다.

4-17 거대한 둔황 석굴암 일부. 만리장성 서단 부근

황제 효문제가 제국의 수도를 핑청平城에서 뤄양으로 천도한 것도 이런 이유 때문이었다. 한족이 밀집해 있는 뤄양에 수도를 건설하면 선비족에게 아직 남아 있는 유목민의 풍습이 쉽게 발을 붙일 수 없을 것으로 판단한 것이다. 그는 한화정책을 정착시키기 위해 북위 궁정에서 터키어 사용이나 선비족 복장을 금하기도 했다.

이러한 혁신적인 정책 덕분에 외세의 지배에도 불구하고 중국 고유의 문화는 크게 발전하게 된다. 중국에 완벽하게 동화된 효문제는 중국의 황제처럼 중국을 다스리는 데 성공했다. 하지만 초원을 누비던 기억을 떨치는 건 쉬운 일이 아니었다. 그가 믿은 불교는 황제를 신격화하는, 즉 황제가 붓다의 화신이라 믿는 중앙아시아 유목민의 신앙에 더 가까웠다. 황제의 모습을 그대로 본떠 제작한 불상들이 대거 발견된 데서 이를 확인할 수 있다. 북위는 현재의 산시성 다퉁 지역에 해당하는 수도 부근에 거대한 석굴형 불교사원을 건립했다. 윈강석굴雲崗石窟로 불리는 이 거대한 불교사원의 구조물에서 발견된 거대한 붓다상의 얼굴과 발에는 검은 점들이 찍혀 있다. 이에 대한 연구가 시작되었고 이 검은 점들의 위치가 황제의 몸에 난 검은 점들의 위치와 정확하게 일치한다는 사실이 밝혀졌다. 윈강석굴에 있는 53개의 석굴에서 51,000여 개의 불상과 조각상들이 발견되었다. 효문제의 위상이 어느 정도였는지 실감하게 하는 유물이다. 뤄양으로 천도한 후에는 뤄양의 시민이 뤄양 부근에 이와 비슷한 석굴 형태의 불교사원을 건립해야 한다고 주장했다. 이렇게 해서 만들어진 것이 바로 허난성 뤄양 남쪽 14km에 위치한 북위~당나라 초기 시대의 석굴군인 룽먼석굴龍門石窟이다. 이곳에 있는 90,000여 점이 넘는 불상들 하나하나가 제각기 다른 표정을 짓고 있으니 실로 놀랄 만한 고대 건축물이 아닐 수 없다.

526년 뤄양에 도착한 달마대사는 국가 차원의 대대적인 불교 후원에 큰 감명을 받고 영녕사에 대해 다음과 같이 말했다고 한다.

> 나는 150살이 되도록 여러 나라를 두루 다니며 가보지 않은 곳이 없다. 그 중에서도 이 사찰은 매우 정치하고 아름다우니 인도에도 이토록 아름다운 사찰은 없을 것이며, 붓다 세계에도 없을 것이다.

그곳에는 금장식과 금종으로 장식된 높이가 205m에 이르는 9층탑도 있다. 당시 불교가 얼마만큼 중흥했는지를 보여주는 이 호사스러운 거대 구조물은 북방민족 고유의, 거짓이나 꾸밈 없이 순수하고 무예를 숭상했던 기풍이 쇠퇴하고, 사치스럽고 글만 받들고 실천과는 동떨어져 나약한 경향이 북위를 장악했음을 입증하는 증거이기도 하다. 급료조차 제대로 받지 못했던 북위의 군인들이 이런 불교사원을 고운 시선으로 바라보았을 리 없다. 반란이 일어났고, 북위는 534년 동위와 서위라는 두 개의 작은 나라로 분열되고 만다. 중국인이 되려 했던 선비족의 후예들도 뤄양을 떠나야 했음은 물론이다. 쇠약해질 대로 쇠약해진 위나라의 마지막 통치자들은 군벌의 노리개로 전락해버렸다. 중국식 통치를 접목하려 했던 중앙아시아인의 실험은 그렇게 막을 내렸고, 다른 경쟁 부족들이 다시 저마다의 왕조를 세워 할거했다. 한 황제는 교살당하기 직전 다음 생에는 군주로 태어나지 않게 해달라고 붓다에게 기도를 올렸다는 이야기도 전해온다. 북위의 운이 다했던 것일까. 534년 눈보라 치던 어느 날 영녕사에 큰 불이 났다. 뤄양을 지키던 불심의 상징은 그렇게 한줌의 재가 되고 말았다.

581년 양견이라는 사내가 장안에 수도를 정하고 수隨나라를 개국했는데 그가 문제文帝이다. 문제는 589년 남조의 진을 평정하여 중국을 다시 통일하고 불교를 중시했던 북위의 지배자들과 마찬가지로 불교를 장려했다. 그는 남방 불교의 자유로운 기풍에 익숙했다. 그 자신은 불교도였음에도 문제는 정치에는 유교 이념을 내세웠다. 새로운 통일왕국의 질서를 확립하기 위해서는 유교에 기반을 둔 관직제도를 되살려야 한다고 생각했던 것이다. 유교 중흥정책을 펼친 문제가 당나라 황제들이 불교탄압 정책을 펼칠 수 있는 분위기를 조성해주었다고도 할 수 있다. 수나라의 건국 후 불교세력과 도교세력은 황제의 후원을 받기 위해 치열한 세력다툼을 벌였고, 이는 845년에 자행된 회창會

昌의 폐불廢佛과 같은 대대적인 불교탄압을 불렀다. 특정 종교가 국정에 영향력을 행사하는 일은 이제 더 이상 일어나지 않았다. 유교 관료들은 중국의 종교관을 과거로 돌려놓았다. 다음과 같은 공자의 한마디로 대변되는 관념으로 말이다.

> 나는 경외심을 가지고 영혼을 대한다. 하지만 그로부터 일정한 거리는 유지한다.

대침공: 훈족의 아틸라

로마 제국을 습격한 훈족은 유럽을 최초로 침공한 고대 중앙아시아의 민족은 아니었다. 하지만 그 공세가 어찌나 거세었던지, 그리고 이 중앙아시아의 전사들이 얼마나 흉포했는지는 오늘까지도 기억된다. 영어에서 훈Hun이라는 단어는 난폭하고 잔인한 적을 가리킬 때 쓰인다. 훈족이 무시무시한 군대를 이끌고 로마를 위협한 건 4세기 무렵이었다. 그 이전에 사마리아인이 로마를 침공한 일이 있으니 훈족이 로마 군단이 맞이한 최초의 중앙아시아인은 아닌 것이다. 그들은 여러 차례 다뉴브 강을 넘어 로마 영토로 진입하려는 시도를 했다. 그러던 중 175년 사마리아인은 로마와 평화협정을 맺게 된다. 협정에 따라 사마리아인은 로마군에 8,000명의 기마병을 제공해야만 했다. 이 기마병은 대부분 하드리아누스 방벽을 지키는 주둔군으로 파병되었다. 하지만 일부 기마병이 로마 제국의 땅인 영국에 정착했다고 해서 사마리아인이 싸움을 멈춘 건 아니었다. 호전적으로 유명한 사마리아인은 여전히 도처에서 칼을 뽑아들었다. 사마리아인의 언어는 스키타이어와 유사했다. 헤로도토스의 말에 따르면 사마라아인은 스키타이 남성과 방랑생활을 하는 아마존 여전사의 후예들이라고 한다. 그래서인지 사마리아 여성들은 전시에 필요할 경우에는 언제라도 망설임 없이 참전했다. 사마리아와 로마의 동맹관계에서 사마리아인은 자신들의 가치를 입증했다. 고트족과의 전투에서 332번이 넘는 승전보를 올릴 수 있었던 데는 사마리아인의 공이 컸다. 그 보상으로 영국에 정착한 사마리아인에 이어 300,000명의 사마리아인이 발칸 반도에 정착하게 된다.

로마의 정착정책은 북부 국경지역에서 혼란을 조장하는 외세의 위협이 증가하는 것과 밀접한 관련이 있었다. 게르만족은 훈족의 왕 아틸라가 등장하기 훨씬 전부터 로마 군단을 성가시게 했다. 게르만족은 평화적인 방식으로 로마 제국 내의 정착을 요구했고, 때로 무력으로 로마 제국의 방어선을 뚫고 들어오기도 했다. 그때마다 로마 제국은 정착을 허락하여 로마 국경수비를 돕게 하거나, 전쟁을 벌여 게르만족을 섬멸하는 두 가지 극단적인 해결책 중 하나를 택해야 했다. 안타깝게도 기골이 장대한 야만족을 격퇴하는 것은 쇠잔한 로마 군단의 능력 밖의 일이었다.

이러한 상황은 378년에 일어난 하드리아노폴리스Hardrianopolis 전투 이후 더욱 악화되었다. 이 전투에서 로마군은 전멸하고 로마 제국의 동부를 다스리던 발렌스 황제도 전사하는 위기상황이 발생한 것이다. 로마의 국방정책은 완전히 갈팡질팡하기 시작했다. 로마군이 게르만족의 한 부족인 서고트족에 완벽하게 패배한 사건은 당대의 사람들에게는 너무나 충격적인 일이었다. '세상의 종말'이 다가왔다고 느꼈을지도 모른다. 하지만 이것은 시작에 불과했다. 406년 또 다른 게르

4-18　형 발린티아누스 1세와 고동 황제에 임명된 동로마의 황제 발렌스는 378년 8월 9일 고트족 연합군을 상대로 벌인 하드리아노폴리스 전투에서 전사했다. 하드리아노폴리스의 현재명은 에디르네Edirne이다.

만족이 반달족과 함께 현재의 마인츠에 있는 얼어붙은 라인 강을 건너왔다. 굶주림이 흉포함을 부추겼던 탓일까. 그들은 프랑스와 스페인을 초토화시켰다. 반달족은 유럽을 공포로 물들인 후 북아프리카로 건너갔다. 그리고 반세기 만에 북아프리카 해안의 땅이란 땅은 모조리 손아귀에 집어넣었다. 서고트족도 이에 못지않은 활약을 했다. 그들은 410년 로마를 침략했다. 이들은 잿더미로 변한 로마를 뒤로하고 스페인으로 옮겨갔다. 이제 로마에서 재기의 희망은 찾아볼 수 없었다. 로마의 황금기는 지중해 서부란 무대에서 영원히 사라졌다.

시대를 풍미한 제국의 몰락을 알리는 혼돈의 시절 속으로 아틸라라는 새로운 인물이 뛰어들어왔다. 그는 흉노족과 사촌뻘쯤 되는 민족인 훈족의 지도자였다. 아틸라가 태어나기 전 세대가 활약하던 시절인

4-19   랭스에서 순교한 성 니카시우스. 주교의 잘린 목이 말을 계속하자, 훈족은 랭스를 떠났다고 한다. 성 니카시우스는 407년 12월 14일 반달족의 침입을 죽음으로 막았다.

370년대까지 로마 제국의 그 누구도 훈족에 대해서 알지 못했다. 그러던 어느 날 다뉴브 강 유역에 주둔하고 있던 로마 부대에 야만인들의 수상한 움직임에 대한 보고가 날아들었다. 한 부족이 초원지대를 따라 서쪽으로 이동하고 있다는 것이었다. 바로 훈족의 지도자 루아 왕이 이끄는 부대였다. 고트족은 이들의 헝가리 평원 진입을 저지하는 데 실패했다. 로마 제국은 기세등등한 부대를 거느린 루아에게 강화협정을 제안했고, 평화 유지의 대가로 훈족에게 정기적으로 보상금을 지급했다. 루아는 434년 돌연 사망하고 그의 조카 아틸라가 왕위에 올랐다. 441년 아틸라는 다뉴브 강을 건너 로마 병력을 궤멸하고 발칸 지역의 도시들을 파괴하고 주민들을 살육했다. 이후 로마가 많은 양의 금을 훈족에게 헌납하면서 로마 영토에 잠시나마 평화가 깃들었다. 하지만 6년 후 아틸라는 다시 로마의 땅을 유린하기 시작했다.

이때 서로마의 황제 발렌티니아누스 3세의 동생 호노리아가 아틸라에게 서로마로 진군할 빌미를 제공한다. 사실 이전에도 아틸라는 동로마에는 큰 관심을 보이지 않았다. 오라비가 고른 귀족과의 약혼을 강요당하는 것에 진절머리가 난 호노리아가 아틸라에게 구조요청을 한 것이다. 호노리아는 비밀리에 거세한 노예를 아틸라에게 보냈다. 아틸라에게 고집불통 공주의 인장이 새겨진 반지를 증표로 보인 뒤 노예는 공주의 전갈을 전했다. 요지는 원치 않는 결혼에서 자신을 해방시켜 달라는 것이었다. 이 담대한 훈족의 왕은 노예에게 다음과 같은 말을 공주에게 전하라고 했다. "결혼식은 절대로 거행되지 않을 것이오. 대신 그대는 짐의 첩이 되어야 하오." 호노리아가 오라비가 고른 중년의 신랑감을 소름끼치도록 싫어했던 것만은 사실인 듯하다. 하지만 그녀가 그렇게 행동한 데는 또 다른 강렬한 동기가 있었다. 이 야심찬 공주는 황제의 아내이자 어머니가 되고 싶었던 것이다.

호노리아와 훈족 왕의 거래 소식을 접한 발렌티니아누스는 대노한다. 끓어오르는 분을 삭일 수 없었던 황제는 450년이 저물어가던 어느 날 로마를 찾은 아틸라의 사절에게 퇴짜를 놓는다. 그도 그랬을 것이 훈족의 사신은 호노리아와 권력을 나누는 데 동의하라는 속이 시커먼 아틸라의 제안을 전했다. 화가 가라앉았다 한들 절대로 받아들일 수 없는 제안이었던 것이다. 1세기가 넘는 동안 로마 제국은 각각 지중해 동부지역과 지중해 서부지역을 다스리는 두 명의 공동 황제에 의해 통치되었다. 가뜩이나 존립기반이 약한 이 서로마의 황제가 배은망덕한 여동생과 권력을 나누어가질 이유는 전혀 없었다. 게다가 미래의 매제가 다름 아닌 아틸라인 상황에서는 더욱 그러했다.

하지만 이 자존심 강한 발렌티니아누스는 정작 로마로 쳐들어오

4-20 서로마 제국의 황제 발렌티니아누스 3세. 발렌티니아누스는 6세의 어린 나이로 황위에 올랐다.

4-21 서로마 제국 황제 발렌티니아누스 3세의 여동생 호노리아. 황제인 오라비와 반목했다.

는 아틸라를 맞이할 준비에는 소홀했던 것 같다. 이탈리아를 침공한 훈족은 파죽지세로 나아갔다. 결국 성聖과 속俗 양면에서 특출한 인물로 유명한 교황 레오 1세가 협상에 나서 아틸라에게서 철수 약속을 받아냈다. 유감스럽게도 아틸라와 교황의 의미심장한 대담을 목격한 사람이 남긴 기록은 남아 있지 않다. 하지만 전해오는 말에 따르면 성직자 특유의 위엄을 갖춘 레오 1세가 금실로 수놓인 예복을 입고 등장하자, 그 웅장함에 대담함으로는 따를 자 없는 훈족의 왕마저 말문이 막히고 말았다고 한다. 하지만 아틸라에게는 어마어마한 선물이 주어졌다. 게다가 훈족 입장에서도 기근이 열병처럼 퍼진 이탈리아에 오래 머무는 것은 득이 될 것이 없었다. 다뉴브 강 건너편에서 동로마 군대가 승전하고 있다는 소식이 들려온 것도 철군의 이유였을 것이다. 다뉴브 강 유역을 완벽하게 방어할 수 없는 상황에서 서로마에서 군사작전을 재개할 수는 없는 노릇이었다. 언제나와 마찬가지로 훈족의 전사들은 수레 한가득 약탈의 전리품을 싣고 자신들의 진영으로 돌아왔다. 한때 고트족의 땅이었던 헝가리 평원으로 말이다. 헝가리 평원에 펼쳐진 초원은 훈족의 영구기지가 된 지 오래였다.

재미있는 사실은 451년에 카탈루냐Catalunya 평원전투에서 아틸라에게 참패를 선사한 것도 로마군이었다는 사실이다. 현재의 오를레앙 근방의 카탈루냐 평원에서 희대의 복수를 완수한 이들은 로마 제국 서부지방에 주둔하고 있던 로마 병력이었다. 당시 갈리아의 실질적인 지도자였던 서로마의 장군 플라비우스 아이티우스는 동고트족과 함께 연합군을 조직하여 훈족에 맞설 채비를 했다. 아틸라가 카탈루냐 평원에 도착했을 때는 이미 연합군이 도랑을 파고 흙으로 토성을 쌓아 도시의 방어를 강화한 후였다. 도시가 난공불락의 요새로 변한 것을 알아챈 아틸라의 군대는 발길을 돌렸고 연합군은 그 뒤를 바짝 쫓았다. 현재 프랑스 동북부 센 강 좌안의 도시 트루와Troyes 근처에서 본격적인 전투가 시작되었다. 때는 이른 오후였다. 모두를 피투성이로 만들어버린 이 끔찍한 백병전은 "어찌나 격렬하고 필사적이었는지, 또 얼마나 끔찍하고 가차 없었는지 그 유례를 찾아볼 수 없을 정도였다." 전투는 해가 질 때까지 계속되었다. 날이 밝자 눈 뜨고 볼 수 없을 정도로 처참한 광경이 모습을 드러냈다. "갈가리 찢긴 시체들이 여기저기 널브러져 있는" 전장의 참혹함만이 전날 전투의 치열함을 말해주고 있었다. 하지만 아틸라는 눈 하나 깜짝하지 않았다. 그는 다시 한번 아이티우스에게 도전장을 내밀었지만 아이티우스는 더 이상 싸울 엄두가 나지 않았다. 그것은 그의 동고트족 동맹군도 마찬가지였다. 그들은 철수를 선택했고, 얼마 지나지 않아 아틸라도 철수했다.

고대의 논객들은 아이티우스가 다시 맞붙지 않은 것을 비난했다. 하지만 그는 전쟁의 승패를 장담할 수 없었기에 그런 선택을 했을 것이다. 로마군은 이미 엄청난 타격을 입고 군의 사기가 땅에 떨어진 상태였다. 설상가상으로 앞뒤 가리지 않는 훈족은 승패가 완전히 갈릴 때까지 죽기살기로 싸울 기세였다. 아틸라는 무덤자리까지 봐놓았다. 아틸라는 부하들에게 장작을 높이 쌓으라고 명한 후 그 위에 자신의 안장을 올려놓았다.[5] 그는 병사들을 모아놓고 외쳤다. "짐은 오늘 전력을 다해 싸울 것이다. 적에게 산 채로 잡혀 가느니 차라리 이 장작더미에 몸을 던져 화장되는 편을 택하겠노라!" 어쨌든 아이티우스는 파멸의 길로 들어가는 것을 서슴지 않는 적에 맞서 그들의 기세를 잠시나마 누그러뜨렸다. 하지만 로마는 그의 목숨을 건 노고를 치하하지 않았다. 황제의 자리를 뺏길까 노심초사하던 발렌티니아누스는 감사의 인사는 고사하고 아이티우스가 황제의 자리를 노리고 있다는 의심까지 한다. 결국 454년 발렌티니아누스는 환관의 도움을 받아 알현실에서 아이티우스를 살해하고 만다. 피해망상에 사로잡힌 황제의 선택은 자승자박의 악수였다. 아이티우스의 야만인 출신 수행원들의 복수로 황제도 이듬해 목숨을 잃었으니 말이다.

    반달족의 왕 가이세리크는 로마의 혼란을 십분 이용했다. 해상공격으로 막대한 재물을 약탈한 반달족은 발렌티니아누스의 미망인과 딸들을 데리고 한때 로마의 곡창이었던 북아프리카로 향했다. 황제가 장군 아이티우스를 살해한 것은 그가 난세에서 야만인들과 협상할 수 있는 몇 안 되는 인재라는 사실을 간과한 결정이었다. 연이어 고트족과 훈족의 포로가 된 적이 있는 아이티우스 장군은 그들의 언어를 구

---

5   훈족은 활이나 안장처럼 고인이 즐겨 쓰던 물건을 함께 묻어 장사를 치르는 전통이 있었다.

사할 수 있었다. 그가 급변하는 동맹관계로 대변되는 로마 제국 말기 지중해 서쪽지역의 상황을 통제할 수 있었던 것도 이런 언어구사능력이 뒷받침된 덕분이었다. 로마에는 황제가 암살한 아이티우스의 교섭력이 절실했던 것이다.

아틸라는 발렌티니아누스만큼 어리석은 지도자는 절대 아니었을 것이다. 그는 잔인하고 폭력적인 훈족의 왕으로 악명을 떨쳤다. 하지만 그는 적에게만 잔악무도한 정복자였을 뿐 부하들에게는 관대했다. 그는 자신의 입지가 공고해진 후에는 그렇게 빡빡하게 굴지 않았다. 그와 자주 비교되는 몽골의 황제 칭기즈 칸에 비하면 더욱 그렇다. 아이티우스와 발렌티니아누스의 죽음은 유럽 서부에서 로마 제국이 재기할 가능성이 남아 있지 않다는 것을 의미했다. 로마는 로물루스 아우구스툴루스를 끝으로 그 장구한 역사에 종지부를 찍는다. 로마 제국의 시조를 연상시키는 이름을 가진 이 서로마 최후의 황제 로물루스 아우구스툴루스는 476년에 퇴위한다. 서로마의 멸망으로 이탈리아는 동고트족의 손에 넘어간다.

그 즈음 아틸라도 눈을 감는다. 그는 전장이 아니라 침대에서 최후를 맞이했다. 비강 내 출혈로 인한 질식이 사인이었다. 그리고 그날은 일디코와 결혼한 첫날밤이었다.

아틸라의 수많은 부인들 가운데 하나였던 아름다운 일디코가 몇 번째 부인이었는지는 알 수 없다. 그날이 밝은 후 싸늘하게 식어버린 남편의 주검에 엎드려 통곡하는 일디코가 발견되었고, 아틸라의 적들은 이 위대한 전사가 폭음 탓에 수치스러운 최후를 맞았다고 수군댔다. 453년 고트족의 한 역사가는 기뻐하며 "술이 그를 죽음으로 몰고 갔다"는 기록을 남기기도 했다. 아틸라의 광대한 제국은 그의 죽음과 함께 최후를 맞았다. 고귀한 왕이 일군 왕국은 조각조각났고, 훈족은 다시 작은 무리의 부족들로 사분오열되었다. 그 후 누구도 이들을 하나로 만들지 못했고 로마 제국을 무너뜨린 위협적인 전사들의 이야기는 전설이 되고 말았다.

아틸라의 장례식에서 그의 수하들은 머리카락을 자르고 양 볼을 그어 상처를 냈다. "궁극의 전사는 통곡하는 여자의 눈물 따위가 아니라, 전사들의 피로 애도해야 한다"는 것이었다. 그들은 유럽을 종횡무진하던 중앙아시아 전사들의 호시절에 작별을 고하는 것처럼도 보였다. 훈족은 가파른 내리막길을 내달리듯 급속하게 쇠락했다. 이들의 영토는 서쪽으로 이동하는 다른 유목민이 차지했다. 맨 처음 훈족을 대신한 민족은 아바르족이었다. 아바르족은 557년에 콘스탄티노플에 대사를 파견하기도 했다. 유럽 내 기병대에 일대 혁신을 몰고 온 것은 아바르족이 사용하던 등자였다. 등자를 사용하면 말 등에서 떨어질 염려 없이 칼이나 창을 마음껏 휘두를 수 있었다. 동로마의 기마부대가 당시에는 마법의 장치나 다름없었던 이 장비를 받아들이지 않을 이유는 전혀 없었다. 이런 천재적인 장비를 전해준 민족이었음에도 동로마의 사람들은 아바르족도 훈족과 다를 바 없는 야만족으로 여겼다. 아틸라의 지속적인 대규모 공격으로 온 유럽이 몸살을 앓고 있던 즈음, 아바르족은 헝가리 평원에 둥지를 틀었다. 그들이 감행한 최대 모험은 626년 여름에 사산 왕조 페르시아인과 연합하여 콘스탄티노플을 공격한 것이었다. 사산 왕조 페르시아인과 아바르족은 동로마군에 의해 모두 격퇴되었다.

• 2부 •

중세 아시아

5장

중세 서아시아

각성하라 우마이야 왕조여! 너무 오래 잠들어 있구나.
우마이야 칼리프의 땅은 폐허가 되었도다!
칼리프가 탬버린과 피리 소리에 몸을 맡기고 있는데,
신실한 백성이 어찌 신의 사도를 알아보리오.

— 아바스 왕조의 3대 칼리프 알마디의 꾸짖음

이슬람교: 두 번째의 범동양적 종교

예언자 무함마드의 출현으로 서아시아의 종교세계는 순식간에 비약적인 발전을 하게 된다. 무함마드의 설교는 곧 알라의 목소리였으며 고대의 신들이 각축을 벌이고 있던 서아시아 땅에서 맨 처음 이스라엘에 도전장을 내밀었다. 무함마드는 상당히 오랜 기간에 걸쳐 신과 대화를 나누었던 것 같다. 십수 년간 지속적으로 신의 음성을 전해들었다고 하는 것을 보면 말이다. 선택된 백성을 이집트에서 인도하고 나서야 비로소 십계명을 들을 수 있었던 모세와는 상당히 다른 관계를 신과 맺은 것이다. 아니면 이것은 그가 사막에서 야영생활을 하며 어린 시절을 보냈기 때문인지도 모른다. 밤하늘 가득 반짝이는 별만이 유일한 벗이었을 테니 말이다. 무함마드는 알라가 그에게 오랜 시간에 걸쳐 전해준 진리를 집대성한 문헌을 남긴다. 이것이 바로 그 유명한 『코란Koran』이다. 이 완고한 유일신 교리의 성립 배경이 어떠한 것이건 간에, 무함마드는 이슬람교 경전을 통해 자신의 교리를 신봉하는 아랍인에게 알라가 기뻐하는 삶에 대해 자세히 설명했다. 자신이 알라의 뜻을 전하는 마지막 예언자라고 확신한 무함마드는 신자들에게 다음과 같이 설교했다고 한다.

> 앞서 예언자들이 전한 알라의 말씀과 달리, 나의 말은 마지막 계시이다. 마치 땅거미 지는 오후부터 해질 무렵까지 하는 기도와 같은 것이니라.

아랍 민족은 아라비안 반도와 그 북쪽의 시리아 사막을 물려받은 유

5-1   서아라비아에 이슬람교가 출현하기 이전에 제작된 종교 장식물

목민이었다. 이 영토의 가장자리 부분에는 비아랍인이 아랍인과 한데 섞여 살아가고 있었다. 이 지역의 아랍인 중 일부는 유목과 농업을 병행하는 반유목생활을 하기도 했고, 무역업으로 생계를 유지하는 이들도 있었다. 이 땅에서는 여러 부족들의 충돌로 하나의 피를 나눈 민족이 끊임없이 피를 흘려야 했다. 자원의 부족과 부족 간 전쟁, 그리고 그에 따른 복수 때문이었다. 기록 문헌에 아랍인이 처음 등장한 건 카르카르 전투에 관한 이야기에서였다. 카르카르Qarqar 전투는 기원전 853년 시리아-팔레스타인 연합군과 아시리아군 사이에 발발한 전쟁이다. 아시리아 사료에 따르면 진디부 장군이 지휘한 연합군은 3,930대의 전차와 1,900명의 기마병, 42,700명의 보병, 그리고 1,000마리의 낙타로 구성되어 있었다고 한다. 아랍인에 대한 최초의 기록에 낙타가

등장한 건 상당히 납득할 만한 일이었다. 낙타 사육이야말로 아랍인의 사막 지배를 가능하게 한 획기적인 발명이었기 때문이다. 중앙아시아 유목민이 말과 한 몸이 되면서 초원을 호령할 수 있게 되었듯이, 낙타가 있었기에 아랍인은 메마른 사막 곳곳을 누비며 주변 민족들을 공포에 떨게 할 수 있었던 것이다. 급습을 즐기던 아랍인의 호전적인 성향을 누구보다 잘 이해했던 무함마드와 그의 후계자들은 아랍인의 영토확장정책을 장려했다. 부족 간 반목으로 피를 흘리는 대신 차라리 다른 민족, 자신들과 피를 나누지 않은 그 누군가의 피로 아라비아의 평화를 사려는 속셈이었다.

위대한 예언자를 배출한 것은 유목민도, 농민도 아니었다. 예언자 무함마드는 원래 동물가죽을 거래하던 무역상이었다. 그가 나고 자란 땅인 메카Mecca는 시리아와 이라크, 아프리카를 연계하는 상업적 거점이었다. 홍해 연안의 도시 메카에는 에티오피아인이 많이 거주했다. 이들은 이슬람교가 출현하기 한참 전부터 아라비아 땅에 발을 디뎠다. 아라비아 남부는 군 출병이나 무역을 이유로 그곳에 온 에티오피아인으로 북적였다. 6세기에는 에티오피아인이 메카와 같은 아라비아 남부의 도시들을 사실상 지배하고 있는 것처럼 보일 정도였다. 움 아이만으로 더 잘 알려진 무함마드의 유모 바라카도 에티오피아 출신이었다. 이처럼 아프리카인은 아랍 사회에 깊숙이 뿌리를 내렸던 것이다.

예언자의 계시를 받기 전 상단의 우두머리였던 무함마드는 15년 동안 무역품을 실은 짐마차 대열을 이끌었다. 직업이 직업이니만큼 틀림없이 에티오피아 땅을 밟은 적이 있었을 것이다. 후에 그의 추종자들 중 몇몇을 에티오피아에 사절로 파견한 데서 그가 에티오피아에 우호적이었을 것이라는 사실을 짐작할 수 있다. 무함마드는 에티오피아 실정에 밝아서, 에티오피아인이 자신이 정립한 새로운 교리를 환영할 것이라고 예상했다. 무함마드는 에티오피아에서 통용되던 『구약성경』과 『신약성경』에 대해서도 잘 알고 있었을 것이다. 당시 에티오피아의 기독교인들은 그리스어로 번역된 『구약성경』과 『신약성경』을 읽고 있었다. 기록에 의하면 메카에 살던 에티오피아인들은 한자리에 서서 『구약성경』과 『신약성경』을 큰소리로 읽었다고 한다. 영적 세계에 관심이 많았던 철학적인 청년 무함마드는 발걸음을 멈추고 그 소리에 귀 기울이곤 했을 것이다. 『코란』에는 『구약성경』과 『신약성경』 속 인물들에 대한 내용이 자주 등장한다. 에티오피아인이 『구약성경』과 『신약성경』의 내용을 공공장소에서 낭독한 덕에 메카의 거주민들이 성경 속 등장인물에 대해서 알고 있었던 것이다. 이쯤에서 무함마드가 그리스도의 신성·십자가형·부활 등을 부정했던 이유를 짐작해볼 수 있을 것이다. 『코란』은 기독교의 근간을 이루고 있는 모든 개념을 부정하는 관점에서 쓰인 것이다.

이슬람교 교리와 기독교 교리의 확연한 차이는 781년에 있었던 아바스 왕조의 3대 칼리프 알마디와 네스토리우스파Nestorians의 위대한 주교 디모데의 대화에서 확인할 수 있다. 십자가를 왜 숭배하느냐는 칼리프 알마디의 질문에 디모데는 신의 아들이 자신의 목숨을 버려가면서까지 인간을 구했다고 열성적으로 대답했다. 그의 대답에 알마디는 그렇다면 신이 죽을 수도 있다는 뜻이냐고 되물었다. 디모데는 조심스레 예수의 신성과 인성이 다름을 설명했다. 그의 말을 주의 깊게 들은 알마디는 이렇게 말했다. "인간은 예수를 죽이지도 않았거니와 십자가형에 처하지도 않았다는 말이로다. 하지만 예수는 인간을 위해 예수를 십자가형에 처한 것처럼 보이는 상황을 만들어주었지 않았는가." 벽창호 같은 칼리프에게 교리를 설명하느라 애를 먹은 디모데처럼, 무슬림 통치지역에 살던 기독교도들은 자신들과 완전히 다른 종류의 유일신을 숭배하는 사람들을 대해야 했다. 삼위일체와 그리스도의 부활을 믿는 기독교 교리는 절대불변의 유일신을 숭배하는 무슬림의 교리와 정면으로 충돌했다. 무슬림의 땅에서 기독교가 설 자리는 없었다. 유일신 문제에서만큼은 유독 빡빡하게 구는 이슬람교도가 "죽었다 살아나는 신" 따위를 믿을 리 없었기 때문이다.

그리스어로 쓰인 『신약성경』이 기독교가 불교나 이슬람교와 같은 범아시아적 종교로 성장하는 데 방해가 된 결정적인 요인이라는 주장도 있다. 이에 대해서는 논란의 여지가 많다. 성 베드로가 그리스어로 설교하고 기록을 남긴 건 사실이다. 하지만 예수와 그의 제자들은 아람(시리아의 고대 명칭)어로 대화했다. 시리아와 이라크에 거주하는 많은 기독교인들도 그리스어가 아닌 타 언어로 기록된 종교 문헌을 남겼다. 그럼에도 무슬림 땅의 기독교인은 그 연유가 어떠했건 간에 거세게 몰아치는 이슬람교의 파도를 막아내진 못했다. 대신 이들은 기독교를 저 멀리 중국에까지 전파했다. 당나라 2대 황제 태종太宗은 이 수사들을 예를 갖춰 맞이했다. 이들의 선교활동 덕에 중국의 여러 대도시들에 기독교가 전파되었고, 중앙아시아의 초원지대에서는 상당한 수의 신자를 모을 수 있었다. 하지만 이는 서양에서의 기독교 전파에 비할 바가 아니었다. 지중해 지역에서 그리스어 성경이 통용되었던 덕에 기독교는 서쪽으로 급속도로 전파되었다. 성 제롬(유세비우스 히에로니무스)이 번역한 라틴어 성경으로 인해 이러한 움직임은 더욱 가속화되었다. 방대한 성경 자료를 일일이 대조한 제롬의 필생의 업적으로 중세 유럽 기독교 양대 산맥의 발판이 완성된 것이다. 그리스어 기반의 그리스 정교회와 라틴어 기반의 천주교는 이렇게 태동했다.

그리스어의 사용이 철학적 사색의 습관을 종교세계에 도입하는 데 일조했음은 자명하다. 그 덕에 신학적 논쟁이 꽃을 피웠다. 이 초기 기독교의 신학 논쟁은 고대 인도에서 여러 종파들이 불교 교리를 놓고 벌였던 지루한 논쟁과 비교할 만하다. 물론 불교 종파들 간의 논쟁이 벌어진 것은 나가르주나의 삼라만상에 대한 예리한 통찰 때문이었다. 하지만 이런 논쟁을 벌인 이들이 사용한 언어 때문에 논쟁이 심화되었을 가능성은 분명히 존재한다. 고대 불교문헌을 고대 그리스어의 사촌 격인 인도-유럽어족의 언어, 산스크리트어로 번역하는 과정에서 이런 논쟁의 불씨가 피어올랐을 것이다. 기독교에서는 그리스어가 이와 비슷한 역할을 했다. 새로운 언어로의 번역작업 자체에 신학적 논쟁의 가능성이 내재되어 있었던 것이다.

중세 말에서 근대 초기로 이어지는 기간에 기독교는 여러 대륙에 전파되었다. 하지만 앞서 살펴본 여러 이유로 아시아에서는 오로지 필리핀에서만 그 세를 불릴 수 있었다. 그것도 필리핀이 스페인의 식민지가 되었기 때문에 벌어진 일이었을 뿐이다. 필리핀 군도 남부의 이슬람교도들이 필리핀에서의 기독교 전파에마저 반발했을 정도로, 기독교인에게 아시아는 멀고도 먼 땅이었다. 이 때문에 포르투갈인과 스페인인이 아시아에 발을 들인 16세기 무렵에 이르러서는 아시아인에게 기독교가 유럽의 종교로 비쳤다.

비잔틴인, 그러니까 동로마 제국의 백성에게 아라비아는 그저 "이단을 기르는 땅"에 지나지 않았다. 동로마는 기독교인의 이단논쟁으로 쉴 새 없이 시끌시끌한 곳이었다. 예수의 신성을 부정하고 인성을 강조하여 예수를 반신半神으로 전락시킨 아리우스파Arianism로부터, 십자가형을 집행하기 전에 유다가 예수를 대신했으므로 십자가에 매달린 자는 유다라는 주장을 폈던 단성론자單性論者들, 그리고 예수의 신격보다 인격에 더 주안점을 두었던 네스토리우스파에 이르기까지 난립한 각종 종파들의 갑론을박이 그칠 줄 몰랐다. 메카의 남쪽에 있는 도시 나즈란Najran에는 네스토리우스파가 운영하는 교회가 있었다. 이 교회에는 아랍인 신도들도 많았다. 나즈란은 낙타를 타고 사막을 건너는 대상들이 오고가는 길에 들리는 도시였다. 무역상이었던 무함마드도 이곳을 자주 방문했을 것이다. 영적인 청년 무함마드는 낙타에 걸터앉아 인생의 진리에 대해 말하는 네스토리우스파 주교의 말 하나하나를 귀 기울여 들었을 것이다. 이단논쟁이 한창인 동로마 땅에서 무함마드가 이교도로 비친 건 당연한 수순이었다. 동로마의 기독교인에게 무함마드의 예언은 성경의 내용을 벗어나는 또 하나의 탈선에 지나지 않았던 것이다.

무함마드가 『코란』에 기록된 계시를 받기 시작한 건 610년 마흔 살 무렵부터였다. 무함마드는 아랍인에게 알라의 영광을 위해 기도를 올리라고 설교했다. 그의 종교를 믿은 첫 번째 개종자는 바로 그의 부인이었다. 뒤이어 가까운 친척들이 하나둘 개종했다. 알라를 진정한 유일신으로 모시지 않는 자들은 지옥에 가게 될 것이라는 무함마드의 단호한 확신에 이끌린 사람들의 결정이었다. 맨 처음 무함마드가 메카에서 설교를 할 때 사람들의 반응은 가지각색이었다. 얼마 지나지 않아 메카의 중심세력에게 종교 박해를 받게 된 무함마드는 아라비아 반도 서쪽의 메디나Medina로 거처를 옮기게 된다. 지역의 토착 신들을 무시하는 이 과감한 예언자의 행보가 시련을 부른 것이다. 메카의 거주자들 대부분은 자신들의 신을 모욕하는 무함마드가 정신질환을 앓고 있다고 생각했다. 그들은 무함마드가 의학적 치료를 받을 수 있는 방안을 강구했다. 그럼에도 불구하고 무함마드는 절대적인 유일신 이론에 대한 고집스런 주장을 굽히지 않았고, 결국 다른 지역으로 옮겨가는 것 외에 대안이 없는 상황까지 몰리고 만다. 이런 이유로 무함마드가 622년부터 거주하게 된 메디나에는 거대한 유대인 공동체가 있었다. 그들은 처음에는 무함마드에게 호의적이었다. 하지만 동정적이었을 뿐 끝까지 자신을 예언자로 인정해주지 않는 유대인 때문에 무함마드는 다시 한 번 좌절을 맛본다. 예수를 구세주로 받아들이기를 완강하게 거부하는 유대인에게 지쳐버린 기독교인처럼 말이다. 무함마드는 유대인에게 앙심을 품는다. 그는 유대인이 계시를 왜곡한다고 질책하며 메디나에서 그들을 추방시켜야 한다고 주장했다. 그 후 수많은 유대인들이 학살당하거나 노예로 전락하여 팔려가고 만다.

무함마드의 종교가 점차 틀을 갖추어 가는 동안 그는 끊임없이 계시를 받았다. 그리고 그가 생을 마감한 632년에 이르러서는 『코란』의 모든 내용이 세상에 공개되었다. 독실한 이슬람교도라면 마땅히 수행해야 하는 정결, 기도, 자선, 단식과 성지순례의 의무가 확립되었고 여성은 종속적인 존재란 사실이 확정되었다. 『코란』에 따르면 이슬람교도는 부인을 네 명까지 거느릴 수 있으며 이혼할 권리도 보유했다. 또한 이슬람 사회에서 여성과 노예의 신분이 열등한 것을 제외하면, 이슬람교도들 사이에서는 어떠한 불평등도 존재해서는 안 되었다. 음주도 금지되었다. 한때 이를 두고 이슬람교에서 음주를 금한 것은 방탕한 도시생활을 경멸하는 검소한 유목민의 천성 때문이라고 주장한 이들도 있었다.

하지만 포도넝쿨은 아랍 문화에서 중요한 비중을 차지했다. 술을

5-2　14세기에 제작된 무함마드의 설교 장면을 구현한 세밀화

뜻하는 영어 단어 '알코올'도 아라비아어에서 유래한 것이다. 나바티아족이 아주 오래전부터 포도주를 제조했기 때문이다. 그렇다면 무함마드가 이토록 엄격한 금주령을 내린 진짜 이유는 무엇이었을까? 정확한 답은 알 수 없지만 몇 가지 가능성은 제시해볼 수 있다. 하나는 시리아 사막의 외곽지역에 있던 기독교사회에서 행해졌던 고행의 영향일 수도 있다는 것이다. 그곳에서는 포도주는 물론 모든 동물성 제품이 금기시되었다. 그들은 "음식은 사탄의 막강한 무기이고 술은 악마의 날이 선 검"이라고 믿었다. 또 다른 가설은 시리아와 페르시아를 배회하던 한 무리의 수도사들 때문이라는 것이다. 정해진 거처가 없어 양치기라 불린 이들은 고기뿐만 아니라 빵도 먹지 않았고, 포도주는 당연히 멀리했다. 이들은 올리브 오일에 적신 익히지 않은 채소와

씨앗을 먹는 극단적인 식단을 고수했다. 형벌에 가까운 육체의 수행을 통해 영혼을 자유롭게 하고자 했던 이 시리아의 고행자들은 포도주와 고기를 제물로 바치는 이교도 집단들과 거리를 두었다. 이들은 이교도의 행태를 마귀로 인해 타락한 자들의 불결한 행동거지라 폄하했다.

또 다른 유력한 이유로는 기독교 성찬식에서의 포도주의 역할을 들 수 있다. 유대인은 포도주에 대해 이중적인 태도를 보였다. 모세는 하느님으로부터 번제를 지내고 "신을 위한 달콤한 포도주"를 바치라는 명을 받았다고 한다. 포도주는 천상의 은혜로 여겨졌으며 신의 확실한 인정을 드러내는 특별한 상징물이기도 했다. 하지만 유대인은 때로 포도주를 악의 근원으로 여기기도 했다. 세례 요한은 포도주는 물론 다른 어떤 발효 음료도 마시지 않았다. 하지만 예수의 태도는 사뭇 달랐다. 예수는 자신의 가르침이 과거의 해묵은 논리와는 다른 새로운 이야기라는 사실을 강조하기 위해 유대인이 포도주에 대해 가지고 있던 관념을 이용했다. 가나의 결혼식에서는 물을 포도주로 변하게 하는 기적을 행하기도 했다. 게다가 예수가 포도주로 최후의 만찬을 기리면서 포도주는 영적 음료수로 거듭난다. 예수는 자신이 체포되던 날 밤에 포도주를 한 모금 마신 뒤 이렇게 말했다.

> 이 잔은 내 피로 세운 새 언약이니 이것을 행하여 마실 때마다 나를 기억하라.(「고린도 전서」 11: 25)

필시 무함마드는 이를 상당히 불쾌해했을 것이다. 그는 알라는 속세의 모든 것들과 동떨어진 절대적인 존재라 확신했기 때문이다. 최후의 만찬을 포도주로 기념하는 방식 자체도 무함마드의 염려를 샀을 것이다.

5-3 카바 신전. 무함마드가 우상을 없애고 지은 메카의 이슬람교 신전. 12세기의 터키 타일

그 방식이 이교도의 방식과 너무 흡사했기 때문이다. 무함마드 이전에는 사도 바울이 이 점을 염려했던 것으로 보인다. 기독교인이 낡은 숭배의 방식에 다시 빠질 위험이 도사리고 있다고 생각한 것이다. 무함마드는 아마 금주정책을 통해 기독교인과 유대인의 신념으로부터 이슬람교를 완벽하게 분리시키고자 했을 것이다. 비록『코란』에서는 건강의 중요성을 강조하며 금주를 독려했지만 말이다.

　메카를 탈환한 후 무함마드는 메카에 있는 이슬람에서 가장 신성한 카바 신전의 우상을 모조리 파괴해버렸다. 그리고 순례자들에게 신전 내부에 있는 신성한 돌에 참배할 것을 명했다. 이슬람교도는 한때 예루살렘 방향으로 엎드려 기도를 올렸다. 하지만 유대인과 단절한 이

후부터 메카를 향해 기도를 올리기 시작했다. 이슬람교도는 카바 신전의 신성한 검은 돌을 알라가 아브라함과 그의 아들 이스마엘에게 내려준 것이라고 믿었다. 이런 믿음은 고대 아랍인의 바위 숭배의식의 자취일지도 모른다. 고대 유대인 신전이 있던 예루살렘의 한 산에서도 비슷한 숭배의식이 행해졌었다. 아브라함이 제물을 바쳤던 곳이기도 한 이 산은 무함마드가 승천한 곳으로 알려져 있다. 또한 최후의 심판 날의 배경이 될 것으로 예언된 장소이기도 하다.

무함마드에게 메카에 카바 신전이 존재하는 것은 이슬람교가 '아브라함의 종교'라는 주장을 뒷받침하는 것이었다. 사라와 아브라함이 노년에 얻은 이삭은 유대를 건국할 운명이었다. 한편 아브라함이 이집트인 첩 하갈에게서 얻은 이삭의 형 이스마엘이 아랍인의 선조가 되었다. 이슬람교도의 주장에 따르면 아브라함은 유대인과 아랍인의 공통 조상인 것이다. 이 때문에 유대인은 무함마드가 창시한 종교를 더욱더 철저히 배격했다. 그들은 자신들과 다른 민족인 예언자를 받아들이는 데 필요 이상으로 뻣뻣하게 굴었다.

무함마드는 60세 되던 해에 유명을 달리했다. 이슬람교의 교세가 정체될 위기를 맞은 것이다. 그는 누군가가 대신할 수 있는 인물이 아니었다. 무함마드 외에는 누구도 이 마지막 예언자가 집대성한 『코란』에 손을 댈 수 없었다. 이슬람 사회는 일대 혼란에 빠졌고 대책 마련이 시급했다. 무함마드의 사위 알리 이븐 아비 탈리브는 훌륭한 지도자의 자질을 갖춘 청년이었다. 하지만 그는 대중이 지도자로 받아들이기엔 너무 어렸다. 게다가 그는 모스크에서 벌어지는 권력의 암투보다 사촌이자 장인인 무함마드의 장례식 준비에 더 열심이었다. 결국 메카의 중류 상인 아부 바크르가 할리파 알라Khalifat Allah(영어로 칼

5-4 낙쉬체로 쓰인 『코란』. 초기 이슬람교도는 이스마엘은 아라비아어를, 아브라함은 시리아어를, 이삭은 히브리어를 썼다고 믿었다.

리프caliph)라고 하는 '신의 대리인'이 되었다. 모두를 위한 절충안이었다. 거부인 초대 정통 칼리프는 변덕스러운 아랍인을 단결시킬 만한 충분한 능력을 갖고 있었다. 그는 무함마드의 오랜 친구이자 그의 둘째 딸이 무함마드의 애첩이었으며 일찍부터 무함마드의 계시를 받아들인 초기 개종자이기도 했다. 주변 아랍 부족들에 대한 방대한 지식을 가지고 있었던 아부 바크르는 끊임없는 부족 간 분쟁의 원인도 쉽사리 파악했다. 다른 부족들과의 거래에서 능란한 외교술을 자랑한 현실주의자였지만 무함마드와 마찬가지로 이슬람의 본질을 한시도 잊은 적이 없는 사람이었다. 하지만 그는 나이가 지긋한 노인이었다. 이는 가까운 미래에 이슬람의 야심가가 그의 뒤를 잇게 될 것이라는 의미였다. 무함마드 사망 이후의 혼란은 칼리프들의 목숨을 줄줄이 앗아갔다. 내정된 네 명의 칼리프 가운데 암살자의 비수를 피한 건 아부 바크르뿐이었다. 2대 정통 칼리프 우마르 이븐 알하탑(우마르 1세)과 3대 우트만 이븐 아프란, 4대 알리 이븐 아비 탈리브, 이 세 명의 칼리프가 차례로 목숨을 잃었다. 피와 권력욕으로 점철된 시절의 승리자는 우마이야 왕조였다. 이들의 제국은 무함마드의 핏줄이 다시 아랍의 패권을 쥐길 바라는 이들이 피바람을 일으킨 750년까지 거의 한 세기 동안 건재했다. 우마이야의 칼리프들은 이 기간에 이슬람교의 기틀을 확실히 다졌다. 서아시아에서 맹위를 떨친 우마이야 왕조 덕에 아라비아어는 중세 서아시아의 주요 언어로 자리매김하게 된다. 점령지 언어 중에 아라비아어의 전파에도 불구하고 문어로서 살아남은 언어는 페르시아어가 유일할 정도였다. 물론 페르시아어도 문체와 문법, 단어 등이 상당부분 변질되었다. 이렇게 아라비아어는 중세의 위대한 문헌을 후대로 전할 핵심 언어로서의 명실상부한 입지를 확보하게 된다.

우마이야 왕조와 아바스 왕조의 통치

무함마드의 뜻에 따라 그의 후계자들은 무력을 이용해 이슬람교를 다른 나라에 전파했다. 성전에 참여한 이슬람교도들의 가족은 완벽한 승리를 거둔 후에야 점령지로 향했기 때문에, 이슬람교도들이 벌인 전쟁은 유목민의 이주를 위한 전투와는 성격이 완전히 다른 것이었다. 동로마와 사산 왕조 페르시아의 전쟁에서 대승을 거둔 이슬람교도들은 전지전능한 알라의 위력을 재확인했다. 성전이라는 개념이 이슬람교도의 뇌리에 깊숙이 뿌리를 내렸고, 비이슬람 국가들과 대화해야 할 이유는 어디에도 없었다. 그들의 눈에 세계는 두 구역으로 나뉘어 있었다. '이슬람의 땅Dar al-Islam'과 '전쟁의 땅Dar al-Harb'으로 말이다. 평화 운운하는 말로 신성한 전쟁을 더럽힐 자는 없었다. 오히려 이슬람교도는 전쟁을 그만둬야 할 때는 압승을 거둔 직후나 정전협정이 체결된 때뿐이라고 여길 정도였다.

아랍인이 성전을 결행한 시기에는 더할 나위 없는 승리의 여건이 이미 조성되어 있었다. 오랜 힘겨루기로 사산 왕조와 동로마는 쇠약할 대로 쇠약해져 있었기 때문이다. 이들이 서로의 영토를 유린하기 훨씬 쉬웠던 것도 아랍인의 어부지리를 도왔다. 그러나 헤라클리우스 치세의 마지막 10년 동안 동로마 백성의 자신감은 바닥으로 추락했다. 예상치 못한 아랍인의 공세로 광대한 영토를 잇달아 빼앗겨버린 동로마의 백성은 자신들의 기독교 왕국이 신의 가호를 잃었다고 수군거리기 시작했다. 638년에 2대 정통 칼리프 우마르 1세에게 항복한 예루살렘의 총 대주교 소프로니우스는 기독교인이 신실하기만 했어도 이슬람교도가 승리하지는 못했을 것이라 말하기도 했다. 그는 기독교인이 경건한 마음으로 신을 경배하는 대신 "선물로 내려주신 그리스도를 상하게 함으로써 그리스도의 격노를 재촉했다"고 주장했다. 638년 예루살렘을 우마르에게 넘겨줄 수밖에 없었던 소프로니우스의 깊은 탄식을 보여주는 대목이다.

예루살렘을 포위한 이슬람군 총사령관은 소프로니우스에게 백성을 지키고 싶다면 막대한 배상금을 지급하거나, 이슬람교로 개종하라고 강요했다. 물론 그렇게 하지 않으면 몰살시켜버리겠다는 협박도 빼먹지 않았다. 소프로니우스는 앞서 이슬람군의 공격을 받은 다마스쿠스와 알레포(현재 시리아 북부의 도시 할라브)가 이미 협상에 응했다는 사실을 알고 있었다. 다마스쿠스나 알레포에 위치한 기독교인의 예배당이 그 어떤 손상을 입지도 않았고, 이슬람교도에게 몰수당하지도 않았다는 사실도 말이다. 알레포에서는 그 어떤 변화도 느낄 수 없을 정도였다. 게다가 그곳에 정착한 이슬람교도는 극소수였기 때문에, 이들을 위한 이슬람교사원을 건립할 필요도 없었다. 반격은 기독교 성지의 파괴를 의미할 뿐이었다. 소프로니우스는 고심 끝에 예루살렘을 우마이야 왕조의 칼리프에게 넘겨주기로 결심했다. 하지만 소프로니우스는 예루살렘이 이슬람교도에게 얼마나 중요한 의미가 있는 땅인지에 대해서는 미처 알지 못했다. 우마르는 시리아에서 소프로니우스의 제안을 전해듣는다. 반색한 그는 황급히 낙타를 타고 예루살렘으로 향했고 즉각 소프로니우스의 제안을 받아들였다. 두 남자는 감람산에서 만났다고 한다. 이 회동에서 우마르의 남루한 차림에 당황한 소프로니우스는 그의 더러운 낙타 털옷을 세탁할 수 있을 때까지, 칼리프에게 자신의 망토를 빌려주었다. 이슬람교에는 이 역사적인 만남에 얽힌 전혀 다른 이야기가 전해온다. 아랍인이 그가 더러운 옷을 갈아입을 때까지 그를 진정한 칼리프로 인정하려 들지 않았기 때문에, 우마르가 소프로니우스의 망토를 빌려 입고 예루살렘으로 돌아왔다는 것이다.

　　진실이 무엇이건 간에 칼리프 우마르와 총 대주교 소프로니우스는 서로에게 깊은 인상을 받았다. 이 79세의 대주교는 우마르의 겸손한 심성을 높이 샀다. 우마르가 썩 마음에 들었던 이 노인은 이슬람교 지도자의 기도 의무를 존중했다. 자신도 매일 기도를 드리는 종교인의 삶을 살았으니 어찌 보면 당연한 일이었는지도 모른다. 그는 우마르가 기도의 의무를 다할 수 있도록 돗자리를 제공해주기도 했다. 이에 대한 보답으로 우마르는 이슬람교도의 집회가 있을 때 자신이 설교하는 제단의 설치를 면제해주는 교지를 내렸다. 그는 자신이 교회를 이슬람교 예배당으로 사용하게 될 경우, 칼리프는 내부에서 기도를 드려야 하기 때문에 온 교회가 이슬람교도에 점령당하게 될 것이라고 소프로니우스에게 말해주었다고 한다. 우마르가 예루살렘을 떠나기 전에 한 일이라곤 신전이 있는 산에 소규모 제단을 설치한 것뿐이었다. 소프로니우스와 우마르의 평화적인 합의는 기독교인과 유대인에 대한 관용으로까지 이어졌다. 심지어 기독교인과 유대인이 예루살렘에서 자유롭게 예배를 드리는 것까지 허용되었다. 평화와 관용의 시대는 강력한 군사력을 바탕으로 급격히 성장한 이집트의 파티마 왕조 칼리프가 집권한 969년까지 지속되었다. 시아파 이슬람의 한 분파인 파티마의 군주들은 우마르와 같이 관용적인 시각을 가진 사람들이 아니었다. 수많은 유대교 예배당과 교회들이 파괴되었다. 파티마 왕조의 칼리프들은 이런 기조를 계속 이어갔고, 파괴와 살육은 결국 십자군원정의 동기를 제공했다. 십자군원정의 기세는 이슬람교도의 손에 들어간 성지 예루살렘 탈환을 내세운 1099년 1차 십자군원정에서 최고조에 달한다.

우마이야 왕조 칼리프들의 통치 하에 아라비아의 힘은 급속히 성장했다. 부족들 간의 싸움을 봉쇄하기 위한 각종 대책들이 마련되었다. 사전 배상금 제도가 운영되었고, 각 부족의 전사들은 각기 다른 지역으로 파병되었다. 모두가 이런 장거리원정을 달갑게 여긴 건 아니었지만, 아라비아의 세력은 서쪽으로는 스페인까지, 동쪽으로는 저 멀리 인도까지 뻗어나갔다. 우마르가 암살된 644년에는 해군이 인도로 원정을 떠나기도 했다. 우마르의 사후에는 711년 12,000명의 군사가 인더스 델타 지역에 도착한 대규모원정 때까지 해외원정이 뜸해졌다. 급속하게 세를 불린 아랍은 751년 중앙아시아의 키르기스스탄과 카자

호스탄을 흐르는 탈라스 강에서 중국군에게 패배를 안기기도 했다. 하지만 이 승리가 아라비아의 끝없는 야욕에 종지부를 찍는 한계가 될 것이라는 사실은 누구도 알지 못했다. 앞서 살펴보았듯이 우마이야 왕조는 무함마드의 사위 알리가 암살된 당시의 혼돈을 틈타 정통 칼리프의 왕권을 찬탈하여 세운 왕조였다. 그들의 세력기반은 시리아에 있었다. 그곳에는 이슬람교가 출현하기 훨씬 전부터 우마이야 가문에 협조적이었던 지방 토착세력들이 자리 잡고 있었다. 우마이야 왕조의 칼리프들은 세력을 확보하고자 하는 다른 아랍 명문가들의 욕구를 인정했다. 이들은 각 지역 실권자들의 입지를 확보해주는 것으로 별다른 충돌 없이 그들의 지지를 얻을 수 있었다. 지방분권적인 정부체제는 아랍인의 성미에 잘 맞았다. 유일하게 반발이 있었던 곳은 이라크였다. 하지만 다마스쿠스의 궁정에 들어앉은 왕실에는 다행히도, 인구밀도가 꽤 높았던 이라크 지역의 사람들은 단 한 차례도 의견통일을 이루지 못했다. 그러니 일제히 행동에 나선 적도 없었다.

685년에 우마이야 왕조 5대 칼리프에 오른 아브드 알말리크는 수완이 뛰어난 군주였다. 그는 행정을 개혁하고 형상이 없는 화폐제도를 도입했다. 이슬람교도가 우상, 그러니까 무엇인가를 본뜬 모든 형상을 얼마나 철저히 배격했는지를 엿볼 수 있는 대목이다. 이 같은 형상에 대한 이슬람교도의 경멸은 동로마에서의 '성상파괴주의'로까지 이어졌다. 동로마 황제 레오 3세는 콘스탄티노플의 황궁으로 들어오는 입구에 세워진 그리스도의 형상을 파괴하라고 명하기도 했다. 격분한 교황이 730년에 그리스도의 형상을 파괴하고 십자가로 대신한 이 조치를 신성모독이라 비난했다고 한다. 성상파괴주의의 근원은 따지고 보면 우상숭배를 금하는 십계명으로까지 거슬러 올라간다. 하지만 이 성

5-5 예루살렘 구시가지에서 가장 높은 성전산Temple Mount에 위치한 모스크 바위사원Dome of the Rock은 오마르 모스크Mosque of Omar라 부르기도 하며, 지붕이 황금으로 되어 있어 황금사원이라고도 한다.

5-6 수피체로 쓰인 우마이야 왕조 시절의 이정표. 수피체Sufic는 가장 오래된 아라비아어 표기 매체이다. 이 이정표에는 120km 떨어진 곳에 다마스쿠스가 있다고 쓰여 있다.

상파괴주의의 유행은 이슬람교도가 거둔 놀라운 군사적 성공과 관련이 있다. 이슬람교도가 거둔 연전연승이 동로마 백성의 일부로 하여금 그들의 실패가 우상숭배 금지와 연관이 있을지도 모른다는 생각이 들게 했던 것이다. 이슬람교는 말할 것도 없이 우상에 적대적이었으므로, 성상파괴주의가 동쪽으로 번짐에 따라 수많은 종교 형상들이 파괴되었다. 그 중에서도 가장 충격적이고 가장 널리 알려졌던 건 아프가니스탄에 있는 세계 최대 크기의 바미안 석불 파괴일 것이다. 이는 다이너마이트로 불상들을 폭파시켜 버린 전형적인 탈레반식 우상파괴였다. 세계 각지의 신문사들은 반달리즘의 극치를 보여주었다며 너도나도 미개한 탈레반의 처사를 비난했다. 이 매체들은 2001년 탈레반이 이 불상들을 파괴하기 훨씬 이전부터 석불들의 얼굴 형상은 사라진 상태였다는 사실은 미처 몰랐나 보다.

세계적으로 손꼽히는 건축물 중 하나인 바위사원의 건축에는 동로마의 건축기술이 활용되었다. 우마이야 왕조의 아브드 알말리크 재위기인 691년에 세워진 바위사원은 이슬람교가 하나의 위대한 종교로 우뚝 섰음을 보여주는 명백한 증거였다. 알말리크가 이런 건축을 단행하고 이를 기념한 데는 정치적 의도가 숨어 있었다. 그와 대립하는 세력의 칼리프가 메카를 점령했기 때문에 대안이 될 순례지가 필요했던 것이다. 바위사원은 새로운 성지로 자리매김했다. 끊임없이 계속된 전쟁, 특히 소아시아에서 동로마와 벌인 사투로 지친 제국 내에 대립이 끊이지 않았다. 알말리크가 705년에 붕어한 후 부족들 간의 분쟁이 아라비아 반도를 뒤흔들었다. 그럼에도 불구하고 우마이야의 칼리프들은 반세기 정도 더 그 직위를 유지한다. 반란세력은 이슬람교 자체를 반대하는 건 아니었다. 칼리프직에 대한 각 부족 지도자들의 야

5-7 796년 페르시아에서 만든 청동 펠콘

5-8 아바스 왕조의 칼리프들을 보여주는 두 개의 동전. 왼쪽은 칼리프 알무크타디르가 술을 마시는 장면이고 오른쪽은 알라디가 루트를 연주하는 장면이다.

망이 분출된 것일 뿐이었다. 여기에 백성의 불만이 더해지면서 우미야마 왕조는 기억 속으로 사라지게 된다. 유일하게 살아남은 칼리프 아브드 알라흐만은 서방으로 달아난다. 그는 남부 스페인에서 권력을 잡아 30년이 넘는 기간 동안 그곳을 지배한다. 다마스쿠스에서 비참하게 쫓겨난 알라흐만은 이 패퇴에서 확실히 배운 점이 있었던 것 같다. 후에 자신을 암살하기 위해 보내진 자객을 죽여 그 머리를 다마스쿠스로 보낸 것을 보면 말이다.

아바스 왕조의 2대 칼리프 알만수르는 762년에 수도를 바그다드로 옮겼다. 아바스의 본거지였던 이라크에서 나오는 세수가 새로운 정부에게 매우 중요한 수입원이었기 때문이다. 바그다드는 곧 세계에서 중국 다음으로 큰 대도시로 성장했다. 불과 한 세기가 조금 넘는 기간에 아랍인은 스스로를 사막의 주민에서 대도시의 주인으로 탈바꿈시킨 것이다. 아바스의 칼리프들은 자신들이 무함마드의 후손이라 주장했다. 하지만 아바스 왕조를 열렬히 지지한 사람들은 아랍 태생이지만 페르시아어를 쓰고, 이라크 지역의 토착민들과 국제결혼을 한 사람들이었다. 아바스의 칼리프들도 지방분권적인 통치방식으로 제국을 다스렸다. 우마이야의 칼리프들처럼 말이다. 알만수르와 그의 후계자들은 여기서 한 발 더 나아가 가문이나 혈통과 상관없이 모든 이슬람교도가 평등하다는 점을 강조했다. 또한 이슬람 제국은 아랍인에게만 수혜를 주기 위한 제국이 아니라는 교지도 내려졌다. 이는 접경지역에 살던 이민족들을 위한 배려였다. 이런 각종 시도로도 영토의 분열이나 종파의 대립을 막을 수 없다는 사실을 당시의 칼리프들은 짐작할 수 없었을 것이다.

아바스 왕조의 5대 칼리프 하룬 알라시드는 역사에 길이 남을 성

5-9 춤을 추며 포도주를 따르는 소녀들

군이었다. 786년 살해된 형의 뒤를 이어 칼리프가 된 하룬 알라시드는 왕가의 권력을 강화하여 아바스의 황금기를 구가했다. 하지만 군사력 강화에는 실패했다. 이 때문에 그는 지방의 세력보다 우위에 있는 칼리프의 권위를 유지하기 위해 안간힘을 써야 했다. 그는 온 이슬람 세계에 명백한 통치권을 행사한 마지막 통치자가 되었다. 중앙아시아의 광활한 초원지대에서 징발해온 터키 병사들에게 의존한 것이 화근이었다. 알라시드의 후계자들은 바로 이 때문에 심각한 반란의 위험에 노출되게 된다. 812년 바그다드는 1년이라는 긴 시간 동안 반란군에 포위당하게 된다. 아바스의 황금기는 그 뒤로 다시는 돌아오지 않았다. 칼리프의 존재에 의문을 제기하는 자는 없었지만, 정치적 흐름은 지방자치 쪽으로 흘렀다. 아바스 가문이 직접 통치하던 이라크 북부를 제외한 모든 지역의 실권자들이 독립을 서둘렀다.

이슬람 제국의 붕괴는 이슬람교 내부의 극단적인 균열을 동반했다. 수니파Sunni와 시아파Shi'a의 날을 세운 반목이 수면 위로 드러난 것이다. 수니파는 칼리프의 정당성을 지지했다. 그들은 아바스 왕조의 칼리프들이 세속적인 통치권뿐만 아니라 종교지도자로서의 권위도 보유하고 있다고 주장했다. 반면 시아파는 4대 칼리프 알리 이븐 탈리브의 후계자들만이 오로지 무함마드의 진정한 후계자들로 인정받을 수 있다고 주장했다. 오늘날 미국인을 공포의 도가니로 몰고 간 오사마 빈 라덴이 바로 칼리프의 권위를 옹호한 수니파 이슬람교도이고, 이란의 아야톨라 지지자들이 시아파다. 현대에도 이어지고 있는 이라크와 이란의 반목을 오래된 종파 대립의 연장선상에서 살펴보는 것은 상당히 흥미로운 일이다.

셀주크의 도래

아바스 왕조 통치기간에 바그다드에는 시작법·철학·의학 등 여러 학문 분야의 비약적 발전으로 다양한 문화가 꽃을 피웠다. 문화의 도시 바그다드는 10세기 말경에는 이슬람계와는 무관한 곳이 되어버렸다. 동로마가 먼저 점령한 알레포를 완충지대로 삼아 소아시아와 시리아의 영토수복에 매진하는 동안, 아바스의 군주들은 자신들의 권력기반을 유지하기에 급급했다. 알레포에 군대를 파병하기도 했지만 30,000여 명의 군사로 조직된 기병대와 40,000여 명에 이르는 보병을 보유하고 있는 기독교 왕국의 군대를 상대하기에는 역부족이었다. 오구즈 투르크족의 유입이 없었더라면, 동로마는 잃어버린 영토와 함께 주의 영광을 찾을 수 있었을지도 모른다. 유목민인 오구즈투르크족은 주린 배를 움켜쥔 채 가축과 천막을 이끌고 서아시아로 이동했다. 원래 중앙아시아 출신인 이들의 서쪽으로 이동한 것은 중앙아시아 초원의 패권을 쥔 이민족의 압박 때문이기도 했다. 9세기 중반 카스피 해와 아랄 해 연안에 거주하며 이슬람교를 받아들인 이들은 열광적인 신자 집단이었다. 페르시아인보다 훨씬 신실한 신도들이었으며 어쩌면 아랍 본토의 사람들보다 더 열렬히 알라를 경배했는지도 모른다. 이들의 등장은 수니파의 부활을 알렸다. 맹목적으로 알라를 추종하던 이들이 유럽에 점진적으로 진출한 건 당연한 일이었다. 이슬람교도들이 성전에 열을 올린 결과 오스만투르크에 의해 신성로마 제국의 수도 빈이 1529년과 1683년, 두 차례에 걸쳐 장기간 포위되는 일까지 벌어졌다. 오구즈투르크족에 속한 셀주크 가문은 투르크족의 아랄 해 서쪽으로의 이동을 직접 진두지휘하지는 않았다. 하지만 그들이 이슬람교로 개종한 덕에 오구즈투르크족의 수장 오구즈가 이슬람교로 개종했고, 세계를 누빈 투르크족의 시대를 여는 데 일조했다.

아바스 왕조의 칼리프들이 투르크족 노예병사들을 쓰기 시작한 건 9세기부터였다. 노예병사들이 칼리프들에게 얼마나 유용한 존재였는지는 다음의 시구에서 확인할 수 있다.

한 명의 순종적인 노예가
300명의 아들보다 나으니,
아들들은 아비의 죽음을 바라나,
노예는 주인의 영광을 바란다네.

수메르 시대부터 있었던 노예병사를 용병으로 쓰는 관행을 부활시키는 악수를 두었음에도, 아바스의 군주들은 군세를 강화하는 데는 실패했다. 그들의 눈에는 주인의 영광만을 바랄 것처럼 비쳤던 노예병사들이 곧 자신들만의 뜻을 품은 반독립적인 세력으로 성장해버렸기 때문이다. 오구즈투르크족의 이주 이전에 투르크족이 이슬람교도들과 조우하는 것은 매우 불길한 일이었다. 이 이슬람교도들은 대부분 노예를 포획하기 위해 투르크족을 급습하는 이들이기 때문이다. 1206년 인도 북서지역에 노예 왕조를 연 쿠트부딘 아이바크도 이슬람 제국의 궁정노예 출신이었다. 12세기 인도 북서부에서 수를 불려 아프가니스탄 지역에서 번성한 가즈나 왕조의 투르크족이 상대적으로 기동성이 떨어지는 인도군을 제압하고 동료 노예장군을 술탄으로 추대한 것이다.

셀주크 제국의 건설, 그러니까 투르크족의 소아시아 진출의 기초가 확립된 건 1071년에 있었던 만지케르트 전투에서였다. 전투가 벌어진 반 호수Van lake 북서쪽으로 나 있는 평야는 기마전에 안성맞춤인 곳이었다. 셀주크 군대가 대승을 거두었고, 동로마의 국경을 열어젖힌 투르크족은 드디어 소아시아까지 이슬람교를 전파하는 데 성공했다. 비잔틴 접경지역의 수비를 뚫고 이슬람교 정착의 길로 소아시아를 연 것이다. 셀주크의 2대 술탄 알프 아르슬란은 재위기에 선대 지도자들이 지난 몇 세기 동안 이루지 못했던 것들을 하나하나 이뤄나갔다. 민심을 이용하는 데도 능했던 그는 포로가 된 동로마 3대 황제 로마누스 4세를 풀어주기도 했다. 이방의 황제에게 굴욕을 선사하는 것으로 만지케르트 전투의 승리를 좀 더 만끽했다. 셀주크에 대패한 로마누스는 목에 밧줄이 감긴 채 노예시장으로 끌려갔다. 최고가격으로 입찰한 자에게 노예로 팔려갈 처지가 된 것이다. 황제가 개와 맞바꿔져 팔려가

5-10　　셀주크 제국의 통치자

게 될 것이라는 소식을 들은 아르슬란은 다음과 같이 말했다. "서방의 황제보다 그 개의 가치가 더 높으니, 개 주인에게 개를 돌려주고 황제는 풀어주어라." 개를 매우 천시하는 이슬람교도의 사고를 고려해볼 때, 이는 상당히 모욕적인 발언이었다. 술탄의 무례한 말은 마치 예언처럼 들어맞았다. 개만도 못한 취급을 받아가며 콘스탄티노플로 돌아간 로마누스는 황후의 전남편 소생이 황위에 오르는 것을 반대하다 두 눈이 멀어 추방되었기 때문이다. 이 비운의 황제는 1072년 쓸쓸히 최후를 맞았다.

알프 아르슬란에게는 충성스러웠지만 오구즈투르크족은 여느 유목민과 마찬가지로 상당히 독립적인 사람들이었다. 그들은 이슬람 술탄의 통치를 성가시게 생각했다. 그 때문인지 아르슬란의 군대는 혈통

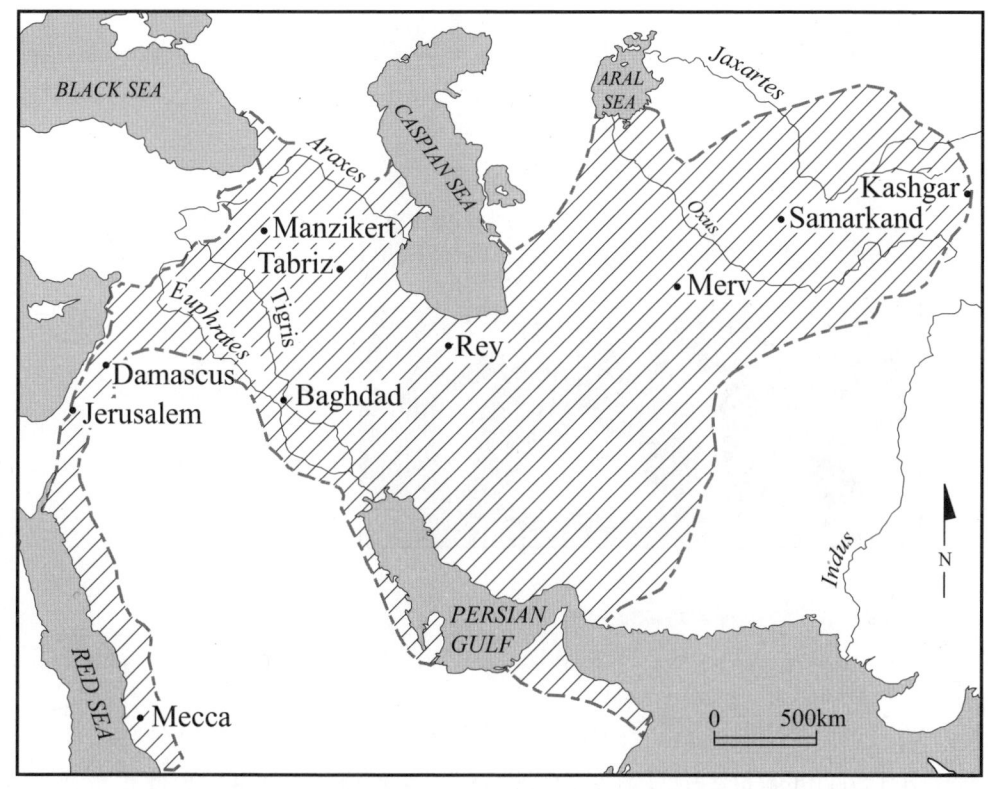

지도 6   셀주크 제국

Araxes 어랙시즈	Tabriz 타브리즈	RED SEA 홍해
Baghdad 바그다드	Rey 레이	Euphrates 유프라테스 강
Damascus 다마스쿠스	Samarkand 사마르칸트	Indus 인더스 강
Jerusalem 예루살렘		Jaxartes 야크사르 강
Kashgar 카슈가르	ARAL SEA 아랄 해	Oxus 옥서스 강
Manzikert 만지케르트	BLACK SEA 흑해	Tigris 티그리스 강
Mecca 메카	CASPIAN SEA 카스피 해	
Merv 메르브	PERSIAN GULF 페르시아 만	

5-11　　　셀주크 제국의 군사들

은 투르크계지만 오구즈족 출신이 아닌 노예병사들로 채워졌다. 군사가 15,000명에 이르렀고, 전장에서 지원이 필요할 때마다 오구즈족 병사들이 투입되었다. 셀주크의 술탄들은 투르크족 중에서 최초로 서진西進정책을 펼친 유력한 이슬람 가문 출신이었다. 이 서진정책의 여파로 서아시아에 정착하게 된 투르크족은 차츰 유목민의 생활방식을 잊어갔다. 셀주크가 이룬 첫 번째 변화는 칸이라는 군주의 명칭을 술탄으로 바꾼 것이다. 또한 아바스 왕조부터는 국정운영 전문가로 이름난 페르시아의 관료들을 기용했다. 셀주크의 수도가 현재의 테헤란에서 불과 수 킬로미터 떨어진 레이Ray에 자리 잡고 있었으므로 페르시아 관료들이 국정에 관여할 수 있기도 했지만 말이다.

　이라크나 이란 국외의 사람들은 오구즈투르크족의 이슬람 포교

5-12 셀주크 제국의 목공예작품

를 내세운 침략을 노략을 일삼는 유목민 행태의 연장선상에서 바라보았을지도 모른다. 하지만 알프 아르슬란은 셀주크의 영토 확장을 수니파 이슬람교도의 성전聖戰으로 여겼다. 기독교인이건 시아파 이슬람교도건 자신들의 교리와 함께하지 않는 자들을 모조리 학살하는 지독한 성전 말이다. 만지케르트 전투는 기본적으로 아르슬란을 위해 기획된 여흥이었다. 파티마 왕조의 통치 하에 있던 시리아를 빼앗기 위해 고군분투하던 아르슬란은 동로마의 황제가 소아시아에 당도했다는 소식을 듣자마자 만지케르트로 향했다. 그는 원래 시리아와 팔레스타인을 이슬람 포교 전쟁의 주된 목표로 여기고 있었다. 이 지역의 시아파를 카이로로 몰아내고자 했던 것이다. 만지케르트 전투에서 셀주크의 군대는 놀라운 승리를 거뒀다. 아르슬란 자신조차도 놀랐을 것이다. 셀주크의 군대는 동로마 군영에 퍼진 헛소문 덕을 톡톡히 보았다. 황제 로마누스 4세의 치세에 불만을 품은 황족들, 즉 동로마의 선대 황제들의 친인척들이 동로마군이 선전을 하고 있음에도, 패배했다는 소문을 퍼뜨린 것이다. 사기는 땅에 떨어졌고 동로마 군사들이 하나둘 군영을 탈영하기 시작했다. 기독교인들의 내부 진영에서 벌어진 분열에 어부지리로 승리를 손에 넣은 것은 이교도 술탄이었다.

아시아의 서쪽 대부분을 손에 넣은 술탄도 죽음만은 피하지 못했다. 1072년 아르슬란이 붕어한 이후 셀주크 제국은 20년 만에 붕괴되었다. 하지만 이 빠른 쇠퇴와 멸망의 내리막길에서 벌어진 격렬한 정쟁도 중앙아시아에 살던 투르크족의 이동을 막지는 못했다. 1,000,000명이 넘는 투르크족이 소아시아에 뿌리를 내렸다. 그들은 소아시아에서 가장 인구가 많은 집단은 아니었지만, 소아시아 전역에 흩어져 있는 유일한 민족이 되었다.

십자군전쟁

로마 교황 우르바노 2세는 1095년 클레르몽 공의회를 주관했다. 프랑스를 순방하던 그는 클레르몽 공의회에서 다음과 같은 칙령을 선포하며 성지 탈환을 부르짖었다.

> 누구든지 명예나 돈을 얻기 위함이 아니라 주에게 헌신하기 위해서
> 예루살렘으로 가 신의 교회를 자유롭게 하는 자
> 모든 죄의 사함을 받을 것이다.

기독교인을 구원하자며 무장봉기를 부르짖는 우르바노의 목소리에 온 유럽이 들썩였다. 유럽인은 일치단결하여 이슬람교도와 대적하겠다는 각오를 다졌다. 사실 무장을 하고 예루살렘으로 성지순례를 떠나는 것은 클레르몽 공의회에서 교황이 기사들을 선동하는 연설을 하기 전부터 존재한 관행이었다. 독일 기사단이 클레르몽 공의회가 열리기 30년 전에 십자가를 대동하고 예루살렘을 찾았다는 기록에서도 확인할 수 있듯이 말이다. 하지만 이전의 성지순례가 개인적인 종교활동의 일환이었다면 우르바노의 연설 이후의 성지순례는 구원을 받는 공인된 방법을 선택하는 것으로 변질되어 버렸다. "사라센의 만행을 저지하려는" 우르바노의 열망이 유럽 기사들에게 구원의 공식모델을 제공한 것이다. 구원을 빌미로 삼은 공공연한 전쟁 도발에 쏟아지는 비난을 피하기 위해 교황은 이슬람교도의 극악무도함을 부각시켰다. 전쟁을 합리화하기 위해 동로마가 내세우곤 하던 기독교인의 제국 수호 명분은, 우르바노의 축복을 더해 신성한 그리스도 군대의 사명으로 거듭났다. 십자가를 받아든 이들에게 교황이 내린 면죄부로 예루살렘 원정은 성전의 구색을 갖추게 되었다. 이교도를 학살하는 것으로 알라에게 영광을 돌리던 이슬람교도와 다를 바 없는 행보가 이어졌다. 물론 기독교인이 제시하는 구체적 근거가 있긴 했다. 이슬람교도가 기독교인의 예루살렘 출입을 막아 성지순례를 할 수 없다는 것이었다. 한편 이슬람교도는 알라의 영광을 위해 '전쟁의 땅'에서 끊임없이 피를 흘렸다. 이슬람교의 정결을 지키기 위해 같은 이슬람교도들끼리도 혈투를 벌이곤 했던 아랍인에게 알라를 받아들이길 거부하는 자들과의 전쟁은 피할 수 없는 숙명이었다.

스페인에서 이슬람교도와의 전쟁을 후원하기도 했던 우르바노는 병력 원조가 절실했던 동로마의 요구를 충족시키기 위해 신앙부흥이라는 그럴듯한 명분을 내세웠다. 그는 십자군원정을 독려하는 데 열과 성을 다한 끝에 50,000~70,000명에 이르는 주의 병사들을 모을 수 있었다. 십자군원정대는 1097년 겨울 시리아에 당도했다. 기독교인이 주의 영광을 되찾기에 더할 나위 없이 적절한 시기였다. 당시 시리아는 지방세력들 간의 분쟁으로 합의점을 찾는 것이 불가능할 정도로 정치적 분열을 겪고 있었다. 하지만 난공불락의 성벽으로 둘러싸인 안티오크를 함락시키는 건 쉬운 일이 아니었다. 성을 포위한 십자군 병사들은 지독한 추위와 배고픔에 시달려야만 했다. 그리스도 군사들이 안티오크에 입성할 수 있었던 건 피루즈라는 아르메니아인 덕분이었다. 장장 열여덟 달이나 계속된 대치상황이 지긋지긋해진 이 변절자는 그리스도 군사들이 성 안으로 침투할 수 있도록 도와주기로 결심했다. 그렇게 성 안으로 들어온 그리스도 군사들이 성문을 열어젖혔고 무차별 살육이 시작되었다. 약탈에 대한 분노가 잦아들 즈음 그리스도 군사들은 다음 행선지를 정하기로 한다. 때마침 안티오크에서 신성한 창이 발견되었고, 그리스도 군사들은 한껏 고무되었다. 십자가형에 처해질 당시 그리스도의 옆구리에 상처를 낸 바로 그 창이 발견되었다니 광적으로 신앙에 몰입해 있던 그들이 흥분한 것도 당연지사였다. 오래전부터 기독교인이 진품이라 믿어왔던 신성한 창이 콘스탄티노플에 버젓이 존재하고 있었는데도 말이다. 그리스도 군사들은 자신들이 발견한 창이 진품이라고 철썩같이 믿었다. 아마 야만스런 피의 행군을 통해 신의 축복을 받았다는 사실을 확인하고 싶었던 것인지도 모른다.

예루살렘은 파티마 왕조의 지배를 받는 땅이었다. 십자군원정 소식을 들은 파티마의 통치자는 예루살렘 내의 모든 기독교인을 영토

5-13   1차 십자군원정에 대해 설파하는 교황 우르바노 2세

밖으로 내쫓아버렸다. 뿐만 아니라 가축도 모두 성벽 밖으로 내몰았고 우물이란 우물은 모두 막아버렸다. 예루살렘에 당도한 십자군은 잠시 주춤했다. 방어태세를 갖춘 견고한 요새에 침입하기도 어려웠을뿐더러 이집트에서 원군이 오고 있다는 소식도 들려왔기 때문이다. 그리스도 군사들의 열기가 식어가던 중 한 종교지도자가 꿈에 하느님의 계시를 받았다는 이야기를 한다. 하느님께서 모든 사람이 사흘간 단식하며 예루살렘 성벽 주위를 돈다면 예루살렘이 사라센으로부터 해방될 것이라고 말씀하셨다는 것이다. 십자군은 일제히 맨발로 성벽 주위를 돈 후 감람산에서 세 차례 행해진 설교를 경청했다. 지쳐 있던 그

5-14　　　안티오크에서 발견한 신성한 창

리스도 군사들의 마음속에 하느님에 대한 사랑이 다시 활활 타올랐다. 한마음이 된 십자군은 공성탑攻城塔을 쌓은 후 예루살렘 공격을 재개한다. 결과는 성공이었다. 예루살렘의 모든 문이 열렸고, 예루살렘으로 쏟아져 들어온 그리스도 군사들은 기독교인이 떠난 후 도시에 남아 있던 유대인과 이슬람교도들을 무차별 살육하기 시작했다. 잇따른 그리스도 군사들의 만행에 이슬람교도들은 치를 떨었다. 하지만 이러한 사태를 관망하던 서구의 기독교인은 신의 뜻에 따라 이교도 세계가 파멸을 맞은 것뿐이라는 후안무치한 표현을 써댔다. 파티마 왕조의 원군이 이스라엘 남부의 아슈켈론Ascalon에서 다시 패하자, 호사가들은 이로써 이슬람교도들이 신의 징벌을 받았음이 입증되었다고 떠들어댔다. 아슈켈론 전투에서 프랑크족 기사들은 단 한 차례의 돌격으로 승리를 쟁취했으니, 신의 가호가 임했다고 우길 만하긴 했다.

하지만 성직자들은 "그리스도의 발자취를 따르는" 십자군원정대가 피와 비명이 난무하는 살육을 감행한 것을 신학적으로 정당화할 필요가 있었다.

> 하느님께서 예비하신 신성한 전쟁 덕에 우리 시대의 기사와 폭도들은 구원받을 수 있는 새로운 길을 찾게 되었다.

베네딕트 수도회의 수도원장 기베르 드 노장의 말이다. 기사와 폭도들이 서로 싸우는 대신 주에게 헌신하는 싸움에 임하여 저절로 구원을 받게 되었다는 것이다. 기베르가 정립한 이러한 관념은 무려 두 세기 동안이나 이슬람교도에 의한 모든 종류의 가해를 정당화하는 기재로 사용되었다. 도미니크 수도회의 원장 수사 웜베르 드 로망은 개종하지 않는 무함마드의 신봉자에게는 오직 파멸만이 있을 것이라고 공공연히 선언하기도 했다. 이슬람교도들을 살해하거나, 혹은 그들에게 목숨을 잃은 십자군 전사들에게는 최고의 상이 주어졌다. 바로 영생 말이다. 웜베르는 절대적인 확신에 차서 무시무시한 말을 뱉어댔다. "기독교의 목표는 세상을 채우는 것이 아니라 천국을 채우는 것이다."

1차 십자군원정(1096~1099년)의 수확인 1099년 예루살렘 점령 이후에 네 개의 기독교 왕국이 시리아와 팔레스타인에 세워졌다. 그 국가들에는 '바다 너머의 땅'이라는 뜻의 우트르메르Outremer란 이름이 붙여졌다. 유럽과는 너무나 먼 곳에 있는 동방의 땅에 세워진 기독교 왕국에 걸맞은 명칭이었다. 로마에서는 십자군원정대의 교두보라 할 수 있는 이 네 왕국의 수호에 힘을 쏟았다. 예루살렘은 이후 불세출

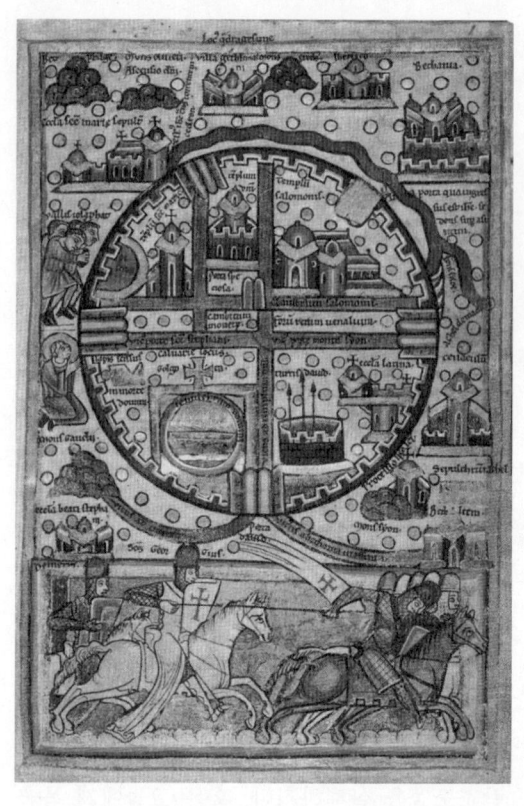

5-15   1099년의 예루살렘 재탈환을 기념하는 유럽 지도. 하단에 프랑크 기사들이 이슬람 기병대를 추격하는 장면이 묘사되어 있다.

의 영웅, 살라딘의 등장으로 다시 이슬람교도들의 땅이 된다. 1187년 지중해와 갈릴리 호수 중간에 위치한 하틴Hattin에서 벌어진 전투에서 살라딘의 이슬람 군대가 압승을 거뒀다. 하틴 전투의 승리 이후 살라딘은 파죽지세로 기독교인들의 땅을 빼앗았다. 이슬람교도는 잃어버린 영토 대부분을 재탈환했고, 기독교인의 허망한 꿈은 물거품이 되고 말았다. 살라딘의 본명은 살라흐 앗딘 유수프 이븐 아이유브이다.

사분오열되어 있던 아라비아의 힘을 하나로 모은 끝에 88년 만에 감격적인 예루살렘 재탈환이라는 위업을 달성한 위대한 술탄이었음에도 불구하고 그는 이슬람 세계에서는 제대로 된 평가를 받지 못했다. 그가 쿠르드족 출신 술탄이었기 때문이다. 하지만 유럽인은 적이지만 3차 십자군원정(1189~1192년)에서 영국의 리처드와 칼끝을 겨눈 상황에서도 깍듯한 예의를 갖춰 명승부를 펼친 살라딘을 존경했다. '아라비아의 기사' 살라딘은 유럽에서만큼은 전설로 남았다.

살라딘의 승리는 유럽 대륙에 즉각적인 영향을 미쳤다. 독일, 프랑스, 그리고 영국 왕이 십자가를 졌다. 프랑스와 영국 왕실은 백성으로부터 '살라딘 십일조'라 불린 특별세를 거뒀다. 선조들이 하틴에서 발목이 잡힌 나머지 1147~1149년 행해진 2차 십자군원정에서 달성하지 못한 목표를 이루기 위해 재결집한 십자군의 3차 원정 자금을 마련하기 위한 세금이었다. 드디어 3차 십자군원정대가 이슬람 진영으로 진격했다. 하지만 독일의 왕이자 신성로마 제국의 황제였던 프리드리히 1세가 이끈 군대만은 예루살렘에 당도하지 못했다. 그가 1190년 소아시아의 살레프 강을 건너다 익사했기 때문이다.

이는 영국과 프랑스의 군주들이 출항하기 전에 일어난 일이었다. 이후 예루살렘으로 향하던 리처드가 키프로스 섬을 점령하는 일이 일어났다. 리처드는 십자군을 위해 8,000명의 병력과 100척의 수송선을 준비했다. 그가 점령한 지중해에서 세 번째로 큰 키프로스 섬은 1571년까지 가톨릭의 땅이었던 곳이다. 리처드의 군대는 이스라엘 북부의 아크레Acre를 손에 넣는다. 하지만 현재의 하이파Haifa 북쪽에 위치한 이 항구도시는 예루살렘 공격을 위한 거점에 불과했다. 리처드는 항구도시에 진을 친 십자군을 다시 바다로 돌려보내려는 살라딘의 공세를 모두 물리친다. 여세를 몰아 신성한 도시를 불과 몇 킬로미터 앞둔 지점까지 두 차례나 진격했지만, 두 번 모두 철수해야 했다. 리처드는 예루살렘을 탈환하기엔 군사의 수가 너무 적다고 주장했다. 이집트에 있던 살라딘의 본거지를 칠 수 없었던 리처드가 선택할 수 있었던 것은 협상뿐이었다. 결국 휴전협정이 체결되었다. 십자군세력이 해안지방의 통치권을 유지하고, 예루살렘을 포함한 나머지 지역은 살라딘이 갖는 조건이었다. 이 협상으로 기독교인들의 예루살렘 순례가 가능해졌다. 하지만 살라딘은 애초부터 순례를 막지 않았기 때문에 사실상 아무 의미 없는 협상조건이었다.

예루살렘 탈환이라는 목적 달성에 실패한 3차 십자군원정대는 무슬림의 통치 아래 있는 서아시아의 기독교인 왕들에 대한 이후의 지원방안을 마련했다. 1291년 권력이 쇠퇴할 때까지 이들이 받은 원조라고는 유럽 대륙으로부터 해상운송으로 전해지는 구호품이 전부였다. 1202~1204년 진행된 4차 십자군원정에서 그리스도 군사들은 자신들을 수송해준 베네치아 공화국에 수송비를 지불하기 위해 헝가리를 공격한다. 하느님의 군대가 같은 기독교국가를 공격하는 어이없는 일이 벌어진 것이다. 이에 그치지 않고 십자군은 콘스탄티노플까지 쳐들어간다. 1217~1221년 진행된 5차 십자군원정에서 그리스도 군사들은 허울뿐인 승리를 거둔다. 이후 6차 십자군원정(1228-1229년)에서는 로마 제국의 황제 프리드리히 2세가 이집트의 술탄과 평화조약을 체결하여 예루살렘의 통치권을 이양받는다. 이슬람 대사원이 위치한 성전산temple mount은 여전히 이슬람교도의 손에 남겨둔 채였다. 프리드리히는 한 방울의 피도 흘리지 않고 예루살렘의 통치권을 확보하는 놀라운 외교술을 선보였다. 기독교인에게 십자군원정에 참가한 황제가 칼을 뽑지도 않고 성지를 탈환하여 금의환향하는 것은 상당히 생경한 장면이었다. 그들은 프리드리히의 진의를 헤아리지 못했던 것이다. 프리드리히가 바란 것은 전쟁의 영광이 아니었다. 그의 목표는 순례자들의 예루살렘 통행권 보장뿐이었다. 그에게는 십자군원정에 나서지 않는다는 이유로 자신을 파문하기까지 한 그레고리오 9세(178대 로마 교황)와의 정쟁에서 자신을 보호할 명분이 필요했던 것이다.

협정 체결로 프리드리히는 명실상부한 교회의 수호자, 예루살렘 왕으로서의 입지를 굳혔다. 하지만 예루살렘의 기독교인은 파문당한 황제를 따르지 않았다. 아크레에서 고향으로 돌아가기 위해 배에 오르는 프리드리히에게 예루살렘의 기독교인들은 썩은 생선을 던졌다고 한다. 예루살렘의 백성이 그를 얼마나 싫어했는지를 단적으로 보여주는 일화이다. 1244년까지는 협상이 순조롭게 이행되었다. 이집트의 통치자가 고용한 투르크족 해적들이 예루살렘을 포위한 시점까지 말이다. 이후 예루살렘은 1917년까지 이슬람 세력이 통치하게 된다. 기독교세력이 예루살렘에서 철수한 것은 아랍 영웅들의 활약 때문이라기보다는 유럽 세력의 급격한 쇠락 때문이었다. 우트르메르Outremer는 정말 저 멀고 먼 바다 너머의 땅이 되어버렸다.

사파비 왕조 페르시아

페르시아는 아라비아 세력이 651년 사산 왕조 페르시아를 타도한 때부터 사파비 왕조 페르시아가 융성한 17세기까지 끊임없는 외세의 침략에 시달린다. 아라비아·터키·몽골의 정복자들은 페르시아어 말살을 꾀했다. 하지만 아랍어나 터키어로 대체된 다른 언어들과 달리 페르시아어는 끝끝내 살아남았다. 노르만족의 정복에 의해 변형된 형태로 영어가 살아남았듯이, 페르시아어는 변질되기는 했지만 후대로 계승되었다. 페르시아 민족의 고유언어가 생존할 수 있었던 건 상당부분 피르다우시의 덕이라고 해도 과언이 아니다. 피르다우시는 10세기 후반에 대서사시 『샤나마Shanāme』를 집필한 페르시아의 위대한 시인이다. 샤나마는 '왕서王書'라는 뜻의 이란어이다. 민족의 전설과 역사를 노래한 장편서사시인 『샤나마』에서 피르다우시는 이븐 루스탐의 업적을 찬미한다. 페르시아 가문 출생으로 그리스에 헤라클레스가 있었다면 페르시아에는 루스탐이 있었다. 루스탐은 페르시아 전설 속의 영웅으로 12과업을 달성했던 헤라클레스와 유사한 모험을 한다. 시인 피르다우시는 영웅들의 무용담과 이란의 역대 왕들의 업적에 대한 신중한 기록을 남기는 것으로 페르시아의 전통적인 가치를 부각시켰다. 그는 보편적인 인도-유럽어족의 특징이 잘 드러난 위대한 작품으로 페르시아어에 오래 살아 숨 쉴 수 있는 힘을 불어넣었다.

　　페르시아인은 아랍인과 같은 셈족이 아니었다. 아라비아 문화를 받아들이길 거부했던 것은 우연이 아니었을 수도 있다는 말이다. 한때 페르시아를 지배했던 터키나 몽골 같은 경우에는 페르시아의 문화를 억압하거나 바꾸려 하지 않았다. 셀주크 제국이나 칭기즈 칸의 아들 몽케 칸의 동생 훌라구 칸이 건국하여 메소포타미아에서 중앙아시아에 걸친 광대한 지역을 통치했던 투르크계 몽골 제국 일한국Iilkhanate의 지도자들은 오히려 국정에 밝았던 페르시아 관료들을 전격 기용했다. 피지배국인 페르시아가 지배국의 정복자들에게 이처럼 영향력을 미친 것은, 중국 북동지방 만주 지역에 거주하던 퉁구스계 민족인 만주족이나 6세기 중엽부터 약 200년 동안 몽골 고원을 중심으로 활약한 투르크계 부족인 돌궐족이 중국 문화에 혼입된 것과 마찬가지로 상당히 이례적인 일이었다. 더욱 놀라운 사실은, 다른 국가들의 지배를 받았던 이 시절에 페르시아인이 엄청난 창조성을 선보였다는 점이다. 혜성같이 등장한 잘랄 알딘 몰라비 루미도 그들 중 하나였다. 발흐Balkh 출생인 이 걸출한 시인은 1207년 가족들과 함께 소아시아의 몽골 부근으로 이주했다. 그는 그곳에서 처음 수피즘Sufism을 접했고 그의 모든 시에는 일종의 신비주의 사상인 수피즘이 짙게 배어 있다. 그는 인간의 정신이 신과 하나 되는 "신과의 완전한 합일"을 강조했다. 그의 기묘한 시에는 누구도 범접할 수 없는 내밀한 관계를 신과 맺는 것, 즉 알라와 하나 되는 것에 대한 강렬한 욕망이 넘쳐흐른다. 그의 전언은 현대 페르시아인의 삶에까지 영향을 미치고 있다.

> 나는 자신에 대한 불신, 신에 대한 두려움, 이 모든 것을 부인한다. 포도주를 가져오라. 오로지 포도주만을. 나는 숭배를 혐오하노라. 그것은 과시의 악취를 풍기는 위선일 뿐이다.

훌라구 칸은 자신의 제국을 '하위의 왕국'이라는 뜻의 일한국으로 명명했다. 자신의 형 헌종 몽케 칸에게 종속된 왕국이라는 사실을 순순히 인정한 것이다. 형 몽케 칸의 명령에 따라 그는 1253년에 서쪽으로 진출하여, 아바스 왕조의 칼리프 정권을 멸하고 이슬람교도들을 다스렸다. 서아시아인은 몽골에 적대적이었다. 칭기즈 칸의 손자 쿠빌라이 칸이 즉위한 이후에도 일한국과 몽골 본토는 밀월관계를 유지했다. 대大칸이 일한국의 칸을 임명한다는 사실에 반기를 드는 이는 아무도

5-16　　　수피교도들의 춤

없었다. 이후 몽골 제국은 여러 나라들로 나뉘게 된다. 이제 쿠빌라이 칸은 거대한 몽골 제국이 중심부를 통치하는 데 만족해야 했다. 몽골 제국에 깊이 뿌리내린 네스토리우스파는 일한국에 많은 영향을 미쳤다. 하지만 정작 국교가 된 건 이슬람교였다. 초창기의 일한국 칸들은 유목민으로서의 생활방식을 배격하지 않았다. 오히려 자신들이 사랑하는 널리 펼쳐진 아제르바이잔의 초원지대에서 천막을 치고 사는 것을 성 안의 삶보다 사랑했을 정도였다. 페르시아 지역에 거주하던 몽골족이 이슬람교로 개종하게 된 건 일한국의 7대 칸 가잔의 영향이 컸다. 1296년 초엽 가잔 칸은 개종하지 않은 승려를 모두 축출하고, 사찰을 파괴하라는 칙령을 내렸다. 이슬람교가 사회의 근간을 이루게 되면서 기독교인과 유대인은 2등 시민으로 전락했다. 다행히 종교활동은 자유로웠지만 말이다. 몽골족은 특히 이슬람교의 신비주의 종파인 수피즘에 깊은 관심을 보였다. 독특한 의식과 질서를 정립한 이 이슬람교의 신비주의자들이 중앙아시아를 가로지르며 포교활동을 했던 것도 하나의 이유였다. 수피교도들은 토착종교의 교리를 반감 없이 흡수했고, 이 때문에 이슬람 신학교나 대학의 수호자라 할 수 있는 정통 이슬람교 성직자들은 수피교를 수상쩍은 이단으로 여겼다. 사파비 가문의 수장이며 사파비 왕조의 조상인 셰이크 사피 알딘과 같은 수피교의 지도자들은 이들을 존경했던 일한국의 칸에게 후한 대접을 받았다. 셰이크 사피 알딘은 이슬람교를 정화하려 애썼다. 그는 신실한 이슬람교도가 무함마드가 경험했던 것과 같은 접신의 경지에 이를 수 있길 염원했다. 그는 이러한 경지에 도달하기 위해서는 세속적인 걱정과 같은 일체의 잡념을 버려야 한다고 주장했다.

가잔 칸의 개종은 몽골족의 삶에 근본적인 변화를 몰고 왔다. 일한국의 칸들은 방치되어 있던 도시들을 재건하기 시작했다. 농업중흥을 위해 필수적이라 할 수 있는 관개사업 계획이 새로이 정립되었고, 페르시아 북서쪽이 타브리즈Tabriz에 영구적인 수도가 건설되었다. 하지만 일한국의 칸들은 페르시아 문명과 몽골 문명의 완벽한 합일을 이루지는 못했다. 티무르의 출현이 이를 가로막은 것이다. 티무르는 중앙아시아 출신의 호전적인 장수였다. 몽골 태생인 그의 일가는 터키어를 사용했고 이슬람교를 믿었다. 서아시아를 정복한 홀라구 칸에게 질세라 티무르는 가는 곳마다 피바람을 몰고 다녔다. 사람의 머리로 기둥을 쌓는 것을 좋아했다는 오싹한 티무르의 등장은 사람들의 오금을 저리게 했다. 이스파한 외곽에 70,000개의 사람 머리로 쌓은 120개의 기둥을 세웠을 정도였다고 한다. 서아시아 전역을 피로 물들인 그의 잔학성에 겁을 집어먹은 여러 왕조의 군주들은 머리를 짜내 목숨을 보전하기에 바빴다. 16세기 페르시아를 지배했던 사파비 왕조가 등장하기 전까지 말이다.

수피즘 교단을 창시한 셰이크 사피 알딘의 후예들이 어떻게 강력한 군주제를 확립하여 페르시아 전역을 통일했는지에 대해서는 정확히 알려진 바가 없다. 그리고 신비주의에 뿌리를 둔 사파비 왕조의 통치자들이 수피교를 박해한 이유 또한 수수께끼로 남아 있다. 어쨌든 사파비 왕조는 수피교를 박해했고, 이러한 행보의 수혜를 받은 것은 시아파 이슬람교도들이었다. 오늘날 시아파에서 고위 성직자에게 수여하는 칭호인 아야톨라로 불리는 시아파 지도자들의 선조 말이다.

사파비 왕조는 중세 페르시아를 대표하는 이란의 이슬람 왕조이다. 찬란한 문화를 꽃피웠던 사파비의 군주 중에서도 특히 5대 왕 샤 압바스 1세 하면 이란 고원 중앙부에 위치한 이스파한Isfahan이 떠오른다. 유명한 그의 도시계획은 이스파한을 명실상부한 "세상의 절반"으로 만들어 놓았다.

수려한 풍광을 자랑하는 궁전과 쾌적한 가옥들, 널찍한 여행자용 쉼터, 멋들어진 상점, 일렬로 늘어서 있는 플라타너스 나무들, 옆으로 나 있는 수로와 도로들.

5-17　　　　　이스파한. 중세 페르시아인은 이스파한을 '세계의 절반'으로 여겼다.

5-18　　　　　이스파한에 있는 대大모스크

이스파한의 놀라운 풍광에 매료된 프랑스인 여행가 장 샤르댕의 기록이다. 지저분한 뒷골목이나 음습한 오솔길 따위가 흥분한 프랑스인의 시야에 들어올 새는 없었다. 샤르댕은 재개발이 되지 않은 길이나 음습한 곳에 있는 거리의 혼란을 간과했다. 도시의 모습을 세세하게 남기고 싶어 했던 샤르댕은, 이방인에게 출입금지 지역인 모스크에 대한 정보를 얻기 위해 두 명의 이슬람교도를 고용하기도 했다. 샤르댕의 시선을 사로잡은 건 이스파한뿐만이 아니었다. 그는 샤 압바스 1세의 명령으로 화약무기로 무장한 신식군대에 깊은 인상을 받았다. 1514년 사파비 왕조는 타브리즈 북쪽의 찰디란에서 벌어진 전투에서 오스만투르크에 패배한다. 그 후 2년 동안 절치부심한 사파비는 오스만투르크 탈영병의 도움을 받아 2,000정의 머스킷 장총과, 강바닥에서 끌어올린 오스만투르크의 대포를 본딴 40문의 복제 대포를 제조했다. 외교술을 발휘해 외국에서 수입해온 최신식무기도 샤 압바스의 신식군대에 힘을 더했다. 샤 압바스가 이스파한을 수도로 정한 1598년 이전에도 페르시아의 머스킷 총병들은 타국의 군대를 너끈히 상대할 수 있었다. 40,000명 남짓의 병사들로 이루어진 소규모 정규군이었지만 적국의 군세도 그리 거세지 않았기에, 국토방위쯤은 어려운 일이 아니었다. 하지만 오스만투르크의 군세는 이전의 적국들과 확연히 달랐다. 이것이 바로 신식군대의 탄생 이유이다.

하지만 샤르댕은 샤 압바스의 후예들에게는 곱지 않은 시선을 보냈다. "학문과 문학을 사랑하지만, 관능적인 것을 탐하고 사치스럽고 게으르기 짝이 없는 이들이" 페르시아의 신식군대에 쓸데없는 시간낭비를 했다고 평한 그는 "그들은 여성스러웠다. 그들은 독단적인 권력행사와 질투심의 발휘에 전력을 쏟았다"고도 했다. 그는 샤 압바스가

5-19 이스탄불에 있는 술레이만 대제의 모스크

자신의 아들들을 "주로 용기보다, 질투나 시기를 발휘하는" 여성들의 영역, 하렘에서 기르는 것으로 왕조 쇠락의 원인을 제공했다고 생각했다. 사파비 왕조 말년의 방종으로 왕조의 수장들은 서서히 힘을 잃었다. 그리고 국운이 기우는 것을 직감했음에도, 이 여성스런 통치자들은 군사훈련보다는 왕실 행차에 더 많은 관심을 기울였다.

16세기에 뭔가 석연찮은 기운이 다가오고 있음을 경고한 샤르댕과 달리 수많은 유럽인들은 페르시아의 웅장함에 빠져들었다. 언제나 그렇듯 평화로운 무역상들의 뒤를 이어 침략자들이 당도했다. 1515년 페르시아 만 어귀의 호르무즈Hormuz 섬을 점령한 포르투갈인처럼 말이다. 샤 압바스 1세의 재위기인 1587~1629년 사파비 왕조는 황금기를 구가한다. 샤 압바스는 중앙집권적 통치체제를 정립하고 국경수비

5-20　터키 북서부 부르사에 있는 술탄 오르한 1세의 묘

강화와 새로운 제도의 도입을 단행했다. 그는 예술과 건축에도 열심이었다. 페르시아의 성군 샤 압바스는 종종 오스만투르크의 위대한 술탄, 슐레이만 대제와 비교된다. 오스만투르크의 10대 술탄 슐레이만은 군사전략가로 유명하다. 십자군원정에 격분한 슐레이만은 유럽 본토로 쳐들어갔고, 1566년 유명을 달리하기까지 광활한 영토를 오스만투르크의 땅으로 만들었다. 세수가 부족해 영토유지에 애를 먹었지만 말이다. 반면 샤 압바스는 정복 전쟁에 별로 관심이 없었다. 외교에 능했던 그는 무력 대신 화술로 사파비 왕조의 기조를 확립했다. 1722년에 발발한 대규모 반란으로 사파비 왕조는 몰락한다. 정권 말기 왕족들 간의 반목에 종교지도자들이 가세한 결과였다.

오스만투르크 제국

4차 십자군원정으로 동로마 황제는 같은 기독교인들에게 콘스탄티노플을 빼앗겼다. 그리고 불명예를 부끄러워하지 않는 프랑크의 귀족들이 그리스 땅을 나눠가졌다. 하지만 이는 일시적인 후퇴였다. 동로마 최후의 왕조 팔라에올로구스 가문 출신의 황제 미카일 8세가 1261년 콘스탄티노플 탈환에 성공한 것이다. 그는 여세를 몰아 탐욕스러운 침략자들을 격퇴했다. 그는 유능한 황제였으나 소아시아 지역을 방치하는 우를 범했다. 오스만투르크에게 영토확장의 기회를 준 것이다. 소아시아에 기반을 쌓은 에르투룰 베이(베이Bey는 군주)의 셋째 아들인 오스만 1세가 오스만투르크 제국을 건설했다. 동로마와의 전쟁에서 오스만투르크가 승리했다는 소식이 퍼지자, 수많은 투르크족 전사들이 오스만투르크에 몸을 담았다. 1326년에는 부르사Bursa를 함락시킬 정도로 강해졌다. 이곳은 오스만투르크의 수도가 되었다.

시조 오스만은 자신의 이름을 제국의 명칭으로 정했다. 오스만의 아들 오르한 1세가 군주에 오른 후부터 수도 부르사에는 안정이 찾아왔다. 1396~1399년에 대사원 울루자미Ulu Cami가 건립되었다. 울루자미 건설비용을 댄 건 십자군이었다. 니코폴리스 전투에서 헝가리의 왕 지기스문트가 이끄는 십자군이 패배하면서 보상금으로 이 비용을 지불하기로 한 것이다. 이 모스크는 오스만투르크가 콘스탄티노플을 점령하기 전 2세기 동안 소아시아에서 가장 웅장한 건축물로서의 위용을 뽐냈다. 니코폴리스 전투는 1396년 오스만투르크의 4대 술탄 바야지트 1세가 지기스문트가 이끄는 유럽 연합군과 니코폴리스에서 벌인 전투이다. 충동적으로 난공불락의 요새 니코폴리스를 침략한 십자군원정대는 바야지트가 십자군과 전투를 벌이기 위해 그토록 빨리 진군하리라고는 꿈에도 생각지 않았다. 처음부터 무의미한 습격전을 펼치는 등 어이없는 공격을 펼치던 지기스문트의 유럽 연합군은 생각지도 않았던 오스만투르크 군대의 반격에 쓰라린 패배를 맛보았다. 패배의 대가는 컸다. 지기스문트는 요행히 도망쳤지만, 다른 유럽 연합군 지도자들은 오스만투르크의 울루자미 건설비용을 바쳐야 했다.

니코폴리스에 주둔한 투르크족을 쫓아내려는 서방 기사들의 시도는 뼈아픈 실패로 돌아갔다. 오스만투르크의 영향력은 루마니아 지역까지 미치게 되었고, 술탄은 콘스탄티노플에 대한 관심을 잃었다. 터키의 서부, 마르마라 해와 흑해를 연결하는 해협으로 마르마라 해의 출입구에 해당하는 위치에 있는 보스포루스 해협 양안兩岸이 이미 오스만투르크 영토에 둘러싸여 있었기 때문이다. 얼마 후인 1361년 오스만투르크는 수도를 부르사에서 에디르네Edirne로 천도한다. 에디르네는 콘스탄티노플에서 서쪽으로 200km가량 떨어진 곳에 있는 도시이다. 천도한 후에도 제국 백성은 여전히 부르사를 경배했다. 부르사는 오스만투르크의 초대 술탄 오스만을 비롯한 다섯 명의 술탄이 잠들어 있는 곳이기 때문이다. 유럽 대륙으로 수도를 옮긴 행보로 투르크족의 야심이 백일하에 드러났다. 헝가리의 수도인 부다페스트 너머까지 세력을 넓힌 것은 페르시아 만을 따라 서아시아로, 그리고 지중해를 따라 북아프리카로 진출하려 했던 오스만투르크에 큰 의미가 있는 일이었다. 투르크족은 오스트리아의 수도 빈을 두 차례나 포위하기도 했다. 서유럽 깊숙이 진출한 투르크족의 세력에 서구 국가들은 엄청난 위협을 느꼈다. 그러나 1683년 투르크족이 두 번째 빈 포위를 감행했을 때, 투르크족은 의외의 강력한 저항에 부딪힌다. 그 후 교황

인노켄티우스 11세의 독려로 거병한 신성동맹의 공세에 투르크족은 해전과 육전에서 패배를 맛본다. 1699년에는 칼로비츠 조약이 체결되어 오스트리아인과 아테네인이 헝가리의 통치권을, 베네치아인이 펠로폰네소스 반도의 통치권을 갖게 된다.

18세기가 시작되면서 오스만투르크·사파비 왕조 페르시아·무굴 왕조 이렇게 세 이슬람 국가가 서아시아와 남아시아로의 진출을 시도했다. 이들 국가들은 모두 육군을 기반으로 하고 있었다. 오직 오스만투르크에만 해군이 존재했으나 군세는 미미했다. 이 국가의 지도자들은 모두 같은 문제에 직면했다. 어떻게 하면 더 이상 반유목민 생활을 하는 부족들에게 의존하지 않고 안정적인 국가체제를 완성할 수 있을까 하는 문제 말이다. 오스만투르크의 군주들은 농업국가를 통치했던 이슬람 국가 술탄들의 통치방식을 모방했다. 사파비 왕조의 통치자들은 시아파의 도움을 받았다. 무굴의 통치자들은 인도 아대륙 내의 문제를 풀기 위해 유럽인까지 끌어들였지만, 인도인을 무릎 꿇리는 것은 불가능하다는 교훈을 얻었을 뿐이다. 노예병사를 사용했던 오스만투르크와 사파비 왕조와 달리, 무굴의 군주들은 노예병사를 거느리지 않았다. 그들은 속국에서 군사를 징집했다.

오스만투르크는 콘스탄티노플 정복으로 유럽에 확고한 발판을 마련했다. 1453년 수도 콘스탄티노플을 점령한 메메트 2세(오스만투르크 7대 술탄)는 자신을 로마 제국의 주인, 로마 황제들의 후계자로 천명한다. 유럽인은 경악을 금치 못했으나, 기독교인 군주들은 이 오만한 이슬람교도를 몰아낼 힘이 없었다. 오스만투르크가 콘스탄티노플의 견고한 수비를 뚫을 수 있었던 것은 우르반이라는 이름의 헝가리인 기술자의 도움이 컸다. 우르반은 원래 기독교세력을 위해 일하던 사람이

5-21　　　　술탄 메메트 2세, 콘스탄티노플의 정복자

었다. 그는 1452년 여름 동로마의 마지막 황제 콘스탄티누스 11세를 위한 대포를 제작하기로 했다. 하지만 콘스탄티누스는 우르반에게 적절한 비용을 지급하지 못했을뿐더러 대포 제작에 필요한 원자재마저 제공하지 못했다. 크게 실망한 우르반은 오스만투르크의 술탄을 찾아갔다. 그렇게 메메트는 단숨에 성벽을 산산조각내 버리는 육중한 대포를 손에 넣게 되었다. 우르반이 제작한 괴물 같은 신병기는 하루에 7발의 화포밖에 발사하지 못했다. 하지만 그 파괴력만큼은 굉장하여 콘스탄티노플의 공략에서 엄청난 위력을 발휘했다. 1453년 초엽에 드디어 오스만투르크는 콘스탄티노플에 입성하게 된다. 모든 것을 잃게 될 것이라 생각한 동로마의 마지막 황제는 황제의 휘장까지 던져버리고

백의종군하다 장렬히 전사했다. 시신조차 찾을 수 없었지만, 황제의 머리로 추정되는 잘린 목이 승리를 거머쥔 술탄에 의해 오스만투르크의 궁정으로 보내졌다.

　1453년 메메트가 콘스탄티노플 함락에 성공한 것은 우르반이 개발한 대포 덕도 있었지만, 안정적인 왕위승계를 한 덕분이기도 했다. 메메트가 즉위하기 2년 전, 그의 아버지 무라트 2세는 술탄의 왕위계승 관련 분쟁을 금지하는 유언을 남겼다. 터키어로 '정복자'란 뜻의 파티흐Fatih란 별칭으로 불리기도 했던 메메트는 이 유언 덕분에 왕위계승 후보들끼리 벌이는 골육상잔의 부담 없이 술탄의 직에 올랐다. 이런 평화로운 왕위승계는 콘스탄티노플 점령의 밑거름이 되었다. 터키의 전설에 의하면, 오르한 1세의 형제 알리 파샤가 왕위계승권을 포기하고 운둔자의 삶을 택한 덕분에, 오스만이 아들 오르한에게 평화적으로 왕위를 계승했다고 한다. 실제로는 오르한에게 형제가 없었지만, 유혈사태 없이 왕위계승을 했다는 점에서 옳은 이야기다. 오르한의 경우를 제외한 모든 술탄의 즉위 시에 우선권 존재 여부와 상관없이, 적법한 왕위계승자가 왕위에 올랐음에도 매번 내전이 발발했다. 메메트는 자신을 후계자로 지목한 유언장이 엄연히 존재함에도, 궁에 입성하자마자 젖먹이 이복형제들을 줄줄이 살해했다.

　오스만투르크는 최초의 이슬람교 정치세력이었다. 군사전략가로서의 능력이 뛰어났던 슐레이만 대제는 1540년대에 자신이 이슬람교의 창시자 무함마드와 그의 사후 뒤를 이은 네 명의 칼리프들을 계승하는 정통 칼리프라고 선언했다. 하지만 스스로 칼리프를 자처하는 대담한 시도로도 그의 제국 내 비이슬람교도들의 존재를 감출 수는 없었다. 그의 영토 대부분을 차지하고 있던 유럽 지역 백성은 대부분 이

5-22 이스탄불에 있는 동로마 제국의 성 사르키스 대성당과 성 바코스 성당. 527년에 완공된 건축물로, 하기아 소피아 성당과 오스만 모스크의 원형이다.

5-23 하기아 소피아 성당, 이전엔 신지the Divine Wisdom 교회였다. 오스만투르크 집권 이후 모스크로 개조되면서 첨탑이 건축되었다.

슬람교를 믿지 않았다. 서아시아 땅에 사는 이슬람교도들에게서도 동질성을 찾기란 여간 힘든 일이 아니었다. 아라비아 사막과 시리아 사막을 떠돌아다니는 아라비아의 베두인족과 쿠르드족 사이에는 공통점이 거의 없었다. 게다가 기독교인이나 유대교인 공동체에까지 신경을 써야 했다. 이슬람교를 국교로 표방하는 왕실이 중앙에서 국정을 총괄하기는 했지만, 오스만투르크의 관리들은 지역분쟁을 가능한 한 지역 차원에서 해결하길 권장했다. 경미한 범죄에 대해서는 태형이나 벌금형, 혹은 태형과 벌금형을 모두 집행하는 형벌이 내려졌다.

태생이 투르크족이건 아니건 간에 지배계급으로 신분상승을 원하는 이들은 이슬람교 신학을 공부하고, 충심으로 칼리프를 섬기며 오스만 사회와 혼연일체가 되어야 했다. '신군New Troops'이라는 뜻의 예니체리Janissaries(노예병사)는 비이슬람교도 기용의 대표적인 예이다. 기독교인 포로를 개종시켜 병사로 삼기도 했으나, 오스만투르크에서는 모병 업무를 수행하는 관료들이 정기적으로 각지를 돌며 총명한 기독교인 청년들을 징집했다. 예니체리는 궁에서 일할 수 있었기 때문에 고위직 영전의 등용문이었다. 오죽하면 고관대작들이 자식들을 지원시켜 예니체리가 되게 하는 일도 비일비재했을까. 오스만투르크의 강성한 군세는 1683년 빈에서 패한 이후로 쇠락하기 시작한다. 1798년 이집트를 침공한 나폴레옹 보나파르트에게 패할 때까지 오스만투르크는 여러 차례 패자의 비참함을 맛보아야 했다. 오스만투르크의 군대는 1683년 빈에서 패배한 것을 시작으로, 1798년 나폴레옹의 이집트 침공까지 일련의 쓰디쓴 패배를 겪었다. 오스만투르크는 러시아에 영토를 할양했다. 게다가 예니체리들이 제 역할을 다하지 못하는 상황에서, 복속시켰던 크림 반도를 중심으로 하여 성립된 몽골계 왕조 크림

5-24　　예니체리 군악대. 이들 때문에 유럽에서 '터키 음악'이 유행했다.

한국마저 독립하여 큰 타격을 입게 된다. 그 후 표면상으로는 자유조약에 의해 독립한 크림한국은 사실상 러시아의 지배를 받게 된다. 지속적인 영토확장으로 자국의 국경을 흑해까지 이르게 한 러시아의 카트린느 대제가 1783년에 크림한국의 백성은 러시아 백성이라고 선언함으로써 크림한국은 러시아의 일부가 되었다.

6장
_____

중세 남아시아

악바르 대제께서 무굴 제국을 통치하신 이후, 하렘에 있는 여인들의 이름을 공공연히 부르는 것이 금지되었다. 대신에 처음 왕의 눈에 들게 된 장소의 이름을 딴 별칭이 하렘의 여인들에게 주어졌다.

— 샤 자한, 무굴 궁정 집무실에서

이슬람교의 도래

이슬람 우마이야 왕조의 대군이 스페인을 침공한 711년 6,000명의 기병과 6,000명의 보병으로 이루어진 원정군이 페르시아 남부를 지나 인더스 삼각주로 진군했다. 보급품과 무기를 실은 선박이 뒤따라 출항했다. 목적지는 현재의 카라치에 있는 디발Daybul 항구였다. 해적소탕이 명분이었다. 해적들이 몰디브의 통치자가 우마이야의 칼리프에게 보내는 선물을 운송하는 선박을 디발 항구에서 가로챘기 때문이다. 그 선박에는 이슬람 여성들도 타고 있었다. 그 일이 있은 지 얼마 후 디발은 신드Sind 지역의 힌두 왕 소유가 된다. 이 힌두 왕이 해적의 약탈에 대한 책임을 묻는 우마이야를 무시한 것이 화근이었다. 명분을 얻은 이슬람 세력은 인도로 진군했다.

거대한 투석기가 디발의 성벽을 무너뜨렸고, 사로잡힌 주민들은 노예신세가 되어 배에 실렸다. 디발의 함락으로 많은 인도인들이 이슬람교도가 되었다. 인도 아대륙을 정복한 아랍 세력은 이슬람교 포교에 그다지 열을 올리지 않았음에도 말이다. 그 중에는 카스트의 하층계급 사람들이 많았다. 이들은 힌두 사회에서 전혀 환영받지 못했다. 이슬람 정복자들은 신드를 비롯한 인도 아대륙의 여러 지방에서 이슬람교 특유의 평등주의 세계관이, 힌두교도들 사이에서 하등한 취급을 받던 사람들을 매혹시킨다는 사실을 발견했다. 대부분 돈에 쪼들리는 상인이었던 신드의 불교도들도 언제든지 개종할 준비가 되어 있는 듯했다. 하지만 인도 아대륙 토착민의 긍정적인 반응에도 불구하고, 이슬람 세력은 인도 신화에 나오는 인류의 시조 마누가 정해주었다는 인도의 카스트 제도를 받아들였다. 이슬람교의 시조, 무함마드가 공공연히 평등을 강조했던 것이 영 마음에 걸렸던지, 이슬람 정복자들은 이 마지막 예언자의 평등개념을 좁게 해석하는 편법을 썼다. 그들은 무함마드가 말한 평등은 인간과 인간 사이가 아니라, 이슬람교도와 알라와의 관계에만 적용되는 것이라는 궤변으로 신분계급 개념의 도입을 정당화했다. 무굴 왕조가 쇠락의 길을 걷던 18세기 무렵에는 인도에 뿌리를 내린 이슬람 세력이 출신과 직업을 기준으로 한 하층계급을 고안해냈을 정도로, 사해동포 개념이 흔들리게 되었다. 사해동포사상은 세상 모든 사람이 형제와 같이 지내야 한다는 이슬람의 정신이다. 무함마드의 가르침도 카스트 제도로 꽁꽁 묶여 있는 인도 사회를 결정적으로 변화시키지는 못했던 것이다.

    인도 아대륙 사람들은 실용적 성향이 다분했다. 그 덕에 아라비아에서 온 정복자들은 손쉽게 인도를 손에 넣을 수 있었다. 아랍 세력이 힌두교사원이나 불교사원을 파괴할 의도를 가지고 있지 않다는 사실을 깨닫게 된 디발 항구 상류의 도시들은 순순히 항복했다. 인도 토착민의 수가 정복자인 아랍인보다 압도적으로 많았기 때문에, 인도 현지의 종교를 용인하는 것 외에는 뾰족한 방법이 없기도 했다. 아랍 세력의 인도 침공은 영토확장을 위한 성전의 일환이라기보다는, 상거래를 보호하기 위한 방책이었다. 당시 인도의 다른 지역과 스리랑카에 이미 아라비아의 무역상들이 둥지를 틀고 있었고, 이들이 벌어들이는 돈은 아라비아와 이라크, 시리아 경제에 큰 보탬이 되었다. 이라크 남부에 있는 바스라 항구가 힌드Hind(이란어로 '신드 지역'이라는 뜻)로 불렸을 정도였다. 후에 유럽 열강들이 인도에서 자국 상업을 보호하기 위해 인도 내 입지를 다졌던 것과 유사한 시도였다.

    우마이야 왕조 말기에 많은 아랍인이 인도를 떠났다. 우마이야의

6-1　　　가즈나 왕조의 대리석 조각, 9세기

자리를 대신한 아바스 왕조의 칼리프들이 저 멀리 인도 북서부의 지방 카슈미르Kashmir까지 원정대를 파견한 일도 있었지만, 인도에 이슬람교를 뿌리내리게 한 건 아프가니스탄에서 온 투르크족이었다. 침략자로 인도에 들어온 이 반유목민은 명실상부한 인도의 통치자로서 군림했다. 아프가니스탄의 가즈니에서 일어난 투르크계의 이슬람 왕조인 가즈나 왕조를 시작으로 투르크족은 여러 차례 정복 전쟁을 벌였다. 그 결과 인도 서북부에는 페르시아 문화를 바탕으로 한 터키-이슬람의 화려한 문화가 만개했다. 셀주크 왕조의 집권기에는 페르시아 관료제가 서아시아 전역에 영향을 미치면서, 아랍어가 공용어에서 밀려나기도 했다. 남아시아에서는 아예 페르시아어가 이슬람교도의 보편적인 언어가 되어, 아랍어는 학문적인 용도로만 쓰일 지경이었다.

가즈나 왕조는 우상파괴주의도 인도 땅에 가지고 들어왔다. 1026년 가즈나는 솜나트Somnat에 있던 유명한 힌두교사원을 파괴했다. 이 사원은 오래전부터 구자라트에 거주하는 힌두교도들이 순례하던 성지였다. 대대적으로 종교시설을 파괴하는 만행을 저질렀음에도 사람들은 가즈나의 술탄 마흐무드 이븐 수북티킨을 찬미했다. 애초에 술탄을 비난하는 것이 불가능한 사회였기에 이 같은 대담한 파괴행각을 벌였던 것이다. 수북티킨의 추종자들은 한술 더 떠서 백성을 벌벌 떨게 할 만큼 막강한 군대를 보유한 절대군주가 다스리는 나라야말로 이상적인 국가라고 주장했다. 그러자면 힌두교사원의 보물들을 몰수하여 국고로 환수하는 조치는 선택이 아닌 필수사항이었다. 수북티킨 사후에 가즈나는 중앙아시아 민족들의 맹렬한 반격에 시달려야 했다. 중앙아시아 영토를 잃은 가즈나의 후대 왕들은 힌두 왕들과의 대결에 집중했다. 왕조 말기의 혼란에도 불구하고, 라호르Lahore에 있던 가즈나의 수도는 이슬람교 신학과 수피즘 연구의 심장부로 자리매김했다. 이곳은 이슬람 신비주의에 대한 최초의 페르시아어 문헌이 쓰인 곳이기도 하다. 이 문헌에 따르면 수피교도들은 "연인에게 흠뻑 빠져 있고, 사랑으로 정화되는, 그 외의 모든 것에는 아랑곳하지 않는 이들"이었다.

가즈나를 멸망시킨 것은 고르 왕조(1186~1215년)였다. 이 투르크족은 이슬람교로 개종한 지 얼마 되지 않은 때인 1186년 아프가니스탄에서 남하하여 가즈나 왕조 시대에 종지부를 찍었다. 고르 말기에 노예 출신의 쿠투브 우딘 아이바크 장군이 델리를 수도로 삼아 인도 최초의 이슬람 국가 맘루크 왕조를 세웠다. 인도 북부지역에서 맹위를 떨친 이 투르크계 왕조는 기마병과 석궁으로 무장한 병력을 이끌고

6-2 중앙아시아에서 만들어진 고르 왕조의 정교한 청동 그릇

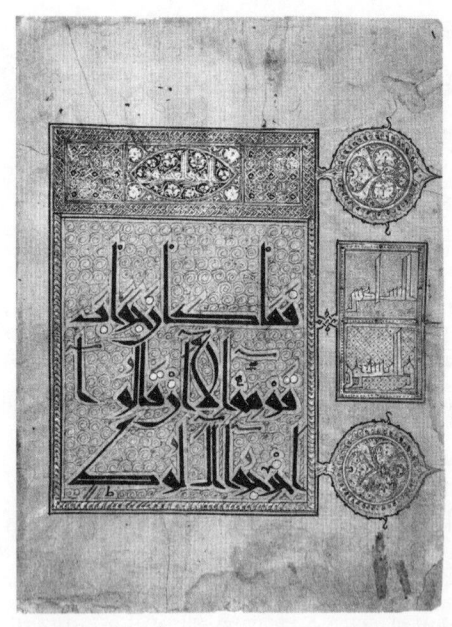

6-3 가즈나 왕조와 고르 왕조 시기에 사용된 글자

수많은 힌두 왕들을 무찔렀다. 맘루크의 술탄 아이바크가 폴로경기를 하다 사고로 유명을 달리했고, 1210년 그의 사위 일투트미시가 술탄에 올랐다. 일투트미시는 아이바크의 노예였으나 재능을 인정받아 총독이 되고 아이바크의 사위가 되었다. 일투트미시는 몽골의 대학살을 피해 중앙아시아에서 도망쳐온 난민들을 보듬는 정책을 펴서 왕권을 강화했다. 어렸을 때 팔려가 아이바크의 노예병사가 된 과거를 가지고 있는 일투트미시 술탄을 위해 거짓 족보가 만들어졌다. 그가 전설적인 페르시아 왕들의 후손이라는 내용이었다. 일투트미시는 명실상부한 군주의 권위를 갖추게 되었고, 이슬람교는 인도 땅에 확고히 뿌리내렸다. 이슬람의 지배는 1857년 인도의 세포이 항쟁 이후 무굴의 마지막 황제가 영국에 의해 폐위될 때까지 계속되었다.

고르의 술탄들은 가즈나의 술탄과 달리 우상파괴를 일삼지 않았다. 그들은 시바나 락슈미와 같은 힌두교의 신들이 새겨진 인도 주화를 모방했을 정도로 타 종교에 관대했다. 락슈미는 비슈누의 아내인 행운의 여신이다. 하지만 일투트미시는 자신의 통치가 이슬람교의 전체적인 원리와 맞닿아 있다는 것을 백성이 인식해야 한다고 생각했다. 일투트미시는 자신이 발행한 동전에 '신도들의 영도자를 조력하는 자'라는 문구를 새겨 넣었다. 그가 아바스 왕조 칼리프들의 유지를 잇는 통치자라는 사실을 강조하기 위함이었다. 그가 이런 대담한 주장을 서슴없이 편 이유는 일투트미시의 권력기반이 부실했기 때문이다. 그는 권력을 움켜쥐고 있는 중신과 비판적인 수피교도들에 둘러싸여 있었다. 수피교도들은 틈만 나면 벌떼같이 달려 나와 술탄의 신앙심이 부족하다는 트집을 잡아대며, 국정에 대해 이러쿵저러쿵 간섭을 해댔다.

1221년에는 델리 노예 왕조인 맘루크 왕조가 몰락할 뻔한 사건이 벌어졌다. 칭기즈 칸의 대군이 인도로 향한 것이다. 맘루크를 구한 건 전설 속의 동물 유니콘이었다. 유니콘이 나타났다는 사실 때문에 칭기즈 칸이 인도에 대한 정복을 보류한 것이다. 유니콘은 칭기즈 칸의 병사들에게 즉시 몽골 본토로 회군하라는 말을 했다고 한다. 칭기즈 칸의 정무참모 야율초재耶律楚材는 칭기즈 칸에게 녹색 유니콘은 자유의 상징이므로, 더 이상 피를 흘리지 말라는 유니콘의 경고에 귀 기울여야 한다고 진언했다. 이 거란 황족 출신 수재가 미신을 믿는 칭기즈 칸을 이용했다고 말하는 이들도 있다. 한편 야율초재가 유니콘이 나타났다는 바로 그 자리에서 목숨을 잃었다는 사실을 근거로, 점성술에 통달했던 야율초재가 신비한 현상을 천재적으로 해석해낸 것이라고 생각하는 이들도 있다. 어쨌든 칭기즈 칸은 신탁이나 징조에 휘둘리는 자가 아니었다. 그가 인도 북서부에서 회군한 것은 탐색을 끝마친 것으로 충분하다고 판단했기 때문이다. 인도 북서부지역에 대한 정책의 요지는 단지 탐색전에 불과했다. 동기가 무엇이었든 간에, 몽골군은 티베트와 인도 북부지역을 가로지르는 경로로 진군하여 본국으로 돌아가려던 계획을 철회하게 되었다.

14세기 동안 이슬람 세력은 인도 전역에 영향력을 행사했다. 이에는 맘루크의 두 술탄 칼라지와 투글루크의 공이 컸다. 1296년 칼라지는 자신을 술탄으로 옹립했다. '제2의 알렉산드로스'란 뜻의 '시칸더 사니Sikander Sani'란 별칭으로도 불렸던 칼라지는 몽골군의 급습으로부터 인도 땅을 지켜냈을 뿐만 아니라, 라자스탄과 안드라, 카르나타카의 힌두 왕국을 맘루크에 복속시켰다. 그러나 이러한 급격한 영토확장을 완벽한 정복이라 보기는 힘들었다. 이슬람의 일반적인 통치방식을 따라 맘루크의 명목상 속국을 늘린 것일 뿐이었다. 전쟁에서 패한 힌두 왕조의 왕들은 대부분 보물을 깡그리 약탈당했을 뿐 왕위는 그대로 유지했다. 반면 칼라지의 군대 노예병사의 아들이었던 투글루크는 한층 더 단호한 대외정책을 폈다. 칼라지가 주변국을 약탈하는 것에 만족했던 것과 달리, 투글루크는 영토확장에 힘을 쏟았다. 투루크계의 투글루크 왕조는 맘루크의 술탄 칼라지의 아들이 노예에게 살해된 후 혼란을 잠재운 가지Ghazi(이슬람교도의 전사) 말리크가 세운 왕조이다.

칼라지의 아들을 살해한 노예는 힌두 사회 최하층계급 출신 개종자로 칼라지가 가장 총애하던 인물이었다. 가지 말리크는 투르크족 노예 아버지와 힌두교도 어머니 사이에서 태어났다. 유능한 군인이었던 그는 델리의 이슬람 귀족들에 의해 국왕에 추대되었다. 투글루크 왕조의 창건자 가지 말리크는 기야스 알딘이라는 이름으로 투글루크의 왕위에 오른다. 하지만 그는 얼마 후인 1325년에 갑작스럽게 유명을 달리한다. 아들 무함마드 이븐 투글루크가 그의 뒤를 이어 투글루크의 2대 왕이 된다. 무함마드는 남하정책의 일환으로 수도를 데칸 고원의 다울라타바드Daulatabad로 옮겼다. 그는 수피교도들의 조력을 받아가며 데칸 고원의 인도인을 이슬람교로 개종시키기 위해 노력했다. 그는 이슬람교 포교를 통해 자신의 세속적인 권력을 강화하고자 했던 것이다. 하지만 데칸 고원 서부의 인도인은 개종하길 거부했고, 상심한 무함마드는 델리로 다시 천도하기로 결심했다.

두 번째 천도 당시 많은 이슬람교도들이 데칸 고원에 남아 그곳에서 자치도시를 건설했다. 델리에서는 무함마드의 국정운영에 대한 열띤 논쟁이 벌어졌다. 특히 대대적인 개종으로 이슬람 세력을 확장하려는 무함마드의 정책을 두고 격론이 벌어졌다. 그의 정책을 반대하고 나선 중신들은 투르크족이 지배세력으로서의 입지를 유지하려면 민족

6-4 1199년경 고르 왕조가 설립한 델리에 있는 쿠트브 미나르. 이 흥미로운 건물 단지는 인도 땅에 이슬람교가 도달하여 인도 문화의 방향과 형태에 급진적인 변화가 찾아왔음을 보여준다.

차별정책을 펴야 한다고 주장했다. 이들의 불만을 잠재우기 위해 무함마드는 귀족들에게 봉토를 하사하고 특정세금의 납세를 면제해주었다. 귀족들을 달랜 덕에 투글루크 왕국의 술탄들은 그 직위를 오래도록 보전할 수 있게 되었다. 하지만 귀족들의 구미에 맞춘 국정운영의 대가는 꽤 컸다. 통제 불능이 되어버린 투글루크 왕조는 1398년 델리로 진군해온 티무르 군대를 막아내지 못했다. 1412년 투글루크의 마지막 술탄이 사망한 뒤 15년 만에 투글루크 왕조는 막을 내렸다.

모로코 출신의 여행가 이븐 바투타는 데칸 고원에 있는 카주라호 Khajuraho를 방문했을 때 힌두교 억압정책을 재개해야 하는 이유를 제시하기도 했다. 카주라호는 오늘날의 잔시Jansi에서 멀지 않은 곳에 있는 힌두교와 자이나교의 중심지이다. 그는 그곳에서 요가를 배우고 있는 이슬람교도들을 목격했다. 다음은 그의 기록이다.

이슬람교도가 훼손한 우상들이 널려 있는 사원 부근에는 땅에 끌릴 정도로 길게 기른 머리카락이 잔뜩 엉겨붙어 있는 요가 수행자들이 많이 살고 있다. 극단적인 금욕생활로 피부색은 샛노랗게 변했다. 수많은 이슬람교도들이 그들의 수업을 듣기 위해 이곳으로 모여든다.

인도 종교에 대한 이슬람교도들의 노골적인 관심은 맘루크 왕조 술탄의 심기를 불편하게 했다. 인도 종교를 배우려는 이슬람교도의 열기가 이슬람교의 순수성을 해할 우려가 있을 뿐만 아니라, 왕조의 생존 자체를 위협하는 불씨가 될 수도 있다고 판단했기 때문이다.

델리에서 법관으로 재직하기도 했던 이븐 바투타는 그 시절 대면한 적이 있었던 무함마드 이븐 투글루크에 대해 기록했다.

그는 선물을 주는 것과 피를 보는 것 모두에 열심인 사내였다. 그의 성문에는 항상 부유해진 빈자와 처형될 사람들이 들락날락했다. 그의 관대함과 용기를 보여주는 일화들이 들려왔고, 잔인하고 폭력적인 방식으로 범죄자들을 다룬 일에 대한 일화도 널리 퍼져 나갔다. 그는 모든 사람 중에서 가장 겸손한 군주였고, 가장 공정

6-5 　인도 마디아프라데시 주 북부에 있는 카주라호에 있는 사원.
　　　이븐 바투타가 요가를 배우는 이슬람교도들을 목격한 곳이다.

한 판단을 하고 옳은 것을 인정할 줄 아는 이였다. 그의 궁정에서는 종교적인 의식이 엄정한 절차에 따라 치러졌다. 기도를 올리는 문제에 있어서만은 매우 엄격했기에 기도와 관련해서 이슬람교 교리를 어기는 자들을 처벌함에 있어서는 자비를 두지 않았다.

상인들로부터 여행경비, 술탄에게 진상할 선물을 구입할 자금, 델리에서의 체류비용 명목으로 거금을 빌린 이븐 바투타는 채무를 변제하지 못했다. 빚을 모두 갚기 위해서는 "세 자루의 돈 보따리"가 필요했다. 법관으로 재직하며 높은 급료를 받았으나, 그 돈으로는 어림도 없었다. 빚쟁이들의 등살로부터 이븐 바투타를 구해준 것은 그가 앞서 지적한 무함마드의 관대함이었다.

힌두국가와 불교국가

인도 아대륙에 두 힌두 신흥세력이 등장해 이슬람 세력의 팽창을 막았다. 두 신흥세력은 이슬람 세력의 인도 침공에 반발한 남부 힌두 세력이었다. 주변 이슬람 세력과의 끊임없는 분쟁은 이들의 힌두교 수호 의지를 한껏 고양시켰다. 카르나타카Karnataka 지역과 오리사Orissa 지역에 본거지를 둔 두 세력의 통치자들은 힌두교 수호신을 기리는 대사원 건립으로 수호의지를 고취시키려 했다. 이슬람 대항세력들 중에서 눈에 띄게 활약한 것은 힌두인 비자야나가라 왕조였다. 비자야나가라Vijayanagara는 '승리의 도시'라는 뜻이다. 비자야나가라의 건국자들은 경외의 대상인 파괴의 신 시바를 찬양했다. 중세의 한 문헌에는 "시바 신에 대한 두려움으로 바람이 일고, 이런 두려움으로 햇살이 비치고, 이런 두려움으로 화염이 일고, 이런 두려움으로 하늘의 왕이 자기의 일을 한다"는 기록이 나온다. 파괴의 신으로서의 시바의 면모를 잘 드러내는 표현이다. 하지만 중생을 두려움에 떨게 하는 시바의 화신 나타라자는 '무도왕舞踊王(춤의 제왕)'이기도 하다. 인도 남부에서 제작된 우아한 청동상들은 우주의 구세주 시바의 역할을 표현하고 있

6-6 인도 남부에서 제작된 시바의 화신 '무도왕' 나타라자의 청동상

다. 이 동상들에서 시바는 화염이 솟은 거대한 고리에 둘러싸여 있다. 이는 우주 창조의 생생한 과정을 표현한 것이다. 한쪽 다리를 치켜든 시바는 다른 쪽 다리로 연 위에 웅크린 작은 악마를 짓밟고 서 있는 모습이다. 이 작은 악마는 인간의 무지와 망상을 상징한다. 세속의 속박으로부터 벗어나기 위해 지혜를 통해 극복해야 할 망상 말이다. 또한 시바는 네 개의 손을 가지고 있는데, 그 중 한 손엔 계시와 전승의 도구인 말을 상징하는 북이 들려 있다. 두 번째 손으로는 축복과 건강을 내리고, 세 번째 손에는 파괴를 상징하는 혀 모양의 화염이 들려

있다. 네 번째 손은 위로 들어 올린 다리를 가리키고 있는데, 이는 무지와 망상으로부터의 해방을 의미한다. 시바의 독특한 자세는 힌두교도들에게 금욕을 통해 구원받을 수 있음을 상징적으로 보여준다.

비자야나가라의 왕들은 위대한 신 시바의 가르침을 늘 새겨들었다. 그들은 시바가 인도 남부를 위협하는 데칸 고원의 이슬람 제국 바하미 왕조와의 분쟁을 해결해주길 간절하게 빌었다. 16세기 전반 50년 동안이 비자야나가라의 황금기였다. 웅장한 사원이 건립되었고, 코끼리 우리가 지어지는 등 제국의 장려함에 입을 다물 수 없을 정도였다. 지금의 함피Hampi(인도 남서부 과거 비자야나가라의 수도) 지역에 당시의 유적이 남아 있다.

당대의 명망 있는 교육자이자 고행자이던 비디야란야는 비자야나가라 최초의 왕 하리하라와 그의 동생 부카 1세에게 초자연적인 존재인 시바를 왕실의 협력자로 삼으라고 조언했다고 한다. 이들은 원래 이슬람교도였다. 투글루크의 군대에 몸 담고 있던 시절 개종한 것이다. 비디야란야는 형제를 설득하여 이슬람 통치 하에 세가 줄어들 대로 줄어든 시바와 다른 힌두교 신들의 위상을 회복시켜주었다고 한다. 하리하라가 세운 왕국은 한동안 이 현자를 기리는 의미에서 비디야나가라Vidyanagara로 불렸다. 이것이 후에 비자야나가라로 변화한 것이다. 비자야나가라의 왕들은 그들이 수도에 건립한 웅장한 사원에서도 보이듯, 힌두교 신들을 살뜰히 모시는 한편 이슬람 상인들을 기용하여 신식전술을 구사하는 군대 양성을 맡겼다. 수도에 정주한 이슬람 군인들을 위해 모스크를 건립한 왕도 있었다. 1520년경 비자야나가라를 방문한 포르투갈 여행자 도밍구 파에스는 이 같은 종교에 대한 관대함에 깊은 감명을 받았다. 그는 비자야나가라를 이렇게 묘사했다.

6-7 비자야나가라의 사원 악단

로마만큼이나 거대하고 아름다운 도시이다. 수로가 거미줄처럼 나 있고, 도처에 호수가 있다. 왕궁은 리스본의 성보다 거대하며, 야자수와 풍성한 과일나무들이 지천에 널려 있다. 무어족 거주지 아래로 강이 흐르고 (중략) 강기슭을 따라 서 있는 과일나무가 울창한 숲처럼 보인다.

1565년 비자푸르, 아흐마드나가르, 바만 등의 북부 이슬람 연합세력과 벌인 탈리코타 전투에서 대패한 비자야나가라는 국운이 기울기 시작한 시기에도 힌두사원의 건설을 계속했다. 비자야나가라를 점령한 이슬람 연합세력은 힌두교 건축기술자들의 사원건축기술을 십분 이용했다. 비자야나가라에 있던 코끼리 우리들은 술탄들의 명으로 모스크로 개조된 것으로 보인다. 이를 뒷받침하는 근거가 여럿 존재한다. 그 중 하나는 전쟁 후 인도 서남부 비자푸르Bijapur에 건립된 모스크이다.

코끼리 우리에 일곱 개의 원형천장이 있었는데, 비자푸르의 모스크에도 독특한 배열의 원형천장이 있어 코끼리 우리가 이 모스크의 원형일 수도 있다는 추측을 가능하게 한다.

탈리코타 전투에서 패배하기 오래전부터 비자야나가라는 인도 아대륙에서 힌두교를 수호하는 유일무이한 왕조였다. 3세기 후반에서 9세기 말까지 칸지에 도읍하여 남인도의 동쪽 해안지방을 지배한 팔라바 왕조나 인도 최남단을 지배한 판디아 왕조, 인도 남부를 지배한 촐라 왕조 등 여타 힌두국가들이 일찍이 몰락했기 때문이다. 하나 다행인 점은 이 왕조들의 몰락 이전에, 인도 사상이 동남아시아로 전래되었다는 사실이다. 팔라바는 최초로 인도 남부의 패권을 차지했다. 팔라바 초기의 왕들은 불교를 신봉했다. 7세기경부터 시바를 숭배하기 시작한 팔라바의 왕은 힌두교로 개종했다. 당시 인도 남부에는 불교가 뿌리 깊게 박혀 있었기에, 왕의 개종으로 인한 급작스러운 힌두교의 부흥은 예상치 못한 일이었다. 팔라바 왕들이 힌두교로 개종하기 전 중국의 위대한 순례자 현장玄奘은 짧게나마 이곳에 머무르며 불교경전들을 연구하기도 했다. 인도 남부 타밀족의 왕들은 팔라바의 사원 건축기술을 건축술의 표준으로 삼았으며, 캄보디아와 인도네시아의 건축물도 팔라바의 건축기술을 이용하여 지어졌다. 세계문화유산 앙코르와트도 700년대에 팔라바의 수도 칸치푸람에 지어진 카일라사나타 사원을 모델로 건축한 사원일 가능성도 있다. 중세 캄보디아와 인도네시아가 팔라바로부터 받아들인, 무한의 세계에 대한 신성한 사상의 정수는 그곳의 군주들에 의해 구현되었다.

촐라 왕 아디트야는 900년경 북쪽의 팔라바를 정복한다. 그의 뒤를 이은 아들이 남하하여 판디아의 수도 마두라이에 입성한다. 촐라

6-8 팔라바 왕조의 수도 칸치푸람에 위치한 카일라사나타 사원.
시바 신과 파르바티 여신이 사는 카일라샤 산을 본딴 것이다.

의 해외원정은 계속되어 이후 스리랑카도 침공한다. 이후로 벵골 지역이라 불리는 인도의 해안지역과 스리랑카 섬은 사실상 촐라의 지배를 받게 된다. 1025년경 촐라는 버마의 페구 왕조 침공을 단행하고, 얼마 후에는 수마트라 섬에 위치한 힌두국가 스리위자야 왕조를 침략했다. 이러한 일련의 해외원정은 당시 벵골만 일대를 장악한 촐라의 강력한 해군력을 보여준다. 그러나 13세기 중엽 과도한 정복활동으로 국력이 쇠한 틈을 타 다시 기승을 부리기 시작한 판디아의 세력에 촐라가 복속되고 만다. 현재 남아 있는 네 개의 거대한 문탑門塔은 인도의 남부,

타미르나두 주 남부의 사원도시인 마두라이를 특징짓는 건축물이다. 시바를 기리기 위해 건축된 이 탑은 비교적 최근에 건립된 것으로, 이 건축물의 원형이라 할 수 있는 열네 개의 탑과 판디아 사원은 1310년 이슬람 세력의 침공으로 완전히 파괴되었다. 당시 마두라이를 포위한 맘루크의 술탄은 전투에 임했던 판디아의 왕자 두 명 가운데 하나를 볼모로 요구하기도 했다. 이 전쟁 후 한동안 칼라지 왕조가 판디아를 지배했다. 힌두교의 자취는 감쪽같이 지워졌다. 이슬람 집권세력이 오랜 힌두교 신앙의 중심지를 흔적조차 없이 사라지게 한 대표적인 예라고 할 수 있다. 이슬람 기마부대가 지나친 자리에 남아나는 것은 아무것도 없었다. 그리고 얼마 지나지 않아 비자야나가라 왕조를 건립한 힌두교 투사들이 등장했다.

마두라이 사원의 영광을 재현할 사원 건립이 추진되었지만 완공까지는 무려 300년이 걸렸다. 마두라이 사원 터로 자신들을 인도할 것이라는 신화를 믿는 이들도 있었다. 영웅적인 인도의 무용신武勇神 인드라Indra가 악마 브리트라Vritra를 무찌른 후 머물렀던 곳에 마두라이 사원이 있었다는 것이다. 신화의 내용은 이렇다. 엄청난 양의 물을 삼킨 채 산꼭대기에 동아리를 틀고 있는 거대한 뱀 브리트라 때문에 지독한 가뭄이 계속되었다. 홀연히 나타난 인드라 신이 벽력같은 소리와 함께 천둥으로 브리트라를 내리쳐 배를 찢어버렸다고 한다. 영원토록 끝나지 않을 것만 같던 신과 악마의 대립이 끝남과 동시에 가물었던 땅에도 물기를 머금은 새싹이 돋아났다. 신들도 기쁨을 감추지 못했다. 하지만 그것도 잠시, 브리트라가 카스트의 최고계급인 브라만이었다는 사실을 알게 된 인드라는 자책으로 괴로워한다. 그가 다시 마음의 평안을 찾은 곳은 '황금빛 수련연못'이었다. 이 황금으로 빛나는 신성한 연못이 바로 마두라이 사원의 연못이라는 것이다. 시바를 극진히 모셨던 촐라 왕조의 신심은 판디아 왕조로 그대로 이어졌다. 판디아의 통치자들은 자이나교와 불교를 탄압했다. 당시 마두라이에는 금욕수행 중인 자이나교도가 다수 거주하고 있었다. 판디아의 왕은 자이나교 신전 바깥에서 자이나교 수도자 8,000명의 머리를 날카로운 칼로 찔러 살해하기도 했다. 타밀족의 전설에 따르면 판디아의 왕은 이교도 탄압도 모자라, 시바와 같은 힌두교의 신 비슈누를 모시는 사원에서도 신성모독을 저질렀다고 한다.

촐라도 공격적인 것으로는 둘째가라면 서러울 정도였다. 스리랑카의 신할리 왕조가 불교를 믿는 것을 못마땅하게 여긴 촐라의 통치자는 스리랑카를 침략했다. 마지막으로 신할리를 침략한 993년 촐라의 군대는 수도 아누라다푸라를 조직적으로 파괴했다. 침략자들은 신할리의 수도를 아누라다푸라에서 남동쪽으로 100km가량 떨어진 폴로나루와로 옮겨버렸다. 폐허가 되어버린 아누라다푸라를 뒤로하고, 난데없는 천도를 해야만 했던 신할리의 백성은 종교로 상심을 달랬던 것 같다. 새 수도 폴로나루와는 종교 제례의 중심지가 되었다. 1060년대에 촐라를 몰아내고 스리랑카를 통합한 비자야바후 1세는 아누라다푸라에서 즉위했으나, 신할리 왕조 재건 후 폴로나루와로 천도했다. 폴로나루와에 수도를 정한 신할리의 왕들은 처음에는 촐라를 무너뜨린 판디아와 동맹관계를 유지했다. 하지만 점차 관계가 악화되었고, 판디아가 다시 스리랑카를 침공했다.

중세 스리랑카의 영광을 간직한 폴로나루와는 또다시 폐허가 되어버렸다. 그 후 스리랑카는 극심한 외세의 침략에 시달리게 된다. 1247년에는 말레이 반도에서 축출된 한 불교도가 스리랑카 북부를 점

6-9   폴로나루와의 갈비하라 사원Gal Vihara temple 불상. 커다란 바위산을 깎아 만든 불교사원으로 거대한 화강암 불상이 장관을 이루는 곳이다.

령하기도 했다. 하지만 이후 판디아가 스리랑카를 침공하면서, 스리랑카는 다시 판디아의 속국이 된다. 후에 북인도 무슬림세력이 마두라이를 장악하게 되면서 판디아의 영광도 끝이 난다. 판디아의 수도는 하루아침에 무슬림 술탄의 영지가 된다. 이러한 대격변의 와중에 스리랑카 북부 자프나에서 타밀족의 독립왕조가 건국되었다. 자프나는 계피 수출로 유명한 항구도시였다. 1505년 포르투갈인이 스리랑카 해변에 닻을 내릴 때까지, 신할리가 스리랑카 대부분을 통일했다. 신할리의 수도는 오늘날의 콜롬보 교외에 있는 코테Kotte였다. 스리랑카에서 세력을 키운 포르투갈인은 코테에 요새를 건설했다. 신할리의 왕들은 더이상 독립적 치세를 할 수 없는 처지가 되고 말았다. 신할리의 마지막 왕이자 가톨릭 신자였던 다르마팔라가 포르투갈인의 강압에 못 이겨 코테의 요새로 거처를 옮겨야 할 정도였다. 1597년 다르마팔라가 서거하자 포르투갈 총독은 신할리의 마지막 왕이 그의 왕국을 포르투갈 왕께 바쳤다고 주장하기도 했다.

무굴 제국

중앙아시아 티무르 왕조의 시조 티무르가 델리를 약탈함으로써, 13세기에 노예 출신 술탄에 의해 문을 연 인도 북부의 무슬림 왕조 시대는 종말을 고했다. 18세기 초 무굴 제국의 6대 황제 아우랑제브가 인도 아대륙 전역을 장악할 때까지 인도는 아프가니스탄 왕조와 무굴의 지배를 받게 된다. 18세기 무굴 점령군에 게릴라전으로 맞섰던 인도 지방 호족들이 결성한 마라타 동맹이 인도 서부에서 맹위를 떨치게 되면서, 승승장구하던 아우랑제브의 기세가 주춤한 일도 있었다. 힌두교를 믿는 지방 호족들이 서로 간의 분쟁을 멈추고 이슬람 침략자에 대항하기로 한 것이다. 힘이 쇠한 무굴을 대신해서 영국에 대항하던 마라타 동맹은, 영국의 군인이자 정치가 아서 웰즐리가 1803년 아사예Assaye에서, 1804년에는 아르가움Argaum에서 승리를 거두면서 영국에 무릎을 꿇고 만다. 마라타 동맹군이 방위하던 땅은 영국 동인도회사의 손에 들어갔다. 재미있는 사실은 선봉에 서서 외세의 침략에 맞섰던 마라타 동맹군이 마지막 무굴의 황제가 폐위되기 반세기 전, 가장 먼저 영국에 굴복했다는 사실이다.

인도 침공 후 티무르는 전쟁에 코끼리를 투입해 1402년 앙카라에서 오스만투르크를 격파했다. 온 유럽이 야욕에 눈이 먼 중앙아시아의 침략자의 승전보에 노심초사했다. 여세를 몰아 유럽 대륙으로 쳐들어올지 모른다는 불안감 때문이었다. 흑해에 함대를 배치하고 있다는 소문도 들려왔지만 예상과는 달리 이 지칠 줄 모르는 정복자는 동쪽으로 향했고, 원정 중에 명나라 국경지대에서 사망했다. 티무르 제국에서는 황제의 피가 채 식기도 전에 극심한 권력투쟁이 벌어졌다. 생전에 이를 염려했던 황제가 죽어서도 눈을 감지 못할 정도였다. 투르크족이 치열하게 권력다툼을 벌이던 와중에 혜성처럼 나타난 자히르 웃딘 무함마드 바부르가 1526년에 무굴 제국을 창건했다. 인도 북부를 침략한 바부르는 델리 유일의 아프가니스탄 왕조 로디 왕조를 타도했다. 무굴을 이끈 바부르의 후계자들은 인도 아대륙에서 이슬람 문명의 황금기를 구가했다. 불평불만으로 가득 찬 바부르의 일기를 살펴보자.

별 볼 일 없는 나라로다. 이곳의 사람들은 그 생김새나 태도도 좋지 않고, 개성도 없고 재능도 없으며 (중략) 고상함이나 기사도 정신도 모른다. 예술품이나 공예품의 품질도 들쭉날쭉하고 (중략) 명마나 명견, 훌륭한 포도 품종도 찾아볼 수 없다. (중략) 최고급 과일·얼음·냉수도 없으며, 시장에서도 훌륭한 빵이나 요리를 찾아볼 수 없다. 목욕탕이나 학교도 없으며, 촛불이나 횃불, 양초도 없다. (중략) 거대한 강이 흐르고 있을 뿐 (중략) 볼품없는 주택이나 정원에는 수도시설도 설치되어 있지 않다.

지도 7 무굴 제국의 영토

Agra 아그라
Allahabad 알라하바드
Bombay 봄베이(영국령)
Calcutta 캘커타(영국령)
Calicut 캘리컷
Chandernagore 찬데르나고르(프랑스령)
Cochin 코친(네덜란드령)
Daman 다만(포르투갈령)
Delhi 델리
Diu 디우(포르투갈령)
Goa 고아(포르투갈령)
Hyderabad 하이데라바드
Kabul 카불
Lahore 라호르
Madras 마드라스(영국령)
Masulipatam 마술리파탐
Multan 물탄
Nagapatam 나가파탐(네덜란드령)
Patna 파트나
Pondicherry 퐁디셰리(프랑스령)
Surat 수라트

인도의 매력은 "엄청난 양의 금과 은", 그리고 "무수한 인력"에 있었다. 이 광활한 땅의 주민들은 카스트 제도에 얽매여 있어 "아버지가 하던 일을 반드시 이어받아야만" 했기 때문에, 인도의 인력은 무궁무진했다. 바부르는 도시를 요새화하고, 곡물창고를 그득 채우고 국고가 공물로 넘치게 하는 것이야말로 이상적인 정부가 나아갈 바라고 생각했다. 다른 무굴 황제들의 생각도 크게 다르지 않았다. 전쟁을 일삼았던 황제 아우랑제브마저도 기아와 궁핍에 시달리고 있는 힌두교도들 대신에 풍요한 삶을 누리는 무슬림이 인도의 거리를 메우게 되길 소원했다. 그도 숨을 거두는 순간에 인도의 거지떼를 어찌지 못한 자신의 무능력을 탓해야 했지만 말이다.

이슬람의 방식으로 인도의 문제를 해결하고자 했던 무굴의 황제들은 남아시아의 광대한 대륙에서 악전고투해야 했다. 힌두교는 끈질기게 살아남았고, 인도 아대륙에서 이슬람교도가 불어날 기미는 보이지 않았다. 그리고 이러한 상황은 결코 변할 것 같지 않았다. 이런 현실적 한계를 통감한 이가 있었으니 그가 바로 무굴의 3대 황제 자랄웃 딘 무함마드 악바르이다. 바부르의 손자 악바르는 통치의 정당성을 확립하기 위해 이슬람교보다 무굴의 이익을 우위에 두기로 결심했다. 악바르 이전의 무굴 황제들은 이슬람교로 개종하지 않는 인도인을 노골적인 폭력으로 다스렸다. 백성의 지지 대신 반감을 산 건 당연했다. 선조들과는 다른 길을 걷기로 작심한 악바르는 라지푸트족 수장의 딸과 결혼했다. 라지푸트족은 대부분 아리아계 힌두교도들이었지만 악바르의 장인은 황제의 종교 때문에 크게 고민하지는 않았던 것 같다. 악바르의 종교에 신경 쓰지 않는 것은 라지푸트족의 다른 수장들도 마찬가지였다. 여러 종교 간 논쟁을 부추기거나, 무슬림 성직자들의 권력을 제한한 황제의 결정이 힌두교도인 이들을 걱정시킬 만한 조치는 아니었기 때문이다. 악바르는 이슬람교 이외의 종교를 믿는 신자들에게 부과하던 종래의 세제를 폐지하는 급진적인 정책을 펴기도 했다.

비상한 두뇌의 소유자였던 아부 알파들은 악바르의 오른팔이었다. 아부 알파들은 악바르를 부추겨 독특한 방식으로 이슬람교를 재해석했다. 사람들은 황제의 머리 위에 예언자의 광륜이 비친다고 믿기 시작했다. 아부 알파들도 종교적 관용을 보인 황제와 마찬가지로 힌두교도에 대해서는 회유적인 태도를 취했다. 악바르가 건설한 신도시 파테푸르 시크리Patehpur Sikri에서 쉽게 볼 수 있는 힌두-이슬람 건축양식이 이를 잘 보여준다. 악바르는 파테푸르 시크리의 모스크에서 종종 기도를 집전하는 것으로 신앙심을 과시했다. 손수 신전 바닥을 쓸고 닦는 악바르의 모습도 심심치 않게 볼 수 있었다고 한다. 라지푸트 황후 소생인 무굴의 4대 황제 자한기르는 아버지의 이런 행동을 못마땅하게 생각했다. 이 황태자는 악바르가 세상을 떠나기 3년 전인 1602년에 아부 알파들을 암살하기까지 했다.

뭇사람을 압도한 악바르의 아우라는 그를 신성한 존재처럼 보이게 했다. 사람들은 그가 강물과 구름이 싣고 다니는 물을 통제할 수 있을 뿐만 아니라 신비로운 치유의 힘을 가지고 있다고 믿었다. 무굴을 방문한 유럽인이 악바르는 "모든 종류의 마법에 통달한 사람"이라는 기록을 남겼을 정도였다. 이런 신격화의 영향으로 무굴의 사관들은 악바르의 결점에 대해 언급하길 꺼렸다. 하지만 실제로는 악바르도 독단적인 행동을 일삼고, 여색을 밝히는 등 숱한 잘못을 저질렀다. 악바르의 하렘에서는 무려 5,000명에 달하는 외로운 궁정여인들의 한숨소리가 끊이지 않았다고 하니 말이다. 5,000명의 애첩 외에도 정식 결혼

6-10   파테푸르 시크리에 있는 인도 이슬람 장식. 아그라에서 30km 떨어진 곳에 악바르 대제가 건축한 신도시

6-11   파테푸르 시크리에 있는 기념건축물들

을 한 300명의 부인이 있었다. 악바르가 비무슬림 공주들과 결혼을 한 건 주변 토후국과 정치적인 연대를 맺기 위함이었다. 혼인동맹 결성이라는 정치적 목적을 위한 결혼이었지만, 비무슬림 공주들과의 결혼은 인도 사회를 대하는 그의 전반적인 태도에 상당한 영향을 미쳤다. 주변 토후국들을 무굴의 영토로 병합시키고자 했던 그의 영토확장 행보가 다른 양상을 갖게 된 것이다. 힌두교도의 땅을 침범하는 이국의 모험가쯤으로 여겨졌던 이전의 무슬림 황제들과는 사뭇 다른 대접을 받게 된 것이다.

종교의 차이에 유독 관대했던 악바르의 관용은 모든 인도인을 아우르는 절충적·혼합적인 새로운 신앙체계를 확립하려는 시도였다는 후대의 평가를 들었다. 악바르는 소 도살을 금하고 힌두교의 표식을 이마에 하고 궁정에 나타나기도 하는 등 힌두교를 존중했다. 또한 파시교도Parsee의 옷차림을 하고 태양을 숭배하기도 했으며, 가톨릭 미사에 참석하기도 했다. 이 같은 폭넓은 신앙생활은 오늘날의 관점에서 보자면 꽤나 특이해보이는 일이지만 당시 인도의 여러 종교 교리들에는 유사한 점이 상당히 많았다. 눈에 띄는 예외는 기독교뿐이었다.

힌두교에는 바크티bhakti, 보통 '신애信愛'라고 번역되는 중요한 개념이 있다. 신도가 기도로 신께 헌신하기만 하면 삶을 마감하는 순간에 신과 모종의 합일을 이룰 수 있다는 사상이다. 바크티 개념의 연원은 크리슈나를 경배했던 아르주나의 이야기가 실려 있는 『마하바라타』까지 거슬러 올라간다. 하지만 이 바크티 개념이 인도 남부에서 득세한 건 중세 초의 일이다. 시바 신을 추종하던 타밀족은, 신에게 사랑으로 헌신하는 사람들의 가슴속에 시바가 늘 살아 계시다고 주장했다. 비슈누를 따르는 이들은 여섯 개의 성벽으로 둘러싸인 도시 스리랑감Srirangam의 사원에서 비슈누를 경배했다. 한 달에 한 번씩 엄청나게 거대한 사원 마차가 시가를 행진했다. 행진이 4분의 3 정도 진행되었을 때, 밧줄 두 개가 내려지고, 신상을 가린 커튼이 열어젖혀졌다. 노쇠하거나 병약하여 사원 마차를 끄는 의식에 참가하지 못한 이들은 땅에 늘어뜨려진 밧줄을 만졌다. 브라만이 집전하던 종래의 고고한 의식과 달리 각계각층의 사람이 참가하는 모두의 축제였다. 비슈누를 섬기는 것은 개인과 신의 내밀한 관계에 달려 있지, 카스트와는 상관없다는 사실을 다시금 상기하는 의식이었다.

이슬람교의 의식이 무용하다는 주장을 폈던 수피교의 성자 하산 텔리도 바크티 운동을 일으킨 사람들과 비슷한 생각을 했던 것 같다. 악바르의 치세 하의 펀자브 지역에서 살고 있던 이 신비주의 교도들은 성지참배와 공동기도를 거부했다. 하산 텔리는 가슴 저 깊숙한 곳에서부터 차오르는 사랑으로 카바 신전을 하루에 백 번이라도 경배하는 신도에게 성지참배나 공동기도 같은 의식은 불필요한 것이라고 주장했다. 바크티 운동을 벌인 힌두교도와 마찬가지로 이들도 모든 외형적인 의례를 거부했다. 이들은 모두 겉으로 드러내는 의식이 진정한 믿음을 향한 개개인의 정진을 방해한다고 생각했다. 힌두교의 성상숭배나 이슬람교도가 하루에도 몇 번이나 올리는 기도 같은 형식적인 의식이 저 깊숙한 곳에서 들리는 영혼의 부름에 대한 응답이 될 수는 없다고 여긴 것이다.

뜻이 비슷해서였는지, 바크티 신앙과 이슬람교의 신비주의 수피교의 사상은 슬금슬금 융합되기 시작했다. 이렇게 탄생한 신종 종교가 시크교Sikhism이다. 시크교의 교조인 구루guru 나나크의 주장에 따르면 힌두교와 이슬람교 신비주의의 장점을 합쳐야 할 이유는 한두 가지가 아니었다. 나나크는 악바르가 제위에 오르기 3년 전인 1553년에 세상을 떠났다. 엄격한 유일신론자였던 나나크는 카스트 제도를 반대했다. 그는 모든 인간은 평등하며, 누구나 기도와 명상을 통해 영혼의 자유를 얻을 수 있다고 설파했다. 또한 신은 형체가 없으며, 영원하고 눈에 보이지 않지만, 모든 사물의 신성 관찰을 통해 영적인 세계에 눈을 뜰 준비가 된 자들은 구원을 받을 수 있다고도 말했다. 시크교도는 턱수염·터번·용맹함으로 회자되기도 하지만, 시크교의 핵심은 유일신에 대한 명상을 통한 수행이다. 라호르Lahore 부근에서 추종자 무리를 형성한 나나크는 자신이 죽기 전에 2대 구루를 지명했다. 시크교는 현재 전 세계적으로 신도가 2,300만 명에 이르는 세계 5대 종교 중 하나이다. 시크Sikh라는 단어는 '교육'·'학습'이라는 뜻의 산스크리트어로, 전통적인 숭배의 구속을 버리게 하는 '가르침'이라는 뜻이다. 시크교는 유례없는 종교적 관용의 시대에 탄생한 덕에 개종의 압박을 피해갈 수 있었다.

이 같은 종교계의 지각변동은 악바르의 뒤를 이은 자한기르에게는 아무런 영향도 미치지 못했다. 아부 알파들에 대한 증오를 감추지 못했던 이 황제는 종교에는 상당히 무심했다. 조카 세 명이 기독교인이 되는 것을 허락한 것도 모자라, 그들의 세례식 당일에는 아그라 시가에서 화려한 가두행진을 벌이기까지 했다. 17세기 인도에 거주했던 프랑스인 의사 프랑수아 베르니에는 자한기르 황제가 "평생 그랬던 것처럼, 모든 신앙에 무심한 채로 죽었다"고 기록하기도 했다. 1627년에 유명을 달리한 이 황제는 라마단 금식기간에도 돼지고기와 포도주를 즐겨 먹을 정도로 신을 멀리했다.

자한기르의 아들 쿠람 샤 자한이 그의 뒤를 이어 인도 무굴의 5대

6-12　　　무굴 제국의 황제 자한기르가 아버지 악바르 대제의 초상화를 보고 있다.

황위에 올랐다. 종교적 무질서를 간과할 수 없었던 황제 샤 자한은 기독교 교회를 모두 파괴하고 비무슬림과 무슬림 간의 결혼을 금했다. 신심이 깊었던 샤 자한은 황태자의 신분이었던 시절부터 아버지 자한기르와 불화를 겪었다고 한다. 부전자전인지 악바르에게 사사건건 대들었던 자한기르처럼 샤 자한도 자신만의 방법을 고집했다. 무굴의 황실은 부자 갈등으로 평안할 날이 없었다. 그 중에서도 최악의 사건은 샤 자한의 아들이 늙은 아비를 감옥에 투옥시킨 일이다.

　　샤 자한은 유능한 지휘관이었다. 그는 전임 황제들이 물려준 강력한 군사력을 이용하여 무굴의 국경수비를 튼튼히 했다. 하지만 경제관념에는 문제가 있는 통치자였던 그는 재임기에 국가의 재산을 심각할 정도로 낭비했다. 이런 실정은 퇴위의 명분을 제공했고, 그는 사치스러움으로 후대에 기억되는 불명예를 안았다. 베네치아의 여행가 니콜라오 마누치는 샤 자한의 궁정에 대해 이렇게 묘사했다.

> 샤 자한의 황좌는 여성들이 머무르는 처소 바로 옆에 있다. 황제가 문을 나서자마자 여인들의 땅에 닿게 하기 위함이다. 탁자처럼 생긴 황좌는 온갖 보석과, 황금과 에나멜로 만든 꽃으로 꾸며져 있다. 황좌에서 한 발짝 떨어진 곳에는, 황태자들 외에는 아무도 들어갈 수 없는 (중략) 황금 울타리가 둘러쳐져 있다.

공작황좌는 샤 자한의 사치스러운 성품을 보여주는 대표적인 공예품이다. 이 황좌에 박혀 있는 "100만 루피의 값어치가 있는 최상급 루비"는 사파비의 술탄 샤 압바스가 선물한 것이었다. "활짝 핀 날개에 온갖 종류의 보석이 박힌" 두 마리 공작에서 이름을 따온 이 황좌의 장식에만 수백만 루피가 들었다.

　이 화려한 황좌에는 무굴에, 아니 그보다는 무굴 통치 하의 인도 미술과 건축에 족적을 남기길 원했던 황제의 염원이 서려 있다. 샤 자한 황제는 아그라와 라호르의 황실 소유 건축물들을 대대적으로 손보았다. 델리에서 새로운 수도 샤자하나바드Shahjahanabad(현재의 올드 델리)의 건립도 추진했다. 아그라Agra를 떠날 이유가 하나도 없는 시점이었음에도, 할아버지 악바르의 뒤를 좇고 싶었던 몽상가 황제의 뜻을 그 누구도 거스를 수는 없었다. 히말라야 산맥 안에 있는 고지로

6-13   쿠람 샤 자한. 공작황좌와 타지마할 묘의 창조자

서, 현재 동부의 태반은 인도령이고 서쪽 일부는 파키스탄령으로 되어 있는 카슈미르에서는 어느 누구도 본 적 없는 꽃과 나무가 그득한 샬리마 정원이 그 화려한 자태를 뽐내고 있었다. 샬리마Shalimar는 산스크리트어로 '사랑의 전당'이라는 뜻이며, 샤 자한 황제와 뭄타즈 마할 황후의 사랑이 시작된 곳이다. 샤 자한은 자신이 가장 사랑했던 뭄타즈 마할이 세상을 떠나자 그녀를 위한 영묘 타지마할의 건립을 추진했다. 애처를 기리는 데 유난히 야단이었던 샤 자한은 공사현장을 몸소 방문하여 작업의 진척상황을 살펴보곤 했다. 하루는 다시 공사현장

6-14 뭄타즈 마할을 위해 무굴 제국의 5대 황제 샤 자한이 건축한 타지마할Taj Mahal. 영원한 사랑의 기념비라 할 수 있는 이 영묘는 샤 자한이 열네 번째 아이를 출산하던 중 사망한 황후 뭄타즈 마할을 추모하기 위해 완공했다.

을 찾은 샤 자한이 심혈을 기울여 대리석 조각을 자르고 있는 석공에게 무엇을 하고 있느냐고 물었다고 한다. "지금 타지마할을 짓고 있지 않소, 이 늙은 양반아. 그리고 그런 한가한 질문에 대답하다가는 세상에서 가장 아름다운 건축물을 영원히 지을 수 없을 거요." 석공의 대답에 황제는 꽤 만족해했다고 한다.

궁정에서 가장 빼어난 가인이었던 '황궁의 보석' 뭄타즈 마할은 샤 자한이 황위에 오른 지 4년 만인 1631년 출산을 하다 38세의 나이로 목숨을 잃었다. 그녀는 샤 자한에게 모두 열네 명의 아이를 낳아주었다. 샤 자한을 폐위시킨 아우랑제브도 뭄타즈 마할의 소생이었다. 샤 자한이 1658년 병고에 시달리는 사이 아들들이 피비린내 나는 권력투쟁에 나섰고, 일곱 번째 아이이자 3남인 아우랑제브가 승리했다. 골육상잔의 내전에서 차례로 상대를 압도한 아우랑제브는, 병든 아비가 머물고 있는 아그라 요새의 물 공급을 중단해버린다. 아버지의 항복을 유도한 것이다. 그는 샤 자한을 아그라 요새에 가두고, 샤 자한이 세상을 떠난 1666년까지 단 한 번도 아버지를 만나지 않았다고 한다. 이 왕위찬탈자의 냉혹한 면모는 아우랑제브의 추종자들에 의해 감추어졌다. 그들은 아우랑제브 황제를 알람기르Alamgir, 즉 "우주의 정복자"라고 불렀다. 묵묵히 사랑하는 아내가 잠들어 있는 타지마할에 함께 몸을 누인 아비의 장례식에도 불참한 패륜아에겐 과분한 칭호인 듯하다.

아우랑제브는 양심의 가책을 이기기 위해 이슬람교 신학을 후원했다. 그는 궁정에 있는 사람들에게도 엄격한 신앙생활을 강요했다. 장식품의 사용이나 음악, 시 등이 금지되었다. 아우랑제브가 방대한 『코란』을 두 번이나 전사하는 데 성공한 것을 보면 전쟁터에 나가지 않은 시간의 대부분을 『코란』 베껴쓰기에 쏟아부은 듯하다. 하지만 신실한 이슬람교도였던 황제가 남부 인도인을 개종시키려던 시도는 역효과를 낳았다. 1707년 아우랑제브가 서거하고, 무굴 제국은 영광스런 옛 시절의 그림자에 불과한 나라가 되어버렸다. 중세에는 인구 1억이 넘는 아시아 최대제국이었던 무굴의 영향력은 이제 전과 같지

6-15   샤 자한 황제가 말년에 수감되어 있던 아그라 요새에서 바라본 타지마할

않았다. 속국들을 관리하는 것이 점점 더 힘들어졌다. 가문의 전통대로 아우랑제브의 아들들도 권력다툼을 벌였고, 여기서 승리한 아우랑제브의 둘째 아들 바하두르 샤가 황위에 올랐다. 아버지가 죽자 두 동생을 죽이고 제국을 차지한 것이다. 각지의 반란은 무굴의 앞날을 더욱 어둡게 했다. 첫 번째 반란은 시크교도가 주도한 것이었다. 시크교의 열 번째 구루인 고빈드 싱의 가장 어린 아들 둘이 살해된 것에 대한 보복이었다. 원래 고빈드 싱은 황위를 놓고 아우랑제브의 아들들이 벌인 싸움에서 바하두르 샤를 지지했다. 하지만 바하두르 샤 즉위 후

정당한 보상을 받지 못했다고 여긴 시크교도들이 펀자브로 쳐들어간 것이다. 이들은 격렬한 전투를 벌인 끝에 황군에 패배했다. 병력의 증강으로 무굴은 시크교 반란세력을 펀자브의 평원에서 밀어낼 수 있었다. 하지만 민심의 이반으로 곳곳에서 반란이 계속되었다. 백성이 이들을 지지하는 탓에 반군이 언덕에서 벌이는 게릴라 전투를 종식시킬 길은 요원했다. 바하두르 샤가 사망한 1712년에도 전쟁은 계속되었다.

다시 한 번 황위를 놓고 피의 혈투가 벌어졌다. 무능한 아들 자한다르 샤가 이름뿐인 황제가 되었다. 아무것도 할 수 없는 무력한 처지를 비관한 무굴의 새로운 황제는 애첩 랄 쿤와와 매일 술을 마셔댔다. 황제가 방종의 세월을 보내는 동안, 임금을 제대로 받지 못하게 된 군인들은 반란군을 상대로 싸우기를 거부했다. 궁전의 화려한 장식품들이 팔려나가기 시작했다. 황가에서는 고가의 잔, 보석, 심지어 벽의 장식까지도 모두 내놓았다. 무정부상태가 이어졌다. 1719년에 또 한 명의 꼭두각시 황제가 즉위했지만, 무굴의 사기에는 보탬이 되지 못했다. 변방과 속주의 지도자들이 각기 독립을 주창했다. 무굴의 위신은 땅에 떨어졌고, 1739~1740년에 델리를 점령한 페르시아군은 도시를 방화하고 주민을 학살했을 뿐만 아니라 공작황좌도 훔쳐가 버렸다. 그렇게 역사 속으로 스러져갔지만, 무굴 황제들의 찬란했던 시절은 인도 전역의 궁전에 남았다. 힌두교와 이슬람교도 국가들에 무굴의 궁전을 모방한 궁전이 속속 건축되었다. 인생의 황혼기에 접어든 무굴의 마지막 황제 바하두르 2세는 인도 정치에 어떠한 영향력도 행사할 수 없는 꼭두각시 황제였다. 하지만 마냥 허수아비는 아니었던 모양이다. 그는 세포이 항쟁을 합법적인 것으로 승인하면서 인도 독립운동의 구심점 역할을 하기도 했으나, 이것이 문제가 되어 폐위되었다.

유럽의 경쟁구도

대항해 시대 유럽 국가들이 남아시아로 몰려든 것은 무역 때문이었다. 최초로 인도에 발을 디딘 유럽인은 포르투갈의 항해자 바스코 다 가마였다. 그는 1498년 남아프리카공화국 케이프 주 남서쪽 끝에 있는 암석 곶串 희망봉을 거쳐 인도 남서부 캘리컷Calicut에 도착했다. 포르투갈인은 상식적으로 이해할 수 없을 정도로 강한 반이슬람 정서를 가지고 있었다. 캘리컷에 도착한 포르투갈인은 힌두교사원에서 성모 마리아에게 기도를 올렸다. 힌두교사원에는 이슬람교의 자취가 묻어 있지 않다는 것이 이유였다. 이슬람 세력과의 오랜 싸움에서 종교적 정체성을 찾았다 해도 과언이 아닌 포르투갈인은 광신적 종교행위에 열을 올렸다. 지중해에서 주로 활동하던 이 광신도들의 아시아 진출로 국제 무역의 새로운 장이 열렸다. 아랍과 중국 사료에는 바다의 위험·폭풍·난파·해적소탕 같은 이야기만 잔뜩 기록되어 있을 뿐, 유럽 국가들이 실제로 행사한 물리적 폭력에 대한 내용은 눈 씻고 보아도 찾아볼 수 없지만 말이다. 포르투갈인이 무력을 동원해 얻고자 했던 것은 독점적인 해상 무역권이었다. 이는 아시아의 상거래 관행에 비추어 볼 때 상당히 이질적인 것이었다.

광신도처럼 미쳐 날뛰는 포르투갈인의 만행을 십자군원정의 연장으로 여긴 교황들은 한결같은 지지를 보냈다. 1502년 포르투갈의 왕 마누엘 1세는 캘리컷의 통치자에게 기독교의 적 무슬림을 한 명도 빠짐없이 추방해야 한다는 주장을 펴기도 했다. 당시 인도양의 제해권을 차지한 건 포르투갈이었기 때문에, 마누엘의 이러한 요구는 실현될 가능성이 농후했다. 중국의 황제는 바다에 별다른 신경을 쓰지 않았고,

이집트·페르시아·비자야나가라에는 해군의 존재조차 없었다. 국토방위를 위해 강성한 육군의 육성에만 집중했던 무굴의 건국도 포르투갈에게는 호재였다. 난생 처음으로 바다에서 파도가 치는 것을 목격한 악바르가 어리둥절한 반응을 보였다는 일화가 전해질 정도로, 무굴의 통치자들은 바다에 관심을 두지 않았다.

포르투갈이 엄청난 수익을 보장하는 신종사업인 향신료 무역을 독점한 것에 마음이 급해진 베네치아는 이집트를 괴롭히기 시작했다. 이집트의 맘루크 왕조의 술탄에게 홍해를 통과하는 항로를 베네치아에 항시 개방하라는 요구를 한 것이다. 자신의 능력으로 이 모든 상황을 감당할 수 없었던 불쌍한 이집트의 통치자는 교황에게 이집트인과 성지 예루살렘을 기독교인의 횡포로부터 구해달라고 읍소했다고 한다. 포르투갈은 1540년대에 오스만투르크가 이집트를 점령해서 페르시아 만까지 세력을 확장하기 전까지는, 바다까지 그 세를 확장하지 못했다. 그때까지는 자신들이 인도에 건설한 식민지인 일명 '인도 제국Estado da India'을 보호하기 위한 요새들을 남인도에 지어놓은 것으로 만족해야 했다. 이 인도 제국의 중심지는 포르투갈인이 동방의 수도라 불렀던 고아Goa였다. 인도 중서부 아라비아 해에 면한 고아는 원래 두 번째 인도 식민통치자였던 알폰소 데 알부케르케에 의해 1510년 함락된 무슬림 요새도시였다. 알부케르케는 페르시아 만 입구에 있는 호르무즈까지 포르투갈의 요새도시로 만드는 데 성공함으로써, 향신료 무역 대부분의 통제권을 손에 쥐게 된다. 비록 3년 뒤에 시도한 아덴Aden 침공은 실패했지만, 구자라트Gujarat의 디우Diu를 식민화하여 그곳에 포르투갈인 정착촌을 건설했다. 알부케르케는 여세를 몰아 말레이 반도까지 진출했다. 17척의 선박으로 이루어진 함대

6-16 1498년 뱃길을 이용해 인도에 도착한
최초의 유럽인 항해자 바스코 다 가마

를 이끌고 출정한 알부케르케가 말레이시아에 있는 항구도시 말라카 Malacca를 점령한 것이다.

포르투갈인은 인도에서 세를 유지함에 있어 무굴의 황제 아우랑제브를 경계했다. 아우랑제브의 남하정책이 포르투갈의 동방 무역에 어느 정도 지장을 줄 순 있었겠지만, 아우랑제브에게는 식민도시 고아의 존립 자체를 위협할 의도 같은 건 아예 없었다. 아무리 무굴의 황제라도 아라비아로 향하는 순례자들을 태운 배를 막아서서 포르투갈을 자극한 뒤의 뒷감당을 할 엄두는 내지 못했기 때문이다. 포르투갈의 식민지 '인도 제국'에 실제적인 위협을 가한 건 오히려 네덜란드인이었다. 네덜란드는 포르투갈보다 스페인을 더 적대시했지만 말이다. 네덜란드와 스페인은 개와 고양이 같은 사이였다. 양국이 1580~1640년 오스트리아계의 합스부르크 왕가의 통치 하에 한 나라로 합쳐져 있었던 것이 화근이었다. 자국 내 신교도 탄압에 분노한 네덜란드인이 독립 전쟁을 벌였고, 결국 양국은 베스트팔렌 조약으로 분리되었다.

    네덜란드인은 고아를 무려 8년간 봉쇄했을 뿐만 아니라 리스본에서 온 배들도 공격했다. 상인들의 손실은 이만저만이 아니었다. 지금까지 해상 무역의 기반시설들은 동방 무역의 거점이었던 고아에서 다른 항구들, 주로 포르투갈의 통제 밖에 있는 항구들로 옮겨갔다. 포르투갈의 식민지인 '인도 제국'의 상황은 더욱더 악화되었다. 호르무즈마저 잃고 말았던 것이다. 비록 무스카트는 확보한 상태였지만, 무스카트의 포르투갈 해군 순찰대는 1622년 호르무즈 해협의 해상활동을 통제하는 것이 불가능하다는 판단을 내렸다. 네덜란드도 분투했지만, 포르투갈도 동방 무역의 기반을 지키려 많은 노력을 기울였기 때문에, 향신료 무역의 주도권을 빼앗는 것이 쉬운 일이 아니었던 것만은 분명하다. 하지만 포르투갈의 총은 네덜란드의 대포를 당해내지 못했다. 고아에 총기생산 공장이 있었음에도 말이다. 네덜란드의 대포가 벽력과 같은 소리와 함께 트링코말리Trincomalee 요새 벽에 커다란 구멍을 냈고, 1639년 포르투갈은 스리랑카 동해안에 있는 항구도시 트링코말리를 네덜란드에 빼앗겼다. 화력의 압도적인 차이 때문에 어쩔 도리가 없었던 포르투갈은 스리랑카에 대한 장악력마저 잃고 말았다. 이제 엄청나게 넓은 영토에 영향력을 행사하게 된 네덜란드는 1652년 계피 무역에 대한 통제권도 손에 쥐었다.

    하지만 스리랑카에는 포르투갈인과 신할리족 간의 결혼이라는 네

6-17 1510년 이후부터 포르투갈의 아시아 거점이었던 고아Goa의 거리

딜란드도 예상하지 못했던 복병이 존재했다. 포르투갈인과 신할리족 간의 결혼으로 생긴 혼혈자손들이 포르투갈의 편에서 함께 싸웠다. 이것이 바로 포르투갈 군대가 네덜란드와의 지난한 싸움에서 상당히 오랜 시간 버틸 수 있었던 이유였다. 가톨릭 사제들의 영향도 있었겠지만, 개신교를 믿는 네덜란드인의 칼뱅주의는 전통적으로 불교를 믿어온 섬사람들에게도 환영받지 못했다. 네덜란드인은 포르투갈 신부들을 박해했고, 대다수의 사람들이 스리랑카 섬을 떠났다. 하지만 네덜란드인도 불교에까지 손을 대지는 못했다. 스리랑카의 총독이었던 조안 매취커 장군은 화합을 중시하던 포르투갈 방식을 따라 상황을 정리하려 최선을 다했다. 그는 네덜란드 정착민에게 아시아계 여성과의 결혼을 장려했다. 혼혈인 자녀들이 부모가 모두 유럽인인 아이들보다

스리랑카 땅에 더 잘 적응할 것이라고 사람들을 설득했다. 하지만 식민지에서의 매취커 장군의 실험은 실패로 끝났다. 정착지에는 네덜란드인이 아닌 독일인·스칸디나비아인·프랑스인·영국인 용병들이 살고 있었기 때문이다. 백인우월주의에 빠져 있던 네덜란드 고위관료들의 무관심도 실패에 한몫했다. 그들은 급기야 인종차별정책을 펴기까지 했다. 네덜란드가 영구 주둔지를 건립한 자바에서는 말레이시아 여인과 결혼한 네덜란드인이 심한 불이익을 받는 상황이 벌어졌다.

유럽인과 인도인 경쟁자들이 이미 존재하긴 했지만 네덜란드가 인도에는 비교적 수월하게 진입할 수 있었다. 인도는 이미 1606년 교역소가 설치된 동방 무역의 거점이었다. 인도산 직물이 동쪽으로는 인도네시아 제도·중국·일본, 그리고 서쪽으로는 유럽과 서인도 제도까지 수출되었다. 이 같은 인도 직물의 대부분은 동남아시아에서 거래되었다. 네덜란드가 직물을 돈과 같은 매개체로 사용하여 향신료와 교환했기 때문이다. 인도 직물거래로 유명한 구자라트Gujarat의 중점사업은 향신료 무역이었다. 주요 향신료들이 수라트Surat의 항구에서 팔렸고, 무굴 황궁 근처에 네덜란드 직판점이 있었던 아그라에서는 정향·육두구·말린 육두구 씨껍질 등이 거래되었다. 무슬림 귀족들은 엄청나게 부풀려진 가격에도 불구하고 앞을 다투어 인도네시아산 향신료를 사들였다. 시장 확장을 위해 가격인하를 고려하고 있던 네덜란드 상인들이 당황했을 정도였다. 하지만 싸게 판매할 경우 다른 상인들이 싼 값에 향신료를 사서 유럽으로 재수출할 위험이 존재했으므로 가격인하 조치를 단행하지는 않았다.

영국 동인도회사의 입장에서 보자면 네덜란드는 아시아 상업을 초기에 독점하려 했던 포르투갈과 다를 바가 없었다. 영국과 네덜란드는 유럽의 바다에서 세 번의 전쟁을 벌였다. 승부는 매번 판가름 나지 않았고, 1674년 양국은 공해에서 서로를 용인하기로 합의한다.

안정적인 해상활동을 하기 위해 요새화된 정착지를 건설할 발상을 한 건 포르투갈이었다. 그 다음으로는 네덜란드가 요새를 건설했다. 포르투갈 요새는 해상운송에 대한 세금징수의 거점이었던 반면, 네덜란드의 요새는 향신료의 생산과 분배와 관련된 현지 무역을 장악하는 데 이용되었다. 한편 영국은 요새화된 정착지를 상당히 늦게 도입했다. 이는 무굴의 쇠락과 많은 관련이 있었다. 무굴과 마라타 동맹의 분쟁지역과 가까운 곳에 위치한 봄베이에는 수비군이 절실했다. 봄베이는 포르투갈이 브라간자Braganza 부르봉 왕조의 캐서린과 찰스 2세의 결혼 선물로 1661년에 영국에 양도한 땅이었다. 포르투갈에서 온 왕비 캐서린이 영국에 준 선물은 봄베이만이 아니었다. 차를 즐겨 마셨던 그녀의 영향으로 유럽에서 차가 유행했고, 그 덕에 영국 동인도회사는 세계 최고의 무역회사로 거듭날 수 있었다.

무굴 대 마라타 동맹의 갈등 때문에 영국 상인들은 상당히 복잡한 상황에 직면해야 했다. 봄베이 총독 찰스 분은 1718년 폭력사태 발생 위험이 분명히 존재한다고 경고했다. "해군 없이는 무역도 없고, 두려움을 주지 못하면 친구도 되지 못한다." 찰스 분이 남긴 이 명언은 후에 인도의 영국령 식민지화의 주역 로버트 클라이브에 의해서 증명되었다. 클라이브는 인도에서 벌어진 영국과 프랑스 식민 전쟁에서 영국의 승리를 확정지은 인물이다. 영국 동인도회사는 인도 땅에서 프랑스를 물리치는 데 성공한다. 여기에는 유럽 내 영국-프랑스 간 경쟁구도 변화가 미친 영향이 분명히 존재했다.

인도 내 프랑스 식민지의 행정 중심지 퐁디셰리Pondicherry에서 프

6-18　찰스 2세가 브라간자의 캐서린과 결혼함으로써 봄베이는 1661년에 영국령이 되었다.

랑수아 뒤플리는 인도 통치자들과 모의하여 영국인 정착지 마드라스를 뒤엎을 꿈에 부풀어 있었다. 하지만 카르나타카Karnataka 지역의 무굴 지도자 안와르 웃 딘은 프랑스와 영국에 평화 유지를 촉구하며 아들 무흐푸즈 칸이 이끄는 10,000여 명의 군사를 보내 양국 간 분쟁을 막으려 했다. 무흐푸즈 칸의 군대는 아디아르Adyar 강가에서 마드라스를 향해 진군하던 230명의 유럽인과 700명의 인도인으로 구성된 프랑스군과 마주쳤다. 무흐푸즈 칸은 진군을 저지하려 했고, 프랑스 사령관은 발포명령을 내렸다. 이어 울린 한 발의 총성은 식민지 역사의 변곡점이 되었다. 일제 사격이 이어졌고 신식훈련을 받은 프랑스부대가 수적 열세에도 불구하고 무굴의 대군을 격파하는 일이 벌어졌다.

　　포르투갈을 시작으로 아시아에 진주한 유럽 국가들은 모두 현지에서 병사를 조달하여 수적 열세를 극복하려는 시도를 했다. 하지만

6-19　마드라스의 영국 요새

　현지 병사를 유럽의 방식으로 체계적인 전투훈련을 시킨 건 프랑스가 처음이었다. 1751년 이후부터 프랑스 정부는 현지에서 조달한 아시아인 병사에게 머스킷 총을 제공했을 뿐만 아니라, 유럽인 사령관이 부대를 지휘하게 했다. 영국 동인도회사가 이런 방식을 금방 뒤따라 했다. 이를 계기로 영국-인도 군대의 토대가 마련되었다. 인도에서 모집할 수 있는 병력은 무궁무진했다. 영국이 2차 세계대전에서 일본 황군을 상대로 버마에서 승리를 거둘 수 있었던 건 영국의 육군 원수 슬림의 말대로 "대부분이 아시아인인 군대" 덕분이었다.
　마드라스를 차지한 프랑스는 이어 퐁디셰리와 가까운 곳에 위치한 세인트 데이비드 요새 점령을 시도했다. 세인트 데이비드 요새의 수비병력은 300여 명에 불과했다. 이들 중에는 뒤플리의 천적, 21세의 로버트 클라이브도 있었다. 마드라스를 가까스로 탈출한 클라이브는 세인트 데이비드 요새에 당도하자마자 소위 임명을 받은 상태였다. 안와르 웃 딘은 포위된 세인트 데이비드 요새로 2,500명의 원군을 보냈고, 위협을 느낀 프랑스군은 퐁디셰리로 철수했다. 무굴 세력과 타협해야 한다는 사실을 깨달은 뒤플리는 마드라스에서 약탈한 전리품을 안와르 웃 딘에게 바치고 영국을 배신하라고 회유한다. 심지어 마드라스에 무굴의 국기가 일주일간 게양되는 것까지 허락했다.

유럽에서 갈등국면이 잦아들면서 프랑스와 영국은 인도에서의 적대관계를 공식적으로는 끝냈지만, 영국을 향한 뒤플리의 음모는 계속되었다. 인도 남부를 장악하다시피 하고 있던 뒤플리의 등쌀을 견디다 못한 영국 동인도회사가 프랑스와 인도 동맹들에 대한 제재조치를 허가했을 정도였다. 다시 투입된 클라이브가 인도 내 프랑스 세력의 견제에 들어가면서 흑색선전을 했고 여기에 넘어간 프랑스 정부가 뒤플리를 본국으로 소환했다. 영국이 다시 우위를 점하게 되었으나 군사적 지출이 워낙 많아 영국 동인도회사는 그다지 만족스러운 수익을 거두지 못했다. 당시에는 중국에서의 무역으로 인도 내에서의 군사활동에 필요한 돈을 벌 수 있다는 사실을 아직 알지 못했기 때문이다. 차에 대한 수요는 점점 늘어갔다. 1701년에 8,000파운드가량 판매되었던 차에 대한 수요는 1774년에는 848,000파운드가 판매되었을 정도로 급격하게 신장되었다. 동인도회사가 취급하는 차는 거의 전량이 영국과 미국 식민지로 수출되었다.

클라이브는 또 다른 문제 해결을 위해 벵골 지역으로 가게 된다. 무굴의 태수太守 시라즈 웃 다울라는 영국인이 캘커타에서, 프랑스인

6-20 플라시 전투가 끝난 직후 무굴 태수를 만난 로버트 클라이브

이 찬데나고르에서 짓고 있는 요새는 무굴을 공격하기 위한 포석이라고 생각했다. 또 다른 영국과 프랑스 간 갈등으로 비화될 수도 있었던 요새건설 경쟁이 채 끝나기도 전에 시라즈 웃 다울라는 캘커타를 점령한다. 영국의 인도 식민지화에 반기를 든 이 벵골의 태수는 1756년 후에 '블랙홀'이라 불리게 된 감옥에 캘커타에 거주하고 있던 영국인을 대거 투옥시켰다. 이때 수감된 영국인 대부분이 사망하면서 이 무굴의 태수는 살인자라는 씻을 수 없는 오명을 얻게 된다. 클라이브는 1년 만에 캘커타를 탈환하고, 찬데나고르에서 프랑스인을 추방했다. 클라이브는 18세기에 벌어진 다른 어떤 전투에서보다 적은 힘을 들여 플라시에서 시라즈 웃 다울라를 물리쳤다. 늦은 오후 벵골 진영을 습

격한 것이 이 전투의 승패를 결정지었기 때문이다. 포를 교체하는 데 시간이 오래 걸린 데다, 폭우 때문에 그날 오후에는 영국군도 더 이상 공격에 나서지 않을 것이라 생각한 시라즈 웃 다울라의 군대가 본진으로 귀환하기 시작한 시점이었다. 급습의 기회를 보고 있던 클라이브는 급히 자신의 병사들을 진격시켰고, 추는 순식간에 기울었다. 목숨을 잃을 것을 두려워한 나머지 시라즈 웃 다울라는 낙타를 타고 전속력으로 달아났다. 수적으로 열세인 영국-인도 군대가 30,000명이 넘는 무굴의 군대를 상대로 다시 한 번 압승을 거둔 것이다.

시라즈 웃 다울라의 패배로 영국 동인도회사는 벵골 지역의 패권을 잡았다. 이어 영국의 육군대장 에어 쿠트가 완디와시Wandiwash 전투에서 프랑스군을 섬멸했다. 해군의 도움도 받을 수 없었던 퐁디셰리의 프랑스군도 1761년 항복했고, 프랑스의 일장춘몽은 그렇게 끝났다. 거부가 된 클라이브는 은퇴 후 영국으로 금의환향했다. 그의 성공에 자극받아 인도로 떠나는 이들도 있었다. 영국 정부가 동인도회사 직원들이 과도한 부를 축적하는 것을 기뻐할 리는 없었다. 하지만 동인도회사가 벌어들이는 돈은 국가경제의 중요한 한 축이었기 때문에, 이들의 부정축재 혐의에 대한 재판은 언제나 석방으로 끝이 났다.

영국의 승리

클라이브의 후임자들이 이제 영국 동인도회사의 영구적인 인도 아대륙 본거지가 된 캘커타의 세력을 점진적으로 확장시켰다. 북미 식민지를 잃은 탓에 동방에 대한 영국 왕실의 관심은 지대했다. 인도 총독으로 부임한 찰스 콘월리스 경은 동인도회사의 판로를 확대하는 공을 세워, 요크타운에서의 수치스러운 패배를 조금은 만회했다. 콘월리스 경은 매년 런던 재무부에 보낼 500,000파운드의 재원을 재빠르게 마련하여 송금한 덕에 영국에서는 올곧은 인사란 평을 들었지만, 인도에서는 노골적인 제국주의 식민통치를 선보였다. 하지만 정작 동인도회사의 역량을 무역 이외의 영역으로 넓힌 건 1797년 4대 인도 총독이 된 리처드 웰즐리였다. 비록 중국에 아편을 팔아서 마련한 자금으로 인도 전역을 영국의 식민지로 만드는 정복정책을 추진했지만 말이다. 그는 인도는 "회계사무소가 아닌 궁정이 나서서 다스려야 한다"거나 "모슬린이나 인디고 염료를 파는 소매상의 생각이 아니라 왕의 사고로 다스려야 한다"고 말하기도 했다.

리처드 웰즐리에겐 천군만마와도 같은 조력자가 있었으니, 제33보병연대의 지휘관이자 리처드 웰즐리의 동생인 아서 웰즐리가 바로 그 주인공이다. 당시 영국은 최악의 국제정세에 휘말려 있었다. 영국은 프랑스·네덜란드·스페인과 교전 중이었고, 설상가상으로 마지막 동맹국 오스트리아는 프랑스의 신예 나폴레옹 보나파르트 장군의 군대에 패해 강화조약을 체결했다. 그 와중에 영국 남부의 해군 정박지 노어Nore와 스핏 헤드Spithead에서 반란이 일어났다. 영국 해군의 기강이 무너지고 있음을 반증하는 사건이었다. 새로 부임한 인도 총독은 인도 식민지에 개입하려는 프랑스의 압박에도 의연한 자세를 유지하며, 단호하게 캘커타를 재정비하고 지시에 따르지 않은 자들을 척결하기 시작했다. 맨 처음으로 한 것은 동인도회사에게 항상 눈에 가시와 같았던 인도 남부의 마이소르Mysore를 정복한 일이었다. 뒤이어 마라타족 문제 해결을 위해 동생 아서 웰즐리를 파견했다. 이집트를 향한 프랑스의 압박이 조금 잦아들긴 했지만, 나폴레옹이 언젠가는 육로로, 아니면 홍해를 통하는 해상으로 인도를 침공할지도 모른다는 생각을 하는 것은 리처드 웰즐리만이 아니었다. 나폴레옹에게 인도 아대륙은 단순한 영국의 소유물 그 이상의 의미를 지닌 대상이었다. 정복욕에 사로잡힌 코르시카 출신 황제의 눈에 인도는 아시아의 부와 화려함으로 찬란하게 빛나는 환상적인 고지로 비춰졌을 테니 말이다.

리처드 웰즐리가 2차 마라타 전쟁(1803~1805년)을 일으킨 데는 이유가 있었다. 마라타족은 이제 1775년에 일어난 1차 마라타 전쟁 당시만큼 두려운 존재가 아니었다. 이제 마라타 동맹을 캘커타의 통제 아래에 놓을 때가 되었다고 판단한 리처드 웰즐리가 행동에 나선 것이다. 이 행보에 있어 그는 뜻하지 않은 도움을 영국 정부로부터 받게 된다. 때마침 영국 본토에서 프랑스인을 축출하라는 명령이 하달된 것이다. 남아 있는 프랑스인은 대부분 마라타 동맹에 고용된 용병들이었기 때문에, 이런 상부의 지시 덕에 웰즐리에게 마라타 동맹을 진압할 명분이 생긴 것이다. 게다가 영국 동인도회사에 도움을 청한 바지 라오 2세를 돕는다는 구체적인 명분도 이미 존재했다. 마라타 동맹의 명목상 지도자였던 바지 라오는 라이벌 토후들에 의해 푸나Poona에서 추방되었다. 현지세력의 내부갈등을 해결하기 위해 외세를 끌어들이기로 결심한 바지 라오는 영국 동인도회사에 도움을 청했고, 리처드 웰즐리는 이를 매우 흡족해했다. 바지 라오가 영토를 할양하는 것은 물론이요, 자신을 권좌에만 올려준다면 기꺼이 속국이 되겠다는 조건을 내걸었기 때문이다.

아서 웰즐리의 지휘 하에 마드라스를 출발한 원정군은 별 어려움 없이 안데스 산지의 초원 푸나에 도착했고, 영국군의 승리로 바지

라오의 복귀는 순조롭게 이루어졌다. 마드라스에서 푸나까지 가는 길에 통행이 어렵지 않았던 것은, 이동계획을 잘 세운 덕도 있었겠지만 영국군이 행군 중에 약탈을 일삼지 않은 이유가 컸다. 이는 인도에서는 전례가 없는 일로 이 때문에 행군하는 군대가 동료인지 적인지 인도인들이 전혀 분간을 하지 못했던 것이다. 아서 웰즐리의 영국-인도 군인들은 명령에 절대복종했다. 반도 전쟁[1] 동안의 그 어떤 영국군보다 훌륭했다. 오늘날의 자프라바드 부근의 아사예라는 마을에서 아서 웰즐리는 마라타족과 일전을 벌였다. 마라타 동맹군의 군세가 압도적으로 우월했다. 아사예 전투에서 고투 끝에 승리하고 이어진 아르가움에서의 승리로 영국은 인도의 패권을 단단히 손에 쥐게 되었다. 만약 마라타족이 기존의 전술, 그러니까 치고 빠지는 게릴라식 기마병 전술을 구사했더라면 모르긴 몰라도 틀림없이 결과는 달라졌을 것이다. 하지만 영국 정규군과 동인도회사 세포이Sepoy(과거 영국인이나 유럽인 장교 밑에 있던 인도 병사)들과의 전투에서 어설프게 유럽의 보병대형을 도입한 마라타 동맹군의 시도는 스스로 무덤을 판 것이나 다름없는 짓이었다.

영국군의 연전연승에 제동을 건 것은 1806년 인도 남부 벨로레에서 일어난 소규모 반란이었다. 리처드 웰즐리가 수많은 인도 토후들을 축출한 것이 이 같은 문제를 일으킬 수 있다는 것은 예상치 못한 일이었다. 광대한 대륙을 덮친 급속한 변화의 물결에 영적인 민족 인도인이 거북함을 느끼기 시작한 것이다. 세포이라 불린 인도인 영국 병

---

[1] Peninsula war(1808~1814년): 나폴레옹의 이베리아 반도 침략에 저항하여 스페인·영국·포르투갈 동맹군이 벌인 전쟁.

6-21　1803년 영국과 마라타 동맹 사이에 벌어진 아사예 전투에서의 아서 웰즐리. 말에서 떨어지기 직전의 사내가 아서 웰즐리다.

6-22　캘커타의 거리 전경. 저 멀리 보이는 무역선들의 돛대가 이 도시가 건립된 목적을 암시한다.

사는 자신들이 자랑해 마지않는 고유의 믿음과 생활양식을 지키고 싶어 했다. 이들에게 유럽식 제복을 착용하게 하고, 턱수염을 깨끗이 면도하라고 명한 것이 화근이었다. 벨로레의 세포이들이 가장 먼저 들고 일어났다. 이들이 가장 혐오했던 것은 앞에 깃털장식이 달린 보병의 원통형 군모 샤코였다. 끝이 뾰족한 원통형의 몸체에 가죽으로 된 모장帽章이 부착되어 있는 이 모자를 씌우는 것은 기독교인으로 개종시키려는 시도의 첫 단계라는 소문이 돌았기 때문이다. 흥분한 세포이들은 벨로레에 주둔해 있는 유럽인 병사들을 갑자기 공격하기 시작했다. 약 300명의 사상자가 발생했고, 살아남은 소수의 유럽인 병사들은 원군이 도착할 때까지 성문 위의 보루에서 끝까지 저항했다.

후에 벨로레에서 일어난 반란에 대해서 단순히 군 내부의 마찰 때문에 일어난 일이라는 평가가 내려졌다. 하지만 이는 인도 내 영국 세력에게는 상당히 의미심장한 사건이었다. 인도인 장교들과 장병들이 멸망이 가까이 왔다는 예언을 믿기 시작했다. 한 무슬림 세포이가 요새에 유럽인을 살해하려는 음모를 꾸미는 자들이 있다는 밀고를 한 일도 있었다. 그의 이야기가 어느 정도는 신빙성이 있다고 생각한 장교들은 이 이야기를 장교위원회에 보고했다. 위원회는 그의 밀고에 합당한 근거가 없다고 판단했고, 결국 소란의 장본인인 세포이는 투옥되었다. 하지만 해프닝으로 끝난 이 소동에는 영국인이 마땅히 걱정해야 할 만한 사실이 숨겨져 있었다. 바로 종교에 대한 불만이 갈등의 원인으로 처음 언급되었다는 사실이다. 종교적 차이는 앞으로 이어질 인도 항쟁의 불씨였다.

7장
_____

중세 동아시아

이 걸출한 예술가는 산중의 고독을 갈망했다. 하지만 효와 사회적 의무가 그의 발길을 잡아 끌었다. 풍경화를 그리며 떠나는 상상의 여행만이 그의 정신을 맑게 하는 고결한 위로였다. 그의 그림에는 대자연의 신비가 빚은 웅장하고 아득한 세계의 아름다움이 그대로 담겨 있다.

― 북송의 화가 곽희에 대한 단상

중국의 당송 시대

사분오열된 중국에서 중국 것이라면 무엇이든 받아들이던 중앙아시아 출신 통치자들의 코앞까지 통일의 물결이 밀려들어왔다. 중국 대륙을 최초로 통일했던 진秦나라 같은 대제국을 다시 건설하려는 세력이 중국 북부에서 태동했다. 그것은 다름 아닌 중국 재통일의 씨앗을 심은 수隋나라(581~618년)였다. 수나라는 중국 남북조 시대의 혼란을 진정시키고, 서진이 멸망한 후 분열되었던 중국을 약 300년 만에 재통일한 왕조였다. 하지만 수나라는 수십 년의 영고성쇠를 뒤로하고 역사의 뒤안길로 사라졌다. 이어 등장한 당唐나라는 수나라가 닦은 기반 위에 광대한 제국을 건설했다. 당나라의 치세 동안 중국은 문화의 르네상스를 경험했고 이때 꽃피운 화려한 문화는 송宋나라에서 절정을 이룬다.

수나라를 건설한 문제文帝는 성격이 잔혹하기로 유명한 인물이었다. 하지만 그는 무력으로 중국 남부를 정복하는 것만으로는 진정한 통일을 이룰 수 없다는 것을 알고 있었다.

문제는 중국의 오래된 사상을 다시 도입해야 한다고 확신했다. 영민한 황제는 도교와 유교를 권장했다. 595년부터는 상인을 제외한 누구나 국가 공무원을 선발하는 과거시험에 응시할 수 있었다. 시험문제는 모두 유교 교리에서 출제되었다. 사실 문제는 불심이 깊은 사람이었다. 하지만 현실에 적용 가능한 정치철학과 국정운용, 의식의 전례를 담고 있는 유일무이한 사상인 유교는 통일을 갈망하는 이 황제에게 꼭 필요한 도구였다. 다시 유교가 부귀영화가 보장되는 국가 공무원이 되는 길로 들어서는 통행증서가 된 것이다. 하지만 사람들의 지적 관심은 불교로 향했다. 불교는 급속도로 발전했고, 엄청나게 많은 수의 한반도와 일본의 승려들이 중국으로 건너왔다.

애석하게도 문제의 둘째 아들 양제煬帝는 아버지와 다른 생각을 가지고 있었다. 이 패륜 황제는 천하통일의 대업을 이룩한 지 얼마 안 된 나라에서 통일을 유지하는 것이 얼마나 중요한 일인지를 잘 알지 못했다. 대규모 공사에 집착하고 해외원정을 일삼은 이 미련한 황제는 백성의 원성을 샀으며, 마침내 611년에 전국 각지로 농민반란이 일어났다. 반란의 불길은 삽시간에 전국으로 번져나갔다. 겁에 질린 양제는 백성에게 평화를 선언하는 포고령을 반포했다. 하지만 이미 국토의 대부분이 폭도들의 손에 넘어간 수나라에서 이런 칙령은 유명무실한 것이었다. 617년에 수나라의 대표적인 장수들 중 하나인 이연李淵이 둘째 아들 이세민李世民의 설득에 힘입어 군대를 움직인다. 이 담대한 부자는 이내 수도 장안을 점령한다. 이세민은 "민심을 들어보십시오. 올바른 쪽으로 군을 움직이셔야 합니다. 이 난세를 영광의 시작으로 삼으십시오"라고 아버지에게 진언했다고 한다. 사실 이연은 문제가 살해된 다음 해부터 줄곧 장안에서 입지를 다져온 핵심세력이었다. 하지만 당나라의 설립은 아버지 이연 홀로 달성한 위업이 아니었다. 출중한 사람됨을 자랑하는 이세민의 도움이 없었다면 새로운 국가의 설립은 불가능한 일이었다. 대제국의 창건에 혁혁한 공을 세운 이세민의 마음 속에서는 당나라 황위에 대한 야심이 자라났다. 골육상쟁의 바람이 순식간에 당나라를 집어삼켰다. 황태자인 형도 모자라 아우까지 죽인 이 비정한 사내는 부왕을 위협하여 양위를 받는다.

함께 쿠데타를 도모한 동지들의 지지 속에 626년 당나라의 2대 황제로 등극한 이세민은 '위대한 창건자'라는 의미의 태종太宗이라는 명칭을 얻는다. 그는 군부의 움직임을 예의 주시했고, 그 위험성을 경계한 나머지 문신들에게 더 많은 권력을 부여했다. 그는 문관 등용을 위한 과거를 더 자주, 더 많이 시행했으며, 학업을 독려하기 위해 장학제도를 운영했다. 그 결과 그의 치세 동안 중앙정부의 행정은 고등교육을 받은 뛰어난 전문관료들이 도맡아 관리하게 되었다. 중앙정부에 전문관료들이 대거 등용됨에 따라 황제의 위상도 달라졌다. 그는 더 이상 출신성분에 대한 의혹이 있는 고위귀족이라는 따가운 시선을 받지 않아도 되었다. 그의 권위에 도전할 귀족도, 왕족 출신 관료도 없었기 때문이다. 아주 새로운 방식으로 황실은 일반 백성과는 매우 동떨어진 존재가 되었다.

당나라 초기의 공신이자 학자로 간의대부 등의 요직을 역임하고 재상이 된 위징魏徵은 이런 세태가 염려스러웠다. 그는 군주와 재상이 함께 국정을 결정하는 종래의 방식이 재현되지 않는 한, 황제의 통치가 폭정으로 흘러갈 가능성이 상존한다는 사실을 잘 알고 있었다.

이 꼬장꼬장한 조언자의 명성은 사실 당나라에 꽃피었던 관료주의 덕이었다. 인재를 대우하는 당나라의 정책 덕에 그 어느 때보다 유교를 신봉하는 국가관료들의 기세가 등등했기 때문이다. 태종은 세간의 시선을 매우 의식하는 군주였기 때문에, 위징은 '후대의 평가'라는 최적의 무기를 최대한 활용하여 황제의 무모한 정책을 제지했다. 중국에는 역사를 기록하는 특별한 임무를 부여받은 사관이 당대의 기록을 남기는 제도가 있었다. 그 전통은 한나라 때로 거슬러 올라간다. 완성된 사료는 굳게 자물쇠가 채워진 상자에 보관되었다. 그리고 이 상자는 현 국왕의 치세가 끝날 때까지 열어볼 수 없었다. 다음 대에서야 확인할 수 있었던 이 사료를 사람들은 '진실한 역사의 기록'으로 받들었다. 사료의 객관성을 담보하기 위해 사관들은 목숨을 걸고 외압에 맞서기도 했다. 한 번은 태종이 상자에 보관하기 전에 사료를 보게 해달라고 요청한 일도 있었다. 처음에 사관은 몸 둘 바를 몰라하며 에두른 거절의 의사를 내비쳤다. 황제의 반복되는 요청에 이 대쪽 같은 선비는 이렇게 대답했다.

> 사관으로서 제 소임은 역사를 있는 그대로 기록하는 것입니다. 어찌 추악하다 하여 사료에 기록하지 않을 수 있겠습니까? 그것이 바로 전하가 사료를 보셔서는 안 되는 이유입니다.

하지만 태종은 이런 사관들의 눈물겨운 노력에도 불구하고 끝내 자신의 뜻을 관철했다. 황제는 아마도 위징에게 사료를 적절히 손보라는 명을 내렸던 것으로 보인다. 왕조의 어두운 역사에 관한 기록이 다시 쓰였음을 증명하는 증거가 여럿 발견된다. 난세의 영웅도 형제의 피로 칠갑을 하고 옥좌에 앉은 자신에 대한 후대의 평가는 못내 두려웠던 모양이다.

7-1 수나라의 보살상. 문제는 신실한 불자였다. 그럼에도 그는 도교와 유교를 장려했다.

7-2 　　당나라 관리의 엎드린 모습

    이런 황제와 재상 위징의 야합이 그들의 관계가 마냥 순탄했다는 것을 의미하는 건 아니었다. 640년에 태종은 대소신료들 앞에서 중앙아시아에 대한 중국의 영향력을 강화하려 한다는 말을 꺼냈다. 무리한 해외원정을 못마땅해하는 위징이 이에 반기를 들었다. 자신의 주장을 한 치도 굽히지 않는 이 깐깐한 노인에 격분한 태종은 이렇게 외쳤다. "내 꼭 저 늙은이를 죽이고 말리라!" 겁 없는 위징의 강경함은 수나라의 몰락은 불필요한 해외원정 때문이라는 확신에서 비롯된 것이었다. 5년 후에 감행한 고구려 원정에서 태종은 쓰디쓴 패배를 맛본다. 설상가상으로 엄청난 눈보라가 휘몰아치는 불길한 퇴각의 여정에서 많은 병사들이 목숨을 잃었다. 실의에 빠진 태종은 오랜 숙적의 현명한 조언을 그리워하며, 이렇게 탄식했다고 한다. "위징이 살아 있었다면, 고구려 원정을 떠날 수도 없었을 게야."

비록 몇 가지 실수를 저질렀으나 태종은 문화의 창달에 앞장선 시쳇말로 깨인 군주였다. 그의 치세 하에서 예술과 학문은 날로 융성했다. 그는 기독교를 포교하는 선교사의 말에도 귀를 기울일 정도로 열린 정신의 소유자였다. 수도 장안에서 발견된 한 비문에는 태종이 네스토리우스파의 수사를 환대했다는 기록이 있다. 수사의 설교를 주의 깊게 경청한 태종은 이렇게 말했다고 한다.

> 고래로 현인이 여럿이었듯 도를 이르는 이름이 유일무이한 것은 아니다. 고결한 현인 알로펜은 저 먼 곳으로부터 황국의 수도에 바치기 위해 그림과 책을 가지고 왔다. 우리는 그의 가르침에 귀를 기울였고, 매우 심오하고 평화 지향적인 그의 사상이 진정 중요하고 선한 것이 무엇인지에 대한 이야기라는 사실을 알게 되었다. 이 종교는 모든 사람을 이롭게 할 것이다. 그런 이유로 우리 제국에서 이 종교를 자유로이 전파하는 것을 허락하노라.

이 비문이 증명하듯 당나라에 살던 이들은 열린 정신을 소유하고 있었다. 게다가 종교는 그들의 삶의 많은 부분을 차지하는 화두가 아니었다. 따라서 당나라에서 성직자들이 차지하는 비중은 그리 크지 않았다. 심지어 유교에 대한 회의론까지 일던 시절이었다. 이런 사회적인 분위기 덕인지 당나라에 관한 사료에서는 종교탄압에 관한 기록을 찾아보기 힘들다. 845년의 불교탄압사건에 관한 기록이 있긴 하지만, 매우 짧은 기간에 지속된 이 잔혹한 사건은 종교갈등에서 비롯된 것이 아니었다. 이 종교탄압의 배후에는 불교계가 당나라 경제권을 장악하는 것을 저지하려는 기득권층의 의도가 숨어 있었다. 불교계의 재산몰

7-3 현장법사는 당나라의 고종을 설득하여 장안의 불경을 한데 모아 놓은 이 탑을 세웠다.

7-4 실크로드의 사찰에 있는 현장법사의 무덤

수와 잉여 승려 및 여승의 환속조치가 단행되었고, 왕실은 소기의 목적을 달성했다.

태종을 사적으로 알현하는 영광을 누린 순례자는 또 있었다. 태종에게 일생토록 총애를 받은 현장법사玄奘法師가 바로 그 주인공이다. 인도 순례를 끝마친 이 젊은 법사는 엄청난 양의 불교서적을 짊어지고 당나라로 귀국했다. 태종은 국정의 효율성 차원에서 유교를 지지하긴 했지만, 자신은 도교에 심취해 있었다. 또한 불교를 비롯한 여타의 종교에도 호의적인 태도를 보였다. 접견에 앞서 애초에 현장법사에게 할애된 시간은 불과 수 분에 불과했다. 하지만 직접 답사한 미지의 세계에 대한 생생한 묘사를 하는 법사의 고명함에 매료된 태종은 현장법사를 중앙아시아 업무 고문으로 임명하기에 이른다. 아울러 10여 년간 인도 아대륙 곳곳을 누비며 보고 들은 것에 대한 그의 기억을 기록으로 남길 것을 명했다. 현장법사는 불교경전 번역사업의 추진을 허락해줄 것을 조건으로 황제의 분부를 수락했고, 황제는 울며 겨자 먹기로 법사의 조건에 동의했다.

현장법사가 태종이 서거한 649년 황제의 머리맡을 지킨 것으로 보아, 이 전직 순례자는 황제의 말년에는 황제의 영적인 개인 고문 역을 맡게 되었던 것 같다. 구중궁궐에 얽힌 권모술수는 어릴 때부터 태종의 총애를 받은 태종의 아홉 번째 아들 고종高宗을 황위계승자로 둔갑시켰다. 고종은 태종의 뒤를 이어 당나라 3대 황제로 등극했다. 새 황제는 천성적으로 몸이 약해 자주 앓았다. 게다가 무조武曌란 이름의 다재다능한 황후의 그림자에 가리기 일쑤였다. 남편 고종의 임종 직전까지 실질적으로 중국을 통치했던 이 여걸이 바로 중국 유일의 여제 측천무후則天武后이다. 그녀의 정치적 개입은 유교적 이상에 반하는 일이었기 때문에 그녀에 대한 호의적인 역사기록은 찾아보기 힘들다. 따라서 이 매력적이고 재능 있는 여성에 대한 정보는 그다지 많지 않다. 혈연조차 저버린 이 강인한 여성은 690년에 자신의 아들 두 명을 제치고 스스로 황위에 올랐다. 즉위 후 측천무후는 밀고와 감시에 기초한 공포정치를 통해 자신의 권력기반을 강화했다. 자신의 힘으로 쟁취한 황금빛 용포를 휘감은 최초의 여성에게 향했을 유교 학자들의 분노를 고려해보면 치세를 위한 현명한 선택이었다고 할 수 있다. 측천무후의 놀라운 정치감각을 엿보게 하는 대목이다. 그녀는 잔인함을 내세워 공포를 조성했다. 그렇다고 공포정치로만 일관한 건 아니었다. 그녀는 공포정치에 동조하는 지지세력과 재능 있는 관료 사이의 세력 균형을 유지하기 위해 늘 고심했다. 뛰어난 인재 발굴을 위해 과거제도를 정비하기도 했다. 그 과정에서 측천무후는 과거시험에 시작詩作을 도입했다. 이 위업만큼은 지금까지도 중국인의 칭송을 받고 있다. 새로운 과거제도의 도입으로 2,200명이 넘는 시인이 쏟아져 나왔다. 당대에 목판으로 인쇄된 시 선집에는 무려 48,000편의 시가 수록되어 있다.

특정 인물에 대한 지나친 총애는 측천무후 정권 몰락의 원인이 되었다. 그녀는 악명 높은 장張씨 형제를 특별히 아꼈다. 부패한 간신이었던 이 형제는 측천무후가 72세 되던 해인 697년에 그녀의 관심을 얻어 총신寵臣의 반열에 올랐다. 그들은 황후의 총애를 등에 업고 파렴치한 방식으로 부를 축적했다. 공공연히 뇌물을 받고 공직을 나누어 주는 일도 서슴지 않았다. 아직 관직에 오르지 못한 유생들이 금화를 바치면 담당 관리에게 그들의 신상명세를 건네며 즉시 임용될 수 있도록 압력을 가하는 일도 다반사였다. 한 번은 임용을 관장하는 관리가 실수로 신상명세를 분실한 일이 있었다고 한다. 당황한 관리는 해당 관직에 내정되어 있던 사람이 누구였는지를 물었다. "기억이 잘 안 나는데, 사謝 뭐시기 하는 사람이었을 게야"란 대답이 돌아왔다. 자신의 자리보전을 원했던 임용담당 관리는 울며 겨자 먹기로 가렴주구가 추천하는 60명이 넘는 학생들에게 관직을 내어줬다. '사 뭐시기' 란 사람도 등용되었음은 물론이다.

측천무후는 705년 퇴위하게 된다. 실의에 빠진 황후는 그로부터 1년 뒤 세상을 떠난다. 그 후 그녀가 용좌에서 밀어냈던 두 태자가 잠시 동안 정사를 돌본다. 하지만 중상모략이 난무하는 궁에서 살아남기에는 재빠름이 부족했던 이들의 자리를 측천무후의 손자 현종玄宗이 대신하게 된다. 6대 황제 현종은 당나라를 가장 오랫동안 통치하고 과거 중국의 영광을 재현시킨 황제로, 오늘날 중국의 가장 위대한 통치자들 중 하나로 기억된다. 그는 제국을 거의 파멸시킬 만한 재앙을 낳기도 했다.

현종은 원래 여색을 즐기는 황제는 아니었다. 하지만 고아 출신으로 양씨 가문에 양녀가 되었던 양옥환楊玉環이라는 여인이 황제의 총애를 받게 되면서부터 상황이 달라졌다. 그녀가 바로 그 유명한 양귀비楊貴妃다. 양귀비를 향한 황제의 과도한 사랑은 그녀를 비롯한 양씨 일문에 엄청난 권력을 가져다주었다. 양씨 성을 가진 이들이 조정의 요직을 꿰어찼다. 어쩌면 재정을 장악한 양씨 일문과 군사력을 좌지우지하는 안녹산安祿山 장군의 대결은 이미 예고된 일이었다고 할 수 있다. 안녹산은 동북 돌궐 출신으로 중국 동북부 국경의 황군을 지휘하는 장수였다. 애첩과의 애욕의 나날에 젖어 있던 황제는 날이 갈수록 정사를 멀리했다. 거대한 야망을 가슴 한 구석에 숨기고 있던 안녹산

7-5 당나라 황실의 후궁들은 이후에 건립된 제국 황실의 여인들과는 비교할 수 없을 정도의 자유를 누렸다.

은 이 기회를 놓치지 않고 최고권력에 도전장을 내밀었다. 그는 150,000명의 대군을 거느리고 중원으로 돌격했다. 안녹산의 난을 일으킨 것이다. 근 10년에 걸쳐 당나라를 뒤흔든 반란으로 당나라 수도는 처참하게 변했다. 당대 문화의 집결지라 할 수 있었던 현종 치세 하의 수도의 모습이 기억나지 않을 정도였다. 현종 대에 당나라의 국력은 절정에 달했다. 수도에서는 문화적으로 윤택한 삶을 누릴 수 있었다. 말년에 실책을 범하긴 했으나 탁월한 치세로 부국강병을 실현했던 현종에게 명황明皇이라는 별칭이 헌정되었다. 특히 늙은 황제가 양귀비에게 품은 애틋한 연모의 정은 사람들의 입에 수없이 오르내리는 이야깃거리를 제공했다. 어찌나 인구에 회자되었던지, 정사에 싫증이 난 노황제가 어떤 식으로 양귀비에게 빠져들었는지, 또 양귀비의 청에 못 이긴 황제가 어떤 식으로 안녹산에게 분에 넘치는 직책을 수여했는지에 대해 모든 중국인이 알고 있을 정도다. 양귀비는 656년 장안으로 몰려들어온 폭도들을 피해 황제와 함께 피난을 가던 중 어이없게도 황제의 호위군사들에 의해 목숨을 잃는다. 호위군사들이 갑자기 폭도로 돌변하여 현종에게 양귀비의 목숨을 요구한 것이다. 어찌할 방도가 없었던 현종이 굴복한 탓에 난세를 초래한 경국지색은 병사들에게 살해된다. 물론 중국인은 그녀가 어떻게 죽었는지에 대해서도 잘 알고 있다.

당나라 황실은 반란세력에 즉각 대응할 능력이 없었다. 이뿐만이 아니라 현종에게 양위를 받아 갓 즉위한 황제 숙종肅宗은 위구르족의 원병을 받아야 하는 모욕적인 상황에 직면해야 했다. 위구르족이 돌궐족 기병대를 파견했고, 숙종은 비로소 반군에 대규모 반격을 가할 수 있었다. 하지만 위구르족의 원조만으로 장안을 수복하기에는 역부족이었다. 장안은 티베트 고원의 투루판 왕국의 수중에 들어가 있었다. 투루판은 당시 중국에 상당히 위협적인 존재였다. 중국에는 다행스럽게도 티베트 왕국은 왕과 불교계 지도자 간의 내부 분쟁으로 이내 몰락하고 만다. 그리고 이 갈등국면에서 승기를 움켜잡은 불교계의 우두머리가 이후 티베트 사회를 지배하게 된다.

국력이 쇠했음에도 당나라는 이후 몇 세기 동안은 평화를 누린다. 농민의 반란이 전 국토를 어지럽히기 전까지 말이다. 왕조 교체의 신호탄이 발사된 것이다. 난세를 틈타 환관들이 다시 득세했다. 환관에게 중책을 맡기는 것은 원래 말을 잘 듣지 않는 관료들을 축출하기 위한 측천무후의 정책이었다. 악습의 부활은 폐단을 불렀다. 군 통수권자들의 통제는 더욱 힘들어졌고, 세금징수도 어려워졌다. 그리고 북쪽 국경선 너머의 중앙아시아 초원지대에서 피어오르는 먼지구름에서는 불길한 기운이 배어나왔다. 907년 마지막 황제 소선제昭宣帝가 폐위되었고, 거대한 당나라 제국은 약 열두 개의 나라로 조각조각 나뉘었다. 이는 화약의 발명과 깊은 관련이 있다.

당나라 말기 왕조는 억불정책을 폈다. 도교에 심취했던 황제 무종武宗은 무려 44,600개에 달하는 절, 성소, 소규모 사찰을 폐쇄하는 '회창의 폐불'을 단행했다. 이런 과격한 폐불정책은 846년 무종의 서거로 중단되었다. 하지만 이후로 불교는 중국 내에서 다시는 유교에 대적할 만한 종교적 위상을 회복하지 못했다. 이러한 억불정책은 우습게도 불로장생의 영약을 향한 황제의 집착에서 비롯된 것이었다. 중국 황제들은 유별나게 불로장생약을 탐했다. 무종은 대궐 정원에 인공산을 쌓고 불사조를 기다리기까지 했다고 한다. 하지만 불사조는 나타나지 않았다. 그때 한 돌팔이 도사가 불교가 그의 앞길을 가로막아 불로장생의 기회를 얻지 못하는 것이라는 진언을 했고, 불로장생에 목을 맨 황제는 불교를 탄압했다. 역설적이게도 무종은 도사가 지어준 단약을 먹고 33세의 젊은 나이에 세상을 뜬다. 당나라가 기운 후 위진남북조 시대 이후 300년 만에 찾아온 중국의 대분열기 오대십국五代十國 시대(907~960년)를 일거에 정리한 이는 한 북방의 장수, 송나라의 태조太祖 조광윤趙匡胤이었다. 원래 조광윤은 북방의 후주後周(951~960년)라는 소국의 금군총사령관이었다. 반란군 동지들의 추대로 후주의 황제로 등극한 조광윤은 휘하의 장수들을 설득해 하야시킨다. 군사 쿠데타는 자신이 일으킨 것이 마지막이 되어야 한다는 생각에서 단행한 조치였다. 국호를 송으로 정한 그는 무인정치를 폐하고 문관들만이 정사를 돌볼 수 있게 하는 문치주의에 의한 중앙집권적 관료제를 확립했다. 형남荊南·호남湖南·후촉後蜀·남한南漢 등 당나라에서 떨어져 나와 난립한 주변 소국들은 흥미로운 시선으로 송나라의 개혁을 지켜보았다. 이 주변 소국들 가운데 두 나라가 조광윤의 황제 즉위 직후 송나라로 편입되었고, 얼마 지나지 않아 다른 나라들도

지도 8   1127년, 금나라에 의해 카이펑이 함락된 이후의 송나라

JIN EMPIRE 금나라	Bukhara 부하라	*Yangzi* 양쯔 강
MONGOLIA 몽골	Hangzhou 항저우杭州	*Yellow* 황허
NANZHOU 란저우蘭州	Kaesong 개성	
QARA QIDAI 카라한	Kaifeng 카이펑開封	
SONG CHINA 송나라	Kashgar 카슈가르	
TIBET 티베트	Kyoto 교토	
XI XIA 서하		

속속 병합되었다. 이 과정에서 약간의 군사적 충돌이 있었다. 마지막으로 979년 북쪽의 북한北漢이 송나라에 병합되면서 송나라는 통일왕국이 되었다. 북한의 한 제후가 병합을 거절하자 송나라 태조는 이렇게 되물었다고 한다. "너희 백성이 도대체 무슨 죄를 지었기에 송나라 제국의 신민이 되어서는 안 된다는 말이냐?" 과연 천하를 집으로 여긴 황제의 기개였다.

중국이 통일이라는 위업을 달성한 해였음에도 979년은 송나라에 어려움이 많은 시기였다. 현재의 베이징 근방에 위치한 고량 하에서 반유목민인 거란족에 패하면서 만리장성 이남의 영토를 상당수 내어주고 만 것이다. 거란족은 중국의 문화를 받아들였고, 국명을 중국어 요遼로 정했다. 이처럼 거란족은 중국 문화를 숭상했다. 하지만 국가 간의 합병은 숭상과는 또 다른 문제였다. 요遼나라(916~1125년)는 몽골족이 중국 전역을 통째로 집어삼키기 전까지 몇 세기 동안 중국의 통일제국과는 독립된 국가로 존재했다. 요나라 외에도 중국을 위협하는 나라가 또 있었다. 바로 티베트 계통으로 탕구트족이 세운 나라인 서하西夏(1038~1227년)는 독창적인 문화를 발달시키며 세력을 넓혀갔다. 서하도 중국 문화의 영향을 받은 것만은 분명했지만 그렇다고 중국의 합병 요구에 나긋나긋하게 응할 리가 없었다. 송나라는 서하와 여러 차례 전쟁을 벌여야 했고, 강성한 서하의 병력에 송나라는 대패하고 만다. 결국 1044년에 평화협정이 체결되었고 송나라는 말이 하사이지, 매년 비단과 은을 서하에 꼬박꼬박 바쳐야 했다. 한나라나 당나라와 달리 송나라는 정벌을 통한 영토의 확장을 꾀하지는 않았다. 외교적 관점이 놀랍도록 달랐던 것이다. 송나라는 팽창 대신 중앙아시아인의 억제에 집중했다. 이것은 마치 시한폭탄과도 같은 결정이었다.

7-6 　　　　인촨銀川에 있는 서하 왕릉. 칭기즈 칸이 도굴했다.

언제 외세의 침략을 받아도 이상할 것이 없는 이러한 대외정책이 송나라 멸망의 원인을 제공했다. 비록 그 때문에 힘의 논리에 희생되긴 했지만 송나라는 문치로 무력을 상대하려고 했다. 중국 문명의 3대 번성기를 구가한 이상적인 왕국의 평화적 성향을 그대로 반영하는 정책이었다.

　황허 남안에 위치한, 송나라의 수도 카이펑開封은 성벽으로 둘러싸인 영토만 보자면 그 규모가 장안보다 다소 작은 도시였다. 하지만 이후 카이펑은 전 세계에서 가장 거대한 도시로 성장했다. 이곳에서는 무역에 관한 정부규제가 일반적으로 완화되어 있을 정도로 상거래가 엄청나게 활발하게 이루어졌다. 날이면 날마다 우후죽순처럼 생겨난 새로운 회사들은 카이펑을 중국에서 가장 부유한 도시로 만들었다.

카이펑에서는 그나마 견줄 만한 상업도시 항저우杭州에 비해 다섯 배나 되는 상거래 관련 세금이 징수되었다. 송나라 이전 시기만 하더라도 전통적인 의미의 도시에서는 상업이 크게 발달하지 못했다. 도시는 지방행정부의 통할이라는 다분히 정치적인 필요에 의해 만들어진 장치였다. 하지만 제국의 중심이 남쪽으로 이동하면서 모든 것이 변하기 시작했다. 특히 금나라 세력에 밀려난 송나라 황제가 유서 깊은 무역도시 항저우에 터를 잡으면서부터 이 변화는 본격화되었다.

당나라와 송나라의 기록을 수치적으로 비교해보면, 화폐로 계산되던 국가예산에서 이 상인집단이 벌어들이는 돈이 얼마나 중요한 부분을 차지하게 되었는지를 금방 알 수 있다. 8세기에는 세금의 4퍼센트도 되지 않는 금액만이 화폐로 납부되었다. 하지만 11세기에 화폐로 납부된 세금의 총액은 전체 세금의 절반이 넘는다. 항저우에 뿌리를 내린 황실의 관료들은 은행과 신용거래, 주주 등의 출현을 받아들일 수밖에 없었던 것이다. 1067년에 송나라 6대 황제로 즉위한 신종神宗의 절대적인 신임을 받고 있던 왕안석王安石은 1069~1076년에 신법新法을 입안해 개혁을 단행했다. 이 일련의 개혁법안은 수많은 논란을 불러일으켰다. 대지주 및 귀족, 관료층 등 기득권층의 이익에 반하는 이 개혁조치는 실패로 끝났다. 고위층 관료들 대부분이 기득권층 출신이었기 때문이다. 그 밖에도 실용적인 학문에 중점을 두는 관리 선발제도 개선도 이루어졌다. 하지만 이 또한 전통가치에 반한다는 반대의견에 부딪히고 말았다. 하지만 아무리 공자와 맹자의 논리로 무장한다 한들 남아도는 돈으로 피폐한 삶을 이어가는 소작농들의 고혈을 짜내 자신의 배를 불리고자 하는 대지주들의 탐욕을 가릴 수는 없었다. 금욕주의적 삶을 살아가는 왕안석의 솔선수범만으로는 부족했다. 후안

7-7　　　　1127년까지 송나라의 수도였던 카이펑의 성문

무치한 지배계급에게 이런 급진적인 개혁의 필요성을 호소하기에는 역부족이었다는 말이다. 결국 북쪽 국경의 대군 유지비용이 국가재정에 부담으로 작용했고, 1127년 카이펑은 금나라에 함락된다.

당시 송나라 태자는 항저우에서 결사항전했다. 그는 인구가 많은 남송 지역의 중국인을 불러 모았다. 군대를 조직한 태자는 일찍이 요나라를 제압한 막강한 유목민 여진족이 세운 금나라의 공세에 맞서 싸웠다. 마르코 폴로는 항저우를 "세계에서 가장 화려하며, 웅장함과 아름다움이 꽃피고, 희열을 느끼게 하는 것이 넘쳐나며, 도원경桃源境에 와 있는 듯한 착각을 불러일으키는 곳"이라고 극찬했다. 항저우는 다행히 시의적절하게 몽골에 투항한 덕에 크게 훼손되지 않았다. 고스란히 보존된 항저우의 수로와 이 수로를 종횡으로 거미줄처럼 이은

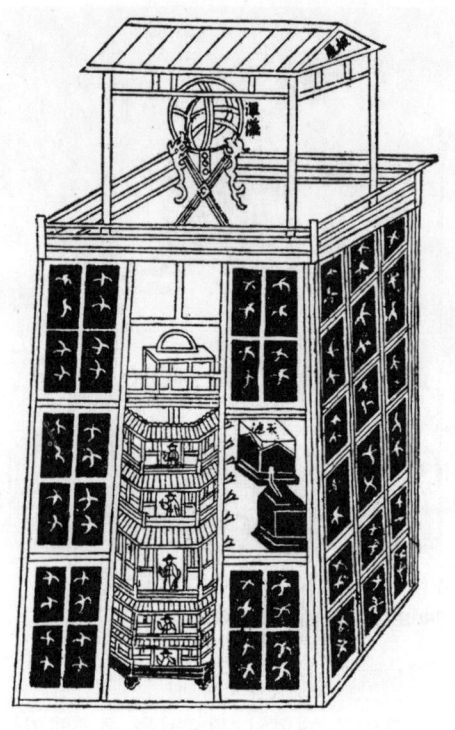

7-8　1088년, 카이펑에 건립된 천문대. 독창적인 기계식 천문대이다.

12,000개의 다리가 베네치아에서 온 이방인에게 큰 감명을 주었던 것이다. 여담이지만 마르코 폴로는 『동방견문록東方見聞錄』에 고향 베네치아에 있는 리알토 다리에 대한 자랑도 늘어놓았다.

또한 마르코 폴로는 『동방견문록』에 항저우의 주민이 "저절로 평화를 얻었다"고 기록했다. 하지만 이것은 마르코 폴로의 완벽한 오해였다. 그는 1279년 송나라 황족의 씨가 마르기 전에 항저우의 주민이 치러야 했던 30년간의 전쟁에 대해서 알지 못했다. 마르코 폴로는 항저우를 킨사이라고도 불렀는데, 이는 수도를 의미하는 중국어 징스京

師를 도시 명칭으로 착각한 것이다. 그는 징스 즉 경사京師를 곧이곧대로 받아들여 '천상의 도시'라고 오역하는 실수를 범했다. '징스'는 임시 수도라는 뜻이다. 송나라 황제들이 항저우에 '임시 수도'란 호칭을 내린 것이다. 남쪽으로 피접을 나와 정착하게 된 땅에 '정식 수도'란 이름을 붙이는 것을 황제들의 자존심이 용납하지 않았던 것이다. 하지만 황제들이 임시 거처로 여긴 항저우에서 문화가 융성했고 학문은 날로 발전했다. 주희朱熹가 유교사상을 집대성한 『주자가례朱子家禮』를 저술하여 유학의 정수를 꽃피운 곳도 바로 이 항저우이다.

주희는 유교에서 지향하는 선善이라는 자제와 예를 통해 이룰 수 있다고 주장했다. 또한 "가장 큰 불효는 대를 잇지 않는 것"이라고 말하기도 했다. 도덕적인 삶을 지향했던 주희는 정부가 부패했다고 여겨, 관직을 맡는 것을 꺼렸다. 그의 청렴결백한 태도는 적을 만들었고 그 일파의 책동으로 주희의 학문은 위학僞學이라는 낙인이 찍히게 된다. 주희는 엄청난 박해를 받았고 이 박해가 끝나기도 전에 유명을 달리했다. 심지어 1200년에 치러진 그의 장례식을 두고 "반체제적인 위학을 가르치던 반역자를 애도하는 악당들의 모임"이라고 말한 이들도 있었다. 하지만 한 세대가 지난 후 그의 학문은 다시 인정받았고, 위대한 현자로 추존되어 유교사당에 모셔졌다.

한반도의 유교

중국은 한반도 북부지역에 늘 촉각을 곤두세우고 있었다. 한반도 북부 지역을 다스리는 통치자들이, 만리장성 너머 초원지대를 활보하는 중앙아시아의 호전적인 민족들과 손을 잡지 않을까 하는 노파심 때문이었다. 이러한 점은 수나라와 당나라도 크게 다르지 않았다. 수나라와 당나라의 황제들은 이런 우려를 불식시키기 위해 한반도에 군대를 파병했다. 수차례 전쟁의 포화에 휩싸인 바 있는 한반도는 당시 여러 나라로 분열되어 있었다.

당시 존재했던 국가들 중에는 한반도 최남단에 위치했던 신라新羅에 대한 기록이 가장 많이 남아 있다. 신라는 왕권이 약한 전형적인 귀족정貴族政 국가였다. 이는 당시 발발했던 잦은 전쟁으로 설명할 수 있을 것이다. 전쟁에서 승리를 거둘 경우 정복한 지역의 토지와 전쟁 포로는 모두 귀족에게 귀속되었기 때문이다. 전쟁을 거듭할수록 귀족의 지지기반은 강화되었다는 말이다. 평범한 농민의 삶이 고단하긴 중국과 다를 바가 없었다. 군역軍役과 부역賦役, 납세納稅는 모두 귀족들의 몫이었다. 건국 초기에는 독립적인 양민 신분이었던 농민은 연이은 전쟁 탓에 그 수가 줄었을 뿐만 아니라 지위도 격하되었다.

신라는 각지의 작은 성읍국가城邑國家가 연합하여 왕국의 토대를 형성한 국가였다. 각 촌락에는 수장이 있고, 국정을 담당하는 고위 관료들은 도시에 거주했다. 한반도의 통치자들은 중국에서 유교를 받아들였지만 중국 황제들과 같은 권위를 누릴 수는 없었다. 중국에서 유교와 함께 유입된 관료제가 능력에 따른 임용제도가 아닌 혈통에 따른 세습관료제로 변질되어 정착되었기 때문이다. 신라의 골품제骨品制

는 이런 귀족 중심의 사회구조를 보여주는 대표적인 세습관료제이다. 골품제의 최고계급인 진골眞骨에는 김씨 왕가와 그 일가친척들이 속했다. 이외의 귀족집단은 다른 여러 상위계급에 속했다. 진골 바로 다음 계급인 6두품은 득난得難이라는 별칭으로 불리기도 했다. '얻기 어렵다'는 뜻을 가진 계급이니만큼 상당한 특권을 누렸음은 분명하다. 학설에 따르면 상위계급인 진골·6두품·5두품·4두품 외에도 세 개의 하위계급이 더 존재했다고 한다. 이러한 골품제 사회에서는, 하위계급에 속한 자는 17개의 관직 중 어떤 관직도 가질 수 없었다.

이러한 신라의 공고한 귀족주의적 사회구조는 불교의 유입을 저해했다. 이 새로운 신앙이 각지에서 각광받았던 것과 달리, 포교의 뜻을 품은 불교승려들은 유독 신라에서 고전을 면치 못했다. 그러나 514년 신라의 23대 법흥왕法興王이 왕위에 오르면서 모든 것이 바뀌기 시작했다. 그는 율령을 반포하여 왕권을 강화했고 534년 신라의 수도 경주에 최초의 불교사원을 건립하라는 명을 내렸다. 특히 신라의 승려로 한국 불교 역사상 최초의 순교자 이차돈의 순교로 법흥왕의 불교공인 행보가 탄력을 받기 시작했다. 『해동고승전海東高僧傳』에 따르면, 이차돈은 붓다의 덕을 증명하는 두 가지 기적을 예언했다고 한다. 그는 자신을 참수하면 그 목이 산꼭대기까지 날아갈 것이며, 목에서 시뻘건 피 대신 하얀 젖이 하늘을 향해 솟아나 100m에 달하는 길을 이룰 것이라 말했다. 그의 목을 베자 하늘이 어두컴컴해지고 지진이 일어났다는 전설도 전해온다. 권력의 정점에 있던 귀족들이라 할지라도 이차돈의 목에서 솟아나는 젖을 보고 불교를 내칠 수 있는 강심장은 많지 않았을 것이다. 신라의 귀족계급은 그렇게 불교를 포용했다.

바로 이 시기에 수많은 한반도의 승려들이 중국의 사찰로 유학을 떠났다. 원효元曉도 그들 중 한 명이다. 하지만 그는 하룻밤의 경험 때문에 대륙으로 향하던 발걸음을 돌려 고국으로 돌아왔다. 어느 날 밤이었다. 젊은 원효는 밤이 으슥해지자 동굴처럼 보이는 곳에서 잠시 몸을 누인다. 마침 물이 담긴 바가지가 있기에 그 물로 갈증을 달랬다. 날이 밝은 후에 원효는 큰 충격을 받았다. 물이 담긴 바가지는 사람의 해골이었고, 아늑한 동굴이라 여겼던 잠자리는 무덤이었던 것이다. 한참을 토악질을 한 후에 깨달음이 찾아왔다. 인도의 신비로운 불교 고승 나가르주나가 깨달음을 얻었던 것처럼, 원효는 하룻밤 새에 눈에 보이는 것이 전부가 아니라는 진리를 깨우친 것이다. 번거로운 중국 유학의 짐을 던 것은 덤이었다.

재미있는 사실은 원효대사의 아들이 아버지의 뒤를 따르지 않았다는 점이다. 그는 유교를 숭상하여 불교를 거부했다. 신라에서 유교 세력이 득세하면서 시험을 통해 관리를 등용하는 과거제가 시행되었다. 중국 고전을 얼마나 유창하게 암송하는지를 기준으로 788명의 지원자에게 등급이 매겨졌다. 당시로서는 혁신적인 관리채용 제도였지만 귀족에게만 고등교육이 허락되었던 현실 탓에, 특권이 대물림되는 것만은 어쩌지 못했다. 참 역설적이게도, 이런 진골 귀족의 독차지로 인해, 신라 귀족은 몰락의 길을 걷게 되었다. 진골 이하의 계급은 정치적으로 출세의 길이 막혀 있었기 때문에, 그들은 어쩔 수 없이 다른 길에서 기회를 찾게 된다. 그래서 중국과 일본과의 무역이 흥행했다. 특히 산둥山東 지역에는 신라인이 정착했고, 신라인의 치안을 유지하는 관리와, 신라인이 세운 절들도 존재했다. 대마도에서는 일본인이 특별히 한국인 통역사를 고용하기도 했다. 이전에도 해외 무역이 계속되었으나, 국가차원에서 관료의 사절단이 보내지는 식이었다. 그러나 국가차원의 무역을 민간차원의 해외 무역이 압도하면서, 결국 부와 권력의 중심이 수도 경주에서 외딴 상업의 중심지로 옮겨갔다. 그 중 하나가 개성이었다. 현재의 서울보다 북쪽에 위치한 개성은 고려를 세운 왕건의 조부가 살던 곳이었다.

이러한 지역들과 수도 사이의 유대가 약화되면서, 지방의 영주들은 연합해 군대를 모으기 시작했고, 자신들의 영지를 요새화하기 시작했다. 성주로 알려진 그들은 많은 시골지방을 관할했고, 국가에서 농민에게 세금을 걷지 못하게 했다. 그렇게 국고가 비게 되자, 국가는 단호한 입장을 취하게 되었다. 이로 인해 농민은 성주와 국가의 이중고에 시달리게 되었으며, 결과적으로 일련의 반란이 일어났다. 신라군은 초기에 반란을 진압하지 못했다. 반란군 지도자들이 열과 성을 다해 거대한 군대를 이루어 넓은 지역을 점령할 정도였다. 927년, 반란군의 한 무리는 경주를 약탈하고, 신라의 왕을 처형하며, 왕실의 보물들을 빼앗을 만큼 강력했다.

최후의 승리자는 왕건王建이었다. 그는 국제 무역에 능한 훌륭한 장수였다. 그런 점들이 호기好機를 만들어, 한반도의 통일이 지속되었다. 하지만 한반도의 안정은 949년에 즉위한 고려의 4대 왕 광종光宗의 대에 와서야 이루어졌다. 광종은 가난 때문에, 혹은 전쟁포로여서 노비가 된 이들을 해방시키는 노비안검법奴婢按檢法을 실시하여 군사령관들의 군사력을 뒤흔들었으며, 호족과 관련이 없는 관료나 관료에게 봉급으로 지급되는 토지의 상속체제를 그들이 죽으면 국가로 환급하도록 규정하여, 그들의 기반을 약화시켰다. 광종은 개혁에 불만을 드러내는 귀족을 가차 없이 숙청해버렸다. 이렇게 완강했던 광종의 서거 후, 최승로崔承老의 주관 하에 새로운 귀족체제가 형성되기 시작했다.

최승로는 유학자로서, 강력한 독재군주가 아닌 강력한 중앙정부를 옳다고 생각한 인물이었다. 그는 당시 왕이었던 성종成宗에게 이러한 치세에 끼친 귀족들의 공로를 무시해선 안 된다고 주장했다. 고려는 적대적인 지방세력을 타파하기 위해 고려의 오래된 풍조를 타개하려 애썼지만, 중국풍의 행정체제를 가감 없이 받아들이는 건 불가능한 일이었다. 호족들은 광종 때 잃었던 토지를 얻게 되었고, 다시 노비를 빠르게 모으기 시작했다. 나중엔 한반도 인구의 네 명 중 하나가 노비로 귀속될 정도였는데, 이는 동아시아에서 유례없는 사례였다.

1136년, 불교승려 묘청妙淸의 난이 진압되었을 때, 예기치 않았던 곳에서 저항이 일어났다. 도참사상으로 권력을 잡은 묘청은, 자신을 위한 정권을 수립하기 위해 서경천도운동을 벌였다. 서경천도운동이란 고려가 다시 융성해지려면, 지덕地德이 쇠한 개경을 버리고 지덕이 왕성한 서경西京(현재의 평양)으로 천도해야 한다는 것이었다. 그리하여 인종仁宗도 거의 서경천도 쪽으로 넘어갔었으나, 유학관료였던 김부식이 묘청의 음모에 반대운동을 펼치자, 허사로 돌아가고 말았다.

최충헌崔忠獻으로 대변되는 무신정권의 도래와 함께 불교의 세는 한층 더 위축되었다. 왕 못지않은 권력과 사치를 누렸던 무신 최충헌은 1196년에 자신의 사병을 개성 근처에 주둔시키기도 했다. 대권을 장악한 신하가 국왕 대신 궁정을 쥐락펴락하는 독재정치를 편 것이다. 이후 17년간 그는 두 명의 왕을 폐위시키고, 네 명의 왕을 손수 즉위시킨다. 수많은 관료들을 축출했으며 불교승려들도 수도에서 추방해 버렸다. 당시 그의 국정운영방식을 기록한 사료에 따르면 최충헌이 이전에는 정부에서 처리했던 모든 생사여탈권과 관련된 결정을 스스로 내렸음을 알 수 있다.

왕이 약하고 신하가 강한 것이 이때보다 심한 적이 없었다. 아, 주상전하는 꼭두각시에 불과하도다.

당시의 기록이다. 무장한 병사들을 거느리고 있던 불교세력을 몰아냄으로써 최충헌은 한반도에 얽혀 있는 복잡한 정치적 상황을 하나하나 타개한 것이다. 이전까지 불교승려는 상당한 영향력을 갖고 있었다. 왕의 서출 왕자들이 승려가 되어 왕실과 긴밀한 관계를 유지하는 경우가 다반사였기 때문이다.

칭기즈 칸이 이끄는 몽골 제국은 무려 일곱 차례에 걸쳐 고려를 침략했다. 결국 고려는 몽골의 지배를 받게 되었고, 막대한 자원을 쏟아부은 고려-몽골 연합군의 일본 원정이 실패하면서 한반도는 극심한 가난에 시달리게 되었다. 새로운 왕조의 도래가 필연적이던 국난의 시대는 이씨조선이 건국되고 나서야 막을 내렸다. 조선 왕조는 한반도 역사상 마지막 왕조 국가로, 1392년에 건국되어 일본에 강제합병된 1910년까지 통치했다. 조선의 첫 번째 왕인 태조太祖 이성계가 유교를 숭상했기 때문에 중국은 왕조교체를 환영했다. 이성계는 고려의 태조 왕건이 그랬던 것처럼, 반란세력에 의해 왕으로 추대되었다.

1394년 이성계는 현재의 서울에 해당하는 한성漢城으로 천도했다. 한성은 '수도'란 의미의 신라 방언에서 비롯된 명칭이다. 200,000명에 이르는 사람들이 도시 조성공사에 동원되었다. 장장 6개월에 걸친 대공사 끝에 한성은 수도의 모양새를 갖추게 되었다. 이성계는 이때 지은 화려한 수도의 궁성에서 이후 4년을 보낸다. 하지만 그를 줄곧 따라다닌 병마와 왕위쟁탈을 두고 벌어진 골육상쟁의 피바람에 진력이 난 개국군주는 불교사찰에서 말년을 보낸다. 유학을 숭상한 관료들의 견제가 없었더라면, 이성계의 아들들 간의 왕위쟁탈전이 막 문을 연 왕국을 패망의 길로 이끌었을지도 모른다. 하지만 한반도 마지막 왕조 조선은 이러한 위기를 견뎌내었을 뿐만 아니라, 1418~1450년 집권한 세종대왕世宗大王에 이르러 찬란한 문화의 꽃을 피워낸다. 조선 문화의 최전성기를 일군 세종은 집현전集賢殿이라는 학문연구기관을 궁중에 설치했다. 당대의 걸출한 학자들이 집현전에 한데 모여 고대 중국의 법제를 연구하고 후학을 양성했다. 집현전 학사들은 총 6권으로 이뤄진 조선의 법전을 편찬하여 조선 시대의 기본 법전인 『경국대전經國大典』의 골격을 마련하기도 했다. 세종 최대의 업적인 한글 창제도 빼놓을 수 없다. 이 위대한 군주는 총 28개의 자모로 이루어진 새로운 언어를 창제하여 공식언어로 삼았다. 반포 초기엔 주로 중국 서적들의 번역용으로 쓰였으나, 곧 조선 백성의 눈과 귀가 되었다. 언문을 깨우친 민초가 드디어 자신들의 모국어로 글을 쓸 수 있게 된 것이다.

불행히도 세종의 서거 후 조정의 당파싸움이 극심해졌다. 정부의 근간이 흔들렸고, 대신들의 이전투구는 100년 후 조선이 치러야 하는 쓰라린 대가, 즉 임진왜란壬辰倭亂(1592~1598년)으로 이어졌다. 처음에는 일본의 통치자 도요토미 히데요시豐臣秀吉가 조선에 중국 협공을 제시했다. 이에 동의하지 않을 경우 조선을 정복하겠다는 무시무시한 엄포를 웃는 낯 뒤에 숨긴 제안이었다. 조선은 이를 거부했고 이후 5년간 한반도는 일본의 침략으로 고통받게 된다. 중국 명明나라에서 원군이 도착했다. 하지만 도요토미 히데요시가 이끄는 일본군이 패하게 된 것은 조선의 육군도, 명나라의 원군도 아닌 조선의 해군 때문이었다. 바로 조선의 수군 제독이었던 성웅 이순신 장군을 바다에서 맞닥뜨렸던 것이다. 해전의 천재 이순신은 배에 철판을 덧대 만든 거북선을 타

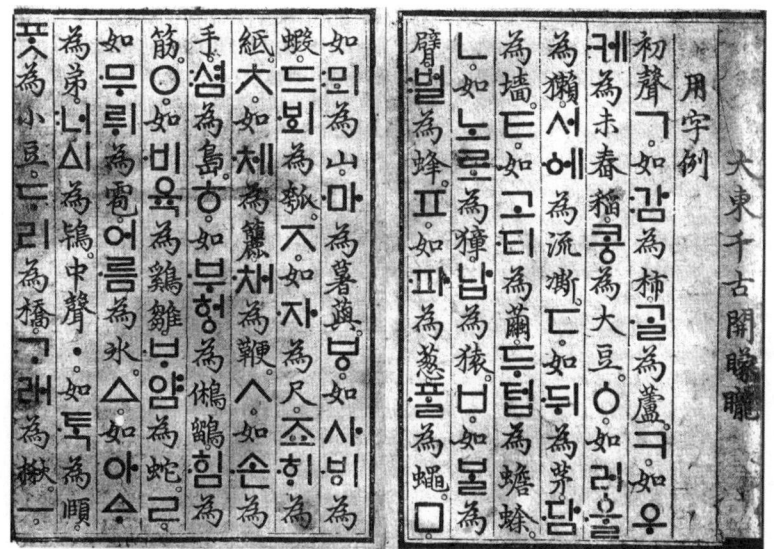

7-9 1446년에 완성된 『훈민정음訓民正音』의 일부. 한글을 자모子母순으로 배열했다.

고 일본 함대를 차례로 궤멸했다. 거북선의 제조는 이미 중국에서 개발된 방식을 따랐다. 승전보를 전하는 것을 자랑스러워하며 이순신은 "수 시간 만에 적을 전멸시켰습니다. 전투에 나선 일본 장수들이 대부분 함선 밖으로 뛰어내려 익사하거나, 자신들의 칼로 자결했습니다"라고 보고했다. 1598년 일본군의 마지막 세력이 조선에서 철군한다. 그리고 이순신은 왜구격퇴라는 엄청난 전공을 세우는 마지막 해전을 치르게 된다. 이 교전에서 이순신은 빗나간 적탄을 맞고 치명상을 입는다. 자신의 목숨이 경각에 달렸음에도 그는 교전이 끝날 때까지 자신의 부상 사실을 비밀에 부친 채 교전을 계속한다. 위대한 장군의 살신성인 덕일까. 조선군은 무려 450여 척의 적선을 침몰시킨다. 그리고

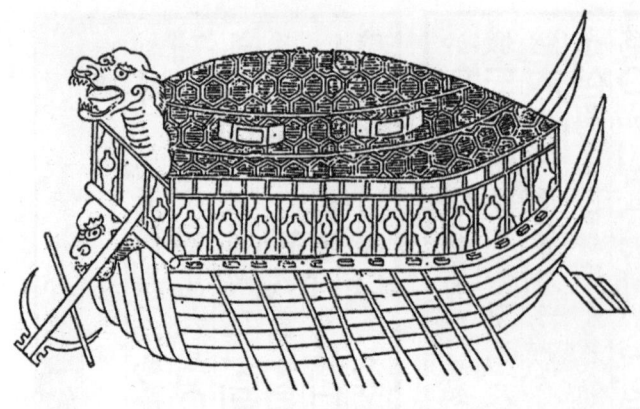

7-10   철갑을 두른 '거북선'. 이순신 장군의 혁신적인 발명품이다.

패전한 일본군은 50여 척의 남은 배를 수습하여 달아났다고 한다. 이 해전이 바로 그 유명한 노량 해전이다.

승리를 거뒀다고는 하나 전쟁의 포화가 휩쓸고 지나간 한반도의 실상은 참혹했다. 일본군은 조직적으로 마을과 도시들을 파괴했다. 게다가 명나라가 전후 원조를 거부하면서, 한반도는 복구가 어려울 정도의 참담한 상태에 놓이게 되었다. 엎친 데 덮친 격으로, 1627년(인조 5년) 정묘호란丁卯胡亂이 일어났다. 만주 지역의 제국 후금後金이 조선을 침공한 것이다. 정묘호란으로 백성의 삶이 한층 더 피폐해졌다. 여진족의 지도자 누르하치가 현재의 요동 지역에서 명나라의 수비군에게 패배하면서, 동아시아 본토의 힘의 균형은 돌이킬 수 없을 정도의 변화를 맞았다. 중국의 한 사료에서 그 후의 상황에 대한 다음과 같은 기록이 발견되기도 했다.

후금의 조선 침략이 용이해졌고, 그 때문에 조선이 명나라의 천자에 대한 충정을 거두게 되었다.

비록 누르하치는 중국 대륙정벌에 실패했지만 그의 뒤를 이은 후금의 황제들이 누르하치의 뜻을 달성했다. 중국 대륙을 호령하게 된 후금은 후에 청淸으로 국명을 바꾸었다. 이씨조선의 왕들이 다시 청나라 황제들에게 충성을 맹세하게 된다. 비록 그들이 한족이 아닌 여진족 출신 중국 통치자였지만 말이다. 이 과정에 대해서는 다음 장에서 살펴보도록 하겠다.

일본의 봉건 시대

일본은 중국의 영향권이라 할 수 있는 영토 너머에 자리 잡은 나라였지만, 중국 황제들은 일본의 통치자들을 속국의 제후쯤으로 여겼다. 당나라 수도 장안까지 사신들을 파견하는 것이 불필요하다고 생각한 일본 정부가 631년 일본의 사절단 파견을 중지하는 조치를 단행했을 때도, 중국인은 상당한 불쾌감을 표현했다. 중국 관료들이 일본인을 배려해 특별한 호의를 베푼 건 아니었다. 중화사상에 물들어 있던 중국 관료들은 일본 왕의 서신 문구 하나에도 발끈했다. "해가 뜨는 나라의 천자가 해가 지는 나라의 천자에게 서신을 보내노라"라는 문구로 시작하는 일본 왕의 서신이 중국 조정에서 논란거리가 된 것이다. 중국 관료들은 속국이나 다름없는 작은 섬나라 왕의 무례를 호되게 질책했다.

7-11 악령들을 밟고 있는 사천왕四天王. 악을 이기는 신성으로 인도에서 비롯했다.

하지만 일본인이 중국의 문물을 티끌 하나 남기지 않고 흡수하는 것에 대해서는 장안의 관료들도 상당히 흡족해했다. 604년 일본의 쇼토쿠聖德 태자는 중국을 본받아 만든 헌법을 반포했다. 통치자의 우위를 중시하는 중앙집권 국가를 지향하는 중국의 법제를 그대로 모방한 것이었다. 쇼토쿠 태자는 녹을 받는 관료들에 의해 법이 시행되는 관제를 확립하여 국가체제를 정비했다. 그는 통일을 꿈꿨다. 이미 통일을 이룩한 수나라나 당시 통일이 한 치 앞으로 다가온 신라처럼 일본에 난립한 국가들을 통일하여 모든 분쟁을 종식시키고자 했던 것이다. 그가 반포한 헌법은 유교사상에 바탕을 두고 있었다. 다음은 동 헌법 17조 서두 부분이다.

조화를 가치 있게 생각하고 불화를 멀리해야 한다. 사람은 누구나 당파에 몸담길 좋아하고, 진정으로 분별력 있는 이는 별로 많지 않다. 그런 고로 섬기는 주군이나 아버지에게 복종하지 않고, 이웃과의 불화가 끊이지 않는 자들이 도처에 존재하는 것이다. 하지만 주군과 아버지와 조화를 이루고, 이웃과 좀 더 융화적인 입장을 취할 때에 비로소 모든 문제에 관한 논의에서 합의를 도출할 수 있을 것이며, 결국 모든 일은 순리대로 풀리게 될 것이다. 이렇게 해서 해결할 수 없는 일이 어디에 있겠는가?

쇼토쿠 태자는 천황 스이코推古의 섭정이었다. 일본 33대 천황 스이코는 일본 역사상 최초의 여제로 서로 각을 세운 두 황족의 피비린내 나는 암투가 있은 후인 592년 황위에 올랐다. 전대 천황이었던 그녀의 남편이 이 과정에서 붕어한 탓에 스이코가 천황에 오른 것이다. 즉위 다음해 그녀는 '성스럽고 덕이 깊다'라는 뜻의 이름을 가진 조카 쇼토쿠를 섭정으로 등용했다. 쇼토쿠 태자는 불교를 중흥시켰고, 중국의 학문을 널리 받아들였다. 또한 모방과 흡수에 능란한 일본인의 타고난 기질을 발휘하여 외국의 법제를 일본 맞춤형으로 탈바꿈시켰다. 불교를 숭상한 천황이었지만 그는 일본 고유의 족신으로, 선조나 자연을 숭배하는 토착신앙인 신토神道에 대한 지원도 아끼지 않았던 것으로 보인다. 신토가 황가숭배와 밀접한 관련이 있었기 때문이다. 신토에서는 황가의 신성한 혈통의 시작, 그러니까 황제의 조상이 태양신日神 아마테라스天照라고 믿었다. 현대 일본 황가의 휘장에서 이 신화 속 여신이 내렸다는 청동거울이나 청동검의 모습을 발견할 수 있다.

쇼토쿠 태자의 율령 반포를 계기로 일본 정부는 중국의 율령제도를 본떠 전면적인 국가조직 쇄신에 들어간다. 이른바 다이카大化 개신

7-12　　　　무로마치 막부 시대였던 1440년에 일어난 한 일족 간 전쟁을 묘사한 그림

改新이라 불리는 이 개혁은 646년에 단행되었다. 쇼토쿠 태자는 칙령을 발표해 일본의 지방 행정구역을 중국처럼 구區와 주州로 나누었다. 하지만 지방에는 여전히 고관대작들의 권력기반이 공고하게 자리 잡고 있었고, 이러한 기득권을 빼앗기길 꺼리는 귀족들의 반대 탓에 개혁은 난항을 겪었다. 그 후 빈번하게 발생한 반란의 횟수가 지방세력이 품었던 불만의 강도를 짐작케 한다. 하지만 굳건히 그 명맥을 유지한 황가는 710년 나라奈良로 천도한다. 나라는 일본 최초의 영구 도읍이었다. 당시 일본인은 죽음이 땅을 오염시킨다고 믿었다. 이 때문에 나라 천도 이전에 황가는 천황이 서거할 때마다 궁을 새로운 곳으로 옮겨야 했다. 나라 천도는 중국이 장안을 건설했던 것과는 또 다른

문제였다. 이미 그곳에 존재하고 있는 수많은 불교시설과 신토 사당을 고려하여 도시계획을 세워야 했기 때문이다. 이 수많은 사원과 당시 신축된 48개의 불교사원은 일본의 수도가 교토京都로 옮겨간 후에도 나라의 중추적 역할을 수행했다. 나라 시대 일본 정부의 구조는 중국 정부의 구조를 그대로 모방한 것이었으나, 그 실상은 많은 차이가 있었다. 중국과 달리 지방 권력층의 친족들이 주州의 관료로 파견되는 일이 잦았기 때문이다. 게다가 한국과 달리 일본 황실의 교육기관은 재능 있는 자를 발굴하여 관직에 등용하는 중요한 역할을 제대로 수행하지 못했다. 일본 황실의 교육기관은 귀족 자제들의 고등교육기관으로 변질되었다.

그럼에도 불구하고, 중국 문화가 일본에 끼친 영향은 엄청났다. 중국의 한자를 받아들인 일본에 중국 문화가 이식된 건 어찌 보면 당연한 일이었다. 일본의 언어는 다음절多音節인 특성이 있어 한자를 기록매체로 이용하는 것이 용이한 일은 아니었다. 하지만 학자들의 끈덕진 노력 덕에 일본의 서예만큼은 중국을 능가할 정도의 경지에 이르렀다. 760년에는 당의 시작詩作에서 영감을 받은 『만엽집万葉集』(일본어로 만요슈)이 편찬되기도 했다. 일본에서 제일 오래된 시집인 『만엽집』에는 4,000편이 넘는 시가 수록되어 있다.

794년에는 일본의 50대 천황 간무桓武가 현재의 교토 지역으로 천도하고 수도의 이름을 헤이안平安이라 했다. '영원한 평안'이라는 의미의 헤이안은 중국의 수도 장안을 본떠 지은 것이었다. 간무 천황은 나라에 세워진 사찰들의 새로운 수도 이전을 막았다. 일본에서 불교가 더 이상 영향력을 강화하지 못하도록 하기 위해 천황이 내놓은 방책이었다. 하지만 이에 반발한 일본의 승병이 천황과 불교계의 갈등

7-13　일본의 두 번째 수도였던 교토에 위치한 난젠지南禪寺 입구

에 개입할 것이 자명한 상황에서 그의 이러한 시도는 애초부터 실패할 가능성을 안고 있었다. 승병은 일본 불교계 특유의 제도였다. 오랜 세월 토지 하사와 면세라는 혜택을 받은 덕에 엄청난 재산을 보유하게 된 일본의 거대 사찰들이 혼란스런 사회상황에서 스스로를 방어하기 위해 승려로 군대를 조직한 것이다. 불교계가 정계의 사무라이 체제를 모방한 제도를 고안해낸 것이다. 사무라이侍는 '가까이에서 모시는 자'라는 뜻이다. 붓다를 모시는 불교 인사들이 가까이에서 모시는 군사를 양성했다는 사실 자체가 당시 일본 사회에 팽배했던 봉건주의 성향을 드러낸다. 사무라이는 왕을 모시는 군사가 아니었다. 지방 영주에 속해 있었던 사무라이들은 허리춤에 날카로운 칼을 차고, 뿔로 장식된 호사스런 투구, 금속이나 가죽을 덧댄 갑옷으로 무장하고 거리

를 활보했다. 충성을 목숨처럼 여긴 이들은 특유의 법도인 무사도武士 道를 정립하기도 했다.

놀라운 사실은 지방분권적인 봉건제의 부활에도 불구하고 천황은 꿋꿋이 그 황위를 유지했다는 점이다. 황가는 9~19세기까지 무려 10세기 동안 일본을 다스렸다. 하지만 그것은 말뿐인 통치였다. 황통을 이을 수 있었던 것도 천황이 통치자로서의 역할을 거의 할 수 없었기 때문이다. 사실상의 지배자는 따로 있었다. 후지와라藤原·타이라平·미나모토源·호조北条·아시카가足利·도쿠가와德川 일족이 차례로 일본을 다스렸다. 이들에게 천황은 유명무실한 존재였다. 중국과 달리 일본에는 관료체제가 확립되어 있지 않았기 때문에, 천황의 편에 서서 지방 영주들의 전횡을 막을 세력이 존재하지 않았다. 점점 더 많은 이들이 천황가의 부흥에 힘쓰기보다는 자기 일족의 번영에 힘을 보태는 것을 택했다. 일본은 쇼토쿠 태자가 헌법을 반포하기 전의 상태로 회귀했다. 지방 영주들이 느슨하게 연합하고 있는 국가가 되어버린 것이다. 천황가로 상징되는 중앙정부에 대한 그나마 존재하던 경외의 시선도 점차 자취를 감추기 시작했다.

자비와 평화를 숭상하는 불교에 몸담은 자들이 벌인 전쟁이 나라를 어지럽히기 시작했다. 옛 수도 나라의 구종파세력과 교토 외곽 히에이比叡 산에 둥지를 튼 신종파세력 간의 격렬한 분쟁이 발생한 것이다. 군사적 지배의 출현을 불교계에서 예고한 역사의 역설이다. 989년 일본 천태종의 본산 엔랴쿠지延曆寺에서 나라의 한 사찰을 공격하기 위해 승병을 보냈다. 심지어는 주지승려 선출과정에서 불거진 갈등 때문에 엔랴쿠지에서 승병을 보내 같은 천태종 사찰인 구와노미데라桑実寺를 1036년 기습한 일도 있었다. 구와노미데라는 일순 잿더미로 변했다고 한다. 이것만 보아도 알 수 있듯이 일본의 천태종은 놀라울 정도로 호전적인 종파였다. 이동식 불단佛壇의 형태를 띤 대공포를 나르는 6,000명의 승병을 교토의 거리로 종종 내보냈을 정도였다. 천황의 뜻을 막은 것은 불교계의 막강한 군사력뿐만이 아니었다. 천황의 신성모독적인 결정이 재앙을 초래할 수 있다고 믿었던 교토의 백성들 사이에서 천황 가문에서 승려들의 요구를 수용해야 한다는 민심이 일었던 것이다. 결국 후지와라 가문은 타이라 가문에게 실권을 빼앗기고 만다. 얼마 후에는 미나모토 일족이 명실상부한 일본 정계의 일인자로 등극한다. 타이라 가문의 집권 말기 비등한 세력을 지니게 된 타이라 일족과 미나모토 일족은 1185년 규슈九州와 혼슈本州의 섬들이 흩뿌려져 있는 단노우라壇ノ浦 해상에서 최후의 단노우라 전투를 벌였다. 미나모토 일족의 장수가 거느린 궁수들의 화살에 타이라 가문의 배를 조정하던 조타수들이 하나 둘 쓰러졌고, 수많은 타이라 가문의 무사들이 줄줄이 바다로 몸을 던졌다. 타이라 가문의 명장 토모모리知盛는 "봐야 할 것은 다 보았다!"라고 외친 후 갑옷을 두 겹 껴입은 채 바다로 뛰어들었다고 한다. 그의 부하 장수들이 한달음에 달려왔으나 때는 이미 늦은 후였다. 사무라이 정신은 현대까지 이어져 미 해군들을 오싹하게 만들었다. 2차 세계대전 당시 순식간에 바다에 몸을 던지는 일본군들의 모습은 미군의 간담을 서늘하게 하기에 충분했다.

1192년 천황은 미나모토 요리토모源賴朝에게 쇼군將軍(장군)이라는 칭호를 하사했다. '총사령관'이라는 뜻의 '쇼군' 직위의 부여로 천황 가문은 일본의 패권을 쥔 가문의 군사적 우위를 명시적으로 인정한 것이나 다름없었다. 최초로 일본의 실질적 통치자를 지칭하는 공식 직위가 마련된 것이다. 이로써 미나모토 요리토모는 후지와라 가문이나

타이라 일족의 지도자들과는 확연하게 구분되는 새로운 권위를 획득하게 되었다. 그는 현재의 도쿄 근방에 위치한 해안 도시 가마쿠라에 막부를 세우고 일본의 군사독재자로 군림했다. 타이라 일족과 그 일족을 도운 자들은 지위고하를 막론하고 무자비한 숙청을 당했다. 토지도 모두 몰수당했음을 짐작할 수 있을 것이다. 이제는 그 누구도 미나모토 요리토모의 말에 토를 달지 못했다. 이 시기를 기점으로 봉건주의 일본 사회의 운명은 완전히 쇼군의 뜻에 달려 있게 되었다. 쇼군의 뜻에 반하는 자에게 돌아오는 건 처절한 보복밖에는 없었다. 하지만 모든 것에 성쇠가 있듯이 무소불위 같기만 하던 미나모토 일족의 권력도 쇠하기 시작했다. 1219년을 기점으로 호조 가문의 섭정들이 꼭두각시 쇼군의 뒤에 숨어 가마쿠라 막부를 쥐락펴락하기 시작한 것이다. 미나모토 가문의 쇼군들은 일전에 후지와라 일족과 타이라 일족의 손에 놀아나던 교토의 천황과 같은 신세가 되고 말았다.

하지만 호조 일족에게도 이내 재앙이 닥쳤다. 몽골이 일본을 침략한 것이다. 가마쿠라 막부의 8대 싯켄執權의 섭정 호조 도키무네北条時宗의 분기에 찬 지휘 아래 일본의 무사들은 규슈와 혼슈 지역의 섬에서 임전태세를 갖추었다. 호조 도키무네는 5대 싯켄 호조 도키요리北条時頼의 적장자로 태어나 불과 17세의 나이로 싯켄에 취임했다. 1274년 몽골 원정군은 압도적인 전투력을 자랑하며 쓰시마 섬 연안지역을 함락시켰다. 하지만 몽골군의 규슈 상륙 이후에는 전황이 일본군에게 크게 불리하게 돌아가지는 않았다. 그럼에도 불구하고 몽골의 막강한 군사력은 일본 무사들의 혼을 쏙 빼놓았다. 일단 일본 무사들은 몽골군이 구사하는 전술에 적잖이 놀랐다. 일본 무사들에게 명예로운 일은 전투의 선봉에 서서 적군의 머리를 베어 오는 것이었다. 그들은 앞 다투어 더 많은 적장의 머리를 베겠다고 아우성쳐댔다. 한편 몽골의 병사들은 개개인의 명예보다 조직을 더 중시했다. 그들은 자신의 몸을 기꺼이 낮춰 부대의 일원으로서 행동했다. 상황이 이렇다 보니 말을 탄 일본 무사들이 제아무리 용맹하다 한들, 또 젖 먹던 힘까지 동원해 안간힘을 써본들 몽골군의 전투대형은 난공불락이었을 뿐이다. 일본 무사들의 입을 다물지 못하게 한 것은 또 있었다. 이 북방의 침략자와 고려의 연합군이 보유한 강력한 석궁과 투석기, 그리고 공중에서 터지는 화약무기는 전장에서 가공할 위력을 발휘했다. 다음은 일본 사료의 한 구절이다.

> 전투가 시작되기가 무섭게 가공할 위력의 쇠공들이 우리 병사들의 머리 위로 쏟아져 내렸다. 공들이 툭툭 몇 차례 땅을 구르나 하는 순간 갑자기 우레와 같은 소리가 들리고 눈앞에 번개가 치는 듯했다. 매번 3천 개가 넘는 쇠공들이 날아왔다. 겁에 질린 말들은 우왕좌왕했고 수많은 병사들이 쇠공 조각에 부상을 당했다. 화상으로 목숨을 잃은 병사도 셀 수 없이 많았다.

이런 악조건 속에서도 혼슈에서 원군이 도착할 것을 알고 있었던 일본 무사들은 몽골 장수들이 놀랄 정도의 투지를 보였다. 연합군이 회군하는 길에 고려군 사령관이 해안지역을 피해 항해해야 한다는 의견을 내놓았다. 갑작스런 폭풍우에 함대가 난파될 위험이 있다는 것이 이유였다. 연합군은 해안을 피해 고려로 귀항하는 편을 택했다. 그럼에도 불구하고 퇴각 여정에서 함선 몇 척을 잃긴 했지만 말이다.

　1274~1281년 사이에 쿠빌라이는 황위계승에서 번진 분쟁을 조정

하고 중국 내정관리를 하기도 벅차서 일본에 신경 쓸 겨를이 없었다. 반면 호조 도키무네는 앞으로의 몽골군의 침략에 대비할 충분한 시간이 있다는 사실을 유념하고 있었다. 그는 하카타 만에 몽골군 상륙을 막기 위한 긴 방벽을 쌓기로 결심했다. 하카타 만은 1차 침입 당시 몽골군의 상륙이 예상되는 규슈 최적의 정박지였다. 하지만 방벽을 쌓는 것만으로 침략자들을 물리칠 수는 없었다. 아마도 도키무네는 하카타 만에 방어를 할 함선도 배치시켰을 것이다. 이 점에 대해서는 학설이 갈린다. 어쨌든 몽골군으로부터 나라를 지키기 위한 방벽 건축에 쏟은 이 5년간의 세월이 일본인의 항몽의지를 북돋운 것만은 사실이다.

1281년 침략군의 함선들이 관측병들의 눈에 띄었을 때만 해도 만반의 준비를 갖춘 일본의 방어군은 승리를 자신했을 것이다. 하지만 이 함선이 무려 140,000명이 승선해 있는 고려와 원나라 연합군 함대의 선발대에 지나지 않는다는 사실을 안 뒤에는 상황이 달랐을 것이다. 수적인 열세에도 불구하고 일본 무장이 죽음을 불사한단 각오로 전투에 임하려 했던 그 순간, 갑작스런 돌풍이 불어닥쳤다. 돌연 발생한 태풍은 이 연합군 함대 거의 전부를 집어삼켜버렸다. 일본인은 조국을 구한 이 태풍에 가미카제神風, '신의 바람'이라는 명칭을 붙였다. 그리고 천황의 간청에 못 이긴 태양신 아마테라스가 '신의 바람'을 일본에 보내준 것이라 믿었다. 종잇조각처럼 우그러진 함선의 주인들이 할 수 있었던 건 이 불가사의한 태풍으로부터 도망치는 것뿐이었다. 엄청난 대군을 이끌고 일본으로 향한 몽골의 2차 침략은 이렇게 허무하게 막을 내렸다. 원나라의 세도 기울어 동아시아 대륙에서 여러 세력구도의 변화가 일어난 것에 대해 당시의 일본인이 알 리야 없었겠지만, 그 덕분에 더 이상의 침략시도는 없었다. 고려-몽골 연합군의 침략에 대비하기 위해 전력을 다했던 세월의 대가는 호조 일족의 몫으로 고스란히 돌아왔다. 승리를 거뒀다고는 하나 어떠한 전리품도 갖지 못했기에 더욱 그랬다.

호조 일족의 권력기반이 약화되는 위기상황을 기회로 삼은 이가 있었기에 호조 일가의 운명은 바람 앞의 등불과 같았다. 1331년 일본 96대 천황 고다이고後醍醐天皇가 유명무실한 존재가 되어버린 천황가의 권위를 되찾고자 하는 행보를 시작한 것이다. 하지만 워낙에 강성했던 가마쿠라 막부였던지라, 막부의 몰락과 최후의 호조가문 출신 섭정의 자살만으로는 천황의 꿈을 실현하기엔 역부족이었다. 게다가 한때 천황의 편에서 가마쿠라 막부를 핍박했던 아시카가 다카우지足利尊氏가 새 막부 설립의 준비에 한창이라는 소리도 천황의 귀에 들려왔다. 고다이고 천황은 급히 견제에 들어갔으나 선수를 친 건 아시카가 다카우지였다. 교토를 장악한 그는 새 천황을 내세웠다. 천황 고묘光明가 바로 그이다. 천황이 다시 득세할 시절은 영영 멀어진 것만 같았다. 천황이 힘을 잃고 쇼군이 실제적 실세로 일본을 통치한 세월은 종교적 신념의 변화에도 영향을 미쳤다. 지방분권적인 봉건제가 한층 더 강화되면서 불교계에 대한 황실의 지원이 끊긴 것이 주된 이유였다. 이제 민중에게 종교적 후원을 호소해야 하는 입장이 된 불교승려들은 귀족이나 특권층이 아닌 민초의 삶에 관심을 가질 수밖에 없었다. 중국 불교의 영향을 많이 받은 조도종파杖道宗派에서 많은 백성들이 정신적인 위안을 찾았다. '정토淨土'란 의미의 조도종은 아미타불의 연민의 정으로 중생을 구제한다는 교리를 설파했다. 민중에게 우호적인 종파가 세를 확장하면서 종래의 귀족적인 불교 전통을 고수하던 거대 사찰의 주지들은 위기를 직감했다. 조도종의 두 번째 지도자였던 신란親

7-14 　　　일본 전국 시대의 무장 오다 노부나가

鸞은 그들의 우려가 헛된 것이 아니었음을 몸소 증명했다. 그는 사찰의 고립된 생활과 모든 통제를 거부한 채, 결혼을 하고 가정을 꾸렸다. 또한 거대 사찰을 보유하고 있는 유서 깊은 종파의 권위에 도전했으며, 무사계급과 농민에게 자신이 만든 경전을 직접 설파했다. 그를 따랐던 이들을 정토종의 한 종파로 분류하여 정토진종淨土眞宗이라 부른다. 1262년 개조開祖 신란이 세상을 떠났음에도 정토진종의 입지는 점점 더 강화되었다. 폭력이 난무하던 일본에서 민심을 위로한 정토종은 일본 내 준정치조직으로 성장했다.

이런 불교계의 파생종교 중에서 가장 오래 일본인의 사랑을 받은 종파는 선종禪宗이다. 선종은 1191년 에이사이榮西가 중국 송나라에서

들여와 전파되었다. 신란만큼 가난하고 변변치 못한 가문 출신이었던 에이사이는 송나라에 건너가 선불교를 공부하고 중국으로부터 차茶를 들여오기도 했다. 중국인은 차가 명상을 돕는다고 믿었다.

탐욕스런 아시카가는 권력을 지킬 만큼 유능하지 못했던 것 같다. 그는 결국 오다 노부나가織田信長나 도요토미 히데요시豊臣秀吉와 같은 기념비적인 무장들의 출세길을 열어주는 역할을 하고 역사의 뒤안길로 사라졌다. 1568년 오다 노부나가는 아시카가 가문의 복권과 천황의 몰수된 재산의 반환이라는 명분을 세워 거병했고 교토 함락에 성공했다. 당시 황실의 재정은 매우 궁핍했다. 오죽하면 예수회 선교사인 프란시스 자비에르가 천황을 알현하는 데 돈을 내야 한다는 것을 알고 놀란 일이 있었을 정도였다. 오다 노부나가는 자신의 한량없는 도량을 자랑하듯 쇼군과 천황을 극진히 대접했다. 쇼군과 천황에게 각각 한 채씩 새로운 궁을 지어주었을 정도였다. 사실 상징적 존재에 불과했던 천황에게 관심을 기울이는 이는 거의 없던 상황이었다. 하지만 오다 노부나가의 뒤를 이은 도요토미 히데요시도 천황에게 지속적으로 공물을 바쳤다. 오랜 세월 종이호랑이의 역할에 익숙해져온 천황과 달리 전국 시대 무로마치 막부의 마지막 쇼군이었던 아시카가 요시아키足利義昭는 모두의 기억에서 잊혀야 하는 현실을 받아들일 수 없었던 듯하다. 그는 지방 영주들의 원조를 기대하며 교토에서 빠져나왔으나, 그의 시도는 실패로 돌아갔다. 1597년 이 마지막 쇼군의 사망으로 무로마치 막부는 기억 저편으로 사라졌다. 그 후 1603년이 될 때까지 쇼군의 직은 공석으로 비어 있게 된다. 이때 등장한 도쿠가와 이에야스德川家康가 쇼군이 되면서 새로운 막부가 열리게 된다.

호시탐탐 천하통일의 기회를 노리고 있던 오다 노부나가에게 무

7-15 도요토미 히데요시는 기독교인을 혐오했을 뿐 아니라 모든 외국인을 추방했다.

로마치 막부의 분열은 호재였다. 마지막 쇼군 아시카가 요시아키가 오다 노부나가의 품으로 의탁해온 것이다. 그는 막부를 바로 세운다는 명목을 내걸고 교토로 진군했다. 갑작스런 그의 중앙진출로 도처에 적이 생겼다. 엔랴쿠지의 승병들이 교토를 위협하는 동안, 지방의 영주들이 힘을 모아 강력한 연합군을 조직했다. 신병기인 포르투갈의 철포로 무장한 노부나가의 군대였지만 이 연합군의 군세를 생각하면 앞으로 넘어야 할 산이 많았던 것이다. 오다 노부나가는 거대 사찰세력의 교토 접근을 전면 차단했다. 그리고 기독교의 자유로운 포교를 보장했다. 빼어난 결단력을 갖고 있다고 정평이 나 있던 오다 노부나가는 승병조직과 반反노부나가 세력이 결집한 연합군을 급습했다. 모든 건물이 불탔고, 수많은 사람들이 학살당했다. 1571년에 감행한 이 갑작스런 숙청은 반노부나가 세력에게 건네는 그의 무시무시한 경고장이나 다름없었다. 예수회 선교사 루이스 프로이스는 유럽에 보내는 서신에서 이 일련의 변화를 신의 섭리에 의한 것으로 표현하기도 했다. 어쨌든 기독교사제들은 이 기회를 놓치지 않았다. 그들은 오다 노부나가의 불교에 대한 반감을 이용하려 들었다. 하지만 그들의 무모한 일본 정계개입은 역효과를 낳았을 뿐이다. 그들의 가르침이 '무사의 도'에 반한다는 사실이 명백해진 것을 계기로 기독교 선교사들의 모든 노력이 수포로 돌아가 버렸다. 1612년 도쿠가와 이에야스는 무사들이 기독교인이 되는 것을 금지하는 칙령을 내렸다. 그로부터 2년 후에는 예수회 선교사들까지 일본에서 추방시켜 버렸다. 이들의 자리를 네덜란드 무역상들이 차지했다. 일본의 방식에 고분고분한 자세로 응했던 덕에 이들은 포르투갈인의 질시 어린 시선을 받으며 일본에 수월하게 자리 잡을 수 있었다.

기독교에 대한 상당한 반감을 드러낸 것은 도쿠가와 이에야스만이 아니었다. 그 이전에 일본을 집권했던 도요토미 히데요시도 기독교인을 혐오했다. 도요토미 히데요시는 오다 노부나가 사후 그의 복수를 하고 전 일본을 발 아래에 무릎 꿇린 호걸이었다. 그는 집권 후 불안한 국내상황으로 인한 민심의 이반을 막기 위해 조선을 침략한다. 그의 중국 대륙 정벌계획의 초석을 마련하는 군사적 행보였다. 이를 알 리 없었던 명나라에서는 1596년 일본에 사신을 파견하여 조선에서 철수한다면 그를 일본의 왕으로 인정해주겠다는 의사를 전한다. 기록에 따르면 그는 매우 격노하여 '머리에서 증기가 일 정도'로 분기탱천했다고 한다. 도요토미 히데요시는 농민에게서 무기를 몰수하는 조치를 취했다. 농민이 영주나 쇼군이 되려는 꿈을 아예 가질 수 없도록 만들어놓으려는 의도였다. 또한 관리를 파견하여 모든 토지를 조사한 후 토지 재정비사업을 통해 무사들의 녹봉을 확보해주었다. 뛰어난 정치가이기도 했던 도요토미 히데요시의 노회한 정책 탓에 사무라이들은 이제 시대착오적인 존재로 전락하고 말았다. 그들의 무예를 겨룰 전쟁이 더 이상 존재하지 않았기 때문이다. 한때 최고의 검을 가렸던 사무라이들의 무예는 더 이상 설 자리가 없었다. 그 대신 격식과 보기 좋게 과시하는 행동양식이 만연하게 되었다.

중국 대륙 정벌을 꿈꿨던 도요토미 히데요시의 태도와는 사뭇 상반된 일이지만, 일본의 학자들은 중국을 학문의 본산으로 숭상했다. 이런 태도가 변했던 것은 도요토미 히데요시 집권 말기 정도가 전부였다. 일본 학자들은 중국에 대한 연구를 공자의 사상을 습득하는 것과 동일시했다. 1685년에 세상을 떠난 야마가 소코山鹿素行는 주나라의 봉건제를 유교 가르침의 가장 온전한 형태라고 말하기도 했다. 주나라의 봉건제가 지방의 영주들이 너도나도 사병을 양성하는 지방분권적인 봉건제 하의 일본에 모범적 사례를 제시했기 때문이다.

명나라의 부흥

13세기는 대부분의 동아시아 지역에 거주하던 사람들에게 세상의 종말을 의미했다. 중국 대륙의 패권을 쥔 제국이 동아시아 전체에 영향력을 미치는 그런 세상의 종말 말이다. 다음 장에서 살펴보겠지만, 몽골군은 중국을 정복하기만 한 것이 아니었다. 태평양에서부터 지중해에 이르는 광활한 지역을 손에 넣은 몽골족이 세운 제국은 인류 역사상 가장 오래 존속된 거대제국이다. 하지만 '칸 중의 칸' 쿠빌라이가 제위에 오른 이후 몽골 제국은 사분오열되고 말았다. 중국 대륙도 그때 몽골 제국에서 떨어져 나왔다. 원나라 최후의 황제 순제順帝 토곤테무르妥懽帖睦爾가 베이징을 도망치듯 떠나야 했던 1368년 즈음에 몽골 제국의 혼란은 극에 달했다. 흙바람과 피바람이 그칠 날이 없던 거대한 제국을 뒤로하고 몽골족은 중앙아시아의 초원지대를 중심으로 한 유목생활을 시작했다. 북위의 멸망 이후에도 중국 대륙에 계속해서 한족과 함께 머무르며 당나라의 괄목할 만한 발전에 일익을 담당했던 돌궐족과는 사뭇 다른 행보였다. 몽골족은 중국 대륙에서 홀연히 자취를 감추고 말았다.

원나라의 몰락은 주원장朱元璋이 이끌던 세력의 대두와 맞물려 있다. 북벌에 나선 주원장의 대군의 북상 때문에 원나라 마지막 황제 순제가 베이징을 버리고 초원으로 돌아갔으니 말이다. 주원장의 대군이 입성했음에도 얼마 전까지 쿠빌라이 칸의 도시였던 베이징은 전혀 파괴되지 않고 온전히 보존되었다. 이는 이중벽으로 둘러싸인 이 도시에 진입할 당시 저항이 거의 없었기 때문이기도 하거니와 명나라 병사들의 엄격한 규율 덕이기도 했다. 명나라 태조 주원장은 중국에 회복의 시기가 반드시 필요하다는 사실을 잘 알고 있었다. 그는 군에 무의미한 파괴를 금할 것을 명했다. 중국에 회복의 시기가 필요하다고 인식한 주원장은 일련의 좋은 정책을 보여주었다. 그는 "어린 새의 깃털을 뽑아서도 안 되며, 갓 심은 묘목을 흔들어서도 안 될 것"이라고 했다. 이런 농민과 같은 은유법을 사용한 건 그가 한나라 고조 유방과 마찬가지로 근본 없는 민초 출신이었기 때문이다. 한때 비렁뱅이였고, 홍건적 출신이기도 한 그는 배고픔이 어떤 것인지를 알았다. 이 두 건국 황제는 모두 뛰어난 리더십과 하층계급인 농민 특유의 간사함을 적절히 배합한 처세술을 십분 활용하여 정권을 장악해갔다. 권력 강화를 위해 학자들의 국정운영능력을 이용할 준비가 되어 있었다는 것도 공통점이다. 하나 다른 것은 주원장과 관료들의 관계는 한나라 고조 유방이 자신의 신하들과 맺었던 관계와는 크게 달랐다는 것이다.

유방은 진나라의 전제적인 법가사상을 뿌리 뽑길 원했다. 그는 유학자들을 신중하게 등용했다. 그들의 자비로운 사상이 봉건제에 함몰되어 있는 백성에게서 미덕을 이끌어낼 것이라 믿었기 때문이다. 하지만 1368년의 상황은 유방이 한나라를 설립했던 고대와는 완전히 달랐다. 이민족세력에 대항하는 국가적 봉기의 지도자였던 주원장은 그 이전의 어떤 대륙의 지배자도 감히 꿈꿀 수 없었을 절대권력을 행사할 수 있었다. 그는 그 누구라도, 그가 고관대작이건 고위급 장성이건 간에 반란의 낌새가 있다고 판단되면 대규모 숙청을 단행했다. '밝게 빛난다'란 뜻을 가진 그의 왕국 '명明'의 용좌 둘레로 늘 폭정의 그늘이 드리워져 있었던 것이다. 집중된 권력은 부패하는 법. 환관들이 또다시 궁정의 숨은 실세로 자리매김하는 상황까지 벌어졌다. 명나라의 3대 황제 영락제永樂帝의 즉위 이후 독재정치의 기운은 한층 더 강하게 명나라를 감쌌다. '영원한 행복'이라는 뜻의 역설적 이름을 가진 이 황제는 피바람을 몰고 다녔다. 관료들의 조언에 귀를 열어, 신하들을 총애하는 유교적 이상에 부합하는 군주로 행동했다면 만사형통이었겠지만, 그는 관료들을 숨조차 마음대로 쉴 수 없을 정도로 속박했다.

무자비한 성정과 도덕적 이상주의, 정력적인 일처리, 이 삼박자가 완벽하게 맞아떨어진 덕에 영락제는 완전한 절대군주로 거듭났다. 그

7-16 명나라의 3대 황제 영락제

7-17 명나라 황릉으로 이어지는 도로에 줄지어 서 있는 기념 조각상. 베이징 부근에 있다.

는 친조카를 비롯한 수많은 사람들의 피를 뿌리고 1402년 황위에 등극한 황제였다. 그는 조카를 퇴위시키기 이전 북부를 맡아 다스리던 연왕燕王 시절, 만리장성 너머로 넘어가 몽골군이 완전히 집결하기 전의 틈을 타 각개격파로 몽골군을 약 올리고, 이에 대한 몽골의 역습을 막아내는 전승을 올린 바 있는 뛰어난 전술가이기도 했다. 중앙아시아 지역의 오랑캐들이 끊임없이 중국 땅을 넘볼 것에 대한 염려도 그가 베이징을 수도로 삼은 이유 중 하나였을 것이다. 영락제는 외국과 안정적인 관계를 맺는 데 주력했다. 남해에서 명나라의 종주권을 회복하길 원했던 그는 환관 겸 전략가 정화鄭和에게 사상 최대의 대선단을 쥐어주고 동남아시아에서 아프리카 케냐에 이르는 30여 국에 대한 원정에 나서게 하기도 했다. 1405~1433년에 총 일곱 번의 대규모원정대가 명나라에서 출발했다. 이들은 인도·아프리카, 심지어는 이집트까지 하늘의 아들 명나라 황제의 권위를 알리는 서신을 전했고, 이는 명나라 황제의 권위를 인정한 이역만리 각국에서 중국에 사절을 보내기 시작한 계기가 되었다. 1415년 말린디의 술탄이 보낸 이국적인 조공이 명나라에 당도한 일도 있었다. 조공에는 궁정의 공원에서 키울 기린도 포함되어 있었다. 천하를 호령한 영락제도 이 거대한 짐승이 못내 신기했던지 대궐 입구에서 기린을 몸소 맞이했다고 한다. 그 밖에도 '천상의 말', '천상의 사슴' 등이 바쳐졌다. 기린은 "명나라를 비롯한 우주를 아우르는 완전한 덕, 완전한 정부, 완전한 조화"의 상징으로 신성시되었다. 깊은 감명을 받은 영락제가 감사의 표시를 하길 원했기 때문에 정화의 사절단은 1417~1419년 아프리카로 향하는 다섯 번째 원정을 감행해야만 했다.

명나라의 해상원정은 유럽인으로서는 최초로 아시아로 항해한 포

7-18 말린디에서 온 기린

7-19 카드놀이를 하고 있는 궁정의 여인들

르투갈인의 원정만큼 큰 성과를 거두지는 못했다. 중국인은 원정을 통해 공포심을 조장하거나, 노예를 잡아들이거나 요새를 건설할 생각은 하지 않았다. 그들은 명나라 황제가 하늘의 아들임을 인정하기만 하면 흡족해했다. 선물을 교환하는 등의 외교사절 역할이 원정대가 한 일의 전부였다. 1502년 인도 동남부의 캘커타에 포화를 퍼붓고, 전투에 참여한 수백 명의 어부들을 살해하는 악명 높은 만행을 저지른 바스코 다 가마의 원정과는 참으로 대조적이다. 당시 포르투갈인은 돛대에 시체를 매달고 인도 항구에 입항하곤 했다. 천자 아들의 명을 받은 평화로운 사절단인 정화의 함대로서는 상상조차 할 수 없는 일이었다.

극심해진 일본 해적의 약탈을 막기 위해 해안선을 따라 요새가 건축되었다. 하지만 빠르게 이동하는 소형함대를 막아내는 건 여간 어려운 일이 아니었다. 무력으로 왜구를 섬멸하는 데 한계를 느낀 영락제는 1405년 아시카가 요시미쓰足利義滿에게 사절단을 보내 그를 속국의 왕으로 봉한다. 일본 왕의 권위를 상징하는 왕관, 예복, 한 손으로 들기 버거울 정도로 무거운 순금 인장 등이 아시카가 쇼군에게 전달되었다. 아시카가 쇼군은 명나라 황제의 선물을 흔쾌히 받아들였다. 이는 중국이 더 이상 왜구에 시달리지 않을 것과, 일본 영해 내의 해적기지들이 더 이상 무사하지 않을 것이라는 사실을 의미했다. 명나라에게는 다행인 일이었지만 일본 사관들은 이 사건을 수치로 여겼다. 자진해서 덥석 중국 속국의 왕위를 꿰어찬 쇼군이 영 못마땅했을 것이다. 그럴 필요가 전혀 없는 상황이었는데도 말이다.

1425년 영락제가 붕어하자 해양원정계획은 전면 철회되었다. 1431~1433년 기간에 진행된 일곱 번의 해외원정이 무색하게 중국 해양외교의 시대는 순식간에 막을 내렸다. 중국이 갑자기 바다에 대한 관심을 잃어버린 이유는 명확하지 않다. 바다에 등을 돌려버린 중국 황실 덕에 대항해 시대의 열기에 몸을 실은 포르투갈이 엉겁결에 인도양을 집어삼킨다. 중국이 바다를 포기한 이유는 상당히 복합적이었을 것이다. 일단 처음부터 해양원정에 반기를 들었던 학자 출신 관료들의 영향도 있었을 것이다. 그들은 정화와 환관들이 해양원정 성공을 통해 명예를 얻게 되자 해외원정을 더욱더 심하게 반대했다. 무역사업에서의 수익 감소도 한 원인이었을 것이다. 해외원정에는 엄청난 준비 비용이 필요했는데, 거둬들이는 수익은 미미했으니 재정적인 압박을 견디다 못한 중국 정부가 이 같은 결정을 내렸을 것이다. 마지막으로 영락제의 베이징 천도가 중국의 관심을 내륙으로 돌리게 했을 가능성도 있다. 중국 지역의 도시를 명실상부한 수도로 자리 잡게 하기 위해서는 우선 만리장성부터 손봐야 했을 것이기 때문이다.

초원의 유목민족으로부터 수도를 보호해야 했던 영락제는 만리장성 개축을 강행했다. 이 거대한 건축물의 완성은 인상적인 일이긴 했지만, 이 일로 중국의 과학기술이 사상 처음으로 주변 국가들에 뒤처지게 된다. 1592년에 도요토미 히데요시가 조선을 침략하기 위해 보낸 병력과 교전을 한 명나라 군대는 예상치 못한 상황에 맞닥뜨린다. 일본 침략자들이 포르투갈산 화승총을 개조한 신식무기로 무장하고 있을 거란 생각은 꿈에서도 해보지 못했던 중국인이 받은 충격은 엄청났다. 하지만 명나라를 무너뜨린 만주족 정복자들이 이 같은 신식무기를 보유하고 있었던 건 아니다. 만주의 호전적인 민족이 중원 평정의 기회를 엿볼 수 있었던 것은 명나라 내부에서 벌어진 권력다툼 때문이었다. 1644년 이자성李自成이라는 자가 이끄는 반란군이 베이징을 점령했다. 명나라의 초대 황제만큼이나 서민들에게 인기가 있었던 이

7-20　베이징에 위치한 자금성의 황제 전용 내전의 일부

자성이 새로운 중국 왕조를 건립한 건 그리 어려운 일이 아니었던 듯하다. 그가 오삼계吳三桂의 심정을 조금만 헤아렸더라면 말이다. 오삼계는 중국 서북부 국경수비를 담당하던 무장이었다. 황제의 자살소식에 이자성에게 의탁하려던 마음도 잠시, 자신이 가장 아끼던 첩을 이자성이 후궁으로 삼았다는 소식에 분개한 오삼계는 청나라군과 결탁한다. 산하이관山海關의 방어를 맡고 있던 오삼계는 산하이관 동쪽의 만리장성 동문성루를 청나라 군대에게 열어주었다. 이 동문성루에는

7-21　　자금성 내부로 이어지는 출입구. 명나라의 17대이자 마지막 황제 의종毅宗은 1644년 이자성이 베이징을 점령하자 저 멀리 보이는 탑에서 목을 매달았다.

'천하제일관天下第一關'이라는 현판이 붙어 있었다. 엄청난 기세로 불어 닥치는 폭풍 속에서 전투가 치러졌다. 철갑을 두른 20,000명의 만주족 기마병력이 파죽지세로 반란군 본거지를 밀려들어왔다. 예상치 못한 공격에 혼이 달아난 반란군은 걸음아 나 살려라 하고 도망치기 바빴다. 무리의 지도자 이자성도 꽁무니를 뺀 지 오래였다. 억하심정을 품은 오삼계가 그 뒤를 쫓았다. 명나라의 마지막 세력이 진흙탕 싸움에 매진하는 동안, 중앙아시아인이 어떻게 베이징을 점령하고 초대 청나라 황제를 왕위에 올렸는지는 다음 장에서 살펴보도록 하겠다.

8장
─────────────────

중세 중앙아시아

영원한 천국의 권세를 위해,
대몽골 제국이 만천하를 통치하는 것.
이것이 그분의 명령이다.

— 몽골의 3대 대칸 구유크 칸

투르크족과 거란족

10~14세기 사이 대부분의 투르크족은 이슬람교로 개종했다. 그 중에는 서쪽으로 이동하여 셀주크 왕조와 오스만 왕조 같은 강력한 제국을 건설한 이들도 있었다. 남쪽으로 이동한 이들도 있었다. 그리고 그곳에서 자히르 웃딘 무함마드 바부르가 무굴 제국을 세웠다. 바부르는 중앙아시아도 넘보았다. 중앙아시아에 눈독을 들인 건 바부르만이 아니었다. 다른 여러 투르크족 지도자들이 중앙아시아의 패권을 탐냈다. 바부르의 혈통은 몽골-투르크계에 속했던 것으로 보인다. 그는 자신의 부친이 티무르의 후예이며, 모친은 칭기즈 칸의 후예라고 주장했다. 반유목민과 농경민을 다스린 유목민 전사들이었던 투르크족과 몽골족은 서로 공통점이 많았다.

이슬람교의 물결이 아시아 중동부의 외진 몽골 땅까지 찾아들었던 건 아니다. 하지만 중국 땅에 정착한 이슬람교도들은 중국의 국제 무역에 상당한 영향력을 행사했다. 반면 중국에 뿌리를 내린 투르크족은 대부분 불교도였다. 수나라가 중국을 통일하기 전에 중원을 지배했던 북위의 황제들이 불교를 중흥한 흔적이 있다. 재미있는 사실은 위대한 인물로 칭송받는 수나라의 초대 황제 문제文帝가 공처가였다는 사실이다. 그는 현명했지만 독선적이었던 투르크족 출신 황후를 아끼는 한편 매우 두려워했다고 한다. 한 번은 문제가 어린 소녀에게 빠져 그녀를 궁으로 들인 일이 있었다고 한다. 황후는 문제가 없는 틈을 타 그녀를 죽였다. 후에 그 사실을 알게 된 문제는 노하여 홀로 말을 타고 산골짜기로 숨어버렸다. 신하들이 뒤쫓아 가서 설득한 끝에 문제는 궁으로 돌아왔다고 한다. "짐이 비록 하늘의 아들이라 우러름을 받기는 하지만, 짐에게는 자유가 없도다." 천하를 다 가진 황제의 필부나 다름없는 한탄이다.

독점욕이 강한 이 황후에게는 흉노와 위구르족의 혈통이 흐르고 있었다. 이미 중국에 동화된 그녀의 가족은 중국 북부에서 살고 있었다. 위구르는 만리장성 접경지역에 설립된 투르크계 국가를 일컫는 말이었다. 위구르족은 744년 동돌궐을 멸망시키고 위구르 제국을 설립했다. 중국 문헌에 따르면 위구르의 3대 통치자인 뵈귀 카간은 페르시아계 소그드인으로부터 전파된 마니교를 받아들였다고 한다. 755년에 일어난 안사의 난 진압을 원조하기 위해 뤄양에 머무는 동안 이 이란계 민족이 전해주는 신앙에 빠지게 된 것이다. 그는 개종했고 얼마 지나지 않아 마니교를 국교로 선포했다. 다음은 982년에 투루판 근교 코초高昌 시에 파견된 중국 사절의 기록이다.

> 이 나라에는 비도, 눈도 내리지 않고 매우 덥다. 매년 더위가 기승을 부리는 여름철에는 주민들이 거처를 지하로 옮긴다. (중략) 산골짜기로부터 흘러내려오는 강이 하나 있는데, 이 강줄기가 수도를 빙 둘러 흐른다. 이곳 사람들은 이 강의 물로 경작지와 정원의 물을 대고, 물방아를 돌린다. (중략) 귀족들은 말고기를 먹는 반면에, 평민들은 양고기, 오리고기, 그리고 거위고기를 먹는다. (중략) 그곳에는 50여 개의 불교사원과 마니교사원이 있다. (중략) 궁핍한 자들은 찾아볼 수 없다. 나라에서 자력으로 생활할 수 없는 이들을 위한 복지제도를 운영하고 있기 때문이다. 장수하는 이들이 많다.

현재는 고고유적지로 잘 알려져 있는 오아시스 도시 코초는 과거에 투르크족의 지배를 받던 실크로드의 중간거점이었다. 도시가 반세기 동안 살아남는 건 당시 중앙아시아에서는 흔한 일이었다. 이 도시의 주 수입원은 국제 무역이었으며, 도시인은 이웃의 유목민을 늘 경계했다.

12세기 동안 중앙아시아 거의 대부분을 다스린 건 다름 아닌 거란족契丹族이었다. 투르크족의 후예 거란족이 중앙아시아를 좌지우지하던 시절은, 중앙아시아 역사에서 가장 연구된 바가 없는 시기이다. 흑거란黑契丹, 카라 키타이Kara Kitai라고도 불리는 서요(1132~1218년)는 아랄 해에서부터 남쪽으로 티베트가 인접해 있는 알타이 산맥까지 이어지는 광대한 지역을 다스렸다. 서요는 금나라가 요나라를 멸망시킨 뒤, 서쪽으로 이동한 요나라 왕족 야율대석耶律大石(태조 야율아보기의 8대손)이 중앙아시아에 건국한 나라였다. 서요의 백성 대부분은 이슬람교도였다. 요나라에 남아 있던 잔존세력은 금나라에 항복했다. 이 중에는 후에 칭기즈 칸의 참모가 된 야율초재耶律楚材도 있었다. 중국 북방의 반유목민이었던 거란족이 세운 요나라는 970년 이후부터는 만리장성 이남지역까지 통치했다. 6대 황제 성종이 재위하던 시기에 요나라는 동아시아 최고 강국이었기 때문에, 여진족이 세운 금나라의 입장에서는 거란족을 몰아내기 위해 송나라와 반드시 동맹을 맺어야 했을 것이다. 하지만 송나라가 금나라에 협력한 것은 믿을 수 없을 정도로 근시안적인 선택이었다. 송나라와 금나라의 동맹군은 요나라 군대를 격파하여 거란족을 만주에서 몰아내는 데 성공했다. 송나라는 동시에 북방 국경지대의 완충지를 잃고 말았다. 카이펑에 위치한 수도가 금나라의 직접적인 공격에 노출된 것이다. 실제로 1127년 금나라는 카이펑 공격을 감행한다. 이후 송나라 황실은 양쯔 강 이남의 항저우로 쫓겨

8-1   꼭대기에 도교의 신이 장식된 거란족의 금관

8-2   사원 운영을 담당하는 금나라 관리의 인장. 이 인장은 거란족과 티베트인용으로 고안된 것이다. 금나라 침략자들은 중세 중국의 국정운영방식을 모델로 삼았다.

가게 된다.

　금나라가 요나라를 정복한 뒤, 도망치는 신세가 된 거란족은 서쪽으로 이동하여 중앙아시아에 서요를 건국했다. 서요의 통치자들은 거의 모든 종교를 용인했다. 서요의 백성은 이슬람교·유대교·네스토리우스파·마니교·불교 등 갖가지 종교를 신봉했다. 거란족은 동물을 제물로 바치는 민족 고유의 신앙을 고수했다. 이들은 전투를 하기 전에 동물을 제물로 바쳤다. 중앙아시아 중부에 근거지를 둔 유목민과 달리, 이처럼 복잡한 종교적 특징을 갖고 있던 거란족을 이슬람교도로 개종시키는 건 여간 어려운 일이 아니었다. 서요 제국의 역사가 짧았던 것도 한 이유였다. 아니면 요나라가 멸망하기 훨씬 전부터 중화사상에 완벽하게 물들어 있었던 거란족이 중국인 특유의 자존감을 갖고 있었기 때문에 이슬람교 포교가 어려웠던 것인지도 모른다.

　서요의 통치자 중 가장 잘 알려진 사람은 건국 황제 야율대석이다. 그는 중앙아시아의 투르크족을 노련한 솜씨로 요리했다. 부족 간 불화를 이용했을 뿐만 아니라, 자신처럼 전도유망한 새 지도자에게 모든 것을 바칠 준비가 되어 있는 부족들을 속속 자기편으로 끌어들였다. 숙련된 전사들로 충성스러운 직속부대를 꾸미고, 얼마든지 조달할 수 있는 말들을 최대한 활용한 덕에 야율대석은 자신에게 맞서는 이들을 하나둘 제압해나갈 수 있었다. 그는 될 수 있으면 지방 토후들의 직위를 그대로 인정해주려 했기 때문에, 새로운 제국의 건설은 순조롭게 진행되었다. 야율대석의 사후 황위는 그의 아내였던 감천황후感天皇后 타부얀이 물려받았다. 황후로서 3년 동안 서요를 다스린 그녀는 이후 어린 아들 이열의 섭정이 되어 국정을 돌보았다. 야율대석의 죽음은 중앙아시아의 판도에 확실한 영향을 미쳤다.

8-3 내몽골에서 발굴된 붓다 와상臥像. 이슬람교가 뿌리를 내리기 전에는 불교가 중앙아시아의 대표적인 종교였다.

8-4 키르기스스탄에서 발굴된 투르크 식 묘비 발발balbal. 6세기 것으로 추정된다.

8-5   서요 제국의 황금잔

1144년 북쪽으로 쫓겨났던 일부 오구즈투르크족이 더 많은 병력을 이끌고 돌아와 여러 오아시스 도시들을 약탈했다. 그에 앞서 서쪽으로 이동했던 오구즈투르크족은 알프 아르슬란(셀주크 왕조의 2대 술탄)의 지휘 하에 페르시아와 이라크 지역의 셀주크 왕조를 다스렸다.

당시 서요의 지배를 받던 여러 부족들이 독립을 주장하길 주저했던 건 전장에서 엄청난 위용을 뽐내던 야율대석의 명성을 두려워했기 때문이다. 오구즈투르크족 말고도 여러 투르크족이 야율대석 사후에 서요에서 독립할 기회를 호시탐탐 노렸다. 하지만 거의 반세기 동안 사소한 분쟁이 몇 건 발생했을 뿐 별다른 변화는 일어나지 않았다. 하지만 야율대석 손자이자 서요의 마지막 황제 야율직노고의 시대가 문제였다. 1177년에 즉위한 3대 황제 야율직노고의 손에 맡겨진 서요는 이미 쇠퇴일로를 걷고 있는 제국이었다. 칭기즈 칸 휘하의 제베가

1216년 서요의 30,000대군을 무찌르기 전에도 이미 멸망의 징후는 농후했다는 말이다. 이로부터 2년 뒤인 1218년 몽골 제국은 한때 서요의 땅이었던 영토를 모두 점령했다. 서요를 마지막으로 다스린 사람은 투르크족 출신 귀족 쿠출루크였다. 쿠출루크는 1211년 야율직노고를 제거하고 스스로 황위에 오른다. 몽골과 적대관계에 있는 주변국의 힘을 규합하여 몽골을 위협한 그는 칭기즈 칸에게는 성가시기 짝이 없는 적수였다. 제베가 쿠출루크를 생포하기 위해 카슈가르Kashgar(중국 남서부의 오아시스 도시)로 보낸 몽골 전사들로부터 탈출한 이 황위 찬탈자는 1218년 몽골군에 의해 살해되고 만다. 제베는 종교의 자유를 보장하겠다고 선포하는 것으로 주민들의 환심을 사 카슈가르 입성에 성공한다. 하지만 다른 중앙아시아 도시의 주민들은 이런 종교 포용정책에 미혹되지 않았다. 그들도 쿠출루크의 잘린 목이 이 도시에서 저 도시로 실려 다니는 것을 보고 이내 항복하고 말았지만 말이다.

티베트 제국

중세 티베트 제국은 현대인의 기억 속에 거의 남아 있지 않다. 이 잊혀진 제국의 통치자들은 우리가 알고 있는 오늘날의 달라이라마와 깊은 연관이 있다. 역설적인 사실은 송첸캄포를 비롯한 티베트의 왕들은 비폭력의 상징인 티베트의 정신적 지도자 달라이라마와는 사뭇 다른 호전적인 성격의 소유자였다는 사실이다. 송첸캄포는 티베트의 실질적인 건국시조이다. 티베트가 주변영토 정복에 나선 것은 송첸캄포의 아버지 남리송첸이 집권하던 시절부터였다. 하지만 여전히 부족연맹체제의 틀에서 벗어나지 못한 고대 티베트 왕조가 본격적인 제국의 틀을 갖추게 된 것은 송첸캄포 덕이었다. 그는 650년 붕어하기 전까지 여러 차례 정복 전쟁을 벌였다. 송첸캄포는 독선적인 절대군주는 아니었다. 그는 강력한 문중과의 혼인을 통해 혼맥을 형성하고, 전리품을 후하게 하사하는 정책으로 왕권을 확립했다. 인도 국경 부근에 위치한 샹슝象雄은 송첸캄포가 집권 초기에 상당히 수월하게 손에 넣은 땅이었다. 샹슝은 티베트의 동맹국이었다. 샹슝의 왕 리그마와 송첸캄포의 여동생이 결혼하는 것으로 연대를 맺은 것이다. 하지만 후에 부인인 티베트 공주의 계략에 속은 샹슝의 왕이 반란을 일으키자, 이 기회를 놓치지 않고 티베트가 샹슝을 점령해버린 것이다. 샹슝의 합병으로 티베트 고원은 역사상 처음으로 통일왕국의 땅이 되었다. 이 고원지역에서 나는 여러 자원은 향후 수십 년간 티베트 부흥의 원동력이 되었다. 송첸캄포는 아버지 남리송첸의 집권시절부터 티베트 부족들을 하나로 규합하기 위해 애써온 노신 가르통첸을 재상으로 기용하여 외교에 힘썼다.

　송첸캄포는 불필요한 충돌을 피하기 위해 634년 당나라에도 혼인 동맹을 제안했다. 샹슝의 왕 리그마에게 했던 것과 같은 제안이었다. 이 때문에 당나라 2대 황제 태종은 티베트 고원에서 세를 불리고 있던 티베트 제국의 존재에 관해 알게 되었다. 콧대 높은 중국 황실은 이 제안을 일언지하에 거절했다. 모욕을 느낀 송첸캄포는 당나라 공주를 생포하고 말겠다는 선언을 한다. 뱉은 말을 지키는 사내였던 송첸캄포는 638년 중국을 침략했지만, 몇 차례 교착상태를 겪은 후에 철수해야 했다. 그로부터 2년 후 재상 가르통첸은 사절로서 장안을 방문한다. 중국을 침략한 것에 대해 송첸캄포가 유감을 표한다는 사실을 전

8-6 　　　　송첸캄포 조각상. 모자 꼭대기에서 보살이 왕을 굽어보고 있다.

한 가르통첸은 누구의 딸인지 분명하지 않은 문성공주를 왕의 신부로 맞게 해주기를 청했다. 약혼선물 명목으로 황금 5,000냥과 수백 가지의 귀금속을 바친 뒤였다. 황제는 여섯 가지 시험을 통과하면 딸을 주겠다는 조건을 내걸었고, 가르통첸은 이를 모두 통과했다. 가르통첸의 지혜에 탄복한 태종은 가르통첸의 청을 수락했을 뿐만 아니라, 중국 황실의 여인을 아내로 맞게 해주겠다는 제안을 한다. 정중하게 이 제안을 거절한 티베트의 재상에게는 우위대장군右衛大將軍이라는 칭호가 내려졌다. 티베트에 도착한 새 신부 문성공주는 온통 붉은색으로 얼굴을 칠한 티베트인의 모습에 질겁한다. 이 때문에 송첸캄포가 즉각 이 습속의 금지령을 내렸다고 한다. 관습은 자취를 감췄지만, 중국인은 문성공주가 경악했었다는 사실을 잊지 않았다. 중국인들은 티베트인을 "빨간 얼굴의 오랑캐"라 불렀다.

8장 중세 중앙아시아

중국과 티베트의 우호관계는 당나라 태종과 송첸캄포가 생을 마감할 때까지 지속되었다. 송첸캄포는 인도 왕국과의 국경 전쟁뿐 아니라 그가 정복한 땅을 통합하는 데 말년을 보냈다. 송첸캄포에게는 문성공주 말고도 아내가 여럿 있었다. 문성공주와 네팔 왕실에서 맞은 브리쿠티 데비 왕비의 영향으로 송첸캄포는 독실한 불교도로 생을 마감했다. 중국인은 티베트 제국 내 불교의 확산에 많은 기여를 했다. 태종의 뒤를 이은 당나라 황제는 불심이 깊은 송첸캄포를 관음보살의 현신이라 추켜올리며 불교식 묘호인 성왕聖王이라는 칭호를 하사하기도 했다. 뿐만 아니라 티베트 기록에 따르면 석가모니상을 티베트에 들여온 것이 바로 문성공주였다고 한다. 송첸캄포 왕의 사후 20년간 실질적으로 티베트를 통치한 것은 가르통첸이었다. 티베트인이 티베트 문자, 법전을 갖게 되고, 불교를 알게 되었으며, 중앙정부의 통치를 받게 된 건 송첸캄포보다는 가르통첸의 덕이었다.

가르통첸은 중국인이 티베트의 세력권인 중앙아시아 타림 분지까지 영향력을 행사하는 것을 못마땅하게 생각했다. 그는 667년 노환으로 세상을 떠날 때까지 주변의 여러 오아시스 국가들과 힘을 모아 중국의 중앙아시아 진출을 저지했다. 이 강건한 제국주의자의 죽음은 티베트의 대외정책에 어떠한 변화도 가져오지 않았다. 새로 즉위한 송첸캄포의 손자 망룬망첸 왕이 가르통첸만큼이나 정복에 열을 올리는 통치자였기 때문이다. 중앙아시아에서 무서운 기세로 성장하는 티베트를 막을 세력은 우마이야 왕조와 아바스 왕조의 칼리프들뿐이었다. 하지만 이 아랍 왕국의 영향력은 티베트 국경에까지 미치지 못했다. 결국 중국이 홀로 티베트 세력을 상대할 수밖에 없었다. 이는 755년에 발발한 안녹산의 난으로 10년 동안이나 혼란을 겪은 당나라가 해내기에는 버거운 일이었다.

안녹산의 난을 저지하기 위해 당나라는 서부 요새에서 병력을 철수했고, 원래 중국 황제보다는 티베트 왕에게 더 깊은 존경을 품고 있던 속국 지도자들을 동요하게 했다. 중앙아시아에 위치한 중국의 동맹국들이 아랍 세력과 손을 잡은 결과, 중국은 현재의 타슈켄트의 정동正東에 위치한 탈라스Talas 강둑에서 벌어진 전투에서 대패하고 말았다. 꼬박 하루가 걸린 이 전투는 지야브 이븐 살리 알쿠자이의 승리로 끝이 났다. 하지만 751년에 벌어진 이 전투는 아랍과 중국의 세력균형에 결정적인 영향을 미친 사건은 아니었다. 양측의 피해상황이 거의 비슷했기 때문이다. 특히나 안녹산의 난으로 엄청난 소요를 겪고 있던 중국 입장에서는 사실 크게 중요한 사건도 아니었을 것이다. 하지만 이 전투는 중앙아시아인에게는 초원의 판도를 바꾼 중요한 사건이었다.

이슬람 세력에 중국이 힘없이 밀리는 것을 지켜본 티베트인은 자신감을 얻었다. 내내 공격적인 자세를 유지하던 티베트는 763년 기어이 장안을 점령한다. 2주간 파렴치한 약탈이 이어졌다. 9세기가 될 때까지 중국 서북부지역을 좌지우지한 건 티베트였다. 마침내 중국과 티베트 사이에 평화협정이 성립할 기미가 보였다. 티베트의 통치자는 내심 당나라 황제가 자신을 형님 대접해줄 거라 기대하고 있었다. 협정에는 농경민족인 중국인을 상징하는 황소와, 유목민족인 티베트인을 상징하는 종마의 피로 맹세를 해야 한다는 조건이 포함되었다. 나이가 지긋했던 중국의 외교사절은 티베트 왕의 야만적인 조건을 그대로 받아들이기가 영 내키지 않았다. 그는 양·돼지·개를 바치는 것으로 의식을 마무리하면 어떻겠느냐며 절충안을 내놓았다. 그 부근에는 돼지를 키우는 자가 없었기 때문에 돼지 대신에 양·염소·개를 제물로 삼는 것을 조건으로 협정이 체결되었다. 제물을 바쳐 신께 맹세한 후, 평화협정 문서가 교환되었다. 하지만 이런 협정방식이 생경했던 티베트의 사절은, 쌍방이 불교 성지에서 다시 한 번 맹세를 해야 한다는 주장을 펴기도 했다.

중국 군대가 티베트 군대와의 전투에서 고전한 이유는 바로 티베트 군사들이 착용한 갑옷의 성능이 너무 뛰어났기 때문이다. 다음은 당나라 사관의 기록이다.

티베트 군대는 군인뿐만 아니라 군마도 갑옷을 착용하게 한다. 갑옷은 매우 뛰어난 솜씨로 제작된 것이다. 이 갑옷으로 티베트 군사들은 눈을 제외한 모든 부위를 감싼다. 이 때문에 화살과 검으로 이들에게 상처를 입히는 건 여간 어려운 일이 아니다.

티베트가 왕가와 신흥 불교세력 간 충돌로 촉발된 내분으로 금방 붕괴된 것이 중국에게는 정말 다행한 일이었다. 불교를 적극적으로 중흥한 치송데첸 왕은 779년 삼예三裔에 티베트의 첫 불교사원을 건립했다. 또한 티베트의 불교개종자들을 불교승려로 임명하기 위해 인도의 학승 타라크시타를 초빙하기도 했다. 이 사원 운영에 필요한 음식과 물품들을 바칠 마을들이 선정되었다. 치송데첸은 791년에 불교를 국교로 선포했다.

불교시설과 승려의 수가 점점 늘어나면서, 사원 운영비용을 떠맡는 마을의 수도 늘어났다. 티베트에 세금을 바치랴, 사원에 운영비용을 대랴 백성은 허리가 휠 지경이었다. 치축데첸이 왕위에 오른 후 티베트는 경제적 위기를 맞는다. 승려들이 고위 각료직과 왕실 소유 땅을 차지하면서, 불교에 대한 왕실의 과도한 후원이 야기한 재정파탄이었다. 838년 랑다르마가 불교 유입 이전에 티베트인이 믿던 본교의 중흥을 표방하며 쿠데타를 일으켜 형 치축데첸을 살해했다. 왕위를 찬탈한 랑다르마는 무자비한 척불정책을 폈다. 결국 그는 즉위 후 2년 만에 독실한 불교도였던 랄룽 팔기 도르제에게 암살당했다. 이 신실한 암살자는 샤먼으로 위장하고 랑다르마 앞에 서서 춤을 췄다고 한다. 검은 망토 아래 활과 화살을 숨기고 있던 도르제는 현란한 춤사위를 펼치다 활을 쏘아 랑다르마의 숨통을 끊어버렸다. 그리고 그는 홀연히 사라졌다.

랑다르마의 죽음으로 강건했던 티베트 제국은 분열의 시기를 맞는다. 송첸 왕조의 혈통이 끊기자 티베트는 부족국가들이 난립하는 원래 상태로 되돌아갔다. 결국 불교계가 사원을 중심으로 이러한 정치적 공백을 메우게 되었다. 이들의 정치적 권위 덕분에 티베트인은 자신들의 문화적 정체성을 보존할 수 있었다. 티베트의 몰락은 당나라의 집권세력이 중앙아시아의 영토를 수복할 절호의 기회였다. 하지만 당나라의 통치자들은 경거망동하지 않았다. 그들은 중앙아시아로 진출하는 대신 만리장성의 서부 끝자락의 둔황 지역의 국경수비 강화에 힘쓰는 것으로 내실을 다졌다.

화려했던 중세 티베트 제국의 황금기를 뒤로한 티베트는 이제 고립무원의 땅이 되었다. 외교관계라고는 몽골과 다소 소원한 관계를 맺은 것이 그나마 전부였다. 티베트와 몽골이 본격적으로 밀접한 관계를 맺은 건 몽골족이 중국 통치를 그만둔 뒤의 일이었다. 16세기 중반, 3대 달라이라마 소남갸초는 몽골 타타르족의 추장 알탄 칸의 초대를 받고 몽골 땅으로 향한다. 곧이어 티베트 불교가 몽골의 국교로 선포되었다. 알탄 칸은 '넓은 바다와 같이 넓고 큰 덕을 소유한 스승'을 의미하는 몽골어 '달라이Dalai'란 호칭을 티베트의 종교지도자에게 붙여주었다. '달라이'란 칭호는 3대 달라이라마 사후, 그의 두 전임자들까지 통칭하는 티베트 종교지도자의 호칭으로 사용되었다. 3대 달라이라마가 알탄 칸의 증손자로 환생한 사실이 밝혀지면서, 티베트와 몽골의 유대는 훨씬 더 돈독해졌다. 알탄 칸의 직계 후손인 4대 달라이라마 용텐갸초는 유일한 비非티베트인 달라이라마이다.

중국에서 주도권을 잡은 만주족은 이처럼 밀접한 티베트인과 몽골족의 관계가 못내 걱정스러웠다. 만주족은 몽골족에 대한 오랜 은원을 품고 있었다. 청나라 4대 황제 강희제康熙帝가 집권했던 1670년대부터 6대 황제 건륭이 집권했던 1750년대까지 몽골족과 피비린내 나는 혈투를 벌여왔기 때문이다. 만주족이 염려한 건 몽골족이 티베트인과 결탁하여 중국 서부 국경지역을 위협하는 것이었다. 그렇다 보니 청나라는 티베트의 영적 지도자와 몽골의 군사지도자들의 동침을 막는 것을 외교적 급선무로 여겼다. 청나라 황제는 베이징에서 티베트는 청나라의 속국이라는 뜬금없는 선언을 발표했다. 그리고 필요할 때마다 꼭두각시 달라이라마를 세웠다.

청나라는 티베트의 외교를 청나라가 독점한다는 원칙을 세웠다. 티베트를 장악하고 있는 불교세력은 티베트 내정에만 관여할 수 있도록 권력을 제한했다. 이런 식으로 대외관계와 대내관계의 책임 주체를 분리한 정책은, 19세기 인도 전역을 통치한 영국인에 의해 답습되기도 했다. 이제 티베트는 좋든 싫든 중국에 의존할 수밖에 없는 나라가 되고 말았다.

몽골 제국

몽골족은 중앙아시아 모든 민족 중 가장 위대한 전사였다. 그들은 몽골·중국·고려·이란·이라크·아프가니스탄·시리아·우크라이나·헝가리, 코카서스의 땅을 아우르는 대제국을 건설했으며, 심지어 버마·캄보디아·자바 섬의 지도자들에게까지 영향력을 행사했다. 몽골족은 중앙아시아 평원의 모든 부족을 규합하는 데 성공했으며, 그 결과 13~14세기 중앙아시아의 패권을 한 손에 쥘 수 있었다.

몽골족은 인구의 수가 많지 않은 민족이었다. 총 인구가 700,000명 남짓이었다. 하지만 이들은 1206년에 칭기즈 칸으로 선출된 테무친의 지휘 하에 세계정복의 꿈을 꾸었다. 칭기즈 칸이라는 호칭의 정확한 뜻이 무엇인지에 대해서는 알려진 바가 없지만 이 호칭에는 '선하고 엄격한 법'『야사 Yasa』의 근본정신에 따르는 통치를 하는 강건한 왕이라는 뜻이 담겨 있었다. 『야사』는 약탈과 전쟁이 난무하는 중앙아시아 초원에 질서를 확립하기 위해 칭기즈 칸이 제정한 몽골 법전이다. 그는 칸으로 취임하자마자 "동맹국이건 아니건 가리지 않고 모든 부족에게 사절을 보내, 그의 권위를 내보이고 그가 바로 세운 정의와 법, 그리고 그의 관대함을 설파했다." 그는 자신의 방식을 따르지 않는 자들에게는 냉혹하기 그지없는 사람이었다. 그는 "몽골의 법을 따르지 않는 자들은 아무리 오랜 세월이 걸리더라도, 심지어 그 후손들까지 철저히 벌할 것"이라고 선포했다. 서요의 마지막 통치자가 겪었던 일을 상기해보면 그가 이 말을 열심히 실천에 옮겼음을 알 수 있다. 카슈가르로 파견된 추격자들은 무려 2년 동안이나 쿠출루크의 뒤를 쫓았다. 1227년 칭기즈 칸이 천수를 다했다. 위대한 영혼은 이승을 떠났지만, 중앙아시아는 여전히 몽골의 손아귀에 있었다. 테무친의 아들, 손자들은 왕성한 정복 전쟁으로 칭기즈 칸의 유지를 받들었고 몽골은 온 유럽과 아시아에서 가장 강성한 군대를 거느린 나라로 성장했다.

몽골이 세계를 호령하는 대국으로서의 명성을 쌓을 수 있었던 건 칭기즈 칸의 독특한 통치방식 덕이 컸다. 그는 부족민 전체가 충심으로 자신을 모실 것이라고 생각하지 않았다. 그는 개인적으로 자신을 따르는 추종세력을 만드는 데 힘을 쏟았다. 몽골 부족민들은 대부분 변덕이 심했기 때문이다. 그들은 지도자를 선출한 후에도 그 명을 따르는 데 대해 노골적인 반감을 드러냈다. 이들에 대한 일련의 경험이 훗날 칭기즈 칸의 치세에 많은 영향을 미쳤다. 쉽게 사람을 믿지 않게 된 이 희대의 정복왕은 친척이나 중신들에게 권력을 위임하는 것을 극도로 꺼렸다. 이처럼 평생 사람을 믿지 않은 노회한 군주였지만 그에게는 사람의 마음을 사는 신통한 능력이 있었다. 특히 기동전에 능한 휘하의 지휘관들은 칭기즈 칸에게 충심으로 복종했다. 무기와 말을 넉넉하게 보급해주고, 약탈한 전리품을 어느 정도 챙기는 것을 허용해주었기 때문에 병사들의 존경 또한 두터웠다. 전사들의 절대적인 신임 덕에 칭기즈 칸은 전투에서는 패해도, 전쟁에서는 패하는 법이 없었다. 마르코 폴로는 "놀라운 속도로 움직임을 바꾸도록 단련된 몽골의 말은 신호에 따라 순식간에 방향을 바꾼다. 원하는 어떤 방향으로도 움직이게 할 수 있으며, 이런 엄청난 기동력 덕분에 몽골군은 전장에서 수많은 승리를 거두었다"고 기록했다.

칭기즈 칸의 셋째 아들로 몽골 제국 2대 왕이 된 오고타이 칸의 명으로 집필된 『몽골비사』에서 현대 지도자들과 확연히 다른 칭기즈 칸의 가치관을 확인할 수 있다. 이 책에는 초원지대의 유목민 문화와 농경민 문화의 충돌에 대한 기록이 담겨 있다. 학식이 높은 두 명의 투르크족과 조우하게 된 칭기즈 칸은 이 현자들에게 도시의 생성원인에 대해 물었다고 한다. 유목민인 칭기즈 칸에게 그것은 참으로 영문을 알 수 없는 신기한 현상이었기 때문이다. 유목민에게 도시는 자신들의 삶의 영역을 위협하는 파괴의 대상 그 이상도 이하도 아니었다. 칭기즈 칸은 언제나 몽골 전사들의 흉포함을 칭송하고 독려했다. 그는 그의 부하들을 향해 "최고의 환희는 적을 정복하는 것이다. 적을 끝까지 추격하여 약탈하고, 그들의 피붙이들이 눈물을 흘리게 하고, 그들의 말을 타고, 적의 부인과 딸들을 소유하는 것"이라고 외쳤다고 한다. 이처럼 약탈과 학살에 대한 일말의 죄책감도 갖지 않았던 몽골군의 말발굽이 남은 자리에는 피와 먼지 외엔 아무것도 남지 않았다. 1220년에 몽골군의 손에 잿더미로 변한 부하라Bukhara도 그랬다. 짧은 공성전이 오간 뒤 함락된 부하라는 아닌 게 아니라 정말 잿더미로 변했다. 불이 난 것은 우연이었던 것으로 보이지만, 그렇지 않았다고 해도 크게 다를 바는 없었다. 부하라를 지키던 사람들이 극심한 저항을 하여 몽골군에 커다란 손실을 남겼다면, 모르긴 해도 몽골에 무릎 꿇은 부하라의 모든 남성은 죽음을 면치 못했을 것이다. 노예가 될 기능공들만 빼고 말이다. 몽골족은 모두 군인이었다. 끊임없는 정복 전쟁을 치러야 했던 몽골은 점점 더 노예의 노동력에 의존할 수밖에 없었다. 말을 사육하는 것과 같은 중요한 일들도 노예의 손에 맡겨졌다.

몽골은 이민족의 군사기술을 적극 수용했다. 또한 비몽골족 병사들로 하여금 전장에서 신식무기를 사용하도록 했다. 한 폴란드인의 기록에 따르면 1241년 벌어진 발슈타트 전투에서 몽골군은 연막을 만들어내는 무기를 사용했다고 한다. 송나라 이전부터 중국에서 사용되던 무기였다. 여담이지만 송나라도 1276년 몽골에 점령당한다. 중국의 『군실무편람軍實務便覽』에는 "바람이 적절하게 분다면 연기는 적들의 눈을 가릴 것이다. 이를 이용해 급습을 강행할 수 있다. 하지만 바람이 반대방향으로 불어 연기가 아군에게 퍼진다면 퇴각명령을 내려야 한다. 연막을 이용해 아군의 병력이나 전술을 가릴 수도 있다"는 내용이 실려 있다. 시야를 가리는 자욱한 검은 연기를 뿜어내는 연막뿐만 아니라 독성이 함유되어 있음을 알리는 색이 첨가된 연막들도 있었다. 거란족도 연막을 사용했다. 거란족은 917년 만리장성 이남의 중국 요새를 공격할 때 연막을 사용했다는 기록이 남아 있다. 이후 중앙아시아의 다른 민족들도 빠르게 이 새로운 공격무기를 받아들였다.

투쟁의 일생을 살아 천상천하 유아독존이라는 말이 과언이 아닐 정도의 권력을 손에 넣은 칭기즈 칸은, 어렵게 오른 권좌를 후손에게 물려주기로 결심한다. 그는 사생아라는 의심을 받은 그의 장자 대신에 오고타이를 후계자로 지명했다. 황위에 대한 욕심 때문에 서로를 시기했던 칭기즈 칸의 난폭한 아들들도 그나마 평소에 좋아했던 오고타이를 후계자로 인정했다. 관대한 지도자였다는 후대의 평을 들은 이 몽골의 새 지도자는 아버지와 달리 철석같은 의지의 소유자는 아니었다. 또한 술을 너무 좋아한 나머지 이상한 결정을 일삼았다. 한 몽골 부족이 자신이 보기에 이상한 결혼풍습을 여인들에게 강요하는 것을 못마땅하게 여긴 오고타이가 7세 이상의 모든 미혼녀와 결혼한 지 1년 이내의 모든 여성을 소집하라는 명을 내린 일도 있었다. 4,000명의 여인이 그의 눈앞에 세워졌다. 그는 그들 가운데 몇몇을 자신의 신하들을 위해 골라낸 후, 나머지 여인 모두에게 그 자리에서 결혼하라는 요상

8-7　　　　　　몽골 제국의 건국 황제 칭기즈 칸

한 명령을 내렸다. 그들 가운데 몇몇은 하렘에 갇히거나 왕의 개인적인 시중을 드는 궁녀로 선발되었다. 그 자리에 있던 여인들 가운데서 어느 누구도 무시무시한 몽골 칸에게 이의를 제기할 엄두도 내지 못했을 것이다.

이런 이상한 궁정에서 야율초재는 개혁가로서 명성을 날린다. 거란 왕족의 후예인 야율초재는 금나라의 관리였으나, 금나라가 몽골에 자행한 끔찍한 만행을 목격한 뒤 선불교에 귀의한다. 후에 몽골이 이때 금나라에게 받은 수모를 설욕하기 위해 중국 북부를 공격한다. 야율초재는 "유교와 불교 모두에 조예가 깊고, 교리에 매우 엄격했던" 한 선불교 현인 밑에서 한동안 수학했다. 이 스승은 도교에도 도통한 사람이었다고 한다. 그는 이 세 가지 종교의 근원에 놓여 있는 공통적인 이상에 찬동하는 사람이었던 것이다. 종교적 차이를 크게 문제 삼지 않는 이런 태도는 그 시절에는 일반적인 일이었다. 후에 야율초재도 몽골 왕실을 위해 일하며, 붓다·공자·노자 세 현인의 가르침을 고루 받들었던 것을 보아도 알 수 있다.

몽골의 부름을 받은 야율초재는 처음에는 망설였다고 한다. 하지만 이내 자신이 배운 바를 이용하여 흉포한 몽골족을 길들이기로 결심하고, 몽골 왕실을 섬기기 시작한다. 1218년 칭기즈 칸은 야율초재를 카라코람Karakorum으로 불러들였고, 그는 호전적인 제국의 수도에서 탁월한 행정능력을 선보이기 시작했다. 칭기즈 칸은 대의를 위해서라면 이민족을 등용하는 데 거리낌이 없었다. 그리고 칭기즈 칸이 기용한 거란족 출신 인재들은 금나라와 몽골의 대결에서 몽골에 충심을 보이는 것으로 자신들의 가치를 증명했다. 다음은 야율초재의 삶에 대한 유일한 기록인 중국의 한 사료에 등장하는 칭기즈 칸과 야율초재의 대면에 대한 일화이다.

칭기즈 칸이 "요나라 몰락 이후 거란족과 금나라는 수백 년 동안 불구대천의 원수였다. 내가 네 민족의 복수를 해주었느니라" 하고 말했다. 유교적 가치를 숭상했던 야율초재는 "저의 아비와 고조부가 금나라 황제들을 섬겼습니다. 금나라의 아들이자 신하인 제가 어찌 신의를 저버리고 제 나라와 아비를 적으로 돌리겠습니까?" 하고 대답했다. 올곧은 유목민 출신 사내의 당당함에 깊은 감명을 받은 칭기즈 칸은 야율초재를 왕궁 비서로 임명했다. 칭기즈 칸은 그에게 '긴 수염'이라는 별명을 붙여주었다고 한다.

8-8　　　　칭기즈 칸이 사용했던 금으로 도금된 안장과 등자

야율초재의 업무는 칸을 보좌하고, 점을 보는 것이었다. 모든 몽골족과 마찬가지로 칭기즈 칸은 자연현상을 신성시했다. 그는 필요할 때마다 점성술에 능한 자신의 비서에게 조언을 구했다고 한다. 그가 길흉을 해석하는 중국의 방식을 따라 점을 보았다는 건 아무런 문제가 되지 않았다. 칭기즈 칸의 숙적 중 하나의 죽음을 예측했던 일 때문에 야율초재는 점성술사로서 명성을 날렸다.

칭기즈 칸에게 두터운 신망을 얻은 야율초재는 칭기즈 칸에게 청하여 도교의 현자를 카라코람에 초빙하기도 했다. 그는 이 현자가 몽골의 수도에 와서 유교·도교·불교를 관통하는 이상적인 관념에 대한 가르침을 전해주길 기대했다. 그는 이런 사상들의 융합을 통해 얻을 수 있는 실용적 지식이 칸에게 감명을 주는 것은 물론, 안정적인 정부

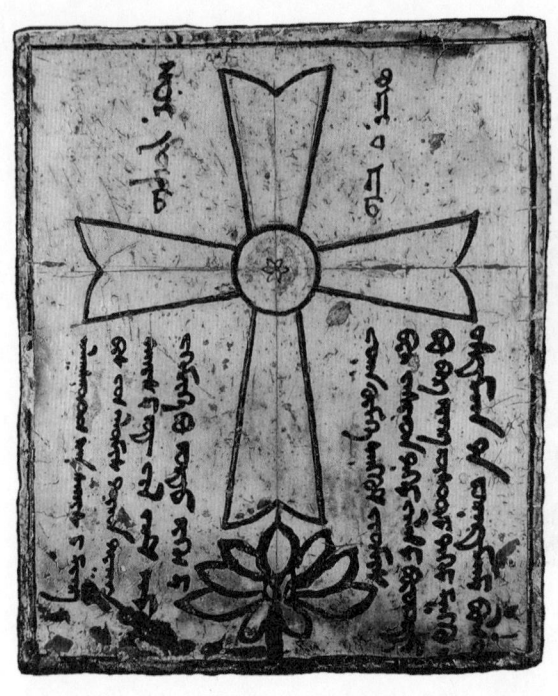

8-9　　몽골 문자와 시리아 문자가 적힌 네스토리우스 양식의
타일. 칭기즈 칸은 샤먼의 말을 가장 신뢰했지만, 이교
신들의 반감을 사지 않기 위한 노력도 했다.

의 기틀을 확립하는 데도 도움이 될 것이기 때문에, 몽골족의 삶에 긍정적인 영향을 미칠 것이라고 생각했다.

고대 중국의 황제들과 마찬가지로 칭기즈 칸은 불로장생약에 관심이 많았다. 저명한 도교의 대가가 몽골에 도착하자 칭기즈 칸은 크게 기뻐했다. 이 도교선사는 장생과 불사에 정통한 도사라고 중국에서 소문이 자자한 사람이었기 때문이다. 선사를 초대하기 위해 쓴 서신에서 야율초재는 정부에 관한 문제뿐만 아니라, 삶을 연장하는 방법에 대한 조언도 해달라는 부탁을 했다. 카라코람에 도착한 이 도교선사는 앞서 야율초재가 서신에서 부탁한 사항을 설명하기 위해서 불교와 도교를 분명하게 구분 짓는다. 도교가 몽골에 가지고 올 신세계에 대한 이 선사의 이야기는 칭기즈 칸을 매료시켰다. 이 선사가 비록 유교의 도덕적인 철학에 대한 비판은 하지 않았지만, 불교사상에 대해서만큼은 관용을 보이지 않자 야율초재는 크게 실망했다. 방문에 대한 보답으로 칸으로부터 받은 어마어마한 선물들을 가지고 선사가 중국으로 돌아간 후에, 야율초재는 몽골에 필요한 것은 '중용'임을 다시 한 번 강조했다. 이 도교의 현자와 관련해서는 "우리의 관점은 많이 다르지만 해로운 분쟁을 막기 위해 공개적으로 그의 생각에 이견을 표하지는 않기로 했다. 이것이 내가 마음속으로만 그의 말을 반박하고, 다른 사람이 없는 데서만 그를 비웃은 이유다"라고 말했다고 한다.

칭기즈 칸의 눈에 드는 일은 절대 쉬운 일이 아니었다. 하지만 충심을 확인한 뒤 한 번 마음을 준 자는 끝까지 믿었다. 야율초재가 공개적으로는 이 도교선사를 비난하지 않은 것도 이 때문이었다. 칭기즈 칸이 도교의 매력에 흠뻑 빠져 있는 상황에서, 야율초재가 공개적으로 자신의 이 같은 속내를 드러냈다면 칭기즈 칸의 신임을 잃을 수도 있었다. 야율초재가 도교승려들에게는 세금징수를 하지 않았던 몽골의 정책을 마음에 들어 하지 않았음에도, 칭기즈 칸이 유명을 달리할 때까지 도교에 대해 단 한 마디도 진언하지 않은 것도 바로 이 때문이었을 것이다.

1234년 몽골이 중국 북부지역에서 금나라를 무찌른 후에야 야율초재는 이 해묵은 세금제도 문제를 꺼냈다. 오고타이 칸이 몽골을 다스리고 있을 때였다. 아시아 전역을 달린 몽골의 군대는 다른 지역들을 목표로 삼았던 칭기즈 칸 덕에 1212년까지 금나라 영토를 넘보지

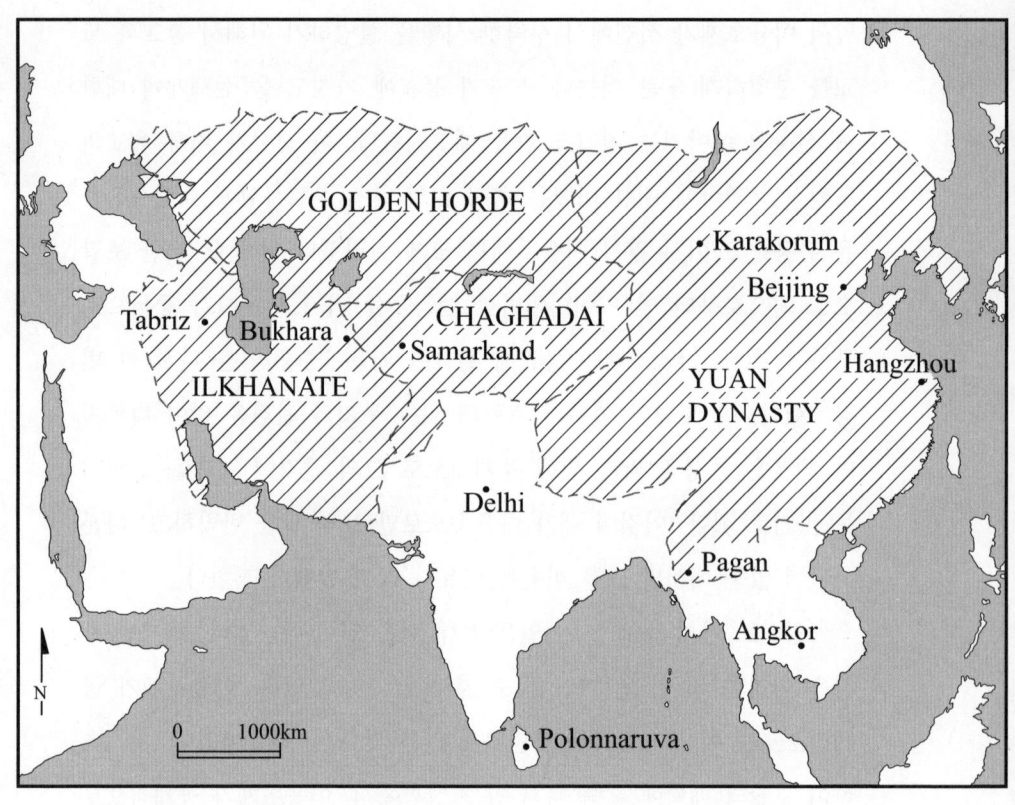

지도 9 몽골 제국

CHAGADAI 차가다이 한국	Angkor 앙코르	Karakorum 카라코람
GOLDEN HORDE 황금 군단	Beijing 베이징	Pagan 파간
ILKHANATE 일한국—汗國	Bukhara 부하라	Polonnaruva 폴론나루와
YUAN DYNASTY 원나라	Delhi 델리	Tabriz 타브리즈
	Hangzhou 항저우	

않았다. 하지만 오고타이 칸이 전면전을 펼쳐 금나라의 황제를 살해하면서 이런 금나라의 호시절도 끝나버렸다.

새로 얻게 된 토지를 건사하는 데 도움이 필요하다는 사실을 직감한 새 칸은 야율초재의 충고를 수용했다. 거란족과 금나라를 세운 여진족이 어느 정도로 중국 문화에 동화되었는지 미리 알았더라면, 칭기즈 칸은 야율초재를 등용하지 않았을 것이다. 칭기즈 칸의 제1의 목표는 유목민이 지나다니는 길목에서 발생하는 외세와의 복잡다단한 분쟁을 제거하는 것이었다. 몽골의 지도자들은 엄청난 수의 중국 농경 인구를 어떻게 다뤄야 할지 몰라 꽤 애를 먹었다. 기술자로도 쓸모가 없고 군인으로도 부적합한 농경민이 아무 짝에도 쓸모가 없다고 여긴 오고타이 칸은 농부를 전부 몰살시키고 농지를 목초지로 바꾸라는 명을 내렸을 정도였다. 물론 야율초재는 오고타이 칸의 이런 극단적인 제안을 강경하게 반대했다. 그는 적절한 조세제도가 뒷받침된다면 이 하잘것없어 보이는 농부들이 농사를 지어 몽골의 향후 군사적 행보에 필요한 재정을 충당할 수 있을 거라고 칸을 설득했다. 약속한 세금이 카라코람에 도착한 후에야 오고타이 칸은 농부 집단학살에 대한 망언을 멈췄다고 한다.

거대한 제국의 통치자였음에도 오고타이 칸의 관점은 초원전사의 사고방식과 다를 바가 없었다. 전장에서 적을 무찌른 것, 지휘체계를 만든 것, 목초지를 확대하기 위해 우물을 판 것, 정착지 주변에 요새를 설치한 것 등을 자신의 치세기에 달성한 가장 자랑스러운 위업으로 여겼을 정도였다. 하지만 오고타이 칸에게는 몽골 귀족들이 야율초재를 축출하려 했을 때까지 이 거란족 조언자의 말에 기꺼이 귀를 기울이는 현명함이 있었다. 하지만 귀족들은 조공을 징수할 권리를 칸의 독점적인 권리로 못 박아버린 것 때문에 야율초재를 마음에 들어 하지 않았다. 제국의 통제체계가 강화된 탓에 귀족들이 예전처럼 마음대로 백성을 수탈할 수 없게 되었기 때문이다. 야율초재는 금나라 출신 학자와 관료들을 노예신분에서 벗어나도록 해주었고, 이들 중에서 관료를 등용하기도 했다. 귀족들은 이 처사에도 심한 반감을 품었다. 하지만 말년에 오고타이 칸의 신임을 잃은 야율초재는 1239년 이슬람교도 상인에게 세금징수권이 넘어가는 것을 막을 수 없었다. 이로부터 5년 후 야율초재는 세상을 떠난다. 카라코람은 슬픔에 잠겼으며 야율초재는 자신의 뜻대로 베이징 부근의 서산西山에 묻혔다.

 야율초재는 몽골이 세계를 제패하는 것은 하늘이 내린 사명이라고 확신했다. 하지만 노련한 정치가였던 그는 이것이 효과적인 내치를 통해서만 달성될 수 있는 꿈이라는 것도 분명히 알고 있었다. 그의 측근은 바로 이 때문에 야율초재가 비탄에 잠겨 죽음을 맞이했다고 전했다. 야율초재는 몽골족과 중국인에 대한 독보적인 통찰력을 가지고 있던 관료였다. 하지만 칭기즈 칸의 손자 쿠빌라이 칸의 즉위를 앞두고 있는 몽골에서 그의 높은 식견은 아무짝에도 쓸모가 없었다. 야율초재가 두 명의 칸을 오랜 기간에 걸쳐 훌륭히 보필했음에도 불구하고, 카라코람은 여전히 초원의 야영지에서 한 발짝도 나가지 못했다.

 오고타이 칸은 지나친 음주로 때 이른 죽음을 맞는다. 이후 그의 두 번째 부인 투르게네가 섭정을 맡았다. 가장 사후에 장자의 나이가 찰 때까지 미망인이 가장의 재산을 관리하는 것은 몽골의 풍습이었다. 투르게네는 강한 반대에도 불구하고 아들 구유크를 몽골의 3대 황제로 임명한다. 하지만 구유크 칸은 얼마 후인 1248년에 서거한다. 그의 뒤를 이어 칭기즈 칸의 또 다른 손자인 몽케가 몽골의 4대 황제로 취

8-10 몽골의 통행증명서. 은으로 만든 이 증명서의 전면에는 법 위반 시 '사형'이라는 글이 새겨져 있다.

임한다. 그는 황위에 오르기가 무섭게 자신의 동생들, 훌라구와 쿠빌라이에게 서아시아 및 동아시아 내 몽골의 세력을 확장하라는 명령을 내렸다. 이어 그는 선대 칸들의 본을 받아 몽골족이 알지 못하는 군사적 전문지식을 전해줄 비몽골족을 소집했다. 하나 다른 점이 있다면 그는 자신의 동생들에게 의도적인 파괴와 살육을 금할 것을 명했다는 것이다. 이후 몽골군은 공격을 감행하기 전에 상대에게 항복할 기회를 주기 시작했다.

쿠빌라이는 500,000대군을 이끌고 중국 정복에 나섰다. 야망이 컸던 쿠빌라이는 1259년 몽케 칸이 사망하자 몽골을 산산조각낸 내분을 이용하기로 결심한다. 후임 칸의 자리를 놓고 몽골의 귀족들은 개인적인 반감과 지역갈등을 대놓고 드러내며 경쟁하기 시작했다. 한 차례 혼란이 몽골을 휩쓸고 지나간 후 쿠빌라이는 마르코 폴로가 중국 황제로 혼동했던 '위대한 칸'이 되었다. 하지만 제국이 사분오열된 탓에 그의 권력은 중앙아시아 동부와 동아시아에 미치는 것이 고작이었다. 한때 세계에서 가장 많은 영토를 자랑했던 몽골 제국은 독립적인 세 명의 칸들이 다스리는 여러 나라로 분리되었다. 다시는 우레와 같은 말발굽소리로 세계를 호령했던 몽골 대군을 볼 수 없었다.

쿠빌라이의 군대는 중국 정복을 위해 샹양向陽에서 5년 동안 격렬한 공성전을 벌였다. 샹양은 양쯔 강 중부에 위치한 핵심요새로 거대한 방어시설이 갖춰져 있던 곳이다. 중국인의 견고한 방어진을 뚫기 위해서는 정교한 항해기술과 포격기술이 필요했다. 쿠빌라이는 몽골족·투르크인·페르시아인·고려인·금나라인, 북방의 중국인 등 다민족으로 구성된 육군과 해군을 꾸렸다. 송나라는 첫 3년 동안에 항저우의 주둔병력을 동원하여 포위된 요새에 원군을 보냈지만 이마저 몽골군이 봉쇄한 뒤 샹양은 고립되었으며, 엄청난 포격이 이 도시를 덮쳤다. 두 명의 무슬림 기술자들이 이 난공불락의 요새에 걸맞은 투석기들을 제작했다. 엄청난 크기와 위력을 뽐내는 "이 무기는 한 번 작동할 때마다 벽력과 같은 소리를 냈으며, 그 위력은 온 천지를 뒤흔들 듯했다. 그리고 이 기계에서 날아간 거대한 돌덩이는 모든 것을 가루로 만들어버렸다"고 한다. 요새는 철저하게 파괴되었고 1273년 샹양이 함락되면서 중국 남부는 몽골의 위협에 그대로 노출되었다. 몽골군은 항저우로 입성해 소년 황제 공제恭帝를 포로로 사로잡았다. 연안의 섬까지 퇴각한 잔존세력이 목숨을 걸고 사투를 벌였으나, 원나라의 세조 쿠빌라이의 남송 정벌 행보를 막지는 못했다. 그는 결국 몽골 땅에서 가장 알짜배기인 땅을 다스리는 군주가 되었다. 그는 중국 전역을 손에 넣은 최초의 중앙아시아인이었다.

국호를 원元이라 정하고 중국을 다스리기 시작한 이 몽골족은 중국의 엄청난 자원을 어떻게 이용해야 하는지, 또 꼬장꼬장한 중국 백성을 어떻게 회유해야 하는지를 잘 알고 있었다. 유교 학자인 왕오가 1260년에 쿠빌라이를 위해 작성한 선언서에서도 그의 이런 면모가 드러난다. 야율초재처럼 금나라 황제를 섬긴 관리 출신이었던 왕오는 금나라 황제의 유해를 예우를 갖춰 매장해줄 것을 쿠빌라이 칸에게 진언하기도 했다. 하지만 끝내 금나라 황제의 시신은 발견되지 않았고, 왕오는 금나라 황제가 "신하들을 관용으로 다스렸으며 (중략) 유교 학문을 존중하고 (중략) 농업을 장려한" 통치자였다는 추도의 글을 바치는 것으로 만족할 수밖에 없었다. 아마 쿠빌라이 칸은 금나라 황제에 대한 왕오의 묘사를 꽤나 신경 썼던 것 같다. 그는 자신도 중국 황제들과 같이 대륙을 다스릴 것이라고 선언하는 것으로 중국 백성을 안심시켰으며, 베이징을 남부의 수도로 정했다.

하지만 쿠빌라이는 신하들에게 권한을 분배하는 것을 상당히 주저했다. 또한 시험을 통해 관료를 선발하는 제도를 만드는 데는 영 관심이 없었다. 오히려 그는 이민족을 영입하여 국정운영의 도움을 받는 편을 선호했다. 『동방견문록』의 저자인 유럽인 탐험가 마르코 폴로도 이들 중 하나였다. 쿠빌라이는 중국인 관료들을 전적으로 신뢰하지 못했다. 당시 중국인은 인구가 몽골족의 300배에 이를 정도로 압도적인 수적 우위를 자랑했다. 이런 수적인 열세 때문에 몽골족은 자신들이 중국인 사회에 함몰될 것을 늘 걱정해야 했다. 몽골족은 국정 전반을 관리하는 요직을 유지하기 위해 무척 애를 썼다. 벽안의 이방인이었던 마르코 폴로도 이런 현상을 어렴풋하게나마 감지했던 것 같다. 마르코 폴로가 쿠빌라이와 자주 대화를 나누었다고 기록해놓긴 했지만, 이것의 진위는 여러분의 상상에 맡긴다. 그는 몽골 황제를 "세상에 태어난 이들 가운데 가장 위대한 통치자"라 칭했고, 쿠빌라이는 그를 "몸집이 너무 작지도, 너무 크지도 않고, 코가 잘생긴" 남자라고 묘사했다. 쿠빌라이는 본시 얼굴이 허여멀건했지만 술만 마시면 볼이 붉어졌다고 한다. 이를 본 중국인 관료들은 매우 기뻐했다고 한다. 중국인은 홍조를 띤 안색을 지닌 사람은 훌륭한 성품의 소유자라고 믿었기 때문이다. 연회 중에 쿠빌라이가 잔을 비울 때마다 "모든 연회객은 무릎을 꿇고 예를 표해야 한다"는 관습도 있었다고 한다. 하지만 그가 용좌에 앉아 몽골족과 술을 많이 마시는 일은 극히 드물었다.

베이징에서 마르코 폴로가 가장 깊은 인상을 받은 건 쿠빌라이가 거하는 궁전의 장대함이었다. 그는 이 궁전이 "이 세상에 존재하는 건물들 중에서 가장 거대하며 (중략) 대청마루가 어찌나 넓은지 이곳에서 6,000명의 식사를 대접할 수 있다"고 기록했다. 마르코 폴로는 칸의 조폐소에 대해서도 언급했다. "원나라의 조폐소는 너무나 모든 것이 잘 정비되어 있어 쿠빌라이가 연금술에 통달한 것이 아닐까 하는 생각이 들 정도였다." 하지만 그는 이 훌륭한 조폐소에서 쿠빌라이가 있는 대로 화폐를 찍어낸 탓에 백성이 인플레이션의 압박에 시달려야 했다는 사실은 까맣게 모르고 있었다. 원나라를 끝까지 괴롭혔던 이 문제는 1330년대 화폐체계의 붕괴를 몰고 왔다. 이는 몽골과 중국의 통일왕조 원나라의 몰락과도 깊은 관련이 있었다.

쿠빌라이가 세상을 등진 1294년 이전에 이미 원나라의 지출은 세수를 훨씬 넘어서고 있었다. 경제적 측면에서만 평가하자면 원나라의 전망은 절망적이었다. 이 엄청난 재정적자를 해결할 방도가 있다고 큰소리를 치는 자들이 연이어 재상직을 꿰어찼다. 물론 이들은 중국인은 아니었고 온갖 방법을 동원해 해결하려 했지만 결국 모두 처형당했다. 사고무친의 신세가 된 외로운 황제 쿠빌라이는 위대한 제국의 꿈이 사라져가는 것을 두 손 놓고 바라볼 수밖에 없었다. 일본·베트남·자바로 보낸 원정대는 재정적자에 허덕이는 원나라에 더한 부담을 얹

8-11 마르코 폴로에 따르면 "세상에 태어난 이들 가운데 가장 위대한 통치자"였던 쿠빌라이 칸

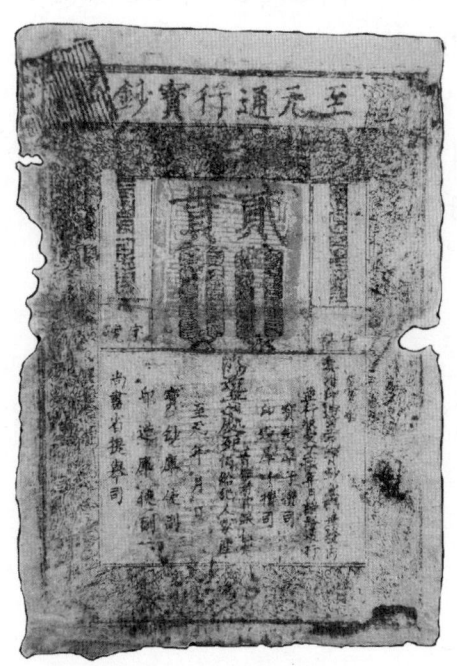

8-12 명목상으로는 청동 주화 수천 개의 가치가 있었던 몽골 제국의 지폐

8장 중세 중앙아시아

어주었고, 고액의 세금을 납부했던 백성의 원성이 하늘을 찔렀다.

14세기 초 몽골 귀족들이 서로의 의견 차이를 견디지 못하고 대립하면서 상황은 더욱 악화되었다. 용상에 앉을 후보가 25년간 9명이나 선발되었다. 몽골족의 자중지란을 틈타 중국인 관료들이 부분적으로 세를 회복했다. 하지만 1315년에 시행한 관료 등용시험은 사후약방문이었다. 민중봉기를 막고 원나라를 구할 인재를 찾기에 때는 이미 늦어 있었다. 선혈로 점철된 왕위승계투쟁은 중앙정부의 힘을 더욱 약화시켰다. 원나라의 마지막 황제인 순제順帝 토곤 테무르는 베이징의 왕 노릇밖에 할 수 없는 신세였다. 이는 여색을 밝히던 순제의 무능 탓이기도 했다. 그는 측실로 그득한 황궁 후원 외에는 아무것에도 관심이 없었다. "그는 채홍사採紅使(방방곡곡을 돌아다니면서 미녀를 뽑아오는 사람)가 살펴보기 전까지 16세를 넘긴 여인들은 혼인을 해서는 안 된다"는 칙령까지 반포했다고 하니, 쾌락에만 관심이 있었던 것 같다. 1368년 반란군이 베이징으로 진군하고 있다는 소식을 들은 토곤 테무르는 선조의 땅 초원으로 달아났다. 그 후 몇 년 동안 초원의 몽골족은 중국 땅이 여전히 자신들의 소유라 우겼지만 이는 몰락한 왕국의 체면치레에 불과한 공허한 주장이었을 뿐이다.

절름발이 티무르, 이슬람의 검

몽골 세력의 대두는 아시아의 무슬림을 뿌리까지 흔들어놓았다. 어떻게 아랍인이 이룬 모든 것이 그렇게 한순간에 물거품이 되고 말았을까? 갑작스럽게 닥친 이러한 재앙의 원인을 찾기 위해 무슬림 역사가들은 몽골 몰락 이후의 세계정치를 들여다보았다. 무슬림 역사가들은 몽골의 몰락 이후 투르크 지도자들이 권좌에 올랐다는 것을 발견했다. 튀니지 출신의 대역사가 이븐 할둔은 알라가 다음의 사람들을 보내 신실한 자들을 구하려 했다고 확신했다.

> 투르크족의 나라 중 가장 크고 수가 많은 부족들 중에서, '전쟁의 땅'에서 '이슬람의 땅'으로 흘러들어온 강력한 통치자와 매우 충실한 조력자들이 신의 부름을 받았다. (중략) 그들은 참 신도의 군건한 신심과 문명의 세례를 받아 정화된 유목민의 미덕을 지니고 이슬람 땅에 발을 들였다.

새롭게 등장한 투르크족 중에서 단연 눈에 띄는 이는 중앙아시아 티무르 제국의 건설자 티무르였다. 서양인은 티무르를 '타메를란 Tamerlan'이라고 부른다. '절름발이 티무르'라는 뜻의 영어 '티무르 더 레임 Timur the Lame'이 와전된 명칭이다. 권력투쟁에 한참이던 20대 시절 한쪽 다리에 화살을 맞은 이 황제는 평생 다리를 절룩거렸다. 이런 부상도 그의 폭발적인 에너지를 억누르지는 못했지만 말이다.

    1336년에 사마르칸트 남쪽에 위치한 도시인 케시에서 태어난 티무르는 약탈자로 시작해 1370년에 위대한 제국의 창건 황제가 되었다. 그는 추종자를 모은 뒤 권력을 획득했다. 그는 수도인 사마르칸트에서부터 아프가니스탄·이란·시리아·소아시아·인도, 그리고 중국의 대부분의 지역, 일설에 따르면 모스크바까지 아우르는 거대한 영토를 손에 넣었다. 티무르는 칭기즈 칸의 포용정책을 모방함으로써 군세를 확충할 수 있었다. 유목민의 생활방식 자체가 위협을 받으면서 휘하

8-13 적의 목을 티무르에게 바치는 병사들

8-14 이스마엘 사마니 무덤. 890년대에 축조되었으며 부하라에 있다. 우즈베키스탄에서 가장 오래된 건축물이다. 지표면보다 낮은 위치에 있어서 일부가 묻혀 있었다고 한다. 벽돌은 수천 년을 견딜 수 있도록 낙타 젖을 섞어 반죽한 것으로 알려져 있다.

부족들의 충성심이 약화되자, 티무르는 군사를 모집하는 대신 개인적으로 그를 추종하는 세력을 규합했다. 여기에 정주 인구 중에서 선발한 병사와 포위군들이 추가되었다.

호전적인 중앙아시아 민족들이 마음껏 폭력성을 분출한 대가는 실크로드의 부흥이었다. 여기서 나온 수익으로 티무르는 자신의 도시들을 화려하게 치장했다. 그가 애지중지했던 사마르칸트에 점령지의 학자·과학자·시인·철학자·예술가를 위한 모스크와 학교·도서관·공원을 지었다. 도시의 중심에는 티무르의 권위를 상징하는 푸른 궁전 '곡 사라이Gok Sarai'도 건설되었다. 중무장한 병사들이 사시사철 호위했을 이 궁전 내부에는 왕의 궁정·금고·무기고·감옥이 있었다.

군주는 잔혹함과 관대함의 중간지점에 서 있어야 한다는 사실을 티무르는 누구보다 잘 알았다. 비록 그가 신하와 적을 두려움에 떨게 하기 위해 의도적으로 무자비하다는 명성을 얻긴 했지만 말이다. 폭력이 난무하던 시대였던 만큼 승리를 거머쥐기 위한 그의 행보가 유별나게 끔찍했던 것도 아니었다. 그렇지만 1401년에 있었던 바그다드 침공에서는 무려 90,000명이 목숨을 잃은 데다, 티무르의 명으로 이들의 머리가 120개의 탑에 줄줄이 매달렸다니 그 처참함에 오금이 저릴 지경이다. 하지만 신실한 이슬람교도였던 바그다드의 주민은 '이슬람의 검' 따위는 두려워하지 않았다. 바그다드의 주민에게 항복은 있을 수 없는 일이었고, 한여름 염천에 6주에 걸친 공성전이 펼쳐졌다. 결과는 지옥의 살풍경이었다. 평생 칼부림을 일삼았던 티무르는 자신의 신념과 이슬람교의 가르침 사이에서 그 어떤 모순도 발견하지 못했다. 하루는 전장에서 피를 보고, 그 다음날은 모스크에 엎드려 조용히 회개를 하는 일상이 그에게 그 어떤 도덕적 고민도 안겨주지 않았다는

8-15 　　사마르칸트의 천문대 유적. 티무르는 여기에 정복지에서 끌고 온 학자들을 배치했다.

말이다. 자신의 군대가 바그다드를 폐허로 만드는 동안, 그는 근처의 유명한 이슬람교 성자의 무덤에 엎드려 "그 성자의 도움을 간청했다" 고 한다. 간청의 내용은 피정복민이 자신의 명령에 복종하게 해달라는 것이었다. 그리고 티무르는 자신의 청을 들어주지 않은 성자를 원망하며 바그다드의 주민들을 학살했을 것이다. 끈질기게 저항했던 이슬람교도와 달리 기독교인·유대인·힌두교도는 비교적 순순히 항복했다. 물론 때때로 티무르는 같은 종교를 믿는 무슬림들을 잔학하게 학살했던 것처럼 이교도들을 무자비하게 대하기도 했지만 말이다.

중세 유럽 왕들은 티무르가 서쪽으로 진군할지도 모른다는 걱정에 좌불안석이었다. 걱정할 필요가 전혀 없었는데도 말이다. 오스만투르크족의 지도자들과 달리 이 중앙아시아 출신 정복자는 십자군원정

8-16 구르 아미르Gur Amir. 사마르칸트에 있는 티무르의 묘. 1403~1404년 티무르가 손자 무함마드 술탄이 이란에서 죽은 것을 추도하기 위해 지었다. 티무르 자신도 1405년 명나라를 정벌하려고 떠났다가 오트라르에서 병사하여 이곳에 묻혔다.

에 대한 복수에는 전혀 관심이 없었기 때문이다. 오히려 티무르는 국제 무역을 다시 활성화시키는 데 혈안이 되어 있었다. 프랑스의 샤를 6세가 티무르의 제국을 통과하는 기독교 상인들을 후히 대접해준 데 대한 치하로 "가장 많은 승리를 거둔, 평화의 왕"이라는 분에 넘치는 찬사를 날리지 않아도 되었던 것이다. 형세가 기우는 것을 감지한 제노바 식민지의 거주민들은 재빨리 티무르에게 충성을 맹세했다. 이 때문에 콘스탄티노플 골든 혼Golden Horn 건너편에 위치한 페라에 티무르의 깃발이 계양되게 되었다.

무역을 통해 얻는 수입을 중시하던 티무르였지만 실크로드를 따라 이동하는 대상들이 싣고 다니는 물품의 대부분을 중국이 제공한다는 사실 때문에 중국 점령을 주저할 리는 없었다. 티무르는 1402년 실크로드를 따라 여행하는 이들을 통해서, 영락제가 권력을 장악하면서 중국 땅에 내전이 발발했다는 사실을 알게 되었다. 중국 땅에 진출할 완벽한 때가 왔다고 생각한 티무르는 3년 후인 1405년에 중국 원정을 떠났다. 한겨울의 살을 에는 듯한 추위와 사나운 폭풍도 그의 발을 잡아끌진 못했다. 그의 발목을 잡은 것은 노령에 접어든 육신이었다. 강행군에 지친 노황제는 그렇게 세상을 등졌다. 티무르의 유해는 사마르칸트로 호송되었고 입이 떡 벌어질 만큼 웅장한 묘에 안치되었다. 그리고 그의 묘는 얼마 지나지 않아 사마르칸트에 남은 전부가 되었다.

만주족의 정복

마지막으로 중앙아시아를 차지한 건 중국 북동지방 만주 지역에 거주하던 퉁구스계의 만주족이었다. 이들은 약탈과 학살을 일삼는 유목민의 생활습관에 종지부를 찍은 민족이기도 했다. 12세기에 중국 북부 지역을 통치하던 거란족의 나라 요를 무너뜨린 금나라와 관련이 있는 만주족은 원래 만리장성 너머에 띄엄띄엄 자리 잡고 있는 마을에 살던 반유목민이었다. 이들은 농사를 짓고 가축을 길렀으며 사냥을 했다. 명나라는 북쪽 국경을 따라 만주족이 살고 있는 것을 처음에는 행운으로 여겼다. 이들이 사사건건 문제를 일으키는 몽골족과 중국 제국 사이에서 완충역할을 해주었기 때문이다. 이 지역에서 수백 년을 살아온 만주족은 중국 풍습에 익숙했다. 중국을 점령한 후에는 중국 문화에 동화되어 자신들의 고유언어를 잃어버렸을 정도였다.

몽골족과 마찬가지로 만주족은 빼어난 한 인물의 영도 아래 중원의 패권을 손에 넣었다. 바로 청나라의 시조인 태조 누르하치의 덕으로 말이다. 변방의 오랑캐에 불과했던 여진족 지도자 누르하치는 수백 명에 불과했던 추종자를 4만 명으로 불리는 놀라운 능력을 보여준다. 점점 강대해지는 그의 세력을 견제하기 위해 1619년 명나라에서 보낸 대군을 격파하면서 그는 제국 건설의 희망을 엿보았다. 명나라와의 일전을 승리로 장식한 후 고려인이 만주족의 편에 섰다. 이 승리는 누르하치가 도입한 깃발로 부대를 구분하는 편제의 덕으로 얻은 값진 수확이었다. 누르하치가 조직한 팔기군八旗軍을 상징하는 여덟 개의 깃발 중 하나에 속하는 것은 어느 특정 인종의 혈통을 가지고 있어야만 가능한 것이 아니었다. 배타적이지 않았던 이와 같은 군 편제 덕분에 새로운 동맹군들이 속속 누르하치의 군에 힘을 보탰다.

이미 만주족의 품으로 투항한 중국인은 팔기군에 소속될 수 없었지만, 이들의 노동력을 이용한 농작물 생산은 누르하치의 군대에 큰 도움이 되었다. "중국에서 명나라 황제는 너희들을 함부로 대한다. 더 북쪽으로 가면 몽골족이 너희를 노예로 만들 것이다. 하지만 요동으로 오면 따뜻한 환영과 함께 땅을 받게 될 것이다!"라는 누르하치의 회유 때문에 점점 더 많은 중국인 농부들이 만리장성 너머로 이주해 정착하기 시작했다. 만주족과 중국인을 구분하여 대우하는 만주족의 인종차별적 통치방식은 요동 반도에서 싹튼 것이었다. 몽골족과 마찬가지로 자신들보다 인구가 훨씬 더 많은 중국인을 제압하기 위한 고육책이었다.

누르하치가 붕어한 1626년 이후 만주족은 초원지대에서 그들의 입지를 더욱 단단히 다졌다. 하지만 1644년 명나라를 전복시킨 중국

8-17　　자금성의 내부. 청나라는 이 명대의 궁성을 그대로 보존했다. 명나라와 청나라의 궁전인 자금성의 건축은 1407년에 시작되었으며, 200,000명이라는 엄청난 사람들이 고생한 끝에 14년이 걸려 완공되었다. 자금성이라는 명칭은 황제의 허가 없이는 그 누구도 안으로 들어오거나 나갈 수 없다는 사실을 의미한다.

8-18　　자금성의 지붕

의 내부 혼란을 이용하는 수를 두지 않았더라면 만주족은 한때 흥했던 그저 그런 중앙아시아 민족으로 남고 말았을 것이다. 만주족이 그토록 오랫동안 중국을 다스릴 수 있을 것으로 예상한 사람은 별로 없었다. 더 나아가 청나라를 마지막으로 중국 왕정의 유구한 역사가 막을 내릴 것이라는 사실은 그 누구도 깨닫지 못했다. 아이신줴뤄푸이로 더 잘 알려진 청나라의 마지막 황제 선통제宣統帝가 1911년 중화인민공화국에 대한 지지를 표명하며 퇴위한 것으로 중국에서 왕조는 영원히 사라졌다.

명나라가 남부지방의 내전으로 씨름하는 동안, 조용히 베이징을 장악한 만주족은 즉위 당시 6세밖에 되지 않았던 세조 순치제順治帝를 청나라의 3대 황제로 옹립한다. 청나라 조정은 만주족과 한족을 공공연히 차별했으며, 중국인이 새로운 왕조에 복종한다는 것을 눈으로 볼 수 있길 원했다. 이 때문에 한족은 자신들의 전통복식이 아닌 이국의 옷을 입고 요상한 머리를 해야만 했다. 유럽인이 '돼지꼬리'라고 놀려댄 땋은 머리를 길게 늘어뜨리고 이마에서 정수리까지를 박박 미는 새로운 헤어스타일이었다.

하지만 만주족도 중국 전통에 서서히 혼입되어 갔다. 그 초기 징후는 명나라의 수도인 베이징을 청나라의 수도로 삼은 것이다. 만주족은 황성의 구조를 바꾸지 않았다. 때때로 방을 새로 치장하거나 수리를 했을 뿐이다. 중국 문화에 은근한 존경을 품고 있었던 만주족은 결국 황궁에 어떠한 변화도 몰고 오지 않았다. 유일하게 바꾼 것이라곤 18세기에 청나라 6대 황제 건륭제乾隆帝가 이화원頤和園을 대폭 확장한 것뿐이었다. 중국 전통에 순응하는 만주족의 초기 징후는 명나라의 베이징을 수도로 삼은 것이다. 만주족은 황성의 구조를 그대로 유지했지만 방은 때때로 새로 치장하거나 수리를 하였다. 이러한 것은 중국방식에 대한 만주족의 존경이라 볼 수 있으며, 결국 그들은 황궁에 어떠한 변화도 주지 않았다. 346헥타르에 달하는 곤명호昆明湖를 만들기 위해 땅을 파냈으며, 아름다운 불당과 정자들이 지어졌다. 이 건축물들을 연결하는 길을 냈으며, 악천후를 대비해 길 중간중간에 지붕이 있는 긴 복도를 만들었다. 만주족의 통치를 별 반감 없이 수용하고 있는 중국 남부지방을 방문했을 때의 소회를 떠올린 건륭제가 이화원에 그곳의 호수와 언덕을 재현하려 애썼다는 후문이다.

청나라의 4대 황제 강희제가 중국어를 배우느라 많은 수고를 들여야 했지만 그의 아들 옹정제는 중국어를 능숙하게 구사했다. 그가 중국어에 능통하지 않았더라면 중국인은 절대로 그를 이상적인 군주로 여기지 않았을 것이다. 강희제는 막강한 만주족의 군사력과 중국의 훌륭한 국정운영방식을 융합하여 이 대제국을 다스려야 한다는 사실을 잘 알고 있었다. 그의 후계자들도 강희제의 유지를 잘 받들었다. 1793년 영국 최초의 특명전권대사로 중국을 방문한 매카트니 경은 건륭제가 국제 무역이 활성화되는 것을 저어하는 속내에는 한족에 대한 만주족의 우위를 유지하려는 강박이 깔려 있다는 사실을 알아챘다. 황제는 중국인에게 미칠 외세의 영향을 두려워했다. 매카트니 경은 이것이 명나라 시대의 중국으로 퇴보하는 지름길이라는 것을 알지 못하는 황제에 대해서 후한 평가를 하지 않았다. 그는 개항 및 통상조약 체결이라는 소기의 성과를 달성하지 못했다. 하지만 건륭제는 바다를 건너온 야만인을 베이징에서 멀리 떨어진 남부의 항구도시 광저우의 비공식적인 정착지에 묶어두는 것으로 합리적인 타협점을 찾았다고 내심 기뻐했을지도 모를 일이다. 중국 수도에서 오랫동안 거주하며 선교

8-19　　　　　중국어에 숙달했던 청나라 4대 황제 강희제

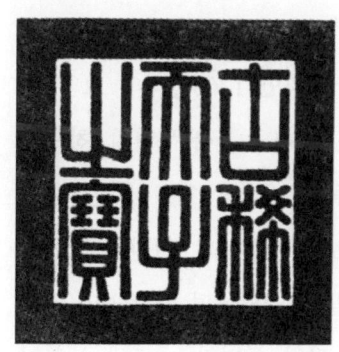 

8-20　　　　건륭제의 70번째, 80번째 생일기념 인장. 건륭제는 조부 강희제에 이어
　　　　　　정치 경제 문화적으로 '강희 건륭 시대'라는 청나라 최성기를 이룩했으며,
　　　　　　이 시기에 중국 문화가 유럽 사회에도 널리 알려졌다.

활동을 했던 예수회 선교사 아미오는 선교가 실패로 끝나자 매카트니 경에게 다음과 같이 말했다고 한다.

> 중국인이 유럽인을 난폭한 민족으로 여기게 한 유럽 내 분쟁에 대한 소식이 중국 황실을 불안에 떨게 하기 전에 선교를 왔더라면 … 그랬다면 애초부터 이런저런 문제들을 겪지 않아도 되었을 것입니다.

선교사 아미오가 언급한 유럽 내의 분쟁은 프랑스 혁명을 말하는 것이었다. 전쟁의 흉포함이 온 유럽을 휩쓸던 격변의 시절이었다. 1802년 프랑스군의 포르투갈 식민지 공격을 저지하기 위해 영국 해군이 마카오를 점령했을 때, 이 여파는 중국 본토의 해역에까지 미쳤다. 중국 관료들이 이에 대해 항의하자, 영국 제독은 적반하장 격으로 광저우를 포격하겠다고 협박했다. 하지만 결국 양국 간 무역에 영향을 줄 것을 걱정한 이 제독은 실제로 광저우에 포격을 가하지는 않았다.

건륭제가 바다에서 엄습해오는 위험에 대해서 전혀 이해하지 못했다는 사실은 참으로 놀라운 일이었다. 하지만 1760년대의 그의 대군은 몽골을 완전히 장악했으며, 중국인은 마침내 유목민의 침략으로부터 자유로워졌다. 티베트도 이미 중국 제국의 영토가 된 후였으니, 중국 서부 국경지대의 안전은 보장된 것이나 마찬가지였다. 1840~1842년 영국과 청나라 사이에 발발한 1차 아편 전쟁에서 중국이 영국군에게 예상치 못한 패배를 겪으면서 청나라 내부에 불안이 싹트기 전까지는, 티베트에 대한 중국의 권리를 의심하는 이는 없었다. 얼마 후 티베트는 인도와 네팔의 침략에 시달리게 되지만 말이다.

8-21　손아귀에 '지혜의 구슬'을 쥐고 있는 용상

8-22　1793년 중국을 방문한 매카트니 경의 사절단의 알현을 위해 마련된 천막으로 이동하는 건륭제

영국은 1914년에도 티베트의 종주국으로서 중국의 권리를 인정할 요량이었다. 중화인민공화국이 건국되고 달라이라마가 티베트 독립선언을 한 상황에서 중앙아시아를 놓고 그레이트 게임Great Game을 벌이고 있던 미국·중국·러시아·일본의 관계에서 중국에 한 수 양보할 필요를 느꼈기 때문이다. 제정러시아도 티베트를 중국의 손에 넘겨주면 자신들은 그에 대한 대가로 몽골을 가질 수 있을 것으로 생각했다. 중세 인도의 무굴 제국과 마찬가지로 육군의 힘만으로 대륙을 평정했던 만주족에게 서양의 해군들로 들끓는 바다로부터 들이닥치는 적들은 진정 겨루기 힘겨운 상대였다.

9장

중세 동남아시아

네덜란드인·중국인·타이족·아체인의 복장을
받아들이지 마라 … 우리는 자바인의 옷을
입어야 한다. 옛 현인들이 말했듯, 남들의
복식을 따라하면 반드시 비극이 따라온다.

— 17세기 자바 왕국의 사료

베트남 독립왕조

베트남의 역사는 거의 정확히 이등분할 수 있다. 1000년이나 이어진 중국 통치시대와 짧은 독립국가로서 말이다. 프랑스 식민지가 되었던 짧은 기간은 논외로 하겠다. 당나라의 중국인은 베트남을 '평화로운 남쪽 땅'이라는 뜻의 안남安南이라는 명칭으로 불렀다. 당시에는 베트남 북부만이 중국의 영토였지만 말이다. 그 이남에는 참파 왕국이 있었다. 인도네시아계 참족이 중국 남부 해안에 세운 이 왕국의 백성은 베트남인과 전혀 다른 언어를 사용했다. 장안의 중국인 위정자들은 안남을 벽지 취급했으므로 당연히 국경지대에서 베트남인이 참족과 벌이는 충돌에는 무관심했다.

중국인은 위안 강沅江 유역을 예의 주시했다. 위안 강은 베트남어로 홍강紅江이라고 하는데, 강물이 적갈색을 띠고 미사가 상당량 포함되어 있는 데서 강 명칭이 유래했다. 홍강 유역에서 베트남인은 중국 문화를 흡수했다. 베트남인은 지금도 중국의 문자체계를 사용한다. 비록 베트남어 표기에 쓰이는 별도의 중국 문자가 정통 한자와 함께 쓰였지만, 집권세력이 중국의 유교 명저들을 섭렵한 인재들을 관료로 채용하길 원했기 때문에, 관료 채용을 위한 시험에서는 정통 한자의 사용만이 허용되었다. 오늘날의 하노이에 세워져 있는 하노이 문묘文廟에서 중국 문화의 영향력이 상당히 오랜 시간 동안 지속되었음을 확인할 수 있다. 이 문묘에 있는 여러 석판에는 1442~1779년까지 공무원 채용시험에서 장원급제를 한 유생들의 이름이 새겨져 있다. 그리고 그 앞에는 82개의 거대한 거북 석상이 떡하니 버티고 있다.

당나라 입장에서는 참파 왕국보다 더 걱정스러운 것이 남조국이

9-1   하노이 문묘. 1076년에 베트남 최초의 대학이 이곳에 건립되었다.

었다. 지금으로 치면 홍강 상류의 윈난성에 위치한 남조국과 751년에 벌인 전투에서 당나라는 무려 60,000명의 병사를 잃었다. 이 전투에서 승리한 남조국의 왕은 그 세력을 버마 최대의 강인 이라와디Irrawaddy 강 상류 부근까지 넓혔을 뿐만 아니라 라오스, 캄보디아, 북부베트남을 침략했다. 850년대 후반 매우 불안했던 내부의 상황이 남조국의 정복욕을 자극했던 것 같다. 남조국의 군대는 중국 수비군을 힘들이지 않고 격파한 뒤 홍강 유역까지 남하했다. 당나라의 한 역사가는 "안남의 백성은 신뢰할 수 없을 뿐만 아니라, 자주 봉기했고" 이 때문에 세금징수 및 주변국들의 기습에 대한 대책 마련이 어렵고 복잡해진다고 불평하기도 했다. 862년 남조국이 중국인을 대륙에서 영원히 몰아낼 목적으로 총공격을 감행하면서 사태는 심각하게 흘러갔다. 중국인은 사투를 벌인 끝에 침략자를 자신들의 땅에서 몰아냈다. 그리고 중국인은 저 먼 남쪽에 더 이상 관심을 두지 않았다. 1253년에 원나라의 세조 쿠빌라이가 남조국을 점령하여 윈난성이라는 명칭으로 그 영토를 몽골 제국에 편입시키기 전까지 베트남은 이 애물단지 같은 이웃나라를 제압하지 못했다. 자신들의 땅이 원나라의 영토로 편입되자 남조국의 백성이었던 타이족은 대거 남쪽으로 이주했다. 그리고 1300년대 초엽에 이들은 메콩 강 중상류지역과 차오프라야Chaophraya 평원을 지배하게 된다.

남조국과의 분쟁은 베트남인에게 있어 독립으로 가기 위한 힘겨운 싸움의 서막에 불과했다. 당나라 말기 사회혼란이 지속된 덕에 독립 응오 왕조의 시조 응오꾸옌은 확실한 세력기반을 마련할 수 있었다. 응오꾸옌은 939년 왕위에 올라 944년에 사망했다. 그의 사후 응오 왕조는 왕권다툼으로 심각한 무정부상태에 빠져든다. 그리고 968년 혜성처럼 나타난 딘 왕조의 시조 딘보린이 베트남 통일의 위업을 달성한다. 소년시절 딘보린은 그 행실이 어찌나 훌륭했던지 이에 감동한 마을사람들이 자진하여 그를 보호하기 위한 대책을 세울 정도였다고 한다. 또 두 마리의 황룡이 그의 주변을 맴도는 것을 보고서 마을사람들은 그가 "현세에 풍요와 평화를 가져다줄" 것임을 깨달았다고 한다. 응오 왕조 집권세력에 대한 그의 경멸과, 자신의 권력을 재정적으로 후원해준 상인들에 대해 호감을 드러낸 일화들도 전해온다. 그는 베트남의 전통사상에 가깝다는 이유로 도교사상에 굉장한 관심을 보였다고 한다. 불교사원을 건립하거나, 사원에 기부를 하는 등 불교도 후원했지만 말이다. 그는 집권시절 내내 자신을 건방진 젊은 왕으로 여기는 베트남 학자와 유학자들과는 거리를 두려고 했다. 딘보린은 불교와 도교 장려와 같이 평범하고 일상적인 데서 백성의 충성심을 끌어내려 했다. 이를테면 그의 어린 시절 마을사람들이 받은 마음의 감동 같은 것에서 말이다.

딘보린이 베트남을 통일하고 국력을 강화하는 동안, 송나라가 중국을 통일했다. 불필요한 갈등을 피하기 위해 딘보린은 공물을 가득 실은 수레와 함께 사절을 보냈고, 송나라 황제는 수도 카이펑에서 이를 전해받았다. 송나라 황제는 중국과 베트남의 관계를 자애로운 아버지와 순종적인 아들의 관계에 빗댄 교서를 내렸다. 다이꼬비엣Dai Co Viet, 즉 '위대한 베트남'의 통치자 딘보린의 이러한 외교 덕에 중국과 베트남은 상당히 오랫동안 안정적인 관계를 유지했다. 이 공생관계는 명나라의 환관 정화가 항해 도중 베트남에 입성하여 중국이 네 번째로 베트남을 점령할 때까지 계속되었다. 정화의 대선단은 암살당한 쩐陳 왕조의 마지막 왕의 아들이 보낸 구원요청에 응하여 1408년 베트남 땅에 닻을 내렸다. 다시 베트남을 손에 넣으려는 중국인에게 베트남인은 거세게 반발했다. 수많은 사람들이 피를 흘린 뒤인 1427년 명나라 황제는 중국이 베트남과 맺고 있던 우호관계의 귀중한 가치에 대해서 새삼 깨달은 바가 있었던지, 베트남 땅에서 물러난다. 이런 중국의 급작스런 철수를 이끌어낸 것은 병술의 천재 레 러이였다. 그는 레 왕조 (1428~1789년)의 태조가 되었다.

외세의 침략에 대한 강한 거부감은 오늘날 베트남인의 가치관에서도 드러난다. 이런 외세에 대한 항쟁정신은 오랜 중국의 지배에 대한 반동으로 독립적 성향이 생겨난 것이기도 하지만, 크메르족과 참족과의 지긋지긋한 전쟁들 때문이기도 하다. 베트남인을 괴롭힌 세력은 이게 전부가 아니었다. 몽골족은 1257년, 1285년, 1287년에 무려 세 차례나 베트남을 침략했다. 몽골족은 한때 하노이를 점령하기도 했지만, 결국 성가시기 짝이 없는 베트남식 게릴라전에 두 손 두 발 다 들고 자신들의 나라로 돌아간다. 이런 항몽운동을 이끈 것이 바로 베트남 구국의 영웅 쩐꾸옥뚜언 장군이다. 그의 승리 덕에 쩐난뚜언 황제는 왕위를 유지할 수 있었다. 참파 왕국은 주변국에 비해 상대적으로 인구가 적고 국력이 약했다. 이 왕국 주변에는 강력한 집권세력과 많은 인구를 거느린 크메르와 중국, 베트남이 포진하고 있었다. 그럼에도 불구하고 무역보다는 약탈에 의존해 살아간 참파의 백성은 지속적으로 전쟁을 할 수밖에 없었다. 이런 이유로 이들은 참파의 통치자들을 인도를 침략한 아리아인 정복자들의 전쟁의 신 시바와 인드라의 현신으로 여겼다. 오늘날 베트남의 나트랑에 있는 포 나가르Po Nagar 사원은 한때 왕실의 성지였다. 하리발마 1세가 817년에 건립한 포 나가르는 시바의 배우자이자 왕국의 보호자인 열 개의 팔을 가진 다케슈와리Dhakeshwari(다카의 여신)를 기리는 사원이다. 이 사원에서는 왕과 왕가의 조상, 인도의 모든 신들 간의 영적 관계를 보여줌으로써 왕실의 권위를 더욱 굳건히 하기 위한 종교의식이 치러졌다. 오늘날의 다낭의 내륙에 있는 비자야나가라 유적에는 힌두교의 흔적이 한층 더 뚜렷하게 남아 있다. 참파의 수도였을 것으로 추정되는 이 도시는 12세기에 베트남의 해상공세에 의해 두 차례나 파괴되었다.

1470~1471년에 베트남이 단행한 대규모 침공으로 참파의 국력은 급격히 쇠한다. 엄청난 기세로 남하한 베트남군은 메콩 강 유역에 이르러서야 진군을 멈췄다. 베트남의 영토확장에 있어 결정적인 사건이었다. 참파의 왕과 50명의 왕족, 30,000명의 백성이 포로로 사로잡혔

9-2 인도풍의 베트남 조각상. 참족은 인도로부터 힌두교를 받아들였다.

다. 이때부터 참파의 남성들은 베트남식 이름으로 개명하고, 베트남 아내를 맞는 등 자발적으로 베트남인으로 거듭나기를 강요받았다. 아마도 모계중심 사회였던 참파의 풍습이 유교사회인 베트남의 근간을 흔들 것을 우려한 조치였을 것이다. 참파에게서 얻은 것은 빛나는 승리뿐이 아니었다. 베트남은 귀중한 농경지에 덤으로 빠르게 생장하고 5m 깊이의 물속에서도 자라나는 쌀 품종을 얻게 되었다. 이 방방 '뜨는 쌀' 품종은 중국 북부지역까지 퍼져나갔고, 그 놀라운 생산성 덕에 중국 시골의 풍경이 변모할 정도였다.

급속하게 성장하던 베트남의 발목을 잡은 건 두 세도가 찐 가문과 응우옌 가문이었다. 두 가문은 베트남을 반으로 쪼개놓았다. 찐 가문의 본거지는 북부의 하노이 부근이었고, 응우옌 가문의 세력기반은 그보다 남쪽에 있었다. 중국을 손에 넣은 만주족으로 인해 북쪽에 새롭고 강성한 국가가 들어서지 않았더

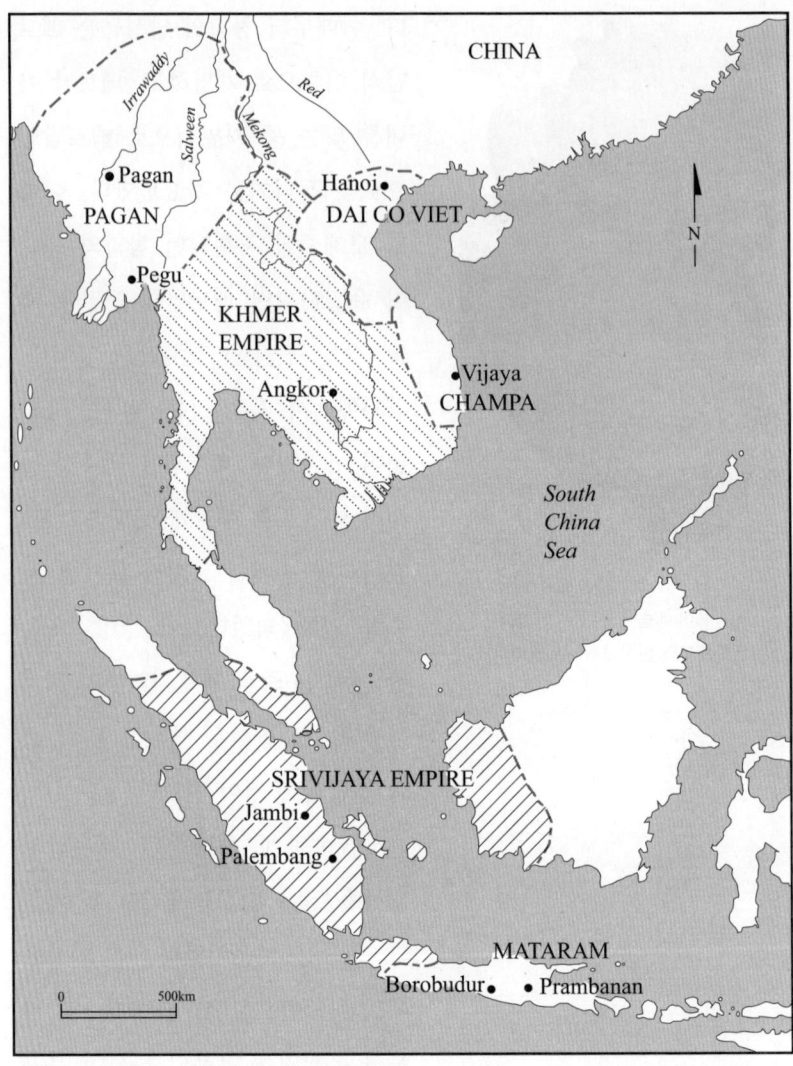

지도 10   중세 동남아시아

CHAMPA 참파 왕국	Angkor 앙코르	Vijaya 비자야
CHINA 중국	Borobudur 보로부두르	
DAI CO VIET 다이꼬비엣	Hanoi 하노이	Irrawaddy 이라와디 강
KHMER EMPIRE 크메르 제국	Jambi 잠비	Mekong 메콩 강
MATARAM 마타람	Pagan 파간	Red 홍강
PAGAN 파간	Palembang 팔렘방	Salween 살윈 강
SRIVIJAYA EMPIRE 스리비자야 제국	Pegu 페구	South China Sea 남중국 해
	Prambanan 프람바난	

라면, 찐 가문은 유명무실한 황제들을 조종하며 베트남에서 자손만대 권력을 누릴 수 있었을 것이다. 응우옌 가문은 만주족의 득세에 별로 불쾌감을 표하지 않았다. 응우옌 왕조는 사이공에 중국 난민이 정착할 수 있게 해주었다. 사이공은 응우옌 왕조가 1680년경에 손에 넣은 항구도시였다. 베트남 사회에 동화되길 거부한 참족의 인구는 50,000도 채 안 될 정도로 감소했다. 이들 대부분이 말레이시아나 인도네시아 제도에 살고 있는 이슬람 세력과 연대하여 자존을 지켜낸 이들이었다.

크메르 제국

설화에 따르면 캄보디아는 용신이 베푼 아량으로 생겨난 나라다. 인도 남부에서 유래한 것으로 추측되는 이 설화는 캄보디아 해안에 홀연히 나타난 카운디냐라는 한 인도 브라만에 대한 이야기이다. 캄보디아 지역 용신의 딸인 용공주가 배를 타고 이 낯선 이를 맞았다. 공주의 자태에 반한 카운디냐가 공주의 배에 마법화살을 쏘았고, 마법에 걸린 공주는 이 브라만과 결혼하겠다는 약조를 한다. 결혼에 앞서 카운디냐는 공주에게 입을 옷을 선사했다. 그에 대한 보답으로 공주의 아버지 용신이 전지전능한 능력을 이용하여 땅을 덮고 있던 물을 마셔버렸고, 이 때문에 신부의 지참금이 될 땅의 면적이 더 늘어났다고 한다. 이 땅 위에 아름다운 수도까지 지은 용신은 깜부자(앙코르)라 명명한 새 나라를 딸 부부에게 선물했다고 한다.

인도에서 온 브라만이 이 세계의 지배자에게 캄보디아 전역을 다스릴 수 있는 '수자원 운영체계'라는 분에 넘치는 선물을 받은 셈이다. 이 설화에서 한 가지 주목할 점은 카운디냐가 특정 종교의 성직자 였다는 것이다. 그래서인지 캄보디아는 어물쩍 왕에 대한 힌두교식 사 고를 받아들였다. 참파 왕국에서 군주는 살아 있는 신이자, 시바나 비 슈누, 심지어는 하리하라의 화신으로 통했다. 이 합체 신의 조각을 앙 코르에서 볼 수 있다. 극도로 중앙집권화된 국가의 형성기였던 이 시 대에 데바라자 사상이 뿌리를 내린 것은 그리 놀라운 일이 아니다. 데 바라자는 왕을 시바의 화신으로 여겨 왕을 숭배하는 것이 곧 시바를 모시는 것과 동일하다는 사상이다. 백성의 종교적 열망과, 현세에서의 행복한 삶에 대한 갈구를 충족시키기 위해 고안된 이 사상의 중심에 는 왕이자 신인 신왕이 있었다. 동남아시아 영토 대부분을 수백 년 동 안 지배한 크메르 제국의 수도는 앙코르였다. 야소바르만 1세는 890 년에 바켕 산에 위치한 앙코르 프놈 바켄의 구릉을 중심으로, 가로세 로 변이 고작 3km밖에 되지 않는 면적의 수도인 앙코르를 건설했다. 크메르에서는 베트남으로부터 인도까지 광활한 땅에서 사용하던 언 어에서 유래한, 몬크메르어족의 말이 쓰였다. 앙코르 시대가 끝날 때 까지 산스크리트어가 공식언어로 사용되긴 했지만, 이 몬크메르어족 의 언어가 크메르 비문에서 발견되는 것으로 보아, 산스크리트어가 크 메르어를 완전히 대체하지는 못했던 것 같다. 1440년대에 있었던 천 도로 앙코르는 더 이상 왕국의 수도가 아닌 도시가 되었다. 하지만 그 후에도 불교승려들은 프랑스인이 앙코르 땅에 발을 들이기 전까지 이 도시에서 계속 수도에 정진했고, 이 시절에 고대 수도는 앙코르와트 Ankor Wat라는 이름을 얻게 된다. 앙코르는 왕도王都를 뜻하고 와트는 사원이라는 뜻이다. 야소바르만 1세는 처음부터 앙코르의 중심에 있 는 구릉에 자신의 무덤을 만들 요량으로 이 땅을 수도 터로 정했다고

9-3 크메르 제국 백성이 생각한 하리하라. 하리하라는 힌두교의 하리(비슈누)와 하라(시바)의 합체 신으로 좌반신은 비슈누, 우반신은 시바의 모습을 하고 있다. 악명 높은 악마 구하를 물리친 신이기도 하다.

한다. 그의 후예 중 13명의 왕이 이제는 신성한 망자의 도시로 변한 앙코르를 야소바르만이 수도로 정했던 전례를 따랐다. 수도에 자신의 능을 조성했다는 말이다. 중국인이 보기에 이런 관행은 참으로 이상한 일이었다.

중국에서는 존엄한 황제나 왕의 시신이 모셔진 부근에 수도를 정하지 않았을뿐더러, 재임 중인 왕이나 서거한 통치자의 묘를 염두에 두고 도시계획을 세우는 일도 없었기 때문이다. 중국에서는 신성한 영역과 속세의 영역이 항상 철저히 분리되었다. 유일한 예외가 조상의 사당이다. 물론 중국 수도의 중심부에도 탑은 존재했다. 하지만 이 탑은 크메르 왕들의 무덤사원처럼 신성한 통치자의 숭배를 위해 건립

9-4　　　캄보디아 앙코르의 왕 수리야바르만 2세가 조성한 앙코르와트. 수리야바르만은 돈독한 비시누 신자로 광대한 앙코르와트를 지은 것으로 유명하다.

9-5　　　앙코르의 원숭이 전투 부조

된 것이 아니었다. 중국인은 우주의 질서를 유지하는 데 도움이 된다고 믿었기 때문에 탑을 세운 것이다. 중국 황제들도 영혼의 세계에 무심했던 건 아니었다. 그 누구보다 영적 세계를 탐닉했던 중국 황제들도 여럿 있었다. 하지만 중국인은 대체로 초자연적인 모든 현상을 현실적이고 세속적인 잣대로 재단하는 유교사상을 신봉했다. 캄보디아인은 살아 있는 지도자에 신격을 부여해 인도에서 전래된 신으로 모셨던 반면, 중국인은 정부관료들로 하여금 신성한 영역을 관장하게 했다. 이런 중국의 현실적인 종교관을 받아들인 것이 베트남인이었다. 영성으로 국정을 운영하는 참파족과 캄보디아인의 전통에 베트남인이 거부감을 드러낸 것도 이 때문이었다.

치열한 권력다툼에서 승리하여 왕위에 오른 야소바르만 1세는 크메르를 강대국으로 만들었다. 그는 수도 앙코르를 건설했고, 분쟁을 일삼던 부족국가들을 통합하여 효율적으로 국정을 운영했다. 귀족들의 봉토나 사원 소유의 땅에서 농사를 짓는 백성이 납세의 의무를 졌고, 전쟁에서 생포한 포로나 적국의 죄수들이 앙코르의 공공건물 건축을 위한 부역이나 군역에 동원되었다. 명백한 노예사회는 아니었음에도 캄보디아 사회는 노예들의 노동력에 상당히 의존하고 있었다. 그렇지만 캄보디아의 노예제도는 여느 제도들과는 상당히 달랐다. 왕족과 결혼하여 그 자신도 노예를 소유한 노예들도 있었기 때문이다. 또한 지금까지 밝혀진 바에 따르면, 인도네시아의 경우와 달리, 카스트 제도도 도입되지 않았던 것으로 보인다.

야소바르만의 아들들이 연이어 당시에 스리 야소다라푸라('영광의 수도'라는 뜻)라 불린 앙코르를 다스렸다. 이때 자신이 정당한 왕위계승자라고 주장하는 자가 나타나 다른 지역에서 새로운 왕조를 열었다.

그가 바로 자야바르만 2세이다. 그는 보통의 경우처럼 핏줄의 정통성을 내세우며 왕위에 대한 주장을 한 것은 아니었다. 사실 그는 왕위찬탈자라 불릴 조건을 충분히 갖추고 있었다. 면밀히 말해서 정통왕가 혈통의 직계 후계자는 아니었으니 말이다. 앙코르 왕국 최초의 왕 자야바르만 2세는 얼마 지나지 않아 아들에게 양위를 한다. 하지만 그의 아들은 944년 삼촌인 라젠드라바르만 2세에게 왕위를 빼앗긴다. 라젠드라바르만은 궁정을 다시 앙코르로 옮겨 낡은 건축물들을 개보수하고, 새로운 건물들을 지었다. 그리고 앙코르의 어느 호수 가운데 있는 섬에 자신의 능을 건설했다. 한 비문의 내용에 따르면 그는 "빛나는 황금과 보석으로 치장된 찬란하게 빛나는" 궁전을 지었다고 한다. 여러 차례 전쟁에서 승리하여 자신의 권력기반을 다진 라젠드라바르만은 엄격하게 각 지방을 통제하는 강력한 중앙집권적 통치를 실시했다. 그는 "몸이 다이아몬드처럼 단단하고 그의 칼은 항상 적들의 피로 붉게 물들어 있었다"고 묘사되기도 했다.

라젠드라바르만의 왕위는 그의 어린 아들에게 계승되었다. 어린 나이에 등극한 신왕의 짧은 재임기간에 실질적으로 제국을 다스린 건 섭정을 맡은 귀족관료들이었다. 신왕이 젊은 나이로 서거한 1001년 크메르는 두 동강이 나고 만다. 이로부터 10년 뒤 강력한 통치자 수야바르만 1세가 등장한 후에야 제국은 다시 하나가 되었다. 수야바르만이 앙코르를 장악하고 있던 성직자 가문과 동맹을 맺은 것이 주효했던 것이다. 제국을 통일한 그는 절대왕권을 확립한 후 지방 귀족세력을 억눌렀다. 그리고 버려져 있던 엄청난 면적의 땅을 종교단체에 무상으로 하사하여, 농사를 짓게 했다. 또한 수도 앙코르의 면적을 넓혔을 뿐만 아니라, 차오프라야 평원의 롭부리 강까지 서진하여 제국의

9-6 　크메르 제국의 건축물에서 흔히 발견되는 인도풍 장식. 앙코르톰 Angkor Thom에 있는 얼굴 석상. 앙코르톰은 '대왕도大王都'라는 뜻이다.

영토도 확장했다. 그가 건설한 롭부리 강의 거대한 저수지에는 현재에도 많은 양의 물이 고여 있다. 그의 이런 도시 정비사업은 수도에만 집중된 것이 아니었다. 평화로운 시절을 맞아 다시금 활기를 찾은 제국 전역에서 건물을 고치고 짓는 망치질 소리가 그치지 않았다.

1074년과 1080년에 참파족의 반란이 일어났다. 이 반란으로 캄보디아는 다시 한 번 분열을 겪는다. 캄보디아 내부의 혼란은 앙코르의 왕 수리야바르만 2세가 왕위에 오르고 나서야 잠잠해졌다. 앙코르 시대 최고의 황금기를 구가한 이 왕은 당시 양쯔 강 유역의 항저우를 본거지로 하고 있던 송나라로부터 중요한 속국의 왕 대접을 받기도 했다. 수도가 남쪽에 있었던 탓에 중국은 끊임없이 동남아시아 나라들을 의식했다. 20척의 함대로 조직된 해상 상비군이 남쪽바다에서 중국의 무역을 보호했다. 비슈누를 섬겼던 수리야바르만 2세는 크메르에서 가장 거대한 사원 무덤이자 천문대인 앙코르와트를 건설했다. 이 태고의 신비를 간직한 사원 벽에는 비슈누가 평생 동안 행한 기적들에 대한 묘사가 새겨져 있다. 특히 바다에서 신성한 거북 쿠르마 나디가 겪은 모험을 표현한 부조가 아름답다. 신성한 거북 쿠르마 나디는 비슈누의 환생으로 신들의 성찬 만드는 일을 도왔다고 한다.

　수리야바르만 2세가 1150년에 세상을 떠난 후, 엄청난 혼란이 크메르를 덮쳤고 30년이나 지속된 혼돈으로 제국은 패망일로를 걷게 된다. 때마침 메콩 강줄기를 따라 올라온 참파족이 거대한 호수 툰레삽을 건너 앙코르로 쳐들어왔다. 자야바르만 7세는 이 공격에 의연히 맞섰고, 크메르 역사상 가장 위대한 영웅으로 칭송받는 이 용맹한 왕의 선전으로 크메르는 겨우 한숨을 돌린다. 1180년대에 들어서면서 자야바르만 7세는 앙코르를 재건하고 참파족에게 잔혹한 보복을 가한다. 하지만 이런 행보는 타이족의 이주로 이미 골치를 썩고 있는 그의 백성에게 너무 가혹한 짐을 안겨주는 처사였다. 자야바르만 7세는 그 누구보다 신왕의 개념을 강조한 왕이었다. 그 결과 백성은 그를 살아 있는 신으로 받들었다. 백성에게 연민의 감정이 많았던 왕이었으므로 그가 왕좌에 오른 것은 합당한 일처럼 보였다. 타이족의 눈에 그는 이상적인 군주의 표상으로 비쳐졌다.

　1283년에는 원나라 몽골군이 캄보디아 땅까지 밀려들어왔다. 자야바르만 7세의 뒤를 이은 자야바르만 8세는 서둘러 쿠빌라이에게 공

9-7 크메르 건축 장식의 다른 예. 앙코르 시대의 힌두교사원 반테아이 스레이Banteay Srei의 모습. 명문에 의하면 968년 창건되어, 당시 왕 자야바르만 5세에게 바쳤다고 한다. 건조물은 표면이 사암으로 마무리되고 규모는 작지만 곳곳에 새겨진 풍부한 장식부조가 이 사원을 특히 유명하게 만들고 있다.

9-8 캄보디아의 도로변에 세워져 있는 거대한 두상

물을 보냈다. 최초의 몽골족 외교사절이 앙코르에 도착할 무렵인 1296년, 크메르의 수도는 영화촬영장을 방불케 할 정도의 축제의 장으로 변해 있었다. 다음은 그 화려함에 입을 다물지 못했을 원나라 사절의 기록이다.

> 풍악을 울리는 악단 주변에는 현수막이 걸려 있고 형형색색의 깃발이 나부끼며, 병사들이 이 앞을 행진해 지나간다. 꽃으로 옷과 머리를 장식한 수백 명의 궁중 여인들이 대낮에도 촛불을 켜고 그 뒤를 따른다. (중략) 코끼리를 탄 대신과 왕자들의 머리 위에는 붉은 양산이 펼쳐져 있다. 가마 속 의자나 말 또는 코끼리 등에 타고 있는 왕의 아내와 첩들이 그 뒤를 따랐다. 바로 그 뒤에는 한 손으로 칼을 추켜든 왕이 당당한 자세로 코끼리 위에 서 있다. 코끼리의 엄니는 윤이 나는 금으로 뒤덮여 있었다.

중국 베이징에서는 눈을 씻고 찾아도 볼 수 없는 광경이었을 것이다. 중원의 몽골 출신 황제는 궁궐 밖으로 운신하는 일이 극히 드물었기 때문에, 베이징의 거리는 대체로 한산했다. 게다가 백성이 천자의 얼굴을 쳐다보는 것은 꿈도 꿀 수 없는 일이었다.

앙코르의 이러한 화려한 겉모습 이면에는 패망의 조짐이 짙게 깔려 있었다. 앙코르에 건축된 최후의 석조건물은 이미 완공된 상태였다. 크메르의 통치자들은 살아 있는 신으로 받들어지며 극진한 대접을 받았을지 모르지만, 제국의 운명은 기운 지 오래였다. 타이 왕조의 압박으로 극도로 국력이 쇠한 크메르는 결국 1431년 마지막으로 앙코르가 포위된 이후 수도를 아유타야에서 강 하류의 프놈펜Phnom Penh으로 옮긴다. 오늘날의 수도인 프놈펜에 자리를 잡은 크메르의 한 왕은 후에 스페인 군대로부터 군사원조를 받기 위해 기독교 세례를 받는 것의 득실을 따져보기도 했다고 한다.

버마의 왕조들

오늘날의 미얀마인 버마의 정착의 역사는 꽤 복잡했으며, 이 지역에서는 분쟁이 끊이지 않았다. 현재의 미얀마인은 9세기에 버마 북쪽에 정착했던 사람들의 후손이다. 이들이 쓰는 언어는 중국-티베트어로, 크메르와 밀접한 관계를 맺었던 저지대 사람들이 사용했던 몬어와는 꽤 다르다.

    버마의 역사는 내륙에 위치한 왕국들과 이라와디Irrawaddy 강 삼각주지역 왕국들의 분쟁의 기록이다. 이라와디 강 유역은 풍부한 강수량 덕분에 토양이 비옥했다. 반면 건조한 기후 때문에 내륙지역의 자연환경은 척박했다. 하지만 이 부족함 때문에 전혀 예상치 못한 정치적 발전이 이루어진다. 관개농업과 토지경작의 필요성이 농부들을 하나로 뭉치게 한 것이다. 영토확장이 필요했으므로 타이어를 할 줄 아는 샨족을 군사작전에 동원하게 되었다. 하지만 이 북부고지대 사람들은 아나우라타 왕의 말마따나 "양날의 검"이었다. 버마 최초의 왕조인 바간 왕조(1044~1287년)를 창건한 아나우라타 왕은 11세기에 버마를 호령한 용맹한 전사였다. 바간 왕조는 1057년 탈라인국을 공략, 탈라인 문자를 채용했고, 종래의 대승불교를 소승불교로 바꾸어 쉐지곤 파고다를 비롯하여 많은 파고다를 지었기 때문에 일명 건사建寺 왕조

9-9 바간의 아난다 사원에 있는 금박을 입힌 거대 붓다 목재조각상

로도 불린다. 바간 왕조의 수도 바간은 '적을 섬멸하는 도시'란 뜻의 아리마다 나푸라라고도 불렸다.

아나우라타도 혼맥으로 왕조의 안정을 도모했다. 그는 바간에 대항하는 세력의 연합을 막기 위해 샨족의 족장 딸과 때맞춘 결혼을 했던 것으로 보인다. 바간은 남부로 영토를 확장했고, 이 때문에 남아시아의 문화가 버마의 중심지로 스며들게 되었다. 위대한 불교학자이자 승려인 붓다고사가 아나우라타의 궁정을 방문한 일도 있었다고 한다. 붓다고사Buddhaghosa는 '붓다의 음성'이라는 뜻이다. 아나우라타는 이 저명한 고승을 극진히 환대했다고 한다. 그가 현재 랑군에 있는 쉐지곤 사원에 고이 묻혀 있는 붓다의 치아 사리 중 하나를 가지고 왔을지도 모른다는 이야기도 있다. 가져온 것이 무엇이건 간에, 스리랑카로 돌아가는 길목에서 이 현인은 소승불교의 근본경전만큼은 확실히 놓고 간 듯하다.

중국 기록에 따르면 바간 왕조가 흥하기 전에 이라와디 강 중류에는 8세기 무렵 버마 중남부지방 일대를 지배했던 피우족驃族의 나라가 자리 잡고 있었다. 이 나라의 수도 스리 크세트라의 넓은 유적지가 오늘날의 프롬 근처에 있다. 스리 크세트라Sri Ksetra는 '영광의 땅'이라는 뜻이다. 스스로를 티쿨Tircul이라 칭했던 피우족은 버마인과 마찬가지로 중국-티베트어를 사용했다. 이들은 대규모 관개사업을 벌였고, 그 덕에 스리 크세트라는 2~9세기까지 번성했다. 이곳을 방문한 중국 외교사절은 번쩍이는 황금빛 도시의 위용을 다음과 같이 묘사했다.

> 하루를 꼬박 걸어야 도시 전체를 한 바퀴 돌 수 있다. 윤이 나는 벽돌로 지어진 해자와 성벽으로 둘러싸여 있는 요새에는 열두 개의 입구가 있다. 열두 개의 입구마다 모두 금박을 입힌 나무문이 설치되어 있다.

이 아름다운 도시는 832년 남조국의 군대에 함락된다. 수많은 주민들이 나고 자란 땅에서 쫓겨났다.

피우족의 몰락 이후 강 유역의 항구는 함사바티의 몬 왕조의 땅이 되었다. 몬 왕조는 825년 버마 남부 해안 부근의 페구Pegu에 수도를 건설했다. 남조국은 함사바티도 공격했다. 몬 왕조는 후에 버마인에게 이라와디 계곡의 저지대를 양보해야 했다. 바간이 도시의 형태를 갖추기 시작한 849년부터 아나우라타의 바간 왕조가 시작된 1044년까지의 기간에 대한 기록은 현재 거의 남아 있지 않다. 타이족이 밀려들어 왔을 때와 마찬가지로, 버마인은 신하의 나라의 예로 남조국을 섬겼을 것이다. 당시 강성했던 남조국의 국력이 쇠한 10세기 후반까지 버마인이 어느 정도는 남조국의 영향을 받을 수밖에 없었을 것이다.

아나우라타의 후계자들은 바간 왕조의 세를 남쪽의 말레이 반도까지 확장했다. 타이족이 차례차례 점령해가고 있는 땅의 북부에 해당하는 땅까지 말이다.

불교 중흥의 중심지였던 바간 왕조에는 벽돌로 만든 사원·탑·수도원 등이 빼곡하게 들어섰다. 버마인은 불교에 대한 넘치는 열정을 가지고 있었다. 2,000여 개나 되는 불교시설물이 현재까지 남아 그 명성을 증명하고 있다. 하지만 버마인의 마음을 물들인 붓다의 가르침도 왕국에 평화를 가져다주지는 못했다. 1077년 아타우라타 왕이 서거하자 전 국토를 피로 물들인 내전이 발생한다. 왕세자가 이 과정에서 목숨을 잃었고, 바간의 3대 왕 짠지타가 등장하여 왕조를 재건할 때까지 치열한 공방전이 계속되었다. 바간에 입성한 신왕 짠지타는 선왕 아나우라타 집권기에 건축이 시작된 몇 개의 사원을 완공했으나, 이 불교시설물이나 그 헌정 비문에는 그의 이름이 남아 있지 않다. 이 때문에 아나우라타의 차남이 다시 왕위에 올랐을 것이라는 의견을 내놓는 사람들도 있다. 하나 확실한 건 바간에 아난다 사원을 건축한 사람은 짠지타라는 사실이다. 동남아시아의 수많은 불교사원 건축물들 가운데서도 손꼽히는 아난다 사원은 완벽한 대칭의 균형미를 자랑한다. 파고다 내부 중앙에는 10m에 달하는 커다란 목조도금 불상인 본존불상이 서 있고, 붓다의 생애를 묘사한 부조가 새겨진 석조물 위에서 도금 장식된 흰색 탑들이 그 화려함을 뽐낸다. 짠지타는 인도에 있는 불교건축물들의 수리비용을 대기도 했다. 앞서 살펴보았듯이 이 시기에 불교는 정작 발원지인 인도에서는 냉대를 받았다. 인도 아대륙이 불교를 외면했기 때문에 불교국가인 파간은 같은 종교를 신봉하는 스리랑카와 상대적으로 더 우호적인 관계를 맺었다.

9-10 아난다 사원. 아난다는 붓다의 10대 제자 중 하나로, 붓다의 사촌이기도 하다.

9-11 득도를 위한 여정을 떠나기 전 머리를 깎는 붓다

몽골족이 남아시아에 발을 들이면서 평화는 공중분해되었다. 남조국의 왕 나라티하파테의 무모한 행보가 몽골족의 원나라를 자극하면서 모든 일이 시작되었다. 나라티하파테는 남조국을 방문한 애꿎은 몽골 사절을 사형에 처한 뒤, 쿠빌라이의 속국을 공격하는 어마어마한 실수를 저질렀다. 남조국은 1287년 설욕을 위해 남아시아를 침략해온 몽골군에 대패했고 버마인은 바간에서 쫓겨났다. 하지만 불행 중 다행인지 몽골족은 습하고 불쾌한 열대의 기후를 질색했다. 원나라는 버마의 북부만을 속주로 만들었을 뿐, 나머지 땅은 그들 눈엔 하찮아 보였을 현지 통치자들의 손에 남겨두었다. 몽골의 지배는 오래 가지 않았지만 몽골의 개입으로 버마에 다시 찾아온 혼란은 16세기까지 지속되었다. 타이족이 중국의 개입으로 초래된 버마의 혼란에서 재빨리 이득을 취했기 때문이다. 남조국과 바간을 모두 격퇴한 몽골은 타이족을 주축으로 한 남아시아의 중국 속국이 버마 지역에 진출하는 것을 장려했다. 이 타이족의 나라가 바로 타이의 모태이다.

타이(태국)의 지배를 피하고자 했던 버마인은 외진 시탕Sittang 강 연변의 퉁구Toungoo로 몰려들기 시작했다. 이 지역에서 버마인의 세를 하나로 규합한 한 영웅이 남부 버마 전체를 정복한 뒤 1541년 페구에서 왕위에 오른다. 바로 퉁구 왕조(1531~1752년)의 2대 왕 타빈슈웨티이다. 퉁구 왕조의 막강한 군사력은 외국 용병들의 활약 덕분이었다. 엄청난 전투력으로 유명한 자바나 인도의 무슬림과 산전수전 다 겪은 포르투갈인 전사들을 파견하는 용병회사가 퉁구의 전투를 도왔다. 이 포르투갈 용병들이 공급한 화승총은 정확도, 탄도의 무게, 발사 속도 면에서 월등한 품질을 자랑했다. 이 화승총 덕분에 타빈슈웨티는 1546년 퉁구의 견고한 요새를 넘어 버마 전체를 아우르는 대제국을 건설하는 데 성공한다. 타이족의 신생왕조인 아라칸만이 파죽지세로 밀려드는 버마인의 공세를 견뎌냈을 뿐이다.

타빈슈웨티가 몬족 출신 경호원에게 암살당한 뒤 이민족들의 봉기는 초기 퉁구 왕들의 골치를 아프게 했다. 하지만 그들은 타이족과 포르투갈인이 버마인의 땅을 넘보지 못하게 하는 데는 성공했다. 1613년에 4대 왕 아나육페툴룬은 포르투갈의 용병장 필리페 드 브리토 에 니코테의 요새가 있는 이라와디Irrawaddy 유역의 시리암Syriam을 파괴했다. 시리암은 드 브리토가 군수물자를 통관하는 주항이 있는 항구도시였다. 포르투갈인은 이 시리암을 버마로 들어가는 국제 관문으로 여겼다. 하지만 시리암에서 교역이 활발하게 이루어지고 있다는 사실은, 100,000명에 이르는 대군의 공격을 받은 포르투갈인에게는 아무런 도움이 되지 않았다. 화약이 떨어져 대포를 쏠 수 없는 지경에 이르자, 드 브리토의 현지인 부하들은 슬금슬금 도망가기 시작했다. 결국 충성스러운 포르투갈인 부하들만으로는 요새를 도저히 지켜낼 수 없게 되었고, 드 브리토는 포로의 신세가 되고 만다. 버마인은 드 브리토에게 불교사원 약탈에 대한 죄를 물어 무시무시한 형벌을 가한다. 그의 병사들이 모두 지켜보는 앞에서 그에게 철 말뚝을 박은 후 이틀 동안이나 방치한 것이다. 하지만 아나육페툴룬은 하얗게 질린 포르투갈 병사들의 목숨까지 빼앗지는 않았다. 이후 한 세기가 훨씬 넘는 기간에 이때 살아남은 포르투갈 병사들의 후손이 버마의 포병대를 책임졌다. 시리암에서 일어난 이 사건은, 유럽의 신식 군사기술도 제대로 훈련된 아시아 국가 군대의 힘 앞에서는 무력하다는 사실을 보여주었다. 결국 포르투갈인은 아직 통일되지 않은 스리랑카에서만 넓은 영토를 차지할 수 있었다. 하지만 이후 이 남방의 섬에서 힘겹게 세를 유지해가던 포르투갈인은 1658년 네덜란드에 그마저도 빼앗기고 만다.

통구 왕조는 건륭제가 버마를 침공하기 전에 이미 자취를 감추었다. 북쪽 땅 오랑캐의 위협에서 해방된 건륭제는 동남아시아로 눈을 돌렸다. 하지만 중국의 영향력을 강화하기 위해 북부 버마에서 벌인 4년간의 전쟁에서는 쉽게 결론이 나지 않았다. 결국 버마인이 이전과 똑같이 중국에 공물을 바치는 것으로 사태가 무마되었다. 건륭제의 분노는 하늘을 찌를 듯했다. 1752년의 이 철수로 청나라는 통구를 대신한 버마의 마지막 왕조인 꽁바웅(알라웅파야) 왕조를 공식적으로 인정하게 된다. 꽁바웅 왕조의 후예 중에서 단연 눈에 띄는 통치자는 5대 왕 보다우파야였다. 그는 1819년 유명을 달리하기 전까지 버마의 국경을 엄청나게 확장했다. 또한 53명의 아내에게서 120명이 넘는 자식을 보았으며 왕족의 수를 엄청나게 늘려놓았다.

섬의 권력: 스리비자야·마타람·마자파히트

오늘날 타이 최남단에 위치한 항구에 대해 중국의 한 사절은 다음과 같이 묘사했다. 우리는 그의 기록에서 이 땅에 미친 인도의 영향력을 확인할 수 있다.

> 하루 100,000명 이상이 방문하는 이곳의 시장은 동서가 교차하는 장소로, 인도·페르시아를 비롯한 다른 인근 국가의 수많은 상인들이 희귀한 물건과 귀한 상품들을 교환하고 매매하기 위해 모여든다. 이곳에는 상인 가족 500가구, 200명의 불교도, 그리고 인도

에서 건너온 1,000여 명의 힌두교도들이 살고 있다. 지역 토착민들은 이 외지에서 온 사람들이 들여온 종교를 믿었고, 이곳에 정착한 인도인에게 딸을 주었다. 한 번 이곳에 온 인도인 중에 이 인상적인 항구를 떠나는 이는 거의 없었다.

중세 초 대부분의 동남아시아 국가들이 인도의 종교적·정치적 관념을 도입했다 해도 과언이 아닐 정도로, 이 지역에 미친 인도의 영향은 어마어마했다. 동남아시아 국가의 왕들은 불교와 힌두교를 후원했다. 그들은 힌두교와 불교의 승려들을 궁중의례 고문이나 점성술사, 또는 필경사로 임명했다. 5세기 동부 보르네오와 서부 자바에는 최초로 인도 문화권으로 편입된 동남아시아 국가들이 존재했다. 얼마 후 수마트라를 중심으로 발전한 스리비자야 왕조가 인도네시아 제도 서부를 지배하게 된다. 인도네시아에는 일찍부터 인도 힌두교가 들어와 그 영향을 받은 몇몇 작은 나라가 2세기경부터 점점 성장해갔다. 7세기가 끝날 무렵에는 그들이 연합하여 스리비자야라는 커다란 나라로 통일되어 지금의 수마트라 섬 팔렘방Palembang을 수도로 삼았다. 인도계 스리비자야 왕국은 불교연구의 중심지로 명성을 떨쳤다. 이곳을 경유해 인도를 여행한 당나라 학승 의정의 여행기 『남해기귀내법전南海寄歸內法典』덕에 이 왕국의 생생한 모습이 후대에 전해졌다. 의정은 671년 인도로 가는 길에 산스크리트어 문법에 통달하기 위해 스리비자야에 6개월간 머물렀다고 한다. 그는 팔렘방에 대한 견문을 남겼다.

이곳에서는 1,000명이 넘는 불승들이 공부와 선행에 온 정신을 쏟아붓는다. 그리고 그들은 세상에 존재하는 모든 주제에 대해 숙고한다. 인도에서 본토의 경전을 탐구하기 위해 서역 여행을 떠나고자 하는 중국 수도승이라면 마땅히 1, 2년은 이 땅에 머무르며 인도 여행에 대한 준비를 해야만 한다.

의정은 인도에서 돌아오는 길에 스리비자야를 다시 방문해 그곳에서 4년을 더 보면서 불교서적의 원본들을 베끼고, 중국어로 번역했다고 한다. 중국에 갔다 689년 네 명의 보좌역과 함께 돌아온 의정은 팔렘방에 번역학교를 세웠다. 의정은 스리비자야가 중국 황제에게 최초로 공물을 바친 695년에도 팔렘방에 체류하고 있었다.

『남해기귀내법전』에 따르면 670년 말에 경쟁국이던 말라유 왕국이 스리비자야에 합병되었다고 한다. 말라유의 수도 잠비Jambi는 팔렘방의 북쪽에 있었다. 새로 왕조의 일원이 된 말라유 지도자들 덕분에 스리비자야는 동남아시아 최고의 해상 무역국으로 거듭날 수 있었다. 스리비자야 왕은 "산의 신"이자 "섬의 신"으로 여겨졌다. 사람들은 "산의 신"인 스리비자야 왕의 권위는 수마트라 산등성이에 살던 조상들의 선량한 넋에서 비롯된 것이라고 믿었다. 또한 "섬의 신"으로서의 스리비자야 왕이 성질 사나운 바다의 영을 다스린다고도 믿었다. 이런 이유로 왕은 매일 무시Musi 강어귀에 금괴를 하나씩 던졌다. 이 값비싼 속죄에 드는 비용은 무역 수입으로 충당했다. 무역이 평화로운 거래였는지 아니면 해적질에 가까운 강압에 의한 교류였는지는 확실치 않다. 실제로 팔렘방의 한 비문에서는 엄청난 전리품을 갖고 복귀한 683년 원정에 대한 내용이 발견되기도 했다. 인도네시아 제도에서 무역과 해적질의 차이를 규정하는 건 상당히 어려운 일이었다. 특히 통치자가 급습으로 상업적 수익을 보호하길 원하는 경우에는 더욱 그

9-12 힌두의 사랑의 여신 라티. 발리판 모성과 풍요의 힌두 여신

러했다. 싱가포르는 이런 문제의 수혜를 받은 도시였다. 해적들로부터 해상 운송을 보호하고자 하는 왕실 해군의 필요 때문에 싱가포르가 발전하게 된 것이다. 왕실 해군은 싱가포르를 영국 상인들에 대한 공격을 막아내는 안전한 기지로 삼았다.

스리비자야의 왕들은 자바의 북쪽과 서쪽에 있는 몇몇 독립도시들을 자신들의 영토에 복속시켰다. 하지만 이들은 마타람을 지배하려고 들지는 않았던 것 같다. 마타람은 인도네시아 자바 섬 중부에 존재했던 힌두 왕국이다. 스리비자야가 건국되기 이전에도 중부 자바에는 왕국이 여럿 존재했다. 비옥한 화산토와 연중 경작이 가능한 기후 덕분이었다. 스리비자야가 황금기를 구가한 730~1020년에 엄청나게 많은 불교시설물이 자바에 건립되었다. 언덕과 평원에 무려 수백 개의 힌두교와 불교시설물이 들어섰다. 그 중에서도 단연 독보적인 화려함을 뽐낸 것은 다름 아닌 보로부두르 사원이었다. 오늘날의 요그야카

9-13　　　자바 섬에 있는 거대한 보로부두르 불교유적의 사리탑 일부

르타 북쪽에 위치한 이 사원은 자바 섬에 있는 다른 어떤 사원들에서도 찾아볼 수 없는 독특한 구조를 지닌 장대하고 복잡한 건축물이다. 보로부두르Borobudur는 '여러 명의 붓다'라는 뜻이다. 천연 구릉 위에 암성을 쌓아 만든 이 사원은 언덕 전체를 돌로 덮은 뒤 그 위에 수많은 탑의 집합체를 켜켜이 쌓아올린 구조이다. 세 개의 동심원 안에 무려 72개의 작은 사리탑이 세워져 있고, 그 정상에 커다란 종 모양의 탑이 덮어씌워져 있다. 계단식으로 만들어진 사리탑의 아홉 군데 벽면

에는 깨우침을 얻기 이전 붓다의 삶에 대한 부조가 빙 둘러 새겨져 있다. 멀리서 보면 이 거대한 구조물은 하나의 거대한 사리탑처럼 보인다. 이 섬세한 건물을 설계한 천재가 처음부터 이를 의도했음은 분명하다.

778년에 샤일렌드라 왕조에 의해 시작된 이 신비한 건축물의 대공사는 824년이 되어서야 끝났다. 실로 훌륭한 부조의 묘사와 그 엄청난 규모가 족히 100년은 걸렸을 대공사에 들인 노고를 짐작케 한다. 이 신비한 건물의 지하실은 1885년에 발굴되었다. 그곳에는 작업에 동참한 조각가들에 대한 지침이 새겨져 있었다. 장인들이 얼마만큼의 정성으로 이 위대한 건물을 건축했을지 짐작케 하는 이 지침에는 업보를 형상화한 조각을 새기라는 내용이 담겨져 있다. 업보는 기본적으로 인과응보를 바탕으로 한 윤회를 설명하는 불교의 개념이다. 샤일렌드라의 통치자는 한 개인이 붓다의 가르침을 따르기 위해 밟아가야 하는 진리의 길을 백성에게 보여주고자 했던 것이다.

샤일렌드라는 스리비자야와 같은 자바의 다른 통치 가문들과 혼맥으로 얽혀 있었다. 이 때문에 궁정에서 일어난 쿠데타로 폐위된 샤일렌드라의 한 왕이 850년대에 팔렘방으로 망명하여 스리비자야의 왕위를 계승하는 일도 있었다. 그때 이 왕의 왕위계승에 문제를 제기한 사람은 아무도 없었다. 마타람 왕조를 건국한 샤일렌드라의 후계자들은 불교 대신에 힌두교를 택했다. 다른 종교를 신봉하는 것으로 샤일렌드라와 구분되는 자신들만의 왕국을 세우려 했던 것이다. 현재 자바섬 요그야카르타 부근에는 당시 마타람의 수도였던 프람바난에 불었던 힌두교 열기를 보여주는 거대한 힌두 유적지가 있다. 브라마, 비슈누와 시바에게 바쳐진 수많은 대형사원들에서 힌두 자바 문화의 화려함을 엿볼 수 있다. 이 사원들은 보로부두르 사원 같은 불교사원과 달리, 통치자의 영묘역할을 겸하기 위해 건축된 것일 수도 있다. 크메르의 왕들을 위해 앙코르에 건축되었던 영묘사원들처럼 말이다.

마타람은 몰루카 제도를 다스리면서 중국인과 아랍인을 상대로 한 향신료 무역에 적극적으로 참여했다. 스리비자야가 자바를 통째로 손에 넣은 1006년까지 말이다. 이 지역 사람들은 버마를 한입에 집어삼킨 남부 인도의 촐라 왕조의 등장으로 스리비자야의 수도 팔렘방이 약탈당한 뒤 20년쯤 흐른 뒤에야 한숨 돌리게 된다. 스리비자야는 이 뜻밖의 타격에서 끝내 회복되지 못하고 쇠망의 길을 걷는다. 이때 에를랑가라는 이름의 발리 왕자가 마타람 공주와 결혼한 후 자바의 옛 영토를 되찾는다. 성심으로 비슈누에게 헌신한 깊은 신심으로 에를랑가는 '가루다를 탄 비슈누'라고 불리기도 했다. 그럼에도 불구하고 그는 나라의 무너진 경제를 바로 세우기 위해 사원 재산을 몰수할 수밖에 없었다. 에를랑가의 최대 업적은 효과적인 수자원 관리방안을 확립한 것이다. 이것이 바로 그가 자바인에게 두고두고 성군으로 기억되는 이유이다. 그는 적재적소에 댐을 건설하여 홍수를 예방하고, 농사를 지을 수 있는 일정량의 물의 공급을 원활하게 했다. 발리인은 이후 오랫동안 탁월한 수자원 관리능력을 선보였다. 새 바람을 몰고 온 이 활기찬 군주 덕에 자바에는 다시금 번영의 기운이 찾아들었다. 에를랑가가 금속판에 헌장을 새기면서까지 무역에 적극적인 재정지원 혜택을 부여한 결과 해외통상이 활성화되어 항구도시들이 부를 축적했다. 하지만 왕국의 부흥에 매진했던 탓인지 번듯한 후계자를 양성하지 못한 에를랑가는 후궁 소생들의 권력다툼을 막기 위해 1049년 자신의 왕국을 둘로 나눠버렸다.

9-14 대서사시 『마하바라타』에 등장하는 한 장면을 자바식으로 표현한 그림. 쿠루족과 동계의 민족이면서 적인 판두족이 주사위 굴리기 게임에 져 왕국을 잃는 장면이다.

9-15 태양새 가루다를 타고 있는 비슈누. 18세기 발리. 인도의 신화에 나오는 상상의 큰 새 가루다는 사천하四天下의 큰 나무에 살며, 용을 잡아먹는다고 한다.

하지만 두 나라 모두 그의 사후 다른 나라에 합병되어 버린다. 처음에는 싱가사리 왕조로, 그 다음에는 마자파히트(모조파이트라고도 함) 왕조로 합병되었다. 마자파히트는 유럽인이 동남아시아에 도착하기 전까지 동남아의 해안국들 중 가장 강력했던 최후의 인도식 왕조였다. 마자파히트의 궁정시인 프라판차가 쓴 『나가라케르타가마 Nagarakertagama』는 마자파히트의 조상이자 싱가사리 왕조의 시조인 케르타나가라가 싱가사리를 건국하는 과정에 관해 쓴 대서사시이다. 1365년에 쓰인 이 대서사시에 따르면 케르타나가라 왕이 자신을 붓다의 화신으로 내세우며 자신을 본뜬 거대한 조각상을 세웠다고 한다. 이로써 힌두교, 불교, 자바 토속신앙이 한데 섞인 종교가 탄생하게 된 것이다. 사람들은 이 새로운 종교의 지고신이 왕의 형상을 하고 속세에 내려와 있다고 믿기 시작했다. 왕을 신격화하는 이런 믿음이 없었다면 케르타나가라는 몽골군을 상대할 수 없었을 것이다. 원나라의 공격은 1289년 케르타나가라가 이유 없이 외교사절을 모욕한 데 대한 보복이었다. 원나라 황제 쿠빌라이의 특명을 받은 사절은 이 자바의 왕에게 중국 황제의 패권을 받아들이고, 원나라의 새로운 수도 베이징으로 공물을 보내라는 황제의 교지를 전했다. 북방민족의 뜬금없는 요구에 격분한 케르타나가라는 쿠빌라이의 요구를 들어주는 대신, 사절들의 얼굴에 수치스러운 문신을 새겨서 중국으로 돌려보냈다. 이에 대한 대가는 컸다.

쿠빌라이는 싱가사리의 영향력이 확대되는 것을 견제해왔다. 케르타나가라의 공격적 대외정책은 인근의 동남아 소국들의 불만을 샀고, 이런 국제정세가 쿠빌라이의 불편한 심기를 배가시켰다. 물론 그가 자바로 파견한 사절단의 귀환 당시의 몰골도 이에 한몫했을 것이다. 쿠빌라이는 1,000척의 배로 구성된 자바 정벌 함대를 파병했다. 하지만 수라바야Surabaya에 도착한 몽골군은 케르타나가라가 이미 내전에서 전사했다는 김새는 소식을 듣게 된다. 수라바야는 수도 싱가사리에서 50km 떨어진 곳에 있는 도시였다. 이때 놀라운 상황이 벌어졌다. 케르타나가라의 사위 라덴 비자야가 케르타나가라를 죽인 자들을 섬멸하고, 왕관을 원주인의 가문에게 돌려주자고 몽골 원정대 사령관을 설득하는 데 성공한 것이다. 라덴 비자야는 왕위를 이어받았다. 교묘한 술책으로 정적을 제거한 라덴 비자야는 소모적인 게릴라전에 휘말리지 말고 전리품을 가지고 자바를 떠날 것을 몽골군에게 권한다. 이렇게 국가의 독립을 확보한 라덴 비자야는 마자파히트 왕조를 창건한다. 몽골군이 그의 제안을 받아들이지 않았더라면, 그들은 베트남에서와 마찬가지로 남아시아의 정글 지형이 자바인의 끈질긴 저항에 어떤 도움을 줄 수 있는지를 몸소 체험해야만 했을 것이다.

　　이제 마자파히트의 해상 무역 지배를 멈출 수 있는 나라는 없었다. 한 사료는 이 시기에 대해, "제국은 크게 번성하여, 수많은 사람들이 수도로 찾아왔고, 식량은 넘쳐났다"고 기록하고 있다. 뿐만 아니라 "남쪽바다 해변은 왕에게 공물과 선물을 바치기 위해 사방에서 찾아온 사절들로 무전성시를 이루었다"고 한다. 명실상부한 제2의 스리비자야, 마자파히트를 막강한 해상 제국으로 키워낸 것은 재상 가자 마다였다. 1330~1364년까지 마자파히트의 국정운영을 담당한 이 노련한 정치가는 일정량의 향신료를 공물로 바치도록 하여 매년 확보하는 방안을 세워, 향신료 무역을 정기화했다. 말라카 왕조가 건국된 1400년대에 왕위계승과정에서 발생한 전쟁으로 마자파히트의 국력이 쇠했다. 그 틈을 타 환관제독 정화의 진두지휘 하에 명나라의 비호를 받게

9-16　　　인도네시아 자바 섬 중부에 있는 프람바난의
　　　　　힌두교사원에 있는 자바인 여왕 조각

된 말라카가 동남아 무역노선의 중심으로 급부상했다. 정화가 말라카를 임시 해군기지로 사용했기 때문에 타이족과 자바인의 무역은 상당한 타격을 받았다.

더딘 이슬람의 확산

베트남 남부의 참족은 10세기에 이슬람교를 받아들였다. 하지만 이들을 제외한 대부분의 동남아인은 300여 년 동안 이 중동의 신앙에 큰 관심을 기울이지 않았다. 이곳을 오간 무슬림 상인들은 무함마드의 가르침을 이 땅에 전하는 데는 큰 도움이 되지 않았다. 장기체류하는 경우가 드물었기 때문이다. 수록한 내용의 진위가 불분명한 말레이 문헌 『세마랑의 기록Annals of Semarang』에 따르면, 중국인 이슬람교도들이 동남아시아의 이슬람교 포교에 기여한 바가 있다고 한다. 하지만 이는 1400년대 초 자바 항구를 방문한 정화 함대에 대한 단상을 적은 것일 가능성을 배제할 수 없다. 정화는 본래 중앙아시아의 이슬람교도로 명나라 군대에 의해 포로로 잡혀와 환관이 된 인물이기 때문이다. 인도에서 온 무슬림 상인들이 영구적으로 이 땅에 거주하면서 현지의 여인들과 결혼하기 전까지는 모스크와 이슬람 학교가 필요하지 않았다. 포르투갈인의 기록에 따르면 자바의 해변을 따라 자리 잡은 마을과 도시의 주민들은 모두 이슬람교를 믿었다고 한다. 하지만 내륙에는 이 새로운 종교가 전파되지 않은 것 같다. 오늘날에도 내륙지방의 부유층은 대부분 힌두교신자들이다. 남아시아에서 이슬람교는 평화로운 방식으로 전파되었다. 다른 지역에서 이슬람교도가 피와 칼로 포교했던 것과는 사뭇 다른 방식이었다. 물론 전파 초기에 성상파괴주의에 의한 소요는 있었지만 말이다. 하지만 힌두교국가인 발리에서는 말레이 구상미술이 화려하게 꽃을 피웠다. 호전적인 이슬람교도는 16세기 후반에 남아시아에 모습을 나타냈다. 이에 곤경에 처한 자바 섬의 힌두교 통치자들이 포르투갈인과 울며 겨자 먹기로 동맹을 맺게 된다.

하지만 이곳에 전파된 이슬람교는 힌두사상의 영향으로 눈에 띄는 변화를 겪는다. 중세 후반에 자바 섬에서 득세했던 무슬림 수도자 왈리의 존재가 이를 뒷받침한다. 이들은 정통 이슬람교도들과는 확연히 다른 방식으로 행동했다. 이들의 모습에서는 오히려 신과 합일하는 것을 목표로 방랑하는 시바 추종자들의 흔적이 엿보였다. 이들은 한 겹의 의상만 입거나 벌거벗고 다녔으며, 하루에 세 번씩 재를 몸에 바르고 춤을 추거나 황소처럼 울어대는 것으로, 아니면 단순히 웃는 것으로 시바를 숭배했다. 마침내 그들은 극단적인 금욕을 통해 감각을 완벽하게 제어할 수 있게 되었다고 한다. 북 자바 술탄의 형 판제란 판궁은 이들보다 조금 덜 극단적인 신비주의자였다. 이 왈리는 다음과 같이 말한 것으로 유명하다.

금을 빚진 것은 갚는 것으로 해결할 수 있다.
지혜를 빚진 것은 다음 생으로 이어진다.

하지만 알라에 대한 사랑에 너무 심취한 나머지 이 왈리는 "세속과의 끈을 놓아 버리고 말았다"고 한다. 그는 이슬람교의 예법을 지키지 않기 시작했고, 그의 행동거지가 『코란』을 위반하는 것이라는 사실이 자명해졌을 때, 술탄마저 그의 독특한 행동에 분개했다.

어느 날 판제란 판궁의 내부에서 들끓고 있던 "탐욕과 분노"가 두 마리 개가 되어 그의 몸에서 나왔다고 한다. 그는 검은 개에게 믿음이라는 뜻의 '이만Iman'이라는 이름을, 붉은 개에게는 통합이라는 뜻의 '토키드Tokid'라는 이름을 지어주었다. 이 개들은 그가 어디를 가든 따라다녔다. 그는 금요일 기도에도 이 개들을 데리고 다녔다. 개들은 판제란 판궁의 뒤에 앉아 이슬람교사제인 이만이 하는 말을 주의 깊게 경청했다. 다른 이슬람교도들은 이 '불결한' 짐승을 신성한 종교집회장에 데리고 나타난 판제란 판궁의 행동에 분노했다. 그리고 알라를 모욕한 형에 대한 분노를 삭이지 못한 술탄은 이 왈리에게 화형 선고를 내렸다. 활활 타오르는 장작더미 앞으로 끌려간 판제란 판궁이 갑자기 불길 속으로 쌀을 던져 넣었다. 그리고 자신의 개들에게 저 쌀을 주워 먹으라고 명령했다. 순식간에 불속으로 뛰어든 두 마리 개는 털끝 하나 그을리지 않고 살아 돌아왔다. 사람들은 이 개들의 주인 또한 터럭 한 오라기도 다치지 않을 것이라는 사실을 깨달았다. 성스러운 알라의 힘을 증명이라도 하듯, 이 왈리는 불길 속에 선 채로 자바인을 위한 교서를 써내려갔고, 술탄은 이것을 소중히 들고 궁으로 돌아갔다. 그 교서에는 알라를 이해하기 위해서는 "모든 것이 없어지는 것", 즉 무無 그 자체가 없어지는 것을 맛보아야 한다는 내용이 적혀있었다. 이 사상은 종교 계율의 준수에만 급급한 사람들에게는 전해지지 않았다. 종교 계율의 준수를 넘어, 금식이나 자선과 같은 수행방식에 집착하는 것은 우상을 숭배하는 것과 다를 바 없다는 사실을 깨달은 이들만이 그의 사상을 받아들일 수 있었다.

 재미있는 사실은 판제란 판궁의 신비로운 접근방식에 숨어 있는 심오한 뜻을 이해하지 못한 일부 신자들이 '개'란 대상에 집착하기 시작했다는 점이다. 그의 가르침에 완벽하게 역행하는 신앙생활을 하기 시작한 것이다. 여담이지만 왈리의 뜻을 곡해한 맹신자들은 "모든 종의 개를 소중히 하고, 개의 목에 금화가 달린 목줄을 걸어주기도 했으며, 정성 들여 목욕을 시키고 값비싼 그릇에 음식을 담아주었다"고 한다. 오늘날 자바인은 지금도 심오한 철학으로 그들의 정신세계를 풍요롭게 해준 이 신비주의자의 묘를 찾는다. 당시에는 그의 사상이 보수적인 반대세력에 의해 완벽한 이단으로 분류되었지만 말이다. 이슬람교도는 이슬람교 성자들이 살아 있는 이들의 삶에 복을 내려준다고 믿는다. 특히 왈리의 묘에는 굉장한 영적인 힘이 서려 있다고 믿기 때문에, 판제란 판궁의 묘를 찾는 이들의 발길이 끊이지 않는다.

왈리로 대변되는 알라 숭배에 대한 독특한 관념이 득세하기도 했지만, 자바 땅은 얼마 지나지 않아 정통 이슬람교의 천국이 되었다. 비록 이슬람교가 남아시아 땅에 뿌리내리는 데 상당히 오랜 시간이 걸렸지만 말이다. 자바의 비옥한 평원이 쌀농사에 적합했기 때문에 자바에는 언제나 인도네시아 제도에서 가장 많은 인구가 살았다. 현재도 인도네시아 공화국 전체 인구 2억 4천만 명 중 절반 이상이 이 지역에 살고 있다. 이 엄청난 인구를 자랑하는 자바인의 개종으로 인도네시아는 세계에서 가장 인구가 많은 이슬람교국가가 되었다.

유럽 세력의 출현

그 후 이슬람교는 동남아시아에서 급속히 확산되었다. 말라카가 동남아 교역의 중심지로 부상한 것과, 호전적인 포르투갈인이 기독교를 들여온 영향이 컸다. 현재의 말레이시아에 있는 항구도시 말라카는 여러 동남아시아 무역항로가 교차하는 동서 무역의 중개지였다. 이 항구도시의 통치자가 이슬람교로 개종하면서 이슬람교는 사방으로 퍼져나가기 시작했다. 말라카와 청나라는 1403년부터 돈독한 관계를 유지했다. 명나라 황제 영락제는 아유타야의 위협으로부터 말라카를 보호하기 위해 말라카의 술탄에게 범선을 보내기도 했다. 남아시아인의 삶을 흥미로운 시선으로 기록한 자신의 기행문집 『영애승람瀛涯勝覽』에서 마환은 말라카인에 대해 다음과 같이 적었다.

새 종교를 받아들인 말라카의 술탄과 백성은 단식을 하며 속죄를 하고 기도를 올렸다.

1413년 정화가 이끈 원정선단의 공식 통역사였던 마환은 정화와 마찬가지로 이슬람교도였다. 이런 이슬람교의 평화로운 포교방식은 뒤늦게 남아시아에 전파된 기독교의 광신적인 전파방식과는 사뭇 달랐다. 자신들의 종교적 정체성을 이슬람 세력과의 피비린내 나는 갈등에서 구축한 포르투갈인은 남아시아에서도 서슴없이 폭력을 사용했다. 2대 인도 총독 알폰소 데 알부케르케는 1511년에 말라카를 기습해서 점령했다. 그때 그는 자신의 부하들에게 이번 승리로 남아시아 현지의 이슬람 세력은 초토화될 것이고, 카이로와 메카도 파산에 이르게 될 것이라고 자랑스레 말했다고 한다. 또한 베네치아인은 이제 리스본에서밖에 향신료를 구할 수 없을 것이라고 말했다고 한다. 상인정신과 광신적인 포교방식의 실로 적절한 배합이다.

하지만 이 포르투갈 광신도들의 출현은 정반대의 효과를 낳은 것으로 보인다. 현지인의 마음을 사는 데 실패한 파란 눈의 기독교신자들이 할 수 있었던 것이라고는 고작 향신료 무역을 망쳐놓는 것밖에 없었다. 현지인은 기독교인들이 향신료 무역에 개입하는 것을 막기 위해 애썼다. 포르투갈인은 50년에 걸쳐 말라카에 요새를 지었다. 하지만 역설적으로 그 기간에 포르투갈인의 입지는 점점 줄어들었다. 북부

9-17 알폰소 알부케르케. 그의 공격적인 정책이 아시아에 포르투갈의 세력을 확립해놓았다.

수마트라에서 점점 강성해지는 아체 Aceh 지역에 들어선 이슬람 왕조 때문이었다. 아체의 주민들은 무려 열네 번이나 말라카를 공격했다. 그리고 그 과정에서 이 새로운 세력은 별다른 어려움 없이 후추와 기타 향신료들을 터키의 영해였던 홍해로 운송했다. 오스만투르크 제국과 아체 지역이 포르투갈에 대항하기 위해 군사적 협력을 했다는 증거가 실제로 존재한다. 기독교 침입자들에 대한 범이슬람권의 반격은 동남아에 그 뿌리를 두고 있는 것이다. 포르투갈인은 일단 아체 세력의 말라카 침공을 모두 방어해냈지만 아체 지역에 대한 직접적인 군사행동에 나서지는 못했다. 병력의 부족이 서서히 포르투갈인의 목을 옥죄고 있었던 것이다.

포르투갈령 인도 제국을 말하는 에스타도 다 인디아Estado da India는 그 세가 정점에 이르렀을 때도 불과 10,000여 명의 군사를 보유하고 있었을 뿐이다. 애초부터 유럽 시장에서 황금알을 낳는 향신료 무역에만 관심이 있었을 뿐, 영토확장의 의도는 없었던 것이다. 전략적 요충지에 요새를 건설하고, 정기적으로 바다 해적을 소탕한 것도 해상 무역을 보호해 수익을 올리기 위함이었다. 관세 수입은 덤이었고 말이다.

19세기가 시작되기 전에 유럽 세력이 가장 많은 영향을 미친 동남아시아 국가는 필리핀이었다. 필리핀에 도착한 스페인인은 무슬림이 둘러놓은 방책이 있던 자리에 마닐라 최초의 석조 요새를 건설했다. 1521년 탐험가 페르디난드 마젤란이 몰루카 제도로 가는 항로를 찾기 위한 원정에 떠났으나, 서쪽으로 케이프 혼을 돌아 세계를 일주하는 장장 3개월에 걸친 항해 끝에 세부 섬에 안착한 일도 있었다. 마젤란은 마젤란 해협과 태평양, 필리핀, 마리아나 제도 등을 명명했다. 그는 유럽 무기의 성능을 너무 과신한 나머지 준비가 덜 된 상태에서 1,000명이 넘는 토착민 전사들과 교전을 벌이다 필리핀 비사얀 제도의 막탄Mactan 섬에서 전사했다. 50명으로 이뤄진 마젤란의 부대에서 실제로 사망한 이는 12명에 불과했지만, 스페인의 펠리페 2세가 편성한 무적함대 아르마다 의 전설에는 흠집이 남게 되었고, 지휘자를 잃은 선원들은 철수를 택할 수밖에 없었다. 그의 실패 이후 신대륙에 닻을 내린 스페인 당국은 필리핀인을 가톨릭 신자로 개종시키고, 무역으로 돈을 벌어들이기로 작심했다.

필리핀을 제외한 나머지 동남아 땅을 포르투갈인의 손에 남겨두는 대가로 스페인은 필리핀에서 자유롭게 활동할 수 있었다. 7,000여 개의 섬으로 이뤄진 필리핀 제도에는 당시에 일원화된 정치·종교 지도세력도 없었고, 이 제도의 주민들이 사용하는 언어는 무려 100여 종에 달했다. 필리핀의 쾌적한 기후는 유럽의 침입자에게 마닐라에 영구 정착하고 싶은 마음을 불러일으켰다. 이 땅의 사람들이 인도나 중국의 문화적 영향을 덜 받았다는 사실도 꽤 마음에 들었을 것이다. 게다가 한창 진행 중인 권력투쟁을 이용하면 이 제도의 패권을 움켜잡는 건 그리 어려운 일이 아니었다. 상당히 수월하게 모든 일이 진척될 수 있는 여건이 마련되어 있었던 것이다. 인도화된 남아시아 땅에서 고군분투하고 있는 포르투갈인의 상황에 비할 바가 아니었다. 물론 유럽의 두 세력 모두 남아시아의 이슬람 세력과 담판을 지어야 했다. 하지만 필리핀에는 상대적으로 적은 수의 이슬람교도가 살고 있었고, 이 개종자들은 대부분 제도 최남단의 민다나오Mindanao와 술루Sulu 섬에 살고 있었다.

    1511년 말라카를 손에 넣은 포르투갈에 대한 분노는 이슬람 세력들을 하나로 뭉치게 했다. 유럽의 착취가 동남아의 단결을 부른 것이다. 동남아에서의 기독교-이슬람교 간 갈등이 시작되었다. 필리핀 주민들 또한 기독교를 받아들이는 것이 스페인 왕실에 충성을 맹세하는 것과 다를 바 없다는 사실을 알게 되었다. 사실 필리핀에는 유럽인이 도착하기 전에 크고 작은 수많은 종교 공동체들이 이미 존재했다. 이들의 신앙세계는 천차만별이었지만, 영적 세계의 존재에 대한 공감대만은 존재했다. 이 공감대가 유럽인의 가톨릭 선교에 큰 도움이 되었을 것이다. 필리핀에서 여성은 남성의 소유물이 아니었다. 유럽에서와 달리 이혼도 자유롭게 할 수 있었다. 또한 여성은 상업분야에서 왕성한 활동을 했다. 이는 동남아의 다른 지역도 마찬가지였다. 여러 사료들에서 이에 대한 기록을 찾아볼 수 있다. "캄보디아에서는 여성이 상업의 주도권을 가진다"거나, "타이의 상인 모두가 여성이다. 일부는 엄청난 양의 교역을 하는 상단을 이끈다"는 기록이 남아 있다. 한 여행자의 기록에는 "아체의 외환거래상은 모두 여성이고, 베트남에서 상

9-18　　　포르투갈령 말라카. 4,000여 명의 외국인 상인들이 요새 외곽에서 거주했다.

거래는 여성의 영역이다. 남성은 모두 군역에 종사했다"는 내용도 등장한다. 이런 상황은 1810년대까지 지속되었다. 싱가포르를 최초로 발견한 스탬퍼드 래플스는 자바에 대해서 다음과 같은 기록을 남기기도 했다.

> 남편이 아내에게 금전관리를 전적으로 맡기는 것이 보통이었다. 여성은 혼자 시장에 가서, 사고파는 모든 거래를 전담한다. 자바 남성은 돈 문제에 관해서라면 천치가 따로 없다는 평이 나돌 정도였다.

9장 중세 동남아시아

19세기 동안 국제 무역에서 서양인의 개입이 눈에 띄게 증가했기 때문인지는 몰라도, 동남아 여성들은 상업에서 점차 손을 떼게 되었다.

불행 중 다행으로 필리핀에 정착한 스페인인이 횡포를 부리는 일이 점차 줄어들었다. 가톨릭으로 개종한 필리핀인과 스페인인이 결혼하는 사례가 증가했기 때문이다. 스페인 당국이 안전을 이유로 성직자만이 성 내부에서 살 수 있게 하지 않았더라면, 더 많은 사람들이 가톨릭으로 개종했을 것이고, 지배자와 피지배자 사이의 장벽은 빠른 속도로 사라졌을 것이다. 그만큼 가톨릭의 포교는 원주민이 스페인을 종주국으로 받아들이게 하는 더할 나위 없이 확실한 방법이었다. 언젠가는 떠날 결심으로 아시아 땅을 밟은 네덜란드인·프랑스인·영국인과 달리 포르투갈·스페인 정착자들은 현지에 깊이 뿌리내렸다. 그 결과 85퍼센트에 달하는 필리핀인이 기독교를 받아들였고, 교회가 마닐라 외곽의 땅 대부분에 영향력을 행사했다. 성직자들은 세금을 걷고, 교구민들이 키운 곡식을 판매하여 엄청난 부를 얻었다. 1842년이 되어서야 수도사가 불경한 신자들을 채찍질하는 것이 금지되었을 정도로, 유럽에서 온 성직자들은 필리핀 땅에서 막강한 권력을 휘둘렀다. 독립심을 표현한 원주민들이 불경한 신자로 분류된 일도 종종 있었다. 마닐라에 정착한 중국 상인들도 억압적인 대우를 받긴 마찬가지였다. 1603년에 작성된 스페인 측 기록에 따르면 이 시기에 살해된 중국인의 수가 1,500명에 달했다고 한다.

포르투갈은 1580~1640년까지 60년 동안 스페인의 지배를 받았다. 이 기간에 펠리페 2세는 스페인과 포르투갈의 식민지가 별개의 행정체제로 운영되어야 한다는 기조를 유지했고, 스페인령 인도에는 큰 관심을 쏟지 않았다. 연달아 유럽에서 승전보를 올린 펠리페와 그의 후계자들은 해외로 눈을 돌렸다. 스페인의 군사를 실은 함선들이 해외 각지로 파견되었다. 1558년 영국에게, 또 1639년에는 네덜란드와 그의 후계자들이 유럽에서 벌인 전쟁에서의 만족스러운 결과는 배와 인력을 해외사업으로 내보낼 수 있었을 것이다. 하지만 1558년에 영국 엘리자베스 여왕의 함대에게 뼈아픈 패배를 맛본 무적함대가 1639년 다시 네덜란드에 패배하면서, 이베리아에서 맹위를 떨쳤던 스페인 무적함대 아르마다는 돌이킬 수 없는 타격을 입었다. 장거리 해외 무역에서 한몫을 할 날만을 손꼽아 기다리고 있던 유럽 각국에게 호기가 다가온 것이다.

유럽에서는 오스나브뤼크 조약과 뮌스터 조약 체결로 1648년 30년 전쟁[1]이 종식된다. 두 조약을 총칭하여 베스트팔렌 평화조약이라 하는데, 두 조약의 체결로 네덜란드가 독립국의 지위를 인정받게 된다. 하지만 이 조약의 최종 비준 이전에도 이미 네덜란드의 배들은 아시아 해상에서 포르투갈의 교역을 방해했다. 이들이 탐낸 것은 포르투갈이 누리고 있던 이권이었다. 향신료 무역의 주도권을 빼앗아 오기만 하면 엄청난 부를 손에 쥘 수 있다는 걸 알고 있었기 때문이다. 고아Goa 항구가 수년간 봉쇄된 데 이어 포르투갈인이 1641년에 말라카에서 쫓겨나게 된다. 네덜란드인은 서부 자바 섬에 영구기지를 건설하고 바타비아Batavia라는 명칭을 붙였다. 네덜란드인은 그 어떤 세력도 이제껏 구축한 바 없는 엄청난 규모의 무역사업을 일궈냈다. 19세기 초 세계 무역의 절반 이상을 장악해버린 영국만이 어깨를 나란히

---

1 Thirty Years' War: 1618~1648년 독일을 무대로 신교(프로테스탄트)와 구교(가톨릭) 간에 벌어진 종교 전쟁.

9-19   '바다 악마'라 불린 선원들을 태운 네덜란드의 함선을 그린 중국 그림

할 수 있을 정도였다. 네덜란드 상인들 간에 공조체제를 형성하면 더 많은 돈을 벌 수 있다는 사실에 눈을 뜬 암스테르담의 상인들은 향신료 무역을 독점하기 위해 일제히 행동에 나서기도 했다. 하지만 이들이 오늘날의 자카르타 수도 특별지구에 해당하는 바타비아에 견고한 요새를 건설한 것은 뜻하지 않은 결과로 이어졌다. 이 식민세력 통치를 위해 거점도시 바타비아를 건설하고 인도네시아 전역으로 그 영향력을 확대해간 네덜란드의 행보 덕에 인도네시아 토착세력이 독립왕조를 설립할 기반이 마련되었으니 말이다.

말레이 반도의 통치자들은 네덜란드 세력이 말라카를 손에 넣었다는 사실에 충격을 받았다. 이내 그들은 이 새로운 침입자들이 사업 독점에 대한 계획을 세우고 있다는 사실과, 비현실적으로 낮은 가격을 지불하고 거래를 하고자 한다는 사실에 주목하기 시작했다. 네덜란드인은 주석 공급을 거부하자 폭력을 행사하기까지 했다. 하지만 동남아 무역을 완전히 장악하고자 한 네덜란드의 시도는 영국의 개입으로 물거품이 되고 말았다. 영국과 네덜란드는 1652~1674년에 세 차례 전쟁을 벌였다. 영국에 새로 들어선 크롬웰 정부가 자국의 해운 무역 증대를 위해 네덜란드의 무역권에 제한을 가하는 항해조례를 반포한 것이 원인이었다. 이 세 차례의 전쟁은 승패가 뚜렷하게 판가름나지 않은 채 종결되었다. 전반적으로 영국이 우세했던 공방전 끝에 양국은 공해에서는 서로 참고 양보해야 한다는 단순한 사실을 마침내 받아들였다.

　네덜란드인은 스페인인이나 포르투갈인의 선교방식을 따르지 않았다. 무리한 전도로 야기된 사회적 불안이 교역을 방해할지도 모른다는 우려 때문이었다. 네덜란드인은 동남아인의 풍습이나 신앙에 일체 간섭하지 않았다. 향신료 생산을 향상시키라고 강요한 것이 현지인에게 가한 압박의 전부였다. 1690년대에는 현재 몰루카 제도의 중심이 되는 암보이나 섬에 거주하던 암본족에게 정향의 생산량을 500톤으로 늘리라는 요구를 하기도 했다. 다짜고짜 10년 전에 비해 30퍼센트나 많은 양을 생산해내라고 윽박지른 것이다. 대부분의 지역의 공급량은 바타비아에서 관리했다. 유럽 각지의 수요에 따라 후추·육두구·육두구 껍질 등의 향신료가 수출되었다. 동남아시아로 반입되는 물품들도 다양했다. 인도에서는 옷감을, 미국과 일본에서는 은을, 중국에서는 동화·비단·도자기 등 다양한 상품을 수입했다. 뛰어난 상인이었던 네덜란드인은 소비자뿐만 아니라 물품의 공급자들까지 자신들이 구축한 상업망에 단단히 고정되어 있도록 하는 놀라운 능력을 선보였다. 이 때문에 한 나라에서 다른 나라로 상품이 건너간 것뿐인데, 100퍼센트의 이윤이 붙는 경우가 드물지 않았다. 상업에 열을 올리느라 네덜란드인의 폭력성이 사라진 건 아니었다. 그들은 자신들에게 반기를 드는 인도네시아인 수천 명을 잔인하게 학살했다. 1621년에는 현재 몰루카주에 속하는 반다 제도의 주민을 몰살시키다시피 하는 만행을 저지르기도 했다. 이에 그치지 않고 네덜란드인은 이 희대의 학살극에서 노예 신세가 되거나 죽임을 당하지 않고 가까스로 살아남은 사람들이 굶어죽도록 방치하기까지 했다.

서부 자바처럼 네덜란드인이 직접 통치를 한 지역에서는 사회적 계층이 바타비아로 대변되는 서구 침입세력의 착취구조를 정확히 드러내고 있었다. 위계질서의 최상위계급은 네덜란드의 관료와 정착민들이 차지했다. 다음으로 식민지 정부에 지지를 보낸 말레이 지도자와 귀족들, 그 다음으로는 네덜란드인이 아닌 상인계급과 중국 상인들, 그리고 맨 마지막으로 원주민들 순으로 계급의 귀천이 정해졌다. 최하위계급은 노예였다. 네덜란드인은 노예제도가 유용하다고 여겼기 때문에 노예제도를 폐지하지 않았다. 바타비아와 인도네시아 제도에 주둔한 군대의 전초기지, 그리고 네덜란드로 항해하는 항로 중간중간에 있는 거점도시들의 관리 및 유지에 노예들의 노동력이 절실했기 때문이다. 인종차별적인 네덜란드인의 가치관이 이런 엄격한 위계질서를 탄생시킨 것이다. 네덜란드인과 인도네시아인 사이에는 메울 수 없는 사회적 계층의 격차가 생겨났다. 인도네시아인 아내를 맞이한 네덜란드 정착민은 네덜란드로의 귀국이 금지되는 법안이 통과되기도 했다. 이 법안에 따른 규제는 현지인 여성 노예를 첩으로 맞은 네덜란드 남성에게까지 확대되었다. 하지만 법으로도 아름다운 인도네시아 여성을 향한 네덜란드 남성의 연심을 막을 수는 없었다. 영구 거주하기 위해 동남아로 이주해오는 네덜란드 여성이 극소수였기 때문이다.

타이의 부흥

몽골세력의 개입이 있은 후, 동남아시아 땅에서 발생한 극심한 정치적 분열 덕에 타이족은 세력을 확장할 기회를 잡았다. 버마의 바간과 캄보디아의 앙코르에 자리 잡은 인도화된 나라들에서는 13세기가 시작될 무렵에 이미 망국의 징조가 보였다. 비록 크메르 제국은 1287년에 버마 왕조가 그랬듯 순식간에 극적으로 무너지진 않았지만, 어떤 식으로도 은폐하기 힘든 국력의 쇠퇴가 앙코르에서도 확실히 감지되었다. 앙코르를 향한 타이족의 압박이 한층 거세진 시기는 원나라 세력이 쇠퇴한 시점과 맞물려 있었다. 이는 14세기에 크메르인이 질 것이 뻔했던 승산 없는 싸움에서 홀로 분투해야 함을 의미했다.

 타이족이 인도차이나 반도로 이주한 건 몽골이 남아시아를 침략하기 이전의 일이었다. 타이족은 원래 윈난성 동부에 있는 윈난 고원에서 뻗어 나온 골짜기에서 수백 년 동안 살아왔다. 그들은 베트남과 중국 변방 원정을 감행한 남조국에 징집되기도 했다. 윈난 지역은 이후 몽골족의 지배를 받게 되었지만, 타이족은 자신들의 운명을 스스로 개척해나갈 수 있었다. 이들은 서남쪽으로 서서히 이주했다. 쿤 보롬 전설²에는 이 오랜 이주에 대한 타이족의 기억이 담겨져 있다. 쿤 보 롬은 타이족에게 농업, 수공예, 예절, 학문, 종교의식 등을 전해준 전설 속의 신성한 인물이다. 전설에 따르면 쿤 보롬은 베트남 북부에 있는 도시 디엔비엔푸 부근의 평원에서 25년간 타이족을 다스려 번영의 시대를 열었고, 동남아시아 본토에 흩어져 있는 타이족을 위해 그의 일곱 아들들을 파견했다고 한다.

이 이야기는 각 부족이 세력다툼을 하고 있던 14세기의 상황을 잘 보여준다. 당시에 메콩 강과 차오프라야 강 건너편의 베트남 국경에서부터 마르타반Martaban 만까지 이어지는 지역에는 여러 타이 부족들이 세운 소국들이 옹기종기 모여 있었다. 정신없이 난립한 이 부족국가들을 하나로 통일할 만한 힘을 가진 나라는 존재하지 않았다. 이런 상황은 우통이 1351년 아유타야 왕조를 창시할 때까지 계속되었다. 우통U Thong은 '금 요람 왕자'란 뜻이다. 중국의 부유한 상인 가문에서 태어난 그는 로프부리 왕가의 타이 공주와 결혼하여 훗날 타이의 맹호를 건국하기 위한 기반을 마련한다. 타이의 군사력과 중국 재력의 전략적 제휴라고나 할까.

우통이 라마 티보디 1세란 이름으로 아유타야의 초대 왕으로 즉위한 것에 대한 기록에는 천연두의 발병, 왕위계승자의 부재, 그리고

---

2 대홍수가 끝난 다음, 세 명의 수장khun이 하늘과 땅 사이를 중재하고 있었다. 그들이 신으로부터 받은 물소가 죽자 물소의 콧구멍에서 넝쿨이 뻗어 나와 조롱박이 열렸다. 그 안에서 소리가 나서 찔러 보았더니 사람들이 나왔다. 끌로 찌른 곳에서 나온 이들은 피부가 밝았고, 불에 달군 검은 쇠로 찌른 곳에서 나온 사람들은 피부가 검었다. 전자는 중심족인 라오족이고, 후자는 주변 또는 선주민인 말레이계나 몬크메르계이다. 이들 검은 피부의 사람들을 통틀어 노예라는 뜻의 카kha로 부르니, 라오족의 지배를 받는 민족이었다. 이후 하늘의 신이 보낸 쿤 보롬이 일곱 아들들에게 타이족의 땅을 나누어주어 다스리게 했다고 전한다.

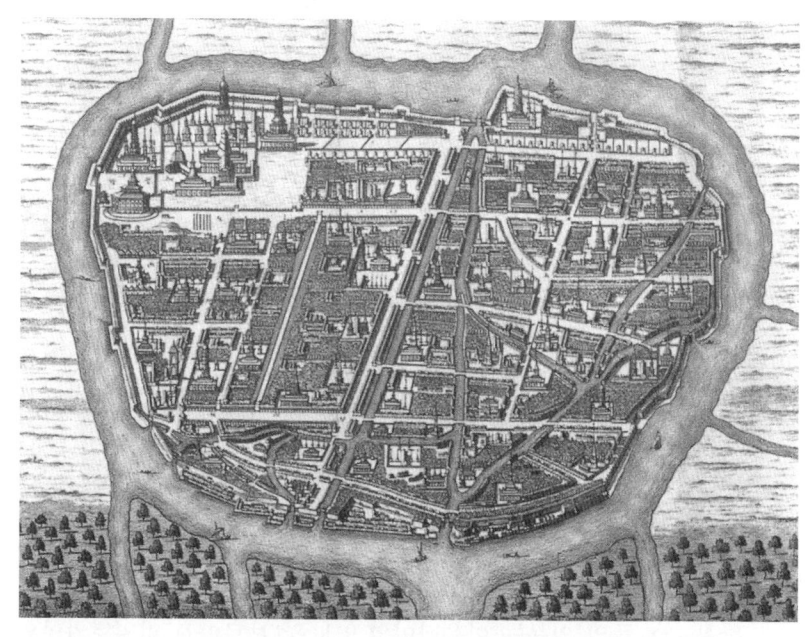

9-20　'동양의 베네치아', 아유타야를 그린 네덜란드의 지도. 아유타야는 타이의 옛 도시로 메남 강의 중류에 있고, 14세기 중엽~18세기까지 아유타야 왕조의 수도로서 불교사원 유적이 매우 많다.

로프부리에서 아유타야로의 천도에 대한 내용이 등장한다. 강 하류의 섬에 건립된 새 수도의 명칭은 인도의 대서사시 『라마야나*Ramayana*』에 등장하는 영웅 라마가 살던 요새의 명칭 아유타야에서 따왔다. 이내 차오프라야 강 유역을 차지한 아유타야 왕조는 말레이 반도와 캄보디아 해안까지 그 세를 확장했다. 항구의 번영으로 인해 국제적인 교류가 많아진 덕이었다. 한때 막강한 국력을 자랑했던 크메르의 통치자들은 과거의 영화에 대한 기억을 떨치지 못하고, 라마 티보디 1세의 왕국을 넘보기 시작했다. 1351~1431년 사이의 기간에 앙코르와 아유타야의 국경지대에서는 칼날 부딪히는 소리가 멎을 날이 없었다. 하지만 이런 날선 정치적 긴장관계가 문화의 전파를 막은 건 아니었다. 크메르의 선진 문화에 존경을 품고 있던 아유타야의 궁정에서는 크메르의 체제를 적극 모방했다. 그리고 캄보디아의 문화가 대거 타이로 유입되었다.

아유타야 사회는 엄격한 신분사회였다. 최상위계층은 지도자 가문 출신의 왕실 관료들이었다. 중국인은 이방인 집단이었지만 외교적 이해나 상거래의 이익에 따라 아유타야의 특정 파벌을 지지하는 것으로 정치적 영향력을 행사했다. 이런 막후의 영향력은 오늘날까지 이어져, 현대의 타이 경제계는 중국계 타이족이 장악하고 있다. 물론 이미 타이에 상당히 동화된 중국인이 왕실에 충성을 다하고 있긴 하지만 말이다.

왕실 관료들의 의무는 아유타야의 9대 왕 보로마 트라일로카낫의 대에 정립되었다. 1450년대에 새로운 영토를 왕국에 편입시킨 트라일로카낫 왕은 제대로 된 행정부를 구성했다. 트라일록으로도 알려진 트라일로카낫 왕은 크메르의 통치구조를 본받아, 토지 소유자를 민간과 군부로 구분하고, 토후들의 군사를 왕실 군대로 흡수했을 뿐만 아니라, 지방 토후들을 왕실에서 파견한 관료로 대체했다. 이런 대대적인 개혁조치 덕에 아유타야에는 중세 동남아시아 어디에서도 유례를 찾아보기 힘든 안정이 찾아왔다. 이때 확립된 관료제도는 19세기 서구식 제도 개혁이 타이를 강타하기 전까지 약간의 제도 개선만이 이루어졌을 뿐, 거의 그대로 유지되었다. 서구 문물이 유입되었을 때에도 1932년의 헌법 개혁이 있을 때까지 정부체제는 그대로 유지되었다. 이 1932년의 헌법 개혁으로 고귀한 혈통의 전유물이었던 전제군주제는 폐지되고 입헌군주제가 발족되었다.

9-21 타이의 왕실 행렬. 전제군주제는 1932년까지 계속되었다.

아유타야는 성립 초기부터 국정 전반이 엄격하게 조직되고 통제된 나라였다. 하지만 아유타야의 궁정에서 크메르인 조언자들의 입김은 무시하지 못할 영향력을 갖고 있었다. 이들의 조언으로 왕의 권위가 고양되어, 왕은 일반 백성과는 다른 차원에 존재하는 신성한 존재라는 사실이 부각되었다. 타이 왕은 시바나 비슈누가 아닌 붓다의 화신으로 여겨졌다. 왕이 띠고 있는 자비로운 미소나 태연자약한 태도가 붓다의 화신이라는 증거였다. 이것이 바로 지금도 타이 왕의 초상화에서 웃음기나 찌푸린 표정을 찾아보기 힘든 이유이다. 타이족은 감정을 드러내는 이런 표정들은 속세와의 관계를 암시한다고 생각했다.

왕은 속세와 연을 끊은 존재였는지 몰라도, 세속적인 문제들이 끊임없이 아유타야를 괴롭혔다. 퉁구가 특히 골칫거리였다. 앞서 살펴보았듯이 퉁구는 원나라 군대에 의해 바간이 파괴된 후 버마인이 도피

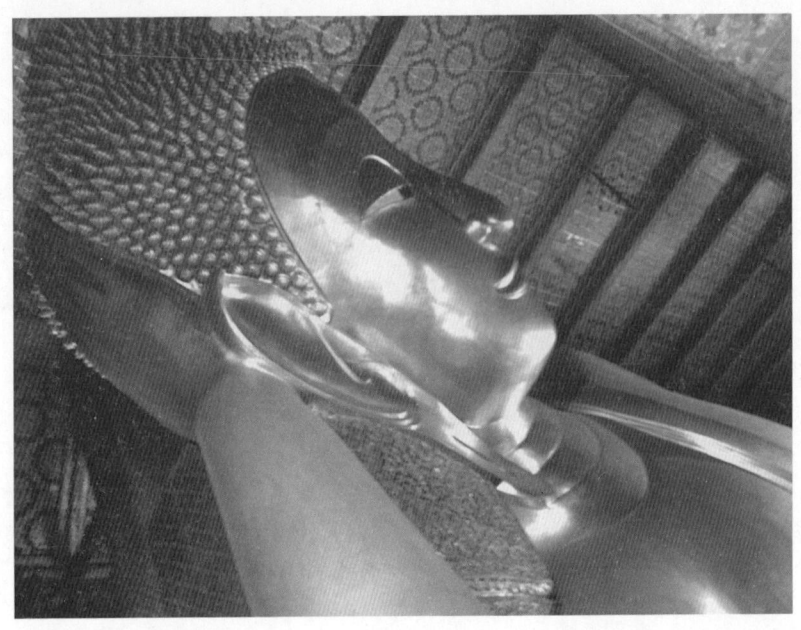

9-22 타이 왕은 붓다의 현신으로 여겨졌다. 방콕의 와트 포Wat Pho 사원에 있는 거대 붓다상. 타이 왕궁 뒤쪽에 있는 와트 포는 방콕에서 가장 넓은 규모의 사원이다. 1793년에 라마 1세가 건립하고 1832년 라마 3세가 거대한 와불상을 이곳에 봉안했다.

처에서 새로 일으킨 왕조였다. 통구의 침략은 타이족의 분노를 샀고, 마침내 1593년에 일어난 농 사라이Non Sarai 전쟁에서 타이족이 버마의 땅 상당부분을 초토화시키는 결과를 낳았다. 그 후로도 일진일퇴의 상황이 여러 차례 오간 뒤 1767년 버마인이 마침내 아유타야를 함락시킨다. 국왕이 행방불명되었고 왕조는 멸망하고 만다. 아유타야의 비참한 몰락은 역설적으로 타이의 통일이라는 결과를 빚었다. 타이어를 쓰는 민족의 왕국인 란나, 란상이 모두 아유타야의 뒤를 이은 차크리 왕조의 휘하로 편입된 것이다.

차크리는 타이의 현재 왕조다. 1946년에 즉위한 타이 국왕 푸미폰 아둔야뎃은 차크리의 9대 왕이며, 그의 칭호는 라마 9세이다.

　함락된 아유타야의 잔존세력을 규합하여 타이를 버마군의 손에서 구해낸 사람은 톤부리 왕조의 초대 왕 피아 탁신이었다. 제2의 우통이라 불린 피아 탁신의 카리스마는 이방인이라는 그의 혈통마저 상쇄해 버릴 정도로 강력했다. 그는 중국인 아버지와 타이족 어머니 사이에서 태어난 혼혈아로 어린 시절 귀족가문에 입양되었다. 버마군이 아유타야를 함락시킨 운명의 순간에 그는 총독으로 딱Tak 지방에 부임해 있었다. 그 자신도 마음에 들어 했다는 '탁신'이라는 이름은 이 지역 명칭에서 유래했다. 수도를 방콕으로 옮긴 탁신은 효율적이고 관대한 방식으로 나라를 다스렸다. 그는 자신이 개창한 시암족의 톤부리 왕조가 아유타야의 전통을 되찾을 것이라 공언했다. 하지만 실상은 달랐다. 인도인·페르시아인·시암족·말레이인·중국인 등 혈통을 가리지 않고 인재를 기용했기 때문에 그의 궁정에는 다분히 범세계적인 기류가 감돌았다. 탁신은 전쟁에서만큼은 둘째가라면 서러울 정도였다. 전장에서는 놀라운 성공을 거둔 영웅이었지만 집권 말기에 선보인 개인적인 괴벽은 그의 치세를 비극으로 마감하게 만들었다. 1779년 궁정의 분위기는 불길했다. 프랑스 선교사들은 그가 종교활동에 비정상적으로 몰두한다는 보고를 본국에 보내기도 했다. "그는 하늘을 날기 위해 기도와 금식, 명상을 하며 시간을 보냈다"고 한다. 기행을 일삼는 탁신이 서구인의 눈에 동남아시아의 괴짜로 보인 것은 당연한 일이었다. 탁신은 자신을 불교의 성자, 붓다의 화신이라 주장하는 것으로 국왕의 권위를 확립하고자 했다. 이에 반발하는 수도승들은 태형에 처해지고 강제로 중노동을 해야 했다. 독선적인 행보로 불교승려, 타이의 뿌리

9-23   방콕 왕궁의 와트 프라깨오Wat Phra Kaew 사원. '에메랄드 붓다 사원'으로도 알려져 있다. 크메르 문화의 영향을 받았다.

9-24   방콕의 왕실건축물. 크메르 문화의 영향이 더 확실히 드러나는 양식으로 건축되었다.

깊은 가문, 왕실의 관료, 중국 상인 등 모든 집권세력과 등을 지게 된 탁신은 결국 1782년 폐위되고 만다. 그는 벨벳 주머니에 싸인 채 맞아 죽었다고 한다. 왕의 신체에 직접적으로 폭력을 가할 수 없다는 법 때문에 천으로 그의 몸을 감싼 것이다.

탁신 휘하의 장수 피아 차크리가 탁신의 뒤를 이어 왕위를 승계하기로 합의했다. 라마 1세로 재임기간이 끝날 무렵에는 속국들마저 버마와 베트남으로부터 그들을 보호할 수 있는 시암족에 속한 것에 만족스러워했다. 말레이시아 북부의 케다 왕조 술탄의 영토였던 피낭 Pinang(페낭Penang이라고도 함)이 영국에 이양되었다는 소식이 방콕에 전해졌다. 차크리 왕조의 통치자들은 수평선 너머의 위험한 적들의 행보에 촉각을 곤두세우기 시작했다. 그들은 현대화만이 시암(타이의 옛 이름) 제국의 독립을 지키는 유일한 수단이라는 사실을 잘 알고 있었다. 1851년 라마 3세가 그 어느 때보다 강대해진 제국을 후대에 물려주었을 때도, 그는 제국의 앞날에 대한 걱정부터 내비쳤다. 그는 임종의 자리에서 후대의 왕에게 "베트남과 버마와의 전쟁은 더 이상 없을 것이다. 우리는 앞으로 오직 서양의 적들과 전쟁을 벌이게 될 것이다. 조심하고 그들에게 어떠한 기회도 빼앗겨서는 안 된다"고 했다.

죽음의 문턱에 들어선 라마 3세는 1차 아편 전쟁(1840~1842년)에서 중국을 상대로 영국이 승리를 거둔 것이, 국제질서 재편의 신호탄이라는 사실을 예감했다. 그의 형제인 몽꿋이 그의 뒤를 이어 왕위에 올랐다. 그가 바로 타이족이 존경해 마지않는 왕 라마 4세이다.

19세기 후반 국제정세의 소용돌이 속에서 그가 탁월한 외교술로 타이의 독립을 유지한 것은 역사에 길이 남을 놀라운 업적이다. 어수선한 시절이었다. 버마와 말레이 반도는 영국의 세력권으로 빨려들어가고 있었고 베트남과 캄보디아도 점점 거세지는 프랑스의 영향력 때문에 고심하고 있었다. 무력의 열세를 절감한 라마 4세는 쇄국정책을 포기하고 서둘러 서구세력을 받아들였다. 자발적으로 영국과 체결한 1855년 협약, 그리고 1년 뒤에 프랑스와 맺은 협약으로 시암 제국은 합법적 독립국의 지위를 유지할 수 있게 되었다. 비록 인도에 수출권과 관세 면제권을 내주는 것도 모자라 아편까지 바쳐야 했지만 말이다. 라마 4세의 아들 라마 5세(출라롱콘 왕)는 영국의 세력으로 프랑스를 견제하는 전략을 이어갔다. 식민지 영토를 조금이라도 더 확보하고자 하는 서구열강의 무언의 탐욕이 차크리의 영리한 전략에 바람잡이 역할을 톡톡히 했다.

라마 5세는 라마 4세의 유지를 받들어 시암 사회와 정부의 근대화에 열과 성을 다했다. 라마 4세(몽꿋 왕)는 유럽인, 특히 그 중에서도 합리적인 사람들이었던 선교사들과 친밀한 관계를 형성했다. 이런 왕래 속에서 접하게 된 해외서적들을 통해 그는 기초적인 영어를 습득하게 된다. 그는 증기기술부터 천문학·수학에 이르기까지 다양한 분야에 관심을 가졌다. 왕족의 교육을 위해 영국에서 초빙한 궁정 가정교사 안나 레오노윈의 살뜰한 보살핌 덕도 있었다. 왕자가 장성한 뒤인 1873년 왕위를 넘겨주려 했던 라마 4세는 갑작스런 병환으로 세상을 떠나고 만다. 1868년 일식을 구경하기 위해 말레이 반도를 방문했을 때 말라리아에 감염된 것이다. 왕의 외유에 동행했던 왕자도 위독했다. 방콕으로 돌아온 지 얼마 지나지 않아 앓고 있는 15세의 후계자를 남겨두고 라마 4세는 세상을 떠난다. 여담이지만 안나 레오노윈이 출간한 자서전을 토대로 제작된 영화가 바로 율 부리너, 데보라 카 주연의 〈왕과 나 The King and I〉이다.

건강을 회복하고 왕위에 오른 라마 5세는 진보적인 가치관을 드러내는 일련의 개혁조치를 단행했다. 그는 정의를 바로 세워 부패를 척결하고, 지출을 억제하기 위한 왕실 법령을 반포한다. 이 법령은 군사력 강화·통신수단의 발전·노예문제의 해결 등도 목표로 하고 있었다. 라마 5세는 1905년에 부채상환을 위해 노예제도를 폐지시키기도 했다. 그 자신이 전제군주였음에도 불구하고 봉건주의의 마지막 잔재를 도려내는 데 앞장선 것이다. 이 현명한 부자의 통치로 타이는 독립을 유지했을 뿐만 아니라, 1932년에는 그 누구의 피도 흘리지 않고 입헌군주제 국가로 전환했다. 비록 독립 유지의 대가로 영국과 프랑스에 영토를 내어줘야 했지만, 최선의 선택이었다.

3부
현대 아시아

10장

현대 서아시아

여기 아랍인은 나를 믿는다.
앨런비와 클레이튼도 나를 믿고,
경호원은 나를 위해 목숨을 바친다.
그리고 난 생각한다. 모든 명성은
거짓 위에 쌓은 탑일 뿐이라고.
나의 명성이 그렇듯이.

— 아라비아의 로렌스

오스만투르크 제국의 멸망

오스만투르크 제국의 존립 자체가 위협을 받게 된 건 현대 초기의 서아시아 정세와 밀접한 관련이 있다. 1차 세계대전에 독일과 오스트리아-헝가리의 동맹군으로 참여한 것이 화근이었다. 이 성급한 결정 덕에 처음에는 제국이 옛 영광을 되찾는 듯했으나, 결국 쓰라린 패배와 제국의 분열이 오스만투르크의 몰락을 재촉했다. 그 후에 등장한 것이 현재의 터키 공화국이다. 이 최악의 상황으로 터키의 개혁가이자 초대 대통령 무스타파 케말[1]이 전면에 등장하게 되었다. 무스타파 케말은 아타튀르크Ataturk, 즉 '투르크의 아버지'라 불리는 터키 공화국의 정신적 지주였다. 1915년 당시 대령이었던 그는 갈리폴리 반도에서 19사단을 지휘하여, 영국 연합군의 갈리폴리 반도 상륙작전을 저지했다.

1798년 프랑스가 이집트를 침략했다는 소식을 들은 오스만투르크의 29대 술탄 셀림 3세는 생사의 기로에 선 제국을 지켜내기 위해서는 특단의 조치가 필요하다는 사실을 절감한다. 이후 나폴레옹이 이집트를 떠나 프랑스로 도망치고, 그의 군대는 영국과 오스만투르크의 군대에 포위되었다. 이 혼란을 틈타 오스만투르크의 이집트 총독이었던 무함마드 알리가 1805년 이집트의 지도자로 등극한다. 알바니아 출신인 이 오스만투르크의 장교는 풍요로운 이집트 땅에 미치던 이스탄불의 영향력을 효과적으로 제거했다. 이집트는 1914년부터 영국 보호령이 되어 영국 중동군의 주요 거점이 되었으나 1922년 왕국으로 독립

---

[1] Mustafa Kemal Atatürk(1881~1938): 터키의 육군 장교이자 혁명가. 1922년 터키 공화국을 창시하고 1923년 초대 대통령에 취임하여 본격적으로 개혁정책을 실시했다. 케말 파샤라고도 불린다.

10-1 개혁군주를 자청했던 셀림 3세의 궁

을 쟁취한다. 독립을 꿈꾼 건 비단 이집트만이 아니었다. 발칸 반도에서 오스만투르크는 다루기 힘든 여러 민족들을 상대해야만 했다. 대부분 기독교인이었던 이곳의 주민들은 혼란스러운 세계 정세를 빌미로, 숨겨왔던 민족주의적 포부를 드러내기 시작했고, 러시아가 이를 부추겼다. 오스만투르크는 엄청난 영토를 잃고 만다. 1860년 이전에는 오스만투르크 인구의 상당부분이 발칸 반도에 거주했지만 45년이 흐른 뒤에는 유럽 땅에 거주하는 백성이 전체 인구의 20퍼센트에 지나지 않았다.

셀림은 새로운 원칙을 세워 조국을 재건하고자 했다. 개혁은 선택이 아닌 필수였다. 분열 직전의 나라를 하나로 통합해야 했고, 군대의 현대화와 서구화된 외교가 절실한 시점이었다. 1793년부터 그는 런던을 비롯한 세계적인 도시에 영구적인 대사관을 설치하기 시작했다. 오늘날의 이란에 해당하는 페르시아와 더불어 오스만투르크의 쇠망의 역사는 러시아의 영토확장과 깊은 관련이 있다. 1829년에 러시아인은 이미 이스탄불 반경 65km까지 밀고 들어왔다. 하지만 오스만투르크의 분열은 러시아에도 타격을 입힐 수 있는 상황이라는 인식 때문에, 러시아인은 이스탄불까지 손을 뻗지는 않았다. 그러나 코카서스의 경우는 상황이 달랐다. 무서운 기세로 남하한 러시아군은 코카서스 지역을 손에 넣었고, 서아시아 무슬림세력의 국경은 남쪽으로 밀려나게 되었다. 수많은 이슬람교도들이 코카서스 지역을 떠나야 했고, 1870년에 이르러 이 땅은 기독교인들의 차지가 되었다.

니자미 자디드Nizam-i-Jedid(새로운 체제) 운동으로 대변되는 셀림의 개혁정책은 실패로 끝났다. 봉건제도 타파를 지지하는 사람보다 반대하는 사람들의 입김이 훨씬 강력했기 때문이다. 하지만 셀림의 뒤를 이은 술탄 마모트 2세는 이에 개의치 않고 새로운 체제구축을 위한 니자미 자디드 운동을 이어갔다. 마모트는 이 운동에 반기를 드는 대표적 세력인 예니체리Janissry(노예병사)들과 지방 토후가문과 맞서기 시작했다. 그는 예니체리들을 "부조리를 퍼뜨리고 반란을 선동하기 위해 스파이들이 침투해 있는, 무질서한 조직"이라 표현하기도 했다. 1826년 이스탄불에 주둔하고 있던 예니체리들이 반란을 일으키기도 했다. 마모트의 군대에 진압된 이 반란군은 모조리 사형에 처해졌고, 다른

10-2　　이스탄불의 토프카프 궁전 내부. 토프카프 궁전은 1465~1853년
　　　　오스만투르크의 술탄이 살던 곳

도시에 주둔하고 있던 예니체리 부대도 술탄의 군대로 흡수되었다. 이 강렬했던 진압 이후로 마모트는 지방 토후들에게 권위를 인정받을 수 있었다. 때로는 무력을 사용할 필요가 없을 정도였다. 이 시기에 오스만투르크는 새로운 군대도 효율적인 관료제도도 완성하지 못했다. 하지만 미래의 발전을 위한 포석은 놓아진 상황이었다.

진보는 환상에 불과했다. 오스만투르크는 세금을 늘려 군대와 관료제도 개선을 위한 재원을 마련하려고 했다. 하지만 그 액수가 너무

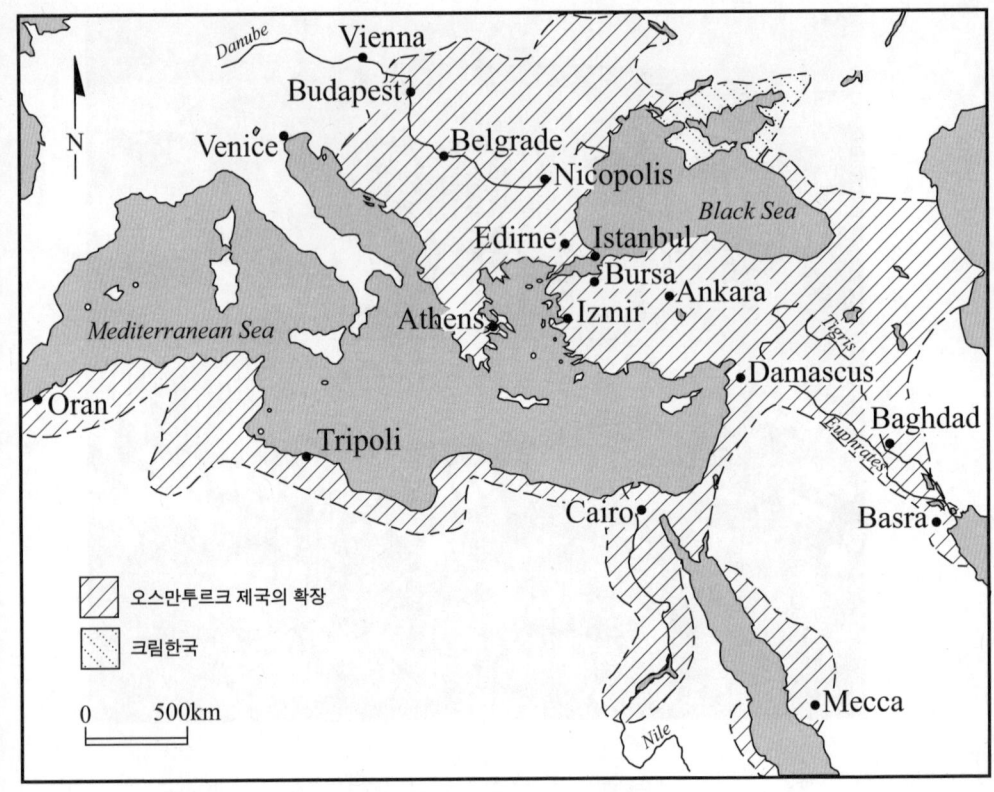

지도 11   오스만투르크 제국

Ankara 앙카라	Edirne 에디르네	Black Sea 흑해
Athens 아테네	Istanbul 이스탄불	Danube 다뉴브 강
Baghdad 바그다드	Izmir 이즈미르	Euphrates 유프라테스 강
Basra 바스라	Mecca 메카	Mediterranean Sea 지중해
Belgrade 벨그레이드	Nicopolis 니코폴리스	Nile 나일 강
Budapest 부다페스트	Oran 오란	Tigris 티그리스 강
Bursa 부르사	Tripoli 트리폴리	
Cairo 카이로	Venice 베네치아	
Damascus 다마스쿠스	Vienna 빈	

엄청나서 결국은 유럽의 국가들에게 돈을 빌려야 한다는 결론에 도달했을 뿐이다. 1912~1913년 2회에 걸쳐 발칸 반도에서 일어난 발칸 전쟁으로 유럽 영토를 상당부분 잃기 전에도 오스만투르크는 유럽 각국에 엄청난 액수의 채무를 지고 있었다. 이제 유럽에 남은 오스만투르크의 영토라고는 에디르네와 이스탄불 사이의 해안평야지대가 전부였다. 16세기에 빈까지 뻗어나갔던 오스만투르크의 영토는 이제 수도에서 기차를 타고 몇 시간만 이동하면 국경에 도달할 수 있을 정도로 쪼그라들었다. 러시아의 꼬임에 넘어가 독립의 시기를 고르고 있는 아르메니아만 보아도 알 수 있는 서아시아 지역의 이탈 조짐도 제국을 압박했다. 사실 오스만투르크와 러시아의 압력으로 자극을 받은 아르메니아인이 독립의 움직임을 보이고 있는 제국의 서아시아 지방에서 붕괴의 조짐이 차츰 나타나고 있었다. 오스만투르크는 점령지 민족에 관대한 처우를 했기 때문에 각 지역과 제국의 관계는 상당히 평화로웠다. 20세기에 아르메니아인이 600,000명이나 대량 학살되기 전까지 말이다. 동아나톨리아 지역으로 추방당한 아르메니아인을 보호하기 위한 명령까지 내렸지만, 서쪽으로 전진하는 투르크족의 피의 광란을 막을 수는 없었다. 오스만투르크가 빼앗긴 발칸 지역에서 추방된 무슬림들은 특히나 이 불운한 추방자들에게 그간의 분노와 좌절을 표출하는 데 망설임이 없었다.

    이슬람교도가 아닌 사람은 법적으로 여전히 이슬람교도보다 열등한 신분이었지만, 정부의 일이나 군대에서 기독교인들이 고용되는 것을 심심치 않게 볼 수 있었다. 이는 상당한 변화였다. 하지만 청년 투르크당이 일률적인 징병제를 도입했을 때 많은 기독교인이 이에 반발해 미국으로 떠났다. 하급군인과 하급관료들로 구성된 청년 투르크당Young Turks이 1908년 권력을 잡고 이듬해 술탄을 제위에서 물러나게 했다. 계획적이라기보다는 즉흥적으로 발생한 이 쿠데타는 터키의 정치판도를 영원히 바꾸어버렸다. 경제적 측면에서만 보자면 오스만투르크 제국의 최대 수혜자인 군인들이 왜 술탄에게 등을 돌렸는지는 여전한 수수께끼로 남아 있다. 이러한 일련의 사건들이 벌어지고 있던 시기는 갈리폴리 반도에서 대령으로 복무할 것을 제의받기 전까지 아무런 일도 하고 있지 않았던 무스타파 케말에게는 상당히 고통스러운 시간이었다. 오스만투르크가 서구열강에 무릎을 꿇게 되어 이스탄불에서 동맹군의 진군을 저지한 영광스런 기억마저 빛이 바래는 듯했다. 무스타파 케말은 독일이 자국의 야심을 위해서 오스만투르크의 군사들을 이용하는 것이 달갑지 않았다. 이 때문에 오스만투르크가 1차 세계대전의 패전국이 될 것이라는 사실이 점점 명확해지고 있었다.

오스만투르크의 국력이 쇠한 탓에 승전국들은 이제 무엇이든 자신들의 뜻대로 할 수 있을 것이라는 착각에 빠졌다. 위험천만한 생각이었다. 저 멀리에 있는 서아시아 국가들을 서구열강에 넘겨주는 것과, 그리스가 소아시아 땅에 대해 왈가왈부하도록 내버려두는 건 완전히 다른 일이라는 것을 그들은 몰랐던 것이다. 영국·미국·프랑스 전함들의 비호를 받은 그리스 군대가 이즈미르Izmir를 출발했고 이에 항거하고자 하는 터키인들이 하나로 뭉치기 시작했다. 그들은 내륙 깊숙한 곳에 있는 앙카라Ankara를 본거지로 삼아 세력을 규합했다. 이곳에서 무스타파 케말은 그리스 군대의 공격을 저지할 범국가적 규모의 반대세력을 모은다. 샤카리아Sakarya에서 그리스 군대를 격퇴한 것은 무스타파 케말 정치인생의 변곡점이었다. 양측의 사상자 수는 얼추 비슷했지만, 더 큰 타격을 입은 건 그리스 군대였다. 그리스 군대

10-3　　　　　　이스탄불에 있는 오스만 궁전 출입구의 서예 장식.
　　　　　　　　이런 장식적인 서체는 이슬람 문명이 남긴 인류의 유산이다.

는 에게 해로 퇴각했고, 1922년 소아시아 일대가 다시 터키 군대의 손으로 들어왔다. 1922년 종전 후 이 둘은 포로교환이라는 야만적이지만 효율적인 방법으로 평화를 얻어냈다. 무스타파 케말은 터키 국민에게 "우리 군의 성공이 진정한 국가의 구원을 얻어냈다는 의미는 아닙니다"라고 했다. "새로운 과학적·경제적 방식의 승리"를 요구하는 취지에서 한 발언이다. 이스탄불에 재건된 술탄의 정부 대신 자신이 앙카라에 수립한 임시정부를 공식정부로 인정해달라는 무스타파 케말의 요구를 서구열강은 거절한다. 이에 좌절할 리 없는 터키 건국의 아버지는 술탄 제도와 칼리프 제도를 잇달아 폐기하는 대담한 결정을 내린다. 이 결정으로 터키 공화국은 오랜 세월 국교였던 이슬람교를 떠난 세속 국가로 다시 태어났다. 미국 대사가 들었다는 말처럼 "터키는 이제 서구의 열강으로 거듭난 것"이다.

양차 세계대전의 시기

이라크가 영국의 식민통치 기간에 모술Mosul(이라크 제2의 도시)을 빼앗기자 서아시아의 권력관계와 정치에 대한 아타튀르크의 확신은 더욱 굳어졌다. 아랍 세계에는 전혀 반감이 없었지만, 아랍이 프랑스와 독일에게 자주권을 빼앗겼단 사실 때문에 그는 아랍에 등을 돌렸다. 당시 영국은 이미 이라크·팔레스타인·요르단·아덴 만 일대와 페르시아 만 일대를 지배하고 있었으며, 프랑스는 시리아와 레바논을 지배하고 있었다. 유럽의 마수로부터 안전한 지역은 아라비아가 유일했다. 이 지역에 살고 있던 베두인족은 아랍 군주의 통치를 고깝게 여기지 않았을뿐더러, 아랍 군주의 패권을 인정하기까지 했다. 그런 베두인족이 갑작스럽게 변심을 한다. 오스만투르크의 영향권에서 벗어나기로 결심한 것이다. 실제로 베두인족이 오스만투르크의 직접적인 지배를 받은 일은 단 한 차례도 없었지만 말이다. 독립을 위해 베두인족은 1916년 영국의 팔레스타인과 시리아 공격을 지원한다. 베두인족인 후세인의 아들 파이살 왕자가 30,000명의 병사를 이끌고 메디나를 공격한 일도 있었다. 이들 중 6,000명의 병사들만이 무장을 한 상태였다고 한다. 이렇듯 용맹한 파이살 왕자도 시커먼 속셈을 지닌 영국과 프랑스의 야망을 꺾을 전략을 찾는 데는 상당한 어려움을 겪었다. '아라비아의 로렌스'로 알려진 토머스 로렌스[2]가 영국 육군 정보부의 연락책으로 아라비아 땅을 밟기 전까지 말이다. 아랍인과 뜻을 같이한 로렌스는 파이살 왕자의 부대와 함께 2개월간의 행군을 한 끝에 홍해 북쪽 끝에 있는 아카바Aqaba를 장악한다. 해군원정을 해야 하는 연합군의 수고를 덜어준 로렌스에 깊은 감명을 받은 영국 총사령관 에드먼드 앨런비는 로렌스에게 무기 지원을 약속한다. 아카바를 작전기지로 삼아 앨런비 장군과 파이살 왕자의 연합부대는 다마스쿠스 점령을 위한 합동작전에 돌입한다. 아랍군은 이제 영국-베두인족 연합군과의 대면을 피할 수 없게 된 것이다. 아랍군과 영국군은 시나이 사막만을 사이에 두고 대치했고 다마스쿠스는 영국-베두인족 연합군의 손에 함락된다.

다마스쿠스에 입성한 앨런비 장군은 베두인족의 지도자 파이살 왕자를 아랍 세력의 맹주로 추대한다. 파이살의 명성, 매력, 그리고 재능 덕에 다른 부족 지도자들을 규합할 수 있었다고 한 로렌스의 언급도 그의 결정에 영향을 미쳤을 것이다. 런던의 허가가 떨어지자마자 앨런비 장군은 1918년 9월 파이살 왕자의 사람들을 다마스쿠스로 불러들여 아랍 행정부를 꾸몄다. 하지만 이는 베두인족의 일시적인 승리에 불과했다. 프랑스와 영국이 이미 자기들끼리 오스만투르크의 영토를 분할하기로 합의를 마친 뒤였던 것이다. 베두인족을 진정으로 사랑

---

2   Thomas Edward Lawrence(1888~1935): 메소포타미아의 유적발굴에 종사하고 1차 세계대전 중 육군 정보장교로 카이로에 파견되어 활약했다. 윈스턴 처칠의 아랍문제 고문으로서 아라비아의 독립에 힘을 기울였다.

했던 로렌스는 이런 책략을 사전에 알려주지 않은 것에 대해 거세게 항의했지만 소용없었다. 베두인족 사이에서 영국을 위해 자신들을 이용한 배신자로 낙인찍힌 로렌스의 신용은 땅에 떨어졌고, 더 이상 앨런비 장군과 파이살 왕자의 연락책 역할을 할 수 없었던 그는 다음 달 고국으로 귀환했다.

사막의 전사들이 품었던 바람은 사실 영국인을 걱정시킬 만한 것이 아니었다. 영국과 프랑스를 고심하게 한 것은 수 세기 동안 아라비아를 지배해온 오스만투르크의 몰락 이후 초래될 정치적 진공상태였다. 정치적 공백을 메우고 안정을 도모하기 위해 영국은 1917년 유대인이 팔레스타인에 자신들의 국가를 세우는 것을 지지한다는 벨푸어 선언을 발표한다. 북아메리카와 유럽에서 점점 득세하고 있는 시오니즘적 발상을 현실화하는 것으로 미국의 비위를 맞춰 영국의 영향력을 증대하고자 하는 불순한 의도였다. 이 선언으로 양차 세계대전 사이에 수많은 유대인이 팔레스타인으로 이주했고, 이는 1948년 이스라엘의 건국으로 이어진다.

성난 아라비아의 민심을 달래기 위해 요르단 강 동쪽지역에는 트란스요르단이 건국되었다.[3] 트란스요르단은 현재 하시미테 왕조가 다스리는 요르단 왕국의 옛 명칭이다. 트란스요르단 전체 인구의 절반은 유목민이고 반은 정착민이었다. 이 입헌군주국은 서아시아에 새로운 정치적 국면을 창출해냈다. 팔레스타인 지역의 영토 일부가 합병되고 피난민들이 이곳으로 유입되었는데도, 1949년 요르단의 인구는 여

---

[3] 1차 세계대전 후 오스만투르크의 구영토가 국제연맹의 위임통치령이 되었을 때 요르단 강의 동쪽지역은 영국이 통치하는 트란스요르단이 되었다. 영국은 중동지역을 지배하던 하심 왕국(1096~1700년)의 압둘라 이븐 후세인 Abdullah ibn-Husein(1882~1951)을 국왕으로 삼고 1923년 5월 트란스요르단을 위임통치 하의 입헌군주국으로 인정했다.

전히 130만 명에 지나지 않았다. 유대인의 이민으로 이곳 웨스트뱅크 West Bank에 초래된 비극을 생각해보면 요르단이 영국과 이토록 오랜 기간 동맹을 유지한 것은 놀라울 따름이다. 요르단은 1988년까지도 옛 팔레스타인의 영토였던 요르단 강 서쪽의 웨스트뱅크 지역에 대한 소유권을 주장했다.

영국의 제국주의는 2차 세계대전 종전과 함께 역사의 뒤안길로 사라졌다. 몇몇 근시안적인 유럽인들이 오스만투르크를 축출한 것을 "마지막 십자군원정"이라고 떠들어대기도 했다. 하지만 이것은 그보다 훨씬 더 의미심장한 불행의 서막을 알리는 사건이었다. 이 전쟁에서 아랍인은 그들의 정당한 열망을 기독교인이 냉소적인 태도로 외면했다는 인상을 받았다. 유대인과 아랍인은 1937년부터 공공연하게 전쟁을 벌이기 시작했고, 그로 인해 11년 후 영국은 팔레스타인에 대한 영향력을 완전히 상실하게 된다.

자신들이 선호하는 왕족을 옹립할 수 있는 입장이 된 아라비아 민족들 사이에서도 불간섭주의 원칙이 자리 잡기 시작했다. 압둘 아지즈 이븐 사우드가 사우디아라비아의 새로운 지배자로 부상했다. 이탈리아와 영국의 개입이 없었더라면 그는 1934년 예멘 정복에 성공했을 것이다. 1940년대 말까지 사우디아라비아의 경제에는 획기적인 변화가 있었다. 왕국의 명칭이 상징하듯 엄청난 원유 매장량을 자랑하는 이 '기름 왕국'의 천연자원을 탐내는 나라는 한둘이 아니었다. 결국 어마어마한 양의 석유를 빼앗긴 사우디 왕은 유럽인에 대한 씻을 수 없는 혐오감을 갖게 되었다.

파이살 왕자를 시리아 왕으로 만들려는 영국의 시도는 실패했다. 영국의 군대는 시리아에서 철수했고, 프랑스와 아랍 세력이 그 자리를 대신했다. 프랑스는 이 자리를 기꺼이 받아들였지만 권력을 아랍 세력과 나눌 생각은 애초부터 갖고 있지 않았다. 아랍 세력을 바로 세우는 데 처음부터 미온적인 태도를 보인 시리아는 파이살 왕자의 행보에 힘을 보태길 원치 않았다. 그들은 꺼림칙하긴 했지만 차라리 프랑스의 집권을 받아들이고자 했다. 다마스쿠스에 도착한 파이살 왕자는 시리아의 지원을 얻을 수도 없을 뿐만 아니라, 통솔이 되지 않는 아랍 비정규군이 해안에서 프랑스를 공격하는 것도 막을 수 없다는 사실을 깨닫는다. 손발이 모두 묶여버린 이 베두인족 영웅은 결국 1920년 7월 조약을 받아들인다. 이후 다마스쿠스를 점령한 프랑스는 신생 시리아 아랍 왕조를 없애버렸다. 프랑스는 영국이 이라크에게 했던 것과 같은 방식으로 시리아를 손에 넣으려 하지 않았다. 하나의 아랍 정부에 권한을 위임하고 조약으로 자신들의 이익을 보호하려는 시도를 전혀 하지 않았다는 말이다. 역으로 프랑스는 모로코 모델을 시리아에 도입했다. 지방의 세도가들과 제휴하고 전통 관습과 기관에 존경을 표하는 방식 말이다. 이런 간접적인 통치방식이 가능했던 건 15,000명의 프랑스 정규군과 아프리카 식민지부대가 있었기 때문이다.

    영국은 이라크의 독립을 원했다. 이는 순전히 재정적인 이유 때문이었다. 1차 세계대전의 여파로 영국은 제국주의 국가의 형태를 유지할 여력이 없었다. 돈 잡아먹는 기계나 다름없는 속국 영토는 더군다나 엄두가 나지 않는 골치덩이었다. 심지어 제국주의를 열렬히 지지해오던 『타임스 The Times』에 다음과 같은 글이 실릴 정도였다. "떠날 수 있을 때 우리의 메소포타미아를 떠나야 한다. 지금이 바로 그때다." 윈스턴 처칠도 역시 이에 동의했다. 처칠은 "인도로 이어지는 항공노선이기에 전략적으로 중요하다는 사실은 차치하

10-4 1917년 열병식. 뒤편에 '아라비아의 로렌스'로 알려진 토머스 로렌스가 아랍 복장으로 서 있다.

고, (중략) 석유 매립지의 군사적 가치에도 불구하고, 참모본부에서는 (중략) 대영 제국의 안위에 관련된 전략적인 이유로 (중략) 메소포타미아 지역에 대한 종주권을 유지하는 것이 중요한 당면과제라고 생각한다"고 했다. 처칠은 1921년에 열린 카이로 회담에서 토머스 로렌스의 조언을 경청했다. 그리고 그는 프랑스의 심기를 건드리면서까지 파이살 왕자의 손에 이라크 왕위를 쥐어주었다. 비록 뒤에서는 아랍 대표단을 "파이살과 40인의 도둑"이라는 말로 비하했지만 말이다.

이 과정에서 영국은 오스만투르크의 현명한 선택을 뒤엎는 실수를 저지른다. 물과 기름처럼 서로 섞일 수 없는 쿠르드족과 시아파, 수니파 간의 영토분할을 무시하고, 이라크인이 아닌 왕이 통일하는 왕조의 성립을 선언한 것이다. 처칠과 로렌스는 쿠르드족을 이 통일왕조의 일원으로 만드는 데 처음부터 반대하고, 쿠르디스탄(쿠르드족이 압도적으로 많은 산악지역)에 나라를 세워 아랍·이라크·터키 사이의 완충지대를 만들자고 제안했다. 하지만 석유가 풍부한 이 지역이 새로 건국된 이라크 경제에 필수불가결하다고 판단한 카이로 회담의 다른 대표들이 이에 반대했다. 탁상공론이 낳은 오판의 대가는 온전히 쿠르드족의 몫이었다. 쿠르드족의 슬픈 역사는 처칠과 로렌스의 우려가 괜한 일이 아니었다는 점을 넘치도록 입증했다.

하지만 우여곡절 끝에 생겨난 이라크는 처칠에게 도박하기에 안성맞춤인 땅이었다. 그는 회담 개최로부터 2년이 흐른 뒤 이렇게 말했다고 한다.

> 군대가 떠난 후 우리의 고충과 비용지출은 매달 눈에 띄게 줄어든 반면, 영향력은 점점 더 강해지고 있다.

하지만 파이살 왕의 인기는 급격한 하락세를 보였다. 그가 세상을 떠나기 직전인 1939년에는 이라크가 과연 하나의 국가로 존립할 수 있는지 여부 자체에 의구심이 들 지경이었다. 파이살 왕의 지지자들 대부분은 이라크에 기반을 둔 옛 오스만투르크 제국의 장교들이었다. 그들은 자신들이 손에 넣은 행운이 다마스쿠스에 입성한 영웅 파이살의 덕이라 생각했다. 상대적으로 지위가 낮은 계층 출신이어서인지, 이라크 북부 출신 수니파였던 이들은 관직을 통한 출세에 관심이 많았다. 남쪽에 집중되어 있었던 시아파 무슬림은 형편없긴 해도 구색을 갖춘 내각을 구성했다. 반면 쿠르드족과 다른 소수민족들은 이렇게 할 엄두조차 내지 못하고 있었다. 파이살 왕의 나라는 언제라도 깨질 준비가 되어 있는 위태로운 조합 같기만 했다. 그가 왕좌에 앉은 1921년부터 그의 손자가 유혈사태를 일으키며 국가 전복에 나서는 1958년까지 이 신생왕국에는 무려 57개의 붓다가 존재했다고 한다.

하지만 영국은 파이살 왕조 이라크가 1932년 명실상부한 주권국으로 자리매김했다고 보았다. 해결의 실마리가 전혀 보이지 않던 팔레스타인과 비교하자면 그렇기도 했다. 골치가 아파진 영국은 이곳을 혼란 속에 방치해버렸고, 유대인과 아랍인 모두의 증오를 샀다. 이런 영국의 조치에 대한 비난여론이 전 세계적으로 들끓었다. 근원적인 문제는 팔레스타인에 정착한 유대인과 팔레스타인 원주민 간의 관계였다. 히틀러가 독일에서 반유대주의정책을 펴는 바람에 이 지역의 유대인 정착민 수가 급수적으로 증가했다. 이런 상황에서 1939년「백서」[4]가 유대인의 이민 가능 상한선을 5년간 75,000명으로 정해버리면서 긴장감이 고조되었다. 하지만「백서」에 따른다 해도 유대인은 이민을 할 수 없을 뿐 자유롭게 땅을 살 수는 있었다. 이 때문에 아랍인 또한 분을 가라앉히지 못했다. 바로 이 시점에 유대인이 2차 세계대전 당

---

[4] white papper: 성 제임스 궁 회담에서 영국이 제안한 2민족 국가를 아랍인과 유대인 모두가 거부하자, 영국이 내놓은 절충안이다. 앞으로 5년 동안 팔레스타인으로의 유대인 이주는 75,000명으로 제한하며, 5년 이후에는 아랍인이 원하지 않는다면 유대인의 추가 이민은 허용되지 않는다는 내용이 들어 있다.

시 멈추었던 무력사용을 재개했다. 활활 타오르는 불길에 기름을 끼얹은 것이다. 영국이 독일과 혈전을 벌이고 있는 사이 유대인은 '싸우는 시온주의'를 표방한 이스라엘의 초대 대통령 다비드 벤구리온의 말을 신봉했다. 극악무도했던 홀로코스트에 대한 기억 때문에 영국이 누릴 수 있는 운신의 폭은 좁았다. 전쟁의 참화에서 회복하기 위해서는 한시바삐 미국에서 돈을 빌려야 했다. 시온주의자들의 기분을 상하게 할 수 없는 상황이었던 것이다. 아랍의 호의도 필요했다. 석유공급 문제뿐만 아니라 인도에서 수에즈 운하로 이어지는 해상항로를 확보하기 위해서는 아랍의 도움이 절실했기 때문이다. 진퇴양난은 이럴 때 쓰는 말이다.

한편 이란은 오스만투르크의 몰락에 큰 영향을 받지 않았다. 하지만 러시아에 대항하기 위해 한때 강성했던 이 제국은 영국과 동맹을 맺어야만 했다. 사파비 왕조의 운이 다한 것이다. 카자르 왕조가 들어서기 전에 반란과 내전으로 수많은 사람들이 목숨을 잃었다. 카자르는 18세기 말엽부터 점차 힘을 갖기 시작한다. 이 터키 왕조의 지도자들은 현대화의 물결에 몸을 싣고자 했다. 문제는 경제성장을 진작할 마땅한 경제관련 기관이 턱없이 부족하다는 사실이었다. 이란에는 1888년까지 은행이 없었으며 1차 세계대전 발발 이전의 신용거래 체계도 매우 기초적인 수준에 머물렀다. 시아파의 종교지도자들이 고의적으로 변화를 둔화시켰을 가능성도 있다. 그들은 대금업을 혐오했다. 물론 현대 서아시아의 다른 지역에서도 이들과 대척점에 있는 종파인 수니파 종교지도자들이 대금업에 대한 반감을 드러내긴 했다. 이란의 시아파 종교지도자들은 이 문제에 있어서만큼은 유독 빡빡한 태도를 보였다. 이들의 영향력은 팔레비 왕이 1921년 권력을 찬탈한 이후 급감했다. 팔레비 왕조는 반영감정이 극에 달했을 때 반란을 주도한 카자크 부대의 사령관이었던 레자 칸이 설립한 왕국이다. 그는 처음에 공화국을 세우려 했지만 이에 실패하고 레자 샤 팔레비란 이름으로 왕위에 등극한다. 이란을 누구도 위협할 수 없는 독립국가로 만들고자 했던 그는 근대화에 주력하여 과감하고 체계적인 서구화 작업을 주도한다. 독재자의 천성을 지닌 군주였지만 팔레비는 교육에 힘을 쏟고, 교통시설을 확충했으며, 산업을 발전시키고, 재정이 뒷받침되는 한도 내에서 군사력을 강화했다. 하지만 그는 터키의 아타튀르크와 달리 유럽식 발전을 국가의 기조로 삼지는 않았다.

이스라엘의 설립

1945년 영국을 집권했던 노동당 정부가 탈식민지화 바람에 개입하려 들지 않았더라면 팔레스타인의 상황은 현재보다 훨씬 나았을 것이다. 당시 노동당 당수이자 노동당 단독 내각의 수상 클레멘트 애틀리의 관심은 아시아 속의 영국 제국이라 할 수 있는 버마와 인도로 쏠려 있었다. 팔레스타인을 어니스트 베빈의 손에 맡긴 것이 비극의 시작이었다. 외무장관이라는 중책을 맡았음에도 베빈은 이 머리 아픈 지역에 얽힌 문제들을 제대로 이해하지 못했다. 하물며 전대 정부가 추진하던 복잡한 정책을 제대로 시행할 능력은 아예 없는 자였다. 수상 클레멘트 애틀리는 베빈이 협상에서 쉽게 합의를 도출해낼 수 있을 거라고 생각했을지 모르지만, 베빈은 엄청난 기세로 압박해오는 미국의 공세에 제대로 대처하지 못했다. 당시 미국 대통령이었던 해리 트루먼은 열성적인 시온주의자였다. 그에게는 그럴만한 정치적·개인적 이유가 있었다. 그는 아랍 대사들의 모임에 참석하여 이렇게 말했다고 한다.

저는 시온주의의 실현을 열망하는 수천수백 사람들의 부름에 응해야만 합니다. 애석하게도 수천수백의 아랍인은 제 유권자가 아닙니다.

팔레스타인 지역의 분할을 반대한 애틀리는 소수민족인 유대인에게 정치적·경제적 권리를 보장하는 2민족국가를 수립하자는 제안을 내놓았다. 요르단의 왕 압둘라는 팔레스타인이 자신의 영토에 합병된다는 전제 하에서, 이 제안에 반색했다. 하지만 이는 시온주의자들의 엄청난 반대를 초래했고 대영투쟁을 기치로 삼은 테러가 발생하기 시작했다. 1946년 7월에는 무려 91명의 목숨을 앗아간 '킹 다비드 호텔' 폭발테러가 발생하기도 했다. 이 테러를 진두지휘한 메나헴 베긴[5]의 말에 따르면 유대인이 개발한 '도시 게릴라 전법'의 테러였다. 시온주의자들은 유대인이 그 신성한 혈통을 이어가는 일이 그저 특정 종교를 선택하는 것으로 받아들여지는 것을 견딜 수 없었던 것이다. 그들은 옛 선조들의 땅에 세워진 자신들만의 국가를 원했다. 그 소망 때문에 91명의 영국인·아랍인·유대인의 생명이 하루아침에 먼지가 되고 말았다. 이 폭발을 시작으로 서아시아에서는 끔찍한 테러가 수십 년간

---

5   Menachem Wolfovitch Begin(1913~1992년): 이스라엘의 정치가. 소년시절부터 시오니즘에 참가하고 1942년 이스라엘에서 유대해방 지하단체의 총사령관으로 일했다. 1973년 우익 연합 '리쿠드'를 결성하여 당수가 되었고 1977년에 6대 총리로 취임했다. 미국 카터 대통령의 중재로 이집트와의 화평교섭에 힘쓰고 아랍-이스라엘 충돌을 끝낸 댓가로 1978년 노벨평화상을 수상했으며, 1981년 총리에 재임되었으나 1983년 사임했다.

계속되었다. "눈에는 눈, 이에는 이"라는 고대의 신념이 팔레스타인인을 자극했고 '도시 게릴라'에 '자살폭탄테러'로 맞서는 최악의 상황을 초래했다.

1947년 UN 총회에서 팔레스타인을 아랍인 구역과 유대인 구역으로 나눠 두 개의 독립국을 건립하는 안건이 통과되었다. 예루살렘은 UN의 관리구역이 되었다. 이 분리독립안의 발표 이후, 관련 민족 간의 전면전이 시작되었다. 욕심에 눈이 먼 트랜스요르단 국왕 압둘라는 엄청난 위험을 무릅쓰고 웨스트뱅크를 확보하려 들었다. 웨스트뱅크 지역은 이내 유대인에 대한 복수를 다짐하는 난민들로 가득 찼다. 통치권력의 분열을 막기 위해 이 지역에 다국적군을 파견하려 했던 UN의 시도가 실패하면서, 아랍계 팔레스타인인도 이 지역으로 몰려들었다. 3년 후 트랜스요르단 국왕이 예루살렘에서 개최된 금요기도회에서 살해당하는 일이 벌어졌다. 그는 측근들의 만류에도 불구하고 "나의 날이 올 때까지 누구도 나를 해칠 수 없고 나의 날이 오면 누구도 나를 보호할 수 없다"는 아랍의 속담을 암송하며 사원으로 향했다고 한다.

아랍-이스라엘 전쟁이라고도 불리는 1차 중동 전쟁이 휴전되자, 1948년 예루살렘 서쪽 지구는 이스라엘, 구시가지를 포함하는 동쪽 절반은 요르단의 영토로 통합되었다. 이 합의로 이스라엘은 이전 영토의 80퍼센트 정도만을 보유하게 되었다. 이스라엘의 인구는 800,000명이었는데, 그 중 80퍼센트가 유대인이고 나머지는 아랍인이었다. 1983년까지 이런 인종 비율은 비슷한 수준으로 유지되었다. 지속적인 유대인의 이민으로 유대인의 수가 400만 명에 이르렀지만 말이다. 1950년대에는 새로운 이민자와 원주민들 간의 문화 차이가 문제가 되어, 모로코계 유대인들이 폭동을 일으키기도 했다. 암울한 취업 전망이 주된 원인이었다. 하지만 히브리어가 현대적인 국가 공용어로 사용되기 시작하면서 점차 많은 사람들이 이스라엘에 소속감을 느끼기 시작했다. 이스라엘은 미국의 원조에 힘입어 매해 10퍼센트 정도의 급격한 국가 성장률을 보였고, 어느새 명실상부한 서아시아 최고의 부국으로 자리 잡았다. 경제는 비약적인 발전을 했지만 안보는 위태로웠다. 이스라엘인은 아랍인들로 포위된 국가의 지정학적 위치에 따른 불안에 끊임없이 시달려야 했다. 이 때문에 그들은 자국의 선진기술이 주변국, 특히 불구대천의 원수 이란에 유출되는 상황을 극도로 경계했다. 이스라엘 국경과 맞닿은 땅에 뿌리내린 헤즈볼라Hezbollah(레바논의 시아파 교전단체이자 정당조직)와 하마스Hamas(팔레스타인의 대표적인 무장단체)는 경계대상 1호였다. 팔레스타인 해방기구PLO의 정신을 온전히 계승한 이 공격적인 집단은 미사일까지 보유하고 있었다.

시리아·레바논·요르단

시리아와 레바논에 대한 프랑스의 위임통치를 끝낸 것은 영국이었다. 독일군이 세운 프랑스 괴뢰정권인 비시 정부군이 1941년 이 지역을 침략했고, 이 괴뢰정권을 영국군이 제압한 것이다. 사실 비시 정부가 시리아를 공격한 것은 이웃나라 이라크와 깊은 관련이 있었다. 당시 이라크에는 단 두 개의 영국군 비행장만 남아 있었다. 대영 제국의 영향력은 이제 그림자만 남아 있을 뿐이었다. 게다가 유대인이 대거 팔레스타인 지역으로 이주하면서 이라크의 반영감정은 극에 달한 상황이었다. 이라크는 2차 세계대전이 발발한 이후 조약내용에 따라 영국 편에 섰다. 하지만 이런 공조체제를 유지하기에 서거한 파이살 왕의 네 살짜리 아들이 이끄는 정부는 너무나도 나약했다. 끝내 친영국파인 섭정이 쫓겨나고 영국군 비행장이 공격받는 일이 일어나고 말았으며, 처칠은 히틀러도 놀란 즉각적인 침공명령을 내린다. 새로 들어설 이라크 정권에 전 세계를 공포로 물들이고 있는 악의 축, 독일세력을 환영할 기회를 줄 수 없다는 판단 때문이었다. 프랑스 비시 정부는 독일군이에게 해 남동부에 있는 로도스 섬으로부터 이라크로 물자공급을 할 수 있도록, 시리아 항공노선을 이용해야 한다고 제안한다. 프랑스 비시 정부의 시리아 침공은 돌이킬 수 없는 일이 되고 만 것이다. 독일 공군의 선발부대가 이미 시리아의 코앞까지 진격해 있었다.

    이라크가 비교적 관대한 조건의 휴전협정에 동의하게 되면서 영국은 시리아에 대한 통제권을 확보한다. 비록 유대인 상인들이 격분한 민족주의자와 폭도들에게 엄청난 피해를 입었지만 말이다. 교전 중 비시 정부가 수세에 몰리자 히틀러는 7개의 보급부대를 비롯한 추가 병력을 시리아로 파견하려 했지만, 터키의 엄격한 중립법 때문에 지원 병력의 도착 자체가 거부당한다. 크레타 섬에 낙하산부대를 진군시키려던 히틀러는 부대원 7,000명이 전사하자 공수작전마저 포기해야 했다. 그가 할 수 있는 건 시리아를 잃는 것을 그저 바라보는 것뿐이었다. 비시 정부의 수비병력이 놀랄 정도로 격렬한 저항을 했지만, 프랑스군과 독일군의 지원을 받을 방법이 모두 가로막힌 수비병력의 항복은 예견된 일이었다. 3,300명의 영국군과 1,300명의 프랑스군, 6,000명의 비시 정부군이 아까운 목숨을 잃었다.

    1946년 외국군은 모두 철수했고 시리아와 레바논의 독립이 쟁취

되었다. 전후에 찾아온 슬럼프는 시리아 경제를 악화시켰고, 이것이 무력한 정부의 발목을 잡았다. 1차 중동 전쟁에 12,000명의 병력과 대규모 전차부대를 파견한 시리아군이 이스라엘에서 소기의 성과를 거두지 못했으며, 이후 시리아 정부가 군 지출을 줄인 것 때문에 쿠데타가 발생하게 된다. 당시 육군참모였던 호스니 자임은 미국의 부추김에 선동되어 1949년 유혈사태를 일으켰고, 얼마 후 시리아를 장악한다. 대통령으로 추대된 후 호스니 자임은 병력을 5,000명에서 27,000명으로 늘렸다. 또한 여성에게 선거권을 주고 아랍인의 터번을 금하는 등 봉건제도의 유물을 타파하기 위해 노력했다. 이스라엘과의 협상과정에서 다른 장관이 자임 대통령의 자리를 꿰어찼고 그가 1954년까지 대통령을 역임하기도 했지만, 자임은 그를 타도하고 다시 권좌에 올랐다. 이 같은 군부의 정치 개입이 미국 측에는 유리하게 작용했을지 모르지만, 아랍 세계에는 부정적인 사례를 남겼다. 이후 아랍권에서는 정기적으로 군부정권이 등장했고, 그 과정에서 희생자가 속출했다. 이런 혼란 속에서 1970년대에 하페즈 알아사드[6] 정권이 들어서 철권통치를 시작한다. 공군사령관이었던 그는 오스만투르크의 별 볼 일 없는 가문의 후예였다. 후에 그는 '야만인'이라는 뜻의 가문의 성 와히시 Wahhish를 '사자'란 뜻의 아사드 Assad로 바꾸었다.

바트당은 아사드에게 탄탄한 권력기반을 제공했다. 바트당은 단일 아랍 사회주의 국가건설을 목표로 하는 범아랍 기구였다. 사담 후세인도 바트당 당원이었다. 프랑스식 교육을 받은 시리아의 교사들이

---

[6] Ḥāfiẓ al-Assad(1930~2000년): 1966~1972년 시리아의 국방장관 재임, 1970~1971년 시리아의 총리 재임, 1971~2000년 시리아의 대통령을 지냈다.

1930년대에 이 기구를 설립한 이후로 단일 아랍 사회주의 국가건설을 위한 운동은 계속되어 왔다. 후세인과 마찬가지로 아사드는 당근보다는 채찍을 선호했다. 조용하고 사색적인 동시에 무자비한 성격의 소유자였던 아사드는 대통령이 국가정책의 기조를 확립하는 강력한 중앙집권적 통치체제를 구축했다. 대통령은 수상과 내각뿐만 아니라 중요한 모든 공직에 대한 임명권을 가지고, 사법부의 구성권과 법률거부권도 행사할 수 있었다. 1980년대에 팔레스타인 해방기구에 대해 모호한 태도를 보이는 아사드 대통령에 반대하는 급진 무슬림세력이 등장했다. 1982년 레바논에서 무고한 팔레스타인인이 이스라엘군의 손에 무려 3,000명이나 학살당한 사건에 대한 반응 때문에 시리아는 이름뿐인 수호국으로 전락했다.

요르단 정부와 갈등이 심화된 팔레스타인 해방기구는 요르단에서 추방된 뒤 본거지를 레바논으로 옮겼다. 이후 웨스트뱅크와 가자지구에 팔레스타인 국가건설을 주장하는 팔레스타인 해방기구의 요구를 이스라엘 정부가 거부하면서 전쟁이 발발했다. 이스라엘 정부는 레바논에 있는 소수의 기독교인과 연합하기를 원했다. 끝이 보이지 않는 전쟁은 메나헴 베긴의 권력기반을 뒤흔들었고, 마침내 그는 1983년 이스라엘의 수상직에서 물러난다. 그해 해군사령부에서 미군 241명이 폭사하는 사건이 발생했다. 헤즈볼라 자살특공대가 6톤의 폭약을 실은 트럭을 몰고 베이루트에 있던 미 해병대사령부 건물에 자살공격을 감행한 것이다. 결국 1984년에 미국이 레바논을 떠났고, 그 후 계속된 내전은 영토 전쟁에 휩싸인 레바논 사회를 초토화시켰다. 결국 베이루트는 폐허가 되었고, 1989년에는 인구가 150,000명까지 줄었다.

요르단은 다행히도 아랍과 이스라엘의 충돌로 인한 중동 전쟁의 포화에 시달리지 않았다. 서아시아에서 가장 안정적인 나라였음에도 요르단은 그 어떤 서아시아보다도 많은 영토의 변화를 겪어야만 했다. 압둘라의 손자 후세인 이븐 탈랄[7] 왕이 1953년부터 46년간 요르단을 통치했다. 중동 전쟁 종전 이후 대부분의 아랍인은 요르단의 군주제를 부정적인 시각으로 바라보았다. 하지만 후세인은 능수능란한 외교수완을 발휘하여 '세계의 화약고'라 불린 중동지역에서 자국의 평화를 지켜냈다. 1965년 그는 동생 하산을 후계자로 지목했다. 이 결정은 즉시 논란에 휩싸였다. 이 말은 두 번째 부인인 영국인 무나 왕비 소생 자식들에게 왕위계승권을 주지 않겠다는 뜻이었기 때문이다. 후세인은 예언자 무함마드를 선조로 하는 하시미테 왕가의 직계자손만이 왕조의 명맥을 이어갈 자격이 있다고 굳게 믿었다. 1999년 요르단 왕실 내에서 권력을 둘러싸고 벌어진 암투가 해외에까지 알려졌고, 하산 왕세자의 파키스탄 출신 왕비 사르바스가 벌써부터 하산 왕세자의 집무실을 대대적으로 새롭게 단장하고 있다는 뉴스가 외신에 보도되기도 했다. 이에 분개한 후세인이 요르단에 돌아와 하산에게서 왕세자 자격을 박탈하고, 자신의 아들 중 최고 연장자인 무나 왕비의 아들 압둘라 2세를 후계자로 지명했다. 하지만 궁중의 암투는 화염이 그칠 날 없는 중동에서는 그리 시선을 끌 일은 아니었다.

---

7 Hussein ibn Talal(1935~1999년 재위): 온건한 성향의 아랍 지도자로서 중동지역의 평화, 안정, 발전, 관용적 분위기 조성에 기여했다. 이스라엘에서 요르단으로 온 팔레스타인 난민들의 이해관계를 조정하려 애썼고, 서방 국가와 좋은 관계를 유지하면서도 아랍 세계와의 유대감을 잃지 않았다. 이란-이라크 전쟁에서는 이라크를 지지했으며 팔레스타인 문제를 해결하기 위한 요르단-팔레스타인 연방을 구상했다.

이라크 VS 이란

이라크에서는 피로 얼룩진 파이살 왕조가 끝나고 사담 후세인이 대권을 넘겨받는다. 바그다드에서는 가말 압델 나세르[8]를 지지하는 시위가 한창이었다. 수에즈 운하 이집트 국영화를 주장한 나세르의 반제국주의 노선은 영국과 프랑스의 반발을 불렀고, 그렇게 발발한 영국과 프랑스의 이집트 침공을 막아낸 나세르가 일약 중동의 영웅으로 떠오른 것이다. 이 시위는 왕가의 분노를 샀고, 역으로 헌법적 권리가 유보되었으며, 시위에 참여한 수백 명의 반정부 인사들이 투옥되는 결과를 낳았다. 특히 이라크의 수상 누리 알사이드는 나세르 대통령을 극도로 싫어했다. 그는 이 이집트의 지도자를 타도하려는 영국과 프랑스의 음모에 가담하기도 했다. 하지만 1956년 말에 영국과 프랑스의 수에즈 운하 점거시도가 결국 무산되면서 누리 알사이드는 이라크 안팎으로부터 고립되고 만다. 1958년에는 그에 대한 반감이 최고조에 이르고 중장 압둘 카림 카셈이 비밀리에 구성한 육군 내 자유장교단이 무장한 채로 궁을 둘러싸 왕족에게 기관총을 겨눈 쿠데타가 발생한다. 누리 수상은 여장을 한 채 간신히 탈출했지만, 곧 성난 군중에게 붙잡히고 만다. 무려 열네 번이나 수상을 역임한 바 있는 이 전직 수상은 발가벗겨진 후 살해당한다. 반란세력은 그의 시신의 팔다리를 자르고 거세한 뒤 군용 트럭 뒤에 매달아 온 바그다드 시내를 끌고 다녔다.

1958년 7월 혁명의 주역은 압둘 카림 카셈 장군과 압둘 살람 아

---

[8] Gamal Abdal Nasser(1918~1970년, 1930~1958년 수차례 총리직 역임): 이집트의 군인이자 정치가. 1956~197년 이집트의 2대 대통령 역임. 나세르주의라고도 불리는 그의 범아랍주의와 민족주의적 정책은 1950~1960년대에 아랍 세계에서 많은 지지를 얻었다.

레프 대령이 이끄는 소수의 장교들이었다. 이들은 새로운 정부의 권력을 독점하고자 했다. 수니파·시아파·쿠르드족 이렇게 세 집단의 대표로 구성된 주권위원회가 구성되긴 했지만, 이들은 어떠한 권력도 행사하지 못했다. 군부의 막강한 세력 때문이었다. 하지만 독재정권의 통치 하에서 탄압받던 인사들이 바트당과 연합하여 일으킨 1963년의 쿠데타로 카셈 정권은 집권 5년 만에 교체되고 만다. 이 역사의 소용돌이 속에서 권력에 한 발 다가선 가난한 농부의 아들이 있었으니, 그가 바로 사담 후세인이었다. 군대와 직접적인 연관은 없었던 그는 바트당 당원으로 활동했던 사회운동가였다. 그래서인지 후세인은 바트당 민병대의 옷을 즐겨 입었다.

두 번의 걸프전 이전의 이라크의 주적은 이란이었다. 이란은 "알라의 신성한 권위를 세계만방에 알리자"는 강경노선을 고수하는 성직자들이 집권하고 있는 나라였다. 레자 칸, 그러니까 레자 샤 팔레비 국왕은 영국의 영향력을 약화시킬 목적으로 독일과 돈독한 관계를 맺었던 나치 독일의 러시아 진군을 비호했으며, 이것이 연합국세력의 반감을 사 영국과 소련은 1941년 이란을 침공한다. 이 일로 인해 레자 샤 팔레비 국왕은 연합국의 강요에 못 이겨 장남 무함마드 샤 팔레비에게 왕위를 물려준다. 이란에 주둔하고 있던 영국군과 러시아군은 만성적인 물자부족과 극심한 인플레이션을 견디지 못하고 1946년 철수했다. 물론 연합군에 엄청난 양의 석유를 공급하고 있던 앵글로-이란 석유회사의 유전에 대한 채굴권은 확보한 뒤에 말이다. 국영 석유회사에 관련한 이 같은 불평등조약에 분노한 팔레비 왕조의 반대세력은 석유산업의 국유화를 주장했다. 특히 레자 칸 팔레비 국왕의 오랜 숙적인 수상 무함마드 모사데크가 이에 앞장섰다. 그는 부족 중심적인 반체제 종교인사들 연합의 수장이었으며, 그의 종교적 동지는 반영 운동을 주창하는 아야톨라 압둘 카심 카샤니였다. 정계의 동향이 1979년 혁명을 이끈 아야톨라 루홀라 호메이니[9]의 등장을 예고하고 있었다. 모사데크의 목적은 팔레비 국왕의 권력을 제한하는 조치로 영국과 미국을 도발하는 것이었다. 결국 미국 중앙정보의 회유에 넘어간 이란인들이 여당 당사에 불을 지르고, 그의 최측근들을 살해했으며, 모사데크는 관저에서 쫓겨나는 신세가 되고 말았다. 영국과 미국의 도움으로 모사데크를 축출한 무함마드 샤 팔레비 국왕이 다시 권력을 손에 넣었다. 논공행상이 이어졌다. 영국이 양보하는 석유는 다른 외국 회사들이 나눠 갖기로 했고, 영국-이란 석유회사Anglo-Iranian Oil의 이름은 영국 석유회사British Petroleum로 바뀌었다. 영국은 이란 석유의 연간 총 생산량의 40퍼센트를 보유하게 된 것이다.

모사데크의 최측근이었던 아야톨라 카샤니는 시의적절하게 배를 갈아탔다. 그리고 다른 시아파 성직자들도 모사데크의 축출이 이란에 종교적 반향을 몰고 오지 않도록 종교계를 단속했다. 무함마드 샤 국왕은 이러한 상황에 매우 만족해했다. 더 이상 권위에 대한 도전을 용납하지 않기로 한 그는 반대세력을 섬멸하고 대대적인 군부 인사 숙청을 행했다. 의심스럽다고 느껴지는 측근들을 축출하고 미국의 도움을 받아 비밀경찰 사바크를 조직했다. 사람들은 사바크를 두려워했지만, 빠른 속도로 근대화되고 있는 도시 곳곳을 누비는 시위행렬은 사

---

[9] Ayatollah Ruhollah Khomeini(1902~1989년): 왕정을 부정하고 이란의 서구화·세속화 정책에 반대했다. 시아파의 3거두 중 1인이며 국왕 팔레비의 '백색혁명'에 반대했다가 터키로 망명하여 이란 혁명을 주도했다. 귀환 후 이란이슬람 공화국을 성립시키고 이맘imamn(敎主)의 칭호를 받았으며 최고지도자로 이란을 통치했다.

라지지 않았다. 하지만 무함마드 왕은 민심에 귀를 닫아버린 지 오래였다. 그는 오히려 팔레비 왕조의 위엄을 과시할 대규모 행사를 여러 차례 개최한다. 그 중에서 단연 눈에 띈 것은 1971년 페르세폴리스Persepolis에서 열린 기념행사였다. 키루스가 페르시아 왕조를 설립한 지 2500년이 된 것을 기념하는 자리였다. 아키메네스 왕조 터에서 열린 이 행사는 사흘 동안 진행되었고, 무려 1억 5천만 파운드에 달하는 비용이 지출되었다.

가뭄과 기근으로 고통받고 있는 백성의 눈에 이처럼 사치스러운 행사를 벌여대는 왕이 곱게 보였을 리 없다. 무함마드 샤 국왕이 이슬람력을 팔레비력으로 갈아치운 것도 민심 이반에 큰 영향을 미쳤다. 달력을 교체한 지 5년 만에 그의 인기는 땅에 떨어졌다. 팔레비력은 페르시아 집권세력이 생겨난 날부터 날을 세는 달력체계이다. 그러므로 1976년, 이슬람력으로는 1355년이 팔레비력으로는 2535년이 된다. 새로운 달력은 시아파 성직자들의 분노를 샀다. 그리고 이 분노는 팔레비 왕조를 향한 복수의 날이 되었다. 복수는 아야톨라 루홀라 호메이니가 돌아오면서부터 시작되었다. 이슬람교를 대놓고 무시한 국왕의 처사 때문에 팔레비 왕조에 환멸을 느낀 사람들, 특히 성직자와 가난한 사람들이 결집했다. 결국 이 자칭 키루스 왕조의 후예는 카이로로 망명했고, 여러 나라를 전전하다 췌장암으로 세상을 떠났다.

팔레비 정권이 무너진 이후 1979년에 새 정부 형태를 공화국으로 하는 것에 대한 찬반투표가 시행되었다. 98퍼센트의 국민이 왕정을 이슬람 공화국으로 교체하는 데 찬성했다. 당시에는 이것이 무엇을 의미하는지 아는 사람이 드물었다. 하지만 곧 이란인은 이것이 종교지도자에 의한 통치를 의미한다는 사실을 알게 되었다. 호메이니는 발리

10-5　　프랑스로 망명했던 아야톨라 루홀라 호메이니의 귀환, 1979년

파키 vali faqih(최고의 법학자), 즉 이슬람 법학자의 후견권을 주장했다. 이슬람 사회의 모든 법은 이슬람법에 따라야 하고, 군부와 사법부의 구성원·공무원·종교지도자에 대한 임명권을 이슬람의 최고지도자 파키가 보유해야 한다는 주장이었다. 그의 가장 강력한 지지기반은 혁명수비대였다. 그 어떤 군대보다 막강한 군세를 자랑한 이 혁명수비대에는 육해공군이 고루 갖추어져 있었고, 1980년 말에는 병력이 450,000명에 이르렀다. 서방세계의 지원을 받은 후세인이 1980년에 이란-이라크 전쟁을 일으키자 정권유지의 수단이었던 혁명수비대는 대외적으로도 중요한 의미를 갖기 시작했다. 이런 상황은 호메이니가 세상을 떠난 1989년 이후에 더욱 심화되었다. 여담이지만 이란 정부는 이란-

10-6   1971년 10월 페르세폴리스에서 열린 호사스러운 열병식

이라크 전쟁의 일선으로 달려가겠다며 입대를 자원하는 청년들에게 플라스틱 열쇠를 나누어주었다. 이 열쇠가 천국의 문을 열어준다는 등 출처를 알 수 없는 이야기가 떠돌았던 것을 보면, 당시 이란인이 어느 정도로 종교에 심취해 있었는지 짐작할 수 있다. 이들의 깊은 신심 덕에 천국 입성을 보장하는 이 열쇠에 '메이드 인 홍콩'이라는 글씨가 찍혀 있는 것은 별 문제가 되지 않았다.

이라크와 이란이 모두 다 지쳐가던 1988년이 되어서야 총성이 멈췄다. 종전 후 파산한 후세인은 아랍의 석유산지를 손에 넣길 원했다. 그렇게 확보한 석유산지의 생산량을 줄이는 것으로 석유가격을 올려 돈을 더 벌 작정이었다. 하지만 사우디아라비아와 쿠웨이트가 이를 거부했고, 후세인은 이라크의 민족주의자들이 자신들 영토라고 주장하

10-7   2차 걸프전이 한창이던 2003년 발사된 미국 미사일

는 이웃나라 쿠웨이트의 석유매립지로 고개를 돌린다. 1990년 후세인 정권의 침공으로 이 조그만 나라는 위기를 맞는다. 이라크의 독재자가 세계 석유매장량의 20퍼센트를 좌지우지할 뻔했던 것이다.

미국·영국 등 서구 국제사회는 당연히 이에 반발했고, 이라크는 미국·영국·사우디아라비아·시리아·이스라엘 등 30여 국가가 참여한 다국적군과 맞붙게 된다. 1차 걸프전이다. 이라크는 반이스라엘 행보를 보였음에도 아랍의 지지를 얻지는 못했다. 당시 영국 수상이었던 철의 여인 마가렛 대처가 로널드 레이건에 이어 미국 대통령이 된 조지 부시의 결의안을 지지했고, 1991년 다국적군의 이라크 침공이 시작되었다. 페르시아 만에 정박한 항공모함에서 날아오른 수백 대의 항공기와 발사된 미사일이 이라크의 도시들을 향했다. 이라크는 러시아제 미사일로 응전했다. 이라크의 반격으로 사우디아라비아와 이스라엘에서 많은 수의 사상자가 발생했다. 후세인은 신속히 쿠웨이트를 빠져나와 바그다드로 달아났다. 이라크는 이 전쟁에서 아랍 세력의 반감을 사지 않길 원했기 때문이다.

다국적군이 바그다드로 진군해야 했는지 여부는 오늘날 많은 논란에 휩싸여 있다. 미국에 극단적으로 적대적인 태도를 보이는 이란을 견제해야 했기 때문에 미국은 이라크 현 정부의 존속을 원했다. 하지만 이는 잘못된 선택이었다. 후세인의 무력도발이 2003년 2차 걸프전의 도화선이 되었으니 말이다. 이 두 번의 전쟁으로 이라크는 아직도 혼돈 속에 남겨져 있다. 또한 이 선택으로 이란의 야욕을 잠재우지도 못했다. 핵무기 보유를 꿈꾸고 있는 이란이 조만간 핵무기를 보유할 가능성이 실제로 존재하기 때문이다. 이라크와 이란의 라이벌 구도는 전혀 다른 양상으로 바뀌었지만, 뿌리 깊은 양국의 긴장관계는 평화에 대한 여전한 위협을 시사하고 있다.

사우디아라비아와 페르시아 만 인근 국가들

현대 아랍의 정치역학에서 가장 기이한 일은 예멘과 아덴 만이 있는 아라비아 반도의 남서쪽 끝단에서 일어났다. 1513년 아덴 만의 아름다운 풍광에 푹 빠진 포르투갈인이 아덴 만을 침공했지만 끝내 이 땅을 차지하지는 못했다. 나폴레옹이 온 유럽을 뒤흔들던 시기에 영국 해군의 정박지로 사용되기도 한 이 지역은 1838년 대영 제국에 합병되었다. 그 후 이 작은 땅덩어리는 뒤웅박신세가 되고 만다. 이 땅의 운명은 쇠락하는 대제국의 전략적 필요에 따라 한없는 변화를 겪어야 했으니 말이다. 1950년대에 영국은 "가까운 미래에" 아덴 만 지역에 자치정부를 수립하는 것 정도가 실현 가능한 미래라는 이야기를 했다. 이는 완벽한 오산이었다. 예멘에서 발생한 쿠데타, 즉 1962년 이집트의 원조를 받은 예멘군 장교들의 주도 하에 일어난 쿠데타가 변수였다. 아덴 만 일대로 이주해온 예멘인의 수가 아덴 만 현지 토착민보다 훨씬 많았기 때문에, 아덴 만과 예멘을 통합해야 한다는 목소리가 높아졌다. 결국 쿠데타 발발 5년 후인 1967년에 영국군은 남아라비아의 군대에게 아덴 지역을 양도했고, 민족해방전선NLF(Natoional Liberation Front)은 남예멘인민공화국의 창설을 선포했다.

두 번의 걸프전이 끝날 무렵에는 페르시아 만 일대에 대한 영국의 영향력이 점차 희미해졌다. 식민 시대의 종식과 근현대 시작의 촉진제 역할을 한 건 석유였다. 풍부한 오일머니 덕으로 1971년 아랍에미리트 연합UAE(The United Arab Emirates)이 설립되었다. 아랍에미리트 연합은 아부다비·두바이·샤자·아즈만·움 알콰인·라스 알카이마·후자이라 등 아라비아 반도 걸프 만의 영국 보호령에서 독립한 7개 토후국으로 구성된 부족국가이다. 주된 석유산지는 아랍에미리트 연합의 수도 아부다비였다. 두바이는 2000년 후반 경제와 관광산업의 새로운 중심지로 자리매김하기 위한 시도를 했으나, 큰 성공을 거두지는 못했다. 엄청난 규모의 건설계획도 만성적 자금난으로 중단되었다.

걸프 만 연안의 국가들, 특히 사우디아라비아는 '검은 황금'이라 불리는 석유 덕분인지 아직도 봉건제를 유지하고 있다. 사회 특권층의 권력기반이 영토가 아닌 부족세력에 기반을 두고 있는 독특한 구조 때문에, 사우디아라비아의 귀족들은 토지개혁조치에도 흔들리지 않는 부동의 권력을 유지하고 있다. 농경은 대부분 자신이 보유한 장비로 소규모 경작을 하는 사람들의 몫이었다. 물론 이들의 삶의 질도 나아졌다. 1990년대에 이들은 훨씬 더 좋은 집에서 건강한 삶을 영위하게 되었으며, 교육의 질 또한 개선되었다. 하지만 정치는 과거로 회귀했다. 사우디아라비아는 석유로 벌어들이는 돈으로 절대군주제를 지탱하는 중앙집권적 국가로 거듭났다. 총 왕족의 수가 20,000명에 이르고, 나이 어린 왕자들이 각료와 군부 수뇌 등 국가의 중책을 맡았다. 이런 나라에서 변화는 언감생심 꿈도 못 꿀 일이다. 국제사회가 굳게 입을 다물고 있는 사이 세계에 몇 안 남은 이 전제군주 왕국에서는 1979년 이디 아민의 망명을 받아들이기도 했다. 246명의 승객이 타고 있는 에어프랑스 여객기를 납치하여 우간다 엔테베 공항에 6일간 억류한 것으로 국제적인 유명세를 치른 우간다의 독재자를 말이다. 당시 승객들은 이스라엘 특공대의 기지로 납치 7일 만에 구조되었다. 이디 아민은 2003년 사우디아라비아에서 사망했다.

2010년 말 튀니지에서 일어난 재스민 혁명이 이 전제군주 국가에 실제로 영향을 미칠지는 앞으로 지켜보아야 할 듯하다. 하지만 독재정권에 항거하는 시민들로부터 시작된 반정부시위가 이집트까지 퍼져 나간 건 서아시아 국가들에게는 상당히 의미심장한 전개였다. 이집트의 도시지구에는 아랍 혈통의 사람들이 다수 거주하고 있었기 때문이다. 20여 년 동안 대통령직을 유지하며 독재정치를 폈던 무라바크 대통령이 권좌에서 내려오길 완강히 거부한 것은 그의 동맹국들에게 그리 놀라운 일이 아니었다. 집권 초기부터 친미·친이스라엘 정책을 편 무라바크 대통령의 가장 큰 지지세력은 바로 미국이었다. 비록 이집트 반정부시위로 무라바크가 퇴진하자마자 미국이 무라바크 반대세력을 환영했지만, 그간 15억 달러에 달하는 미국의 원조가 무라바크 집권을 도운 것만은 분명하다. 이런 중동의 새 바람에도 불구하고 사우디아라비아만큼은 그들만을 위해 마련된 길을 홀로 걸어갈 수 있을지도 모른다. 사우디아라비아의 오일머니가 아랍권에서는 보기 힘든 경제적 독립을 가능하게 하니 말이다.

현대 터키

무력으로 시작한 정권이었고, 독재나 다름없는 치세였지만 아타튀르크는 국민의 권력에 뿌리를 둔 공화국을 세우려고 무진 애를 썼다. 그는 무솔리니나 히틀러처럼 연단 앞에 서서 능란한 화술을 선보이는 것으로 군중을 선동하여 권력을 쥐려 하지는 않았다. 그는 항상 터키 국민에게 전면적인 사회개혁을 통해 얻을 수 있는 국가적 이익을 설명하려고 노력했다. 국민을 호도하기보다 그들에게 확신을 주길 원했던 것이다. 그는 정당이나 노동조합, 자유언론과 같은 자유민주주의 사회의 구성요소들을 받아들이는 데 거리낌이 없었다. 동시에 이런 변화를 추구하는 것으로 하룻밤 사이에 현대적인 공화국의 기틀을 바로 세울 수 없다는 것도 잘 알고 있었다. 뛰어난 정치감각의 소유자이기도 했던 그는 독일과 유럽의 분쟁이 발발하자 본능적으로 유럽 민주주의 세력의 편에 서는 것을 선택했다. 이를 두고 영국의 대문호 조지 오웰은 "1935~1939년 파시즘에 반대하는 것이라면 그 어떤 동맹도 정당화될 수 있었지. 어느새 좌익 사람들이 무스타파 케말(아타튀르크의 본명)을 찬미하게 될 정도였으니까"라고 비꼬았다.

터키 건국의 아버지 아타튀르크는 1939년에 세상을 떠났다. 그의 사후 처칠은 2차 세계대전에서 터키를 한편으로 끌어들일 수 없다는 사실을 깨달아야만 했다. 모술을 재건할 수 있을 거라는 달콤한 말에도 터키 국민은 꿈쩍도 하지 않았다. 터키 국민의 입장에서는 굳이 유럽 국가들의 싸움에 끼어들 이유가 없었던 것이다. 이러한 선택이 독일만큼이나 위협적인 존재였던 러시아의 압박으로부터 자유로울 수 있는 현명한 결정이었다는 사실은 후에 판명되었다. 아타튀르크는 국민에게 소아시아 영토의 중요성에 대해 강변했다. 오스만투르크의 광대한 옛 영토 대부분을 잃어버린 터키 국민에게 소아시아는 새로운 조국이 일어설 땅이었다. 신생공화국의 행보에 외세의 압력, 특히 1945년 이후 이어진 아랍권의 영향력 행사는 도움은커녕 방해만 되었다. 아타튀르크는 국민에게 소아시아의 중요성을 일깨웠다. 오스만투르크의 영토를 잃어버리며 이 지역은 터키 국민의 조국이 되었고, 새로운 공화국은 이곳을 기반으로 발전하고 일어나야 했다. 외국의 방해, 특히 1945년 이후 아랍의 방해는 걸림돌이 되었다. 터키가 현대화에 박차를 가하면서 이 '달과 별의 나라'와 서아시아의 다른 이슬람국

10-8   1923년 정원에서 아내, 친구와 함께한
'터키의 아버지' 무스타파 케말 아타튀르크

가들 사이의 격차는 점점 더 커져만 갔다.

현대화의 물결이 터키를 휩쓸었다. 서구문화에 눈을 뜬 터키 국민이 조국을 유럽 연합의 일원으로 만들기를 원한 건 당연한 수순이었다. 기존 회원국들은 내키지 않아 하는 분위기였다. 그들은 이슬람 세력이 다시 터키에서 득세하고 있다는 사실과, 끊임없이 쿠데타를 일으키는 터키 군부가 영 탐탁지 않았던 것이다. 터키에서는 1967~1997

년에 일어난 군부 쿠데타로 무려 여섯 명의 총리가 축출되었다. 군부는 이슬람주의를 표방하는 총리의 집권이 터키가 고수해온 비종교적 세속주의 원칙을 위협한다는 사실을 명분으로 내세웠다. 2010년 이스탄불에서 또다시 군부 쿠데타가 발발하기 직전, 이들의 음모를 간파한 레제프 타이이프 에르도안 정권이 간신히 정부전복 시도를 막아냈다. 에르도안 총리는 '성전' 참여로 옥고를 치른 전력이 있음에도 불구하고 유럽 연합 가입 추진을 비롯한 제반정책에 대한 대중적인 지지를 얻었다. 대중은 그가 이슬람교도라는 사실에 반감을 갖지 않았다. 군부에서 이번에는 오판을 한 것이 아니냐는 이야기가 나왔을 정도였다. 계속된 쿠데타, 특히 2010년에 밝혀진 구체적인 정부전복 음모로 군부는 터키 국민의 신뢰를 잃었다. 여론조사에 따르면 군부에 대한 국민의 신뢰도가 60퍼센트까지 떨어졌다. 터키 역사상 전무후무한 일이었다. 여전히 군부가 터키의 세속주의를 떠받치는 든든한 버팀목 역할을 수행하고 있지만 말이다.

우리는 역사의 한 고비를 넘어, 민주주의와 법치주의의 우위라는 이상적 세계로 한 걸음 다가갔습니다.

에르도안 총리의 말이다. 그는 여성과 노동자의 권리를 높였으며, 군사법정의 관할권을 제한했다. 또한 까다로운 요건과 절차를 갖추어야만 정당을 폐쇄할 수 있도록 했으며, 헌법을 개정하여 쿠데타에 가담한 이들에 대한 재판을 가능하게 했다.

하지만 에르도안 정부의 인기도 이내 사그라졌다. 높은 세율을 적용하여 주류 가격을 상승시켰기 때문이다. 술은 사치품이 되어버렸고,

수많은 터키 국민은 실망을 감추지 못했다. 라키raki의 소비가 감소했고, 2011년에는 술을 마시는 것으로 정부정책에 항의하는 시위가 전국적으로 벌어지기도 했다. 아니스 씨앗 향이 나는 터키 전통주 라키는 아타튀르크가 즐겨 먹던 술이다. 사실 음주는 원칙적으로 보자면 이슬람교 교리에 반하는 행동이다. 하지만 대부분 터키 국민들은 술을 마시는 것이 특별한 문제로 이어지지만 않는다면 별로 흠이 될 것이 없다고 생각했다. 주류에 높은 세율을 적용한 것에 이어 주류에 대한 광고 제한, 음악 공연장 같은 공공장소에서의 음주행위 금지 등과 같은 조치가 단행되었다. 각료들이 이런 제반조치들은 특별한 이념적 동기와는 전혀 관련이 없다고 누누이 밝혔지만, 반정부 진영의 사람들은 이 말을 믿지 않았다. 그들은 주류를 규제하는 정책을 펴 이슬람교도들의 표심을 얻고자 하는 정치적 공세라고 비난했다. 당시 이스탄불에는 종교적 보수주의가 만연해 있었다. 오스만투르크의 술탄이 술을 마시는 장면을 방영한 드라마에 대한 시위가 일어났을 정도였다. 아타튀르크가 터키 국민에게 주입한 유럽식 자유는 터키 땅에서 점차 자취를 감추게 될지도 모른다. 하지만 터키라는 국가의 전체적인 지형에 국부 아타튀르크가 미친 영향은 이루 말할 수 없을 정도였다. 터키가 유럽 연합의 일원이 될 것인지 여부와 상관없이 잠재적 회원국으로 거론되고 있다는 사실 자체만으로도, 오스만투르크의 몰락 이후 이 나라가 이룬 비약적인 발전의 정도를 짐작할 수 있다. 이것은 분명 '터키의 아버지'의 가르침 덕분이다.

11장

현대 남아시아

조지 5세는 말했다. "어쨌거나 간디 씨, 저는 인도 제국에 어떤 공격도 가하지 않았다는 것을 기억해주시기를 바래요." 그러자 능란한 외교관이었던 간디는 에두른 이견을 이렇게 피력했다. 그가 원래 예의범절로는 손댈 데가 없는 사람이기도 했지만 말이다. "글쎄요, 폐하. 제가 폐하의 환대를 받고 폐하와 정치적 논쟁을 해서는 안 될 것 같습니다."

— 1931년 간디의 버킹엄궁 방문

영국령 인도

마라타 동맹과의 대결에서 승리했다는 것은 영국 동인도회사가 인도의 패권을 손에 쥐게 되었다는 걸 의미했다. 하지만 평화는 쉽사리 찾아오지 않았다. 1857~1859년에 전개된 인도 최초의 민족적 항쟁인 세포이 항쟁Sepoy Mutiny이 발발한 이후로 영국은 인도 아대륙 영토의 훨씬 많은 부분을 지배하게 되었다. 게다가 무역으로 불거진 문제 때문에 인근의 버마까지 영국의 손에 들어갔다. 버마의 용장 타도 마하 반둘라는 이 상황에 대해 다음과 같이 말했다.

> 영국인은 멀고 먼 곳에 있는 작은 섬에 사는 사람들이다. 그들은 도대체 무슨 일로 이역만리 타향까지 배를 타고 와서, 왕을 몰아내고 자신들에게 아무 권리도 없는 나라의 주권을 빼앗는단 말인가?

이런 무도한 침략을 격퇴하는 것이 버마인의 임무였다. 그들은 영국 동인도회사는 "버마군처럼 강하고 용맹할뿐더러, 창칼의 사용에도 능숙한 군사들과 싸워본 일이 없었을 테니" 자신들에게 승산이 있다고 굳게 확신했다. 동인도회사 입장에서는 돈이 많이 드는 전쟁은 사절이었다. 하지만 분연히 떨치고 일어난 버마군이 방글라데시 남동부 치타공Chittagong 항구까지 압박해 들어오니 항전하는 수밖에 도리가 없었다. 1824년 반둘라가 지휘하는 버마군에게 치타공 항구의 작은 요새가 파괴되었고, 캘커타에 주둔하고 있던 동인도회사의 군사는 반격에 나섰다. 그들은 비교적 쉽게 랑군Rangoon을 차지했다. 하지만 그들이

11-1　영국이 랑군 점령에 나선 것은 항해를 싫어하는 힌두교 세포이들의 불만을 배가시켰다. 랑군의 버마명은 얀곤Yangon이다. 버마의 수도의 옛 명칭 다곤Dangon을 1755년 아라웅파야 왕이 개명했다.

손에 넣은 것은 버려진 마을이었다.

이 원정대를 먹여 살릴 식량은 어디에도 없었다. 브랜디 양조장 한 곳만 덩그러니 남아 있던 랑군에서 영국군들이 얼큰하게 취했을 뿐이었다. 버마 최남단에 있는 테나세림Tennasserim의 해안도 영국 해군이 점령했다. 이곳의 주민들은 별다른 저항을 하지 않았다. 기습전으로 랑군을 되찾으려던 반둘라의 시도는 실패했지만, 풍토병과 형편없는 식사 때문에 영국군 사상자가 기하급수적으로 늘어났고, 더 이상의 진군은 무리였다. 거세한 수송아지가 인도에서 공수되고, 하나둘 마을로 돌아온 현지 주민들에게 도움을 받게 되어서야 상황이 겨우 호전되었다.

이제 내륙으로 전진할 만반의 준비가 끝난 것이다. 끈질기게 항전했던 반둘라 장군은 프롬Prome이라는 도시에서 멀지 않은 다누비야 Danubya에서 포탄을 맞고 전사했고 그의 부대는 해산되었다. 전쟁터에서 번쩍번쩍 빛나는 황금빛 양산을 쓰고 다닌 것이 화근이었다. 전쟁에서 패한 버마 왕은 결국 유럽과 마지못해 조약을 체결한다. "분노로 이성을 잃은 버마 왕은 화평조약에 대해 설명하는 대신에게 스스로 입을 양쪽 귀까지 찢으라고 명령"한 뒤에야 분을 가라앉히고 화평조약에 조인했다고 한다. 버마가 100만 파운드를 지불한 후 동인도회사는 랑군에서 철수다. 하지만 테나세림과 아라칸에서는 아니었다. 이 전쟁으로 500만 파운드 규모의 재산 피해가 발생했으며, 15,000명의 영국과 인도 병사들이 목숨을 잃었다.

1852년 2차 영국-버마 전쟁이 발발했다. 버마인이 영국이 종주국임을 인정하게 해야 한다는 랑군의 영국인 상인들의 주장이 캘커타의 동인도회사를 움직인 것이다. 얼마 후 영국 해군이 랑군·바세인Bassein·마르타반Martaban 항을 점령했다. 버마인의 분전도 소용없이 페구Pegu 강 상류의 해안도시 페구가 함락되었다. 버마 왕은 해안 일대의 광대한 국토를 모두 영국에 빼앗겼다고 공식적으로 선언하지는 않았다. 하지만 얼마간의 침묵으로 왕이 체면치레를 한 후부터는 버마 남부 해안지역이 영국인의 차지가 되었다. 남아시아를 쥐락펴락하는 이 무역회사에게 이래라저래라 할 사람은 아무도 없었으니 말이다.

영국군은 내륙에서도 승승장구했다. 1843년에는 신드, 1년 뒤에는 괄리오르Gwalior를 정복했고, 시크교도와의 2년에 걸친 전쟁 끝에

11-2 1852년에 버마를 공격하기 위해 봄베이를 출발하는 증기함대

1849년에 펀자브 지역 전체를 손에 넣었다. 그리고 이후 10년 동안 나그푸르Nagpur와 아우드Oudh를 차례로 합병했다. 하지만 이어 진행된 아프가니스탄 침공의 결과는 참담했다. 영국이 중앙아시아에 개입한 것은 이 지역에서 점점 영향력을 강화하고 있던 러시아를 견제하기 위함이었다. 러시아인이 아프가니스탄을 확보한 뒤 인도에서의 영국의 입지를 위협할 개연성이 실제로 존재했기 때문이다. 훗날 중앙아시아에 대한 미국·중국·일본·러시아의 경쟁을 의미하는 그레이트 게임으로 명명된 파워 게임의 서막이 오른 것이다.

인도의 시크교도가 영토확장을 위해 아프가니스탄의 국경을 압박하면서 아프가니스탄인과 시크교도가 페샤와르Peshawar(파키스탄 북서부)의 소유권을 주장하며 반목하는 상황이 벌어졌다. 1837년 이들의 갈등을 진정시키기 위해 스코틀랜드 출신의 젊은 영국군 지휘관 알렉산더 번즈가 카불에 파견되었다. 번즈는 이 임무가 그다지 마음에 들지 않았다. 아프가니스탄의 지도자 도시 무함마드에게 호감을 갖고 있던 번즈는 페샤와르 지역의 소유권을 포기하라고 그를 설득하기가 영 불편했다. 영국 측의 이런 동향을 알아차린 무함마드는 러시아에 도움을 요청했고, 러시아는 무함마드에게 협조하기로 한다. 캘커타의 동인도회사가 두려워했던 바로 그 상황이 연출된 것이다. 사실 무함마드가 원한 것은 러시아의 지지를 받는 것처럼 보여 영국에 압박을 가하는 것이었다. 하지만 그의 이런 책략이 도를 넘는 것이라 판단한 영국 동인도회사는 군대를 보내 무함마드 대신 샤 슈자를 지도자로 추대하기로 한다. 이렇게 파견된 영국군은 1839년 여름 카불Kabul(아프가니스탄의 수도)에 도착했다.

하지만 샤 슈자가 권력을 잡은 후에도 영국 원정대 군사 일부가 인도로 복귀하지 않고 현지에 체류하자, 아프가니스탄인은 샤 슈자와 그를 지지하는 외세에 분노했다. 아프가니스탄 부족민들의 공격이 있을 것으로 예상한 번즈의 하인들이 영국인을 축출하려는 움직임이 있다고 경고했지만, 번즈는 도망치는 것으로 삶을 연명하는 부류의 사람이 아니었다. 그는 자신의 거처에 남아 있었고, 다음날 아침에 아프가니스탄인의 손에 목숨을 잃었다. 결단력 부족으로 때를 놓친 영국 사령관의 죽음은 아프가니스탄인을 한층 더 대담하게 만들었다. 그들은 거친 지형을 이용한 게릴라전을 벌이며 영국군을 압박했다. 이제 영국군에게 남은 건 조용히 인도로 철수하는 것뿐이었다. 하지만 이마저도 쉽지 않았다. 퇴각하는 길에 마주친 아프가니스탄 전사들은 영국군 군속 거의 전부를 몰살시켰다. 당시 생존자로 알려진 이는 군의

11-3　　　　카불에서 일어난 알렉산더 번즈 살해사건

관 윌리엄 브라이든 박사뿐이었다. 그는 영국 동인도회사에 고용된 외과 보조의였다. 기진맥진한 조랑말을 타고 1842년 잘랄라바드Jalalabad에 도착한 그는 영국군의 전멸소식을 전했다. 인도 반란으로 러크나우Lucknow에서 입은 중상에서도 회복한 전력이 있는 이 행운의 사나이는 1873년에 스코틀랜드에서 자연사할 때까지 천수를 누렸다. 브라이든 박사 외에도 소수의 세포이가 힘겨운 여정 끝에 영국령 인도로 돌아왔다. 영국은 1842년 보복을 위해 카불로 두 번째 영국 원정대를 파견했다. 하지만 이처럼 멀고 척박한 땅의 호전적인 주민들을 길들이는 것은 불가능하다는 사실을 깨달았을 뿐이다. 카불에서 영국군을 몰아낸 아프가니스탄인은 도시 무함마드를 다시 지도자로 옹립했고, 그는 이후 20년간 아프가니스탄을 통치했다.

인도의 상황은 이보다는 훨씬 나았다. 인도에서는 고대 인도서적들의 영어번역판이 출간되기도 했다. 개혁 성향의 인사들이 사티 제도를 두고 벌어진 논쟁에서 이 책들을 인용하기도 했다. '정숙한 아내'라는 뜻의 사티sati는 남편의 시체를 화장하는 불에 미망인들이 몸을 던져 따라 죽는 힌두교 풍습이다. 이 제도는 개혁 성향의 초대 인도 총독 윌리엄 벤팅크 장군이 1829년에 폐지했다. 이 문제를 두고 힌두교 진영 내에서도 갑론을박이 벌어졌다. 영국의 영향이 인도 구석구석에 스며 있는 시대에 성장한 세대들이 1,000여 년 동안 그들의 사회를 지탱해온 전통을 정면으로 부정했기 때문이다. 인도는 현대 세계에 대해 어떤 준비를 해야만 했던 것일까?

인도의 보수주의자들이 또 하나 못마땅해한 것은 바로 기독교였다. 영국 동인도회사의 책임자인 찰스 그랜트는 뒤늦게 개종한 기독교신자였다. 기독교를 받아들인 후 그는 좋은 정부, 공정한 무역만으로는 인도인의 삶의 질이 개선되지 않을지도 모른다는 생각에 사로잡혔다. 그리고 1792년에 이르러서는 인도 사회의 개혁은 반드시 기독교를 비롯한 서양문물의 지속적인 도입이 동반되어야 한다고 확신하게 되었다. 그는 전도학교에서 성경을 벵골어로 번역하는 교육을 실시했다. 정식 기독교 교육을 거부한 이들에게도 우회적으로 선교활동을 할 수 있어 일거양득이라 할 수 있는 방법이었다. 침례교 선교회의 설립자 윌리엄 캐리는 1801년에 『신약성경』의 벵골어 버전을 출판했다. 그는 한 해 전에 캘커타의 포트 윌리엄 대학의 초빙으로 캘커타에 와서 그곳에서 언어를 가르쳤다. 포트 윌리엄 대학은 영국 동인도회사의 신입사원들이 앞으로 임무를 수행하기 위해 직원교육을 받는 곳이었다. 캐리는 무역에 종사하는 사람들의 용감한 모험이 남긴 전례에 크게 감동받았다. 이교도의 땅도 접근이 불가능한 미지의 세계가 아니란 사실을 깨달은 그는 이곳에 관심을 두지 않는 기독교인들을 책망했다고 한다.

인도인의 반란

윌리엄 벤팅크 경의 통치 이후 인도 사회개혁에 대한 영국인의 확신은 점점 더 짙어졌다. 영국인은 특히 재산권을 보장하는 수단이기도 한 법의 지배[1] 개념을 도입하는 일이 절실하다고 여겼다. 하지만 영국 사회의 근간을 이루는 기본원리인 법의 지배는 인도 땅에 제대로 뿌리내리지 못했다. 대가족, 형제애로 묶인 부락 공동체, 공동체 재산 등 인도 특유의 문화 때문에 전면적인 사회 변화나 자본주의 농업의 확산은 어려웠다. 힌두사회는 정체된 것처럼 보였다. 엄격한 카스트 제도만 해도 그랬다. '불가촉천민'은 극단적인 사회적 차별을 받았다. 재미있는 점은 영국인이 고용한 사람들 중에 이 '불가촉천민' 계급이 가장 많았다는 사실이다. 영국인이 고용한 인도인들은 도로와 막사를 청소하고, 빨래하고, 동물을 도살하고, 신발을 만드는 등의 일을 했다.

---

[1] rule of law: 영국에서 성립되어, 영국 불문헌법의 기본원리가 되었다. 법의 지배의 원리는 자의적 전제권력이 아닌 정규의 법의 절대적 우위, 모든 사람은 신분에 관계없이 누구나 똑같이 보통법에 복종해야 한다는 법 앞의 평등, 판례를 통하여 형성된 인권에 관한 헌법상의 일반원칙의 존중을 내용으로 한다.

어떤 특전을 주어도 이런 일은 할 수 없다는 인도인들이 대부분이었기 때문에, 이런 '불결한' 노동은 '불가촉천민'의 전담분야가 되고 말았다.

영국 동인도회사의 가장 큰 실수는 어느 모로 봐도 인도인의 친구처럼 보이는 구석은 한 군데도 없도록 상황을 만들어 놓았다는 것이다. 인도인이면서 서양에 유학하여 서양 문화의 가치와 효용을 인정한 사이드 아메드 칸 같은 영국예찬자마저도 다음과 같은 기록을 남겼으니 말이다.

> 인도 아대륙의 사람들은 영국인이 통과시키는 모든 법이 인도인을 망치고, 모욕하기 위해 제정되는 것이라고 생각하게 되었다. 힌두교도보다 더 불만이 많았던 것은 무슬림이었다. 그들은 상대적으로 더 잦은 반란을 일으켰다. 힌두교도들도 만만치는 않았지만 말이다.

영국인은 인도 근무를 경력 쌓기의 수단으로만 여기게 되었다. 인도에서의 삶은 이들에게 별로 매력적이지 못했기 때문이다. 세포이 부대의 한 영국인 장교는 인도에서의 근무를 너무 혐오한 나머지 "돼지를 훈련시키는 것이 더 낫겠다"는 막말을 하기도 했다.

이만하면 세포이들이 봉기할 이유는 충분히 마련된 셈이다. 엔필드 총의 도입으로 인해 이들의 반감은 수면 위로 올라오게 된다. 이전에 사용하던 활강滑腔 머스킷 총과 같은 전장총과 달리 엔필드 총은 종이 탄약통에 들어 있는 탄약을 사용했다. 활강 머스킷 총은 수직으로 들고 있어야 했기 때문에, 이 탄약통에서 탄약을 꺼내려면 나머지

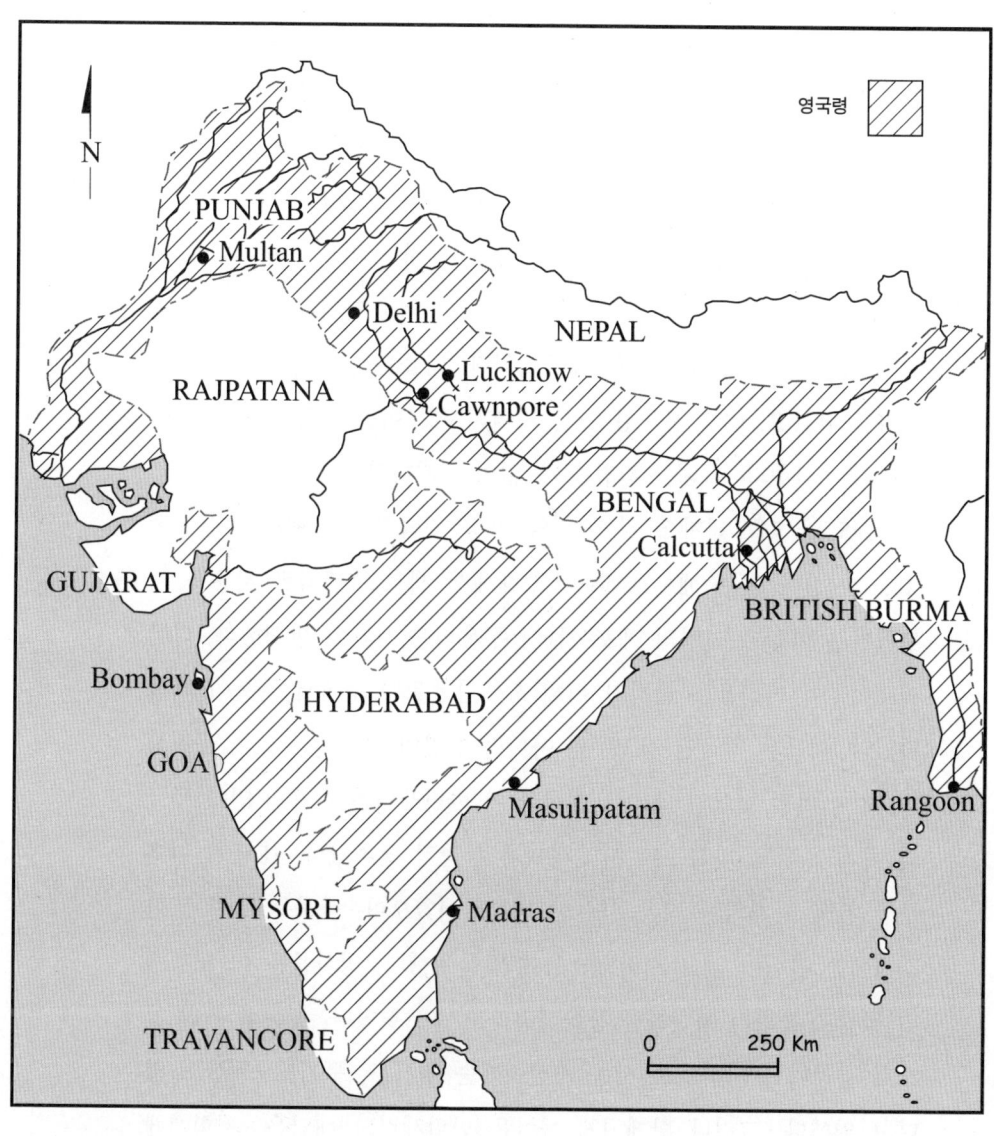

지도 12   영국령 인도

BENGAL 벵골
BRITISH BURMA 영국령 버마
GOA 고아
GUJARAT 구자라트
HYDERABAD 하이데라바드
MYSORE 마이소르
NEPAL 네팔

PUNJAB 펀자브
RAJPATANA 라즈푸타나
TRAVANCORE 트레반코르

Bombay 봄베이
Calcutta 캘커타
Cawnpore 칸푸르

Delhi 델리
Lucknow 러크나우
Madras 마드라스
Masulipatam 마술리파탐
Multan 물탄
Rangoon 랑군

한 손으로 탄약통을 잡고 입으로 종이 탄약통을 물어뜯어 탄약을 총신에 쟁여 넣어야 했다. 탄약통에는 동물의 지방으로 만든 기름이 칠해져 있었다. 이 윤활유의 성분이 힌두교도와 무슬림 모두를 걱정하게 만든 것이다. 북부 인도의 세포이들은 자신들의 종교를 무시한 조치라며 분노했다. 영국 군사력의 상당부분을 차지하는 인도 용병세력이 이탈조짐을 보이기 시작한 것이다. 맨 처음 영국인 지휘관의 명령에 불복한 것은 벵골인 연대의 세포이들이었다. 이들은 항명에 대한 가혹한 처벌을 받았고, 이에 분노한 다른 지역의 세포이들이 하나둘 들고 일어나기 시작했다. 사태는 걷잡을 수 없이 번져나갔다.

1857년 5월 갠지스 강 평원의 가장 깊숙한 곳, 델리의 북동쪽 60km 지점에 있는 메루트Meerut 요새에서 새로운 탄약통 사용을 거부했다는 이유로 85명의 세포이들이 투옥되는 사건이 발생했다. 다른 세포이들이 이들을 구출하기 위해 요새감옥을 부수면서 폭동이 시작되었다. 이들은 영국인 장교뿐만 아니라 민간인까지 가차 없이 공격했다. 40여 마일 떨어진 델리로 행진한 이 반란세력은 82세의 인도 무굴의 마지막 황제 바하두르 샤 2세에게 무작정 달려갔다. 18세기 이후 무굴 제국 황제의 권력은 사실상 명목뿐이었으며, 바하두르 샤 또한 정치에는 관심이 없고 시작詩作 등에만 몰두했다. 병사들은 이 노황제의 궁궐로 몰려가 자신들을 통솔해달라고 부르짖었다. 흥분한 무리 앞으로 끌려나온 바하두르 샤는 자신에게는 병사도, 무기도, 재산도 없다고 말했다. 그러나 황제에게 돌아온 반란세력의 대답은 "저희에게 황제 폐하의 축복만 주시면 됩니다. 나머지는 저희가 다 알아서 하겠습니다"였다. 자신의 궁전과 도시가 파괴될지도 모른다는 걱정 때문에 노황제는 마지못해 반란자들에게 그의 군기인 이슬람의 녹색 깃발

11-4 바락푸르Barakpur에서 세포이들을 무장해제시키는 광경. 세포이들 가운데 한 명이 장교 두 명을 다치게 했기 때문에 단행된 조치였다.

11-5 '붉은 성'이라는 뜻의 레드 포트 알현실에서 무굴 제국의 황제 바하두르 샤 2세는 반란을 일으키려는 세포이들을 대면했다. 그에게는 이들을 통제할 힘이 없었다.

을 사용해도 좋다는 허락을 해준다. 황제는 연로하기도 했거니와 대영제국을 상대로 전쟁을 벌일 정도로 담이 큰 사람이 못 되었다. 야망이 모두 사그라진 황제의 권위를 이용하고자 하는 반란세력에 등 떠밀려 명목상의 지도자가 되었을 뿐이다. 그는 종이호랑이에 불과했다. 반란군 기병대의 말이 그의 궁전 정원을 짓밟는 것조차 막지 못했을 정도였다.

역설적으로 북동부에서 세를 불리고 있던 반란세력이 기반을 잡지 못한 것은 시크교도들 때문이었다. 사실 시크교도들이 영국을 지지해야 할 대단한 이유가 있었던 건 아니다. 하지만 자신들을 정복하는데 일조한 세포이들을 도울 이유는 아예 없었다. 게다가 시크교도들은 자신들의 지도자들을 박해해온 무굴에 대한 증오심도 잊지 않고 있었다. 동인도회사와 손잡기를 선택한 현실적인 이유도 있었다. 반란세력이 세를 확보한 델리 같은 도시들을 재탈환할 때 얻을 수 있는 약탈품의 달콤한 유혹 말이다. 인도의 토후들이 델리를 점령한 세포이 항쟁에 냉담한 태도를 보이자, 반란군은 자신들이 진퇴양난의 애매한 상황에 처해 있다는 사실을 깨닫게 된다.

메루트에서 반란이 일어났다는 소식을 담은 전보가, 반란세력이 통신선을 끊어버리기도 전에 캘커타에 도착했다. 영국군은 일단 델리 탈환 후에 메루트를 손에 넣기 위해서 고군분투했다. 인도의 다른 지역에서 영국 병사들이 소환되었고, 중국으로 향할 예정이던 병력까지 소집되었다. 델리와 캘커타 사이에 있는 러크나우에서 발발한 반란은 아직도 영국에 충성을 바치고 있는 세포이들의 활약으로 간신히 진압되었다. 다른 지역의 반란군들은 영국 장교들과 그 가족들의 목숨만은 살려주었다. 하지만 반란에 민간인 폭도들이 참여하면서부터 그마저도 여의치 않았다. 요새를 피난처로 삼은 영국인 장교와 민간인이 가장 먼저 위험에 처했다. 이어 델리 동남쪽에 있는 알라하바드Allahabad에서 무슬림들의 손에 수많은 힌두교도와 기독교인들이 살해당했다. 이 상황을 타개한 것은 영국인 지휘관과 함께 나타난 400여 명의 시크교도였다. 약탈한 술에 거나하게 취한 채 전투에 임해 몸동작이 조금 둔하긴 했어도 말이다. 때마침 도착한 화승총을 사용한 이 병사들 덕에 대학살만은 막았지만, 이 부대의 대령 또한 또 다른 학살을 자행했다.

델리에 있던 불쌍한 무굴의 황제는 이 호전적인 세포이들의 사나움에 간담이 서늘해진 상태였다. 하지만 그는 세포이들이 황궁으로 몸을 피한 영국인 몇 명을 살해하는 것조차 막지 못했다. 이 학살이 자신의 왕조를 끝내 멸망하게 할 것이라는 사실을 본능적으로 깨닫고 있었음에도 말이다.

보복에 나선 영국군의 전투에서 예상 밖의 무장들이 영웅적인 공훈을 세웠다. 헨리 해브로크 경도 그 중 하나였다. 이 62세의 대령은 군에 복무하는 세월 대부분을 인도에서 보내, 인도어에 통달한 사람이었다. 침례교 선교사의 딸과 결혼하여 자신도 경건한 침례교도가 된 것 때문에 승진이 늦어진 것일 수도 있다. 그는 여가에는 항상 기도모임에 참석하고, 병사들을 위해 성경수업을 지도할 정도로 독실한 신자였다. 1857년 말 그가 러크나우에서 이질로 사망했을 때 그의 이름을 딴 도로와 광장이 생겨났을 정도로 해브로크는 빅토리아 시대 영국인에게 깊은 존경을 받았다.

해브로크는 준장이라는 임시계급을 부여받은 상태에서 알라하바드를 떠났다. 칸푸르의 소요를 잠재우고 러크나우의 영국군을 지원

11-6　　델리에 있는 레드 포트. 무굴 왕조의 마지막 요새

하라는 명을 받은 것이다. 일평생 처음 맡아 보는 지휘관 역할이었다. 러크나우에는 불안한 기운이 감돌았다. 비록 영국에 여전히 충심을 보이는 세포이들이 러크나우의 반란세력을 진압하긴 했지만 말이다. 칸푸르의 상황은 더 나빴다. 이곳에 주둔한 세포이와 영국 병사들 중에서 소수만이 대영 제국에 대한 변치 않는 충성심을 보였다. 사령관인 휴 휠러 경이 반란군의 포위에 대비해 구축한 방어체계도 한심하기 짝이 없었다. 오랫동안 사용하지 않은 막사 두 개 주위를 야트막한 진흙 벽으로 둘러놓은 뒤, 주변에 얕은 도랑을 파놓은 것이 전부였다. 그리고 그곳에 59명으로 구성된 포병대와 포 6대, 회복 중인 75명의 부상병들을 배치했다. 식량만큼은 충분했다. 1,000명이 한 달을 먹을 수 있는 식량을 저장해놓았으니 말이다. 당연히 이렇게 임시변통으로 마련된 은신처가 파죽지세로 밀려오는 세포이들의 공격을 감당해

낼 리 없었다. 반군이 휠러에게 총기를 내놓으면 무사히 돌아가게 해주겠다는 제안을 하자 별다른 도리가 없었던 휠러가 제안을 받아들인 것이 비극의 시작이었다. 이들의 제안은 영국인들을 무장 해제시킨 후 무차별 살육하려는 음모였다. 영국인들이 배를 타고 러크나우를 떠나 알라하바드로 퇴각하려던 순간 매복하고 있던 세포이들이 총격을 가하기 시작했다. 피비린내 나는 살육이 벌어졌고, 살아남은 100여 명의 여자와 어린이들은 칸푸르에 감금되었다.

해브로크는 칸푸르에서 벌어진 전투의 참담한 결과를 알라하바드에서 전해들었다. 분노를 주체할 길이 없었으나 몬순 기후가 그의 발목을 잡았다. 결국 그가 칸푸르에 도착한 건 한여름이 지난 9월이었다. 1,000명의 영국인과 130명의 시크교도로 이루어진 그의 부대는 칸푸르로 가는 길목에서 마주친 반란군과 네 번의 전투를 벌였고, 모두 승리했다. 칸푸르에 도착한 해브로크는 절망했다. 난도질당한 뒤, 우물에 버려진 여자와 아이들의 시체가 그의 부대를 맞이했기 때문이다. 그는 너무 늦게 이 도시에 도착한 자신을 책망했다. 한편 눈으로 목격한 참혹한 광경에 극도로 흥분한 그의 부대원들이 피의 광란을 벌이기 시작했다. 해브로크가 허겁지겁 이들의 만행을 중지시키긴 했지만, 그것은 칸푸르에 도착한 영국군이 벌인 무차별 학살의 참상에 대한 보도가 이미 전파를 탄 후였다.

이 보도의 진위에 대한 논쟁을 할 시간도 없이, 해브로크는 러크나우로 향해야만 했다. 그곳의 상황도 칸푸르와 별다를 바 없었기 때문이다. 영국군이 주둔하고 있다는 사실 때문에 러크나우에서는 반란군에 힘을 보태는 세포이의 수가 적긴 했지만, 이 도시를 건사하자면 그것만으로는 부족했다. 칸푸르에서와 마찬가지로 흙으로 쌓은 요새가 준비되었고, 영국 병사와 700명에 이르는 인도인 병사들이 집중 배치되었다. 이 700명의 인도인 병사들은 대영 제국에 대한 충심을 버리지 않은 세포이, 심지어는 복무를 자원한 퇴역 세포이, 그리고 이곳에 파견된 시크교도 약간 명으로 구성되어 있었다. 러크나우의 전선에는 총 1,600명에 이르는 병사와 무장한 민간인이 집결했다. 이들이 구축한 방어선 안쪽으로는 2,000명에 이르는 영국인, 영국-인도 혼혈 인도인들이 은신하고 있었다. 드디어 아우드 전역에서 계속된 공방전이 시작되었다. 러크나우는 당시 아우드의 수도였다. 세포이들은 바하두르 2세가 폐위되자 이번에는 그의 어린 아들을 반란군 지도자로 지목했다.

해브로크는 결국 러크나우에 도달하지 못했다. 열사병 때문에 전투에서만큼이나 많은 사상자들이 발생했기 때문이다. 앞으로의 인도의 향방을 짐작할 수 없었던 영국인은 그의 이러한 용감한 시도에 찬사를 보냈다. 가을이 되면서 상황은 진정국면으로 접어들었다. 최악의 상황은 사실상 끝났다. 인도 전역에서 빈발하던 반란이 점차 잦아들었다. 북서부지방에서는 여전히 반란군의 핵심세력이 맹위를 떨치고 있었지만 말이다. 모르긴 해도 해브로크가 러크나우에 당도하는 데 성공했더라면 그는 쓰라린 패배를 맛보아야 했을 것이고 그런 상황은 인도에서의 대영 제국의 위상에 큰 타격을 입혔을 것이다. 해브로크가 몰랐던 사실은 오히려 델리에 주둔하고 있던 반란군 수뇌부들이 승리에 대한 확신이 별로 없었다는 사실이다. 우레와 같은 영국군 공성포의 발사음과 함께 델리 요새 성벽에 균열이 생겼고, 세 줄로 도열해 있던 영국군 병사들이 쏜살같이 성 내부로 진격했다. 그날 저녁 공격을 감행한 영국군 사상자가 1,000명에 이를 정도로 반란군의 군세도

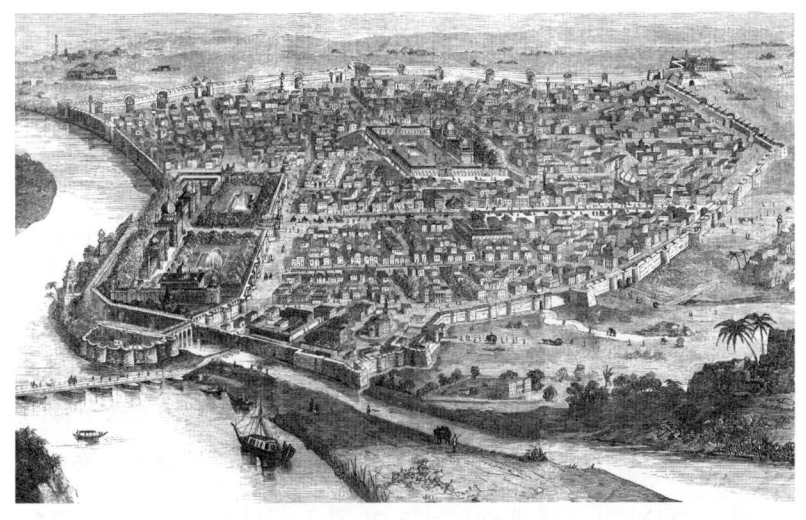

11-7 인도에서 반란이 일어나기 전의 델리. 델리의 몰락은 무굴 왕조의 멸망을 예고하는 사건이었다.

만만치 않았다. 하지만 다음날 아침 영국군이 발견한 것은 지레 겁을 집어먹은 세포이들이 모두 도망치고 말았다는 사실이었다.

무굴의 황제도 이들과 함께 도망쳤다. 얼마 지나지 않아 영국군이 후마윤 묘지에 은신하고 있던 그를 찾아냈고, 바하두르 샤 2세는 목숨만은 살려주는 대가로 항복하는 데 합의한다. 그는 거세된 수소가 끄는 짐수레를 타고 유배지인 랑군으로 떠났다. 한때 엄청난 위세를 자랑했던 무굴의 굴욕적인 말로였다. 1862년 인도 이슬람 제국의 이 마지막 주인은 유배지인 랑군에서 한 많은 삶을 정리했다.

영국 동인도회사의 몰락

이로써 장장 넉 달 반에 걸친 세포이 항쟁은 일단락되었다. 영국 동인도회사는 영국 정부가 인도를 왕실 소유로 돌려놓기 전까지는 인도에서 전과 다름없는 영향력을 행사했다. 이러한 회사의 전제와 독점에 대한 비난을 해결하기 위해서 영국 정부가 나섰다. 정부의 결정으로 동인도회사의 최고 관리자를 대신하는 두 명의 관료가 인도의 행정을 담당하게 되었다. 국회를 대표하는 영국령 인도 주무관과 캘커타에 상주하며 입법과 일반행정을 책임지는 총독의 2인체제가 출범했다. 인도 회사령이 국왕에 이양되는 이 같은 극단적인 변화는 세포이 항쟁 때문에 영국 정부가 울며 겨자 먹기로 추진한 것이었다. 식민지에서, 특히 인도에서 군부 내의 지엽적 갈등이 도화선이 되어 이런 대규모 반란이 일어나긴 했지만, 그보다 근원적인 원인은 오랫동안 점진적으로 벌어지게 된 지배계급과 피지배계급 간의 격차였다. 인도 아대륙의 점점 더 많은 부분들이 영국의 지배를 받게 되면서 심화된 사회적 관계의 근본적 차이가 항쟁의 싹을 틔운 것이다. 그것은 사실 탄약통에 발라진 윤활유가 무엇이냐 하는 문제와는 상관없는 것이었다.

 영국-인도 혼혈의 사회적 지위 약화가 이에 딱 들어맞는 사례라 할 수 있다. 이들은 인도와 영국 사이에서 이도저도 아닌 애매한 위치 때문에 곤란을 겪어야 했다. 1786년 영국 장교의 혼혈 자녀들은 부친이 사망했을 경우 영국에 갈 수 없도록 하는 법안이 제정되었다. 부친이 현직 영국 장교인 혼혈 자녀를 영국에 보내는 것을 금하는 법은 없다며 아버지를 떠나보낸 혼혈 자녀들이 항의해보았지만 소용이 없었다. 고아인 혼혈아들이 가장 먼저 차별에 노출된 것이다. 1795년에는 혼혈인이 영국 동인도회사의 군대에 더 이상 복무할 수 없도록 하는 법이 통과되었다. 혼혈인들은 생업으로 여긴 군대에서 쫓겨나 인도 토후들의 사병으로 일하게 되었다. 한 혼혈인의 말이다.

> 그것은 슬픈 광경이었다. 아버지는 영국 동인도회사에서 일을 하고, 그의 아들은 얼마 전까지 적이었던 인도 토착세력에게 보수를 받는 용병이 되는 것 말이다.

영국 정부가 이런 조치를 단행한 건 두 가지 이유에서였다. 하나는 혼혈사회가 수익성이 좋은 고용에 접근할 수 없도록 차단하기 위함이었다. 다른 이유는 인도의 공무에 발언권을 가진 현지 이익단체의 출현을 우려했기 때문일 것이다. 인종차별이나 적대감 때문은 아니었다. 영국 동인도회사의 직원들은 인도인 아내와 정부를 두었다. 리처드 웰즐리도 예외는 아니었다. 매정한 그의 아내는 그가 1798년 총독에 임명되어 인도에 부임할 때 동행을 거부했고, 남편이 인도인 정부를 두는 것에 동의했기 때문이다. 그는 기후가 그의 성욕을 너무 자극해서 주기적인 성관계 없이는 못 살 것 같다고 부인에게 편지를 썼다고 한다. 그는 부유한 시크교도 집안의 딸을 정부로 삼았다. 그녀는 그의 급한 욕구를 만족시켜주었을 뿐만 아니라, 그가 1805년에 고향으로 돌아가기 전까지 세 명의 아들을 낳아주었다.

하지만 영국 사병은 인도 여성과 결혼할 수 없었다. 인도에 주둔하는 적은 숫자의 병력이 성병에 걸리면 생길 타격을 우려하여, 군 당국은 현지 여성과의 결혼을 금하고 대신 정기적으로 의료검진을 받는 매춘부를 공급했다. 그런다고 피 끓는 나이의 젊은이들이 좋아하는 여성의 꽁무니를 쫓아다니는 걸 막을 수는 없었다. 혼인금지 조치로 영국인 사병과 인도 여자의 공식적인 혼인에는 쐐기가 박혔지만 말이다. 일부 군의관들은 병사들이 매독치료실에 들어가지 않도록 할 가장 효과적인 방법은 병사들이 한 명의 상대에게 정착하도록 장려하는 것이라는 의견을 내놓기도 했다. 특이하게도 인도 사회에서는 영국인 사병을 상대하는 매춘부와 정부들을 사회적으로 천대하지 않았다. 때문에 영국 사병들의 넘치는 성욕을 충족시킬 여성의 공급은 부족함이 없었다. 1850년대 이후 많은 수의 영국 여성들이 인도 땅으로 건너올 때까지 이런 분위기는 지속되었다. 고상한 체하는 빅토리아 시대의 본토 사람들이 식민지 사람들에게 바른 행실과 태도에 대해 일장 연설을 늘어놓았다. 1905년에 이르러서는 거의 모든 인도 여자가 "끔찍하고 혐오스럽고, 때론 치명적인" 성병 보균자로 간주되었다. "인도의 일반 여성과 직업여성 모두 어느 정도는 성병에 감염되어 있다"고 병사들에게 말한 키치너 경 때문이었다. 이런 낭설이 널리 호응을 얻었던 것을 보면 영국령 인도 식민지가 얼마나 '병든' 사회였는지 알 수 있다.

 인도 여성을 타락한 창부쯤으로 여기게 한 일련의 행위는 영국 통치자들이 저지른 인도 비하에 비하면 빙산의 일각에 불과했다. 빅토리아 시대의 페미니스트들도 재미있는 활동을 펼쳤다. 그들은 '비하된' 자신들의 식민지 자매들을 돕기 위해 인류애적인 활동을 펴기 시작했고, 그들의 활동으로 인도 여성이 더러운 창부나 다름없다는 일반적 인식이 더욱 공고해졌다. 영국인 페미니스트들은 인도 여성의 고달픈 삶을 영국 매춘부의 삶으로 치환하여 생각했다. 영국에서 일어난 대규모 반란은 인도를 교화·개선하고자 했던 영국에서 온 내숭쟁이들에 대한 반발이었다. 이 잘난체하는 영국인들은 인도 땅에서 "자신들만의 인간애와 문명화를 극성스럽게 추구했다." 사실 영국 동인도회사가 인도에서 상업적 이익을 취하고 있고, 그 세는 미미했을지언정 무굴의 황제가 엄연한 통치자로 세워져 있을 때는, 영국이 자국의 도덕적 우위를 주장할 마땅한 명분을 찾기 힘들었을 것이다. 하지만 바하두르 2세가 폐위되고 인도의 주권이 영국 왕실의 소유가 되면서, 영국인은 맘 놓고 영국의 도덕적 우위를 강조하기 시작했다. 영국령 인도는 부패한 이슬람교와 힌두교세력을 몰아내고 문명국을 건설하기 위해 영국이 미개한 인도 아대륙에 개입하게 된 자연스러운 결과라고 주장할 수 있게 된 것이다.

더 이상 합병을 할 필요도 없었다. 인도의 모든 토후들이 지배하던 영토는 영국령 인도 제국으로 복속되었다. 이런 변화에도 토후들의 권리에는 변함이 없었다. 이들은 식민지 지도부에서도 사회적 계급의 상층부를 차지하는 봉건적 특권을 누릴 수 있었다. 이런 상황을 흡족하게 여긴 토후들은 1877년 영국령 인도 제국의 여제로 취임한 빅토리아 여왕에게 충성을 바쳤다.

조국이 독립을 잃어가는 것을 흐뭇한 눈으로 바라본 토후들은 얼마 지나지 않아 사치스러움으로 온 유럽에 악명을 떨쳤다. 영국의 통치는 점점 더 강력하게 인도인을 옥죄었다. 영국인은 복잡하고 다층적인 정부제도를 인도 아대륙에 도입했다. 사실 제도만 놓고 보면 왕실의 기준에 따른 이 새로운 제도는 효율적이고 공정했다. 하지만 인도의 고위직 관료와 그 가문들의 독선적 태도 때문에 새 제도의 도입이 큰 효과를 보기는 힘들었다. 사회는 양극화되어 있었다. 무소불위의 권력을 휘두르는 고위직 관료들, 속물근성으로 가득 찬 마나님들, 백인들만 출입할 수 있는 술집, 인도인 승객을 태우길 거부하는 기차

11-8 빅토리아 여왕이 인도의 여제에 즉위하는
상황을 표현한 19세기 영국의 만화

등 각종 차별과 착취가 난무하는 사회가 되어버린 것이다. 이 모든 것은 주제넘게 인도 행정에 사사건건 개입하던 영국 동인도회사의 간섭보다도 견디기 힘든 일이었다. 이런 양극화와 착취의 구조가 인도인의 삶 면면에 스며들기 시작했기 때문이다. 당시에는 거대한 대륙을 손에 넣은 제국주의의 영광이 89년 후면 막을 내릴 것이라는 사실을 누구도 알지 못했다.

간디와 인도의 민족주의

대영 제국의 영토는 이제 전 세계의 4분의 1을 차지했고, 인구도 전 세계 인구의 4분의 1을 넘는 수준이었다. 1898~1905년까지 인도 총독을 역임한 조지 커즌 경은 대영 제국이 인류의 전무후무한 승리라고 자찬하기도 했다. 그는 언제가 되든 영국이 인도에 자치정부를 마련해줄 필요는 없다고 생각하는 사람이었다. 그는 고등교육을 받은 인도인은 정의로워도, 건강한 행정부의 구축에는 관심이 없다고 주장했다. 또한 인도인은 영국 행정부의 권력을 나눠가지는 데만 온 신경을 곤두세우기 때문에, 자치정부 수립에 대해 "아직 전혀 준비가 되어 있지 않다"고 확신했다.

이것은 조지 커즌 경 혼자만의 착각이었던 것 같다. 인도에 거주하는 영국인은 날이 갈수록 강경해지는 인도인의 민족주의운동을 마주해야만 했다. 1885년에 결성되어 현재까지 존속되고 있는 인도의 다수당 국민회의의 입김도 점점 거세졌다. 마하트마 간디가 등장하기 이전에도 말이다. 인도에서는 보통회의당Congress Party이라 부르는 국민회의는 영국의 지원으로 1885년에 결성된 인도의 보수정당으로 조지 커즌 경의 무례함이 이들의 집결을 도운 측면도 있다. 국민회의는 영국의 식민통치를 비판하는 예리한 감시자의 역할을 톡톡히 했다. 조지 커즌 경이 영국을 떠난 1년 뒤인 1906년에는 이슬람 국가인 파키스탄 건설을 목표로 내걸고 결성된 인도 이슬람교도 정치인들의 정당 인도무슬림연맹이 발족했다. 세포이 항쟁 이후 공고한 식민통치의 틀을 유지해온 체제의 분열조짐이 보이기 시작한 것이다.

반영운동의 기운이 급속하게 인도 아대륙에 퍼지던 즈음, 1917년

11-9 　조지 커즌 경의 1902년 하이데라바드 방문. 토후국인 하이데라바드 왕국의 국왕 니잠도 동석했다.

에 통치구조 개혁을 시행하겠다는 약속을 한 덕에 영국인에게 잠시 숨 돌릴 틈이 주어졌다. 후에 이 개혁조치는 영국령 인도 주무관인 에드윈 몬터규와 식민지 총독 챔스퍼드 경의 이름을 따서 몬터규-챔스퍼드 개혁이라 명명되었다. 1차 세계대전 이후 영국에 협력한 인도는 자치운동을 전개하여, 1916년경부터는 반영 기운이 급속하게 높아졌다. 여기에 대응하여, 영국령 인도 주무관인 에드윈 몬터규와 식민지 총독 챔스퍼드 경이 1918년 의회에 보고서를 제출했다. 이에 의거하여 1919년 신통치법이 제정·공포되고, 1921년 실시되었다. 주요 내용은 극단적인 중앙집권제를 고쳐 주정부에 어느 정도의 권한을 위양하고, 입법기관에 직선제를 도입한 것이다. 몬터규-챔스퍼드 개혁에서 영국 정부는 제한적 대의민주제를 도입하여 입법위원을 직선하는 책임정부체제를 제안했다. 표면적으로만 보자면 상당한 양보를 한 듯이 보였다. 식민지 총독부의 일곱 명의 입법기관 중 세 명을 인도인으로 채우겠다는 것이었으니 말이다. 하지만 자세히 들여다보면 이는 눈 가리고 아웅 하는 것에 불과했다. 이 인도인 입법기관이 행사할 수 있는 권한은 결정적인 정치적 행동과는 거리가 먼 것이었기 때문이다. 그들은 교육·공중보건·농업·관개사업 등 정치와는 무관한 분야를 담당하게 되었고 인도 정치를 좌우지하는 핵심기관은 여전히 영국인의 손아귀에 남아 있었다. 이번 개혁조치에는 고학력 인도인을 중앙정부와 지방정부로 흡수하여 궁극적으로는 이들을 영국령 인도 제국에 옭아매 놓으려는 속셈이 숨어 있었다. 2차 세계대전이 발발하기 직전까지 영국의 보수당은 이 다른 피부색깔을 가진 인재들의 가치를 심히 의심스러워했지만 말이다.

1915년 인도로 귀국한 마하트마 간디는 인도 민족주의 노선과 영국 집권세력 간의 갈등과 투쟁의 양상을 엄청나게 바꿔놓았다. 그는 라지코트라는 작은 마을에서 관리로 봉직하던 사람의 아들이었다. 본명은 모한다스 카람찬드 간디로 런던 법학원에서 법학학위를 받은 것이 최종 학력이었다. 1891년 변호사 자격증을 취득하고 귀국하여 변호사로 개업했지만 봄베이에서 자리를 잡지 못했다. 1893년 남아프리카에 있는 인도인 상인의 소송사건을 의뢰받아 남아프리카 연방의 더반으로 건너갔다. 그곳에서 그는 아파르트헤이트, 즉 백인들의 인종차별정책으로 고통받고 있는 동포들을 만나게 된다. 그곳에서 그는 인도인의 지위와 인간적인 권리를 보호하고 불의에 단호하게 항거하기로 결심하고 연방 당국에 대한 인종차별 반대투쟁단체를 조직하기도 했다. 인도로 귀국한 그가 멀고 먼 남아프리카 땅에서 깨닫고 온 것은 시민불복종의 방식으로 식민지정부를 당황하게 만드는 것과, 자유를 기치로 무슬림과 회교도들을 한데 뭉치게 할 수 있다는 사실이었다. 간디는 인도 땅에서 자행되는 불가촉천민에 대한 차별을 비롯한 모든 형태의 인종적 편견을 혐오했다. 인종차별을 타파하기 위한 그의 비폭력운동에 대해 영국세력의 척결과 같은 국가 중대사를 앞에 두고 이런 문제를 제기하는 건 적합하지 않다고 보는 정치가들도 있었다. 또 간디의 노선을 힌두교에 대한 공격으로 받아들이는 이들도 있었다. 하지만 간디는 이에 굴하지 않았다. 그는 1934년 인도 동부 비하르Bihar 주에서 일어난 지진은 불가촉천민을 차별한 것에 대한 하늘의 응징이라고 말하기도 했다. 불가촉천민의 다른 명칭 하리잔Harijan은 '신의 자녀'란 뜻이다. 이 가련한 계급의 사람들을 긍휼히 여겨 불가촉천민제도의 철폐와 이들의 권익보호를 평생의 과업으로 삼았던 간디가 붙여준 명칭이다.

간디는 시민불복종과 소극적 저항을 계속 이어나갔다. '진실된 힘'이라는 뜻의 사티아그라하satyagraha(무저항 불복종운동, 간디주의라고도 한다)라 불린 간디의 투쟁은 영국의 식민통치를 방해하는 데 상당히 효과적이었다. 훗날 간디는 독일의 박해를 받는 유대인에게 사티아그라하와 같은 투쟁방식을 권하기도 했다. 이에 대해 독일의 유대인 사상가 마르틴 부버가 강제수용소 행은 구금이 아니라 죽음을 선고받는 것이며, 유대인은 영국인과는 비교도 할 수 없을 만큼 잔혹한 나치를 상대하고 있음을 지적했다. 부버는 이런 비폭력운동을 대규모 시위로 확산시킬 수 있는 인도인 인구에 비해 유대인은 상대적으로 소수라는 사실도 상기시켰다. 1919년 인도에서 대규모 시위가 발생했다. 시위는 델리·아메다바드·펀자브로 걷잡을 수 없이 확산되었다. 이 시위로 영국 식민지 당국뿐만 아니라 국민회의의 입장도 꽤 곤란해졌다. 비폭력 운동 방침을 채택했음에도, 인도 각지에서 유혈사태가 발생한 것이다. 유럽인에 대한 공격과 약탈, 방화가 이어졌다. 간디는 시민불복종운동이 촉발한 대규모 시위의 흉포함에 경악을 금치 못했다. 그래도 사태의 확산은 혼란을 자극한 경찰 때문이라고 탓하기도 했지만 말이다. 최악의 폭력사태는 펀자브 주 서부에 있는 성시聖市 암리차르Amritsar에 있는 황금사원Golden Temple에서 발생했다.

영국세력이 머지않아 인도 땅에서 쫓겨날 것이라는 소문에 흥분한 암리차르 시민 때문에 현지 관료들은 요새방어를 강화할 병력 증강을 정부에 요청했다. 관료들은 원군이 도착하기도 전에 식민정부를 노골적으로 비판한 두 명을 체포하는 실수를 저질렀다. 이에 격분한 인도인이 대규모 시위에 나섰고, 영국군의 총기 발사로 시위행렬에 참가한 사람 중 여섯 명이 죽거나 다치는 상황이 벌어졌다. 분노한 인도인은 고삐 풀린 망아지처럼 날뛰기 시작했다. 이들은 공공건물에 불을 지르고, 전화선을 끊어버렸다. 길을 거닐던 여섯 명의 유럽인이 벌건 대낮에 살해당했다. 암리차르 광장의 잘리안왈라 바그Jullianwala Bagh 정원은 북적이는 시장 바로 옆에 있는 인도인들의 휴식처였다. 10,000여 명의 인도인이 잘리안왈라 바그 정원에 운집하여 영국의 공공집회 금지명령에 항의했다. 얼마 지나지 않아 가장 가까운 곳에서 여단을 이끌고 있던 레지널드 다이어 장군과 그의 휘하에 있는 구르카 소총부대가 도착했다. 그는 공공집회 금지명령을 어기고 모여 있는 시위대를 무력으로 해산시키기로 결심했다. 이 오래된 정원에서 다이어는 발포명령을 내렸고, 구르카 소총부대는 비무장 상태의 인도인을 향해 10분 동안이나 총격을 가했다. 379명이 사망하고 1,200명 이상의 시위대가 다쳤다. 말로 형용할 수 없는 공포가 암리차르 광장을 휩쓸고 지나갔다.

다이어 장군은 영국이 되찾은 권위를 확인하기 위해 인도인에게 굴욕적인 명령을 내렸다. 유럽인이 공격당한 자리를 지날 때마다 인도인은 네 발로 기어야 한다는 것도 그 중 하나였다. 시위가 끝난 것을 환영한 건 영국인만이 아니었다. 시위에 동반된 약탈로 거의 모든 것을 잃을 뻔했던 상인과 상점 주인, 황금사원의 수호자들도 이를 열렬히 환영했다. 여기서 한 발 더 나아가 황금사원의 수호자들은 다이어 장군에게 감사의 선물이라는 명목으로 터번과 의식용 단검을 바쳤다. 이 집단학살극에 대한 비난여론이 들끓었다. 비록 다이어 장군만큼은 잘리안왈라 바그 정원에서의 군사적 개입의 정당성에 대해 일말의 의구심도 품어본 적이 없었지만 말이다. 의회는 이 잔혹한 학살극을 에둘러 비난했다. 윈스턴 처칠은 다이어 장군의 행동을 의회에서 직접 비난하기도 했다.

무시무시한 사건입니다. 이 악독한 만행은 (중략) 대영 제국의 현대사에 유례가 없는 중차대한 범죄입니다.

이 때문에 다이어 장군은 조기 전역을 해야 했지만, 수많은 영국인들이 그의 지지세력임을 자청했다. 그들은 이 학살자에게 26,000파운드의 현금과 '제국의 보호자'란 글귀가 새겨진 황금 칼을 선물했다. 간디는 펀자브를 비롯한 인도 내의 폭동을 산발적으로 폭력성향이 터져 나온 민심의 폭발이라기보다는 이를 조직화한 어떤 세력의 소행으로 보았다. 하지만 세포이 항쟁 이후 영국 통치에 대한 가장 직접적인 도전이라 할 수 있는 이 대규모 소요사태의 주모자는 아직까지도 확인된 바가 없다.

1920~1930년대에 국민회의는 인도의 독립을 위해 영국 정부에 지속적인 압박을 가하는 강경노선을 폈다. 즉각적인 독립은 아직 시기상조라는 견해를 가지고 있던 간디는 이런 정책방향에 불만을 가졌고, 1940년 자와할랄 네루에게 자신의 자리를 양보한다. 같은 해 혁명적 성향을 갖고 있던 국민회의의 일원 찬드라 수바스 보스가 국민회의의 비폭력저항운동에 반감을 표시하며 당을 탈퇴했다. 간디는 오래전부터 이 사나운 기질의 사내를 깊이 불신했다. 전쟁 중인 영국의 상황을 이용하려 했던 보스의 계획 때문에 네루도 마음고생을 해야 했다. 네루는 보스의 주장은 히틀러에게 손을 내밀자는 것과 마찬가지라고 말했다고 한다. 간디는 2차 세계대전 중에도 비폭력·비협조만이 일본의 인도 침공에 저항하는 유일한 방법이라고 제의하는 것으로 다시 한번 자신의 정치적 미숙함을 드러냈다. 간디는 전쟁 중인 1942년에 "인도를 떠나라"는 구호를 내걸고 반영운동을 진행했다. 후에 영국을 상대로 한 이 "인도를 떠나라" 캠페인 때문에 1942년 중국·인도에 주둔한 일본인들이 승리를 거뒀을 수 있지 않았느냐는 한 미국인 기자의 질문에 간디는 다음과 같이 답했다.

> 저는 폭력과 대척점에 있는 저의 행동으로 인해 이런 비극이 일어날 줄은 꿈에도 몰랐습니다.

간디는 그 다음 해에 자신은 1935년 인도 통치법을 한 번도 제대로 읽어보지 않았다고 고백했다. 1935년 인도 통치법은 인도인에게 보

11-10   1940년 그 어느 때보다도 굳은 결심을 한 후의 간디.
영국령 인도 제국의 지배에 항거한 불굴의 영웅이다.

다 큰 범위의 자치권을 주는 것을 골자로 하는 법이다. 그는 후에 영국 정부가 인도인에게 자치정부를 구성할 수 있는 본질적 권한을 모두 부여했다는 사실을 발견하고 매우 놀랐다고 한다. 이 법으로 인도는 최종적인 독립의 청사진을 얻은 것이나 다름없었다. 하지만 보수적인 인도 집권세력은 토후와 무슬림, 그리고 소수민족들의 연합을 동원해서 국민회의의 행보를 저지하려 했다. 처칠이 장난스럽게 표현한 것처럼 항상 헐벗고 지냈던 이 "반라의 고행자"는 실제적인 권력으로부터 멀어졌다.

간디의 비폭력운동은 이미 빛을 바랜 지 오래였다. 그가 오랫동안 애지중지해온 이상은 속세의 권력을 좇던 다른 이들의 아귀다툼으로 설 자리를 잃었다. 독립 인도의 상징으로 물레 대신 아소카 차크라, 즉 아소카 왕의 법륜法輪이 선택된 것만 보아도 그랬다. 비폭력정치투쟁에 일생을 바친 간디가 물레로 실을 잣는 것과 같은 상징적인 행동으로 수억 인도인을 감화한 시대는 이제 끝난 것이다. 아소카 왕은 최초로 불교를 받아들인 통치자였다. 하지만 그가 비폭력을 단호하게 주장한 적은 한 번도 없었다. 물론 그가 불교의 가르침에 영향을 받아 무력을 동원하지 않고 사태를 해결하는 것을 선호하긴 했으나, 필요할 때 무력의 사용을 망설였던 적은 없었다. 최소한의 유혈사태가 되길 원했다는 점이 이전의 통치자들과 조금 달랐을 뿐이다. 100만여 명이 운집한 속에 치러진 간디의 장례식에서 간디의 시신은 가장 가까운 추종자들의 어깨로 짊어진 것이 아니라 포차砲車로 운구되었다. 후에 그를 흠모하던 사람들은 이를 애통해했다. 그의 추종자가 남긴 말이다.

간디는, 인도인의 호랑이 같은 겉모습을 없애는 데 성공했지만,
호랑이 같은 본성마저 없애지는 못했다.

독립과 분할

아시아에 세를 뻗치고 있던 모든 유럽 세력 중에 품위 있게 철수하는 데 성공한 것은 영국뿐이었다. 이는 인도에 때 이른 독립이라는 선물을 안겨준 클레멘트 애틀리의 덕이었다. 그가 이끌던 노동당이 1945년 선거에서 압승을 거두지 않았더라면, 영국인은 계속되는 식민지 전쟁에서 싸우고 있는 자신들의 모습을 발견했을지도 모를 일이다. 처칠 같은 '골수보수' 세력은 전후 상황에 빠르게 적응하여 불필요한 갈등을 피하는 요령을 발휘할 수 없었을 것이다. 1935년 인도 통치법을 놓고 하원에서 벌어진 토론에서 그는 "인도에는 영국 통치세력을 제외하면 실질적인 권위를 가진 기관은 아예 존재하지도 않는다"는 발언을 하기도 했다.

하지만 처칠의 뒤를 이어 노동당 단독 내각의 당수가 된 애틀리의 생각은 달랐다. 그는 인도의 독립을 보장해주어야만 영국이 아시아에 변함없는 영향력을 행사할 수 있을 것이라고 확신했다. 매끄러운 탈식민지화의 과정을 영국이 솔선하여 주도하는 것처럼 보이는 것이 관건이었다. 영국은 상황에 끌려다니는 법이 없는, 주도적인 정치권력이라는 이미지를 심고자 했던 것이다. 조금씩 권력을 이양하는 것으로 온건한 인도 국수주의자들과의 합의를 도출하여, 극단주의자들이 인도를 장악하는 것을 방지하는 데 성공해야만 실현 가능한 정책이었다. 1940~1950년대에 걸쳐 영국은 이 정책을 대체로 성공적으로 실현해 냈다. 낡은 제국의 틀을 새로운 체제로 탈바꿈시켜 식민국과의 동등한 협력자 관계를 구축하는 데 성공한 것이다. 하지만 아시아에서 유일하게 인도가 영국의 골치를 썩였다. 인도 내에 존재하는 집단 간의 차이 때문에 인도가 두 개의 적대적인 국가로 나뉘게 된 것이다.

독립으로 달려가는 과정에서 화합을 도출하지 못한 것은 무함마드 알리 진나에게는 다행한 일이었다. 그는 국가분할을 주장하는 무슬림 민족주의자 진영의 지도자였기 때문이다. 그는 1940년 파키스탄 라호르에서 개최된 전 인도무슬림연맹대회에서 있었던 결의 내용을 실행할 것을 고집했다. 인도에 거주하는 이슬람교도를 위한 독립국가 건설을 추진하는 것이다. 인도 내에 존재하는 두 진영의 결별은 예고된 것이나 다름없었다. 어떻게든 인도의 독립은 실현되어야 하는 것이었기 때문이다. 분리에 대한 찬반양론으로 어수선한 분위기 속에서 루이스 마운트배튼 경이 마지막 인도 총독으로 부임했다. 1947년 3월 뒤숭숭한 기운이 아직 가시지 않은 델리에 도착한 그는 인도 국민 대다수가 자신들의 나라가 둘로 나뉠 것이라고 믿고 있다는 사실에 놀랐다. 빅토리아 여왕의 증손자인 그는 왕족임에도 불구하고 이전의 영국인 통치자들과는 상당히 다른 성품과 경력을 지닌 사람이었다. 1943~1946년 동남아시아 연합군 최고사령관으로서 일본과 전쟁을 치른 경험이 있는 그는 상급자와 동맹국, 속국을 다루는 법을 잘 알고 있었다. 인도에서의 위기상황을 조망하던 애틀리가 국내외 정세에도 밝고 노련한 정치감각의 소유자였던 루이스 마운트배튼 경을 떠올린 것도 무리가 아니었다.

총독으로서의 업무를 시작한 마운트배튼은 인도의 사회지도층이 내보이는 허영심에 상당한 충격을 받았다. 그 자신도 허영심이 아주 없는 사람은 아니었지만, 무함마드 알리 진나는 이런 그가 보아도 놀라울 정도의 허세를 부리곤 했다. 진나는 측근들이 제출하는 제안을 거부하는 것을 벼슬인 양 즐기는 자였다. 마운트배튼의 눈에 진나보다는 덜 이상한 사람으로 비춰진 네루도 문제가 없진 않았다. 말에 신중을 기하지 못하는 성격의 네루는 이 때문에 당혹스러운 일을 겪곤 했다. 물론 두 지도자는 자신들의 추종세력의 최대 이익이 무엇인지 잘 알고 있다는 사실에 자족하고 있었지만 말이다. 마운트배튼을 힘들게 한 또 다른 요소는 여전히 배후에서 막강한 영향력을 행사하고 있던 간디란 존재였다. 그는 국민회의의 다른 지도자들과 달리 어떤 의미에서는 고집불통이었다. 힌두·이슬람사회의 화해와 인도 통일의 필요성을 역설했던 그는 분단을 비롯해 영국이 제시하는 그 어떤 대안도 받아들일 수 없다는 태도를 취했다.

마운트배튼의 임무는 영국이 도덕적 이유에서 인도를 자발적으로 포기했다는 인상을 주면서 인도에 독립을 쥐어주는 모양새를 만드는 것이었다. 애틀리가 지시한 이 임무를 완수하기 위해 그는 자신의 매력과 교활함을 총동원했다. 그는 온갖 수단을 동원하여 간디의 마음을 돌려놓으려 했다. 간디는 어쨌거나 인도를 독립시키기 위해 안간힘을 쓰는 이 영국인 고위관료의 막바지 노력에 응해주었다. 그가 거짓말을 했던 건 아니다. 마운트배튼은 애틀리에게도 같은 취지의 말을 했다.

> 인도의 분할은 조만간 반드시 일어날 일입니다. 이건 우리가 화산의 가장자리에 앉아 있는 거나 마찬가지 일이니까요. (중략) 세 개의 주된 분화구, 그러니까 벵골·펀자브·북서부 변방 이 세 지역에서 언제든지 폭발은 일어날 수 있는 상황입니다.

마운트배튼은 델리에서 이뤄진 기자회견에서 이르면 예정된 날짜보다 1년 빠른 8월에 인도가 독립할 수도 있다고 밝혔다. 런던 시민은 그의 말에 큰 충격을 받았다. 하지만 애틀리는 노회한 정치가답게 이 상황을 침착하게 처리해나갔다. 그는 권력이양의 시기까지는 법령집에 인도 독립법을 올려놓겠다고 약속했다.

분할독립안이 상정된 초기에는 별다른 갈등이 불거지지 않았으므로 인도의 힌두와 무슬림세력은 모두 동서분할협정을 평화적으로 조인했다. 시크교도들 사이에서도 자신들만의 독립국가를 세우고자 하는 움직임이 일었다. 하지만 협정이 무사히 조인되었기 때문에 마운트배튼은 제시된 분리독립안에 대한 찬성표가 유난히 적었던 북서쪽 국경지역의 국민투표 결과를 무시해버렸다. 이는 국민회의가 투표를 보이콧하면서 생긴 일이었는데, 이를 무시한 것은 총독의 지나치게 낙관적인 판단이었다. 독립 직후 1,000만 명이 자신들의 종교를 따라 국경을 넘어 인도로, 혹은 파키스탄으로 이주하면서 일어난 폭동으로 무려 700,000명에 이르는 사람들이 목숨을 잃었다. 양차 대전이 벌어진 사이에 인도 땅에서 벌어진 여러 가지 상황들, 말하자면 무슬림의 부흥, 국민회의의 독립 요구, 전쟁으로 인해 뚜렷한 향방을 정하지 못했던 영국의 주먹구구식 대외정책 등 복잡다단한 상황들로 인해 인도 독립을 치밀하게 준비하지 못한 결과였다. 결국 마운트배튼이 1947년 분리독립이라는 묘책을 관철하기는 했지만 상황을 장악하지는 못했다. 결국 그는 인도에 주도적인 입지를 확보해주는 데 실패했으며, 이는 두고두고 화근이 되었다. 애틀리가 대담한 결정으로 이른 독립을 추진하는 것으로 이 복잡한 상황을 일단락했지만, 지나치게 짧은 준비기간을 거쳐 분리독립을 단행한 것이 집단적 폭력사태를 촉진시켰을 가능성을 배제할 수 없다.

인도와 파키스탄 양국의 적개심은 1947년, 1965년, 1971년에 잇달아 발생한 전쟁으로 이어졌다. 1971년에 발생한 전쟁에서 독립한 파키스탄 동부의 세력은 방글라데시를 건국한다. 인도와 중국, 파키스탄의 경계에 있는 산악지대 카슈미르의 독특한 상황도 분쟁의 원인이 되었다. 주민 대부분이 이슬람교도임에도 불구하고 통치자가 힌두교를 믿었기 때문에, 카슈미르 지역은 분리독립 당시 인도 편입을 선언했다.[2]

스리랑카와 방글라데시

애틀리의 비호 아래 마운트배튼이 분전한 결과 인도와 파키스탄 모두 영연방에 남기를 선택했다. 오랜 세월 독립을 부르짖었던 국민회의가 영국의 군주를 '가족'의 우두머리로 받아들여 충성을 맹세하는 것은 공화정체제를 꿈꿔온 인도 국민의 입장에서는 받아들이기 힘든 일이었다. 결국 영연방은 인도 공화국을 수용하기 위해 1949년 영국 국왕에게 충성을 서약하는 제도 자체를 폐기하고, 영국 여왕이 아닌 자국 대통령을 국가 원수로 하는 나라의 영연방 편입을 허용했다. 1950년 영연방 총회는 "영국 국왕은 영연방의 수장이며 자유로운 결합의 상징"이라는 성명을 발표했다. 인도는 18세기 영국에 아시아 영토확장의 원동력을 제공한 땅이었다. 20세기에도 다시 한 번 더 인도가 그와 비슷한 역할을 하게 된 것이다. 인도의 합류를 시작으로 아프리카·파

---

2   파키스탄은 이에 주민들의 의사를 무시한 조치라고 맞섰고, 인도-파키스탄 분쟁이 시작되었다. 이후 인도는 파키스탄 침략자들이 카슈미르 계곡에 진입할 수 없도록 군대를 배치했고, 이때 시작된 영토분쟁은 지금까지도 계속되고 있다.

키스탄·카리브해의 국가들과 태평양과 동남아시아 국가들이 속속 영연방의 울타리 속으로 편입되었다. 자유국들의 연맹이라는 애틀리의 이상은 이제 정치적 현실이 되었다.

1948년 스리랑카도 식민지의 신분에서 벗어나 독립국으로서 영연방의 일원이 되었다. 인도와 맞닿은 이 거대한 섬나라는 이후 자치정부의 통치를 받는다. 사실 스리랑카의 독립은 주변국인 인도의 독립 덕분에 현실화된 일이었다. 자치정부가 스리랑카를 통치한 덕에 1942년 이 거대한 섬을 급습한 일본 제국주의 해군으로부터의 피해를 최소화할 수 있었다. 실론 섬에도 복잡한 정치적 상황이 존재했다. 스리랑카는 당시에 실론Ceylon으로 불렸다. 선거정치의 도입으로 신할리족과 섬 북부에 밀집되어 있던 타밀족의 반목이 심화된 것이다. 스리랑카 북부의 항구도시 자프나Jaffna에 본거지를 둔 급진적인 타밀족은 신할리족이 자신들의 표를 온전히 자기 부족 출신으로 내각을 구성하는 데 다 써버린 것에 실망했다. 신할리족과 영국 식민정부는 자신들의 대표를 위한 공직을 할당해달라는 타밀족과 소수 무슬림들의 요구를 거절했다. 특히 남쪽에 근거지를 두고 있는 신할리족은 타밀족이 선출직에 당선되는 것을 극도로 경계했다. 국민의 대표로 선출되기 위해서는 5년 거주요건을 충족해야 했지만, 사실 이 거주요건이 스리랑카에 대한 충성도를 증명하는 필요충분조건은 아니었다. 이런 정치적 공방 속에서 수많은 힌두교 타밀족 가문들이 이미 수백 년 동안 스리랑카에서 살아왔다는 사실은 까맣게 잊혀졌다.

정당한 열망을 묵살당한 타밀족은 반발했다. 1976년 타밀족은 북부지방을 본거지로 하여 타밀 엘람 해방 호랑이Liberation Tigers of Tamile Eelam라는 무장 반정부단체를 조직했다. 이때부터 시작된 타밀

호랑이 세력과 스리랑카 정부 사이의 분쟁은 현재까지 이어지고 있다. 2009년 타밀 엘람 해방 호랑이 세력이 완패하는 것으로 상황이 일단락되었지만 말이다. 권력집단 간 반목하는 상황이 1956년 처음 연출되었을 정도였으니 노동당 정부는 스리랑카가 인도와 같은 분열을 겪지 않아도 된다는 사실을 자축했다. 또 다른 문제는 종교였다. 신할리족이 민족주의와 종교를 혼합하여 급작스럽게 불교도로 개종한 것이 화근이었다. 스리랑카는 언젠가 세속주의를 표방하는 나라로 되돌아가겠지만, 지금은 소승불교를 믿는 불교신자들이 국민의 대다수를 차지한다. 오래 지속되지는 않았지만 불교도가 아닌 국민은 2등 시민으로 간주되던 시기도 있었다. 당시에 기독교인은 가혹한 대우를 받아야 했고, 곳곳의 교회가 파괴되었다. 선교사들의 포교활동이 스리랑카 문화를 훼손하려는 미국의 음모라는 말이 나돌았을 정도였다.

1971년에 일어난 3차 인도-파키스탄 전쟁으로 근대 남아시아에서 세 번째로 방글라데시란 국가가 탄생했다. 파키스탄인이 시작한 이 전쟁이 인도인에게는 이제 놀라울 것도 없는 일이었다. 1970년대 후반 아와이연맹의 수장 무지부르 라만은 동파키스탄에서 치러진 선거에서 압승을 거둔다. 아와이연맹은 이 선거에서 동파키스탄의 독립을 주장하는 분리주의를 내세웠다. 파키스탄의 독재자 아그하 무함마드 야히야 칸 장군은 이 결과를 받아들이길 거부한 뒤 계엄을 선포했다. 무지부르 라만의 지지세력은 핍박을 받게 되었고, 수백만의 파키스탄인이 인도 국경으로 피신했다.

이 피난민들의 문제를 해결하기 위해 인도 정부는 방글라데시의 레지스탕스 운동인 무크티 바히니Mukti Bahini 운동을 후원했다. 무크티 바히니의 해방군은 게릴라 전법을 동원하여 야히야 칸의 서파키스탄 세력에 맞섰다. 파키스탄 집권세력이 1971년 두 개의 전선에서 싸워야 했다는 이야기이다. 인도와 해방군 모두를 상대하기가 버거웠던 파키스탄군은 결국 인도의 동파키스탄 침략을 막아내는 데 실패하고 만다. 1971년 말 다카의 파키스탄 요새가 인도군의 손에 함락되고 90,000명의 포로가 생포되었다. 인도가 동파키스탄 세력을 후원하면서 서부 국경지역을 효과적으로 방어한 전략이 주효한 것이다. 어쨌든 인도의 조력으로 이 무슬림 국가는 두 동강이 나버렸다. 양국이 핵보유국 선언을 하고 대치하는 것이 상황을 변화시키지는 않았다. 방글라데시가 가까스로 살아남아 명실상부한 독립국가로 자리매김했기 때문이다. 그럼에도 불구하고 인도는 방글라데시를 우호적으로 대하지 않았다. 인도에서 갠지스 강을 가로지르는 댐을 건설한 것 때문에, 방글라데시의 관개체계에 혼란이 초래되었을 뿐만 아니라, 몬순 기후일 때는 최악의 홍수가 일어났다. 수자원 관리와 사막화 문제는 인도와 방글라데시에 풀지 못한 숙제로 남아 있다.

12장

현대 동아시아

우리가 합의점을 찾고 식민국으로서 겪은 불행과 아픔을 씻어 버린다면, 서로를 이해하고 존중하는 것이 쉬워질 것이다.

— 1955년에 열린 반둥 회의에서 저우언라이周恩來의 발언

중국의 굴욕

베이징北京에 파견된 최초의 영국 사절 매카트니 경이 삼궤구고의 예를 거부했다는 이유로, 청나라는 1793년 영국과의 수교를 맺지 않았다. 삼궤구고三跪九叩는 세 번 절하고 아홉 번 이마를 땅바닥에 찧는 의식으로, 매번 절을 할 때마다 몸을 땅바닥에 납작 엎드린 채로 이마가 바닥에 닿게 해야 했다. 영국 사절은 이 의식을 거부하기 위해 치열한 협상을 벌였다. 그는 자신이 착용한 바지가 몸에 딱 달라붙어서 엎드려 절하기 곤란하다는 이유까지 들어야 했다.

이때의 경험이 영국인에게 악몽으로 남았던지 삼궤구고를 의미하는 '코우타우kowtow'라는 영어 단어는 중국과 관련된 모든 잘못된 것, 특히 구습을 총칭하는 의미를 갖게 되었다. 중국인이 구시대적인 예법에 집착하긴 했지만, 꼭 그것 때문에 영국과의 수교를 거절한 건 아니다. 그들은 유럽이 자신들의 속국에 끼칠 악영향을 두려워했다. 만주족 일부가 중국의 해상 무역시장을 개방하는 것을 꺼린 건 이 때문이었다. 매카트니 경이 수교에 성공하지 못한 것은 영국 동인도회사의 아편 암거래 때문이기도 했다. 중국으로부터 엄청난 양의 차를 수입한 탓에 발생한 무역수지 불균형을 해결하기 위해서는 은이 필요했고, 이를 위해 영국은 의도적으로 인도에서의 아편생산을 증대시켰다. 동인도회사는 이렇게 생산된 아편의 공급만큼은 신중을 기했다. 아편밀수를 개인 상인들에게 맡겼던 것이다. 하지만 이런 편법적 거래를 베이징에서 알아채지 못할 리 없었다. 1839년 이런 행위를 근절하라는 특명을 하달받은 흠차대신이 중국 남부로 파견되었다. 당시 중국의 아편 문제는 상상을 초월하는 수준이었다. 6년 전 아편거래의 독점을 철폐한 것이 사상 초유의 무질서를 초래한 것이다.

흠차대신 린저쉬林則徐는 먼저 중국인 수입업자와 유통업자들이 결탁해 만든 아편거래 지하조직을 일망타진했다. 그 다음으로는 서양 상인들의 아편재고를 어떤 보상도 없이 폐기해버렸다. 강제수단으로 아편을 몰수한 후 린저쉬는 외국 상인들에게 이런 끔찍한 마약밀수에 다시는 손을 대지 않겠다는 약속을 받아냈다. 이런 와중에 영국 선원이 중국인을 살해하는 사건이 발생했고, 린저쉬는 광저우廣州에서 영국인들을 사실상 추방해버렸다. 영국에 4,000명의 병력이 탑승한 20척의 군함을 파견할 명분을 쥐어준 것이다. 추방의 원인을 제공한 사건의 시시비비 따위는 문제 삼을 필요도 없었다. 사건의 전말은 이랬다. 영국 선원들이 술김에 싸우다 중국 남성을 살해했음에도 연루된 선원들 중 누구도 연행되지 않자, 린저쉬는 즉각 범인의 인도를 요구했다. 영국이 이 요구를 거절하자 린저쉬는 영국인들을 광저우에서 몰아내 홍콩에 정박된 배 위에서만 생활할 수 있도록 강제했다. 영국인들은 홍콩에서 원정대가 올 날을 손꼽아 기다렸다. 압도적 우위를 자랑하는 대영 제국의 군대가 중국인의 코를 납작하게 해줄 것을 기대하면서 말이다.

1840년 영국은 런던에서 중국 제국과 전쟁이 발발했음을 공식으로 선언했다. 후에 1차 아편 전쟁으로 명명된 이 전쟁에서 얻을 수 있는 막대한 이득 때문에, 전쟁에 대한 모든 반대 의견은 묵살되었다. 당시 외무장관이었던 파머스턴이 아편 전쟁은 상업적 이익 때문이 아니라 국가의 명예를 지키기 위한 전쟁이며, 해외에 거주하는 영국인들의 자유는 어떤 방식으로건 보호받아야만 한다고 교묘하게 주장했지만 말이다. 청나라는 대영 제국 시민의 특권을 보장하기 위해 치러야만 하는 대가에 대해서 이제 막 알게 될 참이었다. 영국은 식민지 인도에서 병력, 물자를 조달했다. 영국군에게는 힘들이지 않고 상류에 있는 도시와 마을들을 포격할 수 있는 군함이 있었다. 특히 증기선 네메시스호는 어떤 요새의 벽이라도 뚫을 수 있는 막강한 화력을 자랑했다. 진수한 철갑선 중 가장 거대한 군함인 네메시스호 덕에 영국인은 광저우로 가는 관문을 지키고 있는 요새들을 하나둘 함락시켰다. 중국의 범선을 침몰시키는 것은 우세한 전력을 보유한 영국군에게는 식은 죽 먹기나 마찬가지 일이었다. 결국 광저우는 무방비상태로 노출되었다.

1차 아편 전쟁의 국면이 결정된 것은 영국군의 함선들이 저장성의 여요 강과 용 강의 합류점에 위치하는 닝보寧波와 상하이를 순식간에 점령하고 북상하면서부터였다. 명나라의 수도였던 난징이 함락되면서 청나라의 위신은 땅에 떨어졌다. 얼마 후인 1842년 난징에 정박해 있던 영국 군함 콘월리스호에서 영국과 중국 간 평화조약이 서둘러 체결된 건 이 때문이었다. 이 조약이 바로 난징 조약南京條約이다.

난징 조약은 영국인에게 전쟁비용과 아편 손실을 충당할 만큼 엄청난 배상금을 안겨주었다. 또 중국의 5개 항이 국제항으로 개설되었으며, 홍콩은 영국의 자치령이 되었다. 그리고 치외법권도 중국 땅에서 인정하게 되었다. 이는 상당히 의미심장한 일이었다. 치외법권은 영국 주민들에게 중국 법률에 대한 완전한 면책권을 부여한다는 원칙이었기 때문이다. 치외법권이 인정되는 항구에서 영국인들은 특권을 보유한 거주민이라는 주장을 내세워 제멋대로 행동하며 시장 개척에 나섰고, 이에 중국인은 크게 분개했다. 게다가 속이 시커먼 영국이 교섭에 나섰던 탓에 아편 무역은 중국 당국이 해결해야 할 문제로 남게 되었다. 아편 무역은 이후로도 계속 암암리에 성행했다.

광저우에서는 중국인들의 반영감정이 극에 달했다. 당연히 재개된 반영항쟁의 불씨가 광저우에서 지펴졌다. 이번에는 아편과는 아무 상관없는 일이 도화선이 되었다. 영국 정부는 불간섭정책을 택했지만, 영국의 대표적인 민족주의자이며 보수주의자 파머스턴 총독이 권력을 되찾으면서 상황이 바뀌었다. 홍콩 상인들은 파머스턴의 집권을 조약 수정을 통해 자신들의 이익을 증대시킬 수 있는 기회로 받아들였다. 이들은 1856년에 발생한 애로호 사건(2차 아편 전쟁이라고도 함)을 걸고 넘어졌다. 1856년 광저우 항에 정박하고 있던 홍콩에 등록된 영국 범선 애로호는 중국인이 소유하여 운영한 상선이었다. 애로호의 선원들은 이 범선은 영국 국기를 휘날릴 권리를 갖고 있으며, 영국의 보호를 받아야 한다며 수선을 피웠다. 광저우 항구 관리당국은 중국 해적들과 벌어진 소규모 접전을 중재하기 위해 나섰고, 애로호에 탑승해 승무원들과 해적들 모두를 구금시켰다. 경찰이 도착했을 때 아일랜드인 선장은 배에 승선해 있지도 않았다. 중국에서 만들어지고, 중국인이 소유하고, 중국 승무원들이 타고 있으며, 중국 영해에서 항해한 이 선박에 대한 중국의 조치에 영국인은 의도적으로 과민한 반응을 보였다. 그들은 영국 선박에 대한 중국의 이 같은 처우를 "매우 중대한 성격을 띤 모욕"으로 간주했다. 애로호가 영국의 항해 관습에 따라 광저우 입항 시 영국 국기를 내렸을 수도 있고, 그 때문에 항구 관리당국이 애로호를 중국 선박으로 오인했을 수도 있다는 사실은 거론되지 않았다. 애로호의 홍콩 등록증이 사실상 만료되었다는 진실로는 이익에 눈이 먼 영국 측의 무력행사를 막기에는 역부족이었다.

포함외교砲艦外交 노선으로 민족주의자들의 지지를 받은 72세의 파머스턴 총독은 1857년 엘진 가문의 8대 백작인 제임스 브루스를 특별 전권대사로 임명했다. 파머스턴의 지시는 단순명료했다. 그는 베이징 황실과 직접적인 협상을 하여 외교관의 베이징 주재와 10개 항구의 추가개방, 그리고 난징 조약의 준수 약속을 받아낼 것을 요구했다.

엘진 경은 1858년 5,700명의 영-프 연합군을 이끌고 광저우를 침략했다. 프랑스 측은 중국 남부에서 가톨릭 선교사가 처형된 사건을 명분으로 삼아 2차 아편 전쟁 참여를 정당화했다. 엘진 경은 거의 1년 만에 광저우에 도달했다. 병사들 중 일부가 인도의 반란을 진압하기 위해 우회해야 했기 때문이다. 하지만 청나라 왕실은 광저우 함락 소식에도 별 반응을 보이지 않았고, 엘진 경은 그대로 원정대를 이끌고 북상하여 청나라의 수도에서 40km가량 떨어진 곳에 있는 톈진을 점령했다. 이렇게 체결된 조약이 바로 톈진 조약天津條約이다.

하지만 톈진 조약 체결 후에 청나라 왕실은 조약의 조건들을 적극적으로 실행에 옮기지는 않았다. 미진한 청나라의 후속조치에 대해 왕실에 본때를 보여줘야 한다는 의견이 연합군 진영에서 일어났다. 오직 무력만이 조약의 수행을 관철시킬 수 있으리라는 확신으로 가득찬 엘진 경은 베이징의 성벽을 파괴하기 위해 공성포를 대기시켰다. 성벽은 완전히 파괴되어 성문을 열게 할 필요도 없을 정도였다. 베이징 자금성紫禁城에 입성한 영-프 연합군은 또 다른 불평등조약을 체결한다. 이 조약이 바로 베이징 조약北京條約이다. 이 조약으로 청나라는 홍콩 맞은편에 있는 주룽九龍 지역을 영국에 할양해야만 했다. 또한 연합군은 천단·이화원·원명원 등 베이징의 황실 재산을 약탈했다. 이화원은 건륭제가 베이징 서북쪽에 지어놓은 거대한 유원지였다. 한 영국의 고위장교는 성벽으로 둘러싸인 이 거대한 황실 여름별궁 약탈에

12-1 1858년에 체결된 톈진 조약에 서명하고 있는 엘진 경. 청나라는 이 조약 체결 후에 보인 미온적인 태도 때문에 2년 후 영-프 연합군에 의해 베이징을 함락당하는 수모를 겪게 된다.

대해 이렇게 묘사했다.

> 버킹엄궁을 돌아다니면서 원하는 건 무엇이든 가져가는 것과 같은 상황이었다. 성내에 있는 모든 것이 약탈당하고 산산조각났으며 별궁 바닥은 모피로 만든 예복, 옥 장신구들, 자기磁器, 아름다운 나무 조각상들로 순식간에 말 그대로 뒤덮여 버렸다.

1860년에 자행된 이런 만행을 묵인한 엘진 경은 대내외적으로 대대적인 비난을 받았다. 이런 상황에서도 파머스턴만은 "이 타타르인의

지도 13　　　청나라

CHINA 중국	Hanoi 하노이	Tibet 티베트
INDIA 인도	Hong Kong 홍콩	Xinjiang 신장新疆
RUSSIA 러시아	Inner Mongolia 내몽골	
	Jehol 러허熱河	*Amur* 아무르 강
Beijing 베이징	Nanjing 난징	*Yangzi* 양쯔 강
Calcutta 캘커타	Outer Mongolia 외몽골	*Yellow* 황허
Dunhuang 둔황	Seoul 서울	
Guangzhou 광저우	Shanghai 상하이	

12-2 중국의 굴욕. 1860년, 엘진 경이 의기양양한 기세로 베이징에 입성하는 광경

배신과 만행을 이런 식으로 응징하여 짚고 넘어가는 건 반드시 필요한 일이다. 중국인에 대해서까지 그럴 필요는 없지만 말이다"라고 말하며 문화재 약탈행위마저 정당화하려 했지만 말이다. 이때 베이징을 약탈한 무리에 속해 있었던 찰스 고든은 자신의 포병대와 함께 베이징에 머물면서 청나라의 태평천국운동太平天國運動(1851~1864년)의 진압을 도왔다. 태평천국운동은 14년 동안 지속되면서 많은 인구가 살고 있는 청나라 남부지방의 백성을 동요하게 만든 대규모 반란이었다. 기독교 신앙에 뿌리를 둔 교리를 내세운 농민들의 반란이었으나, 이 기독교적인 현대화운동은 역설적으로 서구 기독교 세력의 개입으로 비극적으로 끝을 맺게 된다. 중국 남부지방에 거주하고 있던 서구 기독교 세력이 자신을 "하느님의 둘째 아들이자, 예수의 동생"이라고

주장하는 교주 홍수전을 이단으로 간주하고 청나라 군대의 공격에 가담한 것이다. 이들의 궐기로 경제적 타격을 입게 된 상인들 여론의 영향도 있었다. 결국 태평천국군은 기독교를 믿는 유럽인이 같은 믿음을 공유한 신자도, 만주족에 대항하는 동지도 아니라는 사실을 고통스럽게 깨달아야만 했다.

베이징으로부터 더 많은 혜택을 쥐어짠 후였던 터라, 영국인은 반란세력을 지원하는 것으로 더 얻을 수 있는 것이 없다는 사실을 잘 알고 있었다. 그들은 고분고분해진 청나라 황실을 현 상태로 두는 데 만족해했다. 물론 갈수록 현대화되어가는 아시아에서 이런 시대착오적인 판단을 한 것은 두고두고 화근이 되었지만 말이다. 자신의 권력 기반을 지키기에 급급하여 모든 종류의 개혁 시도를 차단한 서태후[1] 같은 만주족은 청나라의 국력 신장에 도움이 되지 않았다. 자국의 권력기반을 강화하려는 노력이 청나라의 존속을 보장하지는 못했기 때문이다. 일본군이 중국 세력에 대항하기 위해 서양에서 들여온 기술의 진가를 조선 땅에서 증명하고 있는 상황에서, 중국의 변화는 필요불가결한 문제였다. 시대의 흐름에 따라 청나라의 11대 황제 광서제는 일본의 메이지 유신明治維新을 모델로 한 무술戊戌 개혁을 추진하는 등 근대화를 꾀했다. 하지만 서태후를 중심으로 한 수구세력의 반발로 1898년 광서제는 유폐되었고, 그의 백일 개혁은 실없이 끝나고 말았

---

[1] 西太后(1835~1908년): 청나라 9대 황제 함풍제咸豊帝(1831~1861, 1850~1861년 재위)의 후궁으로 자신의 아들을 10대 황제의 자리에 앉혔으나 1875년 동치제同治帝가 18세에 천연두로 죽자, 누이동생의 세 살 난 아들을 옹립, 광서제로 즉위시켜 섭정을 했다. 광서제가 16세가 되어 친정이 시작되었으나, 국정의 실권은 서태후가 쥐고 있었다. 광서제가 1898년 입헌파 캉유웨이康有爲(1858~1927년)와 입헌군주제를 위한 전환을 꾀하자 무술정변을 일으켰다. 말년에는 신정을 실시했으나 중국의 반식민지화는 더욱 심각해졌다.

다. 서태후가 이상주의적 황제를 제거하는 데 성공했지만, 백성의 머릿속에서 개혁을 시도한 황제가 퍼트린 새로운 사상을 지워버릴 수는 없었다.

　어쨌든 보수세력은 재집권에 성공했고, 이 사실 때문에 들떠 있던 서태후는 1900년에 의화단義和團을 의민義民으로 규정하고 후원하는 실수를 저지른다. 의화단은 '청나라 전복'과 '외세 배격'을 목표로 무장봉기한 비밀결사조직이었다. 서태후를 등에 업은 의화단이 베이징에 있는 외국 공관을 포위하고 공격한 건 어리석기 짝이 없는 짓이었다. 베이징에 공관을 두고 있는 8개국이 모두 이에 대해 보복하기 위해 자국의 병력을 중국으로 파병했기 때문이다. 의화단은 청나라를 돕고 서양을 물리친다는 '부청멸양扶淸滅洋'을 구호로 내걸고 반기독교, 반외세운동을 이어나갔다. 서양 문물이라면 무조건 배격해 전신주까지 공격해댔다. 공사관에는 수비병력이 도합 409명밖에 없었지만, 이들이 천신만고 끝에 의화단의 진입을 막아 국제 원군이 도착할 때까지 의화단은 해외공관에 진입하지 못했다고 한다. 원군이 도착했을 때는 농사꾼 여인으로 위장한 서태후가 이미 광서제를 인질로 삼아 북서쪽으로 달아난 뒤였다. 후회막급인 여황제가 "내가 여기까지 오게 될 줄이야"라고 중얼거리게 될 줄 누가 상상이나 했겠는가?

　유럽 세력은 텅 빈 베이징을 무차별 약탈했고, 청나라 집권세력의 몰락은 명약관화한 사실이었다. 미국의 극동외교정책인 문호개방정책 때문에 중국과의 통상의 기회균등을 보장해야 한다는 제약이 없었더라면, 분명 유럽 열강은 중국에 대한 주권을 확보했을 것이라는 가정을 뒷받침하는 증거도 도처에 존재한다. 한 시대를 풍미한 여걸도 세월만은 이겨내지 못했다. 서태후는 1908년 파란만장한 생을 마감한다.

38세의 나이로 요절한 조카 광서제의 죽음을 전해들은 다음날이었다. 죽기 직전 서태후는 광서제의 동생 순친왕醇親王의 아들을 다음 황제로 지목한다. 그가 바로 청나라의 마지막 황제 선통제宣統帝 푸이溥儀다. 이 비운의 황제는 1911년까지 중국을 통치했다.

서구열강의 압박에 대한 일본의 대응이 현대화였다면, 중국의 대응은 혁명이었다. 쑨원孫文은 신해혁명을 성공시킴으로써 중화민국의 문을 연다. 1911년 신해년辛亥年에 일어난 민주주의 혁명으로 쑨원을 대총통으로 하는 중화민국이 탄생했다. 하지만 쑨원은 중국에 새로 들어선 공화제에서 민주주의를 실현하기 위해서는 중국인이 넘어야 할 거대한 벽이 존재한다는 사실에 대해서는 아직 깨닫지 못하고 있었다. 백성 대다수와 공화주의자들이 공유하고 있는 사고는 만주족을 권좌에서 몰아내야 한다는 생각뿐이었다. 공화제는 건국 10년 만에 국토를 자신들의 자치구역으로 만들어버린 영주와 지역 군벌세력의 노리개가 되고 말았다. 현대화의 길목에서 이리저리 휘둘리며 고질적인 취약점을 드러낸 중국의 앞날은 그다지 밝지 않았다. 황실의 몰락으로 구렁텅이에 빠진 국가를 구원하리라 믿었던 공화제가 경쟁 군벌세력이나 일본 제국주의와는 상대도 되지 않는다는 뼈아픈 사실을 중국인은 잘 알고 있었다. 1차 아편 전쟁 이후 중국을 압박하던 열강들의 입김은 1949년 중화인민공화국이 건국되고 나서야 중국 땅에서 자취를 감추게 된다.

일본의 제국주의

일본과 수교를 맺고 오라는 특명이 미국 해군에 하달되었다. 대對멕시코 전쟁에 참전한 동인도 함대 사령관 매튜 페리는 1853년 일본 특파대사의 자격으로 미시시피호를 타고 일본의 한 항구에 입항하여 개항을 요구하는 미국 대통령의 국서를 쇼군에게 전달했다. 그는 1년 후 돌아올 때까지 결정해놓으라고 쇼군에게 엄포를 놓고 일단 철수했다. 미시시피호가 내뿜은 증기가 일본 상공에서 채 걷히기도 전에 최상의 대응방안을 모색하기 위한 설전이 벌어졌다.

당시 쇼군이었던 에도막부 14대 장군 도쿠가와 이에모치德川家茂는 어쩔 줄 몰라 했다. 막부의 지도자인 그는 원칙적으로 치자면 천황의 총사령관의 신분이었다. 하지만 역대 쇼군들은 막강한 권력을 보유한 군부 독재자였고, 도쿠가와 이에모치는 오랫동안 일본을 지배한 에도막부의 마지막 후계자였다. 쇼군들은 대대로 천황의 정치 참여를 막으면서 한편으로는 일련의 의식을 통해 천황은 살아 있는 신이라는 생각을 백성에게 끊임없이 주입시켰다. 이런 막부의 정책은 매튜 페리가 대답을 들으러 돌아온 얼마 후부터 역효과를 내기 시작했다. 왜냐하면 개혁 성향의 신진세력이 천황의 신성을 이용해 급진적인 개혁을 추진해나갔기 때문이다. 막번체제幕藩體制가 무너지고 왕정복고가 진행된 시기에 발생한 쿠데타는 한 귀족세력에서 다른 귀족세력으로 권력이 이동하는 현상처럼 보였다. 하지만 페리가 미국 대통령의 개국요구 국서를 전달한 사건으로 촉발된 1868년의 메이지 유신은 이 나라의 경제와 사회가 근대화의 길을 걷게 되는 신호탄이라 할 수 있었다. 이러한 변화의 원동력은 사무라이와 전사들로부터 나왔다. 비록 이들이

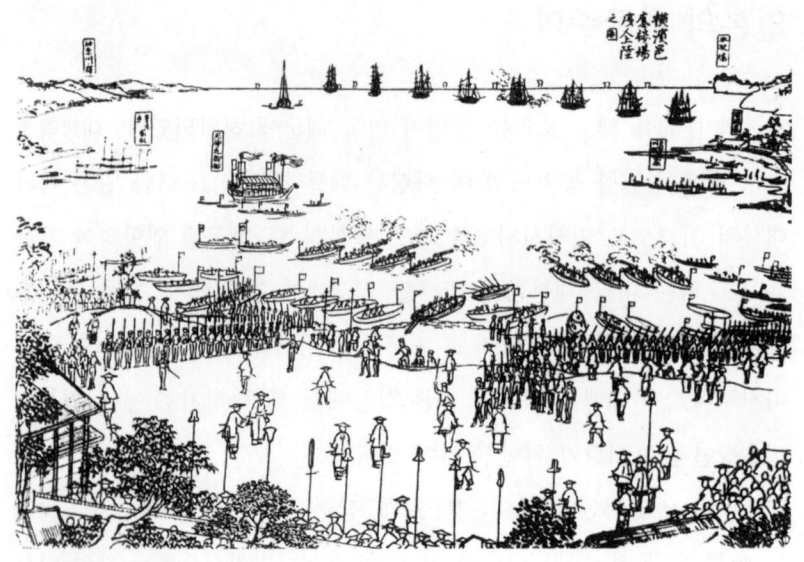

12-3 1853년 미국의 일본 특파대사 매튜 페리가 요코하마에 도착한 모습을 일본인의 관점에서 묘사한 그림

상징적인 의미밖에 없었던 천황을 하늘같이 모시긴 했지만 말이다.

1872년 정부 주도로 메이지 천황의 탄신을 축하하는 종교적 축제가 열렸다. 불교를 신봉하는 사람들이 많았지만, 일본 국수주의의 큰 축을 담당하는 천황 숭배사상의 확립을 위해 불교는 뒷전으로 밀려났다. 메이지 정부의 개혁가들은 전통적인 관념을 이용해 민심을 얻고자 하는 동시에 현대적인 군사력을 보유하기 위해 전략산업 부흥에 열정을 쏟아부었다. 메이지 천황의 정부는 여기에 드는 막대한 비용을 감당할 만큼의 재정을 확보하지 못했다. 이를 위해 1880년대에 추진된 대대적인 재정긴축정책의 일환으로 정부재산 대부분이 정부를 지지하는 상인이나 관료들에게 염가에 팔려나갔다. 이는 공장과 광산을 사들일 자금 여유가 있는 소수의 사람들이 일본의 1차 산업의 상당부분을 독점하게 되는 뜻밖의 결과를 낳았다. 일단 산업화의 초기 난제들이 해결되고 국가경제가 안정권에 접어들자, 이 새로운 산업의 정력적인 소유주들은 생산을 장악할 수 있게 되었다.

1920년대에 이르러서는 이들의 손에 의해 미쓰이三井·미쓰비시三菱 같은 대기업이 탄생했다. 대기업들은 은행업·채굴업·생산업·수송업·무역업 같은 다양한 분야의 사업들에 모두 손을 뻗쳤다. 이때 생겨난 일본에서 두 번째 규모의 대기업 미쓰비시가 요코하마橫濱·고베神戶·나가사키長崎의 조선소를 가동한 덕에 일본은 강력한 해군을 보유할 수 있었다. 미쓰비시의 기술력은 빡빡한 일정으로 진행되는 황실 조선소의 군함 주조로 인해 생기는 공백을 훌륭하게 메웠다. 미쓰비시는 2차 세계대전에서 활약한 제로전투기의 제조사이기도 하다. 1,200km에 달하는 경이적인 장거리 항속을 갖춘 제로전투기 덕에 태평양 전쟁 초기 일본 공군은 미군을 압도했다. 그러나 1943년에 더 강력한 엔진을 장착한 미국산 신형 함상전투기가 개발되면서 제공권은 미국의 손으로 넘어갔다.

메이지 유신은 세계적으로 유례가 없는 개혁이었다. 일본이 제국주의 열강으로 급부상한 경로도 기존의 유럽 국가들이 걸어온 길과는 판이하게 달랐다. 비록 천황과 그의 황실 관료들, 그리고 개혁의 주도 세력이 서양의복을 차려입긴 했지만 말이다. 1889년 2월 11일 일본은 대일본 제국헌법이라는 명칭의 국가 기본법을 공포했다.[2] 프랑스나

---

2   1890년 11월 29일에 시행된 이 헌법은 근대 입헌주의에 기초한 헌법으로 줄여서 제국헌법, 또는 공포 당시의 메이지 천황의 연호를 본떠 메이지 헌법으로 불린다. 현재의 일본 헌법과 대비시켜 구헌법이라고 부르기도 한다.

영국보다는 독일 헌법의 영향을 받은 이 새로운 정부체제는 사실상 민간 정치인과 군사지도자들이 권력을 공유하는 과두정부 형태였다. 1930년대에는 군부세력이 권력의 우위를 점하게 된다. 하루가 다르게 군국화되고 있던 일본은 중국에서 발발한 혁명과 서구열강이 보유하고 있던 식민지 곳곳에서 나타나는 동요에 촉각을 곤두세웠다. 자국의 식민지를 개척할 시기를 고르고 있었기 때문이다. 일본인이 대동아 전쟁이라 부르는 태평양 전쟁을 일으킨 건 당연한 수순이었던 셈이다. 1941년 12월 8일 일본이 하와이 진주만을 공격하면서 시작된 이 전쟁은 아시아를 좌지우지하고 있던 제국주의 세력들에게는 재앙이나 다름없는 상황이 되었다.

이런 갈등의 시발점은 1894년 6월~1895년 4월 사이에 청나라와 일본이 조선의 지배권을 놓고 다툰 청일 전쟁이었다. 중국의 태평천국운동과 비슷한 종교기반 농민반란인 동학농민운동이 조선에서 일어났고, 이 반란세력의 진압을 계기로 일본이 조선에 손을 뻗치게 된다. 동학을 창시한 최제우崔濟愚는 공직에 오르길 거부한 유생이었다. 그는 그간 공부한 모든 유학 서적들을 불태운 뒤 진실을 찾기 위해 한반도를 떠돌아다녔다고 한다. 유랑생활에서 신비한 경험을 하게 된 그는 자신이 조선 사회를 바로 세우기 위해 선택된 한울님의 대리인이라고 확신하게 된다. 신과 인간이 불가분의 관계로 연결되어 있다는 기본 관점을 최제우가 형성하는 데 샤머니즘의 영향을 받았을 개연성이 매우 높다. 동학이 내세운 "모든 사람이 현자이자 양반이다" 같은 구호가 기득권세력인 양반계급을 겁먹게 했고, 최제우는 1864년 '세상을 어지럽히고 백성을 속였다'는 죄명으로 체포되어 41세의 나이로 처형되었다. 외세의 타도를 주장하는 동학농민운동에 일본이 조선 정부만

12-4   현대화된 일본. 1894년 한국으로 향하는 일본군의 모습

큼이나 반감을 가진 이유는 따로 있었다. 마침 도쿄에서 조선을 합병하여 이권을 차지해야 한다는 주장이 득세하던 시기였기 때문이다. 야욕을 드러낸 일본 때문에 공황상태에 빠진 조선 정부는 조선 왕조를 전통적으로 보호해주었던 중국에 도움을 청한다. 하지만 육·해전에서 모두 일본에 패한 중국은 요동 반도까지 퇴각했다. 뤼순旅順 항은 일본의 집중적인 공격으로 초토화되었다. 이 항구도시에서 벌어진 참상을 서구의 일본 예찬론자들은 어쩌다 마가 끼어서 벌어진 예외적인 사건으로 치부했다. 후에 전 세계에 악명을 떨친 일본군의 잔인함을 미처 예상하지 못한 순진한 반응이었다.

일본인에 대한 조선인의 증오는 극에 달했고, 동학농민운동에 참여한 백성들은 애국지사 대접을 받았다. 이 지하 저항조직은 일본 식민지하에 있던 36년 동안 끈질기게 항거했던 조선인의 애달픈 저항운동의 시작을 알리는 전조였다. 하지만 일본의 침입이 조선을 근대화하는 한 방식이라고 마음 편하게 받아들인 정치인들도 있었다. 1910년 조선이 일본에 합병되기 전까지 조선의 자원을 노골적으로 착취해간 일본인들의 행각에 결국 이들마저도 일본을 믿지 않게 되었지만 말이다. 조선이 일본에 강제 합병되기 5년 전인 1905년 일본은 러시아를 완전히 제압하고 조선과 만주 지역에 대한 통치권을 손에 넣는다. 1902년 체결한 영일동맹으로 일본은 아시아 해역으로 해군을 진출시킬 권리를 확보했다. 당시는 일본이 청일 전쟁의 승리로 조선에서 청나라 세력을 축출하고 독자적 개입을 심화시키는 시점에서 러시아의 도전이 예상되던 때였다. 이때 맺어진 영일동맹은 영국과 일본이 러시아를 공동의 적으로 하여 러시아의 동진東進을 방어하는 동시에 동아시아의 이권을 함께 분할하려는 것이었다. 당시 일본의 국민은 만주와 요동 반도를 점령한 러시아에 대한 격한 반감을 가지고 있었으므로 일본이 러시아를 다음의 희생양으로 삼은 것은 매우 자연스러운 전개였다.

러일 전쟁[3]이 한창이던 1905년 일본의 해군제독 도고 헤이하치로 東鄕平八郎는 뤼순 항구를 봉쇄하고, 저 멀리 유럽에서부터 항해해온 러시아의 발틱 함대를 쓰시마 해협對馬海峽에서 침몰시켰다. 그는 메이지

---

3   Russo-Japanese Wars: 만주와 조선의 지배권을 두고 러시아와 일본이 벌인 전쟁. 1904년 2월 8일 일본 함대가 뤼순 항구를 기습공격함으로써 시작되었다. 조선과 만주의 분할을 둘러싸고 싸운 것이지만, 그 배후에는 영일 동맹과 러시아·프랑스 동맹이 있었다.

유신 후인 1870년대에 포츠머스와 케임브리지에서 수학한 유학파 군인이었다. 거대한 대포를 가진 큰 몸집의 전함으로 해상의 표적을 일소한다는 생각을 가지고 있던 러시아 함대는 이틀 동안 벌어진 해전에서 도고 헤이하치로 제독의 빠르게 움직이는 구축함과 순양함의 상대가 되지 않았다. 러시아 군함의 대부분이 바닷속으로 침몰했다. 일본은 90,000명의 군사 중 57,000명을 잃었지만 일본 육군이 뤼순 항구를 이미 점령해버렸기 때문에, 러시아가 할 수 있는 선택은 평화회담을 청하는 것뿐이었다. 전쟁에서 엄청난 공을 세운 도고 헤이하치로 제독은 종종 동양의 넬슨 제독이라는 찬사를 받았다. 그는 이 칭찬을 별 거부감 없이 받아들였던 것 같다. 하지만 그는 이순신은 자신과 비교도 할 수 없는 명장이라고 말했다. 이순신 장군은 16세기에 소규모 부대를 이끌고 도요토미 히데요시의 조선 침략을 막아낸 영웅이다. 이 조선의 장군은 획기적인 전투함 거북선을 손수 고안했다. 도고 헤이하치로는 그와는 달리 영국산 전함으로 자신의 함대를 꾸몄다.

　　승리를 거두긴 했지만 도고 헤이하치로 제독은 군비의 열세로 러시아 해군에게 겪은 수모를 잊지 않았다. 그의 애국적 열정이 빛을 발했던지 일본은 엄청난 기세로 전함을 양산했고, 마침내 200척의 전함을 진주만에 진수시킬 수 있었다. 서구열강들도 중국과 러시아에 모두 패배를 안긴 일본을 아시아의 떠오르는 열강으로 인식하게 되었다. 만주에서만큼은 중국에 대한 문호개방정책의 영향력을 배제하려는 일본의 시도는 영국과 미국과의 관계에 악영향을 미쳤으나, 그렇다고 그들이 실력행사에 나선 건 아니었다. 그 후 수년간 국제정세의 변화를 관망하던 일본은 드디어 제국의 앞날에 대한 거대한 청사진을 완성했다. 청나라의 몰락으로 군주정치가 막을 내린 것과, 1차 세계대전 당시 연합군으로 참전한 일본이 산둥山東 반도에 있는 청나라 수도를 독일로부터 할양받은 것이 일본에 힘을 실어준 것이다.

베르사유 조약을 체결하는 과정에서 영국·프랑스·이탈리아가 산둥 지방에서의 독일의 권리에 대한 일본의 주장을 지지하자, 중국 민중의 분노가 폭발했다. 전승국들이 중화민국의 주권회복 요구를 외면했기 때문이다. 베이징에서는 학생들의 반제국주의·반봉건주의 혁명운동인 5·4운동이 일어났다. 3,000명의 대학생이 5월 4일 천안문天安門(톈안먼) 광장에 운집해 집회를 가진 뒤 선봉에 서서 시위를 벌였다. 성난 군중이 친일본 성향의 고위관료 집들을 불태워서 잿더미로 만들어버렸다. 자발적으로 시작된 시위는 걷잡을 수 없이 커졌다. 중국 각지의 마을과 도시에서 집회가 열렸고, 일본 상품 불매운동이 시작되었다.

하지만 쑨원은 민중시위만으로는 공화국을 지켜낼 수 없다는 사실을 깨달았다. "아래로부터의 혁명" 노선으로 선회한 그는 광저우로 가서 대체정부를 수립했다. 그곳에서 그는 국민당을 창설하고 공산당원들을 모집했다. 중국 국민이라면 누구든지 개인의 자격으로 국민당에 가입할 수 있었다. 그는 군벌을 타도하고 중국을 사회주의 국가로 대통합하는 계획을 수립했다. 또한 군사적 효율성 증대를 위해 국민당에 호의적인 태도를 보인 소련에 장제스蔣介石를 보내 훈련을 받게 했다. 장제스는 소련에서 돌아와 황푸군관학교黃埔軍官學校의 초대 교장에 임명되었다. 황푸군관학교의 교장으로 취임한 후 야망이 큰 군인이었던 장제스는 국민당 내부에 개인적 추종세력을 형성했다. 그리고 1925년 쑨원이 사망한 후 국민당의 일인자로 등극하여 군벌에 의해 분열된 중국을 하나로 통일한다는 명분을 내걸고 본격적으로 북벌을 추진했다. 광저우보다 하류에 위치한 황푸黃埔 지역에서 국민당과 공산당은 전반적으로 우호적인 관계를 유지하고 있었다. 이 두 세력이 목적의 일치를 볼 수 있었던 것은 저우언라이周恩來의 탁월한 정치적·외교적 수완 덕분이었다.

1926년 여름 장제스는 우한武漢에 위치한 대도시 난징과 상하이까지 평정했다. 하지만 연전연승을 거둔 국민당의 행보는 국민당과 공산당의 견해 차이가 가시화되는 계기를 제공했다. 장제스를 지지한 지주들과 사업가들이 마오쩌둥毛澤東이 농촌에서, 그리고 저우언라이가 도시에서 조장한 사회적 갈등에 겁을 집어먹은 탓도 있었다. 그리하여 1927년 장제스는 상하이 쿠데타를 일으킨다. 국민당 탄압에 나선 그는 폭력배들과 공조하여 상하이의 과격 공산주의자들을 살해한다. 운명의 장난인지 저우언라이는 우여곡절 끝에 목숨을 보전한다. 장제스의 반공 쿠데타로 중국의 공산주의 세력은 20년이 흐른 뒤에야 사회주의 혁명을 완수하게 된다. 1928년 베이징을 점령한 장제스는 국민정부 주석과 육해공군 총사령관이 되어 단일정부 수립에 성공한다. 이는 그와 가까운 사이였던 군벌세력을 회유하고, 일본의 반감을 최소화한 결과였다.

일본에 대한 노골적인 유화정책을 편 덕에 대원수라는 직함을 얻게 되면서 장제스는 지금까지 그와 대립각을 세웠던 왕징웨이汪精衛가 이끄는 국민당 좌파의 지지를 받게 된다. 왕징웨이는 일본에서 교육을 받아 친일성향이 강했다. 그는 일본과의 동맹을 공고히 해야만 서구 식민세력을 아시아에서 몰아낼 수 있다고 확신했다. 1937년에 일본이 난징에서 벌인 난징 대학살도 그의 생각을 바꾸진 못했던 것 같다. 이 사건이 있은 지 3년 만에 왕징웨이가 난징에 세워진 친일 괴뢰

정권의 수반이 되었던 것을 보면 말이다. 중일 전쟁 도중 중국에 입성한 일본군의 치세 동안 살해된 중국인의 수는 어림잡아 최소 260,000명에 이른다. 난징에 거주하던 외국인들이 힘을 합쳐 난징 안전지대의 설정을 추진하지 않았더라면, 이 숫자가 기하급수적으로 늘어났을 것이라는 사실에는 이론의 여지가 없다. 일본이 벌인 이 야만적인 학살극의 전모는 아직까지 확실하게 밝혀지지 않았다. 여담이지만 1988년 일본에서 영화 〈마지막 황제 The Last Emperor〉 상영 당시 배급사에서 일본 관객의 비위를 맞추기 위해 난징 대학살을 묘사한 강간과 살인장면을 편집하려 했다고 한다.

중국 공산당과 국민당 간의 갈등은 1936년 12월 12일에 일어난 시안 사건西安事件으로 일시적으로 봉합된다. 국민당의 공격으로 섬멸 직전까지 내몰린 공산당은 장시성江西省에서 퇴각하여 산시성 북부까지 무려 12,000km를 국민당과 전투를 하면서 걸어서 이동했다. 중국 공산당은 후에 이 눈물겨운 여정에 '대장정'이라는 이름을 붙였다. 이렇게 산시성 북부로 흘러들어온 공산당은 옌안延安이라는 궁벽진 지역에 새로운 터전을 개척했다. 이때 산시성 북부에 자리 잡은 공산당 잔존세력을 발본색원하길 원했던 장제스가 장쉐량張學良의 공산군 토벌을 격려하고 시안에 왔다가 감금당한 것이다. 이 사건이 바로 시안 사건이다. 장쉐량과 휘하의 병사들은 공산군 토벌을 원치 않았다. 만주가 일제에 점령당한 상황에서, 고분고분 일본의 요구를 들어주는 국민당 정부가 못마땅하기도 했을 것이다. 이들은 장제스를 감금한 후 내전 정지와 항일투쟁을 요구했다. 총으로 위협하는 데야 이길 장사가 어디 있겠는가. 장제스는 공산당과 휴전하고 항일운동에 매진할 것을 맹세했다고 한다.

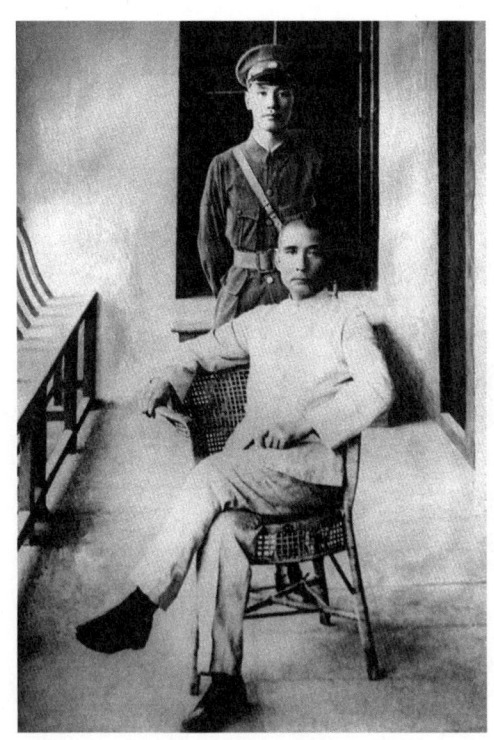

12-5 1923년의 쑨원. 뒤에 서 있는 이가 쑨원의 뒤를 이어 국민당 대표가 된 장제스이다.

시안 사건이 있고 1년도 채 되지 않아 벌어진 중일 전쟁에 마오쩌둥의 추종자와 장제스의 추종자 모두가 참여했다. 하지만 일본 제국군은 이내 국공합작군을 무찌르고 국민당의 지지기반이 있던 대도시들을 점령했다. 장제스는 내륙지방인 쓰촨성四川省의 충칭重慶으로 퇴각했으며, 그곳에서 그의 부대는 고립되었다. 러시아와 영국 식민지 버마에서만 물자 보급로가 열려 있었다. 일본군은 도시지역과 해안을 집중적으로 공략했다. 전국에 퍼져 있는 철도망을 장악하긴 했지만 말이

12-6 중일 전쟁이 발발하기 전에 상하이에서
       일본군과 전투를 벌이고 있는 국민당 병력

다. 이는 심각한 전술적 오류였다. 일본군이 시골지역으로 진입을 시도했을 때는 공산당 게릴라들이 이미 농부들로 대응세력을 조직해놓은 후였기 때문이다.

제국주의 일본의 장군들은 전쟁에 앞서 중일 전쟁이 가뜩이나 부족한 공군과 해군의 군비 마련에 필수적인 자원의 고갈을 초래하지는 않을 것이라고 천황에게 장담했다. 하지만 그들의 예상은 빗나갔고, 히로히토裕仁 천황은 이에 대해 격한 불만을 토로했다고 한다. 일본은 그간의 과도한 군비지출 때문에 1940년대에 이르러서는 해외에서 돈을 빌리지 않고는 더 이상 국가경제를 건사할 수 없는 지경에 이르렀다. 이쯤 되자 일본은 영국과 네덜란드가 동남아에서 보유하고 있는 자산을 빼앗는 것을 유일한 해결책으로 여겼다. 돌이켜 생각해보아도 일본이 영국과 미국을 동시에 적으로 돌렸다는 사실은 놀랍기만 하다. 일본은 사전경고 없이 진주만 폭격을 감행했다. 기습공격으로 미국에 수치를 안겨준 일본 제국군은 승리에 취해 제국군의 근본적인 취약점을 도외시했다. 대규모 폭격으로 남태평양에 주둔한 미군을 너무나 쉽게 격파한 사건이 일제의 국력을 실제보다 강해보이게 했던 것이다. 하지만『진주만眞珠灣』의 작가인 야마모토 이소로쿠山本五十六 연합함대 사령관만큼은 이 장기화된 전쟁에서 조국이 처한 상황에 대해 제대로 알고 있었던 것 같다. "미국에 대항해 싸운다는 건 전 세계에 맞서 싸우는 것과 같다." 패전을 앞둔 사령관의 비통한 한마디였다.

미국과 영국에서 일본 남성을 머리가 나쁘고 근시안적인 난장이로만 보았던 인종적 편견이 일본인의 초인적인 체력과 용기에 대한 과장된 두려움으로 대체되었다. 1942년 초 싱가포르가 일본에 함락당한 사건이 이 같은 시각에 대한 보강증거를 제시했다. 필리핀, 말레이반도, 버마에서 영-미 연합군의 방어는 허술하기 짝이 없었다. 싱가포르에서의 패배를 두고 윈스턴 처칠은 "영국 역사상 최악의, 그리고 가장 큰 규모의 항복"이라고 말했다.

영국이 인도에서 철수하자 아시아 대부분의 지역을 손에 넣은 일본은 새로운 체제 구축에 나섰다. 일본은 대동아공영권이라는 슬로건을 내걸고, 아시아 나라들에게 일본이 이끄는 발전체제 안에서 서구세력의 착취로부터 자유를 보장해주겠다고 약속했다. 하지만 실상은 약속한 것과 달랐다. 일본은 전쟁준비를 위해 물자들을 수탈하고 버마 철도건설 같은 살인적인 건설계획에 아시아 점령지의 국민들을 동원했다. 얼마 지나지 않아 일본군 점령지에는 휴지조각이나 다름없는 화

12-7 1941년 12월 7일, 진주만에서 불길에 싸여 침몰하고 있는 USS 애리조나호

폐들이 넘쳐나게 되었다. 허황된 슬로건을 내걸고 점령지 경제를 파탄 냈음에도 불구하고 일본은 점령지의 국수주의 세력이 연합군에 맞서 싸우는 데 참여할 것이라는 기대를 버리지 않았다. 실제로 인도네시아에서, 그리고 그보다는 소규모로 필리핀과 버마에서 그런 호응을 보이긴 했지만 눈 가리고 아웅 하는 식으로 제창한 아시아의 해방에 속은 이는 그리 많지 않았다. 일본의 패망이 눈앞으로 다가온 것이다. 1945년 9월 2일 도쿄 만에 정박한 USS 미주리호에서 일본 대표단이 항복문서에 조인하는 것으로 일본 제국주의의 역사는 막을 내렸다.

중화인민공화국

중국은 일본이 침략해온 1937~1945년까지 일본과 전쟁을 벌였다. 1945년은 중일 전쟁이 끝난 해였다 2차 세계대전은 일본뿐만 아니라 중국에도 엄청난 영향을 미쳤다. 중일 양국도 1940년대 세계정세의 국면을 극적으로 변화시킨 거대한 흐름에서 벗어날 수는 없었던 것이다.

2차 세계대전의 갑작스런 종전은 중국 공산당이 영향력을 확장할 수 있는 절호의 기회를 제공했다. 국민당군의 무능과 부패, 잦은 수탈에 지친 민심이 마오쩌둥의 공산당 세력으로 돌아섰기 때문이다. 하지만 국민당을 이끄는 장제스의 뒤에는 미국이 있었다. 트루먼 대통령이 장제스에게 재정 및 군사 지원을 약속했기 때문이다. 장제스는 심지어 미군 병력이 도착할 때까지 전투태세를 갖춘 100만 명의 일본군 병력을 만주와 중국 북부에 주둔시켰다. 2차 세계대전을 승리로 이끈 맹주를 등에 업은 장제스는 미국의 최신 군사장비들이 그의 뒤를 봐주니 아무 문제가 없을 것이라고 확신했다. 마오쩌둥이 워싱턴에 평화협상 가능성을 타진했으나, 정상회담은 이루어지지 않았다. 중국에서 내전이 발생할 것은 불을 보듯 뻔한 상황이었다.

다시 국공내전이 발생했고 장제스는 만주의 도시들부터 손에 넣었다. 마오쩌둥의 게릴라군이 농촌지역을 효율적으로 속속 손에 넣고 있는 동안 일본인의 애물단지부터 덥석 잡아든 것이다. 장제스가 중국 남부를 먼저 공략하면서, 토지개혁안 등으로 농촌의 민심 이반을 막았다면, 국민당은 별다른 심각한 위협 없이 북쪽으로 진군할 수 있었을 것이다. 하지만 국민당은 정반대의 노선을 선택했다. 이런 행보는 국민당을 패망한 일제와 이를 적극적으로 도운 중국 친일단체들의 우군처럼 보이게 했고, 결국 중국 국민은 국민당에 등을 돌려버리고 만 것이다.

그동안 현대인이 인민해방군이라 부르는 마오쩌둥의 군대는 농촌지역을 자유롭게 활보할 수 있었고, 남부의 양쯔 강 하곡까지 세력권을 확장했다. 이 넓은 영역의 산악지역 곳곳에 향후 작전을 위한 군사기지들도 건설했다. 장제스가 공산주의 세력의 이런 불길한 침투에 맞서 고군분투했지만, 인민해방군은 국민의 후원 속에서 파죽지세로 전진했다. 1949년 양쯔 강에 다다른 인민해방군은 그곳에서 양쯔 강을 거슬러 올라오는 영국 함대 HMS 아메티스트호를 포격하여 침몰시킨다. 이 무장충돌에서 소형구축함 한 대가 극적으로 살아남긴 했지만, 영국 해군의 이 패배는 포함외교에 종지부를 찍는 사건이었다. 중국 대륙을 가로지르는 위대한 강줄기는 다시 중국의 품으로 돌아왔다. 19세기부터 국제수로 노릇을 해야 했던 젖줄의 귀환이었다.

HMS 아메티스트호 사건으로 영국과 중화인민공화국 사이에는 묘한 긴장감이 감돌았다. 1949년 10월 1일 베이징에서 마오쩌둥은 중화인민공화국의 성립을 선포했다. 트루먼은 장제스에게 더 이상 가망이 없다는 사실을 받아들여야 했다. 워싱턴에서 하릴없이 25억 달러란 거금을 중국 땅에 쏟아부었다는 사실을 깨달은 트루먼 대통령은 개탄했다.

내가 장담하건데 그 중 10억 달러는 지금 뉴욕 은행에 예치되어 있을 것이다. (중략) 뇌물을 받아먹은 자들과 사기꾼들에게 그 돈이 다 돌아갔다. 중국 국민은 안중에도 없었던 것이다.

12-8 마오쩌둥은 1949년 10월 1일 베이징에서 중화인민공화국의 설립을 선포했다.

트루먼의 정적들은 중국을 잃은 것이 그의 실책인 양 맹렬히 비난했다. 국민당 잔류세력이 타이완으로 도피하여 중화민국을 건국했지만 이미 돌아선 트루먼의 마음을 되돌릴 수는 없었다.

 1950년 한국 전쟁이 발발하여 미군이 다시 아시아 본토에 상륙할 때까지 워싱턴은 국민당에 어떤 원조도 하지 않았다. 물론 중화인민공화국에는 더욱더 뻣뻣한 태도를 보였다. 소련을 크게 경계하던 미국으로서는 당연한 일이었다. 1969년 중소국경분쟁이 일어난 후에는 미국도 공산주의 진영이라고 모두 다 하나는 아님을 깨달았지만 말이다.

공산당이 집권한 후 중국은 비약적인 경제적 진보를 이뤘다. 비록 1958년에 시작된 중국의 경제건설운동인 '대약진정책'을 놓고 지도층 내부에서는 극심한 의견충돌이 있었지만 말이다. 농촌에 대한 지극한 애정을 지니고 있었기에, 마오쩌둥은 중국 지도자 중 최초로 황실의 명맥마저 끊어버린 민초들의 혁명적 역동성에 주목했다. 그는 누구보다도 먼저, 유럽과 달리 중국에서는 집권정부가 도시지역을 중점적으로 통제·관리한다는 사실에 주목했다. 그는 국민당 노선에 대한 대항마로 '농촌에 의한 도시의 포위' 전술을 고안해냈다. 대약진정책의 일환으로 마오쩌둥은 농가의 뒷마당에서 강철을 생산하기로 결심한다. 농민들은 뒷마당에서 용광로를 돌려 산업생산량을 끌어올리는 산업일꾼 노릇을 해야 했다. 이런 방식으로 농촌에서 생산된 철의 품질이 형편없기는 했지만 초기에는 생산량 성장이 상당한 호조를 보였다. 농업인구가 다른 생산업종의 노동력으로 동원된 데다, 전례 없는 악천후라는 악재까지 겹쳐 농업생산량이 몇 년 만에 절반수준으로 떨어졌다. 이런 불길한 징후에도 불구하고 마오쩌둥은 전략을 수정하는 대신 대약진정책을 계속 밀고 나갔다. 기근이 중국 대륙을 휩쓸었고, 1960년에만 족히 1,000만 명에 달하는 중국인이 목숨을 잃었다. 물론 중국이 끝없는 전쟁과 수탈에 시달려야 했던 1920~1930년대의 사상자 수에 비할 바는 아니었지만, 영양실조로 인해 사람들이 이렇게 많이 죽어나간 건 중화인민공화국이 설립되고 처음 일어난 일이었다.

강철 생산은 중지되었고, 대약진정책의 엄청난 실패로 권위가 실추된 마오쩌둥은 잠시 뒤로 물러나 있어야 했다. 그가 1966~1969년 사이에 급속히 전국으로 번진 '무산계급의 문화대혁명'으로 화려하게 복귀할 때까지 말이다. 문화대혁명은 끊임없이 투사의 길을 걸어간 그가 태운 마지막 혁명의 불꽃이었다. 청년들 사이에서 불만스러운 감정이 팽배해 있는 사실을 감지한 마오쩌둥은 이들을 선동하여 젊은이들로만 구성된 홍위병이라는 준군사조직을 만들게 한다. 그는 홍위병을 이용하여 중국 공산당 내부의 주자파走資派를 공격했다. 주자파는 중국 공산당 내에서 자본주의노선을 주장하는 사람들의 일파였다. 홍위병들은 마오쩌둥이 옌안에서 결혼한 세 번째 부인, 상하이 출신 여배우 장칭江靑의 지휘를 받았다. 문화대혁명이 남편의 후광을 등에 업은 장칭의 채 피지 못한 연극인생에 너무 강하게 휘둘렸다는 사실은 마오쩌둥뿐만 아니라 중국에도 큰 비극이었다.

1967년 여름에는 부르주아적인 모든 문화에 대한 반감이 최고조에 달했다. 서양식 의복을 입거나 서양식 소유물을 가졌다는 이유만으로 극단적인 핍박이 행해졌다. 외국인 혐오증을 가지고 있던 의화단이 연상될 정도였다. 쑨원의 미망인도 이 광풍을 피해가지 못했다. 결국 저우언라이가 나서서 그녀의 머리 모양을 트집 잡는 사람들에게서 그녀를 보호해야만 했다. 1969년에 이르러서야 인민해방군의 중재로 중국은 얼마간의 평온을 되찾을 수 있었다.

1966~1976년까지는 '파국의 10년'이라는 덩샤오핑鄧小平의 표현이 무색하지 않을 정도로 수많은 사람들이 아까운 피를 흘려야 했다. 1980년에 열린 장칭의 재판과정에서 마오쩌둥의 손으로 빚은 참담함의 정도를 짐작하게 하는 증거들이 속속 드러났다. 그녀는 무려 34,274명을 죽음으로 몰아간 죄로 1981년 사형선고를 받았다. 문화대혁명 당시의 총 사상자수는 밝혀지지 않았다. 문화대혁명의 참혹함은 사실 스탈린이 자행한 대숙청으로 인해 1,000만 명이 넘는 사람이 목

숨을 잃은 것에 비할 바는 아니다. 하지만 농민이건 도시 근로자건 수많은 중국인들이 문화대혁명으로 매우 불행한 경험을 공유해야 했다는 사실만은 분명하다. 마오쩌둥의 뒤를 이은 덩샤오핑의 지지기반은 바로 이런 불편한 기억을 떨치고 싶었던 인민들의 소망이었다. 일련의 사회주의운동에 시달린 국민은 안정에 목말라 있었다. 덩샤오핑은 도시와 시골을 엄격하게 구분한 마오쩌둥 방식의 이분법을 모호하게 만드는 개혁에 착수했다. 공유제의 도입으로 토지 및 국영공장에 대한 자율성의 권리가 확대되었다. 러시아의 경우와 달리, 중국에서는 자유시장 경제체제 도입이 놀라운 성공을 거뒀다. 살인적인 물가 상승에도 불구하고 장제스 정권이 겪었던 만성적인 인플레이션에는 시달리지 않았으니 말이다.

하지만 경제적 성공을 담보한 덩샤오핑의 정책도 1989년 여름, 천안문 광장에서 시위대가 피범벅이 되는 것을 막지는 못했다. 해외에 있는 수백만 명이 이 비극을 목격했다. 소련의 대통령 미하일 고르바초프의 방중 때문에 중국으로 들어온 취재진들이 베이징에 체류 중이었기 때문이다. 사실 천안문 광장에 모인 학생들이 노린 것이 바로 그것이었다. 고르바초프의 방문에 때맞춰 활동을 개시하면 이미 티베트 폭동에 대한 보도 때문에 곤혹스러워하고 있는 중국 당국을 궁지로 몰 수 있다는 계산이었다. 외국 시청자들은 처음에는 국가관료들의 부패에 불만을 품은 학생 대표들과 경찰당국의 대치상황에 놀랐다. 곧이어 더 놀라운 일이 벌어졌다. 천안문 광장 시위를 지지하는 집회가 중국 각지에서 벌어지고 있다는 소식을 들은 덩샤오핑이 인민해방군을 동원하여 시위대를 궤멸한 것이다. 반혁명주의자에 대한 잔혹하고 강력한 탄압은 전 세계를 경악하게 했지만, 조지 부시 대통령은 중국에 대한 극단적인 조치를 취하는 것을 저지했다. 실제로 부시 대통령은 신중하게 현대화를 시도해 중국이 다시 국제사회로 복귀하는 데 중요한 역할을 하고 있는 덩샤오핑에 대해 상당한 호감을 느끼고 있었다.

영국과 중국의 관계 개선은 덩샤오핑이 식민지 홍콩으로부터 중국이 얼마나 많은 이익을 취했는지를 깨닫게 된 덕이 컸다. 홍콩은 중국에게 최고의 무역 상대국이었다. 게다가 홍콩의 중국 투자가 해외 투자의 70퍼센트를 차지했다. 덩샤오핑은 홍콩이 중국으로 반환되는 1997년 이후의 상황에 대해서 노심초사했다. 그렇게 될 경우 홍콩으로부터 벌어들이는 외화가 사라지게 될 테니 말이다. 재미있는 역사의 아이러니다. 이는 당시 영국 수상이었던 마가렛 대처도 막을 수 없는 일이었다. 피할 수 없는 상황에 맞서 당당히 나선 그녀는 '한 나라, 두 체제'라는 천재적인 해결책을 내놓았다. 황금알을 낳는 식민지를 놓치길 원치 않았던 덩샤오핑의 의도대로 모든 것이 흘러가고 있다는 사실은 까맣게 모른 채 말이다.

중국은 덩샤오핑 사후 1990년대 아시아에 불어닥친 경제위기를 별 문제없이 극복했다. 경제성장이 눈에 띄게 둔화된 일본과 달리 말이다. 일본에서는 금융업계에 대한 규제를 통한 감시 소홀로 다수의 은행들이 악성부채에 시달리고 있었다. 이 은행들이 대출해준 금액이 자신들의 사업체 총자본의 70퍼센트에 달할 정도였다. 경기침체는 이러한 상황을 더욱더 악화시킬 뿐이었다. 반면 중국의 경우에는 민간기업들이 여전히 공화국 경제를 보완하는 역할을 하는 개체에 불과했기 때문에, 인민은행은 경제 한파의 영향을 오히려 덜 받았다. 민간기업체가 보완적인 역할만 하는 유용한 장치가 아니라 '중국적 특징을 지닌 사회주의'의 유기적인 일부라고 인정하기 시작한 것은 2000년에 이르러서였다. 시대의 흐름은 모든 것을 바꾸어 놓았다. 중국은 현재 세계 무역의 지배자가 되기 위한 길을 걷고 있다.

한국 전쟁

한국은 1910년에 일본에 강제 합병되었다. 그 후 36년간 한국의 독립운동가들은 탄압적인 식민정부로부터 조국을 해방시키기 위해 할 수 있는 모든 일을 했다. 하지만 전쟁준비에 한창인 일본에 자원을 수탈당한 한국의 운명에 1943년까지 서방 국가들은 아무런 관심을 기울이지 않았다. 이렇게 오랫동안 서방 국가들이 한국에 무관심했던 이유가 무엇이었든 간에, 그것만 해도 괜찮았다. 미국과 영국의 부주의 때문에 한국이 두 동강 난 것에 비하면 말이다.

워싱턴과 런던의 실권자들이 소련, 중국, 일본 사이에 자리 잡은 한반도의 지정학적 중요성을 미처 깨닫지 못한 때의 일이었다. 중국제국의 마지막이 코앞으로 다가온 즈음에는 소련과 일본의 패권경쟁도 시들해져 있었다. 포츠담 회담이 개최된 1945년 중반에도 미국인은 일본 침략으로 예상되는 사상자 걱정이나 하고 있었다. 아시아 본토의 일본군 척결을 소련에 미뤄버린 것도 이 때문이었다.

히로시마와 나가사키에 원자폭탄이 투하되면서 일본의 저항은 끝이 났다. 바로 그때 소련 병력은 순식간에 북한을 장악해버렸다. 한반도 전체가 소련의 손아귀에 들어갈까 봐 잔뜩 긴장한 미국은, 오키나와에 상주하고 있던 병력을 급히 한국 땅으로 불러들였다. 미국 사령관 더글러스 맥아더는 상존하는 일본 세력을 통해 국정을 처리하는 것이 옳다고 판단했다. 해방되어야 마땅할 조국에서 식민정부가 사라지지 않을 것이라는 사실을 한국인이 견딜 수 없어 한 것은 자연스러운 일이었다. 미국의 한 정보장교는 이를 두고 "미국이 저지른 가장 값비싼 실수들 가운데 하나"라고 평했다. 반면 북한에서는 일본 군인들이 바로 무장해제되었고 식민정부관료들은 체포되었으며 국정관리 권한은 김일성의 임시정부로 이양되었다. 한편 한반도의 미국 관할지역에서는 오랫동안 친일행각을 벌인 이들이 일본인들의 자리를 하나둘 꿰어차기 시작했다. 이 지역의 백성이 북한의 변화를 부러운 시선으로 바라본 것은 당연한 일이었다.

미국은 UN의 공식 인정을 받아 자신들의 구미에 맞는 이 정권을 '대한민국'이라는 이름의 합법정부로 탄생시켰다. 북쪽에는 이미 소련의 지지를 받는 조선인민민주주의공화국이 들어선 후였다. 미국 입장에서 보면 대한민국은 중화민국과 마찬가지로 미국의 아시아 방어선 너머에 있는 땅에 불과했다. 미국의 이런 무관심을 모를 리 없던 북한은 1950년 남침을 강행한다.

이렇게 발발한 내전으로 남한군 350,000명이 죽거나 실종됐으며 250,000명이 부상당했다. 또한 100,000명의 민간인이 강제로 북한으로 끌려갔다. 33,000명의 미국인이 이 전쟁에서 목숨을 잃었으며 106,000명이 부상을 입었다. 한편 북한에서는 무려 500,000명에 이르는 사상자가 발생했으며, 중국에서는 900,000명이라는 충격적인 숫자의 사람들이 목숨을 잃었다. 1953년 말에 이르러서야 서구사회에서 한국 전쟁은 필요악이었다고 믿는 사람들이 자취를 감추었다.

이 비극적인 전쟁에 중공군이 개입하게 된 건 트루먼 대통령이 내린 공격적인 결정 때문이었다. 트루먼 대통령은 중국과 소련의 국경까지 전진할 것을 명했다. 견제정책의 일환이었다고는 하나 이런 행보는 역풍을 불렀다. 본래 마오쩌둥은 "오랑캐들은 오랑캐끼리 싸우도록 내버려두는" 중국의 전통적인 이이제이以夷制夷 정책으로 국경을 지키는 편을 선호했다. 맥아더 장군이 북한을 정복하는 데 그치지 않을 것이라고 중국을 위협하기 전까지는, 단순히 한국의 내전이라 여겼던 상황에 개입할 의지가 없었다는 말이다. 이 호전적인 총사령관이 중국 국경을 따라 존재하는 완충지대의 역할을 그렇게 가볍게 여기지만 않았어도 중국이 전쟁을 선택할 이유는 없었던 것이다. 워싱턴에서는 한국에서의 북상을 계기로 중국 본토를 위협하여 장제스를 다시 본토로 복귀시키려는 움직임이 진행 중이었을지도 모를 일이지만 말이다.

일단 국경이 위협에 처한 것처럼 보이자 인민해방군은 미국이 이끄는 병력에 엄청난 공세를 퍼부은 후 삼십육계 줄행랑을 놓았다. 산악지역 깊숙이 침투해 있던 중공군은 적군 병력의 도주로 구석구석에 매복을 심어놓았다. 중국의 이런 뜻밖의 개입은 전쟁의 전체 지형을 바꾸어 놓았다. 2차 세계대전 종전 당시와 마찬가지로 두 동강 나 있는 이 조그마한 반도에 당분간은 하나의 나라가 들어서기 힘들 것은 자명해보였다.

중국이 참전하자 맥아더는 해안선 봉쇄, 공장시설 포격, 중국에 대한 견제 공격, 최후 수단으로 타이완으로부터의 국민당 견제 공격, 마지막으로 제일 중요한, 육로로 중국 대륙 북부를 진입하는 방법 등의 안을 내놓았다. 워싱턴은 이런 그의 제안을 완전히 묵살하고 트루먼 행정부는 한국 전쟁에 대한 평화적 해결책을 선택했다. 자신의 방식이 옳다고 믿어 의심치 않던 맥아더는 불끈했다. 치미는 성미를 이기지 못한 그는 트루먼의 평화로운 행보를 공개적으로 비판하는 실책을 범한다. 결국 1951년 초 맥아더는 직위해제되었다. 협상타결의 거대한 걸림돌 하나가 사라진 것이다. 그로부터 2년 후 휴전협정이 체결되었다.

환태평양 지역의 부상

한국 전쟁의 최대 수혜자는 일본이었다. 수십 억 달러가 한반도에서 전투를 벌이는 병력의 주둔기지나 다름없었던 일본으로 흘러들어왔다. 군수품 공급으로 인한 수입이 총 외화 수입의 40퍼센트를 차지할 정도였다. 군수품의 수요 때문에 일본에는 다양한 분야의 산업체가 생겨났고, 전후 이 산업체들은 대부분 수출품을 생산하는 산업체로 변모했다. 당시 일본 총리였던 요시다 시게루吉田茂가 말했듯이 일본 입장에서 한국 전쟁은 "신이 내려준 선물"이나 다름없었다. 이 전쟁이 일본이 현재 보유하고 있는 경제력의 기반을 깔아주었기 때문이다.

요시다 시게루 총리는 히로히토 천황이 1945~1951년까지 이어진 연합군 통치기간에 살아남은 것에 상당히 안도했다. 그리고 경제를 무기로 삼아서라도 다시 세계를 주름잡는 강대국 반열에 오를 수 있다는 희망에 부풀었다. 그는 그런 가능성을 제시하는 민주주의체제 도입을 위해 황위에서 신성성을 거세하는 데 기꺼이 동의했다. 일본은 미국과 동맹을 맺었다. 소련과 중국의 보호를 받으면서, 동맹국에는 활짝 열려 있는 미국 시장에 일본 상품을 내다 팔기 위한 결정이었다. 현대 아시아에서 갈등의 촉매역할을 한 일본이 환태평양 지역 선봉에 서서 자유민주주의를 외쳤다는 사실은 놀랍지도 않다. 일본은 아시아 최초로 산업경제를 발달시킨 나라였을 뿐만 아니라, 중화인민공화국 밖에서 일어나는 사건들에 대한 그들의 영향력도 여전했다. 중국인이 혁명을 위한 천로역정을 걸어가는 동안 말이다.

하지만 덩샤오핑이 권좌에 오른 후부터 이런 일본의 아성이 흔들리기 시작했다. 21세기의 첫 10년이 지나자 중국은 사회주의 국가에서 변모하는 과도기에 있는 나라라기보다는 농업 중심 국가에서 산업국가로 변모하는 과도기에 있는 나라처럼 보였다. 중국 공산당은 여전히 정치적 통제에 신경쓰고 있지만, 마오쩌둥 집권기에 비하면 사회가 훨씬 더 개방되었으며, 개인은 더 많은 자유를 누릴 수 있게 되었다.

타이완 섬에 자리한 또 다른 '아시아의 호랑이' 중화민국도 1990년대의 재정위기를 잘 넘겼다. 이러한 성공 뒤에는 안정적인 경제정책이 있었다. 중화민국의 선진산업, 완화된 수출통제, 자유시장경제의 삼박자가 잘 맞아들어간 결과였다. 중화민국의 자랑인 기술집약적 생산업 덕분에 이미 많은 부분을 차지하고 있던 세계 컴퓨터 시장에서 그 영역을 더욱더 확대할 수 있었다. 제한적인 국내 시장에서 최대의 성과를 끌어낸 이 정력적인 사업가들은 타이완 고유의 브랜드를 개발하고픈 유혹을 뿌리쳤다. 타이완의 업체들은 부품, 심지어는 완제품까지도 제품 자체만을 만드는 그림자회사 역할을 하는 데 만족했다. 그 품목도 자전거부터 컴퓨터까지 엄청나게 다양했다. 소국의 약점을 극복하기 위해, 또 언젠가는 이루어질 중국과의 재결합을 준비하기 위해, 중화민국은 사업체 자체를 중국 본토로 수출했다. 이미 40,000명이 넘는 중화민국 국민이 현재 중국 본토에서 근무하고 있다. 한 신발공장은 이런 방식으로 직원을 10,000명에서 120,000명으로 확충했다. 이 회사는 지금은 세계에서 가장 큰 신발 생산업체이다.

13장

현대 중앙아시아

사막 위 모래를 적색으로 물들이고,
붉은 피가 담긴 상자는 깨졌다.
개틀링 기관총에 탄이 걸렸고 대령은 전사했다.
연대는 먼지와 연기로 장님이 되어버렸다.
죽음의 강이 강둑을 넘칠 듯하니,
영국은 멀고, 명예는 이름에 불과하다.
그때 병사들의 사기를 북돋는 소년병의 목소리.
"전진! 전진! 전투에 임하라!"

― 헨리 뉴볼트 경

러시아의 진군

중앙아시아만 놓고 보자면 러시아는 오스만투르크 제국의 덕을 톡톡히 보았다. 오스만투르크는 발칸 반도의 오스트리아와 지중해의 베네치아와 끝없이 싸움을 벌였고, 결국 폐허만 남게 되었다. 러시아는 그 덕에 비교적 수월하게 중앙아시아로 진입할 수 있었다. 크림 반도를 1783년에 합병한 러시아는 1865~1884년까지, 근 20년 동안 중앙아시아 지역의 대부분을 손에 넣었다. 이 중앙아시아 초원지대에 남아 있던 터키어를 구사하는 민족들은 자기들끼리 싸우기 바빴다. 이 때문에 러시아가 중앙아시아를 침공했을 때, 러시아에 대항할 부대를 소집할 단일권력을 가진 세력은 이곳에 존재하지 않았다. 이런 역할을 할 수 있었던 것은 화려한 이스탄불 황궁의 주인뿐이었다.

 1580년대에 카자크와 함께 무서운 기세로 돌진하여 시베리아를 정복했던 것과는 사뭇 다르게, 유럽 쪽 우랄 산맥의 경쟁자들을 모두 물리친 모스크바의 집권세력은 접근에 있어서는 비교적 체계적이고 신중한 태도를 보였다. 하지만 이런 전통적인 방식의 침략도 이것이 마지막이었다. 유럽에서부터 거세게 불어닥친 식민지 열풍에 몸을 싣느라 러시아가 허둥지둥하며 급하게 식민지 건설에 나섰기 때문이다. 기동성이라면 둘째가라면 서러운 초원의 민족들에 대한 대항마로 러시아가 내세운 것은 카자크족이었다. 러시아는 카자크족의 손에 무기를 쥐어주며 동남쪽 땅을 습격하라고 부추겼다. 카자크족은 오스만투르크의 영토와 그 속국의 정착지를 유린했다. 하지만 카자크족이 러시아의 말을 고분고분하게 들어주기만 한 것은 아니었다. 독립적인 성향이 강했던 카자크족은 때때로 러시아에서 일어나는 민중봉기에 힘을

13-1   말 탄 카자크족. 러시아인은 카자크족을 초원의 야수라고 불렀다.

보냈다. 결국 이 때문에 카자크족을 경계하기 시작한 러시아는 17세기 중반에 남쪽 국경수비 강화에 나선다. 17세기 중반 칼미크족이 러시아에 정착하기 얼마 전의 일이었다. 칼미크족은 몽골족의 후예이다.

    중앙아시아 전역을 유랑한 칼미크족은 오늘날 러시아의 남부 초원지대에 자리를 잡았다. 러시아인은 이 몽골계 유목민과 반목하는 대신 이들을 회유했다. 러시아와 손을 잡은 칼미크족은 카자크족과 함께 크림 반도를 침공하기도 했다. 18세기가 시작될 무렵, 제정러시아·오스만투르크·청나라 등 주변 강대국들이 칼미크족을 떠오르는 열강으로 인식하기 시작했다. 얼마 지나지 않아 청나라의 만주 병력이 톈산 天山 산맥 남쪽의 파미르 고원에 있는 투르키스탄Turkestan의 오아시스에 도달한다. 건륭제가 이 지역을 정복하는 것으로 중국은 국경을 위협하는 유목민에 대한 걱정을 모두 씻어버렸다. 중국 제국으로 흡수된 지역의 칸들은 더 이상 자신들의 유목민 백성의 운명을 홀로 결정할 수 없게 되었다. 신장新疆 지구 곳곳에 설치된 중국 군사의 주둔지로 파견된 이 유목민의 전사들은 청나라의 깃발 아래에서 팔기군八旗軍이라는 새로운 이름을 얻게 되었다.

칼미크족이 러시아 남부에 도착했을 즈음에도 러시아는 여전히 중앙아시아 초원지대를 장악하지 못하고 있었다. 러시아는 중앙아시아의 유목민을 자치적인 동맹국으로 예우했다. 이 유목민이 정기적으로 중국에 공물을 바친 것만 보아도 러시아와는 자주적인 관계를 맺고 있었다는 사실을 알 수 있다. 칼미크족은 1770년 갑작스럽게 17세기 초부터 이들의 근거지였던 볼가Volga 강 유역을 떠나기로 결심한다. 이는 점점 거세지는 러시아의 압력 때문이었다. 러시아의 지나친 내정 간섭과 오스만투르크와의 전쟁을 위한 병사 파병요구에 지친 칼미크족은 정든 땅을 떠나기로 결심했다. 유목민인 자신들의 영역에 목초지 대신 농경지가 건설되고, 중국의 요새가 속속 들어서는 것도 참을 수 없었다. 1769년 한 군사작전에 동원되었던 칼미크족이 러시아의 명령을 무시하고 때 이른 귀환을 한 것이 양국 관계의 전환점이었다. 칼미크족이 계속해서 가축을 돌봐야 하는 데다, 궁지에 몰린 카자흐족을 지속적으로 습격해야 한다는 사실을 러시아가 이해하지 못한 데서 생긴 일이었다.

칼미크족의 한 귀족이 강경한 어조로 내뱉은 한마디가 당시의 상황을 정확하게 대변한다. 그는 다른 칼미크족 귀족들에게 "우리가 노예의 멍에를 지고 고개를 숙일 것이 아니라면, 이제 러시아를 떠나 파멸만은 피하도록 하자"고 했다. 어차피 러시아도 칼미크족의 권리를 제한하기로 마음먹은 상태였기 때문에, 그들이 다른 곳으로 이주하지 않았다면 유목민 생활양식을 고수할 수 없는 땅으로 강제이주되었을 가능성이 크다. 귀족의 주장에 귀가 솔깃해진 우바시 칸은 1771년에 시작된 대탈출을 서둘러 기획했다. 그는 당시 러시아 병력의 대부분이 오스만투르크와 혈전을 벌이고 있다는 사실을 잘 이용해보기로 했다. 약 170,000명에 이르는 칼미크족이 대탈출의 여정에 올랐고 많게는 50,000명에 이르는 칼미크족은 러시아 땅에 남기로 했다. 후에 우바시 칸이 볼가 강이 얼지 않은 계절이었기 때문에 이들이 함께 강을 건너지 못했을 뿐이라는 딴소리를 늘어놓았지만 이들은 동쪽으로 향하는 험난한 모험에 가담할 엄두가 나지 않았던 사람들이다. 대이동은 칼미크족의 수를 거의 절반으로 줄여놓았다. 한겨울의 살을 에는 혹한·기아·질병만으로도 재앙에 가까웠던 눈물의 여정에 카자흐족의 공격까지 더해졌으니, 사실 그리 놀라울 것도 없었다.

 중국 역사가들은 러시아의 압제에서 용감하게 탈출한 칼미크족의 '대탈출'을 묘사할 때 종종 이 민족이 겪어야 했던 끔찍한 고통을 쏙 빼놓고 말하는 경향이 있다. 청나라의 건륭 황제는 칼미크족을 자애로운 아버지와 같은 따사로움으로 환영했다. 칼미크족은 이제 더 이상 자립 상태로 다른 유목민들과 경쟁할 만한 세력이 아니었다. 이런 이유로 어떻게든 중국 내에 자리를 마련해야 했던 우바시 칸은 만주족이 제시한 조건을 받아들일 수밖에 없었다. 러시아 제국의 일부가 되길 거부한 나머지 목숨을 건 탈출을 감행한 이 용감한 민족은 결국 청나라의 군사가 되었다.

칼미크족이 떠난 후 러시아의 식민화는 가속화되었다. 러시아는 관할 영토의 소작농을 농부로 정착시킬 준비가 된 지주계층에게 영지를 수여했다. 하지만 이런 식민지 건설을 통한 확장으로 인해 러시아는 몽골족의 혼혈민족인 카자흐족과 만나게 된다. 중앙아시아 초원지대에 거주하던 카자흐족은 더욱더 강력한 유목민족의 등쌀에 밀려 서쪽으로 이동해야만 했다. 1720년대에 카자흐족은 칸들이 다스리는 중앙아시아의 땅을 필사적인 기세로 쳐들어갔다. 이들이 부하라를 포위하는 동안, 티무르 제국의 시조 티무르가 사랑해 마지않았던 사마르칸트의 주민들은 모두 달아났다. 아름다운 정원과 곡식이 익어가던 황금빛 밭은 카자흐족 가축들의 놀이터가 되고 말았다. 새로운 정착지를 찾기 위해 더 서쪽으로 이동한 카자흐족도 있었는데 이들이 바로 식민지 건설에 열을 올리고 있던 러시아인과 마주친 사람들이다. 러시아는 자연자원을 확보하고, 아시아 무역에 동참하고, 중앙아시아의 정치적 맹주로 등극하려는 야망을 갖고 있었다. 이를 현실화하기 위해 러시아는 카자흐족을 가까이 했다. 피터 대제가 "카자흐족이 얼마나 믿을 수 없는 유목민족인지"를 간파하고 있었음에도 불구하고, 러시아는 아시아의 관문인 이 민족을 포기하지 못했다. 피터 대제는 군사령관들에게 카자흐족이 러시아를 종주국으로 받아들이게 하기 위해서 어떤 노력과 자금도 아끼지 말 것을 당부했다고 한다.

러시아인의 말에 따르면, 카자흐족은 그 규모에 따라 소, 중, 대세 집단으로 분류할 수 있다. 러시아인과 조우한 카자흐족은 중소 규모의 무리로 총 가구 수가 80,000에 이르고, 총 인구는 300,000명 이상이었던 것으로 추산된다. 이들은 대형집단으로 분류되기에는 총 인구 수가 부족했지만, 50,000명의 기병 정도는 너끈히 전쟁터에 내보낼 수 있는 규모였다. 러시아 국경 부근에 자리 잡은 이 중소 규모 무리의 지도자 아불카이르 칸은 제정러시아로부터 대군주의 지위를 부여받았다. 아불카이르 칸은 러시아의 보호를 받게 되었고 그 대가로 1년에 여우 가죽 4,000피를 조공으로 바치기로 했다. 1731년 무함마드 테켈레브라는 사절이 러시아 황제에 대한 충성 서약을 받아내기 위해 이 부족을 방문했다. 그는 이내 칸의 조정이 혼란을 겪고 있다는 사실을 발견했다. 카자흐 귀족들이 러시아를 종주국으로 모시는 것에 순순히 동의하지 않았던 것이다. 하지만 칸은 부하일 뿐인 그들과 관례에 불과한 협의를 도출하려고 애쓰지 않았고 모든 것을 독선적으로 결정했다. 귀족들은 평화협정을 맺는 것과, 러시아의 속국이 되는 것은 완전히 다른 일이라고 말했다. 그러자 아불카이르 칸이 툭 까놓고 이야기하기 시작했다.

> 제정러시아는 세계의 많은 강성한 나라들 중에서도 손에 꼽을 정도로 높은 명성을 가진 나라임은 경들도 알고 있을 것이오. 이런 훌륭한 강대국이 초원의 야수 같은 우리와 평화협정을 맺는다는 것이 어불성설이오. 그들은 우리 카자흐족을 전혀 두려워하지 않소. 뿐만 아니라 우리 카자흐족은 주변의 러시아 속국들 때문에 시시각각 다가오는 위험에 노출되어 있지만, 그들은 우리를 필요로 하지도 않는단 말이오.

아불카이르 칸은 러시아에 대한 충성을 몇 안 되는 지지자들과 함께 『코란』에 맹세했다. 귀족들 대다수가 이런 그의 행동에 대놓고 반기를 들었다.

아불카이르 칸이 무슨 연유로 이런 행동을 했는지는 상당히 모호하다. 그는 러시아에서 공수된 진귀한 선물과 유목민 맞수들로부터 자신들을 보호해줄 러시아라는 거대한 울타리를 갖게 된다는 사실에 진심으로 기뻐했던 것 같기도 하다. 아불카이르 칸은 고국으로 돌아가려는 테켈레브에게 러시아가 카자흐족의 영토 부근에 요새를 짓는다 해도 전혀 반대하지 않겠다는 뜻을 표명하기까지 했다. 심지어 그렇게 되면 선물을 주겠다는 약속으로 러시아의 적들을 꾀어내어 체포한 뒤 추방하겠다는 말까지 덧붙였다고 한다.

본국으로 돌아온 테켈레브는 이 중소 규모의 카자흐족 집단에 분열 조짐이 있다고 보고했다. 러시아는 중앙아시아와의 무역을 활성화하면서 아울러 카자흐족의 분열을 미연에 방지하기 위해서 우랄Ural강에 오렌부르크Orenburg 요새를 짓기로 결정했다.

이 일로 러시아가 초원 국경지대에서 직면한 딜레마가 더욱 분명해졌다. 유목민에게 러시아의 속국임을 강변하여 그들을 위압하는 것은 어려운 일이 아니었다. 하지만 문제는 여기에 짐스러운 의무가 뒤따른다는 것이었다. 부족 간 전쟁이 유일한 삶의 방식이자 목적인 유목민의 세계에서 러시아의 속국임을 받아들인 이들을 보호해야 하는 엄청나게 어려운 임무를 자발적으로 떠맡아야 한다는 문제 말이다.

아마 러시아 정부도 분명 이 문제에 대해 심각하게 고민해보았을 것이다. 그러나 중앙아시아로 한 발짝 내딛기가 무섭게 중앙아시아의 골치 아픈 패권경쟁에 휘말려들 줄은 꿈에도 몰랐을 것이다. 몽골 서부에 있던 몽골계 부족 오이라트족이 아불카이르 칸에게 공물과 인질을 요구한 것이 발단이었다. 아불카이르 칸은 당연히 종주국 러시아의

13-2 카슈가르의 두 가지 정경. 중국 신장 위구르 자치구 카스시喀什市에 위치한 카슈가르는 중앙아시아를 둘러싼 숨겨진 전쟁의 배경이 되어야만 했던 슬픈 역사가 깃든 곳이다.

약조를 떠올렸다. 오이라트족은 러시아군의 견고한 방어태세를 위협할 만큼 강력한 대포로 무장한 대규모부대를 거느리고 있었다. 아불카이르 칸의 요청을 받은 오렌부르크의 총독은 오이라트족에게 어떠한 군사적 행동도 하지 말 것을 요구했다. 중재는 효력을 보는 듯했지만 그 효과가 오래 가지는 못했다. 평화에 만족하기엔 이 유목민은 피와 살육에 너무 오랫동안 길들여져 있었다. 아니나 다를까 서로 물고 뜯기 시작한 이 유목민족들은 피의 축제를 멈추지 않았다. 심지어는 러시아를 종주국으로 모시겠다고 철썩같이 약속했던 카자흐족이 러시아를 습격하는 일까지 벌어졌다.

무력행위를 중재하려 했던 시도보다는 오히려 무역을 장려한 것이 더 결실을 보았다. 중앙아시아의 유목민들로 하여금 새로 생겨난 러시아 마을과 교역을 하게 해준 것 말이다. 1743~1747년 사이에 카자흐족은 어림잡아 말 14,000필, 양 28,000마리를 사고 팔았다. 하지만 뿌리 깊은 정치적 혼돈은 가시지 않았다. 1748년에는 아불카이르 칸이 중간규모 무리의 칸에 의해 살해당하는 일도 일어났다. 러시아는 거대한 규모와 엄청난 이동성을 자랑하는 유목민을 상대로 전통적인 군사작전을 펼치는 것은 쓸데없는 일이라는 사실을 아직 모르고 있었다. 유일한 해결책이 있다면 바로 부족 간의 깊은 반목의 골을 이용하여 각 부족에 씻을 수 없는 타격을 입히는 것뿐이었다. 오렌부르크의 총독이었던 볼코르는 1763년에 카자흐족과 그 주변 유목민족들은 어린아이나 다름없다고 말했다. 그래서 이 미숙한 민족들은 러시아의 자애로운 영도를 받아야 하고, 그래야 책임감 있는 성인과 같은 성숙한 경지에 이를 수 있다는 것이었다.

유목민들이 정착을 선택한 후 볼코르는 "황제의 손에 놓인 강력

13-3 중국 제국에 합병된 중앙아시아 도시들 중 하나인 투루판에 있는 미나레트(첨탑)

한 문명의 힘으로 이들의 성향도 바뀌게 될 것이다. (중략) 위대한 군주의 지혜와 속국들의 복종을 통해 겨울은 여름이 될 것이고, 여름은 겨울로 바뀔 것"이라고 호언장담했다. 갓 등극한 소규모 부족의 칸 누랄리는 못내 불쾌했던지 볼코르의 장광설이 역사에 기록으로 남지 않도록 조치를 취했다고 한다. 하지만 그런 그도 초원지대에서 엄청나게 거대해진 러시아의 군사적·경제적 존재감을 절감하고 있었던 것만은 틀림없다. 모든 징후가 변화가 임박했음을 알려주고 있었다. 하지만 칼미크족과는 달리 카자흐족 중 어느 누구도 떠나야만 한다는 것을 깨닫지 못했다.

카자흐족에게 가해진 공공연한 억압은 볼코르의 관점을 정당화하는 듯 보이기도 했다. 하지만 중앙아시아의 광범위한 지역은 여전히 러시아의 통제에서 벗어나 있었다. 러시아가 가장 중요하게 여겼던 곳은 부하라였다. 이 도시는 투르크화된 만기트족이 1785년에 세운 마지막 왕조의 수도였다. 이들은 국민의 대다수를 차지하는 우즈베크족의 부족장을 제압하는 데 성공한 민족이었다. 이들은 페르시아 말을 하는 노예 출신 관료들을 기용하여 나라를 다스렸다. 하지만 독재적 성격을 지닌 이 정권은 급변하는 근대 중앙아시아의 정세를 읽지 못했다. 만기트 왕조의 통치자가 1683년 부하라로 진군한 러시아 병력의 움직임을 전혀 파악하지 못한 것은 그 때문이었다. 이 정권의 독재적인 성격은 중앙아시아에서 벌어지고 있었던 변화들을 이해하기에는 역부족이었다. 러시아의 보호국이 된 후에도 어떤 개혁의 움직임도 보이지 않았던 이 땅의 주인들은 1920년대까지도 거의 중세와 다름없는 생활양식을 고수했다.

러시아가 중앙아시아를 온전히 손아귀에 쓸어넣기 전 마지막까지 자주 국가를 지켜낸 사람들은 우즈베크 투르크족이었다. 이들은 키바와 코칸트에서 왕조를 일구었던 민족이다. 이들이 세운 왕조가 모두 피와 폭력으로 점철된 역사로 시작했다는 사실만 보아도 이 민족이 얼마나 불안정한, 좋게 말해서 역동적인 삶을 살아왔는지를 알 수 있다. 하지만 코칸트한국이 부하라한국과 중앙아시아의 패권을 놓고 다툴 정도로 강대한 나라였다는 것만은 부정할 수 없는 사실이다. 고대 실크로드에 어슷하게 걸터앉아 있는 나라 코칸트한국은 러시아와 중국의 국경에 인접한 전략적 요충지였다. 이 때문에 중국과 러시아는 코칸트한국과의 친교에 꽤 열심이었다. 그래서인지 코칸트의 칸들은 어부지리를 얻는 데 매우 능숙했다. 후에 그레이트 게임에 동참한 영국령 인도도 이 지역의 세력균형에 매우 중요한 요소였다. 중앙아시아를 놓고 벌어진 은밀한 전쟁의 최후 승자는 러시아였다. 러시아의 마지막 정복은 1865년 타슈켄트Tashkent 점령으로 시작되어 1884년에 메르브Merv를 얻는 것으로 끝을 맺었다. 아프간 국경 근처의 오아시스 도시인 메르브는 중앙아시아에서 최초로 아랍인이 정착한 땅이었다.

메르브가 러시아의 손에 들어갔다는 사실에 영국은 크나큰 충격을 받았다. 메르브를 빼앗긴 영국인이 '메르브스니스'를 앓고 있다는 농담이 생겨났을 정도였다. '메르브스니스'는 신경과민이라는 뜻의 영어단어 '너르브스니스nervousness'와 '메르브'를 합성한 신조어였다. 1895년에 마침내 영국과 러시아가 중앙아시아 남쪽 국경지대에 대한 합의를 도출했다. 러시아는 북부지역에 투르키스탄 연방이라는 행정구역을 설치하고, 타슈켄트를 수도로 지정했다. 이 투르키스탄 연방에는 보호국인 키바와 부하라가 속했다.

1895년에 영국과 러시아는 마침내 중앙아시아의 남쪽 국경지역에 대한 합의를 보았다. 북쪽지역은 러시아가 투르키스탄 연방이라는 행정구역으로 정하고 그 수도는 타슈켄트로 지정했다. 이곳에는 부하라와 키바, 두 보호국 또한 포함되었다. 중앙아시아의 거인 카자흐스탄도 러시아의 영토로 편입되었다.

그레이트 게임

1815년 나폴레옹의 최종적 패배와 망명으로 영국령 인도에 대한 프랑스의 위협은 사라졌다 해도, 러시아가 아시아 대륙에서 미지의 땅으로 여겨지던 중앙아시아로 손을 뻗칠 가능성은 여전히 존재했다. 바짝 긴장한 영국 동인도회사는 이 지역의 상황을 면밀히 파악하기 위해서 외진 지역 구석구석까지 젊은 관료들을 파견하여 답사시켰고, 나중에는 영국 정부까지 이런 극성스런 행보에 동참했다. 애국심과 모험심에 불타는 수많은 젊은 장교들이 순례자나 상인으로 변장하고 정찰에 나섰다. '나뭇잎 쏘기'로 알려진 이런 정찰임무를 하는 것으로 위장하고 스파이 행각을 벌이는 이들도 많았다. 영국 정부는 한편으로는 측량사들을 동원하여 몰래 인도 국경지방 지도를 만들기도 했다. 무대 뒤에서 치열한 접전이 벌어지는 이 그레이트 게임에 참가하려는 사람들이 할 역할은 무궁무진했다. 이 게임에 참가하는 것은 목숨을 담보로 해야 했기에, 러시아와의 은밀한 한 판 승부에서 용기는 더할 나위 없는 미덕이었다.

1903년 무역사절단 대표로 티베트를 방문한 영국 군인 프랜시스 영허즈밴드는 이 모든 상황을 다음과 같이 묘사했다.

> 우리 영국인과 러시아인은 서로 치열한 경쟁을 벌이는 사이지만, 러시아와 영국의 장교들은 양국의 경쟁하지 않는 사람들보다 훨씬 더 서로를 좋아하는 것이 확실하다. (중략) 우리는 그저 그레이트 게임을 하고 있는 것일 뿐이다.

인도군 장군의 아들이었던 영허즈밴드는 국경에서의 삶에 심취해 있는 사내였다. 그는 국경선을 만드는 것을 영국의 독점적 권리라고 생각했다. 당시 인도 총독이었던 커즌 경은 러시아가 티베트에 마수를 뻗치는 것을 저지하기 위해 라사Lasa에 공사를 파견할 것과, 상업협정을 체결할 것을 티베트에 요구했다. 이와 달리 영허즈밴드는 티베트가 영국의 보호령이 되어 "무지하고 이기적인 승려들의 통치를 받는 노예"나 다름없는 티베트인이 해방되길 갈망했다. 커즌과 영허즈밴드의 공통점은 둘 다 임무에 따른 유혈사태에 대해서는 얼버무리기 일쑤였다는 점이다. 이들 모두 라사로 가는 길목에서 제대로 무장하지도 않은 티베트인을 집단학살했던 사건에 대한 언급을 꺼렸다. 러시아가 시커먼 속셈을 가지고 있다는 커즌 경의 추측이 런던에서는 공감을 불러일으키긴 했다. 하지만 러시아가 정녕 티베트 내정에 간섭할 의도를 가졌는지에 대해서는 논란의 여지가 있다. 러일 전쟁에서 러시아가 패전한 뒤 영국은 1907년 페테르부르크에서 러시아와 영러 협정을 체결했다. 양국은 러시아가 티베트에 더 이상 간섭하지 않을 것과, 영국과 러시아 양국 모두 청나라를 통하지 않고 직접 티베트 대표와 협상을 하거나, 라사에 대표를 파견하지 않는 데 합의했다.

직접적인 충돌을 원치 않았던 두 나라는 1907년 영러 협정을 맺어 세력권을 설정하고 완충지대를 정함으로써 100여 년간의 그레이트 게임에 종지부를 찍는다. 커즌 경은 협정의 세부내용에 대해 말했다.

아프가니스탄과 관련한 합의는 그것이 옳은 일이었는지 의심스러운 정도지만, 티베트에 대한 합의는 좋지 않은 결정임이 분명하고, 페르시아에 대한 합의는 심각하게 잘못된 결정이라 할 수 있다.

아프가니스탄 문제에 있어서만큼은 커즌 경도 오판을 했다. 러시아인은 아프가니스탄을 영국의 세력권으로 기꺼이 내주었다. 하지만 티베트와 페르시아에 대해서만큼은 바른 소리를 했던 것 같다. 사실 러시아인이 티베트에 그렇게 큰 관심이 있었던 것 같지는 않다. 문제는 페르시아가 영국과 러시아의 영향권 중간에 끼게 된 것 때문에 이란인이 격노했다는 사실이다. 하지만 영국인에게는 이란인의 반응보다는 인도의 안보가 훨씬 더 중요한 문제였다. 영러 협정 체결을 추진한 근본 이유가 바로 인도를 지켜내기 위함이었으니 말이다. 그레이트 게임은 그렇게 막을 내렸다. 오늘날 중앙아시아의 패권을 두고 선수만 교체하여 비슷한 구도가 러시아와 미국 사이에 형성되어 있긴 하지만 말이다.

2010년 초에 키르기스스탄에서 일어난 반정부시위로 지금 미국은 상당히 곤란한 지경에 빠져 있다. 키르기스스탄 안에 있는 미국의 마나스 공군기지는 아프가니스탄 진출을 위한 미군의 주요 거점기지이다. 옛 소련 지역에 미국의 공군기지가 설치된 것을 못마땅해한 러시아 정부는 키르기스스탄에 20억 달러란 거금을 지원했다. 반색을 한 키르기스스탄 국민이 마나스 공군기지 폐쇄에 압도적인 찬성표를 던졌고, 이런 상황에서 러시아에 우호적인 세력이 득세했으니 미국의 골치가 아플 만도 했다. 러시아가 이 빈국에 앞으로도 계속 자금을 원조할 것인지는 비슈케크Bishkek에 있는 미군 공군기지 폐쇄 여부에 달려 있다.

티베트 임무를 수행하기 전 영허즈밴드는 여러 번 속칭 '나뭇잎 쏘기'의 참가를 허가받았다. 첫 번째 임무 수행을 위해 그는 몽골과 중국 땅을 밟았다. 그는 1885년 베이징에서 마크 벨이라는 인물을 만

13-4　부하라에 있는 회교사원의 미나레트. 하늘 높은 줄 모르고 솟은 뾰족탑에 매혹된 것은 칭기즈 칸뿐이 아니었다.

났다. 정보를 수집하는 중이었던 이 군인은 영허즈밴드의 모험에 대한 열정을 알아채고는 귀국 길에 투루판과 카슈가르를 경유하여 타클라마칸 사막을 넘어 인도로 돌아갈 것을 권했다. 베이징의 영국 대사가 더 이상의 임무를 수행할 의무가 그에게 없다는 사실을 확인해준 후 그는 두 명의 중국인과 함께 길을 나섰다. 그들 중 한 명은 히말라야 산맥을 가로지르는 혹독한 여정까지 영허즈밴드와 함께 했다. 벨이 추천한 사람의 발길이 닿지 않은 카라코람 북쪽의 "무즈타그파스 Mustagh Pass를 넘어 발티스탄과 카슈미르로 가는 지름길"로 가로질러 갔던 탓에 이들의 여로는 한층 더 험난했다.

중국령 티베트와 영국령 인도 사이의 이 국경지역은 눈으로 뒤덮여 있는 위험천만한 고개였다. 이곳을 지나온 영허즈밴드조차 후에 "우린 밑으로 내려온 후 뒤를 돌아보았습니다. 누구도 그곳을 내려오는 것이 불가능해 보였어요"라고 아버지에게 회고했을 정도였다. 게다가 유럽인은 단 한 번도 넘어본 적이 없는 미지의 땅이었다. 인도의 영국인들은 영허즈밴드를 진취적인 탐험가이자 두려움 없는 비밀요원이라 추켜세웠다. 단 한 번의 탐험으로 엄청난 명성을 거머쥔 것이다. 그 후 오랫동안 그는 별다른 임무를 맡지 않았다. 그가 사막을 건너고 험준한 산을 정복할 때 실패하지 않도록 이끌어준 현지 안내인들이 함께 했다는 건 상당히 인상적인 일이었다. 하지만 용감무쌍하고 자존감 강한 동행자들의 존재도 영국인의 선민의식을 잠재우기에는 역부족이었다. 19세기 인도 제국에 악령처럼 들러붙어 있던 이런 썩은 사고는 좀처럼 떨어질 기미가 보이지 않았다. 이들과 함께 사투를 벌인 영허즈밴드마저 현지 안내인이 베이징으로 발길을 돌리자 "그는 중국인이었지. 그러니까 완벽한 동물은 아니었어"라고 말했을 정도였다. 그는 티베트에서 그의 안전을 책임져준 구르카인에 대해서도 "용감하고 쾌활한, 작은 사람들이긴 하지만 돼지 같은 분별력을 가졌어"라는 망언을 뱉어냈다. 티베트와 관련 있는 것이라면 무엇이든 경멸부터 먼저 했던 영허즈밴드이지만, 불교에서만큼은 영향을 받았던 것 같다.

커즌 경은 1899년 인도 총독으로 임명되기 전부터 비공식적으로 그레이트 게임에 참여했다고 할 수 있다. 그는 이 임무를 오랫동안 열망해왔다. 그가 아시아 전역을 샅샅이 탐사한 것도 이런 임무를 맡게 될 때를 기다리는 의식적인 준비과정이었다. 1880년대에 그는 러시아를 통과해 바쿠Baku를 방문하여 그곳에서 카스피 해를 가로지르는 배를 탔다. 그리고 그는 건설된 지 얼마 되지 않은 트랜스카스피안 Transcaspian Railway 철도를 이용하는 부하라행 기차에 올랐다. 철로의 종점인 사마르칸트에서 그는 타슈켄트로 향하는 마차로 갈아탔으며, 타슈켄트에서는 러시아 총독의 초대에 응해 공관에 머물기도 했다. 커즌 경은 중앙아시아에 매료되었다. 그는 중앙아시아 땅에는 "카이로나 스탬불Stamboul(이스탄불의 구시가지)의 상인들에 비하면 터무니없이 폭리를 취하려 하거나 무뢰배처럼 구는 사람들이 훨씬 적다"는 사실을 발견했다. 당시에만 해도 이 미래의 총독은 러시아가 중앙아시아의 패권을 차지하려는 행보에 영국령 인도까지 차지하려는 속셈이 깔려 있다고 생각하지 않았다. 그가 중앙아시아에 대한 영국의 영향력을 증대시키는 데 찬성하게 된 것은 한참 후의 일이었다. 이런 사고의 변화는 그가 총독을 맡게 된 후 예산의 절반 이상을 군사력 확충에 쏟아붓게 될 것이라는 사실을 의미했다. 커즌 경은 아마도 러시아가 중앙아시아 전역에 걸쳐 철로를 건설한 것 때문에 생각을 바꾸었을 것이다. 촉망받는 영국 지리학자였던 할포드 맥킨더는 이런 커즌 경의 생각에 지지를 보냈다. 1904년에 맥킨더는 다음과 같이 기록했다.

> 한 세대 전, 증기선 발명과 수에즈 운하 건설이 해군의 기동성을 비약적으로 발전시켰다. 육로로 이동할 때보다 훨씬 신속한 이동이 가능해졌다. 철도는 해상 무역에 필요한 물자의 공급책 역할을 했다. 이제 대륙횡단 철도가 내륙의 패권을 이동시키고 있다. 유라시아의 고립된 중심부만큼 이런 효과가 여실하게 드러날 수 있는 곳은 없다. 철도 건설에 필요한 암석과 목재는 눈을 씻고 찾아봐도 구할 수 없는 이 광활한 지역에서만큼은 말이다. 철도는 말

과 낙타를 순식간에 대체했고, 도로가 생겨나는 발전과정은 이제 불필요한 것이 되었다.

맥킨더의 말에 따르면 철도는 러시아가 권력을 획득하는 수단이었던 셈이다. 맥킨더는 "러시아는 제2의 몽골 제국이 될 것"이라고 확언했다. 하지만 꼭 그렇지만은 않았다. 대영 제국이 해외 식민지들을 독립시키며 영연방으로 변모했던 것과 달리, 러시아는 여전히 아시아 대륙의 상당히 광활한 땅을 지배하고 있긴 했지만 말이다.

뼈의 땅, 아프가니스탄

아시아 어디에도 아프가니스탄보다 영국의 외교정책 실패로 악전고투한 나라는 없었다. 아프가니스탄의 군주 도스트 무함마드[1]를 권좌에서 축출하기 위해 1838~1842년 벌인 영국의 1차 영국-아프가니스탄 전쟁은 영국 역사상 최악의 패배로 마무리되었다. 영국이 개입한 것은 물론 러시아의 진군에 대한 우려 때문이었다. 영국인은 무함마드를 축출하고 자신들에게 우호적인 성향을 가진 샤 슈야를 아프가니스탄 왕국의 왕위에 올리길 원했다. 하지만 척박한 땅의 미개인이 두려울 리 없던 대영 제국의 군사들은 느슨하게 전쟁준비를 했다. 아프가니스

---

[1] Dost Mohammad(1793~1863년): 아프가니스탄 바라크자이 왕조의 창시자로 러시아의 사주를 받아 이란과 전쟁을 벌였고 1차 영국-아프가니스탄 전쟁 중 잠시 폐위당하기도 했다. 그 후 국내 처리를 위임받는 조건으로 영국에 협력해 1863년 파라와 헤라트 지역을 병합했다.

탄 침공은 마치 모험심에 불탄 젊은이들이 미지의 땅을 찾아 나서는 '나뭇잎 쏘기'의 연장처럼 보이기까지 했다. 38,000명의 브라스밴드, 백파이프, 폴로용 조랑말, 폭스하운드 떼를 모는 하인과 짐을 실은 30,000마리의 낙타들이 15,200명의 원정병력을 따라 나섰다. 한 연대의 장교들은 낙타 두 마리를 자신들의 시가를 싣고 가는 데 사용하기도 했다. 어마어마한 양의 식량을 짊어지고 왔음에도 아프가니스탄의 척박한 환경은 원정병력의 식량을 금방 바닥나게 했다. 군사들은 그나마 엄청난 가격을 지불하고 주변 마을에서 사온 양떼 덕분에 겨우 연명할 수 있었다. 처음에 영국군은 기세 좋게 밀고 들어가 샤 슈야를 카불로 불러들여 그를 왕위에 올린 후 권력기반을 확립할 때까지 샤 슈야를 보호하기 위해 4,500명의 병력을 아프가니스탄에 남겨두고 철수한다. 1841년 도스트 무함마드의 아들의 지휘 하에 봉기한 반대세력은 아프가니스탄에 남은 이 영국군들을 제물로 삼는다. 격렬한 전투 끝에 포위된 병력은 안간힘을 다해 싸우며 인도로 돌아가려 발버둥쳤다. 하지만 살아남아 인도에 도착한 사람은 단 한 명뿐이었다. 영국이 뒤를 보아주던 샤 슈야는 다시 권좌에서 물러나야 했고, 아프가니스탄은 전쟁을 주도한 부족의 지도자를 중심으로 집결한 봉건세력이 국가를 통치하는 원래의 상황으로 복귀했다.

    영국은 아프가니스탄에 잡혀 있는 포로들을 구하겠다는 명목으로 두 번째 원정대를 파견한다. 6,000명에 달하는 군사들이 카불로 향했다. 이들은 수차례 크고 작은 전투를 하며 전진했다. 그리고 "80구 내지 100구쯤 되는 시체더미 위에" 영국군 유골과 바싹 마른 시체들이 널브러져 있는 끔찍한 광경을 보게 된다. 시체로 길이 완전히 막혀 있는 지역도 있었다고 한다. 말 그대로 눈이 뒤집힌 영국군들은 아프가니스탄 마을의 포도밭과 과수원을 물불 가리지 않고 파괴하고 마을들을 불태워버렸다. 이때 카불 외곽에 있는 마므드 세브루크티긴의 무덤 역시 훼손되었다. 중앙아시아에서 인도를 처음 공략한 무슬림인 이 가즈나 왕조의 술탄은 1026년에 솜나트Somnath에서 유명한 힌두교사원을 파괴한 인사이다. 이 아까운 사원의 백단유로 된 문들은 그의 무덤을 꾸미는 데 사용된 것으로 추정된다. 즉 승리의 증표로 인도로 실려 보내졌다는 것이다. 하지만 실제로 문이 약탈된 것은 한참 후의 일이었다. 이 두 번째 침공으로 영국군은 가까스로 체면 보전에 성공했다. 이것 말고 영국군이 아프가니스탄에서 얻은 것은 아무것도 없었다.

1878년 2차 영국-아프가니스탄 전쟁이 발발했다. 러시아와 우호적인 관계를 맺길 원했던 아프가니스탄의 왕이 영국 대사의 입국을 거부한 일 때문에 발발한 전쟁이었다. 처음이나 두 번째나 참으로 쓸데없는 일에 총을 집어든 것은 매한가지다. 후에 인도군의 총사령관이 된 프레더릭 로버츠 경이 상황을 돌려놓기 전까지 영국군은 이번에도 고전을 면치 못했다. 콜레라까지 퍼져 가뜩이나 약해진 군세는 회복불능 지경에까지 이르렀다. 1880년 로버츠 경은 10,000여 명의 병력과 더 적은 수의 민간인을 이끌고 카불에서 탈출하는 데 성공한다. 그는 영국인에게 아프가니스탄을 내버려둬야 한다는 의미심장한 경고를 남겼다. 예언이나 다름없는 그의 말을 들어보자.

나는 아프가니스탄 국민이 우리 영국인을 덜 접하면 접할수록 우리를 덜 싫어할 것이라고 말할 때마다, 내 말이 정말 옳다는 확신이 든다. 설령 이 말이 우리의 자부심을 고양시키는 말은 아닐지도 모르지만 말이다. 향후 러시아인이 아프가니스탄을 점령하려

13-5 2차 영국-아프가니스탄 전쟁에 참전하여 진군하는 영국 병사들

는 시도를 하거나, 아프가니스탄을 통해 인도를 침략하려 할 것이 분명하다 할지라도, 지금 아프가니스탄에 대한 어떠한 간섭도 하지 않는 것이 후에 아프가니스탄을 우리의 이익을 위해 움직이도록 회유할 수 있는 가능성을 늘리는 방법이다.

우습게도 러시아가 100,000명의 점령군을 아프가니스탄으로 파병한 것은 그로부터 1세기 후의 일이었다. 게다가 이들이 성공할 가능성은 극히 희박했다. 최신 무기만으로는 농경지역과 외진 마을을 장악하고 있는 군부세력의 통치기반을 흔들 수 없다는 사실이 증명되었을 뿐이다. 탈레반이 폭발물을 급조하여 도로를 따라 설치하는 법을 익힌 후에는 더욱 그랬다. 사실 오늘날 아프가니스탄에서 고군분투하고 있는 미군이 이끄는 나토 연합군 역시 지지부진한 결과를 보이고 있을 뿐이다. 러시아 탱크와 미사일이 소총과 노새보다 더 효과적이지 않다는 사실에 서구세력도 주춤했을 것이다. 하지만 2001년 9월 11일에 뉴욕과 워싱턴에 행해진 테러가 아프가니스탄을 세상의 이목에 들게 한 뒤로 과거의 교훈을 곱씹는 사람들은 극소수가 되고 말았다. 아무도 왜 이 나라를 힘으로 점령하는 것이 그렇게 힘든지 물어보려 하지 않았다.

아프가니스탄이 독립을 철통같이 수호할 수 있는 이유는 몇 가지가 있다. 첫 번째 이유는 끊임없이 침략을 받아온 역사로 인해 아프가니스탄에는 고집스럽게 독립을 추구할 뿐 상대가 누가 되었든 반목하는 성향이 뿌리 깊게 자리 잡았기 때문이라 할 수 있다. 이 때문에 나라의 각 분파가 외부의 적뿐만 아니라 내부의 적들로부터 자기 자신을 지키기 위해 골몰한다. 두 번째 이유는 사람이 살기 힘든 척박한 아프가니스탄의 환경을 꼽을 수 있다. 이런 부모의 땅에서는 귀중한 부족 소유지를 지키는 것이 삶과 죽음의 갈림길을 결정한다. 그러니 자신의 영토를 수호하려는 의지로 타의 추종을 불허하는 민족이 된 것도 이상한 일은 아니다. 세 번째 이유는 여기 살고 있는 사람들의 민족구성이다. 인구의 대부분이 페르시아어에 기반한 언어를 사용하고 있기는 하지만, 이곳은 각양각색의 민족이 뒤섞여 살고 있는 땅이

13-6 볼란 고개Bolan Pass를 건너는 영국군. 볼란 고개는 석회암 산지에 이루어진 고갯길로 폭이 좁아서 예로부터 카이버 고개와 함께 서남아시아(아프가니스탄)와 인도 아대륙(인더스 강 유역의 저지대)을 연결하는 국제루트로 군사 교역에 중요한 역할을 했다.

다. 소수이긴 하지만 몽골족이나 아랍인도 있다. 독립을 목숨처럼 아끼는 산골사람들의 휘장은 아프가니스탄 어디에서든 찾아볼 수 있다.

지금껏 아프가니스탄을 침공한 수많은 침략자들 중에 이 척박한 땅의 국민을 무릎 꿇린 것은 오직 두 명뿐이었다. 마케도니아와 몽골에서 태어난 전무후무한 정복자들 말이다. 이들의 접근방식은 너무도 달랐다. 기원전 329년 일단 자신의 군대의 강대함을 과시한 알렉산드로스 대왕은 현지의 부족 지도자들을 회유할 방법을 물색했다. 그는 현재 카불에서 가까운 곳에 살고 있던 부족의 군부지도자의 딸 록사네와 결혼했다. 록사네는 "다리우스 황제의 부인을 제외하고 마케도니아인이 보기에 아시아에서 가장 사랑스러운 여자"였기 때문에 알렉산드로스가 그녀에게 빠졌다고 한다. 알렉산드로스가 진심으로 그녀에게 반했는지 그 진위는 알 수가 없다. 하지만 이 결혼으로 얻은 정치적 이점은 어마어마했다. 알렉산드로스는 장인에게 아프가니스탄을 맡긴 후 현지에서 모은 병력을 자신의 다민족부대에 흡수한 뒤 안정적으로 인도 서북부 침공에 나섰던 것이다.

몽골은 이와는 확연히 구분되는 방법을 사용했다. 그들은 호의를 베풀어 상대의 마음을 사는 전략과는 반대되는 노선을 택했다. 몽골이 적을 제압하기 위해 사용한 것은 '공포'였다. 칭기즈 칸은 바미안 학살에서 냉혹함의 끝을 보여주었다. 1221년 바미안에서 그의 손자 중 한 명이 살해당하는 일이 벌어지자 격노한 몽골의 칸은 이 계곡에서 사람은 물론이고 새를 비롯한 모든 동물과 모든 살아 있는 존재들을 말살하라는 명을 내렸다. 칭기즈 칸의 개인사에 대해서는 밝혀진 바가 거의 없다. 침공이 끝나면 점령국의 여자 중에서 새로운 부인을 맞아 본국으로 데리고 갔다는 것 정도가 알려진 것의 전부다. 결혼을 정치의 도구로 사용한 알렉산드로스와 달리 칭기즈 칸은 잠자리에서 자신에게 쾌락을 줄 수 있는지를 기준으로 상대를 골랐던 것 같다. 천생 남자였던 몽골 전사들은 정략결혼은 나약함의 표시라고 생각했다.

시베리아와 몽골

모피 무역은 시베리아에 대한 러시아의 관심을 일깨웠다. 이 녹아내릴 듯 '부드러운 금'은 다람쥐·수달·담비·비버·밍크·여우·흑담비로부터 얻을 수 있었다. 18세기 초에 모피산업은 러시아가 유럽 전역으로 수출하는 품목의 3분의 1을 차지하는 거대산업으로 성장했다. 우랄 산맥과 시베리아 서부에 털짐승의 씨가 마를 만도 했다. 모피상들은 아직 사람의 손이 닿지 않은 땅을 찾아 더 동쪽으로 이동할 수밖에 없었다. 카자크족이 이미 태평양에 다다라 아시아와 미국을 가르는 해협을 건넌 후였다. 이는 러시아가 발틱해 또는 흑해의 주요 항구들을 얻기 한참 전에 아시아 해협의 부동항을 손에 넣었다는 것을 의미한다. 알래스카가 미국에 팔린 건 한참 뒤인 1867년의 일이다.

이때까지 러시아인은 시베리아의 정치적 지형을 러시아와 영국이 중앙아시아를 놓고 물밑경쟁을 벌인 그레이트 게임의 연장선상이라 생각했다. 세계에서 23번째로 큰 섬 사할린을 공동관리하던 일본과 러시아는 1875년 사할린을 러시아의 영토로 하는 대신 일본이 러시아 동부 사할린 주에 속한 쿠릴 열도[2]를 차지하는 조약을 체결했다. 1905년 러시아 육군과 해군을 상대로 승리를 거둔 일본이 남부 사할린 지역을 되찾기도 했으나, 1945년 일본의 패망을 틈타 스탈린이 쿠릴 열도와 사할린을 점령해버린 통에 사할린은 다시 소련의 영토가 되었다. 이로부터 1년 전에 열린 얄타 회담에서 사회주의 국가로서의 기반을

---

2 Kuril Islands: 캄차카 반도와 일본의 홋카이도 사이에 56개의 섬과 바위섬들이 줄지어 분포하고 있다. 일본인은 쿠릴 열도를 치시마千島라 부른다.

다진 몽골의 독립이 인정됨에 따라, 중국과 결별한 몽골에 대한 영향력도 확보한 상태였다.

청나라의 국력이 쇠하는 정도에 비례해서 시베리아 동부는 러시아에 있어 중요한 지역으로 부상했다. 영·프 연합군이 베이징을 점령하면서 1860년에 종전한 2차 아편 전쟁 이후의 전리품 분배에서 한몫 차지하고 싶었던 러시아는 청나라 정부에 아무르 강, 그러니까 헤이룽 강黑龍江 북쪽의 텍사스 주만한 크기의 땅을 내놓으라고 협박했다. 영국 및 프랑스와의 분쟁만으로도 허리가 휠 지경이었던 중국은 북동부 국경에서 또 다른 전쟁을 치를 의사가 전혀 없었고, 러시아를 달래는 것만이 당시 상황에서는 가장 합당한 방책인 듯 보였다. 하지만 중국은 이렇게 하릴없이 빼앗긴 북쪽의 땅덩어리와, 얼결에 소련의 영향권으로 놓아 보내게 된 몽골 공화국을 끝내 잊지 못했다. 1989년 조지 부시 대통령과의 회담에서 오간 대화에서 덩샤오핑鄧小平 주석은 이에 대한 언급을 했다. 이 말을 들은 미국 대통령은 알고는 있었지만 중국의 지도자들이 얼마나 러시아를 불신하는지를 실제로 확인할 수 있었다.

친애하는 각하, 각하는 저의 친구입니다. 지도를 보고 소련이 외몽골을 중국에서 절단한 후에 무슨 일이 벌어졌는지 한 번 보십시오. 우리 중국은 지금 어떠한 전략적 위치에 자리하고 있습니까? 50세가 넘는 중국인은 한때 중국이 단풍잎 모양이었다는 것을 기억합니다. 지금 지도를 보시면, 북쪽의 큰 부분이 잘려 나가고 없습니다. (중략) 중국의 입지가 지금 전략적으로 굉장히 불리하다는 말씀입니다.

몽골의 미래와 중국이 잃어버린 만주 땅은 서구열강의 식민역사가 남긴 미해결의 난제이다.

1969년에 일어난 소련과 중국의 국경분쟁으로 세계는 이러한 문제가 상존하고 있음을 다시금 상기했다. 세 차례 대규모 접전으로 이어진 이 국경분쟁에서 소련이 군사를 대거 충원한 것 때문에 상황이 더욱더 악화된 측면이 있다. 수백 명의 양국 젊은이들이 목숨을 잃거나 부상당한 후에야 화해협정이 체결되었다. 문화대혁명의 소용돌이에 휘말려 있던 중국으로서는 이런 소련 측의 군사적 행동을 자국 내의 정치적 상황에 대한 무언의 비난으로 해석했을 가능성이 높다. 게다가 전년도에 체코슬로바키아에서 민주자유화운동인 '프라하의 봄'이 일어났다는 사실이 중국 집권세력의 불안감을 키웠을 것이다. 민주자유화를 꿈꾼 체코슬로바키아를 "마르크스, 레닌주의로부터의 이탈"이라는 명분을 내세워 군화발로 짓밟은 소련이 중국이라고 공격하지 못할 이유가 없어 보였기 때문이다. 전면전을 예상한 사람은 거의 없었지만, 어쨌든 발발한 국경분쟁으로 중국과 소련의 사회주의에 대한 관점이 확연히 다르다는 사실이 드러났다. 덤으로 인민해방군의 화력이 상대적으로 약하다는 사실도 말이다. 중국 당국은 곧바로 중화기에 대한 집중투자를 추진했다.

몽골이 러시아의 영향권으로 편입된 건 비교적 최근의 일이다. 몽골 제국 멸망 이후 청나라에 복속된 몽골 땅은 1911년이 되어서야 중국의 통치에서 벗어났다. 이후 중국군은 몽골을 1919년에 다시 재점령했으나 2년 뒤에 소련군과 몽골군이 몽골 땅을 재탈환한다. 당시 집계된 몽골의 인구는 500,000명을 겨우 넘을 정도로 적었다. 이런 수치는 수도원에서 생활하는 불교도들의 수를 정확히 산정할 수 없었던

13-7　　일본 해에 있는 러시아 연해주 지방에 위치한 블라디보스토크 항구. 러시아가 상당히 이른 시기에 합병한 곳으로 동해 연안의 최대 항구도시 겸 군항이다. 소련 극동함대의 근거지였으며. 북극 해와 태평양을 잇는 북빙양 항로의 종점이고, 시베리아 철도의 종점이기도 하다.

상황에 기인한다. 중앙아시아 유목민치고는 상당히 저조한 편인 출산율의 영향도 있었지만 말이다.

　1921년 몽골의 민족해방운동을 도운 소련 적군은 원조의 대가로 소련의 지휘 하에 사회주의 혁명을 추진할 것을 요구했다. 1930년대 말에 "몽골의 스탈린"이라 불린 초이발산은 극좌적 정책을 추진했으며, 여론몰이를 하기 위해 재판을 조작하는 무모함을 보이기도 했다. 혁명세력의 공격 목표는 바로 불교였다. 그 중에서도 특히 몽골의 옛 수도 카라코람Karakorum에 있는 에르데네 주Erdene Zu 대수도원 폐쇄에 열을 올렸다. 이렇듯 1940년대는 사회주의 혁명의 여파로 몽골의 전통과 역사가 송두리째 뒤흔들린 시기였다. 그 중에서도 키릴 문자에 기반을 둔 새로운 문자가 종래의 몽골 문자를 대체한 건 상당히 충격적인 변화였다. 소련인과 밀접한 관계를 맺는 것에 몽골의 미래가 달려 있다는 은밀한 전갈이 몽골족에게 전해진 것이다.

1960년대까지 몽골 공화국은 소련 및 그 위성 국가들, 중국과 외교관계를 맺었을 뿐, 그 외의 다른 어떤 국가와도 수교를 맺지 않았다. 미하일 고르바초프가 추진한 개혁으로 소련에 상당한 변화가 일기 전까지, 어떤 세력도 몽골의 국정에 개입할 수 없어 보였다. 하지만 몽골 국내의 일부 지도층은 소련의 사회구조가 시대에 뒤떨어진 것이라는 사실을 벌써부터 인식하고 있었다. 결국 1992년 사회주의를 탈피한 몽골은 자유시장경제를 기반으로 하는 대통령 중심제 국가로 탈바꿈했다. 오랫동안 고립되어 있던 몽골을 앞장서서 국제사회로 맞아들인 것은 다름 아닌 영국이었다. 영국은 1963년 몽골과 수교를 맺었다. 다른 유럽 국가들도 속속 영국의 예를 따랐으며, 종국에는 미국까지도 몽골 공화국이 이제는 소련의 꼭두각시가 아니라는 사실을 받아들였다.

중앙아시아의 공화국들

차르의 통치를 받은 중앙아시아 지역의 무슬림들은 2등 시민의 대우를 받았다. 예언자 무함마드의 가르침을 받아들이길 거부한 이들이 무슬림 국가에서 받는 대우와 같은 취급을 받은 것이다. 열등한 신분이 꼭 나쁜 것만은 아니었다. 이곳의 무슬림은 군복무를 면제받는 행운을 누릴 수 있었으니 말이다. 하지만 이들도 마냥 편하게 있지는 못했다. 1차 세계대전 발발로 무슬림도 후방에서 전선을 지원하는 노동인력으로 징발되었다. 그들의 주 업무는 참호를 파는 것이었다. 이 일을 극도로 싫어했던 무슬림은 반란을 일으켰다. 그 중 가장 눈에 띄는 반러시아 운동을 벌인 것은 투르크계 키르기즈족이었다. 러시아 정부는 1916~1917년 키르기즈족의 반란을 무력을 동원하여 잔인하게 진압했으며, 많은 수의 키르기즈족이 가까운 신장 지방으로 몸을 피했다.

1917년 볼셰비키 혁명이 일어난 소련은 단지 구습의 폐단과 착취만 자취를 감춘 곳이 아닌 듯 보였다. 소련에 종속되어 있던 모든 민족이 민족자결권을 획득하는 분위기였으니 말이다. 하지만 1919년 스탈린이 내뱉은 말 한마디에 '그레이트 게임'의 악령이 되살아났다.

> 투르키스탄은 지정학적 위치 때문에, 사회주의 소련과 동방의 억압받는 나라들을 이어주는 가교 역할을 하는 지역이다. 이런 맥락에서 볼 때 투르키스탄에서 소련 정권의 영향력을 강화하는 것이야말로 범동양적인 차원에서 보면 가장 중요한 혁명적 중요성을 띤 일이라 할 수 있다.

마르크시즘이라는 새로운 옷으로 갈아입은 제정러시아가 귀환한 것이 아닐까 하는 생각이 들 만큼 세계를 향한 소련의 야망은 수상쩍어 보였다. 중앙아시아에서는 무슬림과 러시아인의 양극화가 곧바로 진행되었다. 코간드에서는 무슬림 정권이 득세한 반면, 타슈켄트에서는 정권을 독점한 소수의 러시아인이 다른 민족을 배척했다. 코간드는 볼셰비키의 정책에 뜨뜻미지근한 태도를 보이거나, 아예 더 나아가 반감을 품은 사람들까지 받아들였다. 이 사실은 이내 소련 정부로 전해

13-8　　부하라의 아르크 요새. 1918년 이곳에서 러시아 볼셰비키 과격파 대표 20명이 처형을 당했다.

졌고, 1918년 모스크바는 코간드를 호되게 질책했다. 코간드를 '반혁명' 세력으로 낙인찍은 적군이 코간드를 중심으로 한 투르키스탄 자치정부를 공격했다. 반면 타슈켄트에서는 별다른 일이 일어나지 않았다. 자치정부를 세우려는 무슬림의 움직임은 다른 곳에서도 포착되었으나 모두 실패로 끝을 맺었다. 모스크바는 1924년에 이르러서야 카자흐스탄의 부분적 자치권을 인정했다. 오렌부르크에서 열린 회담의 결과 카자흐 소비에트 사회주의 자치공화국의 탄생이 확정된 것이다. 그 후에 우즈베키스탄·키르기스스탄·투르크메니스탄·타지키스탄 이렇게 네

지도 14 중앙아시아의 공화국들

AFGHANISTAN 아프가니스탄
CHINA 중국
IRAN 이란
KAZAKHSTAN 카자흐스탄
KYRGYZSTAN 키르기스스탄
MONGOLIA 몽골
RUSSIA 러시아
TAJIKISTAN 타지키스탄
TURKMENISTAN 투르크메니스탄
UZBEKISTAN 우즈베키스탄

Bishkek 비슈케크
Bukhara 부하라
Orenburg 오렌부르크
Osh 오시
Samarkand 사마르칸트
Tashkent 타슈켄트

Aral Sea 아랄 해
Caspian Sea 카스피 해
Lake Balkhash 발카쉬 호
Oxus 옥서스 강

개의 다른 소비에트 사회주의 자치공화국들이 잇달아 생겨났다.

모스크바의 집권세력은 이렇듯 소규모 자치공화국들을 탄생시키는 방책으로 중앙아시아에 터키 소비에트 공화국이 건립되는 것을 방지했다. 그들은 강대국이 될 잠재력이 충분한 거대한 세력이 중앙아시아에 자리 잡는 것을 원치 않았다. "분열시킨 후 통치한다"는 제국주의 국가들의 금과옥조를 세월의 먼지만 훑어내고 다시 원용하기로 한 것이다. 중앙아시아에 새로 생겨난 이 공화국들은 표면적으로만 보자면 각기 다른 민족들이 세운 나라였다. 하지만 이 여러 공화국의 국민은 모두 터키어족에 속하는 언어를 공용어로 사용했다. 타지크족 사람들만이 완전히 차별화되는 언어를 사용했을 뿐이었다. 이는 중앙아시아에 할거한 이 공화국들이 언제라도 광범위한 지역을 아우르는 단일한 거대 정치조직체로 발전할 수 있다는 것을 의미했다. 소련은 이런 상황이 벌어지는 것을 지극히 경계했다. 바로 중앙아시아에 정착해 있는 많은 수의 러시아인 때문이었다. 수많은 러시아인들이 제정러시아 시절부터 지금까지 중앙아시아로 이주해 정착했다. 특히 매우 이른 시기에 러시아와 동맹을 맺은 카자흐스탄에는 이미 상당수의 러시아인들이 정착해 있는 상태였다. 차르가 러시아를 다스리던 시기에는 러시아인들을 대규모로 이주시켜 러시아인 정착촌을 건설하는 것이 통치의 한 방식이었다.

억압받는 식민지 사람들의 수호자를 자처하고 나선 모스크바의 집권세력은 식민지였던 국가들이 자치공화국을 건립한 후에도 간섭을 멈추지 않았다. 그들은 새로운 형태의 제국주의라 할 수 있는 모스크바 집권세력의 행보에 단호히 반대하는 중앙아시아의 자치공화국들을 상대로 전례가 없을 정도의 무자비한 착취를 감행했다. 여러 자치공화국의 영토는 하나의 거대한 목화농장으로 변모했다. 투자가 제대로 이루어지지 않아 농기구가 턱없이 부족했던 탓에 값싼 임금을 받는 노동자들이 목화 수확을 해야 했다. 물론 어린아이들도 동원되었다. 우즈베키스탄, 투르크메니스탄, 타지키스탄이 목화의 주산지였다.

강제 정착과 소유 가축의 집산화는 유목민의 저항을 불러일으켰고, 잔인한 탄압이 이어졌다. 1930년대에 카자흐족의 인구는 3분의 2 수준으로 급감했다.

스탈린 사후 서열 1위였던 니키타 흐루시초프는 미국과의 농업생산성 격차를 줄이기 위해 급진적인 정책을 도입했다. 그 중 하나가 새로운 농경지 개척을 장려하는 '처녀지정책'이었다. 참담한 결과를 빚은 이 '처녀지정책'의 일환으로 인구가 부족한 초원지대에 러시아인이 정착했다. 목축에 적합한 땅을 경작하려는 시도는 토양침식과 사막화라는 새로운 문제를 만들어냈다. 아랄 해에서 일어난 인재에도 아랑곳하지 않았듯, 모스크바의 집권세력은 토양 표피층의 대규모 손실에는 눈 하나 깜짝하지 않았다. 목화생산을 한답시고 아랄 해의 물을 고갈시킨 것은 소련이 중앙아시아 지역에서 추진한 농업중흥정책의 대표적인 실패사례였다. 하지만 모스크바의 집권세력은 이에 굴하지 않고 노골적으로 환경문제를 도외시하는 행보를 이어갔다. 카자흐스탄에서는 40년 동안 무려 468회의 핵실험이 진행되었다.

모스크바의 집권세력은 미하일 고르바초프가 정권을 획득한 후에야 비로소 소련이 중앙의 계획에만 의존하는 계획경제체제를 고수한 결과 오랜 세월 정체되어 있었다는 사실을 깨달았다. 고르바초프는 다양한 생산수단을 허용하는 제도로의 전환을 통해 낡아빠진 경제체제를 개선하려는 시도를 했다. 페레스트로이카를 천명한 것이다. 페레스트로이카perestroika는 '개선'이라는 뜻의 러시아어이다. 고르바초프의 용감한 도전으로 소련은 스스로 닫아버린 수문을 같은 방식으로 열게 되었다. 예상대로 소소한 부정부패가 전국적으로 활개를 쳤다. 중앙아시아 곳곳에 파견된 관료들은 상부에 정기보고를 올릴 때 목화의 수출물량을 조작했다. 국가의 녹을 먹는 자들이 자신들의 몫을 챙기기 위해 꼼수를 부리기 시작한 것이다. 하지만 공직자들이 저지른 이런 부정부패는 모스크바 집권세력이 중앙아시아의 모든 공화국에게 면을 비롯한 각종 물품들을 시가보다 낮은 가격에 뜯어낸 것에 비하면 귀여운 수준이었다.

소련에 속해 있던 국가들, 특히 중앙아시아 자치공화국들의 민족자결권 보장의 요구를 저지할 수 없었던 모스크바의 집권세력은 거대한 사회주의 제국이 붕괴되는 것을 그저 손 놓고 지켜볼 수밖에 없었다. 1991년에 키르기스스탄·우즈베키스탄·타지키스탄·투르크메니스탄·카자흐스탄이 모두 독립을 쟁취했다. 이후에는 제각기 다른 길을 걸어갔다. 우즈베키스탄과 투르크메니스탄에는 독재정권이 들어섰다. 카자흐스탄과 키르기스스탄에서는 보다 민주적인 움직임이 일었다. 타지키스탄은 정쟁의 소용돌이에 휘말렸다. 구체제를 유지하려는 공산당 세력과 이슬람 민족주의 계열조직의 분쟁이 내전으로 비화한 것이다. 마치 공산당 세력이 이슬람 근본주의자들을 공격하는 것처럼 보일 수도 있는 상황이었다. 정작 공산당 세력은 이런 의도가 아니었을 수도 있지만 말이다. 공산당 세력의 공격이 이슬람 근본주의자들에 대한 도전으로 비춰진 탓에 아프가니스탄의 탈레반 세력은 국경지역에서 타지키스탄의 이슬람 세력을 지원했다. 국경을 가로지르는 공조체제가 가능했던 것은 타지크인과 아프가니스탄인이 공히 페르시아어를 뿌리로 하는 언어를 사용했기 때문이다. 그럼에도 불구하고 이 내전에서 승기를 잡은 것은 공산당 세력이었다.

뿌리 깊은 부족 간 경쟁구도가 중앙아시아에 다시 자리 잡을 기미가 보이기 시작했다. 키르기스스탄의 오시Osh는 2010년에 발발한 기르기인 갱들과 우즈베크인 간의 분쟁으로 분열되었다. 우즈베크인은 250,000명에 이르는 오시 전체 인구의 40퍼센트를 차지한다. 오시의 상황을 제어할 수 없었던 키르기스스탄 당국은 러시아에 군사원조를 요청했지만, 모스크바는 개입을 주저했다.

14장
_____

현대 동남아시아

우리가 민주주의를 원한다면 그 민주주의는 서구의 민주주의가 아닌, 인간다운 삶을 살게 해주는 민주주의, 사회복지를 보장하는 정치적·경제적 민주주의여야만 한다!

— 1951년에 한 집회에서 수카르노

네덜란드령 동인도 제도

영국은 프랑스와의 사투 끝에 인도 동부를 손에 넣었다. 프랑스가 수마트라 섬 북부의 아체Aceh 지역에 선박을 진수할 수 있는 허가를 받았다는 소식을 전해들은 영국 해군은 이와 유사한 정박할 곳을 찾아야만 한다는 주장을 굽히지 않았다. 왜냐하면 겨울 내내 인도 동부해안에 부는 강력한 계절풍 때문에 배를 정박하기에 적합한 항만을 찾기가 쉽지 않았기 때문이다. 결국 영국 해군 장교 프랜시스 라이트가 사실상 무인도나 다름없었던 말라카 해협의 피낭 섬을 극동지역 최초의 영국 무역기지로 개발하는 데 성공했다. 그가 1785년 말레이시아 북부 피낭 근처에 있는 케다Kedah를 습격하는 인도네시아 해적들의 공격을 막아주었다.

라이트의 도움에 대한 답례로 케다의 술탄이 피낭을 영국군의 기지로 제공해주었다. 술탄은 내심 영국 해군이 피낭에 주둔하면서 케다의 적을 막아줄 거라고 기대했다. 라이트가 세상을 떠나는 1794년에 이르러 피낭 섬의 식민지는 수천 배나 강성한 무역기지가 되어 있었다. 이곳의 주민 대다수는 동남아시아 무역을 지배하고 있는 네덜란드의 영향권에서 벗어나길 원하는 중국인 상인들이었다. 이 새로운 정착지가 해외 무역에서의 네덜란드령 말레이시아의 항구도시 말라카의 입지를 약화시킨 건 분명했지만, 그럼에도 피낭은 영국 해군이 썩 마음에 들어 하는 정박지는 아니었다. 토마스 스탬퍼드 래플스가 1819년에 싱가포르를 발견한 이후에야 비로소 영국 해군은 최고의 입지를 갖춘 항구를 이용할 수 있게 되었다. 싱가포르를 발견한 래플스는 그곳을 지배하고 있던 조호르Johor(말레이시아의 남부지역)의 술탄을 설득해 영국 동인도회사의 상륙을 허가받았다.

1795년 프랑스 혁명군을 이끈 나폴레옹에게 네덜란드가 점령당하자, 당시 국왕이었던 윌리엄 5세는 영국으로 망명하여 큐 지방에서 은거했다. 그는 '큐에서 온 편지Kew Letters'로 알려진 서신을 보내 네덜란드령 식민지의 관료들에게 네덜란드가 보유하고 있는 식민지들을 영국에 넘겨주라고 지시했다. 네덜란드령 식민지가 프랑스의 손에 들어가는 것을 막기 위한 조치였다. 네덜란드 왕의 특명까지 얻은 영국 동인도회사는 의기양양하여 네덜란드령 동인도 제도(말레이 제도)를 접수하기 위한 준비를 서두른다. 이런 영국 동인도회사의 행보에 최초로 반발한 네덜란드 식민지가 바로 바타비아(자카르타의 옛 명칭)였다. 이후 영국 동인도회사가 바타비아를 손에 넣은 후, 캘커타에서는 이 엄청난 크기의 대도시를 꼭 유지해야 하는지를 두고 격론이 벌어지기도 했다. 당시 영국 동인도회사가 이룩한 최고의 업적은 리처드 웰즐리가 동인도회사의 영토를 인도에서 크게 확장한 것이었다. 네덜란드령 식민지까지 점령하게 된 영국 동인도회사는 네덜란드령 식민지에서 거둔 수입과, 인도 식민지에서 거둔 수입 덕에 아시아 무역에 필요한 투자금을 훨씬 상회하는 금액인 1,000만 파운드를 매년 영국으로 송금할 수 있었다.

1811년 네덜란드령 동인도 제도의 관리를 위해 래플스가 자바의 총독으로 부임했다. 술탄 하멩꾸부워노는 영국이 자바를 점령한 후에 찾아온 혼란을 이용하여 자바 중심부의 요그야카르타Yogiakarta(족자카르타Djokjakarta라고도 함)에서 왕위를 되찾으려는 시도를 했다. 하지만 최근 벌어진 영국과 네덜란드 간의 갈등에 대한 그의 오해와 래플스 정권에 보인 그의 비협조적인 태도가 원인이 되어 그의 왕위는 위협을 받는다. 1812년 영국군과 세포이들이 하멩꾸부워노의 정적이 제공한 병력의 지원을 받아 총탄을 퍼부으며 요그야카르타를 점령했다. 도시는 약탈당했고 술탄은 또다시 권좌에서 물러나야만 했다. 요그야카르타 점령의 여파는 엄청났다. 세습통치자가 망명길에 오른 것은 자바 역사상 처음 있는 일이었기 때문이다. 후에 다시금 자바의 통치권을 확보한 네덜란드 식민정부에 반기를 든 디파느가라 왕자의 반란에 인도네시아인이 열광적인 호응을 보였던 것만 봐도 인도네시아에서 왕가의 위상을 짐작할 수 있다. 1825년 요그야카르타 왕실의 후손인 디파느가라가 이끈 이 반란은 거의 5년이나 이어졌으며, 그 와중에 200,000명의 자바인과 8,000명의 네덜란드인이 목숨을 잃었다.

자바 식민지에 관한 기록에 따르면 래플스는 요그야카르타에 군대를 끌고 쳐들어간 정복자이기도 했지만 위대한 개혁가로 기억되는 사람이었다. 네덜란드인의 생각은 달랐지만 말이다. 1830년 동인도 총독으로 임명된 요하네스 반 덴 보스는 1830년대에 강제재배 제도, 혹은 '경작체계'란 새로운 제도의 도입으로 래플스가 만들어놓은 제도를 전면 쇄신했다. 그는 래플스의 개혁정책을 "왜곡된 진보주의"라고 폄하하기도 했다. 이 새로운 제도의 시행으로 자바인 농민은 매년 66일 혹은 전체 노동력의 5분의 1을 의무적으로 네덜란드 총독부에 바칠 수출용 곡물 마련에 할애해야 했다. 나폴레옹의 침략으로 빈털터리가 된 네덜란드가 국력 회복을 꾀했기 때문에 수익창출은 식민지의 지상과제가 되었다. 놀랍게도 1840년대에 네덜란드가 동인도 제도의 식민지로부터 벌어들인 수입은 네덜란드 정부 총수입의 19퍼센트에 이르렀다. 식민지로부터의 수입이 20년 전보다 31퍼센트나 신장된 것이다. 미국이 1898년에 스페인으로부터 빼앗은 필리핀에서는 이와 전혀 다른 상황이 펼쳐지고 있었다. 미국-스페인 전쟁을 일으키고 극동에 대해서 문호개방정책을 취한 미국 25대 대통령 윌리엄 맥킨리에 따르면 필리핀에 대한 미국의 투자는 "필리핀인을 교육시키고, 그들에게 희망을 주고 문명화시키려는 의도였다"고 한다.

수많은 지성인들이 네덜란드도 이러한 접근방식을 택할 것을 호소했음에도, 네덜란드 식민지 관료들은 요지부동이었다. 네덜란드인은 그보다는 동남아시아의 식민지 유지에 필수적인 영국의 지원을 확보하는 데만 급급했다. 영국이 프랑스보다는 네덜란드와 동반자적인 관계를 맺길 원했기 때문에, 1871년 영국-네덜란드 수마트라 조약이 체결되었다. 인도네시아 독립의 최후의 보루라 할 수 있는 아체를 호시탐탐 노리고 있던 네덜란드의 진로에 청신호가 들어온 것이다. 수마트라 조약에 따라 영국의 간섭 배제에 성공한 네덜란드는 아체의 보호령화를 꾀하며 1871년 침략을 개시했고 결국 20세기 초에 동인도 전역을 식민지화하는 데 성공한다. 네덜란드의 안면몰수식 침략을 통한 식민지 건설에 대한 비판이 서구사회의 광범위한 지역에서 일었다. 하지만 그와 동시에 수많은 신문들이 네덜란드 같은 소국이 어떻게 인도네시아 제도 전역을 손에 넣을 수 있었는지를 심층 연구했다. 미국 대통령 프랭클린 루즈벨트는 식민지 주민들, 특히 동인도 제도 거주민들의 생활여건에 대해 공공연히 비판하기도 했다. 하지만 워싱턴은 어쩔 수 없이 일본이라는 껄끄러운 상대의 동향에 촉각을 곤두세울 수밖에 없는 입장이었다. 일본이 인도네시아인의 애국심을 전략적으로 이용할 경우 힘의 균형이 무너질 수도 있다는 사실을 미국은 잘 알고 있었다. 이러한 미국의 점진적인 사고의 변화를 바타비아의 네덜란드인은 매우 흡족해했다. 네덜란드 식민정부는 '인도네시아'란 단어의 사용을 금지했다. 경찰의 감시체제가 강화되면서 네덜란드인과 인도네시아인은 견원지간이나 다름없는 사이가 되어버렸다. 인도네시아인이 즐겨 관람하는 비둘기 경주까지 금지되었다. 악성 루머가 확산되는 것을 막기 위한 식민당국의 조치였다. 그럼에도 1940년 네덜란드가 독일에 패망했다는 소식은 인도네시아 전역으로 삽시간에 퍼져나갔다. 2년 뒤 네덜란드령 동인도를 침공한 일본에 저항하는 네덜란드 세력은 미미하기 그지없었다. 네덜란드의 세력이 기운 것을 분명히 알고 있었던 인도네시아인마저 경악을 금치 못했을 정도였다.

영국의 점령국

1815년에 유럽에 평화가 찾아오자 말레이시아의 항구도시 말라카를 영국에 양도하고 싱가포르가 영국 소유임을 인정한다는 조건 하에, 영국 정부는 네덜란드가 동인도 제도를 다시 점령하는 걸 허용했다. 이제 압도적인 우위를 자랑하는 명실상부한 세계 최대 강국이 된 영국은 아시아 식민지의 구도를 좌지우지할 수 있게 되었다. 대영 제국이 세계를 주무르는 열강으로 자리매김하는 데는 유럽 각국뿐만 아니라 조국까지 폐허로 만들어버린 프랑스의 도움이 컸다.

1824년 맺어진 영국-네덜란드 조약에 따라 말레이 제도의 보르네오Borneo 섬은 네덜란드의 소유가 되었지만 그들은 이 거대한 섬의 북방해안에 전혀 신경을 쓰지 않았다. 현재 말레이시아의 사바Sabah 주에 해당하는 북보르네오의 예상 밖의 발전이 네덜란드의 덕은 아니었다는 말이다. 이곳은 영국 민간산업의 수혜를 입은 지역이었다. 영

14-1　싱가포르의 초창기 모습. 1951년 이곳에서 인도군 무슬림 사병들이 터키가 독일 오스트리아 헝가리 동맹국들의 편에 섰다는 사실을 듣고 반란을 일으켰다.

국 왕실은 과거 영국 동인도회사에게 허용했던 독점적 권리와 유사한 권리를 북보르네오 회사에 부여했다. 북보르네오 회사에 왕실 면허를 부여한 것이다. 이러한 방법은 굳이 번거로운 문제들이 수반되는 합병을 하지 않고도 다른 세력들이 북보르네오에 접근할 수 없도록 만드는 묘수였다. 당시 독일과 벨기에는 이 지역에서의 무역에 지대한 관심을 보이고 있었지만 스페인을 제외한 어느 유럽 국가도 이 지역에 손을 뻗치지는 못했다. 필리핀을 점령한 영국은 스페인 세력이 동남아시아 마지막 독립국이었던 술루Sulu라는 술탄의 나라를 말끔히 정리한 것에 대해 상당히 흡족해했다.

　스페인이 필리핀에 개입하기 시작하면서, 필리핀 무슬림 세력과 스페인의 격돌이 시작되었다. 필리핀 남부의 민다나오 섬과 팔라완 섬의 무슬림 주민들이 북상하여 스페인 해안 정착지를 습격했다. 수마트라에서 열강들의 골머리를 썩였던 아체 주민들과 마찬가지로 모로족Moros은 식민통치에 격렬히 저항했다. 이들이 직접적인 식민통치를 받게 된 건 19세기 말에 이르러서였다. 영국은 스페인의 공격을 막아낼 원군을 보내달라는 술루 술탄의 청을 매정하게 거절했다. 술루의 술탄이 들은 답이라고는 기도나 하라는 말이 전부였다. 한 도미니크회 수사가 마닐라에서 이슬람교에 대한 기독교의 성전聖戰이 시작되었음을 선포했다고 하니 영 부적절한 조언은 아니었던 셈이다. 이는 모로족이라 불린 필리핀 남부의 이슬람교도들에게는 작게나마 위안이 되는 일이었다. 왜냐하면 그들은 미국인이 도착하기 10년 전에 이미 보르네오 섬 북서해안에 위치한 브루나이Brunei(정식 명칭은 브루나이다루살람)에 강제로 합병된 상태였기 때문이다. 미국인은 1946년 필리핀이 독립을 얻은 후에도, 그리고 그전에도 자신들이 왜 민심을 얻지 못했는지 그 이유를 짐작도 못했지만 말이다.

영국의 민간인 중에 사라와크 왕국을 건설한 제임스 브룩처럼 새로운 시도를 한 이도 있었다. 인도에서 영국 동인도회사 직원의 아들로 태어난 브룩은 상거래라면 지긋지긋했다. 그는 1839년 범선을 구입하여 20명의 선원을 태우고 싱가포르에 도착했다. 그는 자바 섬을 다스린 래플스의 통치방식을 흠모했다. 그는 래플스의 방식이 유럽인과 아시아인이 긍정적인 협력관계를 맺어 발전해나갈 수 있는 새로운 모델이라고 믿어 의심치 않았다. 그의 말을 들어보자.

현지 통치자들의 협력을 받는 소수 유럽인의 거주를 통해 나라를 발전시키려는 실험은 이제껏 단 한 번도 제대로 시도된 적이 없다. 그리고 적어도 내 생각으로는 어떤 면에서 한 나라가 다른 나

14-2 식민지를 관대하게 통치한 제임스 브룩의 소박한 거처.
말레이시아 보르네오 섬에 위치한 쿠칭에 있다.

라를 실제로 지배하는 것보다 더 바람직한 방법일 수 있다. (중략) 무엇보다도 이런 방식은 토착 토후들의 독립을 보장하며 이 독립을 바탕으로 할 때 타국 정부에 의한 통치로 지역민 본연의 자유가 희생된 경우보다는 훨씬 더 훌륭한 문명을 이룩할 수 있다.

모든 경쟁자와 일정한 거리를 유지하는 영국 동인도회사의 정책 덕에 브룩은 자신의 급진적인 사고를 실행에 옮길 기회를 갖는다. 그는 곧

14-3 말레이시아 보르네오 섬의 북서해안에 위치한 사라와크에 있는 비이슬람교 다야크족의 공동 가옥 '롱하우스'. 1960년대까지 위의 헤드하우스에 남아 있던 해골은 단 네 개뿐이었다. 보르네오 섬의 원주민에게는 18세기까지 헤드헌팅이라는 전통이 있어서 사람 머리를 사냥해와야 했다고 한다.

사라와크의 수도가 될 쿠칭으로 갔으며 브루나이의 술탄을 도와 다야크족과 말레이족의 반란세력을 진압한다. 술탄직을 계승할 후계자였던 사라와크의 총독 라자 무다 하심은 이런 그의 도움을 반겼다. 1843년 브루나이의 술탄이 제임스 브룩에게 사라와크 지역의 통치권과 토후국 지배자의 칭호인 라자Raja를 수여했다. 동남아시아 역사상 전무후무한 백인 통치자가 들어서게 된 것이다. 통치 초반부터 쿠칭에는 눈에 띄게 자유로운 기운이 감돌았다. 이곳의 원주민은 브룩이 "보르네오를 다스릴 자격이 있는 분"이라고 여겼고, 새로운 총독에게 진심 어린 애정을 품었다.

제임스 브룩이 다야크족 해적을 소탕하는 데 영국 해군이 힘을 빌려준 덕에 브룩은 자신의 입지를 다지고 브루나이를 위엄을 가지고 통치할 수 있었다. 1844년 브루나이는 말레이시아 사바 주에 딸린 라부안Labuan 섬을 브룩에게 양도했다. 증기선을 이용한 항해에는 많은 양의 석탄이 필요했는데, 사라와트와 라부안에는 상당한 양의 석탄이 매장되어 있었다. 그렇다 보니 영국은 사라와크를 독립왕국으로 인정하는 것이 마음 편한 일만은 아니었다. 중국으로 연결되는 두 개의 해로 중 하나가 사라와크의 해안선을 지난다는 사실 때문에, 영국 해군은 사라와크를 사수하는 것을 상당히 중요하게 생각했다. 다른 해로는 캄보디아와 베트남을 다스리는 프랑스가 장악하고 있었다.

영국은 1870년대에만 말레이 지역에 개입했을 뿐 다른 시기에는 이 지역에 별 관심을 두지 않았다. 이 시기에 발생한 주석 광부들 간의 소요사태는 다른 유럽 열강들에게 개입의 빌미를 제공해주었다. 영국령 인도에서 사용되던 총독부 제도가 말레이 지역에 도입되었다. 이는 현지 통치자가 여전히 통치를 하지만, 종교와 관습을 제외한 모든

14-4　남중국 해 남서부에 위치한 보르네오 해적을 공격하는 영국군. 싱가포르는 이와 같은 해적 소탕작전을 위한 영국 해군의 주둔기지였다.

14-5　1846년 브루나이를 압박하는 영국 해군 선박. 이로부터 40년 내에 북보르네오 섬, 사라와크, 브루나이의 나머지 지역들이 모두 영국 보호령이 된다.

국정사항에 대해서 영국 총독부가 조언을 하는 제도다. 골치 아픈 합병 없이도 평화를 유지할 수 있게 되는 것이다. 제임스 브룩도 이런 제도를 받아들였을 것이다. 물론 전횡을 일삼곤 하던 거대기업처럼 제멋대로 국정을 운영하는 건 허용하지 않았겠지만 말이다.

여러 식민지 공무원직을 두루 거쳐 피낭·말라카·싱가포르의 해협 정착지의 총독이 된 프랭크 스웨트넘의 자세는 전형적인 식민총독의 태도였다. 그는 선진 통신수단과 해운시설 등의 도입을 통해 근대화를 추진하는 데 매우 열심이었다. 하지만 미국과 영국의 자금지원으로 추진된 근대화는 지역주민들보다는 국제 자본주의에 더 큰 이득을 안겨주었다. 마을 외부에서 일자리를 얻으려면 영어가 필수임에도 불구하고, 여느 귀족들과 달리 스웨트넘은 말레이족에게 영어를 가르쳐서는 안 된다고 주장했다. 1890년에 그는 페라크Perak에 관해 작성한 공식 보고서에 "삶의 의무를 이행하는 데 부적합한 언어를 농민의 자식들에게 가르치려는 시도는 그들이 육체노동 같은 것들을 불만족스럽게 느끼도록 만들 것이므로" 권할 만한 일이 못 된다고 적었다. 그는 중국인이 게으른 말레이족에 비해 근면함만큼은 안심이 되지만 이들과의 관계에서는 누가 주인인지를 강조하는, 친근할지언정 거리를 두는 자세를 취해야 한다고 조언하기도 했다. 결국 중국인 이민자들은 대부분 영세한 상점 주인이나 육체노동자가 될 수밖에 없었다. 고무를 생산하는 대규모 플랜테이션 농장에서 노동을 하기 위해 이 지역에 온 인도인들은 격리생활을 했다. 이 사실만 보아도 그들이 어떤 사회적 대우를 받았는지 쉽게 짐작할 수 있다.

1934년 식민성植民省의 의견에 따르면 "홍콩은 말레이를 제외하고는, 모든 식민지 중에서 가장 자족적인 곳이었다." 버마에서 영국 통치에 대한 반감이 전국적으로 형성되고 있던 것과 달리, 말레이시아의 수도 쿠알라룸푸르에서 일어난 국지적 소요사태와 광산에서 일어난 파업 등은 늘 지역 내의 문제로 인식될 뿐이었다. 일본 제국군이 중국 내에 주둔하고 있고, 일본이 동남아시아의 서구세력 식민지에 손을 뻗쳐갈수록, 버마는 군사적으로 상당히 중요한 전략적 위치에 있는 땅으로 간주되었다. 일본 측 요원들은 대동아공영권 내에서 독립을 약속하면서 아웅산[2] 같은 국수주의자들을 포섭했다. 1942년 말 랑군에 일본이 첫 번째 공습을 가한 후에 일본군을 끌어들여 영국군을 몰아내길 원했던 아웅산의 추종자들은 버마 남부지역의 대부분을 점령했다. 일본의 침략에 영국이 초기 대응을 제대로 하지 못한 때문인지, 아니면 일본군이 더 나은 정보원을 두고 있었기 때문인지는 몰라도 아웅산과 손을 잡은 일본군은 버마에서 영국군을 몰아냈다. 하지만 일본군과 아웅산 버마 독립군 사이는 오래가지 못했다. 일본은 다짜고짜 버마에 군사 행정부를 세우겠다고 선포했다. 약속이 깨진 것이다. 어쩔 수 없이 연합국 편에 가담하게 된 아웅산은 제14군 사령관이었던 윌리엄 슬림에게 "영국이 우리의 피를 빨아먹었다면 일본은 우리의 뼈를 갈았다"고 했다.

---

[2] Aung San(1915~1947년): 버마의 민족주의 지도자. 1947년 1월 런던에서 영국 총리 C. 애틀리와 '애틀리-아웅산 협정'을 맺음으로써 버마 독립을 위한 제일보를 내디뎠다. 그러나 같은 해 7월 19일 양곤에서 회의 중 암살당했다. 그의 딸이 현재 미얀마 국민에게 민주화의 상징이 되고 있는 아웅산 수치이다.

프랑스령 인도차이나와 타이

1942년에 타이(태국)의 독립을 보장한다는 일본의 감언이설에 속아 일본에 동조한 것 때문에 타이는 유럽의 식민지배를 피한 유일한 동남아시아 국가의 자리를 내놓을 뻔했다. 1932년 쿠데타를 벌여 절대왕정을 종식시키고 독재자의 자리에 오른 루앙 피분송크람은 일본과 공수동맹체제 조약을 맺은 뒤 영국과 미국에 전쟁을 선포했다. 히틀러 예찬자였던 이 강인한 장군은 국명을 시암Siam(타이어로는 사이암 Sayām)에서 타이로 이미 변경한 후였다. 이는 동남아시아 본토에 퍼져 있는 타이어 구사자들의 환심을 사려는 시도였다. 또한 그는 타이에 거주하고 있는 중국인 후예들을 원래 그들의 땅으로 돌려보내고자 했다. 피분송크람이 일본에 협력했던 건 과거사 때문이었다. 타이가 프랑스령 인도차이나로 복속된 땅을 되찾을 수 있었던 건 1940~1941년 계속된 프랑스-타이 전쟁에서 일본이 타이를 도운 덕분이었다. 미국이 타이에 대한 전투기와 폭격기의 판매를 일괄 취소하자, 일본이 나서 비행기·총기류·어뢰 등의 무기를 타이에 제공했다. 아마도 피분송크람은 대동아공영권에 자발적으로 몸을 담았으니, 승전 후 영국 식민지인 버마와 말레이 정도는 받을 수 있을 것이라고 기대했을 것이다.

프랑스의 시선은 동남아시아 본토로 향했다. 알짜배기 땅 중에 열강들이 차지하지 않은 곳은 그곳밖에 없었기 때문이다. 프랑스인은 이곳에서 자신들이 점령한 땅을 한데 묶어 '인도차이나'라고 불렀다. 인도차이나는 억지로 합쳐 놓은 판이하게 다른 성향의 나라들이 물과 기름처럼 따로 노는 곳이었다. '인도'와 '차이나'의 합성어인 '인도차이나'라는 국명만큼이나 말이다. 특히 베트남과 캄보디아는 서로 상극

14-6　　캄보디아의 수도 프놈펜에 있는 왕궁의 일부. 왕궁이 강가에 있었기 때문에 프랑스 포함들이 손쉽게 캄보디아 왕들을 제압할 수 있었다.

14-7　　1893년 프랑스 포함들은 상류의 방콕까지 그대로 밀고 올라갔다.

이라 할 만큼 다른 전통을 가지고 있는 나라들이었다. 비록 중국의 지배에 오랫동안 항거하기는 했지만 베트남은 유교에 젖어 있는 나라였다. 강대한 크메르 제국의 영화를 뒤로한 캄보디아는 인도의 영향을 크게 받은 왕조의 직계후예였고 말이다. 메콩 강 삼각주에 프랑스 세력이 자리 잡은 것은 영국-프랑스 세력이 베이징을 장악한 직후의 일이었다. 베트남 최남단지역이 프랑스의 손에 완전히 들어간 건 1874년 베트남 뜨득 황제가 이 땅을 프랑스에 양도한 때부터였다. 천성적으로 병약한 데다 성정도 비관적이었던 이 베트남 통치자에게서 프랑스의 침략에 항거할 의지라고는 찾아볼 수 없었다. 메콩 강 탐사를 구실로 프랑스는 인접한 캄보디아에 대한 권리를 주장했다. 바로 얼마 후인 1887년에는 육지로 둘러싸여 있는 땅 라오스도 탐을 냈다.

캄보디아의 왕가에는 타이와 베트남의 공주들 중에서 왕비를 맞아들이는 풍습이 있었다. 친타이, 친베트남, 이렇게 두 파벌이 왕실에 생겨나는 것은 피할 수 없는 일이었다. 1856년 프랑스와의 조약을 막은 것은 친타이 파벌이었다. 프랑스가 현재 타이의 영토인 바탐방 Battambang과 시엠립Siem Reap 지역을 캄보디아에 돌려줄 것이라고 생각했기 때문이다. 그들의 예측은 정확하게 들어맞았다. 1863년 프랑스는 캄보디아와 조약을 체결했다. 조약의 내용은 다음과 같았다.

캄보디아 왕은 프랑스 정부가 프랑스 보호령인 캄보디아를 보다 훌륭한 나라로 만들기 위해 필요하다고 판단하는 모든 행정적·법적·상업적 개혁조치에 동의해야 한다.

왕궁에서 보이는 곳에 프랑스 포함을 진주시켜 놓은 것이 틀림없이 계약 체결에 도움이 되었을 것이다.

타이 역시 수도가 강변에 위치한 데 따른 문제점을 깨닫고 있는 참이었다. 라오스에 주둔한 타이 병사들이 프랑스 장교를 살해한 사건 때문에 모든 문제가 수면 위로 올라왔다. 1893년에 프랑스 포함들은 라오스가 프랑스의 보호령이 되는 데 동의할 때까지 방콕을 위협했다. 프랑스가 베트남을 차지한 건 이미 10년 전의 일이었다. 당시 베트남의 저항세력을 지원하기 위해 파병된 중국군은 처절한 패배를 맛보아야 했다. 19세기 초 중국식으로 지은 베트남 제국의 다이노이 왕궁에서 수세기 동안 베트남을 통치해온 阮 왕조의 군왕들은 끝까지 중국식 관료제를 고지하며 왕권을 수호하려고 했지만, 서구세력이 지배하고 있는 상황에서 공자의 가르침을 주워섬기는 건 더 이상 의미가 없는 일처럼 보였다. 베트남 독립의 아버지 호치민도 같은 생각을 했다. 그는 "식민 제국이라는 적에 대해 아는 것이 백 배 낫다"는 생각을 갖고 프랑스어를 공부하기 시작했다.

프랑스령 인도차이나의 백성은 제국주의에 대한 불굴의 항전의지를 불태웠다. 그 기세가 어찌나 거세었던지 인도의 반영항쟁에 비견될 정도였다. 1930년대에 제국주의 프랑스가 할 수 있는 것이라곤 노골적인 폭력을 동원하여 베트남인을 억압하는 것뿐이었다. 전국적인 규모로 일어난 반프랑스 항쟁을 잠재우는 데는 끝내 실패했지만 말이다. 프랑스 총독부의 집권은 일본의 개입으로 끝이 났다. 일단 군사지원으로 타이의 독립을 도모한 후, 일본은 베트남을 점령했다. 이는 2차 세계대전을 벌이기 위한 포석이었다. 프랑스령 인도차이나의 관료들이 도움을 청할 만한 유일한 세력은 영국이었지만 이는 성사되지 않았다. 오히려 영국 해군은 프랑스가 패전한 후 프랑스 전함들이 히틀러의

14-8 1884년 북베트남에 대한 중국의 종주권이 프랑스에 의해 박탈되었다.

손에 들어가는 것을 막기 위해 북아프리카 항구에서 프랑스 전함들에 포격을 퍼붓기까지 했다. 양국 관계는 급속하게 냉각되었으며, 알제리에 있는 비시 프랑스Vichy France의 항공기가 스페인의 이베리아 반도 남단에 있는 지브롤터의 영국 해군기지를 공습하는 일까지 벌어졌다.

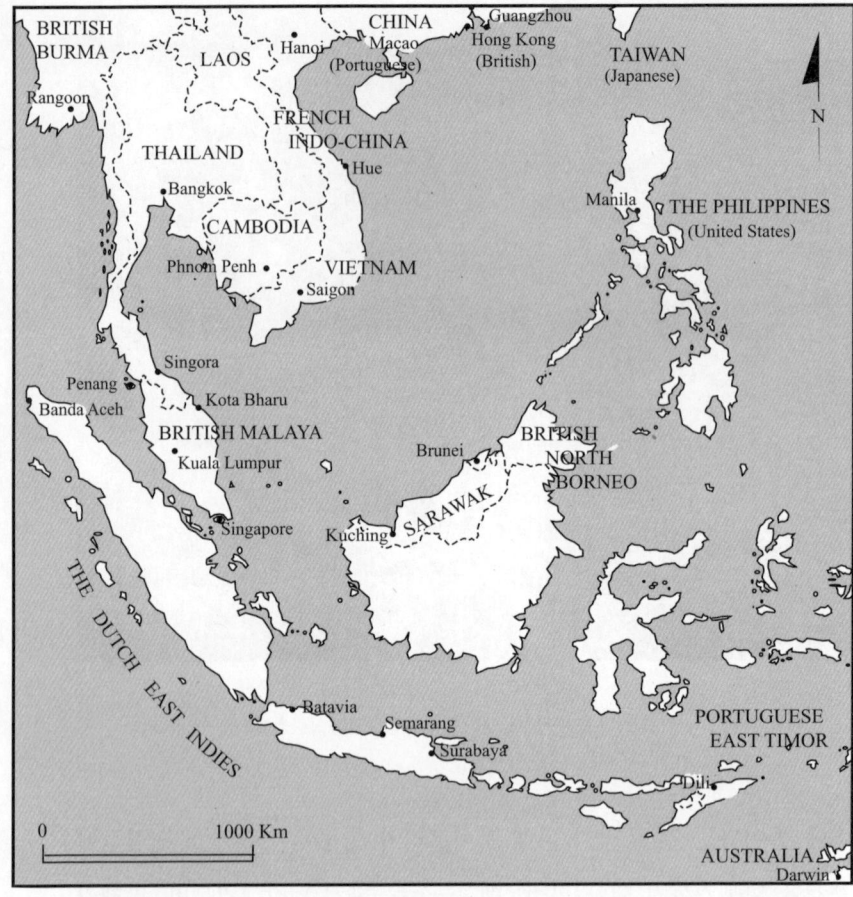

지도 15   1941년의 동남아시아

AUSTRALIA 호주	TIMOR 포르투갈령 동티모르	Hue 훼
BRITISH BURMA 영국령 버마	SARAWAK 사라와크	Kota Bharu 코타 바루
BRITISH MALAYA 영국령 말라야	TAIWAN 타이완(일본령)	Kuala Lumpur 콸라룸프르
BRITISH NORTH BORNEO 영국령 북보르네오	THAILAND 타이	Kuching 쿠칭
	VIETNAM 베트남	Macao 마카오(포르투갈령)
CAMBODIA 캄보디아		Manila 마닐라
CHINA 중국	Banda Ache 반다 아체	Penang 페낭
DUTCH EAST INDIES 네덜란드령 동인도 제도	Bangkok 방콕	Phnom Penh 프놈펜
	Batavia 바타비아	Rangoon 랑군
FRENCH INDO-CHINA 프랑스령 인도차이나	Brunei 브루나이	Saigon 사이공
	Darwin 다윈	Semarang 세마랑
LAOS 라오스	Dili 딜리	Singapore 싱가포르
PHILIPPINES 필리핀(미국령)	Guangzhou 광저우	Singora 싱고라
PORTUGUESE EAST	Hanoi 하노이	Surabaya 수라바야
	Hong Kong 홍콩(영국령)	

대동아공영권

1941~1942년 사이에 일본은 서구 제국주의 국가들이 장악하고 있던 동남아시아 영토 전역을 쑥대밭으로 만들어버렸다. 홍콩·필리핀·말레이·싱가포르·버마·인도네시아까지 걷잡을 수 없는 기세로 밀려들어오는 일본군에 속수무책으로 당한 서구열강들의 자존심은 곤두박질쳤다. "말레이의 호랑이"라 불린 야마시타 토모유키가 말레이에서 펼친 번개작전의 참모장교였던 츠지 마사노부는 일본이 항복한 후 다음과 같이 말했다.

> 우리의 군사작전이 천재적이었음에도, 우리는 전쟁에서 참패를 맛보았다. 하지만 마법처럼, 인도·파키스탄·실론·버마·네덜란드령 동인도 제도·필리핀 제도가 차례로 독립을 쟁취했다. 불과 하룻밤 만의 일이었다. 싱가포르의 독립은 아시아 민족들에게 서광을 비춘 운명의 시작이었다.

영국군은 싱가포르에서 대패한 후 다시는 기력을 되찾지 못했다. 싱가포르에서 무려 85,000명의 병사로 이뤄진 영군군이 병력의 3분의 1에도 못 미치는 일본 원정군에 항복하는 우스운 일이 벌어졌다. 부하 장교들 사이에서는 "빨리빨리 씨Mr. Quickly-Quickly"라는 별명으로 불리던 야마시타 토모유키가 머리를 쥐어짜 내놓은 술책에 영국군이 교란된 것이다. 일본군 진영은 남아 있는 포탄이 별로 없는 상황이었다. 이를 숨기기 위해 역으로 그는 영국군 선발대가 섬에 진입하기 전에 엄청난 양의 포탄을 쏟아 부으라고 명령했다. 맹공을 퍼붓는 일본군의 기세에 당황한 영국군은 자신들이 상대하고 있는 일본군의 수가 실제로는 많지 않다는 사실을 알아채지 못했다. 후에 "빨리빨리 씨"는 다음과 같이 회고했다.

나는 영국이 우리의 수적 열세와 물자 부족에 대해 알게 될까 봐 매우 두려웠다. 우리가 거리에서의 싸움 같은 전투를 하게 된 것은 바로 이 사실 때문이었다.

싱가포르·말레이 등 동남아시아 각지를 지키고 있던 방어군의 참패가 이어졌다. 미군의 진주만 해군기지도 마찬가지였다. 하지만 일본 해군의 기습공격에 엄청난 타격을 입었음에도 미국 태평양 사령부의 작전통제를 받는 하위 사령부로서의 태평양 함대는 이내 군세를 회복했다. 국내산업 부흥으로 벌어들인 돈으로 손상된 전함들을 빠른 시간 내에 복구할 수 있었기 때문이다. 반면 일본은 1942년 6월 7일 하와이 북서쪽 미드웨이 앞바다에서 벌인 미드웨이 해전 이후, 파괴된 항공모함을 대체할 군수품을 변통할 능력이 없었다.

이러한 판도의 변화가 금방 수면 위로 드러난 건 아니었다. 동남아시아의 속국들이 일본의 패전이 눈앞에 다가왔다는 사실을 알 리 없었기 때문이다. 일본에 점령당한 동남아시아 각국의 국민들은 이제는 대동아공영권이라 불리는 일본의 새로운 체제를 받아들일 수밖에 없었다. 일본군은 점령지 주민들에게 야만적인 행동을 일삼았다. 일본군 고위장교들은 이런 식으로 그들에게 겁을 줘야만 황국의 위엄이 바로 선다고 믿었던 것 같다. 현지 주민들에게 일본 헌병은 공포의 대상이었다. 일본 헌병들은 체포한 점령지 주민들을 독단적으로 처결해

14-9   1942년 2월 15일 싱가포르에서 일본군에 항복한 영국군

버렸다. 일상에서의 실수가 끔찍한 결과를 빚을 수 있다는 사실이 식민지 주민들을 동요시켰다. 수많은 주민들이 제대로 고개 숙여 인사하지 않는다는 이유로 유치장에 끌려가 구류를 살거나, 심지어는 목숨을 잃는 고초를 당했다. 특히 말레이에서 실권을 잡고 있던 야마시타 토모유키는 중국인에 대한 혐오감을 갖고 있었다. 이 미치광이 제국주의자는 싱가포르에서 잔혹한 축제를 벌였다. 15세에서 50세 사이의 남성 수천 명이 바다에 수장되거나 임시수용소에 수용된 후 처형되었다.

한편 일본은 인도네시아의 토착세력 지도자들의 비위를 맞추려고 무진 애를 썼다. 일본인은 말 한마디로 백성을 선동할 수 있는 지역민들의 지도자, 특히 무슬림 성직자들의 영향력을 네덜란드인만큼이나 두려워했기 때문이다. 그렇다고 해서 대동아공영권의 어두운 현실이 감추어지는 건 아니었다. 동남아시아의 번영은 허울 좋은 약속뿐이었다. 전쟁준비에 급급한 일본이 이 넓은 땅의 자원을 있는 대로 쓸어모았기 때문이다. 극심한 기근이 발행한 1944년 자바 섬은 주린 배를 움켜쥔 자들로 가득 찬 땅이 되어버렸고, 기아에 허덕이던 싱가포르인 중 300,000명가량이 말레이로 이주했다. 이들은 농민으로서 말레이에 뿌리를 내렸다.

일본은 필리핀 점령에서는 한층 더 조심스러운 모습을 보였다. 미국이 필리핀에 독립을 약속했기 때문이다. 물론 항복한 필리핀 병사들을 가혹하게 대했지만 말이다. 한 일본 장교는 투항한 필리핀 병사에게 이런 말을 뱉었다고 한다.

> 좋든 싫든 간에 너희들은 필리핀인이고 동양인이다. 아무리 노력해도 너희들은 백인이 될 수 없어.

하지만 '죽음의 행진'과 같은 만행을 저지르는 동양인을 피부색이 같다는 이유만으로 좋아하긴 힘든 일이다. 필리핀 국민은 일본에 등을 돌렸다. '죽음의 행진'은 미군이 점령하고 있던 필리핀에서 일본군의 진격으로 포로가 된 필리핀군 약 150,000명이 바탄에서 마닐라까지 음식은 고사하고 물도 공급받지 못한 채 걸어간 일을 가리키는 말이다. 그 과정에서 수많은 이들이 목숨을 잃었다. 그럼에도 불구하고 서구의 식민주의를 종식시키겠다는 일본의 명분을 지지하는 민족주의자들은 여전히 존재했다. 하지만 버마의 민족주의자들이 깨달았던 것처럼, 그들은 결국 일본이 그들에게 어떠한 행동의 자유도 보장해주지 않는다는 사실을 확인했을 뿐이다. 마닐라의 필리핀 행정부는 이전에 미국의 통치 하에서보다 훨씬 적은 권한을 일본 통치세력에게 부여받았을 뿐이다.

일본은 버마의 한 독립운동세력을 후원하기도 했다. 인도를 영국으로부터 해방시키겠다는 명분을 내세우며 군사행동에 나서길 원했던 수바스 찬드라 보스를 이용한 것이다. 이런 밀월관계는 예상치 못한 파장을 몰고 왔다. 그는 간디의 비폭력 노선에 반대한 사람이었다. 그는 일본군을 끌어들여 영국 세력에 대적할 규모의 병력을 모으는 데 혈안이 되어 있었다. 보스는 말레이 반도의 인도 산업 공동체에서 긁어모은 자금을 사용하여 고무생산 농장에서 18,000명의 타밀족 노동자와, 싱가포르 함락에서 포로가 된 인도 병사들로 구성된 군대를 꾸리는 데 성공했다. 그의 부름에 응한 인도 장교는 극히 소수였다. 영국 식민 치하에서는 그들도 공공연한 차별을 당했음에도 불구하고 말이다. 그들은 인종차별정책 때문에 싱가포르의 클럽에도 출입이 제한되는 신세였다.

보스의 인도 국민군이 영국 제14군의 인도인 병력을 매수하려고 했던 시도는 미미한 성과로 끝을 맺었다. 보스가 모집한 병사들이 버마에서 진행 중인 일본의 군사작전에 참여할 수 없다는 사실이 판명되자마자 일본은 인도 국민군에 대한 지원을 중단했다. 일본은 유례없는 참패를 맛보았다. 1945년 초에 양군 탈환작전에서는 무려 100,000명의 일본군이 사망했다. 일본은 패망 직전 인도 국경을 침공하기 위한 필사적인 노력을 이어갔다. 1944년 중반 이후부터 미국은 일본군에 맞서 '아일랜드 호핑Island Hopping' 작전을 구사하기 시작했다. '이 섬 저 섬으로 여행 다니기'란 뜻의 아일랜드 호핑 작전은 일본의 방어

14-10   1945년 8월 9일 나가사키 상공에서 폭발한 두 번째 원자폭탄

군이 밀집해 있는 주요 거점을 공격하는 대신, 상대적으로 방어가 소홀한 섬지역을 하나씩 손에 넣어 일본 본토 공격을 지원하는 후방기지를 건설한다는 작전이다. 미군은 필리핀을 통해 이오지마와 오키나와 섬 등에 진입하는 데 성공했다. 자살특공대들의 몸을 불사르는 투혼도 미국의 전진을 막을 수는 없었다. 하지만 가미카제 특공대가 미군 전함 주위를 부산하게 날아다닌 것이 미군의 간담을 서늘하게 한 것만은 사실이다. 가미카제神風는 '신성한 바람'이라는 뜻으로 13세기 몽골군의 일본 침공을 좌절시킨 태풍을 부르던 명칭이다.

　일본의 광기 어린 공격은 수많은 목숨을 앗아갔다. 가미카제 특공대 본인들의 목숨뿐만 아니라 셀 수 없을 만큼 많은 미군 젊은이들이 이오지마와 오키나와에서 아까운 목숨을 잃었다. 미국은 전략을 바꾸기로 한다. 일본 섬을 해상으로 침공하여 본토로 진입하는 대신 원폭을 투하하기로 한 것이다. 트루먼 대통령의 지시가 있은 후 히로시마와 나가사키에 거대한 버섯구름이 피어올랐다. 하지만 일본은 그런 일을 당하고도 항복을 망설였다. 결국 히로히토 천황은 이 말을 하지 않을 수 없었다.

> 전쟁을 마무리 짓는 것만이 세계의 평화를 회복하고, 지금 짊어진 끔찍한 고통으로부터 일본이 벗어날 수 있는 유일한 방법이다.

미국 대통령과 천황이 나서서 2차 세계대전의 태평양 지역 전쟁을 마무리 지었고, 대동아공영권은 역사의 뒤안길로 사라졌다.

2차 세계대전 후의 탈식민지화

일본의 패망 이후에도 싱가포르는 독립을 쟁취하지 못했다. 싱가포르는 1946년 영국의 직할시가 되었다. 하지만 영국 국내 선거에서 노동당이 압승을 거두면서 싱가포르에도 희망이 보이기 시작했다. 이는 영국에도 다행한 일이었다. 1945년 압도적인 승리를 거둔 노동당의 정책이 영국을 식민 전쟁의 고통으로부터 구제할 것이기 때문이다. 식민 전쟁의 아픔에 시달려야 했던 인도네시아의 네덜란드나 인도차이나의 프랑스와는 달리 말이다. 서둘러 인도를 독립시키기로 한 노동당 당수이자 영국의 수상 클레멘트 애틀리의 결정은 동남아시아에도 곧 탈식민지화의 바람이 불게 될 것임을 암시했다.

얼마 지나지 않아 버마가 독립을 얻었다. 영국의 의도가 다분히 담백하다는 사실이 증명된 것이다. 정적에 의한 아웅산 암살도 애틀리의 굳은 결심을 흔들지는 못했다. 아웅산은 영국 측과 '애틀리-아웅산 협정'을 맺으면서 버마 독립을 위한 제일보를 마련한 버마 독립운동의 지도자였다. 버마는 영연방에서 탈퇴하고 1948년 버마연방으로 독립했다. 이는 예견된 일이었다. 애틀리의 말에 따르면 버마를 영연방 내에 머물도록 조율할 수 있는 유일한 사람은 아웅산이었다. 그의 부재가 버마와 영국의 결별을 불렀다는 말이다. 2차 세계대전 이후의 세계 정세를 자신만의 보수적인 시각으로 오판한 처칠은 노동당의 버마정책을 맹렬히 비난했다.

나는 아웅산이 버마 정부의 대표 자격으로 버킹엄 궁전 계단을 당당히 올라오는 것을 보게 되리라고는 꿈에도 생각지 못했다. 두 손을 영국인과 버마 왕족의 피로 물들인 그 작자가 말이다.

하지만 버마에서 피를 보지 않고 해결되는 것은 없는 듯했다. 암살자들은 버마가 독립을 쟁취하기 불과 3개월 전에 아웅산과 그의 내각인사들에게 기관총 세례를 퍼부었다. 학살을 저지른 범인들은 즉각 법의 심판을 받았으며 국장國葬기간이 몇 달 동안이나 지속되었다. 아웅산의 순교는 버마 역사에 이로운 영향을 미쳤다. 비록 그 효과가 장기간 지속되지는 못했지만 말이다. 당면과제에 대해 갑론을박을 일삼는 버마인이었지만 위대한 독립운동가를 잃은 슬픔이 이들을 하나로 뭉치게 한 것이다. 영웅을 잃은 국민은 임박한 자유를 두고 그 어떤 논쟁도 견뎌낼 마음의 준비가 되어 있지 않았다. 하지만 이런 국가적 화합의 분위기는 1949년에 일어난 버마 내의 소수민족인 카렌족의 반란으로 금방 자취를 감춘다. 버마 군대에서 카렌족이 대규모 탈영을 감행하면서 분열은 심각한 상황으로 치달았다. 이 군사들은 산골에 살고 있던 다른 카렌족과 힘을 합쳐 무장봉기세력을 형성한다. 자치령 설립을 요구한 이 집단은 일본군 점령기간에도 격렬한 저항운동을 펼쳤다. 오늘날에도 미얀마 중앙정부를 상대로 독립적인 카렌족의 땅을 요구하는 이 민족의 저항운동은 여전히 계속되고 있다.

세월이 흘러 처칠이 다시 권력을 잡았다. 애틀리와 굳이 비교하자면 상대적으로 현실주의자라 할 수 있는 처칠은 인도차이나의 프랑스를 원조해달라는 미국의 요청을 거절했다. 공산주의자들이 동남아시아를 장악하게 되면 서구열강들이 차례로 무너지게 될 것이라는 미국의 주장, 즉 도미노이론을 믿지 않은 것이다. 뿐만 아니라 이 경험 많고 교활한 영국 수상이 프랑스에는 회생 가망이 없다고 판단했기 때문이기도 하다. 그는 말레이의 통치 책임자로 제럴드 템플러 경을 임명한 후, 공산주의를 말살하기 위해 지역주민들의 마음을 사로잡기 위한 회유정책을 편다. 말레이 정세를 파악한 템플러는 "이들을 포섭하는 데 총을 사용해야 하는 상황은 전체의 25퍼센트에 지나지 않는다"는 보고를 올렸다고 한다. 독특한 성격의 소유자였던 템플러 장군은 독립을 위한 준비로 공산주의자들의 반란을 진압하고, 툰쿠 압둘 라만을 말레이 민족주의조직의 최고 지휘자로 선출되게 한다. 말레이시아 초대 총리 예정자가 탄생한 것이다. 말레이 술탄 케다의 형제인 툰쿠 압둘 라만은 한때 유명한 한량이었다고 한다. 영국은 이 새로운 통치자가 옛 방식의 독재정치를 펼칠지도 모른다는 우려를 갖고 있었지만 이는 쓸데없는 걱정이었다. 이 왕자는 통일말레이민족기구 내의 화합이 말레이시아에 얼마나 중요한 일인지를 잘 알고 있었다. 통일말레이민족기구UMNO(United Malay National Organisation)는 말레이 중국 연합과 말레이 인도 연합이 통합된 단체로 싱가포르를 제외한 해변 정착지와 말레이의 술탄 통치지역을 통합하여 모든 거주자가 공통된 시민권을 갖게 하려는 영국의 의도에 항의하는 민족주의 기구로 1948년에 발족한 단체였다.

상황을 관망하던 미국은 프랑스령 인도차이나의 허무한 종말과 동시에 나타난 말레이시아의 친서방 정당에 깊은 인상을 받았다. 하지만 미국은 아직도 식민 각국에 독립을 보장하고 그 독립세력을 비호하여 영국의 상업적 이익을 보호하고자 하는 영국의 속내를 제대로 파악하지 못했다. 19세기 말엽 영연방이 거의 완성되면서 영국은 대영 제국이 소유했던 거대한 땅을 지키는 고된 임무에서 해방되었다. 일본의 패망 후 동남아시아 각국에 세워진 합법적 자치정부들과의 협상에서 소기의 성과를 이룬 영국은 안정적인 정부가 집권세력으로 안착한 모든 식민지 국가에서 종래와 다름없는 경제적인 입지를 향유할 수 있었다. 영국과 손잡은 툰쿠의 통일말레이민족기구가 급진적인 말레이 민족주의 세력을 막아주는 역할을 충실히 수행해준 영향도 컸다.

말레이에서 이런 행보의 신호탄을 쏘아올린 영국에게 사라와크는 눈에 가시 같은 존재였다. 동남아시아 유일의 백인 통치자 브룩이 만든 이 나라는 이제 영국 입장에서는 비정상적인 고대의 유물에 지나지 않았다. 이런 나라의 생존에 동정심을 보일 영국이 아니었다. 결국 1946년 마지막 토후국의 왕으로 백인 독립영주인 찰스 바이너 브룩은 그의 왕국을 영국에 양도한다. 식민 시대 이후 현재 말레이 연방정부와 사라와크 주의 집권세력 간의 가장 큰 차이는 독립을 앞둔 국민의 태도였다. 영국에 우호적인 태도를 보였던 말레이시아인과 달리 사라와크 주민들은 대부분 사라와크가 영국에 할양되는 데 반대했다. 실제로 영국의 총독이 1949년에 암살당하는 일이 발생했으며, 이후 사라와크 주민들의 마음을 돌리기 위해 이 총독의 후임자였던 안토니 아벨 경은 자신이 가진 모든 기량을 발휘해야 했다. 현대판 제임스 브룩이라 할 수 있는 아벨은 40가지에 이르는 민족 개개의 상황에 모두 마음을 썼다. 그의 이런 정책이 빛을 발해 그는 총독에 연임되었다. 그가 퇴임한 후 사라와크에서는 첫 번째 총독 선거가 치러졌다. 말레이시아가 형성되기 전 사라와크가 자치적인 주로 자리매김할 수 있는 적기가 찾아온 것이다.

1957년에 툰쿠 압둘 라만에게 정식으로 권력을 이양한 영국은 석유자원이 풍부한 브루나이를 비롯한 보르네오 영토를 어떻게 할지를 결정해야 했다. 또한 중요한 국제 해로들이 교차하는 전략적 요충지인 싱가포르가 공산주의 독립국가로 변모할 가능성을 미연에 방지해야 했다. 중국이 사라와크의 중국 청년들을 유인하여 중국과 인도네시아로 빼돌리는 일도 발생했다. 그 중 인도네시아에 자리 잡은 중국 청년들은 후에 수카르노 대통령이 서방세계가 지원하는 말레이시아와 대립하는 동안 인도네시아 군인들과 함께 싸웠다. 1963년에는 인도네시아 종신 대통령에 취임한 수카르노가 말레이시아에 반대하는 '대결정책'을 펼치겠다고 천명했다.

하지만 인도네시아는 1967년 수카르노의 퇴진 이후 이런 기조를 철회했고, 영국은 말레이시아의 출범으로 서구열강의 마지막 거대 아시아 식민세력의 당면문제가 모두 해결되었다는 것을 깨달았다. 홍콩

14-11 싱가포르의 리콴유와 말레이시아의 툰쿠 압둘 라만

을 제외한 기존 식민영토를 모두 아우르는 말레이시아가 연방제의 틀 안에서 출범한 것은 영국을 위한 완벽한 해결책처럼 보이기까지 했다. 마지막 순간에 결국 브루나이는 떨어져나갔지만, 북보르네오·사라와크·싱가포르가 말레이시아의 품 안으로 들어왔다. 싱가포르의 초대 수상 리콴유李光耀에게 있어 말레이시아라는 국가의 출범은 영국 통치의 종결을 의미했고 당연히 환영할 만한 일이었다. 하지만 말레이시아의 군사가 싱가포르에 주둔하게 되는 것은 바라던 바가 아니었다. 그는 말레이인이 주류인 세계의 중심에 자리한 싱가포르의 존립에 대한 불안감을 떨칠 수 없었다. 싱가포르 주민 대부분이 중국인이었기 때문이다. 그는 싱가포르의 해외수입 대부분이 영국에서 흘러 들어오게 될

것이라는 사실을 잘 알고 있었다. 영국이 병력을 철수시킨 1970년대에 그가 지역경제 부흥을 추진한 것도 이 때문이었다. 특히 1965년에 중국계 정책문제 때문에 말레이시아 연방에서 축출된 이후에는 한층 더 시급한 문제였다. 비록 "1819~1930년대까지 영국의 해군 또는 공군기지 없이도 싱가포르는 번창했다"고 국민에게 큰소리는 떵떵 쳤지만, 그의 속은 타들어가고 있었던 것이다. 이 섬나라는 다음의 세 가지에 달려 있었다. 첫째, 투자유치에 적합한 안정된 사회, 둘째, 변화에 적응하는 국민의 역량, 마지막으로 영국의 원조. 그는 "우리 국민이 대표정부를 구성하여 스스로 할 수 있는 일을, 다른 이들이 우리를 위해 대신해줄 수 있을 거라고 믿는 것은 어리석은 일임에 틀림없다"고 경고했다.

싱가포르가 말레이시아 연방에서 탈퇴하게 되는 데는 리콴유의 정치적 야망이 크게 작용했다. 차별적인 입법에 대한 그의 항의가 틀린 소리는 아니었음에도 불구하고 말이다. 말레이시아 연방이 중국계에 대해 상대적인 차별대우를 하는 법안을 마련한 건 상당히 문제가 많은 일이었다. 1981~2003년 말레이시아 수상으로 재직한 마하티르 무함마드조차도 임기 말에 이르러서는 말레이시아인이 상대적으로 많이 누리고 있는 권한을 줄이고, 중국 시민과 인도 시민에게 더 많은 권한을 확보해주어야 한다고 말했을 정도였다. 마하티르는 말레이시아인이 자신들에게 주어진 특권을 남용했다는 것을 공공연히 인정할 준비가 되어 있었던 것이다.

현실주의자와 독재자의 성격이 절묘하게 섞여 있는 이 말레이시아 수상에 대한 세간의 평가는 엇갈린다. 그는 상당히 직설적인 사람이었다. 언제든지 하고 싶은 말은 하고야 마는 성미였다. 1986년에 마약밀수 혐의로 유죄를 선고받은 두 명의 호주 밀수범이 쿠알라룸푸르에서 '야만적'으로 처형당하는 일이 벌어졌다. 이에 대한 국제사회의 비난에 마하티르는 호주인은 범죄자의 후손이라는 말로 답해, 캔버라의 호주 지도층을 경악케 했다. 그로부터 2년 후인 1988년 100명이 넘는 반대세력을 체포한 사실에 대해서 호주 하원이 비판하자 그는 독설을 내뱉었다.

> 호주가 현재의 말레이시아와 비슷한 수준의 국가였던 당시에, 당신들은 별 고민 없이 총을 쏘아 원주민 문제를 해결해버리지 않았는가?

싱가포르는 오늘날까지 공고한 입지를 확보하는 데 성공하지 못했다. 그 취약성을 극복하기 위해 탈식민지 국가인 브루나이와 밀접한 동맹을 맺고 있는 것만 보아도 알 수 있다. 브루나이 술탄의 반대세력인 반군 지도자 아자하리가 이끄는 반란군에 영국이 패배한 일이 있었고, 브루나이를 말레이시아 연방으로 합병하려는 술탄과 영국의 시도는 성공하지 못했다. 브루나이 국민은 자국의 방어를 구르카족 용병들에게 맡겼다. 결국 380,000명의 인구가 살고 있는 이 나라는 아랍의 토후국과 구분할 수 없을 정도로 유사한 사회가 되어버렸다. 브루나이의 정글을 없애고, 그 자리에 사막의 모래를 깔아놓기만 하면 이곳이 아라비아라 해도 믿을 수 있을 정도다. 영락없는 동방의 쿠웨이트라고나 할까.

14-12　　수카르노 대통령이 네덜란드 식민정부의
　　　　귀환에 대항하는 국민집회를 열었다.

14-13　　힌두교 신을 모시는 따만 아윤 사원.
　　　　인도네시아 발리에 있는 멩귀란 마을에 있다.

인도네시아 공화국

일부 교육받은 인도네시아인들은 일본이 입바른 소리로 일삼은 '대동아공영권'이라는 말에 귀가 솔깃했다. 메이지 유신이 몰고 온 개혁의 바람을 타고 일본과의 생산적인 협력체계를 구축할 방법이 제시된 것이라 여기는 이들도 있었다. 결국 대동아공영권은 네덜란드령 동인도 제도의 다른 명칭에 불과하다는 사실을 깨닫게 되었지만 말이다. 일본 통치가 남긴 긍정적인 유산은 오직 하나 인종적 편견이 자취를 감췄다는 것뿐이었다. 하지만 인도네시아의 자원을 무차별적으로 착취한 데 대한 보상이라고 보기에는 턱없이 미미한 변화였다.

수카르노는 전쟁이 지속되는 동안 일본의 사탕발림에 한 번도 귀 기울인 적이 없는 사람이었다. 그는 후에 인도네시아의 대통령이 된다. 그는 연단을 사랑했다. 네덜란드를 폄하하는 것으로 민족주의자들의 열망을 자극하고 군중을 선동하기에 그보다 효율적인 장치는 없었다. 그는 1943년 자바인에게 "우리들의 운명은 우리 손에 있는 것이지, 다른 이들의 손에 있는 것이 아니다"라고 힘주어 말하기도 했다. 연합국의 맹렬한 기세를 더 이상 저지할 수 없게 된 일본은 수카르노와 모하마드 하타[3]에게 협력을 구하며 독립공화국의 토대가 될 헌법을 마련할 것을 요청했다. 이 두 전도유망한 민족주의자들은 일본군 군정에 협력하는 것으로 인도네시아 독립을 쟁취하기로 한다. 이 새로운 국가의 구조는 네덜란드령 동인도 제도뿐만 아니라 영국령 말레이

---

3   Mohammad Hatta(1902~1980년): 인도네시아의 정치가이자 경제학자. 네덜란드로부터의 독립운동을 이끌었다. 1945년 독립선언 후 부통령을 지냈다.

와 보르네오의 영토까지 아우르는 거대한 영토를 단일 대통령이 통치하도록 설계되었다. 비록 일본의 도움으로 독립을 얻었지만, 이 민족주의적 성향의 지도자들은 인도네시아의 독립이 일본의 선물로 비춰지는 걸 원치 않았다. 수카르노가 일본과 협력하기 시작한 1942년이 아닌, 1945년 8월 17일을 건국일로 선포한 것도 그 때문이었다.

 네덜란드는 이 문제를 처리하기 위해 병력을 보낼 여력이 없었다. 이미 동남아시아 전역에서 병력고갈로 고통받고 있는 영국도 다를 바 없는 입장이었다. 손이 딸리는 영국이 할 수 있는 것이라고는, 자신들이 버마와의 관계에서 해낸 것처럼 네덜란드가 자바 섬의 민족주의자들과 우호적인 협상의 타결에 성공할 것이라고 믿어주는 것이었다. 2차 세계대전 후에 임명된 식민 총독은 없었지만 1942~1948년 네덜란드령 동인도 제도의 부총독이었던 후베르튀스 반 묵을 좀 더 면밀히 관찰했더라면 아마 영국은 감히 그런 믿음을 갖지 못했을 것이다. 그는 영국이 이처럼 무사안일한 태도를 보이는 데 분개했다. 그는 무력으로 네덜란드 총독부를 다시 바로 세울 수 있다는 시대착오적인 확신을 가지고 있었다. 그는 영국 노동당 정부가 탈식민지화를 추구하고 있기 때문에 영국이 네덜란드 식민통치기구의 재건에 힘을 보태지 않는다는 사실을 간과하고 있었다.

 정치적 합의를 도출해내길 바라는 영국의 바람을 뒤로한 채 네덜란드는 인도네시아 독립 논의를 위한 민족주의자들과의 회담을 질질 끌었다. 인도네시아의 민족주의자들이 독립은 스스로의 손으로 쟁취하는 것이라는 확신을 가질 때까지 말이다. 영국군이 식민지에서 철수한 뒤, 반 묵은 2차 세계대전 후의 폐허에서 유럽을 재건하라는 의미에서 미국이 원조한 자금을 전용하는 실책까지 저지르며, 군사적 행동

14-14　　자바 섬 농촌의 전형적인 풍경. 논 주위로 농가가 들어서 있다.

에 나섰다. 자바 섬 전체를 장악하고 수마트라 섬의 경제적 요충지를 확보하는 것이 그의 목표였다. 이런 '국지적 군사행동'이 실패로 끝난 뒤 반 묵은 자신이 '테러리스트'라고 규정한 이들이 꾸민 정부와 협상하는 회담 테이블로 끌려나오게 된다. 소련의 개입 후 미국은 인도네시아의 독립은 불가피한 일이라는 결론을 내린다. 그리고 네덜란드는 찬밥 신세가 되고 말았다.

여전히 인도네시아 공화국인 외교석상에서는 네덜란드-인도네시아 연합이라는 명칭으로 불리긴 했지만, 실제로 이런 연합이 지속될 것이라 생각하는 사람은 아무도 없었다. 최종 협의에서 뉴기니 섬의 서반부를 차지하는 인도네시아령 서뉴기니Western New Guinea의 귀속문제는 정해지지 않은 채 최종 협의가 일단락되었다. 수카르노를 비롯한 인도네시아인이 서이리안West Irian이라고 불렀던 이 땅의 귀속 문제는 두고두고 갈등을 불렀다. 네덜란드 세력은 이후에도 서뉴기니에 상주하며 영향력을 행사했고, 이것이 독립한 인도네시아인의 적대감을 부추긴 것이다. 하지만 이런 상황이 인도네시아의 정복욕을 잠재운 건 아니었다. 1960년대에 수카르노는 말레이시아와 대결구도를 형성할 것을 선언하고 영토권을 주장했으며, 1976년에는 인도네시아 병력이 포르투갈령 동티모르를 공격하여 식민지로 삼은 사건도 발생했다. 1999년 호주를 앞세운 국제 평화유지군이 동티모르를 해방시키면서 길고 긴 아시아의 식민 역사는 막을 내린다.

독립 인도네시아는 동남아시아의 통합을 위해 고군분투했다. 하지만 바다에 흩뿌려져 있는 수많은 섬의 주인들에게 자바인의 이런 행보는 제국주의적 야욕 그 이상도 그 이하도 아니었다. 압도적으로 많은 수의 인도네시아인이 살고 있던 자바 섬이 경제성장에서 두각을 나타내고 있다는 사실도 이런 상황에 별로 도움이 되지 않았다. 바타비아라 불리던 땅은 자카르타란 새 명칭을 얻었고, 유례없는 경제성장의 목격자가 되었다. 자카르타 인구는 1945~1961년의 짧은 기간에 무려 두 배로 늘었다. 정부의 체제는 민주주의였지만 인도네시아의 정치인들이 군부를 제어하는 건 불가능에 가까웠다. 권력을 유지하기 위해 수카르노 대통령이 당파와 지역분열을 교묘하게 이용하면서 상황은 더 악화되었다. 1959년 수카르노는 '교도민주주의敎導民主主義'라는 뜻을 알 듯 말 듯한 새로운 정치체제를 주창한다. 지도자의 영도가 대중을 제어해주어야만 아시아 땅에 민주주의가 제대로 싹틀 수 있다는 주장이었다. 꼭 그의 희한한 주장 때문만은 아니었겠지만 반란은 한층 더 거세졌다. 인도네시아 공산당과 무장세력의 지지를 받은 수카르노는 권력을 유지할 수 있었다. 이런 불안정한 야합도 세 자리의 기록적인 인플레이션이 부른 1965년의 군사 쿠데타로 깨지고 말았다. 이 피비린내 나는 사건에서 무려 500,000명이 목숨을 잃었다.

수카르노에게서 치안 대권을 위양받고 총리, 국방치안장관, 육군장관, 육군총사령관을 겸임한 수하르토[4]라는 장군이 정권을 잡았다. 그는 수카르노를 몰아낸 후 말레이시아와 대립으로 일관한 정책을 일괄 수정했다. 1998년까지 수하르토는 자신을 인도네시아의 구세주로 신격화하고 '신체제'라는 이름 하에 군정을 펼쳤다. '부패', '정실인사', '족벌주의'로 점철된 정권에 반기를 든 민중시위에 의해 몰락할 때까지 말이다. 그가 미국의 지원을 받아 공군과 해군을 동원하여 1976년 7월 17일에 동티모르 침략을 단행했기 때문에 인도네시아를 골병들게 한 합병문제는 다시 수면 위로 부상했다. 경악할 만한 점은 동티모르 주민에게 잔혹행위를 일삼은 것에 대한 책임이 있는 군사지도자들 중 그 누구도 아직 법의 이름으로 심판을 받은 적이 없다는 사실이다. 인도네시아가 24년 동안 동티모르를 지배하는 동안 주민의 3분의 1이 사망한 것으로 추산되는 데도 말이다.

---

4 Suharto(1921~2008, 1968~1998년 대통령에 재임): 인도네시아의 2대 대통령. 수하르토는 경제개발을 통해 자신의 지배력을 정당화하려고 했으나, 그의 개발주의는 경제의 불균등한 발전과 과도한 외자 차입에 따른 외환위기로 낙착되었고, 수하르토 일가의 장기독재와 부정부패로 귀결되고 말았다. 1998년 일어난 시민과 학생들의 시위로 결국 수하르토의 장기집권체제가 막을 내렸다. 2004년 국제투명성기구는 그를 '20세기의 가장 부패한 정치인'으로 꼽았다.

베트남의 비극

미국이 남베트남의 군사지도자들과 황급히 결별했던 것에 비하면 수하르토와는 이별과정에 상당히 뜸을 들였다고 할 수 있다. 베트남전 패전 후 미국은 더 이상 남베트남의 친미세력을 지원할 수 없었다. 1945년 영국과 프랑스 양국의 식민지에 대한 접근방식은 완전히 달랐다. 영국 수상 클레멘트 애틀리가 '자유민족들의 자유연합'인 영연방을 구성하고자 했던 생각을 프랑스는 극단적으로 반대했다. 독일의 통치를 경험한 후부터는 프랑스인이 심리적으로 제국의 부흥을 필요로 하는 것처럼 보일 정도였다.

그럼에도 불구하고 프랑스는 인도차이나 식민지를 재건하는 데 성공하지 못했다. 이를 반면교사로 삼아 미국이 베트남 민족주의와 대립하는 것이 얼마나 위험한지를 깨달을 수도 있었을 것이다. 하지만 영국이 말레이시아 공산세력의 반란을 진압하는 것에 희망을 느낀 미국은 호치민 또한 이길 수 있다는 헛된 확신을 갖고 만다. 해외에서 첫 고배를 마신 미국의 무모한 도전, 베트남전의 비극은 이렇게 시작되었다. '베트남독립동맹'(약칭 월맹越盟)이라 불리는 베트남 공산주의 독립운동조직과 마지막 결전을 벌이기 위해 벌인 도박에서 하노이 북서쪽에 위치한 디엔비엔푸Dien Bien Phu 프랑스군 요새가 함락된다. 이 패배로 프랑스의 인도차이나 지배는 종말을 맞는다. 20세기 말을 장식한 최고의 야전 사령관 보구엔지압(보응우옌지압)을 얕잡아 본 것이 그들의 실수였다. 그는 제네바에서 열린 국제회담에서 북베트남의 독립이 인정되기 바로 직전 디엔비엔푸 전투에서 프랑스의 항복을 받아냈다. 1년 후인 1955년에 프랑스가 베트남을 떠났고, 미국만 외로이

14-15　'호 아저씨' 호치민. 프랑스와 미국에 대항한 베트남 저항세력의 지도자

남아 남베트남의 수호자 역할을 자처했다.

1956년 남베트남의 대통령이었던 응오딘디엠[5]은 제네바 회담에 합의된 대로 선거를 치르는 것을 반대했다. 호치민이 선거에서 이길

5　Ngo Dinh Diem(1901~1963, 1955~1963년 대통령 재임): 1954년 미국의 지원으로 총리가 되었고, 1955년 대통령에 취임했다. 지주층과 군부·경찰세력을 기반으로 강력한 반공정치를 폈다. 민심을 잃고, 돈 반 민 등의 군부 쿠데타로 살해당했다.

수도 있다는 불안감 때문이었다. 미국의 지원을 받는 디엠의 정부에 대한 국민의 반감은 점점 커졌다. 심지어 불교도들까지 반정부운동에 참여했을 정도였다. 이때 틱꽝득이라는 한 스님이 사이공 거리에서 국가의 미래를 위해 소신공양을 하는 사건이 발생했다. 소신공양은 '자기 몸을 태워서 붓다에게 바친다'는 뜻의 불교공양으로, 틱꽝득은 베트남 독재정권과 불교탄압에 반대하기 위해 자신의 몸에 휘발유를 부은 것이다. 그는 온몸이 화염에 휩싸였지만 흐트러지지 않은 가부좌자세를 유지했다. 이를 두고 실질적인 베트남의 영부인 역할을 하고 있던 마담 누쩐레수언이 "저런 것은 인간 바비큐에 지나지 않아"라고 말한 것이 민심에 불을 질렀다. 응오딘디엠의 동생 응오진누의 부인이었던 그녀의 망언은 외신에 대서특필되었고 전 세계의 빈축을 샀다. 미국의 여론도 이 발언에 심한 반감을 보였고 존 F. 케네디 대통령은 응오딘디엠 대통령에게 개혁을 종용하기에 이른다.

응오딘디엠을 못마땅하게 생각했던 남베트남의 장군들은 케네디의 분노를 자신들의 권력쟁탈 기회로 해석했다. 사회불안이 악화되는 가운데 이들은 미국 대사의 동의 하에 권력투쟁을 시작했다. 쿠데타가 발발했고, 피로 범벅이 된 응오딘디엠의 시신 사진은 미국인을 경악하게 만들었다. 물론 얼마 지나지 않아 텍사스 주에서 일어난 케네디 암살사건만큼 미국인을 충격과 공포에 빠트리지는 않았지만 말이다. 그때까지만 해도 미국은 베트남전이 한창일 때 525,000명 병력을 파병하는 것에 비해 제한적인 역할을 하고 있었다. 하지만 케네디의 뒤를 이은 린든 존슨이 1964년 "동남아시아에서 중국의 전철을 밟는 일"만은 막고야 말겠다는 결정을 내리면서 상황은 달라졌다. 북베트남인이 베트남에 평화로운 통일은 없을 것이라는 사실을 명확하게 이해하자

14-16 1967년에 비약적인 기술적 발전을 이뤘음에도 미군은 베트남에서의 패배를 앞두고 있었다.

대규모 전쟁은 피할 수 없는 일이 되어버렸다. 남베트남에서는 정치지도자들이 돌아가면서 군대 상층부의 요직을 차지했고, 미국이 병력과 물자를 대대적으로 지원했다. 한동안 감투 돌려쓰기가 계속된 끝에 두 명의 상징적인 인물이 전면에 나서게 되었다. 그 중 하나는 히틀러의 신봉자이자 부대통령인 응우옌카오이였고, 나머지 하나는 대통령 응우옌반티에우[6]였다. 드디어 미국이 정치생명이 안정적인 남베트남 지도자를 갖게 된 것이다. 남베트남의 정치적 안정은 미군의 안전을 확

---

[6] Nguyen Van Thieu(1923~2001년, 1967~1975년 재임): 남베트남의 군인이자 정치인. 남베트남의 9대 대통령. 미국을 과신하여 베트콩의 전위조직인 베트남민족해방전선NLF과 군사대결을 계속했으나 1975년 사이공 함락 직전 미국으로 망명했다.

보하기 위한 선결조건이었다.

하지만 베트남의 내부 갈등은 미국의 능력치를 벗어나버린다. 이런 현실을 직시한 미국 대통령 리처드 닉슨은 대규모 폭격작전을 통해 평화를 얻으려고 했다. 1969~1971년 사이에 2차 세계대전 동안 사용된 포탄을 모두 합친 것보다 많은 양의 포탄이 북베트남에 쏟아졌다. 닉슨은 '베트남전의 베트남화'와 '명예로운 철수'를 주장했다. 너무나 파괴적인 공습에 지칠 대로 지친 베트남은 미군을 떠나보내주기로 작심한다. 호치민이 죽기 전 하노이 행정부에 미국인이 아무런 방해도 받지 않고 베트남을 떠나게 해주라는 조언을 했을 정도였다. '베트남전의 베트남화'는 그렇게 차근차근 그 수순을 밟아갔다. 남베트남이 미군의 도움 없이는 절대로 정권을 유지할 수 없을 것이라는 사실이 명백해졌고, 더 이상 싸움을 지속하는 것은 아무런 의미가 없었다.

닉슨 대통령은 미군을 철수시키기 전인 1970년에 남베트남의 캄보디아 침공을 돕는다. 이때까지 캄보디아는 육상전의 공포를 모르는 나라였다. 이 침공은 베트남 전쟁 시 북베트남의 공산군들이 남베트남의 게릴라에게 물자를 보급하던 통로인 '호치민 루트'를 끊어버리기 위한 것이었다. 당시 캄보디아의 통치자였던 노로돔 시아누크는 미국의 포탄이 캄보디아 동부에 떨어진 상황에서도 미국에 대해 가타부타 말을 하지 않았다. 외유 중인 시아누크를 축출한 총리 론놀[7]을 워싱턴에서 환영했다는 사실이 의아했을 정도였다. 반공정신이 투철한 자

---

7   Lon Nol(1913~1985년): 론놀은 인도차이나 전쟁 불개입과 중립외교 노선으로부터 벗어나 미국 및 남베트남과 유대를 강화하고 캄보디아 영토 내에서의 군사작전 수행을 허용했다. 그는 1970년 3월 쿠데타에 성공한 후 크메르 공화국 초대 대통령에 취임했다.

신을 미국이 받아들일 것이라 확신한 론놀은 원수 노로돔 시아누크가 소련을 방문하는 동안 쿠데타를 일으켜 권력을 장악했다. 캄보디아 국내 정세가 어수선한 틈을 타 남베트남이 캄보디아를 습격하기도 했다. 이후 급진적 좌익 무장단체인 크메르루주가 게릴라전을 통해 캄보디아 전역을 장악했다.

1973년 초에 이르러서 론놀의 영향력은 난민으로 가득한 도시에 밖에 미치지 않았으며, 이들은 미국이 공수해주는 미국산 쌀로 하루하루를 연명했다. 더 이상 구호물자를 실은 수송기가 오지 않게 되자, 크메르루주는 도시민과 지식인들을 농촌으로 강제이주시킨다. 1975년에 시행된 이 농촌강제이주는 상당히 오랫동안 기획된 정책으로 보인다. 크메르루주의 구성원들은 소수의 지도층을 제외하면 대부분 최하층 농민 출신이었다. 이들은 이 대규모 농촌 강제이주를 기생충처럼 농민의 피를 빨았던 상류층 지식인들이 만든 위계질서의 종말로 여겼을 것이다. 지긋지긋한 가난을 경험한 소작농들이 현대판 앙코르라 할 만큼 화려한 상류층의 도시를 위해 자신의 피고름을 짜낼 리야 없는 일이었다. 크메르루주의 지도자 폴 포트는 파리 코뮌을 들먹이면서 도시에서 사람들을 철수시킨 것을 정당화했다. 그는 파리 코뮌의 실패 원인은 프롤레타리아 계급이 부르주아 계급에 대한 독재를 실행하지 않은 것 때문이라고 생각했다. 농민 강제이주정책의 시행으로 캄보디아에서는 무려 300만 명에 이르는 사람들이 줄줄이 죽어나갔다. 이런 지독한 만행의 대의가 무엇이든지 간에 말이다. 1978년 크메르루주를 몰아내기 위해 라오스와 캄보디아를 침략한 베트남에 의해 이 강제이주는 끝이 났다. 캄보디아인은 베트남군의 입성으로 이 잔인한 혁명가들을 제거하게 된 데 대해서는 뛸 듯이 기뻐했으나, 한편으로는 조국이 베트남의 식민지로 전락할 수 있다는 걱정 때문에 노심초사했다. 냉전의 열기가 식어가면서 베트남군이 1989년에 철수했다. 하지만 많은 수의 베트남인 정착민들이 캄보디아에 남았다. 10년 전에는 중국과 베트남이 국경지대에서 충돌한 사건이 일어났다. 아마도 하노이 집권세력의 영토확장 야망을 제지하기 위한 중국의 군사행동이었을 것이다. 현 시점에서 이 짧은 충돌의 원인을 정확하게 가늠하기는 힘들다. 하지만 인민해방군의 지지가 필요했기 때문에 덩샤오핑이 인민해방군의 행보를 막지 않았던 것만은 분명한 사실이다. 사인방[8]의 실질적인 지도자였던 마오쩌둥의 미망인 장칭을 법정에 세우길 원했던 덩샤오핑은 이들의 지속적인 도움이 절실했다.

이즈음에는 베트남전도 완전히 끝나 있었다. 미군은 베트남을 떠났고 대통령 응우옌반티에우는 독재자 행세를 했다. 하노이는 다시 한 번 20세기 최고의 명장 보구옌지압을 필요로 했다. 3개월간 산 중에서 게릴라전을 펼친 이 전설적인 장군 덕에 베트남은 1975년 초에 통일된다. 응우옌반티에우는 이미 미국으로 망명한 이후의 일이었다. 그를 미국까지 안전하게 모신 미군 수송기에는 그의 가족이 타고 있었음은 물론이고, 국영은행 금고에서 빼돌린 16톤의 금과 은이 실려 있었다고 한다.

---

8 四人幫: 마오쩌둥이 사망한 뒤 정권탈취를 기도했다는 죄목으로 1976년 체포되어 실각한 장칭·왕훙원·장춘차오·야오원위안 네 사람을 이르는 말.

필리핀의 민주주의

1946년 동남아시아 국가들 중 처음으로 자주권을 얻은 필리핀에서는 독립이 근본적인 변화를 가지고 오지는 않았다. 대지주들이 미국에 협력해온 지 오래여서 자치정부의 권한이 확보된다고 해서 달라질 것이 별로 없을 정도로 정치의 틀이 정착되어 있었기 때문이다. 필리핀의 두 대표 정당, 국민당과 자유당의 배후에는 이 대지주들이 있었다.

비슷한 여건의 인도네시아와 달리 필리핀에는 중세 자바 섬에 상응하는 뚜렷한 중심지가 발전되어 있지 않은 상태였다. 필리핀 군도에는 스페인인이 도착해 마닐라를 건설하기 전까지 눈에 띄는 도시는 존재하지 않았다. 식민통치는 필리핀인의 뇌리에 기독교를 깊숙이 박아 넣었고, 이런 문화적 공감대는 국가 정체성의 근간을 형성했다. 1898년부터 미국이 스페인의 역할을 대신하기 시작하면서 필리핀 저항세력에 균열이 생기기 시작했다. 분리주의자들이 등장한 것이다. 스페인인이 도착하기 100여 년 전에 이미 이슬람교로 개종한 남방의 호전적인 모로족[9]은 차치하고라도, 이슬람교도와 가톨릭교도들 간의 반목이 깊은 지역갈등을 만들어냈다. 이들은 진흙탕 싸움을 벌였고, 결국 이 두 진영은 페르디난드 마르코스가 권좌에 오르게 하는 일등공신 역할을 하고 만다.

처음 정치에 발을 들였을 때부터 마르코스는 자신의 야망을 숨기는 법이 없었다. "얼마 되지 않는 7,500페소의 국회의원 연봉으로 제

---

[9] Moro: 원래 북아프리카의 무어인을 스페인인이 모로인이라고 불렀는데, 필리핀에 내항한 스페인인이 여기에서도 이슬람교도에게 모로라는 이름을 붙였다.

노력의 대가를 얻으려고 절 뽑으려 한다면 저에게 투표하지 마십시오." 그가 1949년에 선거운동을 하기 위해 개최한 첫 집회에서 한 말이다. 그리고는 군중을 향해 이렇게 외쳤다고 한다. "이것은 오직 저의 첫 걸음일 뿐입니다. 저를 지금 국회의원으로 뽑아준다면, 20년 안에 대통령이 될 것을 여러분 앞에 약속드립니다." 그는 22살의 어린 나이로 하원의 최연소 국회의원으로 선출되었다. 그리고 1959년 그는 압도적인 표차를 기록하며 상원의원이 되었고, 마침내 스스로 정해놓은 기한 내에 대통령이 되었다. 마르코스는 1965년 초선에 이어 1969년의 재선에도 성공한다.

어쩌면 권력의 최고층으로 수직상승한 것 때문에 판단이 흐려졌던 것인지도 모른다. 그는 선거에 싫증을 느꼈던지, 민주주의를 '입헌적 독재'체제로 대체한다는 망발을 하기도 했다. 이어 대통령의 특권을 1972년 계엄령 선포에 사용하기도 했다. 대통령이 두 차례 이상 연임을 금지하는 법의 시행을 막기 위한 조치였다. 의외로 그의 독재정권은 초기에는 그렇게 지탄받지 않았다. 그가 국민 앞에 토지개혁·관료들의 부패 척결·대규모 해외투자 등 필리핀의 당면과제가 해결된 '새로운 사회'를 약속했기 때문이다. 하지만 마르코스처럼 노련한 솜씨로 미국 정계를 쥐락펴락한 정치가도 자신의 정권의 태생적인 약점을 끝까지 숨길 수는 없었다. 특히 미국에서 마르코스 독재반대운동을 계속하다 1983년 귀국한 베니그노 아키노[10] 상원의원을 암살한 것은

---

10 Benigno Ninoy Aquino(1932~1983): 아키노는 21세에 컨셉션 시에서 최연소 시장으로 당선된 후 28세에 주지사에 당선되었고, 최연소 상원의원이 되었다. 마르코스의 독재정권에 저항한 그는 1973년 계엄령하의 군사법정에서 살인과 내란 혐의로 사형을 선고받았다. 7년 7개월의 구속기간 후 그와 그의 가족은 그의 병 치료차 미국 망명길에 올랐다.

세계를 큰 충격에 빠트렸다. 1980년 마르코스는 아키노가 질병치료를 위해 미국으로 출국하는 것을 허용했다. 아키노는 1983년 8월 치료를 마치고 마닐라 국제공항으로 귀국하여 비행기 트랩을 내리는 순간 괴한의 총격으로 암살되는 의문의 사건이 발생했다. 마르코스는 즉각 공산세력의 소행으로 간주해버렸으며 진상결과를 발표하지 않았다. 이 사건은 마르코스가 얼마나 절박했는지에 대한 반증이기도 했다.

재선에 성공한 미국 대통령 로널드 레이건은 마르코스가 더 이상 필리핀을 다스릴 수 없다고 확신했다. 마르코스는 이제 무장 반란세력에도, 국민의 공정한 대통령선거 요구에도 더 이상은 대적할 수 없는 궁지에 몰려 있었다. 1986년에 치러진 조기 총선에서는 마르코스 세력의 부정투표가 기승을 부렸음에도 불구하고 아키노의 미망인 코라손 아키노의 당선이 확실시되었다. 그럼에도 불구하고 독단적으로 취임을 결정한 마르코스가 취임식장으로 움직이자, 성난 시민들은 마닐라의 거리를 점령했다. 이들은 대통령 궁을 에워싸고 비폭력시위를 벌이기 시작했다. 필리핀 군부조차 내전의 위협을 느끼고 마르코스에게 등을 돌려버렸고, 국민의 격렬한 저항에 부딪힌 마르코스는 결국 하와이로의 망명길에 오른다. 새로이 정권을 차지한 코라손 아키노 대통령은 막대한 외채, 툭하면 문제를 일으키는 군부, 그리고 날이 갈수록 극심해지는 반군활동을 마르코스 정권으로부터 물려받았다. 하지만 대지주들 입장에서는 변한 것이 별로 없었다. 조국에 민주주의의 싹을 틔우기 위해 죽음을 불사했던 수많은 필리핀 시민들의 용기와 결단력이 독재정권의 몰락을 가져왔음에도 불구하고 말이다.

가톨릭 교회는 재빨리 민심을 수습해 새 정부에 힘을 실어주는 기민한 지도력을 보여주었다. 교회의 예배는 열렬한 정치적 설교의 장

14-17 1986년 마닐라에서 벌어진 대규모 반대시위. 이 시위가 계기가 되어 마르코스 대통령이 망명길에 오른다.

으로 변모했다. 코라손 아키노 대통령은 말도 많고 탈도 많던 임기 동안 국방부 장관이자 육군 참모총장이었던 피델 라모스에게 의존했다. 1992년 피델은 군인 출신으로는 국방부장관을 거쳐 최초로 대통령에 선출되었다. 비록 당시 득표율이 겨우 23퍼센트밖에 되지 않았지만 말이다. 이로부터 6년 후에 영화배우 출신 정치가 조셉 에스트라다[11]가 대통령에 당선되었다. 이는 레이건 대통령을 국가지도자로 선출한 미국의 예를 따르는 것처럼 보이기도 했다. 하지만 그는 레이건 대통

---

11 Joshep Estrada(1937~): 각종 뇌물 스캔들에 휩싸였고, 2001년 1월 '민중의 힘'이라는 뜻의 피플파워People Power를 자초하여 대통령직에서 물러났다. 필리핀에서 발생한 두 차례의 시민혁명 피플파워는 마르코스와 에스트라다를 대통령에서 물러나게 했다.

령보다는 하수였던 것 같다. 그의 뇌물수수 혐의가 민심을 어수선하게 한 것도 있었지만, 결정적으로 1990년대의 경제위기에 분노한 국민이 그의 퇴진을 요구하며 시위를 벌여 결국 2001년 1월 사임하게 된다. 민주주의를 도입한 필리핀에는 마르코스와 에스트라다가 저지른 문제들을 비롯한 이런저런 문제들이 끊임없이 이어졌다. 하지만 그것도 자신의 재위기간에 자그마치 다섯 번의 군사 쿠데타를 겪은 라마 9세 왕이 통치하는 타이에 비하면 아무것도 아니었다.

후기

현대 아시아의 부상

우리는 누구나 자기 민족의 더 나은 미래를 꿈꾼다. 하지만 자연자원과 인적자원, 농업 집중적·산업 집중적 사회기반, 그리고 산업적·기술적 능력에 따라 다변화되는 상황에 비추어볼 때, 이러한 목표를 이루자면 우리는 제각기 다른 길을 걸어가야 한다.

— 1971년 아시아에서 개최된 제1회 영연방 컨퍼런스에서 리콴유의 발언

21세기 세계경제의 숨통을 중국·인도·인도네시아가 틀어쥐고 있다는 사실은 아시아가 얼마나 먼 길을 걸어왔는지를 보여준다. 세계의 패권을 손에 쥐었던 일본 제국주의를 비롯한 19세기~20세기 초의 문제들은 이제 모두 과거의 일일 뿐이다. 일본은 경제체제를 근대화한 첫 아시아 국가였기 때문에, 메이지 유신 개혁가들은 서구열강의 집권세력과 같은 야망을 품을 수 있었다. 일본의 막강한 해군은 제국주의 열강이라는 일본의 새로운 신분을 나타내는 징표였다. 영국은 1902년 영국-일본 동맹을 체결하면서 이를 확실히 인지했다. 일본군이 중국을 무릎 꿇릴 수 없다는 사실이 명확해지면서, 2차 세계대전의 초점은 태평양 전쟁으로 집중된다. 미국·영국·중국 연합군과 일본이 벌인 이 전쟁에서 일본은 미국과 영국의 식민지에 무차별 공격을 퍼부었다. 일본은 홍콩·말레이·싱가포르·필리핀·인도네시아·버마에 퍼져 있는 영국과 미국의 식민지에서 연전연승을 거두었고, 서양의 우월성에 대한 근거 없는 믿음은 산산이 부서져버렸다. 일본의 적들은 사방천지에서 공격을 당했다. 하지만 누가 봐도 당해낼 수 없어 보였던 일본군의 기세는 그리 오래 지속되지 못했다.

일본군의 패색이 짙어진 어느 날 히로히토 천황은 다음과 같이 말하며 일본의 완패를 인정했다.

> 우리 민족은 제국을 맹신했으며 영국과 미국을 업신여겼다. 우리의 패인은 군사들의 정신력에만 너무 많은 무게를 실은 나머지 과학에 힘을 쏟지 않은 것이다.

비록 일본이 실패를 장비의 열세로 돌리는 독창적인 설명을 고안해낸 것이 재미있긴 하지만, 일본의 패망은 과학기술의 부족보다는 일본인이 고수해온 대식민정책 때문이었다. 이들은 식민지가 된 나라의 백성이 겪는 고통에 놀라울 정도로 무심한 태도를 보였다. 대동아공영권이라는 허울 좋은 말로 이들을 현혹했으나 대동아공영권은 오직 일본의 이익만을 고려한 사기극이었다. 장기화된 전쟁을 대비하여 식민지에서 쌀을 있는 대로 긁어모으는 일은 다반사였다. 일본에 쌀부대가 쌓여가는 동안 수많은 식민지 사람들은 손가락을 빨아야 했다. 1944년 무려 250만 명의 자바인이 기아로 사망했다. 그러던 중 히로시마와 나가사키에 원폭을 투하하는 것으로 2차 세계대전이 갑작스럽게 끝나고 만다. 자국이 이 원폭을 보유하지 못한 것을 두고 히로히토 천왕이 과학 경쟁력 운운했던 것인지도 모른다. 전쟁은 끝났으나, 원폭투하로 인류에 깊은 상처를 남겼기에 서구열강들의 위신도 말이 아니었다.

유럽 지도자들 중 아시아의 변화에 주목한 사람은 영국 수상 클레멘트 애틀리뿐이었다. 서구열강은 자국의 식민영토에 물밀 듯 밀려들어온 일본군을 보자마자 서둘러 제국주의의 막을 내렸어야 했다. 탈식민지화를 거부하는 네덜란드와 프랑스의 압력이라는 정치적 현실에 맞서가며 애틀리가 인도의 독립을 추진한 것은, 탈식민지화가 불가피한 것이었기 때문이다.

대영 제국의 해체는 전 아시아 대륙에 영향을 미쳤다. 특히 서아시아로부터의 영국의 철수는 이스라엘의 건국문제와 맞물려 최악으로 복잡한 상황을 만들어냈다. 이 일은 두고두고 화근이 되었다. 지금도 이 지역은 이 문제로 골머리를 썩고 있으니 말이다. 미국이 영국에 탈식민지화를 강력하게 종용하고 있는 상황에서 영국은 이에 대한 책임을 대부분 떠안아야 했다. 케말 아타튀르크의 결단으로 정교분리를 단행한 터키만이 이런 해묵은 분쟁에서 자유로울 수 있었다. 전통적으로 믿어 온 종교의 차이는 시리아·이라크·이란 등 중동 각국의 내부 분쟁 및 국가 간 갈등을 초래했다. 반이스라엘정책은 이 나라들이 거의 유일하게 공유하고 있는 국정운영 방향이다.

1947년에 이뤄진 인도와 파키스탄의 독립과정은 폭력과 공포로 점철되어 있었다. 간디가 자신의 삶을 바쳐 막아보려 했던 바로 그 폭력 말이다. 방글라데시가 1971년 12월 16월에 자주국으로서 인민공화국을 선언한 것은 인도 아대륙에서 본질적으로 해결이 불가능한 타 문화에 대한 적대감의 반영이었다. 여러 종교가 상생할 수 있었던 악바르 대제 시절은 먼 과거의 일이었다. 하지만 과거 무굴 왕조의 영화를 일구었던 경제체제의 흔적은 여전히 인도 경제에 남아 있다. 종전 이후 새롭게 마련한 재원의 그릇된 분배가 엄청난 양극화를 초래했음에도 불구하고 인도는 현대에 들어와 경제 강국으로 부상했다. 1948년 포르투갈인이 처음 인도에 발을 들인 이후로 계속되고 있는 인도 상업에 대한 유럽인의 지대한 관심의 영향이 크다.

동인도 제도와 인도차이나에서 참담한 결과를 초래한 네덜란드, 프랑스와는 대조적으로 영국은 동남아시아 시민국의 탈식민지화를 성공적으로 추진했다. 미얀마·말레이시아가 별 잡음 없이 독립했으며, 싱가포르에서는 상황이 더 좋았다. 하지만 미국이 열을 내면서 조성한 냉전무드 때문에 상황이 복잡해졌다. 미국은 베트남전의 참패에서 신식민주의의 맹주 역할이 끝났다는 사실을 받아들일 때까지 이 기조를 이어갔다.

동아시아 여기저기서 전쟁이 발발했고, 한국 전쟁을 거치면서 중국 인민공화국은 고립된 반면 일본은 예상치 못한 경제성장을 이룩했다. 일본의 수상이었던 요시다 시게루吉田茂의 표현처럼 일본인에게는 '신의 선물'이었던 한국 전쟁이 치러진 1950년대 초반에 미국은 일본에서 군수품을 조달했다. 일본에 갑작스레 수십 억 달러가 쏟아져 들어왔고, 일본은 다시 한 번 아시아를 지배할 절호의 기회를 갖게 된다. 물론 이번에는 총이 아니라 돈을 앞세운 전쟁만 치를 수 있었지만 말이다.

덩샤오핑 정권 하에서 혁명의 위업을 달성하느라 온갖 고초를 겪은 중국인은 중국의 경제체제를 통제관리체제에서 자유시장 경제체제로 변모시켰다. 이런 변화는 오랜 세월 아시아 경제의 맹주 자리를 차지하고 있던 일본을 위협했다. 이후로 중국은 두 눈을 믿기 어려울 정도로 엄청난 발전을 이루었다. 막대한 국제수지 흑자를 기록한 중국은 미국에도 영향력을 행사할 수 있을 정도의 재무 지렛대를 손에 넣었다. 하지만 이런 급성장에는 언제나 그렇듯 엄청난 대가가 따른다. 인플레이션·불균형한 성장·부패·범죄 등의 문제가 향후 수십 년간 중국을 괴롭힐지도 모른다. 덩샤오핑이 근대화를 지지하자 이 선택이 젊은 세대에 끼칠 영향을 우려한 원로 공산주의자들의 언급은 아직 중국인의 뇌리에서 지워지지 않았다. 그들은 중국의 젊은 세대가 사회적 문제에는 일절 관심이 없고, 개인사에만 사로잡혀 있는 사람으로 성장할 수 있다는 경고를 했다.

그럼에도 불구하고 아시아를 비롯한 세계 전체의 정세에 엄청난 영향을 미치는 것은 강대국이다. 떠오르는 신예는 바로 인도네시아 공화국이다. 네덜란드령 동인도 제도가 식민주의의 후미에 불과하다고 폄하한 탓에 홀대받던 아름다운 군도 말이다. 이슬람교도가 국민의 대다수를 이루는 이 군도는 14,000개에 달하는 섬들로 이루어져 있다.

또한 이 땅에는 300종이 넘는 인종이 거주하고 있으며, 이는 서뉴기니 (인도네시아에서는 서이리안이라고 부른다) 섬에 거주하고 있는 이들을 제외한 수치이다. 그리고 이들이 사용하는 언어는 250종이 넘는다. 이 때문에 수카르노 대통령이 독립을 하자마자 인도네시아의 국어인 인도네시아어를 가르치는 학교부터 세우자고 주장한 것이다. 인도네시아어는 수마트라 섬 중심지역에서 사용되는 말레이어를 기초로, 다른 언어들 특히 자바어의 요소들이 일정 부분 추가된 언어이다. 수카르노의 아버지는 발리 섬에서 일하다 현지 여자와 결혼한 네덜란드인에게 자바어를 가르치는 선생님이었다. 어린 시절부터 언어들의 차이점을 인지할 수 있는 환경에서 자란 것이다.

논란의 여지가 있긴 하지만 인도네시아 공화국은 식민주의의 산물이다. 식민세력이 등장하기 전에는 이 광범위한 지역을 다스리는 통일왕국이 존재하지 않았다. 그럼에도 불구하고 20세기 초 네덜란드에 대항하여 독립투쟁을 벌인 민족주의자들이 한결같이 원한 것은 독립된 단일 인도네시아였다. 그들이 소기의 목적을 이룬 후 이 군도는 막강한 세력이 되었으며, 풍부한 원유자원과 천연가스가 뒤를 받쳐준 덕에 빠른 시간 내에 주요 경제국으로 부상할 수 있었다. 하지만 인도네시아에는 지리적 형태에 따른 근본적인 약점이 있다. 자바 섬 북서안에 위치한 수도 자카르타로부터 멀리 떨어진 섬에 사는 사람들은 동떨어져 있을 뿐만 아니라 정치적으로도 소외된 것 같은 느낌을 받는 문제 말이다.

지금 가장 빠른 속도로 성장하고 있는 중국·인도·인도네시아, 그리고 굳이 하나 더 꼽자면 터키는 다시 세계의 중심으로 진입하고 있는 아시아에서도 선두를 달리게 될 것이다. 우리가 살아가고 있는 동시대에서 가장 의미심장한 역사적 변화이기도 하다. 이런 사건들이 앞으로 일어나게 될 것이라는 방향성에 대한 이해가 있는 이라면 마땅히 아시아 각국의 제각기 다른 관점을 이해할 필요가 있다. 세계의 중심으로 몰려드는 아시아의 잠룡들에 맞서 세계가 할 수 있는 것이라고는, 이들의 기호와 기대에 부응하는 것뿐이다. 세계화 시대에 그 어떤 대륙도 독불장군처럼 행동하면서 살아남을 수는 없다. 우리의 미래는 서로 거미줄처럼 얽혀 있기 때문이다.

•부록•

더 읽을 책
Photo Credits
용어설명
사항색인
인명색인

더 읽을 책

1장: 고대 서아시아 Ancient West Asia

Bottéro, J., *Religion in Ancient Mesopotamia*, translated by T. L. Fagan, Chicago, 2001.

Boyce, M., *Zoroastrianism. In Antiquity and Constant Vigour*, Costa Mesa, California, 1992.

Briant, P., *From Cyrus to Alexander, A History of the Persian Empire*, translated by P. T. Daniels, Winona Lake, Indiana, 2002.

Burkert, W., *Babylon, Memphis, Persepolis. Eastern Contexts of Greek Culture*, Cambridge, Massachusetts, 2004.

Cotterell, A. (ed.), *The Penguin Encyclopaedia of Ancient Civilizations*, London, 1988.

Dalley, S., *Myths from Mesopotamia. Creation, The Flood, Gilgamesh and Others*, Oxford, 1989.

Hammond, N. G. L., *Alexander the Great. King, Commander and Statesman*, London, 1981.

Kramer, S. N., *History Begins at Sumer*, London, 1958. Oates, J. *Babylon*, London, 1979.

Ringgren, H., *Israelite Religion*, translated by D. Green, London, 1966.

Sherwin-White, S. and Kuhrt, A., *From Samarkhand to Sardis. A New Approach to the Seleucid Empire*, London, 1993.

Soden, W. von, *The Ancient Orient. An Introduction to the Study of the Ancient Near East*, translated by D. G. Schley, Grand Rapids, Michigan, 1994.

2장: 고대 남아시아 Ancient South Asia

Allchin, B. and R., *The Rise of Civilization in India and Pakistan*, Cambridge, 1982.

Brockington, J. L., *The Sacred Thread. Hinduism in its Continuity and Diversity*, Edinburgh, 1981.

Bronkhorst, J., *Greater Magadha. Studies in the Culture of Early India*, Leiden, 2007.

Buitenen, J. A. B. van, *The Mahabharata*, Chicago, 1973 onwards.
DeCaroli, R., *Haunting the Buddha. Indian Popular Religions and the Formation of Buddhism*, Oxford, 2004.
Ling, T., *The Buddha*, London, 1973.
O'Flaherty, W. D., *Rig Veda*, Harmondsworth, 1981.
Thapar, R., *Early India. From the Origins to AD 1300*, London, 2002.
Westerhoff, J., *Nagarjuna's Madhyamaka. A Philosophical Introduction*, Oxford, 2009.
Wheeler, Sir Mortimer, *The Indus Civilisation*, Cambridge, 1953.
Williams, P., *Buddhist Thought. A Complete Introduction to the Indian Tradition*, London, 2000.
Zimmer, H., *Philosophies of India*, edited by J. Campbell, Princeton, 1951.

3장: 고대 동아시아 Ancient East Asia
Bielenstein, H., *The Bureaucracy of Han Times*, Cambridge, 1980.
Bynner, W., *The Way of Life According to Lao Tzu*, New York, 1944.
Chang, Kwang-Chih, *Shang Civilization*, New Haven, 1980.
Cotterell, A., *The First Emperor of China*, London, 1981.
Ho, Ping-ti, *The Cradle of the East. An Inquiry into the Indigenous Origins of Techniques and Ideas of Neolithic and Early Historic China, 5000–1000 BC*, Hong Kong, 1975.
Ivanoe, P. J., *Confucian Moral Self Cultivation*, Indianapolis, 2000.
Lewis, M. E., *The Early Chinese Empires. Qin and Han*, Cambridge, Massachusetts, 2007.
Rubin, V. A., *Individual and State in Ancient China. Essays on Four Chinese Philosophers*, translated by S. I. Levine, New York, 1976.
Smith, D. H., *Confucius*, London, 1973.
Watson, B., *The Tso Chuan. Selections from China's Oldest Narrative History*, New York, 1989.
——, *The Analects of Confucius*, New York, 2007.
Yu, Ying-shih, *Trade and Expansion in Han China. A Study in the Structure of Sino-Barbarian Economic Relations*, Berkeley, 1967.

4장: 고대 중앙아시아 Ancient Central Asia
Barfield, T. J., *The Perilous Frontier. Nomadic Empires and China, 221 BC to AD 1757*,

Oxford, 1989.

Beckwith, C. I., *Empires of the Silk Road. A History of Central Eurasia from the Bronze Age to the Present*, Princeton, 2009.

Cosmo Di, N., *Ancient China and Its Enemies. The Rise of Nomadic Power in East Asian History*, Cambridge, 2002.

Cotterell, A., *Chariot. The Astounding Rise and Fall of the World's First War Machine*, London, 2004.

Frye, R. N., *The Heritage of Central Asia. From Antiquity to the Turkish Expansion*, Princeton, 1966.

Hildinger, E., *Warriors of the Steppe. A Military History of Central Asia, 500 BC to 1700 AD*, Cambridge, Massachusetts, 1997.

Kelly, C., *Attila the Hun. Barbarian Terror and the Fall of the Roman Empire*, London, 2008.

Lewis, M. E., *China Between Empires. The Northern and the Southern Dynasties*, Cambridge, Massachusetts, 1990.

Mallory, J. P. and Nair, V. H., *The Tarim Mummies. Ancient China and the Mystery of the Earliest Peoples from the West*, London, 2000.

Sinor, D. (ed.), *The Cambridge History of Early Inner Asia*, Cambridge, 1990.

Tarn, W., *The Greeks in Bactria and India*, Cambridge, 1951.

5장: 중세 서아시아 Medieval West Asia

Abulafia, D., *Frederick II. A Medieval Emperor*, London, 1988.

Axworthy, M., *Empire of the Mind. A History of Iran*, London, 2007.

Bennison, A. K., *The Great Caliphs. The Golden Age of the Abbasid Empire*, London, 2009.

Cook, M., *Muhammad*, Oxford, 1996.

Ferrier, R. W., *A Journey to Persia. Jean Chardin's Portrait of a Seventeenth Century Empire*, London, 1996.

Findley, C. V., *The Turks in World History*, Oxford, 2005.

Hillenbrand, C., *Turkish Myth and Muslim Symbol. The Battle of Manzikert*, Edinburgh, 2007.

Imber, C., *The Ottoman Empire*, Basingstoke, 2002.

Kaegi, W. E., *Byzantium and the Early Islamic Conquests*, Cambridge, 1992.

Kennedy, H., *The Prophet and the Age of the Caliphates*, Harlow, 1986.

———, *The Court of the Caliphs. The Rise and Fall of Islam's Greatest Dynasty*, London, 2004.

Khatibi, A. and Sijelmassi, M., *The Splendour of Islamic Calligraphy*, London, 1996.

Mohring, H., *Saladin. The Sultan and His Times, 1138–1193*, translated by D. S. Bachrach, Baltimore, 2008.

Runciman, S., *The Fall of Constantinople, 1453*, Cambridge, 1965.

Tyerman, C., *Fighting for Christendom. Holy War and the Crusades*, Oxford, 2004.

6장 중세 남아시아 Chapter 6: Medieval South Asia

Basham, A. L. (ed.), *A Cultural History of India*, Oxford, 1975.

Chandhuri, K. N., *Trade and Civilization in the Indian Ocean. An Economic History from the Rise of Islam to 1750*, Cambridge, 1985.

Cooper, R. G. S., *The Anglo-Maratha Campaign and the Contest for India. The Struggle for Control of the South Asia Military Economy*, Cambridge, 2003.

Cotterell, A., *Western Power in Asia. Its Slow Rise and Swift Fall, 1415–1999*, Singapore, 2010.

Khan, I. A., *Gunpowder and Firearms. Warfare in Medieval India*, New Delhi, 2004.

Lawson, P., *The East India Company. A History*, London, 1993.

Malik, J., *Islam in South Asia. A Short History*, Leiden, 2008.

Moon, Sir Penderel, *The British Conquest and Dominion of India*, London, 1990.

Mukhia, H., *The Mughals of India*, Oxford, 2004.

Nicoll, F., *Shah Jahan. The Rise and Fall of the Mughal Emperor*, London, 2009.

Pearson, M. N., *The New Cambridge History of India, Volume 1.1, The Portuguese in India*, Cambridge, 1987.

Peebles, P., *The History of Sri Lanka*, Westport, 2006.

Richards, J. F., *The New Cambridge History of India, Volume 1.5, The Mughal Empire*, Cambridge, 1993.

Shelat, J. M., *Akbar*, Bombay, 1965.

Stein, B., *A History of India*, Oxford, 1998.

———, *The New Cambridge History of India, Volume 1.2, Vijayanagara*, Cambridge, 1989.

7장: 중세 동아시아 Medieval East Asia

Berry, M. E., *Hideyoshi*, Cambridge, Massachusetts, 1989.

Ch'en, K. K. S., *The Chinese Transformation of Buddhism*, Princeton, 1973.

Cotterell, A., *The Imperial Capitals of China. An Inside View of the Celestial Empire*, London, 2007.

Dreyer, E. L., *Zheng He. China and the Oceans in the Early Ming Dynasty, 1405–1433*, New York, 2007.

Fitzgerald, C. P., *The Empress Wu*, Melbourne, 1955.

Kitagawa, J. M., *Religion in Japanese Society*, New York, 1966.

Kuhn, D., *The Age of Confucian Rule. The Song Transformation of China*, Cambridge, Massachusetts, 2009.

Lee, Ki-baik, *A New History of Korea*, Cambridge, Massachusetts, 1984.

Lewis, M. E., *China's Cosmopolitan Empire. The Tang Dynasty*, Cambridge, Massachusetts, 2009.

Mote, F. W., *Imperial China 900–1800*, Cambridge, Massachusetts, 1999.

Needham, J., *The Grand Titration. Science and Society in East and West*, London, 1969.

Sampson, Sir George, *A History of Japan 1334–1615*, London, 1978.

Souryi, P. F., *The World Turned Upside Down. Medieval Japanese Society*, New York, 2001.

Wechsler, H. J., *Mirror to the Son of Heaven. Wei Cheng at the Court of T'ang T'ai-tsung*, New Haven, 1974.

8장: 중세 중앙아시아 Medieval Central Asia

Allsen, T. T., *Culture and Conquest in Mongol Eurasia*, Cambridge, 2001.

Beckwith, C. I., *The Tibetan Empire in Central Asia. A History of the Struggle for Great Power Among Tibetans, Turks, Arabs and Chinese during the Early Middle Ages*, Princeton, 1987.

Biran, M., *The Empire of the Qara Khitai in Eurasian History. Between China and the Islamic World*, Cambridge, 2005.

Brown, T., *The Troubled Empire. China in the Yuan and Ming Dynasties*, Cambridge, Massachusetts, 2010.

Cosmo Di, N., *Warfare in Inner Asia (500–1800)*, Leiden, 2002.

Crossley, P. K., *The Manchus*, Oxford, 1997.

Kapstein, M. T., *The Tibetans*, Oxford, 2006.
Marozzi, T., *Tamerlane. Sword of Islam, Conqueror of the World*, London, 2004.
Ratchnevsky, P., *Genghiz Khan. His Life and Legacy*, Oxford, 1991.
Rossabi, M., *Kubilai Khan. His Life and Times*, Berkeley, 1988.
Shaumian, T., *Tibet. The Great Game and Tsarist Russia*, New Delhi, 2000.
Waley, A., *The Secret History of the Mongols*, London, 1963.

9장: 중세 동남아시아 Medieval Southeast Asia
Coe, M. D., *Angkor and Khmer Civilization*, London, 2003.
Coedès, G., *The Making of South East Asia*, translated by H. M. Wright, Berkeley, 1966.
Higham, C., *The Civilization of Angkor*, London, 2001.
Lockard, C. A., *Southeast Asia in World History*, Oxford, 2009.
Reid, A., *Southeast Asia in the Age of Commerce 1450–1680, Volume 1, The Land Below the Winds*, New Haven, 1988.
———, *Southeast Asia in the Age of Commerce 1450–1680, Volume 2, Expansion and Crisis*, New Haven, 1993.
Rinkes, D. A., *Nine Saints of Java*, translated by H. M. Frozer, Kuala Lumpur, 1996.
Strachan, P., *Pagan. Art and Architecture of Old Burma*, Oxford, 1989.
Taylor, K. W., *The Birth of Vietnam*, Berkeley, 1983.
Wyatt, D. K., *Thailand. A Short History*, New Haven, 1982.

10장: 현대 서아시아 Modern West Asia
Dawisha, A., *Iraq. A Political History from Independence to Occupation*, Princeton, 2009.
Gans, C., *A Just Zionism. On the Morality of the Jewish State*, Oxford, 2008.
Gilbert, M., *Israel. A History*, London, 1998.
Hanioglu, M. S., *Preparation for Revolution. The Young Turks, 1902–1908*, Oxford, 2001.
Hulsman, J. C., *To Begin The World Again. Lawrence of Arabia from Damascus to Baghdad*, New York, 2009.
Keddie, J. C., *Modern Iran. Roots and Results of Revolution*, New Haven, 2006.
Lawson, F. H. (ed.), *Demystifying Syria*, London, 2002.
Mango, A., *Atatürk*, London, 1999.
Menoret, P., *The Saudi Enigma. A History*, translated by P. Camiller, London, 2003.

Meyer, K. E. and Brysac, S. B., *Kingmakers. The Invention of the Modern Middle East*, New York, 2008.

Robbins, P., *A History of Jordan*, Cambridge, 2004.

Shlaim, A., *The Politics of Partition. King Abdullah, the Zionists, and Palestine 1921–1951*, Oxford, 1988.

11장: 현대 남아시아 Modern South Asia

Adams, J., *Gandhi. Naked Ambition*, London, 2010.

Barua, P. P., *The State at War in South Asia*, Lincoln, Nebraska, 2005.

Bayly, C. R., *The Raj: India and the British 1600–1947*, London, 1990.

Bose, S., *A Hundred Horizons. The Indian Ocean in the Age of Global Empire*, Cambridge, Massachusetts, 2006.

Dalrymple, W., *The Last Mughal. The Fall of a Dynasty, Delhi, 1857*, London, 2006.

Gandhi, M. K., *An Autobiography: The Story of My Experiences with Truth*, Boston, 1957.

Gilmour, D., *Curzon*, London, 1994.

Hardy, P., *The Muslims of British India*, Cambridge, 1972.

Harris, K., *Attlee*, London, 1982.

Richards, D. S., *Cawnpore and Lucknow. A Tale of Two Sieges—Indian Mutiny*, Barnsley, 2007.

Saul, D., *The Indian Mutiny*, London, 2006.

Singh, J., *Jinnah: India, Partition, Independence*, Karachi, 2010.

Voight, J. H., *India in the Second World War*, New Delhi, 1987.

Zaheer, H., *The Separation of East Pakistan: The Rise and Realization of Bengali Muslim Nationalism*, New York, 1994.

12장: 현대 동아시아 Modern East Asia

Bergère, M.-C., *Sun Yat-sen*, translated by J. Lloyd, Stanford, 1998.

Bodde, D., *Peking Diary. A Year of Revolution*, London, 1951.

Boyle, J. H., *China and Japan at War 1937–1945. The Politics of Collabora- tion*, Stanford, 1972.

Chae-Jin Lee, *Zhou Enlai. The Early Years*, Stanford, 1994.

Ch'en, J., *Mao and the Chinese Revolution*, Oxford, 1965.

Gelber, H. G., *Opium, Soldiers and Evangelicals. England's 1840–1842 War with China, and its Aftermath*, Basingstoke, 2004.

Hastings, M., *The Korean War*, London, 1987.

Jones, F. C., *Japan's New Order in Asia: Its Rise and Fall*, Oxford, 1954.

Keene, D., *Emperor of Japan. Meiji and His World, 1852–1912*, New York, 2002.

MacFarquhar, R. and Schoenhals, M., *Mao's Last Revolution*, Cambridge, Massachusetts, 2006.

Màdaro, A., *The Boxer Rebellion*, translated by E. Tomlin, Treviso, 2001.

Murfelt, M. H., *Britain, China and the Amethyst Crisis of 1949*, Annapolis, 1991.

Pu Yi, *The Last Manchu. The Autobiography of Henry Pu Yi, Last Emperor of China*, translated by P. Kramer, London, 1967.

Waley, A., *The Opium War Through Chinese Eyes*, London, 1958.

13장: 현대 중앙아시아 Modern Central Asia

Hopkirk, P., *Trespassers on the Roof of the World: The Race for Lhasa*, London, 1983.

——, *The Great Game: On Secret Service in High Asia*, London, 1990.

Khodarkovsky, M., *Russia's Steppe Frontier. The Making of a Colonial Empire, 1500–1800*, Bloomington, 2002.

Lattimore, O., *Studies in Frontier History: Collected Essays 1928–1958*, London, 1962.

Mehra, P., *The Younghusband Expedition*, London, 1968.

Meyer, K. and Brysac, S., *Tournament of Shadows. The Great Game and the Race for Empire in Asia*, Boston, 1999.

Perdue, P. C., *China Marches West. The Qing Conquest of Central Eurasia*, Cambridge, 2005.

Rowe, W. T., *China's Last Empire. The Great Qing*, Cambridge, Massachusetts, 2009.

Soucek, S., *A History of Inner Asia*, Cambridge, 2000.

Stephan, J. J., *The Russian Far East. A History*, Stanford, 1994.

Vogelsang, W., *The Afghans*, Oxford, 2008.

14장: 현대 동남아시아 Modern Southeast Asia

Aldrich, R., *Greater France. A History of French Overseas Expansion*, Basingstoke, 1996.

Allen, L., *Singapore 1941–1942*, London, 1977.

Ang Cheng Guan, *The Vietnam War from the Other Side. The Vietnamese Communists'*

Perspective, London, 2002.

Bayly, C. R. and Harper T., *Forgotten Wars. The End of Britain's Asian Empire*, London, 2007.

Bizot, F., *The Gate*, translated by E. Cameron, London, 2003.

Black, I., A *Gambling Style of Government: The Establishment of Chartered Company Rule in Sabah, 1878–1915*, Kuala Lumpur, 1971.

Bonner, R., *Waltzing with a Dictator. The Marcoses and the Making of American Policy*, London, 1987.

Brands, H. W., *Bound to Empire. The United States and the Philippines*, Oxford, 1991.

Brocheux, P., *Ho Chi Minh. A Biography*, translated by C. Duiker, Cambridge, 2007.

Butcher, J. G., *The British in Malaya 1880–1941. The Social History of a European Community in Colonial South-East Asia*, New York, 1992.

Chandler, D. P., *Brother Number One. A Political Biography of Pol Pot*, Boulder, Colorado, 1999. Collis, M., *Raffles*, London, 1966.

Frederick, W. H., *Visions and Heat. The Making of the Indonesian Revolution*, Athens, Ohio, 1989.

Gottesman, E., *Cambodia After the Khmer Rouge. Inside the Politics of Nation Building*, New Haven, 2002.

Issacs, A. R., *Without Honour. Defeat in Cambodia and Vietnam*, Baltimore, 1983.

Marr, D. G., *Vietnam, 1945. The Quest for Power*, Berkeley, 1995.

Milner, A., *The Malays*, Oxford, 2008.

Myint-U, Thant, *The Making of Modern Burma*, Cambridge, 2001.

Reece, B., *The White Rajahs of Sarawak. A Borneo Dynasty*, Singapore, 2004.

Regnier, P., *Singapore. City-State in South-East Asia*, translated by C. Hurst, London, 1987

Ricklefs, M. C., *A History of Modern Indonesia*, Basingstoke, 1981.

Simpson, H. R., *Dien Bien Phu. The Epic Battle America Forgot*, Washington, 1974.

Tarling, N., *Imperialism in Southeast Asia. A Fleeting, Passing Phase*, London, 2007.

Vickers, A., *A History of Modern Indonesia*, Cambridge, 2005.

Wain, B., *Malaysian Maverick. Mahathir Mohamad in Turbulent Times*, Basingstoke, 2010.

Photo Credits
••• 출처

임페리얼 이미지스 사와, 이 책의 삽화를 그려주신 레이 더닝에게 감사를 표한다.

1-2   우르에서 발굴된 지구라트(층계 사원) 유적. ••• 게티 이미지 34

2-9   붓다가 깨달음을 얻은 곳으로 알려진 마하보디 사원. ••• 게티 이미지 125
2-17 인도 중앙의 아잔타에 위치한 불교석굴의 입구. ••• 코르비스 145

3-10 베이징 북쪽지역의 만리장성. ••• 아서 코터렐 183
3-12 리산에 있는 진시황 왕릉 고분. ••• 아서 코터렐 187

4-3   산에서 흘러 내려오는 물이 강과 하천을 이룬다. ••• 아서 코터렐 218
4-6   중앙아시아에는 사막이 많아 다양한 동물들을 이용할 필요가 있었다. ••• 아서 코터렐 225
4-9   몽골 초원지역의 석양. ••• 아서 코터렐 235
4-10 만리장성 서쪽 끝에 있는 요새. 흙다짐 공법의 건축양식. ••• 아서 코터렐 235
4-15 중국 북서부 간쑤성 린샤에 위치한 병령사炳灵寺의 석조상. ••• 레이 더닝 248
4-17 거대한 둔황 석굴암 일부. 만리장성 서단 부근. ••• 레이 더닝 250

5-5   예루살렘, 바위사원. ••• AFP 284
5-19 이스탄불에 있는 술레이만 대제의 모스크. ••• 레이 더닝 313
5-20 부르사에 있는 술탄 오르한 1세의 묘. ••• 레이 더닝 314
5-22 이스탄불에 있는 동로마 제국의 성 사르키스 대성당과 바코스 성당. ••• 아서 코터렐 320
5-23 하기아 소피아 성당, 이전엔 신지 교회였다. ••• 레이 더닝 320

6-4   1199년경 고르 왕국이 설립한 델리에 있는 쿠트브 미나르. ••• 레이 더닝 332
6-5   카주라호에 있는 사원. ••• 아서 코터렐 334
6-8   팔라바 왕조의 수도 칸치푸람에 위치한 카일라사나타 사원. ••• 아서 코터렐 340

6-9	폴로나루와의 갈비하라 사원 불상. ••• 레이 더닝 343	
6-10	파테푸르 시크리에 있는 인도 이슬람 장식. ••• 레이 더닝 349	
6-11	파테푸르 시크리에 있는 기념건축물들. ••• 레이 더닝 349	
6-14	뭄타즈 마할을 위해 샤 자한이 건축한 타지마할. ••• 레이 더닝 356	
6-15	샤 자한 황제가 수감되어 있던 아그라 요새에서 바라본 타지마할. ••• 아서 코터렐 358	
7-3	현장법사는 당나라의 고종을 설득하여 이 탑을 세웠다. ••• 아서 코터렐 384	
7-4	실크로드의 사찰에 있는 현장법사의 무덤. ••• 아서 코터렐 384	
7-6	인촨銀川에 있는 서하西夏 왕릉. 칭기즈 칸이 도굴했다. ••• 아서 코터렐 393	
7-13	일본의 두 번째 수도였던 교토에 위치한 난젠지南禪寺 입구. ••• 게티 이미지 412	
7-17	명나라 황릉으로 이어지는 도로에 줄지어 서 있는 기념 조각상. ••• 아서 코터렐 426	
7-20	베이징에 위치한 자금성의 황제 전용 내전의 일부. ••• 아서 코터렐 431	
7-21	자금성 내부로 이어지는 출입구. ••• 아서 코터렐 432	
8-4	키르기스스탄에서 발굴된 투르크식 묘비. 6세기 것으로 추정된다. ••• 레이 더닝 439	
8-14	이스마엘 사마니 무덤. 890년대에 축조되었으며 부하라에 있다. ••• 레이 더닝 468	
8-15	사마르칸트의 천문대 유적. ••• 레이 더닝 470	
8-16	구르 아미르. 사마르칸트에 있는 티무르의 묘. ••• 레이 더닝 471	
8-17	자금성의 내부. 청나라는 이 명대의 궁성을 그대로 보존했다. ••• 아서 코터렐 474	
8-18	자금성의 지붕. ••• 아서 코터렐 474	
8-21	손아귀에 '지혜의 구슬'을 쥐고 있는 용상. ••• 레이 더닝 479	
9-1	하노이 문묘文廟 반 미우. ••• 게티 이미지 483	
9-4	수리야바르만 2세가 조성한 앙코르와트. ••• 레이 더닝 492	
9-6	크메르 제국의 건축물에서 흔히 발견되는 인도풍 장식. ••• 레이 더닝 495	
9-7	크메르 건축 장식의 다른 예. 앙코르 반테아이스레이의 모습. ••• 레이 더닝 497	
9-10	아난다 사원. ••• 게티 이미지 503	
9-13	자바 섬에 있는 거대한 보로부두르 불교유적의 사리탑 일부. ••• 싱크스톡 510	
9-22	방콕의 와트 포 사원에 있는 거대 붓다상. ••• 레이 더닝 536	
9-24	방콕의 왕실건축물. 크메르 문화의 영향이 확실히 드러나는 양식이다. ••• 레이 더닝 538	
10-2	이스탄불의 토프카프 궁전 내부 술탄의 하렘. ••• 아서 코터렐 549	
10-4	1917년 열병식. 뒤편에 토머스 로렌스가 아랍 복장으로 서 있다. ••• 게티 이미지 559	

10-5	프랑스로 망명했던 아야톨라 루홀라 호메이니의 귀환, 1979년. ••• AFP 575
10-6	1971년 10월 페르세폴리스에서 열린 호사스러운 열병식. ••• 게티 이미지 576
10-7	2차 걸프전이 한창이던 2003년 발사된 미국 미사일. ••• 게티 이미지 577
10-8	1923년 아내, 친구와 함께한 '터키의 아버지' 무스타파 케말 아타튀르크. ••• AFP 583
11-5	무굴의 황제 바하두르 샤 2세는 세포이들을 대면했다. ••• 레이 더닝 599
11-6	델리에 있는 레드 포트. 무굴 왕조의 마지막 요새. ••• 레이 더닝 602
11-9	조지 커즌 경의 1902년 하이데라바드 방문. ••• 코르비스 612
11-10	1940년 그 어느 때보다도 굳은 결심을 한 후의 간디. ••• 게티 이미지 618
12-5	1923년의 쑨원. 뒤에 서 있는 이가 장제스이다. ••• AFP 651
12-6	상하이에서 일본군과 전투를 벌이고 있는 국민당 병력. ••• 게티 이미지 652
12-7	1941년 12월 7일, 진주만에서 침몰하고 있는 USS 애리조나호. ••• 게티 이미지 654
12-8	마오쩌둥은 1949년 10월 1일 중화인민공화국의 설립을 선포했다. ••• 게티 이미지 657
13-2	카슈가르의 두 가지 정경. ••• 레이 더닝 675
13-3	투루판에 있는 미나레트(첨탑). ••• 레이 더닝 677
13-4	부하라에 있는 회교사원의 미나레트. ••• 레이 더닝 683
13-7	일본 해에 있는 러시아 연해주 지방에 위치한 블라디보스토크 항구. ••• 게티 이미지 696
13-8	부하라의 아르크 요새. ••• 레이 더닝 699
14-3	사라와크에 있는 다야크족의 공동 가옥 '롱하우스'. ••• 아서 코터렐 714
14-6	프놈펜에 있는 왕궁의 일부. ••• 레이 더닝 720
14-9	1942년 2월 15일 싱가포르에서 일본군에 항복한 영국군. ••• 게티 이미지 727
14-10	1945년 8월 9일 나가사키 상공에서 폭발한 두 번째 원자폭탄. ••• 게티 이미지 730
14-11	싱가포르의 리콴유와 말레이시아의 툰쿠 압둘 라만. ••• AFP 736
14-12	수카르노 대통령이 국민집회를 열었다. ••• AFP 739
14-13	힌두교 신을 모시는 따만 아윤 사원. ••• 포토라이브러리 739
14-14	자바 섬 농촌의 전형적인 풍경. 논 주위로 농가가 들어서 있다. ••• 알라미Alamy 742
14-15	'호 아저씨' 호치민. 프랑스와 미국에 대항한 베트남 저항세력의 지도자. ••• 코르비스 746
14-16	1967년에 미군은 베트남에서의 패배를 앞두고 있었다. ••• 게티 이미지 748
14-17	1986년 마닐라에서 벌어진 대규모 반대시위. ••• 코르비스 755

용어설명

◆ 신화의 인물

길가메시Gilgamesh 수메르의 전설적인 왕. 길가메시 이야기에는 친구 엔키두와 함께한 삼나무 숲으로의 원정, 숲의 괴물인 훔바바 정벌, 여신 이슈타르의 유혹, 엔키두의 죽음, 영원한 생명을 구도하는 방랑, 우트나피슈팀과의 만남, 그가 말하는 대홍수 이야기 등이 기술되어 있다.

니누르타Ninurta 바빌로니아의 영웅신. 수렵과 전투의 신인데 병과 저주에서 인간을 구했다고 한다.

닌후르사그Ninhursag 수메르어 닌nin(귀부인)과 후르사그hursag(언덕)가 합쳐진 닌후르사그는 고대 메소포타미아의 풍요의 여신으로 땅의 여신이자 대모신이다. 반려자는 하늘의 신 엔릴이다.

데비Devi 힌두교에서 모시는 사랑·모성·죽음의 여신. 사티·파르바티·두루가·칼리가 모두 데비 여신의 이름이다.

두르가Durga 힌두 여신 가운데 가장 숭배받는 여신. 시바 신의 아내이기도 하지만, 함께 묘사되는 경우는 거의 없다. 남편보다 더 강한 힘을 가지고 있기 때문에 시바가 그녀를 피했다는 이야기가 있다.

두무지Dummuzi 수메르의 신으로 '충실한 자식'이라는 뜻이며, 아랍어 문헌에서는 탐무즈Tammuz, 『구약성경』에서는 담무스라는 이름으로 불린다. 두무지의 이름은 오늘날에도 동방 아랍에서 일곱째 달(7월)의 이름으로 남아 있다.

바루나Varuna 베다Veda 신 중 가장 오래된 신. 신들의 지배자요, 우주 질서의 수호자로서 모든 것을 꿰뚫어보아 옳고 그름을 심판하는 조물주이면서 도의신道義神이다.

브라마Brahma 우파니샤드 사상의 최고 원리 브라만을 신격화한 것으로 조물주라고 하며, 불교가 흥기한 무렵에는 세계의 주재신·창조신으로 인정되었다.

브리트라Vritra 인도 토속신앙에서 '가뭄'이라는 자연현상 자체를 신격화한 것이다. 『리그 베다』에 등장하는 손도 발도 없는 뱀 모양의 사악한 용으로, 하늘에서 흘러내리는 강물을 막아 가뭄을 일으켜서 땅 위의 인간을 괴롭혔다.

샤마슈Shamash 고대 메소포타미아의 태양신. 샤마슈는 태양이라는 뜻이며, 법과 정의를 주관한다. 함무라비 법전에서는 '하늘과 대지의 위대한 재판관'이라 불리고 있는데, 그로부터 법전이 함무라비에게 주어졌다고 한다.

시바Shiva 힌두의 최고신. 길상·상서라는 뜻을 지니는데, 불전 등에서는 대자재천大自在天으로 옮기고 있다. 그 기원은 일설에 인도 토착신앙 속에 있다고 하나, 문헌상으로는 『리그베다』에 나타나며 폭풍의 신 루드라의 호칭이라고 한다. 베다 말기에는 독립된 신격을 가졌고, 최고신 혹은 우주의 최고원리로 여겨지게 되었다. 그 성품은 광폭하여 전적으로 파괴와 관련되어 있다.

아그니Agni 인도 신화에 나오는 불의 신. 한역은 아기니阿耆尼. 산스크리트어의 아그니는 라틴어의 이그니스ignis(불)와 관계가 있다. 이란에서는 아타르라는 이름으로 숭배되었는데, 그 기원은 태고 때 아궁이의 불에 대한 신앙으로까지 거슬러 올라간다.

아다드Adad 바빌로니아와 아시리아의 판테온에 모셔진 위대한 기상신氣象神. 바람·폭풍·천둥·비 등을 관장하는 자연의 신으로, 태양신 샤마슈, 월신 등과 함께 널리 숭배되었다. 람만이라고도 한다.

아스타르테Astarte 서아시아와 소아시아 지역의 풍요의 신으로, 특히 팔레스타인인에게 숭배되었으며, 그 지역의 주신 엘El의 아내. 그 후에는 주신이 된 바알Baal의 여동생이자 아내가 되었다. 아스타르테 신전에서는 여신을 모시는 무녀와 남성들 간에 성교의식이 행해졌다. 이는 풍요의 의식인 동시에 왕의 권력을 유지하기 위한 신과의 결혼을 의미했다.

아트라하시스Atrahasis 아카드어로 기록된 아트라하시스 서사시의 주인공으로 대홍수 속에서 살아남아 인류와 지상의 동식물을 보존한 존재로 묘사된다. 아트라하시스는 아카드어로 '매우 똑똑하다'는 뜻.

아톤Aton 고대 이집트의 태양신. 아텐Aten이라고도 한다. 태양 원반으로부터 많은 광선이 방사되어 그 끝이 손 모양을 한 모습으로 표현되는데, 그것이 왕과 왕비에게 생명의 심볼을 바치는 모습으로도 표현된다.

아후라 마즈다Ahura Mazda 조로아스터교(마즈다교Mazdaism)의 주신, 절대선. 아후라는 주主를 의미하는 칭호이고 마즈다가 원래의 신 이름인데, 현자·지혜를 의미한다. 세계의 창조자로서 빛과 어둠을 만들어 때를 정하고, 질서의 아버지로서 태양과 별의 길을 만들었으며, 선의의 창조자이기도 하다.

에레슈키갈Ereshkigal 수메르의 여신. 죽음의 여왕으로 이난나의 언니. 풍요의 신 이슈타르와의 싸움에서 승리하여 이슈타르를 사로잡았다. 이슈타르가 지하세계에 붙잡혀 있는 동안 지상에서는 대혼란이 일어났다. 농작물은 결실을 맺지 못했고, 모든 생물은 번식할 수가 없었다. 이런 상황이 계속되자 천계의 신들은 에레슈키갈을 설득하여 이슈타르를 풀어주게 했다고 한다.

에아Ea 바빌로니아 신화의 수신水神. 아카드어로는 에아라 부르지만 수메르어로는 엔키라 부르며 '물의 주거'를 의미한다. 수메르인의 신이었으나 바빌로니아인에게 전해져서 천신 아누Anu, 대지의 신 엔릴과 함께 열성적으로 숭배되었다.

에우로페Europe 그리스 신화의 여신. 유럽 대륙과 위성 에우로파의 이름은 그녀에게서 따온 것이다. 에우로페가 황소의 모습으로 접근한 제우스의 등에 실려 크레타 섬까지 갔다. 그리하여 제우스와의 사이에 미노스, 라다만티스, 사르페돈을 낳았다.

엔릴Enlil 수메르 및 바빌로니아의 신. 닌후르사그(언덕의 귀부인)가 반려자이다. 수메르에서는 천신 아누와 수신水神 엔키(아카드어로 에아)에 버금가는 신으로, 하늘·바람·폭풍우 등을 지배하고 인간의 운명도 다스린다.

우투Utu 고대 수메르 신화의 태양신이자 정의의 신. 달의 신 난나와 위대한 부인 닌갈의 아들로 아카드어로는 샤마슈라 불린다. 매일 전차를 타고 동쪽에서 떠올라 서쪽 어둠 속으로 들어가며, 태양이 진 뒤에는 지하세계로 가서 망자의 운명을 결정하는 역할을 하고 휴식을 취한다. 또한 우투는 정의의 신으로 재판권을 행사한다.

이난나Inanna 수메르인의 신화에 등장하는 여신. 수메르 신화는 기원전 2300년경 수메르를 정복한 아카드인에게 계승되었으며, 후대에는 그리스 신화를 비롯한 유럽 지역의 신화에도 큰 영향을 끼쳤다. 수메르 신화에서 이난나는 금성의 신으로 등장하지만 이를 계승한 다른 민족의 신화에서는 이난나가 아닌 다른 이름으로 나온다. 예를 들면 아카드 신화에서는 이슈타르, 그리스 신화에서는 아프로디테로 등장한다.

이슈타르Ishtar 아카드 신화에 나오는 여신. 미와 연애를 주관하는 신으로, 전투의 여신이기도 하다. 서西셈족에서는 아슈타르테(아스타르테)라고 하여 여성 어미가 붙어 여신을 나타내고 있으나, 남南아랍에서는 아스타르라고 하여 남신으로 되어 있다.

인드라Indra 고대 인도의 무용신武勇神. 인다라因陀羅라고 음역된다. 이 신의 유서는 다른 신들보다 오래되어 소아시아·메소포타미아·이란에도 알려져 있다.『리그베다』에서도 전체의 약 1/4의 찬가가 그에게 바쳐지고 있으며, 원래 뇌정신雷霆神의 성격을 띠고 있었는데 점차 의인화되었다.

크리슈나Krishna 힌두교의 신. 비슈누의 화신 중 하나로, 라마 왕자와 함께 인도인의 사랑을 받은 영웅신. 크리슈나는 야다하족이 받드는 신 바가바트와 동일시된다. 나아가 태양신 비슈누의 화신으로, 비슈누교의 바간바타파의 최고신이 되었다.

파르바티Parvati 힌두교에서 시바의 아내로 받들고 있는 자비의 여신.

◆◆용어

가미카제kamikaze 1281년 몽골 함대를 초토화시킨, '신풍神風'이라고도 불리는 태풍의 이름. 2차 세계대전에서 연합군을 상대로 자살 폭탄 공격을 감행한 일본군 항공기 또는 조종사들을 가미카제라고 불렀다.

가지Ghazi 이슬람교도의 전사에게 주는 칭호.

구루guru 힌두교·시크교의 스승이나 지도자.

꾸와트알 이슬람 모스크 Quwwat-ul-Islam Mosque 꾸뜹 모스크 혹은 델리의 위대한 모스크로 알려진 인도 최초의 이슬람사원. 맘루크의 술탄 꾸뜹 우드딘 에이백이 델리를 정복한 후 1192년 건축하기 시작하여 4년의 기간이 걸려 세워졌다.

꿀뚜르스텔셀Cultuurstelsel 네덜란드인들이 인도네시아에 도입한 식민지 경작제도. 이 제도 하에서 인도네시아인 농부들은 수출품 경작에 강제 동원되었다.

난징 안전지대 Nanjing saftey zone 난징 대학살 당시 중국에서 근무하던 서양 사업가와 지식인들이 일본인의 무자비한 참살을 보다 못해 난징 대학 캠퍼스를 중심으로 난징 안전지대라는 구역을 만들어, 여기서는 일본군이 중국인을 죽이거나 잡아가지 못하게 했다. 200만 명이 넘는 중국인이 이곳에 대피했다.

니르바나nirvana '열반', 붓다가 사상 최초로 도달한 경지로 삶의 일체의 번뇌와 고뇌의 고리에서 자유로워진 상태를 말한다.

니자미 자디드 Nizam-i-Jedid 새로운 체제라는 뜻. 오스만투르크의 술탄 셀림 3세가 일으킨 서구식 근대화 개혁운동. 가장 먼저 개혁을 시작한 부문은 군사분야로서, 신식무기를 도입하고, 유럽식 군사훈련을 실시했다. 또한 세율을 낮추고, 행정제도와 외교방식을 서구화하는 등의 노력을 기울였다. 그러나 이러한 개혁정책은 종교지도자와 구식 군사집단인 예니체리의 강력한 반발을 샀고, 큰 실효를 거두지 못했다.

다스유스dasyus 인더스 계곡을 침입한 아리아인들이 무찌른 검은 피부색을 가진 민족을 일컫는 용어.

달라이 라마dalai lamas 14세기경부터 티베트의 종교적·세속적 지도자 역할을 해온 성직자. 달라이 라마는 몽골의 지도자였던 알탄 칸이 1577년 세 번째 달라이 라마에게 수여한 직위이다. 달라이는 '모든 지혜를 아우르는 자'란 뜻이다.

대동아공영권大東亞共榮圈, Greater East Asia Co-Prosperity Sphere '대동아'란 동아, 즉 동아시아에 동남아시아를 더한 지역을 가리키는 말이다. 1940년 7월 일본이 국책요강으로 '대동아 신질서 건설'을 내세우면서 처음 사용한 말이다. 2차 세계대전에 개입한 직후인 1941년 12월 10일에는 이 전쟁을 대동아 전쟁으로 부르기로 결정했고, 같은 달 12일에는 전쟁 목적이 '대동아 신질서 건설'에 있다고 주장했다.

도참사상圖讖思想 주나라 말기, 천하가 오래도록 혼란에 빠지게 되자, 사람들이 평화를 갈구하며 살길을 찾아 방황했다. 이 같은 민중의 욕구에 호응하여 일어난 것이 도참사상으로 음양오행설陰陽五行說, 천인감응설天人感應說, 부서설符瑞說, 풍수지리설風水地理說 등을 혼합하여 천변지이天變地異를 현묘하게 설명하고자 하는 것이다.

라마단Ramadan '더운 달'이라는 뜻으로 9월을 가리킨다. 신성한 달 9월 한 달 동안 매일 일출에서 일몰까지 의무적으로 단식한다. 이 전통은 이슬람교의 창시자 무함마드가 알라 신으로부터 코란의 계시를 받은 것을 기념하여 623년부터 시작되었다.

『라마야나 Ramayana』 '라마의 일대기'란 뜻. 기원전 2세기에서 3세기경, 인도의 전설상의 시인 발미키에 의해 쓰인 대서사시.『라마야나』에 의하면 발미키는 주인공 라마와 동시대인이다.

라시스rishis 힌두교의 신들마저 경이로워했다는 '현자'.

라자Raja 산스크리트어로 왕을 의미. 왕권이 강화된 후에는 왕의 칭호가 '마하라자'가 되었고 라자는 왕국 내 지방수장의 호칭이 되었다.

라자 데바raja deva '신왕神王'이라는 뜻. 동남아시아의 통치자들이 어느 정도로 신격화되어 떠받들어졌는지 정확히 밝혀진 바는 없으나, 왕을 신적인 존재로 봉양하는 풍습은 캄보디아와 인도네시아에 기원을 두고 있다.

루갈lugal 수메르의 왕을 일컫는 용어. 길가메시가 바로 전설적인 루갈이다.

『리그 베다 Rig Veda』 인도에서 가장 오래된 종교적 문헌으로, 브라만교의 근본경전인 4베다 중 첫째 문헌. 리그는 '찬가'라는 뜻이다. 기원전 1200~1000년에 성립했다.

마누 법전 Code of Manu 기원전 200년~기원후 200년경에 만들어졌다는 인도 고대의 백과전서적인 종교성전. 힌두교도가 지켜야 할 법(다르마)을 규정하고 있다. 마누는 인도 신화에 나오는 인류의 시조로 원래 '인간'이라는 뜻으로 영어의 맨man과 관계가 있다.

마니교Manichaeism 3세기 페르시아 제국에서 마니(210?~276년?)가 창시한 종교. 마니는 오늘날의 이라크 남부지역에서 태어났으며, 24세가 되던 해에 계시를 받아 대중들에게 설교를 시작했다. 마니교의 교의는 광명·선과 암흑·악의 이원론과 진리에 대한 영적인 지식을 통해 구원에 이른다는 영지주의를 근본으로 하고 있다.

마두라이 사원 Madurai temple 사원의 장대한 규모는 인도 최대를 자랑하며, 후기 드라비다 양식南型의 전형으로 알려졌다. 이 거대한 사원은 시바 신의 비妃인 미나크시를 모신 신전과, 시바를 모신 신전의 두 신전을 중심으로 한 이중사원으로 되어 있다.

마라타 동맹 Maratha Confederacy 18세기 초 인도에서 성립된 마라타족의 동맹체(일종의 독립국가). 인도 최대의 세력이 된 마라타 세력들 간의 연합체. 18세기에 쇠미해진 무굴을 대신해 영국 세력에 대항하는 대표적인 세력이 되었다. 그 뒤 영국의 인도 지배에서의 최대 난점으로서 영국을 괴롭혔으나 세 차례에 걸친 마라타 전쟁 끝에 영국에 병합되었다.

『마하바라타Mahabharata』 산스크리트어로 '바라타 왕조의 대서사시'라는 뜻으로, 인도의 2대 서사시 중 하나.

『몽골비사The Secret History of the Mongols』 혹은 『원조비사元朝秘史』. 성립연대는 1257년 이후이고, 저자는 알 수 없다. 북아시아 유목민족에 의해 편찬된 역사서로서는 가장 오래되었다. 몽골족과 칭기즈 칸의 선조에 대한 전승·계보, 칭기즈 칸의 생애와 오고타이 칸의 치세를 기록한 것으로, 몽골 제국의 성립시기 및 초기 역사에 대한 중요한 사료이다.

모로족Moros 필리핀 술루 제도, 팔라완 섬, 민다나오 섬 등에 분포하는 무슬림의 총칭. 현재 인구의 약 5~10%를 차지하는 250만 명이 있는 것으로 알려져 있다. 다른 소수민족도 있지만, 크게 10개의 모로족이 있으며, 대다수가 무슬림이다. 스페인 식민지 시대에 스페인인이 무슬림을 통칭해서 무어족Moors(이슬람교도라는 뜻)을 뜻하는 모로스라 불렀다.

무굴 제국Mughul empire(1526~1857) 16세기 전반에서 19세기 중엽까지 인도 지역을 통치한 이슬람 왕조.

몬터규-쳄스퍼드 개혁Montagu-Chelmsford Reforms 1919년 공포한 인도 통치법에 의한 정치적 개혁. 인도 담당 국무장관 E. S. 몬터규(1879~1924년)와 인도 총독 F. 쳄스퍼드(1868~1933년)가 1918년 의회에 보고서를 제출했고, 이에 의거해 이듬해에 새로운 통치법이 제정, 공포되었으며, 1921년에 실시되었다. 주요 내용은 극단적인 중앙집권제를 개정해 주정부에 어느 정도 권한을 위양하고, 입법기관에 직선제를 도입한 점이다.

문묘文廟 당唐나라 때 공자孔子가 문선왕文宣王으로 추대됨에 따라 문선왕묘라 부르다가 원元대 이후 문묘라 했다. 처음에는 그 출생지인 궐리闕里에 한정되었다. 당나라의 태종이 유교정치를 표방하면서 공자가 선성의 자리에 모셔지고 안회顔回가 선사로 배향되었으며, 송宋대에 주희朱熹가 의리와 명분에 입각한 정통의 확립을 강조함에 따라 문묘의 향사제도가 정비되었다.

문화대혁명文化大革命 1966~1976년까지 10년간 마오쩌둥에 의해 주도된 극좌 사회주의운동. 마오쩌둥에 의해 주도된 사회주의 계급투쟁을 강조하는 대중운동이었으며, 그 힘을 빌려 중국공산당 내부의 반대파들을 제거하기 위한 권력투쟁이었다.

『바가바드 기타Bhagavad-Gita』 산스크리트어로 '거룩한 자의 노래'란 뜻. 『베다』, 『우파니샤드』와 함께 힌두교 3대 경전. 약칭하여 『기타』라 한다. 『바가바드 기타』는 고대 인도의 대서사시 『마하바라타』의 한 부분이다.

바르나varna 4개의 계급으로 나눈 힌두교의 카스트 신분제도. 1계급은 브라만, 2계급은 크샤트리아, 3계급은 바이샤, 4계급은 수드라이다.

바이샤vaisyas 힌두교 카스트의 네 계급 중 세 번째 계급에 해당하는 농부 계층.

바트당Ba'ath Party 바트는 아랍어로 부흥 또는 재건을 뜻한다. 본래, 이 정당은 모든 아랍 국가를 하나의 나라로 통일하는 동시에 당시 아랍 지역을 지배하고 있던 서구 식민지배에 투쟁하기 위한 아랍 민족주의 및 세속주의운동이었다.

박티bhakti 신애信愛, 힌두교의 신에 대한 신자들의 헌신적 사랑을 의미한다. 종교적 민중운동인 박티 운동은 17세기 남부 인도에서 시작되었다.

반둥 회의Bandung Conference of Asian states 식민정책에 반대하는 아시아, 아프리카 지역 29개국이 참가한 국제회의. 인도네시아·스리랑카·버마·인도·파키스탄 다섯 나라의 발기로 1955년 4월 18일 인도네시아 반둥에서 개최되었다.

반티아이 스레이Banteay Srei 힌두 사원 라젠드라바르만 2세(944~968년 재위)가 앙코르톰에서 북동쪽으로 20km 정도 떨어진 곳에 세운 사원. 힌두 신화를 표현한 부조장식은 '앙코르의 보물'이라 부를 정도로 크메르 예술의 극치를 보여준다. 중앙 사당의 여신상은 '동양의 모나리자'라는 별칭이 붙었다.

발리 파키흐vali faqih 1979년 이란으로 귀환한 아야톨라 루홀라 호메이니가 맡은 직책. 이맘의 부재 시 대신 국정을 관장하는 종교지도자의 직위이다.

법가法家 춘추전국 시대에 부국강병과 왕권의 강화를 위해 유가의 예치가 아닌 신상필벌의 원칙에 입각한 엄정한 법치를 주장한 제자백가의 한 조류로 진나라의 중국 통일에 기여한 사상. 그 대표적 이론가들로는 상앙·신불해·이사·한비자 등이 있다.

법륭사法隆寺 일본 나라현에 있는 48개의 불교 기념물로 목조 건축물의 대표작. 법륭사의 목조 기념물은 같은 양식으로는 일본에서 가장 오래된 것들이며 그중 11개는 8세기 이전에 건립된 것으로, 일본 불교문화와 중국 불교건축의 영향을 보여주는 중요한 역할을 한다. 1993년에 유네스코 세계유산으로 등재되었다.

벨푸어 선언Balfour Declaraition 1917년 11월 2일 영국 외무장관 아서 제임스 밸푸어Arthur James Balfour(1848~1930)가 유대인이 팔레스타인에서 민족적 고향을 건설하겠다는 것을 지지한 선언을 말한다.

보살bodhisattva 고통받는 중생에 대한 연민 때문에 성불하지 않고 중생을 구제하고 제도하는 불교의 성자. '천상의 보살' 관세음보살이 대자대비의 마음으로 부처의 길을 따르고 있는 대표적인 보살이다.

복골卜骨 수골獸骨을 이용하는 점을 골복骨卜이라 하며, 그 뼈를 복골이라 한다. 거북이 등을 이용할 때는 귀복龜卜이라 하며, 그 껍질은 복갑卜甲이라 한다. 하남성 안양의 은허에서는 국사를 점치기 위해 이용한 복갑이나 소나 양의 견갑골을 재료로 하는 복골이 대량으로 발견되었으며, 점술의 결과를 갑골 표면에 새긴 갑골문은 가장 오래된 한자로 유명하다.

부시도Bushido 중세 일본 사무라이들의 도덕체계. 당시 사무라이 계급은 엄정한 자격체계를 갖추고 있었기 때문에, 무사가 되는 것은 상당히 어려운 일이었다.

브라만Brahmins(Brahmans로 쓰이기도 한다) 카스트의 상위계층인 힌두교 사제계급.

비시 정부 Vichy France(1940~1944년) 파리 남쪽의 비시를 수도로 한 친독일정부. 1940년 6월 13일 독일군이 파리에 입성하자 레이노 총리가 사임하고, 친독일파 인물 앙리 페탱Henri Petain(1856~1951년) 원수가 조각하며 독일에 항복했다. 그리고 프랑스 본국의 3분의 2를 독일 점령 지구에 위임하고, 나머지 3분의 1을 비시 정부가 관할했다.

사라센saracen 중세의 유럽인이 이슬람교도를 부른 호칭.

사리탑stupa 부처의 사리가 보관된 탑. 신성한 존재의 이빨, 유골, 화장한 재 등을 탑에 모시는 풍습은 고대 마가단Maghadhan의 풍습이 전래된 것을 초기 불교가 따르기 시작한 데서 유래되었다.

사명외도邪命外道 '생활법에 관한 규정을 엄격하게 준수하는 자'라는 뜻. 인간을 포함한 모든 생명체의 운명이 숙명적으로 결정되어 있다는 입장을 취하며, 나중에 자이나교에 흡수되었다.

사무라이samurai 봉건 영주 계급이었던 일본 무사를 일컫는 용어. 전장에서 공을 세웠다고 해서 모두가 무사가 될 수 있었던 것은 아니다. 무사가 되기 위해서는 반드시 쇼군의 인정을 받아야 했다.

사바크Savak 1979년의 혁명 전 이란의 국가 치안 정보국이자 비밀경찰.

사티아그라하satyagraha 마하트마 간디의 '비폭력무저항운동'을 일컫는 용어. 사티는 '진실'이라는 뜻이고, 그라하는 '단호한'이라는 뜻이다. 간디는 모든 인간의 가슴에는 신성함이 깃들어 있다고 믿었다.

사티sati 살아 있는 아내를 죽은 남편의 시신과 함께 화장하던 '과부의 순사殉死' 풍습. 식민지배를 하던 영국 정부에 의해 1829년 폐지되었다.

삼번三藩**의 난**(1673~1681년) 오삼계吳三桂 · 상가희尙可喜 · 경중명耿仲明 등의 삼번이 청淸나라에 일으킨 반란. 1673년 오삼계가 반란을 일으키고, 이어서 1674년 경중명의 손자 경정충耿精忠이, 1676년에는 상가희의 아들 상지신尙之信이 반란에 호응했다. 각지에서 반청反淸세력이 이에 동조하여 한때는 양쯔 강 이남 일대, 쓰촨 · 산시가 그들의 지배에 들어갔다. 1678년 오삼계가 후난湖南에서 고립되어 그해 8월에 죽고, 그를 이은 오세번吳世藩도 1681년에 자살하자 모두 청조에 의해 평정되고, 청나라의 중국 지배체제가 확립되었다.

선비족鮮卑族 남만주에서 몽골 지방에 걸쳐 살던 유목민. 역사에 선비족이 언급되는 것은 흉노의 피지배 종족으로서 1세기 초부터였고, 오호십육국五胡十六國 시대에 연燕(모용씨)·진秦(걸복씨)·양凉(독발씨)이 화북에서 각각 나라를 세웠고, 북위北魏(탁발씨)는 화북 전체를 통일하여 이른바 북조北朝의 기초를 열었다.

세포이Sepoy 병사를 뜻하는 페르시아어로, 과거 영국인이나 유럽인 장교 밑에 있던 인도 병사.

쇼군shogun '총사령관'이라는 뜻으로 명목상으로는 일본 천황의 총사령관이지만, 실제로는 일본의 최고권력자였던 군부지도자를 일컫는 용어.

수드라sudras 힌두 카스트에서 제일 낮은 농경, 도축 등을 생업으로 하는 사람들의 계급.

수피즘Sufism 이슬람교도의 일부가 신봉하는 일종의 신비주의 신념 또는 사상. 아랍어로는 타사우프Taawwuf. 어원은 수프(양모)를 몸에 걸친 것을 가리키는 말에서 유래하여 수피즘이 파생했다. 수피즘의 특징은 일종의 도취 상태에서 지상至上의 경지를 감득하는 데 있다. 『코란』에 계시된 정신적 내용에 관해 깊이 명상하고, 수행에 의해 진리를 체득하는 이슬람의 신비주의이다.

술탄sultan 무슬림 세계의 통치자. 셀주크의 통치자들은 이슬람으로 개종한 후부터 스스로를 칸이라고 지칭하는 대신 술탄이라 불렀다.

시오니즘Zionism 유대인을 독자적인 민족으로 보고, 유대인 차별과 박해의 궁극적 극복을 유대인 국민국가건설로 달성하려는 운동.

시크교Sikhism 15세기 인도 북부에서 힌두교의 박티 신앙과 이슬람교의 신비사상이 융합되어 탄생한 종교. 시크교의 기본 사상은 바히구루라는 신의 메시지와 이름으로 개인적 수양을 통한 해탈을 목적으로 한다. 시크교도들은 교조 나나크Guru Nanak Dev(1469~1538년)를 포함하여 그의 후계자 9명의 구루의 가르침을 따르고, 사회, 경제 및 종교에 관한 다양한 내용을 수록하고 있는 경전 『구루 그란스 사힙Guru Granth Sahib』에 따라 행동한다.

아야톨라ayatollah 이란의 고위 성직자의 직위를 일컫는 용어. '신의 계시'란 뜻을 가지고 있다.

아지비카Ajivika 고대 인도 종교의 한 종파로 인간의 운명은 미리 정해져 있다는 결정론을 주장했다. 금욕을 통해 깨달음을 얻어 해탈한다는 개념을 부정했다.

아체인the Acehnese 동쪽 이스터 섬에서 서쪽 마다가스카르 섬까지, 북쪽 하와이 제도에서 남쪽 뉴질랜드 섬에 이르는 남태평양상의 광대한 지역에서 사용되는 말레이-폴리네시아어를 사용하는 종족으로 수마트라인과 인도네시아인 등을 말한다.

아파르트헤이트apartheid 네덜란드령 식민지국에서 행해졌던 인종차별정책.

안사安史의 난亂(755~763년) 당唐나라 중기에 안녹산安祿山과 사사명史思明 등이 일으킨 반란. 호족 출신으로 절도사였던 안녹산은 반란을 일으켰다. 그가 먼저 낙양을 점령하고 대연황제大燕皇帝라 칭한 후 장안을 공격하자 현종은 사천으로 도망가게 되었다. 현종은 그 도중에 양귀비를 자살하게 하고 영무靈武에서 숙종에게 양위하여 난을 평정하게 했다. 이때, 안녹산이 그의 아들 경서慶緒에게 살해되었다. 사사명도 그 아들 조의朝義에게 살해되어 세력이 점차 약해졌다. 763년에 사사명의 부하였던 전승사田承嗣, 이회선李懷仙이 당나라에 투항하고, 사조의도 부하들의 압력 아래 자살해서 8년에 걸친 안사의 난이 평정되었다.

야사yasa 유목민 사회의 질서를 확립하기 위해서 칭기즈 칸이 1206년 도입한 몽골 법체계.

야타sunyata '공空', 일체의 세속적인 것이 모두 무상하다는 부처의 가르침. 2세기 인도에서 대승불교 발전에 큰 공헌을 한 승려 나가르주나가 '공'의 개념을 논증한 바 있다.

『에누마 엘리시Enuma Elish』 네부카드네자르 1세 치세 하에 기록된 바빌로니아의 창세 서사시. 천지창조 이전에 벌어진 신들의 탄생과 전쟁에 관한 이야기를 담고 있다.

엔시ensi 수메르 도시국가의 군주를 일컫는 명칭. 군주는 대체로 세습제였고, 국가대사를 결정할 때 그 의견을 경청해야 하는 원로회의가 존재했던 것으로 보인다.

오호십육국五胡十六國 동한東漢에서 남북조 시대에 이르기까지, 오호五胡 흉노족·선비족·갈羯족·저氐족·강羌족이 세운 열세 나라와 한족漢族이 세운 세 나라. 동북부의 전조前趙·후조後趙·전연前燕·후연後燕·남연南燕·북연北燕, 관중關中의 전진前秦·후진後秦·서진西秦, 하투河套의 하夏, 사천四川의 성한成漢, 하서河西의 전량前涼·후량後涼·북량北涼·남량南涼·서량西涼을 이른다.

왈리Wali 자바 섬의 이단적인 성자. 이들의 존재는 전통적인 무슬림들에게 큰 골칫거리였다.

왕王, Wang 왕을 뜻하는 고대 중국문자. 이 글자를 구성한 네 개의 획은 왕이 천계와 세속을 이어주는 중개자임을 뜻한다.

우르남무 법전Code of Ur-Nammu 수메르 우르 제3왕조의 남무 왕이 제정한 법전. 바빌론의 함무라비 법전(기원전 1755년)보다 약 300년 전에 만들어졌다. 법전의 제1조는 '살인을 한 자는 그를 죽인다'로 함무라비 법전의 첫 항과 동일하다. 그 밖에 강간, 상해, 노비 관계, 결혼, 재판정에서 증인의 의무 등 다양한 영역들을 다루고 있으며, 많은 항목들이 함무라비 법전과 유사하다. 하지만 함무라비 법전이 전반적으로 '눈에는 눈, 이에는 이' 식의 형벌체계를 따르고 있는 데 비해 우르남무 법전은 가급적 금전적으로 배상하도록 한 것이 차이점이다.

우트르메르Outremer '바다 건너 땅'이라는 뜻으로, 십자군 시대 유럽인이 중동의 정복지를 가리키던 말.

음양陰陽, yin-yang 서로 상반된 두 개의 힘이 세상에 공존한다는 중국 사상의 개념.

이만Iman 무함마드의 후계자에게 주어진 칭호로 이슬람교 집단의 지도자나 이슬람사원의 사제.

이맘imam 모스크에서 공무를 수행하는 성직자.

이슬람력Islamic calendar 예언자 무함마드가 박해를 피해 메디나로 이주한 서기 622년을 원년으로 삼는 달력체계. 히즈라Hejira력이라고도 한다.

이슬람 제국 Islamic Empire 이슬람 교도가 서아시아를 중심으로 건설한 대제국으로, 중세 유럽에서는 사라센 제국이라고 하였다. 632년 예언자 무함마드가 죽은 뒤 메디나의 이슬람 교도들은 아부 바크르를 새 지도자인 칼리프로 선정하였다. 이것이 1258년 아바스 왕조 멸망 때까지 계속된 칼리프 제도의 시작으로서, 이슬람 역사에서 이 제도가 있던 시대의 나라들을 이슬람 제국이라고 한다.

인도무슬림연맹All India Muslim League 인도 이슬람교도 정치인들의 정당. 1906년 발족 당시에는 이슬람 명사들의 사교클럽 성격이 강했으나, 점차 이슬람교도의 이익을 옹호하는 정당으로 발전했다. 식민지 인도에서는 1차 세계대전이 끝난 뒤부터 마하트마 간디가 이끄는 비폭력 저항운동이 본격화했다. 간디의 국민회의와 인도무슬림연맹은 인도의 자치 획득이라는 공동의 목표 아래 손을 잡았다.

인도 다수당 국민회의 Indian National Congress 이 정당의 결성은 세포이 항쟁 이후 자본주의의 발전과 함께 인도 중산층이 성장하면서 이들을 대변할 대중적인 정당의 설립 필요성이 대두된 데 따른 것이었다. 국민회의는 1906년 간디가 일으킨 반영운동으로 완전자치를 표방하는 스와라지 운동과 간디가 주장한 국산품장려운동으로 영국 제품에 대한 불매운동인 스와데시 운동 등을 주도했다. 또 국민교육운동을 펼치고 국내 산업의 발전을 유도했다. 이 같은 국민회의의 반대운동으로 영국은 1911년에 벵골 분할령을 철회했다.

인민해방군People's Liberation Army 중국 공산당 중앙 군사위원회의 지휘 아래 있는 당의 군대이며 통합군체제로 중앙군사위에 인민해방군 4총부장(총참모장, 총정치부장, 총장비부장, 총후근부장)과 해군사령관, 공군사령관, 제2포병사령관이 참여한다.

일한ilkhan '차상위 칸'이라는 뜻으로, 훌라구 칸이 몽골의 지도자인 형 몽케 칸에 대한 존경을 표하기 위해 만든 직책이다. 종속된 지위를 암시하기 위해 만들어진 용어이다.

재스민 혁명 Jasmine Revolution 23년간 독재를 해오던 튀니지의 벤 알리 정권에 반대해 2010년 12월 시작된 튀니지의 민주화혁명. 튀니지에서 흔한 꽃이름을 따 서방언론이 붙인 명칭이다. 극심한 생활고와 장기집권으로 인한 억압통치, 집권층의 부정부패 등 현 정권에 대한 불만이 쌓여 있던 시민들이 합세하면서 전국적인 민주화 시위로 확산됐다. 결국 벤 알리 대통령은 2011년 1월 14일 사우디아라비아로 망명했다.

전국칠웅戰國七雄 전국시대에 중국의 패권을 놓고 다퉜던 7개 강국을 일컫는 말로 동방의 제齊나라, 남방의 초楚나라, 서방의 진秦나라, 북방의 연燕나라, 중앙의 위魏·한韓·조趙나라가 이에 해당한다. 각국은 더 부강한 국가로 발전하기 위해 내정의 충실과 군비확장에 진력했다.

정토종淨土宗 서방정토 극락세계에 머물면서 법을 설한다는 부처 아미타불 및 그가 출현할 정토의 존재를 믿고, 죽은 후 그 정토에 태어나기를 바라는 대승불교의 일파이다.

종宗, Chan 인도의 영향을 받지 않은 중국 고유의 불교. 깨달음을 얻는 해탈에 대해 실제적으로 접근한 중국 불교는 한국과 일본에도 전파되어 수많은 신자들이 생겨났다. 한국에서는 선禪, 일본에서는 젠zen이라는 명칭으로 불렸다.

진승과 오광의 난(기원전 209년) 가난한 농민 출신의 진승陳勝과 오광吳廣은 진秦나라 말기에 중국 역사상 최초로 대규모 농민반란을 일으켰다. 기원전 210년 호해胡亥가 진나라의 2대 황제로 즉위하여 대규모 토목사업과 환관 조고趙高의 전횡으로 백성이 더욱더 도탄에 빠지자 진승과 오광은 반란을 일으키고 겁을 먹은 농민들에게 왕후장상王侯將相이 어찌 씨가 있을 것이냐고 말하여 고무했다. 진나라에 반기를 든 세력들도 잇달아 합류했지만 반란군이 분열된 가운데, 오광이 살해되면서 농민군의 세력은 약화되었다. 진승도 대군에 패하여 살해되었다.

차르tsars 러시아 황제.

천명天命, tian ming '하늘의 뜻'이라는 의미로 공자 이후 중국 사상의 근간을 이룬 개념.

카르마karma 현생의 삶이 전생에서 쌓은 업에 의해 결정된다는 사상. 힌두교신자들은 이 사상에 따라 현생의 카스트는 온전히 카르마의 작용에 의해 결정된 것이라고 믿기 때문에, 힌두사회는 강한 종교적인 색채를 띠게 된다.

카스트 제도 Caste 아리안이 인도를 정복한 후 소수집단인 지배계급이 피지배계급에 동화되는 것을 방지하기 위한 계급정책. 피부색이나 직업에 따라 승려계급인 브라만brahman, 군인·통치계급인 크샤트리아ksatriya, 상인계급인 바이샤vaisya 및 천민계급인 수드라sudra로 나누어지며, 이 안에는 수많은 하위 카스트가 있다. 최하층 계급으로는 불가촉천민不可觸賤民이 있다.

카자크Kazak 코사크라고도 한다. 터키어의 '자유인'을 뜻하는 말을 기원으로 삼고 있다. 15세기 후반~16세기 전반에 걸쳐 러시아 중앙부에서 남방 변경지대로 이주하여 자치적인 군사공동체를 형성한 농민집단을 말한다.

칸khan 유목민족의 지도자.

칼리파 알라khalifat Allah '알라의 대리인'이라는 뜻으로, 칼리프를 일컫는 용어.

칼리프Caliph 아랍어로 칼리파Khalifah라 하며, 본래는 '칼리파트 라술 알라Khalifat rasul Allah'로 사전적 의미는 '신의 사도의 대리인'이다. 칼리프는 예언자 무함마드의 뒤를 이어 이슬람교 교리의 순수성과 간결성을 유지하고, 종교를 수호하는 동시에 이슬람 공동체를 통치하는 모든 일을 관장하는 이슬람 제국의 최고 통치자를 가리킨다.

크메르루주Khmer Rouge 캄보디아인을 의미하는 크메르와 공산주의의 상징 붉은색을 의미하는 프랑스어 루주가 합성된 말이다. 크메르루주는 게릴라전을 통해 권력을 장악하여 1975~1979년까지 캄보디아를 통치한 공산주의운동 단체이다.

크샤트리아ksatriyas 힌두교의 카스트에서 통치자를 배출하는 무사 계급. 붓다는 크샤트리아 계급으로 태어났지만 붓다의 아버지는 고위 귀족계급이었을 뿐 왕은 아니었다.

탁발부拓跋部 몽골에서 화북으로 들어온 선비족의 하나로 옛 투르크어를 사용했다. 북위北魏의 효문제孝文帝는 탁발씨拓跋氏를 중국식으로 원씨元氏로 고쳤지만 북주 시대에는 옛 성姓으로 되돌아갔다. 수나라 때는 토욕혼의 유력한 왕족 중에 탁발씨가 있었고 당나라 때는 탕구트에 탁발씨가 있었으며 송宋나라 서하西夏의 왕가도 본래는 탁발씨로 불렸다고 기록되어 있다.

페르시아 제국Persian Empire 이란 고지대를 중심으로 서아시아, 중앙아시아, 코카서스 지방을 포함하는 넓은 지역을 통치하던 고대 제국을 통칭. 그 기원은 아케메네스 제국(기원전 550~기원전 330)이다. 아케메네스 왕조 멸망 후 알렉산드로스 대왕의 정복으로 헬레니즘 문명에 의해 통치되다가 파르티아 제국(기원전 247~기원후 226)이 들어서면서, 페르시아 제국의 명맥을 이었다. 그 후 사산 왕조(226~651), 사파비 왕조(1502~1722), 팔레비 왕조(1925~1979) 등에서 페르시아 제국의 명맥을 이었다.

태평천국운동太平天國運動(1851~1864년) 청나라 말 홍수전洪秀全(1814~1864년)과 농민반란군이 세워 14년간 존속한 국가. 홍수전은 하늘의 주재자인 상제를 기독교의 하느님과 같은 위치에 놓고, 모세·그리스도가 하느님으로부터 구세의 사명을 받았듯이 온갖 악마의 유혹으로 타락의 극에 달한 중국을 구제하라는 명령을 상제로부터 받았다고 주장했다. 이들에게 박해가 가해지고 이에 대항하는 무장투쟁이 빈발하자 홍수전은 1851년 초 남녀노소 약 만 명을 거느리고 봉기하여 태평천국이라 하고 자신을 천왕이라 칭했다. 홍수전은 1853년에 난징을 점령하고 신국가 건설에 착수했으나 정부의 군사가 난징을 함락하기 전에 병사했다.

토카리카tokharika 토카라 혈통의 여인.

팔레스타인 해방기구PLO(Palestine Liberation Organization) 미국의 지원을 얻은 유대인이 1948년 5월 14일 중동의 팔레스타인 거주지역에 이스라엘을 건국하면서 팔레스타인 문제가 본격적으로 역사의 수면 위로 떠올랐다. 이스라엘 건국과 1차 중동전쟁 패배로 거주지에서 쫓겨난 팔레스타인인들은 비밀지하운동 조직을 결성해 게릴라전 등으로 이스라엘에 맞섰다. 그러나 군사력의 열세로 반이스라엘 통일전선의 필요성을 절감하게 된 여러 조직들의 지도부가 1964년 5월 아랍연맹의 지원 하에 조직한 정치조직이다.

프라하의 봄 Prague Spring 1968년 체코슬로바키아에서 일어난 민주자유화운동. 이 운동을 막기 위해 불법 침략한 소련군의 군사개입사건을 포함하여 '체코사태'라고도 한다.

페레스트로이카perestroika '재건'이라는 뜻으로, 미하일 고르바초프 대통령이 소련에서 추진한 일련의 개혁조치.

풍수風水 '바람과 물'이라는 뜻으로, 산세·지세·수세 등을 기준으로 인간의 길흉화복을 점치는 학문.

하리잔harijan '신의 자녀'란 뜻으로 마하트마 간디가 인도 사회에서 천대받는 최하계층민, 일명 '불가촉천민'을 부를 때 사용한 명칭. 하리Hari는 힌두교의 구세주인 비슈누의 다른 이름이기도 하다.

한글han'gul 한국 고유의 창제문자. 한글의 발음체계가 중국과 달라 중국의 문자로 뜻을 전달하기가 여의치 않다는 이유로 1446년 창제되었다.

홍위병紅衛兵 마오쩌둥이 주도한 권력투쟁의 선봉에 섰던 학생 전위대. 홍위병이라는 명칭은 1927년 마오쩌둥이 조직했던 부대에서 따왔다. 1966년부터 1년 가까이 구시대로부터의 해방을 명분으로 기존 체제를 전복하고 폭력을 행사하는 등 극단적인 행동을 펼치다가 해산되었다.

황건적黃巾賊**의 난** 후한後漢 말인 184년 태평도太平道라는 종교결사의 수령 장각張角이 지도한 농민반란. 장각이 기병한 지 한 달도 안 되어 황허의 남북, 장강 유역에서도 참가했는데, 이들은 머리에 황색 수건을 매고 있어 황건군이라 불렸다. 황건군은 가는 곳마다 관청을 불태우고, 관리를 살해했으며 많은 군현들을 점령했는데, 이들의 난은 황보숭皇甫嵩, 주준朱儁 등에 의해 평정되었다.

회창會昌**의 폐불**廢佛 중국 당나라 무종武宗에 의해 회창 연간에 단행된 불교탄압. 중국 역사상 세 번째의 대규모 폐불廢佛이었다. 사찰 4,600개소, 소규모 사찰 40,000여 개소가 폐쇄되고 260,000여 명의 승려가 환속되었다.

흠차대신欽差大臣 중국의 황제가 특정 사건을 처리하기 위하여 둔 관직으로, 3품 이상을 흠차대신, 4품 이하는 흠차관원이라 했다. 아편 전쟁 이후 광저우에 온 구미 제국 사신과의 교섭을 임무로 한 것으로 1861년에는 남양대신南洋大臣이라는 관직에 흡수되었다.

사항색인

가미카제神風 417, 730

가즈나 왕조Ghaznavid dynasty(962~1186) 291, 326~329

거란족契丹族 392, 434, 436~438, 452, 454, 459, 472

걸프전Gulf War(1991) 572, 577~579

고구려高句麗(기원전 37~기원후 668) 198, 382

고려高麗(918~1392) 401~403, 416, 449, 462, 473

고르 왕조Ghor dynasty(1186~1215) 327~329, 332

고아Goa 346, 361~364, 597

고조선古朝鮮(~기원전 108) 198

고트족Goths 254~256, 259~261

골품제骨品制 398, 399

교도민주주의教導民主主義 743

구루guru 351, 352, 358, 771

구르카족Gurkha 615, 684, 738

『구약성경*Old Testament*』 58, 69, 72, 77, 269

구티족Gutians 44

굽타 왕조Gupta dynasty(320~550) 17, 122, 133, 144~151

그레이트 게임Great Game 480, 679, 680~684, 693, 698

그리스Greece 11, 39, 52, 60, 61, 67~71, 75, 78~82, 85, 88, 104, 111, 119, 125, 126, 133, 136~139, 176, 179, 210, 216, 223, 228, 241, 269~271, 306, 315, 552

기독교Christianity 16, 22, 23, 35, 76, 88~92, 133, 204, 238, 239, 269~282, 289, 295~305, 309, 315, 317, 321, 350, 352, 360~364, 376, 383, 421, 422, 470, 471, 499, 520~526, 547, 548, 551, 557, 569, 594, 595, 601, 626, 637~639, 712, 752

꽁바웅 왕조Konbaung dynasty(알라웅파야 왕조, 1752~1885) 506

꾸와트알 이슬람 모스크Quwwat-ul-Islam Mosque 150

난다 왕조Nanda dynasty 124, 126
난징 대학살南京大虐殺 649, 650
난징 안전지대南京安全地帶 650
난징 조약Treaty of Nanjing 632, 634
남아프리카공화국Republic of South Africa 360
남조국南詔国(649~902) 482~484, 501, 504, 531
남해원정단南海遠征團 21
네덜란드Dutch 20~25, 346, 362~366, 372, 422, 481, 506, 526~533, 652, 706~710, 724~727, 731, 739~743, 759~762
네덜란드령 동인도 제도Dutch East Indies(Indonesia) 23, 706~710, 724, 740, 761
네스토리우스파Nestorians 269, 272, 308, 383
네팔Nepal 444, 478, 597
노량 해전露梁海戰 406
노비안검법奴婢按檢法 401
니네베Nineveh 30, 39, 40, 48~51, 55, 228, 231
니자미 자디드Nizam-i-Jedid(새로운 제체) 548
니케아 공의회Councils of Nicaea 90, 91
니케아 신경Nicaenum 91
다스유스Dasyus 110
다이카 개신大化改新 409, 410
단성론자Monophysite(單性論者) 272
당唐나라(618~907) 20, 21, 184, 241, 242, 251, 270, 378~390, 394, 398, 407, 424, 442~447, 482~484, 507
대代나라(315~376) 249
대동아공영권Greater East Asia Co-Prosperity Sphere(大東亞共榮圈) 653, 718, 719, 725~728, 731, 740, 759
대동아 전쟁Greater East Asia War(大東亞戰爭) …▶ 태평양 전쟁
대승불교Mahayana(大乘佛敎) 134, 135, 139~144, 244~246, 499
대약진정책大躍進政策 658
대월지大月氏 137, 139, 231~234, 244
도교Taoism 181, 202~207, 242~252, 378, 381, 385, 390, 437, 453~457, 474, 485
『도덕경道德經』178

도참사상圖讖思想 402

독일Germany 111, 297, 303, 365, 546, 552, 554, 561, 562, 566, 567, 572, 582, 614, 644, 648, 710, 711, 745

동로마Byzantines 88, 91~94, 255, 262, 271, 272, 280~298, 315~320

동인도 제도East Indies 709, 710, 760

동인도회사East India Company 588~596, 600, 606~610, 630, 680, 707, 711~713

동진東晉(317~419) 141, 206, 238, 246

동티모르East Timor 26, 724, 743, 744

동학농민운동東學農民運動 646

동한東漢 ···▶ 후한

동해보복同害報復 47

디엔비엔푸 전투Battle of Dien Bien Phu 745

딘丁 왕조(968~980) 484

『라 갈리고*La Galigo*』 16

『라마야나*Ramayana*』 118~122, 533

라오스Laos 135, 483, 721, 722, 724, 750

라지푸트족Rajput 347, 348

란나 왕국Lan Na(13~18세기) 536

란상 왕국Lan Sang(14~18세기) 536

러시아Russia 18, 21, 25, 52, 111, 211, 215, 217, 321, 322, 480, 547, 548, 551, 562, 572, 578, 582, 591, 592, 636, 646, 647, 651, 660, 668~704

러일 전쟁Russo-Japanese War 646, 681

레黎 왕조Le dynasty(1428~1789) 485

레바논Lebanon 23, 554, 566~569

로디 왕조Lodi dynasty(1451~1526) 345

로마Rome 15, 18, 78, 82, 86~94, 151, 183, 188, 204, 206, 207, 213, 223, 224, 237, 253~262, 271, 272, 279~305, 315~320, 338

루스탐 왕조Rustam dynasty(776~909) 306

『리그 베다*Rig Veda*』 105, 109~111, 123

리디아Lydia 230, 231

마가다 왕국Magadha kingdom(기원전 7세기~기원전 6세기경) 127~129, 138

마누 법전Code of Manu 123

마니교Manichaeism(摩尼教) 89, 90, 243, 435, 438
마두라이Madurai 147, 339~343
마라타 왕국Mahratha kingdom(1674~1818)
마라타 동맹Mahratha confederacy 20, 344, 345, 366, 373~375, 588
마라타 전쟁Maratha War(1차 1775~1782/ 2차 1803~1805) 373
마라타족Mahratha 373, 374
마라톤 전투Battle of Marathon(기원전 490) 78
마우리아 왕조Maurya dynasty(기원전 317~기원전 180) 16, 85, 122~131, 136, 138, 141, 146, 239
마자파히트 왕조Majapahit dynasty(1293~1520?) 506, 514, 515
마즈다교Mazdaism(배화교拜火教) 768
마케도니아Macedonia 60, 61, 80~85, 124, 126, 137, 188, 691
마타람 왕조Mataram dynasty 488, 506, 509~512
『마하바라타*Mahabharata*』 16, 95, 111~115, 118~122, 130, 513
만기트족Mangit 678
만주족滿洲族 307, 430, 432, 448, 472~476, 487, 489, 638, 640, 671
만지케르트 전투Battle of Manzikert 291, 295
말라유 왕국Malayu kingdom(7~14세기경) 508
말라카 왕국Sultanate of Malacca(1402~1511) 515, 516, 520~525, 528
말레이Malay 16, 19, 342, 361, 502, 517, 528~540, 653, 707, 710, 715~719, 725~729, 733~736, 740, 758, 762
말레이시아Malaysia 13, 26, 362, 365, 489, 520, 539, 706, 710~718, 733~738, 743~745, 760
맘루크 왕조Mamluk dynasty(13~16세기) 327~333, 341, 361
메소포타미아Mesopotamia 30~36, 43~48, 52, 57, 64~71, 96~102, 107, 229, 306, 558
메소포타미아 문명Mesopotamia civilization 96, 97
메이지 유신明治維新 638, 641, 643, 740, 758
명明나라(1368~1644) 21, 163, 345, 404~407
모로족Moro 752
모로코Morocco 333, 558, 566
모헨조다로Mohenjo-daro 31, 97~102, 106~109, 147
몬 왕조Mon kingdom 501

몬터규-챔스퍼드 개혁Montagu-Chelmsford Reforms 613

『몽골비사The Secret History of the Mongols』450

몽골Mongol 19, 21, 183, 219, 222, 235, 249, 261, 305~309, 321, 329, 330, 391~395, 403, 415~417, 424, 427, 433, 434, 439, 441, 447~467, 472, 473, 478~486, 496, 498, 504, 514, 531, 636, 669~674, 682, 686, 691~697, 700, 730

묘청妙清의 난 402

무굴 제국Mughul empire(1526~1857) 20, 24, 317, 323, 325, 329, 344~371, 434, 480, 598~605, 760

무술개혁戊戌改革 638

무크티 바히니Mukti Bahini 626

문묘文廟 482, 483

문화대혁명Cultural Revolution(1966~1976) 658~660, 695

뮌스터 조약Treaty of Münster 527

미국United States of America 26, 289, 369, 480, 529, 551~556, 562~569, 573, 577~578, 581, 591, 617, 626, 639~643, 647, 653~657, 662~665, 682, 693, 694, 697, 702, 708, 709, 712, 717, 719, 729~734, 741~761

미드웨이 해전Battle of Midway 726

미얀마Myanmar 22, 26, 499, 733, 760

미탄니 왕국Mitanni kingdom(기원전 1500년경~기원전 1300년경) 52, 53

민족해방전선NLF(Natoional Liberation Front) 579

『바가바드 기타Bhagavad-Gita』114, 115, 123

바간 왕조Bagan dynasty(건사建寺 왕조, 1044~1287) 499~504, 531, 535

바르후트Bharhut 132, 147

바빌로니아 왕국Babylonia kingdom 15, 31, 33, 39~50, 55~63, 67~70, 74, 97

바빌론Babylon 31, 41~50, 54~60, 67~70, 78, 85

바크티bhakti(信愛) 350, 351

바타비아Batavia 527~530, 707, 709, 724

바트당Ba'ath Party 568, 572

박트리아 왕국Bactria kingdom(기원전 246~기원전 138) 56, 84, 86, 136~140, 151, 212, 228~234, 241

반달족Vandals 254~256, 260

반도 전쟁Peninsular War(1808~1814) 374

반둥 회의Bandung Conference 629

반유대주의anti-Semitism 561

발슈타트 전투Battle of Wahlstadt 451

방글라데시Bangladesh 24, 588, 624, 626, 627, 760

배화교拜火教 …▶ 마즈다교

『백서White Paper』 561

버마Burma(미얀마의 옛 명칭) 22, 135, 340, 368, 449, 483, 499~506, 512, 531, 535~539, 563, 588~591, 597, 651~654, 717~719, 724~733, 741, 758

베네치아Venice 304, 317, 354, 361, 396, 521, 533, 550

베두인족Bedouin 321, 554~558

베르사유 조약Treaty of Versailles 648

베스트팔렌 평화조약Peace of Westfalen 527

베이징 조약Treaty of Beijing 634

베트남Vietnam 22, 26, 146, 184, 199~202, 464, 482~490, 493, 515, 517, 524, 531, 532, 539, 540, 715, 719~724, 745~751, 760

베트남전Vietnam War 26, 745~751, 760

벨기에Belgium 711

벨푸어 선언Balfour Declaration 556

보드가야Bodh Gaya 147

복골卜骨 157, 166

복파장군伏波將軍 200

부하라Bukhara 212, 391, 451, 458, 468, 672, 678, 679, 683, 685, 699, 700

부하라한국Bukhara Khanate 678

북위北魏(386~534) 206, 207, 242, 243, 249~252, 424, 434

북한North Korea 662~664

분서갱유焚書坑儒 185, 186

불가리아족Bulgaria 91

불교Buddhism 16, 17, 20, 22, 89, 90, 102, 103, 121~124, 128~145, 151, 165, 202~207, 211, 238~253, 270, 271, 324, 325, 335, 339, 342, 343, 364, 378, 383, 385, 389, 390, 399~403, 409~414, 418~422, 434, 435, 438, 444~448, 455, 457, 484, 485, 490, 500~514, 533, 537, 619, 626, 642, 684, 695, 696, 747

브라만brahman 105, 110, 123~129, 133, 135, 341, 351, 489

브루나이Brunei 712, 715, 716, 724, 735~738
비시 정부Gouvernement de Vichy 566, 567
비자야나가라 왕조Vijayanagara dynasty(1336~1646) 335~341, 361, 486
비폭력운동non-violence movement 614, 619
사라와크Sarawak 13, 712, 714~716, 724, 734, 735
사마르칸트Samarkand 213, 293, 467~472, 685, 700
사마리아Samaria 228, 253, 254
사명외도교Ajivika(邪命外道敎) 131
사바크Savak 573
사산 왕조 페르시아Sassanian Persia(226-651) 88, 92, 94, 262, 279, 305
사우디아라비아Saudi Arabia 23, 557, 576~581
사티아그라하satyagraha 614
사파비 왕조 페르시아Safavid Persia(1502~1736) 20, 305, 309~314, 317, 562
30년 전쟁Thirty Years' War(1618~1648) 396
사무라이samurai(侍) 412, 414, 423, 641
사티sati 594
산스크리트어Sanskrit 52, 112, 133, 211, 271, 490, 507
상商 나라(기원전 1600년경~기원전 1046) 17, 43, 96, 153~169, 221
상형문자hieroglyphics 42
『샤나마Shanâme』(왕서王書) 306
샤먼shaman 154, 156, 157, 447, 456
샤일렌드라 왕조Sailendra dynasty(8~9세기 자바 섬에 있던 왕조) 511
샤카족Sakas 137, 139, 150, 228~232, 241
샹숭 왕국象雄王國 442
서뉴기니Western New Guinea(서이리안Western Irian) 742, 743, 762
서로마Western Roman Empire 18, 257~261
서요西遼(흑거란黑契丹, 카라 키타이Kara Kitai, 1132~1218) 436~441, 449
서이리안Western Irian … 서뉴기니
서진西晉(265~316) 205, 206, 238, 248, 294, 378, 494
서하西夏(1038~1227) 391~393
선불교禪佛敎 … 선종
선비족鮮卑族 199, 206, 249, 250

선종Chan Buddhism(禪宗, 禪佛敎) 247, 419, 420, 453

설형문자cuneiform 41~43

성상파괴주의iconoclasm 283, 285, 517

성십자가True Cross 91

세계대전World War 554, 556

  1차(1914~1918) 546, 558, 562, 612, 647, 698

  2차(1939~1945) 23, 26, 368, 414, 557, 561, 567, 582, 613, 617, 643, 655, 664, 731, 732, 741, 749, 758, 759

세포이 항쟁Sepoy Mutiny 24, 329, 359, 588, 600, 606, 611, 616

셀레우코스 왕조Seleucus dynasty(기원전 312~기원전 64) 137

셀주크 제국Seljuk empire(11~14세기) 289~296, 306, 326, 434, 440

소그드Sogd 232, 241, 245, 246, 435

소련Soviet Union 25, 572, 648, 657, 660~665, 682~703, 742, 750

소승불교Hinayana(小乘佛敎) 135, 142, 144, 499, 500, 626

수隋 나라(581~618) 249, 252, 378~382, 398, 408, 434

수니파Sunni 289, 290, 295, 560~562, 572

수메르Sumer 15, 16, 29~35, 38~48, 61~68, 72, 74, 77, 96~98, 291

수메르 문명Sumer civilization 31, 39

수피교Sufism 308~310, 327, 329, 331, 351

숭가 왕조Sunga dynasty(기원전 185~기원전 72) 123, 136, 138

스리랑카Sri Lanka 20, 22, 24, 135, 146, 149, 150, 325, 340~344, 363~365, 500, 502, 505, 624~626

스리비자야 왕조Srivijaya dynasty(2~13세기) 488, 506~512

스올Sheol 64, 76, 77

스코틀랜드Scotland 592, 593

스키타이족Scythian 139, 216, 228~231

스파르타Sparta 79, 119, 120, 176

스페인Spain 21, 23, 255, 271, 282, 287, 297, 324, 363, 372, 499, 523~529, 708~712, 723, 752

슬라브족Slavs 91

시리아Syria 23, 44, 51, 53, 57, 69, 84~87, 91, 209, 216, 266~270, 274~283, 289, 295, 298, 301, 321, 325, 449, 456, 467, 554~558, 566~569, 577, 760

시아파Shi'a 282, 289, 295, 310, 317, 560~562, 566, 572~574
시암 제국Siam empire(1350~c. 1909) 539, 540, 719
시암족Siam 537, 539
시오니즘Zionism 556
시크교Sikhism 351, 352, 358, 359, 590, 591, 600~607, 623
신新 나라(8~24) 199, 204
신라新羅(기원전 57~기원후 935) 398~403, 408
『신약성경New Testament』 239, 269, 270, 594
신토神道 409, 411
신해혁명辛亥革命 640
실크로드Silk Road 139, 384, 436, 469, 471, 679
십상시十常侍 204
십자군 전쟁Crusades 15, 88, 92, 112, 282, 296, 314, 360, 470, 557
    1차(1096~1099) 282, 298~301
    2차(1145~1149) 303
    3차(1189~1192) 303, 304
    4차(1198~1204) 304, 315
    5차(1217~1221) 304
    6차(1228-1229) 304, 305
싱가사리 왕조Singhasari dynasty(1222~1292) 514
싱가포르Singapore 26, 509, 525, 653, 706, 710~712, 716, 717, 724~738, 758, 760
시안 사건Xi'an Incident 650, 651
아라비아Arabia 19, 20, 78, 108, 209, 267~274, 278~285, 303~306, 321, 325, 361, 362, 545, 554~559, 576, 581
아랍Arab 18, 151, 266~268, 272, 273, 277~283, 287, 297, 305, 306, 324~327, 360, 444, 466, 512, 545, 554~571, 576~582, 679, 691, 738
아랍에미리트 연합UAE(The United Arab Emirates) 579, 580
아르메니아Armenia 92, 298, 551
아리아인Aryan 16, 32, 33, 52, 53, 75, 105, 109~112, 118, 122, 124, 128, 133, 137, 210, 217, 486
아리우스파Arianism 271
아메티스트호 사건Amethyst Incident 656

아바로키테슈바라Avalokiteshvara(관세음보살觀世音菩薩) 141, 246

아바르족Avars 91, 262

아바스 왕조Abbasid dynasty(750~1258) 19, 265, 269, 279, 286~294, 307, 326, 329, 354, 444

아슈켈론 전투Battle of Ascalon 300

아시리아Assyria 15, 30, 32, 39, 41, 45, 50~55, 57, 62, 73, 218, 230, 231, 267

아야톨라Ayatollah 89, 289, 310, 573~575

아유타야 왕조Ayuthaya dynasty(1351~1767) 119, 498, 520, 532~537

아잔타 석굴Ajanta Caves 144, 145

아제르바이잔Azerbaijan 308

아체인the Acehnese 481

아카드어Akadian 53, 62, 63, 76, 85, 98

아케메네스 왕조 페르시아Achaemenian dynasty(기원전 550~기원전 330) 58, 80, 87

아테네Athens 78, 79, 176, 317, 550

아편 전쟁Opium Wars

    1차(1840~1842) 24, 478, 539, 631, 632, 640

    2차(애로호 사건, 1856~1860) 633, 634, 694

아프가니스탄Afghanistan 25, 133, 137, 139, 291, 326, 344, 345, 449, 467, 591~594, 681, 682, 686~692, 700, 703

아프리카Africa 255, 260, 268, 316, 427, 558, 613, 624, 723

안녹산安祿山의 난 444, 445

안사安史의 난 435

알라Allah 94, 266, 272~290, 297, 307, 325, 467, 518~520

알제리Algeria 723

암리차르Amritsar 615, 616

애틀리-아웅산 협정Attlee-Aung San Treaty 732

『야사Yasa』 449

얄타 회담Yalta Conference 693

『에누마 엘리시Enûma Eliš』 68, 70

에레트리아Eretria 78

에티오피아Ethiopia 268, 269

엘람 왕국Elam kingdom(기원전 2700년경~기원전 539) 44, 49, 50, 55, 70

엘람족Elamites 42, 45, 47, 49, 52, 55

엘로라Ellora 145, 147, 148
여진족女眞族 395, 407, 436, 459, 473
염철사鹽鐵使 242
영국Britain 20~25, 111, 188, 253, 254, 303, 329, 344~347, 365~376, 448, 476~480, 509, 526~529, 539~541, 546, 552~582, 588~625, 630~638, 644~656, 661, 662, 667, 679~697, 706~741, 745, 758~760
영국-네덜란드 수마트라 조약Anglo-Dutch Treaty of Sumatra 709
영국-네덜란드 조약Anglo-Dutch Treaty 710
영국-버마 전쟁Anglo-Burmese Wars(2차: 1852~1853) 590
영국-아프가니스탄 전쟁Anglo-Afghan Wars 688, 689
영러 협정Anglo-Russian Convention 681, 682
『영애승람瀛涯勝覽』521
영일 동맹Anglo-Japanese Alliance(1902) 646
예니체리Janissaries 321, 322, 548, 549
예멘Yemen 557, 579
오가작통법五家作統法 175
오구즈투르크족Oghuz Turks 290~294, 440
오대십국 시대五代十國時代(907~960) 390
오두미도五斗米道 180
5·4운동Fourth May Movement 648
오스나브뤼크 조약Treaty of Osnabrück 527
오스만투르크 제국Osman Turk Empire(1299~1922) 15, 20~24, 35, 290, 312~321, 345, 361, 522, 546~562, 568, 582, 585, 668~671
오스트리아Austria 316, 317, 363, 372, 668, 711
오이라트족Oirat 674, 676
옥서스Oxus 강 137, 139, 213, 293, 700
요그야카르타Yogiakarta(족자카르타Djokjakarta) 511, 707, 708
요遼나라(916~1125) 392, 436, 438, 454
요르단Jordan 23, 554, 556, 557, 564~570
우간다Uganda 580
우르Ur(현재의 텔 엘 무카이야르) 34, 39, 44~48, 65, 73, 107
우르남무 법전Code of Ur-Nammu 43

우마이야 왕조Umayyad(661~750) 19, 265, 279~287, 324, 325, 444

우즈베크 투르크족Uzbek Turks 678

우즈베키스탄Uzbekistan 468, 699, 700, 703

우크라이나Ukraine 449

우트르메르Outremer 301, 305

유교Confucianism 17, 21, 22, 165, 170~179, 193, 194, 207, 244, 252, 253, 378~386, 390, 397~403, 408, 423, 425, 453~457, 462, 463, 482, 487, 493, 721

유대교Judaism 22, 76, 282, 321, 438

유대인Jew 470, 556, 557, 561~567, 614

원元나라(1271~1368, 1271~1635) 417, 424, 458, 462~466, 484, 496, 498, 504, 506, 514, 531, 535

위구르Uighur 389, 435, 675

위만조선衛滿朝鮮(기원전 195~기원전 108) 198

웨스트뱅크West Bank 557 565, 569

응오吳 왕조(939~944) 22, 184, 484

응우옌阮 왕조 487, 489

이라크Iraq 30, 33, 51, 84, 89, 268, 270, 283, 287~289, 294, 325, 440, 449, 554, 558~561, 566, 567, 570~572, 576~578, 760

이란Iran 23, 30, 33, 42, 44, 47, 75, 85~90, 224, 237, 240, 255, 289, 294, 306, 310, 325, 435, 449, 467, 471, 548, 562, 563, 566, 571~578, 682, 686, 700, 760

이스라엘Israel 73, 266, 300, 303, 556, 562~570, 577, 580, 581, 759, 760

이스파한Isfahan 20, 212, 310~312

이슬람 제국Islamic Empire 287, 289, 291, 337, 605

이집트Egypt 15, 39, 53, 56, 57, 73, 78, 91, 209, 210, 266, 282, 299, 304, 305, 321, 361, 372, 427, 546, 547, 571, 579, 581

이집트 문명Egyptian civilization 39

이탈리아Italy 91, 210, 258, 261, 648

이화원頤和園 475, 476, 634

인더스 문명Indus civilization 31~33, 42, 96~98, 101~112, 120, 130

인도India 15~26, 33, 42, 47, 52~56, 60, 75, 78~85, 89, 96~105, 110~146, 150, 151, 165, 191, 202, 210~217, 226~232, 239~251, 266, 271, 278, 282, 291, 306, 317, 324~376, 385, 400, 408, 427, 429, 442~448, 467, 478~482, 486~495, 502~540,

562~565, 587~636, 641, 653, 679~692, 706~737, 758~762

인도네시아Indonesia 16, 19~26, 146, 339, 365, 482, 489, 493, 507, 508, 516, 520, 528~531, 654, 706~710, 725~744, 752, 758~762

인도무슬림연맹All India Muslim League 611, 621

인도 다수당 국민회의Indian National Congress 611, 617

인도차이나Indochina 531, 719, 722, 724, 731~734, 745, 760

인도-파키스탄 전쟁India-Pakistan Wars 626

인민해방군人民解放軍 656, 659, 660, 664, 695, 751

일본Japan 17, 21, 25, 199, 241, 242, 247, 365, 368, 379, 400~423, 429, 430, 464, 480, 529, 591, 617, 621, 625, 638~655, 661~666, 693, 696, 709, 710, 718, 719~734, 740, 741, 758~761

일본 전국 시대日本戰國時代 419, 420

일한국Ilkanate(一汗國, 1259~1336) 306~309, 458

임진왜란壬辰倭亂(1592-1598) 404

이슬람교Islam 17~22, 76, 241, 266~312, 319~337, 347, 348, 351, 357~360, 434, 438, 439, 460, 469, 470, 517~524, 548~554, 574, 584, 585, 609, 611, 621, 624, 712, 714, 752, 761

자바 왕국Java kingdom 481

자이나교Jainism 124, 128~131, 146, 333, 342

자카르타Jakarta 528, 707, 743, 762

재스민 혁명Jasmine Revolution 580

전국 시대戰國時代(기원전 403~기원전 221) 175, 177~180, 190, 205, 224, 225

전국칠웅战国七雄 174

정묘호란丁卯胡亂 406

정토종Pure Land School(淨土宗) 246, 419

정토진종淨土眞宗 419

조도종杖道宗 418

조로아스터교Zoroastrianism 75, 76, 88, 89, 220, 243

조선朝鮮(1392~1910) 403, 404~407, 422, 430, 638, 644~647

주周나라(기원전 1046~기원전 771) 17, 155, 167~184, 423

주자파走資派 659

중국China 13, 17~25, 31, 32, 42, 43, 69, 87, 88, 96, 97, 111, 135~141, 154~188,

193~207, 211~228, 233~253, 270, 283, 287, 306, 307, 339, 360, 365, 369, 372, 378~517, 523~539, 591, 600, 617, 624, 630~640, 644~650, 655~666, 670, 671, 675~684, 694~700, 706, 715~727, 734~737, 747, 751, 758, 761, 762
중동 전쟁Middle East War(아랍-이스라엘 전쟁Arab-Israel War, 1948) 565, 568~570
중일 전쟁Second Sino-Japanese War(1937~1945) 650~652, 655
중화민국Republic of China 640, 648, 657, 663, 666
중화인민공화국People's Republic of China(1949~) 640, 655~658, 666
진秦나라(기원전 221~기원전 206) 174~177, 181~194, 237, 238, 378, 425
집현전集賢殿 404
쩐陳 왕조(1226~1413) 485
차크리 왕조Chakri dynasty 536, 539
참족Cham 482, 487, 489, 517
참파 왕국Champa Kingdom(2세기 말~17세기 말) 482, 486~490, 493
참파족Champa 493, 495, 496
처녀지정책virgin lands campaign 702
천태종Tiantai(天台宗) 245, 246, 413, 414
척불정책斥佛政策 447
청淸나라(1636~1912) 25, 222, 407, 431, 448, 473~478, 520, 630~640, 644~648, 669~671, 681, 694, 695
청일 전쟁Sino-Japanese War(1894~1895) 644, 646
체코슬로바키아Czechoslovakia 695
촉蜀나라(221~263) 205, 390
촐라 왕국Chola kingdom(9~13세기 중엽) 146, 147, 339~342, 512
춘추 시대春秋時代(기원전 770~기원전 403) 178, 180
카라코룸Karakorum 213, 454~460, 683, 696
카레 전투Battle of Carrhae 87, 223, 224, 237
카렌족Karen 733
카르카르 전투Battle of Qarqar 267
카링가 왕국Kalinga kingdom(기원전 4세기경~기원전 261) 131
카바Ka'ba 276, 277, 351
카슈가르Kashgar 213, 293, 391, 441, 449, 675, 683
카스트 제도caste 123, 124, 135, 324, 325, 341, 347, 351, 352, 493, 595

카시트 왕조Kassite dynasty(기원전 17세기~기원전 1157) 47

카시트족Kassite 47

카자르 왕조Qajar dynasty(1779~1925) 562

카자크족Kazak(코사크) 563, 668, 669, 693

카자흐스탄Kazakhstan 229, 679, 700~703

카자흐족Kazakh 671, 672~676, 678, 702

카탈루냐 평원전투Battle of Catalaunian Plains 259

칸치푸람Kanchipuram 147, 339, 340

칼로비츠 조약Treaty of Karlowitz 317

칼미크족Kalmyk 669~672, 678

칼리프caliph 265, 269, 270, 278~290, 307, 319~329, 444, 554

캄보디아Cambodia 21, 22, 135, 146, 339, 449, 483, 489~497, 524, 534, 540, 715, 719~724, 749~751

케다 왕조Kedah dynasty(1160~1821) 539

켄지르kengir 33, 34

『코란Koran』 266, 269, 272, 273, 276, 278, 357, 518, 673

코카서스Caucasus 449, 548

코칸트한국Khoqand Khanate 678, 679

쿠루족Kauravas 113, 114, 513

쿠르드족Kurd 303, 321, 560, 561, 572

쿠샨 왕조Kushan dynasty(60~240년경) 16, 17, 139~141, 144, 146, 240, 241

크림한국Khanate of the Crimea(1430~1783) 322, 550

크메르루주Khmer Rouge 750

크메르 제국Khmer empire(802~1431) 486~491, 494~499, 512, 531~535, 538, 721, 749

크메르족Khmer 485

키르기스스탄Kyrgyzstan 282, 439, 682, 699, 700, 703, 704

키르기즈족Kyrgyz 698

키멜족Kimmerians 229~231

타밀 타이거즈Tamil Tigers 24

타밀족Tamil 339, 342, 343, 350, 625, 729

타이Thailand 23, 26, 481, 484, 496~506, 516, 524, 531~541, 719~724, 756

타이완Taiwan 657, 664, 666, 724

타지키스탄Tajikistan 699~703

탈레반Taliban 285, 690, 703

탈리코타 전투Battle of Talikota 338, 339

탁발부拓跋部 780

탕구트족Tangut 392

태평양 전쟁Pacific War(대동아 전쟁) 26, 644

태평천국운동太平天國運動(1851~1864) 637

터키Turkey 23, 53, 206, 250, 276, 288, 304~309, 319, 322, 326, 522, 546, 552~554, 560~563, 567, 581~585, 668, 701, 711, 760, 762

톈진 조약Treaty of Tianjin 634, 635

토카라족Tokhara 18, 210, 211, 213~221

톤부리 왕조Thonburi dynasty(1767~1782) 537

통일말레이민족기구UMNO(United Malay National Organisation) 734

투글루크 왕조dynasty(1320~1414) 330~333, 337

투루판 분지Turfan Depression 140, 197, 213, 219, 435, 677, 683

투루판 왕국Turfan kingdom(7세기 초~9세기 중엽) 389

투르크메니스탄Turkmenistan 699~703

투르크족Turks 18, 151, 249, 289~296, 305, 315~317, 321, 326, 331, 434~441, 451, 467, 551

투르키스탄Turkistan 670, 679, 698, 699

통구 왕조Toungoo dynasty(1531~1752) 504~506, 535, 536

튀니지Tunisia 467, 580

트란스요르단Transjordan 556

트로이Troy 39, 80, 119

티무르 제국Timur Empire(1369~1508) 18, 20, 22, 309, 310, 332, 344, 345, 466~472, 672

티베트Tibet 21, 147, 212, 242, 330, 389~392, 436, 437, 441~448, 478, 480, 499, 501, 636, 660, 680~684

파르티아 왕조Partians dynasty(기원전 247~기원후 226) 56, 86~88, 223, 224, 237, 241

파시교도Parsee 351

파이살 왕조Feisal dynasty 561, 571

파키스탄Pakistan 24, 355, 570, 591, 623~627, 725, 760

파티마 왕조Fatimid dynasty(909~1171) 282, 295, 298, 300

판두족Pandavas 114, 513

판디아 왕국Pandyas kingdom(기원전 3세기~기원후 13세기 중반) 147, 339~343

팔기군八旗軍 473, 670

팔라바 왕국Pallava kingdom(3세기 후반~9세기 말) 146, 147, 339, 340

팔라에올로구스 왕조Palaeologus dynasty(1259~1453) 315

팔레비 왕조Pahlevi dynasty(1925~1979) 562, 563, 572~574

팔레스타인Palestine 53, 54, 64, 71, 72, 91, 209, 267, 295, 301, 554~557, 561~566, 569

팔레스타인 해방기구PLO: Palestine Liberation Organization 566, 569

페니키아Phoenicia 67, 69, 71

페레스트로이카perestroika 702, 703

페르시아 제국Persian Empire 15~21, 30, 33, 45~61, 67, 75~83, 87~94, 100, 111, 124, 137, 139, 210, 228~232, 262, 274, 279, 286~294, 305~317, 324~329, 359, 361, 440, 462, 506, 537, 538, 574, 578, 579, 678, 681, 682, 690, 703

포르투갈Portugal 20, 21, 23, 271, 313, 337, 343, 344, 346, 360~367, 421, 422, 429, 430, 478, 504~506, 517~529, 579, 724, 743, 760

퐁디셰리Pondicherry 346, 366, 358~371

프라크리트어Prakrit 133

프라하의 봄Prague Spring 695

프랑스France 20, 21, 25, 26, 255, 259, 303, 312, 346, 352, 365~373, 471, 478, 482, 490, 526, 537~541, 546, 552~559, 566~571, 575, 634, 643, 648, 694, 706~710, 715, 719~724, 731~734, 745, 746, 759, 760

프랑스 혁명French Revolution 478, 707

플랜태저넷 왕조Plantagenet dynasty(1154~1399)

피우족驃族(티쿨Tircul) 501

필리핀Philippines 19, 22~26, 271, 523~526, 653, 654, 708~712, 724~730, 752~758

하노이 문묘Temple of Literature in Hanoi 482, 483

하드리아노폴리스 전투Battle of Hadrianopolis 254, 255

하마스Hamas 566

하시미테 왕조Hashimite dynasty 556

하심 왕국Hashim kingdom(1096~1700) 556

한국Korea(한반도) 17, 21, 25, 198, 199, 241, 242, 247, 249, 379, 398~406, 411, 458, 645, 657, 662~665, 679, 760, 761

한국 전쟁Korean War(1950~1953) 657, 662~665, 760, 761

함무라비 법전Code of Hammurabi 43, 46

합스부르크 왕가The House of Habsburg 363

향신료 무역 23, 361, 363~366, 512, 515, 521, 522, 527, 529

헝가리Hungary 111, 151, 211, 256, 259, 262, 304, 315~317, 546, 711

헤이안 시대平安時代(794~1185) 411

헤즈볼라Hezbollah 566

호주Australia 724, 738, 743

홍위병紅衛兵 659

홍콩Hong Kong 184, 576, 631~636, 661, 717, 724, 725, 735, 758

화엄종Hui Yuan(華嚴宗) 245, 246

황허 문명黃河文明 96, 97

회창會昌의 폐불廢佛 252, 253, 390

후금後金(1616~1636) 406, 407

후주後周(951~960) 390

후한後漢(동한東漢, 25~220) 180, 198~205, 238

훈족Huns 17, 136, 150, 151, 183, 209, 232, 253~262

훼阮 왕조 722

흉노匈奴 136, 183, 195~199, 219, 232~238, 249, 255, 435

흠차대신欽差大臣 630, 631

히타이트Hittite 47, 53

힌두교Hinduism 17, 20, 22, 33, 104, 105, 112, 121, 124, 129, 133, 134, 142~146, 241, 324~351, 359, 360, 470, 486~491, 497, 507~517, 589, 594~601, 609, 614, 624, 625, 688, 739

힌드Hind 325

인명색인

가르통첸祿東贊(?~667) 티베트의 재상 442~444

가마, 바스코 다Vasco da Gama(1469~1524) 포르투갈의 항해가 21, 360, 362, 429

가이세리크Gaiseric(389?~477) 반달족의 왕(428~477 재위) 260

가자 마다Gajah Mada(1290?~1364) 마자파히트 왕조의 재상 515

가잔 칸Ghazan Khan(1271~1304) 일한국 7대 왕(1295~1304 재위) 309

가지 말리크Ghazi Malik(기야스 알딘Ghiyath al-Din, ?~1325) 투글루크 왕국의 창건자(1320~1325 재위) 331

간디, 마하트마Mahatma Gandhi(1869~1948) 인도의 민족운동 지도자 12, 24, 587, 611~619, 622, 729, 760

간무桓武(737~806) 일본의 50대 천황(781~806 재위) 411

강희제康熙帝(1654~1722) 청나라 4대 황제(1661~1722 재위) 448, 476, 477

건륭제乾隆帝(1711~1799) 청나라 6대 황제(1735~1795 재위) 222, 475~479, 506, 634, 670, 671

고다이고後醍醐(1288~1339) 일본 96대 천황(1318~1339 재위) 418

고든, 찰스Charlse Gordon(1833~1885) 영국의 군인 637

고르바초프, 미하일Mikhail Gorbachev(1931~) 소련의 대통령(1990~1991 재임) 660, 697, 702, 703

고묘光明(1322~1380) 일본 남북조시대 북조의 2대 천황 418

고빈드 싱Govind Singh(1666~1708) 시크교의 열 번째 구루 358

고종高宗(628~683) 당나라 황제(649~683 재위) 384, 385

고타마 싯다르타Gautama Siddhartha … 붓다

공자孔子(기원전 551~기원전 479) 유교의 시조 12, 161~165, 169~180, 253, 394, 423, 454, 722

공제恭帝(1271~1323) 송나라의 16대 황제이며 남송南宋 7대 황제(1274~1276 재위) 462

광무제光武帝(기원전 6~기원후 57) 후한의 초대 황제(25~57 재위) 199~201, 204

광서제光緒帝(1871~1908) 청나라 11대 황제(1874~1908 재위) 638~640

광종光宗(925~975) 고려의 4대 왕(949~975 재위) 401, 402

구유크 칸Guyug Khan(1206~1248) 몽골 제국의 3대 황제(1246~1248 재위) 433, 460

그레고리오 9세Gregorius IX(1165?~1241) 178대 로마 교황(1227~1241 재위) 305

그랜트, 찰스Charles Grant 영국 동인도회사의 책임자 594

기게스Gyges(?~기원전 648?) 리디아의 왕 230, 231

길가메시Gilgamesh 수메르의 전설적인 왕 12, 39~41, 61~63

김부식金富軾(1075~1151) 고려의 문신·학자 402

나가르주나Nagarjuna(150?~250?) 인도의 불교 사상가 141~143, 245, 271, 400

나나크Nanak(1469~1533) 인도 시크교의 교조 351, 352

나라티하파테Narathihapate(1238~1287) 남조국의 왕(1254~1287 재위) 504

나세르, 가말 압델Gamal Abdel Nasser(1918~1970) 이집트의 군인 출신 대통령(1956~1970 재임) 571

나폴레옹, 보나파르트Napoleon Bonaparte(1769~1821) 프랑스의 군인, 황제 321, 372, 373, 546, 579, 580, 707, 708

난나Nanna 수메르 신. 수엔Suen 또는 아카드어로 신Sin 65, 73

남리송첸南日松贊 티베트의 왕 441

네루, 자와할랄Jawaharlal Nehru(1889~1964) 인도의 정치가 617, 622

네부카드네자르 1세Nebuchadrezzar I 고대 바빌로니아 제4왕조 3대 왕(기원전 1124~기원전 1103 재위) 47~50, 68, 70

네부카드네자르 2세Nebuchadrezzar II(성경에는 느부갓네살) 신바빌로니아의 2대 왕(기원전 605~기원전 562 재위) 57~59

네코 1세Necho I 이집트의 군주(기원전 664~기원전 663 재위) 57

넬슨, 호레이스Horatio Nelson(1758~1805) 영국의 제독 647

노로돔 시아누크Norodom Sihanouk(1922~) 캄보디아의 왕(1993~2004 재위) 749, 750

노아Noah 대홍수에서 살아남은 구약성경의 인물 15, 31

노장, 기베르 드Guibert de Nogent(1053~1124) 베네딕트 수도회의 수도원장 301

누르Noor 요르단 후세인 이븐 탈랄 왕의 부인 570

누르하치努爾哈赤(1559~1626) 청나라의 시조(1616~1626 재위) 406, 407, 473

뉴볼트, 헨리Henry Newbolt(1862~1938) 영국 시인 겸 비평가 667

니누르타Ninurta 메소포타미아의 신 51

닉슨, 리처드Richard Nixon(1913~1994) 미국의 37대 대통령(1969~1974 재임) 749

닌후르사그Ninhursag 메소포타미아의 여신. 땅의 여신이자 대모신 29, 65, 66, 72

다니엘Daniel(벨테샤트르Beltshzzar) 유대의 선지자, 예언자 58, 59, 73, 74, 77

다르마락사Dharmaraksa 중국에 불교를 전한 인도 승려 244, 246

다리우스 1세Darius I 페르시아 아케메네스 왕조의 왕(기원전 550~기원전 486 재위) 58~61, 78, 79

다리우스 3세Darius III 페르시아 아케메네스 왕조의 마지막 왕(기원전 336~기원전 330 재위) 80, 692

다이어, 레지널드Reginald Edward Harry Dyer(1864~1927) 인도 출생의 영국 군인 615, 616

다케슈와리Dhakeshwari 시바의 배우자이자 왕국의 보호자 486

달기妲己 중국 상나라 주왕의 애첩 167

대처, 마가렛Margaret Thatcher(1925~) 영국 총리(1979~1990 재임) 578, 661

덩샤오핑鄧小(1904~1997) 중국 정치가 659~661, 666, 694, 751, 761

데메트리오스 1세Demetrius I 그리스 박트리아의 왕(기원전 200~기원전 180 재위) 138

데비Devi 힌두교에서 모시는 여신 104, 105, 148

데와남피야 팃사Devanampiya Tissa 스리랑카 아누라다푸라 왕국의 3대 왕 135

도고 헤이하치로東鄕平八郎(1848~1934) 일본의 해군 제독 646, 647

도무제道武帝(371~409) 북위의 초대 황제(386~409 재위) 249

도스트 무함마드Dost Mohammad(1793~1863) 아프가니스탄의 군주로 바라크자이 왕조의 창시자(1826~1839, 1845~1863 재위) 686, 687

도시 무함마드Dosh Muhammad 아프가니스탄의 지도자 592, 594

도요토미 히데요시豊臣秀吉(1536~1598) 일본의 무장이자 정치가 404, 420~423, 430, 647

도쿠가와 이에모치德川家茂(1846~1866) 일본 에도막부 14대 쇼군 641

도쿠가와 이에야스德川家康(1543~1616) 일본 에도막부의 초대 쇼군 420, 422

두르가Durga 전쟁의 여신, 시바의 아내 148

두만 선우頭曼 單于(?~기원전 209) 흉노족의 나라를 세움 233

두무지Dummuzi(탐무즈Tammuz) 수메르의 신 35, 63, 64, 36~38, 49, 64

뒤플리, 프랑수아Francois Dupleix 인도 총독 366, 367, 369

디모데Timothy 269, 270

디파느가라Pangeran Dipanagra 인도네시아 왕자 708

딘보린丁部領(924~979) 베트남 딘丁 왕조의 시조(968~979 재위) 484, 485

뜨득嗣德, Tu Duc(1829~1883) 베트남 응우옌 왕조의 4대 군주(1847~1883 재위) 721

라덴 비자야Raden Vijaya 마자파히트 왕조 창시자 514

라마Rama 『라마야나Ramayana』의 영웅 120, 533

라마 티보디 1세Rama Thibodi I(우통U Thong, 1315~1369) 타이 아유타야 왕조의 창시자(1350~1369 재위) 532, 533, 537

라마 4세Rama IV(몽꿋Mongkut, 1804~1868) 타이 차크리 왕조의 4대 왕(1851~1868 재위) 539, 540

라마 5세Rama(출라롱콘Chulaongkorn, 1853~1910) 타이 차크리 왕조의 5대 왕(1868~1910 재위) 540, 541

라만, 무지부르Mujibur Rahman(1920~1975) 방글라데시의 정치가 626
라모스, 피델Fidel Valdez Ramos(1928~) 필리핀 대통령(1992~1998 재임) 755
라바나Ravana 마왕 120
라이트, 프랜시스Francis Light(1740~1794) 영국 해군 장교 706
라젠드라바르만 2세Rajendravarman II(910~968) 크메르 제국의 왕(944~968 재위) 494
라티Rati 발리판 모성과 풍요의 힌두교 여신 509
라후Rahu 인도의 신 95
락슈미lakshmi 비슈누의 아내인 행운의 여신 329
랄 쿤와Lal Kunwar 무굴 제국 자한다르 샤 황제의 애첩 359
랄룽 팔기 도르제Lahlung palgyi dorje 447
람세스 3세Ramses III(?~기원전 1156) 이집트 제20왕조의 2대 왕(기원전 1198~기원전 1166 재위) 53, 54
랑다르마郞達瑪 티베트의 왕(841~842 재위) 447
래플스, 스탬퍼드Stamford Raffles(1781~1826) 영국의 정치인 525, 706~708, 712
레 러이Le Loi(1385~1433) 베트남 레 왕조 창건자(1428~1433 재위) 485
레비아탄Leviathan 신화의 괴물 69
레오 1세Leo I(?~461) 로마 말기의 교황(440~461 재위) 258
레오 3세Leo III(675?~741) 동로마 황제(717~741 재위) 283
레오노윈, 안나Anna Loenowens 타이 차크리 왕조가 영국에서 초빙한 궁정 가정교사 540
레이건, 로널드Ronald Reagan(1911~2004) 미국의 40대 대통령(1981~1989 재임) 578, 754, 755
레자 칸Reza Khan(레자 샤 팔레비Rezā Shāh Pahlavī, 1877~1944) 이란 국왕으로 팔레비 왕조의 창설자(1925~1941 재위) 563, 572, 573
로렌스, 토머스 에드워드Thomas Edward Lawrence(1888~1935) 영국의 군인이자 고고학자 545, 555~560
로마누스 4세Romanus IV 동로마 3대 황제(1068~1071 재위) 291, 292, 296
로망, 윔베르 드Humbert de Romans(1193~1277) 도미니크 수도회의 수사 301
록사네Roxane 알렉산드로스 대왕의 부인 692
론놀Lon Nol(1913~1985) 캄보디아 크메르 공화국 초대 대통령 749, 750
루아Rua 훈족의 왕 256
루앙 피분송크람Luang Phibunsonkhram 타이의 장군 719
루즈벨트, 프랭클린Franklin Delano Roosevelt(1882~1945) 미국의 32대 대통령(1933~1945 재임) 709
리처드 1세Richard I(1157~1199) 영국의 왕(1189~1199 재위) 188, 303, 304
리콴유Lee Kuan Yew(李光耀, 1923~) 싱가포르 총리 736, 737, 757

린저쉬林則徐(1785~1850) 중국 청나라 정치가 631
마누엘 1세Manuel I(1469~1521) 포르투갈의 왕(1495~1521 재위) 360
마누치, 니콜라오Niccolao Manucci(1639~1717) 베네치아의 여행가 354
마니Mani(216~273) 마니교 창시자 89, 90, 243
마르두크Marduk 고대 바빌로니아의 신 47, 49, 50, 54, 57, 60, 68~70, 78, 231
마르코스, 페르디난드Ferdinand Emmanuel Edralin Marcos(1917~1989) 필리핀의 정치가,
　　대통령(1965~1986 재임) 752~756
마르크스, 카를Karl Heinrich Marx 독일의 사회주의자 695
마모트 2세Mahmut II(1785~1839) 터키 황제 548, 549
마무드 세브루크티긴Mahmud ibn Sebruktigin 688
마오쩌둥毛擇東(1893~1976) 중국 공산당의 최고 지도자 12, 649, 655~660, 664, 666, 751
마우리키우스Mauricius Flavius Tiberius(539~602) 동로마의 황제(582~602 재위) 92, 93
마운트배튼, 루이스Sir Louis Mountbatten(1900~1979) 영국의 정치가·군인 621~624
마원馬援(기원전 14~기원후 49) 중국 후한의 무장 200~204
마하비라Mahavira(기원전 599?~기원전 527?) 자이나교의 성인 130, 133
마하티르 무함마드Mahathir Mohamad(1925~) 말레이시아 수상(1981~2003 재임) 737, 738
마헨드라바르만 1세Mahendravarman I 팔라바 왕국의 왕(600~630 재위) 146
마환馬歡 명나라 때 정화의 원정대에 동행한 중국인 이슬람교도 521
마흐무드 이븐 수북티킨Mahmûd Ibn Subuktikin(970~1030) 가즈나 왕조의 7대 왕(998~1030 재위)
　　327
망룬망첸Manglon Mangtsen 티베트 왕 444
매취커, 조안Johan Maetsuyker 스리랑카의 총독 364
매카트니1st Earl Macartney(1737~1806) 영국 최초의 특명전권대사 476~479, 630
맥아더, 더글러스Douglas MacArthur(1880~1964) 미국 사령관 662~665
맥킨더, 할포드Halford J. Mackinder(1861~1947) 영국 지리학자 685, 686
맥킨리, 윌리엄William McKinley(1843~1901) 미국 25대 대통령(1897~1901 재임) 709
맹자孟子(기원전 372?~기원전 289?) 중국 전국시대의 유교 사상가 161, 188, 394
메난드로스Menandros(밀린다Milinda) 인도-그리스인이 서북 인도에 세운 왕국의 왕(기원전 155~기원전
　　130 재위) 137~139, 241
메넬라우스Menelaos 그리스 신화의 스파르타 왕 120
메메트 2세Mehmet II(1432~1481) 오스만투르크의 7대 술탄(1444~1446, 1451~1481 재위) 35, 317, 319
메샤크Meshach(미사엘Mishael) 58

명제明帝(28~75) 후한의 2대 황제(57~75 재위) 202, 203

모돈 선우冒頓 單于 흉노의 명군(기원전 209~기원전 174 재위) 232, 233, 238

몬터규, 에드윈Edwin Samuel Montagu(1879~1924) 영국령 인도 주무관 612

몽끗Mongkut ⋯▶ 라마 4세

몽염蒙恬(?~기원전 209) 진나라의 장군 232

몽케 칸Mongke Khan(1208~1259) 몽골 제국의 4대 칸(1251~1259 재위) 306, 307, 460, 461

묘청妙淸(?~1135) 고려 승려 402

무라트 2세Murat II(1404~1451) 오스만투르크 제국의 6대 술탄(1421~1444년, 1446~1451 재위) 309

무령武靈(?~기원전 295) 조趙나라의 왕(기원전 325~기원전 299 재위) 225~228

무르실리스 1세Mursilis I 히타이트 왕국의 왕(기원전 1620~기원전 c. 1590 재위) 47

무정武丁(기원전 1250~기원전 1192) 상나라 20대 왕 221

무제武帝(464~549) 남조의 양나라 황제(502~549 재위) 248

무제武帝(기원전 156~기원전 87) 한나라(전한前漢) 7대 황제(기원전 141~기원전 87 재위) 194~200, 219, 234, 237, 238

무조武曌 ⋯▶ 측천무후

무종武宗(814~846) 당나라 15대 황제(840~846 재위) 242, 243, 390

무함마드 모사데크Muhammad Mosaddeq(1880~1967) 이란의 총리 572, 573

무함마드 알리Muhammad Ali(1769~1849) 오스만투르크 제국의 이집트 총독 546

무하마드 알리 진나Muhammad Ali Jinnah(1876~1948) 파키스탄의 정치가 621

무함마드 테켈레브Muhammed Tevkelev 673, 674

무함마드Muhammad(570~632) 이슬람교 창시자 12, 16, 19, 20, 266~269, 273~278, 283, 287~301, 309, 319, 324, 517, 570, 697

무흐푸즈 칸Muhfuz Khan 무굴 지도자 안와르 웃 딘의 아들 367

문성공주文成公主(625?~680) 당나라 공주 443, 444

문왕文王(?~?) ⋯▶ 희창

문제文帝(541~604) 수나라 초대 황제(581~604 재위) 252, 378, 379, 381, 434

문제文帝(기원전 202~기원전 157) 전한의 5대 황제(기원전 180~기원전 157 재위) 193, 194

뭄타즈 마할Mumtaz-Mahl 무굴 제국 샤 자한의 황후 355~357

미나모토 요리토모源賴朝(1147~1199) 일본 가마쿠라 막부 정권을 세운 무장 414

미노스Minos 그리스 신화의 크노소스 왕 71

미노타우로스Minotauros 그리스 신화의 반인반우半人半牛의 괴물 71

미카일 8세Michael VIII Palaeologus(1224?~1282) 동로마 황제(1259~1282 재위) 315

미히르쿨라Mihirkula 훈족의 왕 17, 151

밀린다Milinda …▶ 메난드로스

바루나Varuna 인도의 신 53

바부르, 자히르 웃딘 무함마드Babur, Zahir-ud-din Muhammad(1482~1530) 인도 무굴 제국의 초대 황제(1526~1530 재위) 20, 345, 347, 434

바수데바Vasudeva 인도 쿠샨 왕조 카니슈카 가문의 마지막 왕 144

바시슈카Vasishka 인도 쿠샨 왕조의 왕(151?~155? 재위) 144

바알Baal 비의 신. 별명은 하다드Hadad 71

바야지트 1세Bayazit I(1360~1402) 오스만투르크 제국의 4대 술탄(1389~1402 재위) 316

바울Paulus(10?~67?) 초대 기독교의 전도자 12, 238, 239, 276

바지 라오 2세Baji Rao II(1775~1851) 마라타 동맹의 지도자(1796~1818 재위) 373

바하두르 샤 1세Bahadur Shah I(1643~1712) 인도 무굴 제국의 황제(1707~1712 재위) 358

바하두르 샤 2세Bahadur Shah II(1775~1862) 인도 무굴 제국의 마지막 황제(1837~1857 재위) 359, 598, 599, 605

바흐람 1세Bahram II 사산 왕조 4대 왕(273~276 재위) 89

반경제盤庚帝 상나라 황제 158~163

반초班超(33~102) 후한 초기의 무장 140

발레리아누스, 푸블리우스 리키니우스Publius Licinius Valerianus(?~260) 로마 황제(253~260 재위) 89, 90

발렌티니아누스 3세Valentinian III(419~455) 서로마 황제(425~455 재위) 257, 258~261

발미키Vālmīki 『라마야나』를 집필한 고대 인도의 시인 118~121

번즈, 알렉산더Alexander Burnes 스코틀랜드 출신의 영국군 지휘관 592

법장法藏(1350~1428) 고려 말 조선 초의 승려 245, 246

법현法顯(337?~422?) 동진 시대 최초의 인도 순례승 134, 141

법흥왕法興王(?~540) 신라의 23대 왕(514~540 재위) 399

베긴, 메나헴Menachem Wolfovitch Begin(1913~1992) 이스라엘의 정치가 564, 569

베르니에, 프랑수아Francois Bernier(1625~1688) 프랑스인 의사 352

베빈, 어니스트Ernest Bevin(1881~1951) 영국 외무장관(1945~1951 재임) 563

벤구리온, 다비드David Ben-Gurion(1886~1973) 이스라엘 정치가·시오니즘 지도자 562

벤팅크, 윌리엄Lord William Cavendish Bentinck(1774~1839) 초대 인도 총독 594, 595

벨샤자르Belshazzar 바빌로니아 최후의 왕(기원전 552~기원전 539 재위) 59

벨테샤트르Beltshzzar …▶ 다니엘

보구옌지압武元甲(보응우옌지압Vo Nguyen Giap, 1911~) 베트남의 군인, 정치가 745, 751

보다우파야Bodawpaya(1740?~1819) 버마의 마지막 왕조 꽁바웅의 5대 왕(1782~1819 재위) 506

보디다르마Bodhidharma(달마대사達磨大師, ?~528년?) 선종의 창시자 247~251

보스, 찬드라 수바스Chandra Subhas Bose(1897~1945) 인도의 독립운동 지도자 617

보응우옌지압Vo Nguyen Giap ⋯▶ 보구옌지압

볼코르D. V. Volkor 오렌부르크의 총독 676~678

뵈귀 카간移地健牟羽 투르크계 위구르족의 3대 통치자(759~779 재위) 435

부버, 마르틴Martin Buber(1878~1965) 독일의 유대인 사상가 614

부소扶蘇(?~기원전 210) 진시황의 장자 177, 186, 190, 191

부시, 조지George Bush(1924~) 미국 43대 대통령(2005~2009 재임) 578, 660, 661, 694

분, 찰스Charles Boone 봄베이 총독(1715~1722 재임) 366

붓다Buddha(본명은 고타마 싯다르타, 기원전 563?~기원전 483?) 불교를 창시한 인도의 성자. 석가모니.
　　붓다는 '깨달은 자'라는 뜻의 산스크리트어. 99, 121, 130~135, 141~145, 150, 246

붓다고사Buddhaghosa 인도의 불교학자 500

브라마Brahma 우파니샤드의 최고 원리 브라만을 신격화한 것으로 세계의 주재신·창조신 120, 511

브라이든, 윌리엄William Brydon(~1873) 영국 동인도회사의 외과 보조의 593

브루스, 제임스James Bruce(엘진 경 Sir Elgin) 중국에 주둔한 영국 특별 전권 대사 634, 635

브룩, 제임스James Brooke(1803~1868) 사라와크 왕국을 건립한 영국인(1841~1868 재위) 13, 712~717, 734, 735

브룩, 찰스 바이너Charles Vyner deWindt Brooke(1874~1963) 마지막 토후국의 왕 백인
　　독립영주(1917~1946 재위) 734

브리트라Vritra 인도 토속신앙의 악마 341

비자야바후 1세Vijayabahu I 촐라 왕국을 몰아내고 스리랑카를 통합(1059~1113 재위) 342

빅토리아 여왕Queen Victoria(1819~1901) 영국의 왕(1837~1901 재위) 601, 608, 610, 621

빈두사라Bindusara 마우리아 왕조의 2대 왕(기원전 298~기원전 272 재위) 128, 131

사라Sarah 아브라함의 아내 277

사르바스 요르단 하산 왕세자의 파키스탄 출신 왕비 570

사마염司馬炎(236~290) 서진의 초대 황제(265~290 재위) 205, 206

사무드라굽타Samudragupta 인도 굽타 왕조의 2대 왕(335~376 재위) 134, 146~150

사이드 아메드 칸Syed Ahmed Khan(1817~1898) 영국령 인도 하의 무슬림 철학자, 사회운동가 596

살라딘Saladin(1137~1193) 십자군에 맞선 아랍의 전사 302~304

상앙商鞅(?~기원전 338) 진나라의 승상 175~177, 181, 185

샘핫Samhat 길가메시 서사시에 나오는 매춘부 62, 67

샤 슈야Shah Shuya 아프가니스탄 왕 686

샤 슈자Shah Shuja 아프가니스탄의 지도자 592

샤 압바스 1세Shah Abbas I(1571~1629) 사파비 왕조 5대 왕(1587~1629 재위) 12, 310~314, 354

샤 자한, 쿠람Khurram Shah Jahan(1592~1666) 무굴 제국의 5대 황제(1628~1657 재위) 323, 352~358

샤드라크Shadrach(하나냐Hananiah) 58

샤르댕, 장Jean Chardin 프랑스인 여행가 312, 313

샤를 6세Charles VI(1368~1422) 프랑스의 왕(1380~1422 재위) 471

샤마슈Shamash 아카드의 태양의 신. 74

샤웨리가딩Sawerigading 인간세상에 내려와 사람이 된 신의 후예 16

샤푸르 1세Shapur I(?~272) 사산 왕조 2대 왕(241~272 재위) 88~90

서왕모西王母 중국의 신화·전설의 여신 206

서태후西太后(1835~1908) 청나라 함풍제의 후궁이며, 동치제의 생모인 자희 황태후 638~640

선통제宣統帝(순친왕醇親, 본명 푸이溥儀, 1906~1967) 청나라 마지막 황제(1908~1912 재위) 475, 640

성 니카시우스St. Nicasius(?~407) 랭스에서 반달족 침입을 죽음으로 막은 주교 256

성종成宗(960~997) 고려의 6대 왕(981~997 재위) 402

성종聖宗(971~1031) 요나라 6대 황제(982~1031 재위) 437

세종世宗(1397~1450) 조선의 4대 왕(1418~1450 재위) 404

센나케리브Sennacherib(성경에는 산헤립Sennacherib, ?~기원전 681) 아시리아 왕(기원전 704~기원전 681 재위) 54, 55

셀레우코스 1세Seleucus I(기원전 358?~기원전 281) 시리아 셀레우코스 왕조의 시조 84~87, 126

셀림 3세Selim III 오스만투르크 제국의 29대 술탄(1789~1807 재위) 546~548

셰이크 사피 알딘Sheikh Safi al-Din(1252~1334) 사파비 가문의 수장 309, 310

소남갸초Sonam Gyatso(1543~1588) 티베트의 3대 달라이라마 447, 448

소선제昭宣帝 당나라의 마지막 황제(904~907 재위) 389

소프로니우스Sophronius(560~638) 예루살렘의 총 대주교 280, 281

송첸캄포松贊干布(617?~650) 티베트의 왕(630~650 재위) 441~444

쇼토쿠聖德 태자太子(573~622) 일본의 정치가 408~410, 413

수리야바르만 2세Suryavarman II 크메르 제국의 왕(1113~1150 재위) 292, 495, 496

수야바르만 1세Suyavarman I 크메르 제국의 왕(1002~1049 재위) 494

수카르노Sukarno(1901~1970) 인도네시아의 초대 대통령(1945~1967 재임) 705, 735, 739~744, 762

수하르토Suharto(1921~2008) 인도네시아 2대 대통령(1968~1988 재임) 12, 744

숙종肅宗(711~762) 당나라 황제(745~762 재위) 389
순제順帝(토곤 테무르妥懽帖睦爾, 1320~1370) 원나라의 14대이자 마지막 황제(1333?~1367 재위) 424, 466
순치제順治帝(1638~1661) 청나라의 3대 황제(1643~1661 재위) 475
슐기Shulgi 우르 제3왕조의 2대 왕, 우르남무의 아들 39, 44
슐레이만 대제Suleyman the Magnificent(1494~1566) 오스만투르크 제국의 술탄(1520~1566 재위) 314, 319
스웨트넘, 프랭크Frank Athelstane Swettenham(1850~1946) 717
스이코推古(554~628) 일본 33대 천황(592~628 재위) 409
스탈린, 이오시프Joseph Stalin(1879~1953) 소련의 정치가 659, 693, 696, 702
스트라보Strabo(기원전 63?~기원후 21) 그리스의 역사가이자 지리학자 137
슬림, 윌리엄William Slim(1891~1970) 영국의 군인 718
시라즈 웃 다울라Siraj ud daula 무굴의 태수(1756~1757 재위) 369~371
시바Shiva 힌두교의 주신. 폭풍의 신 루드라의 호칭 33, 104, 105, 121, 145~148, 329, 335~342, 350, 486, 490, 491, 511, 518, 535
시타Sita 『라마야나』에서 라마의 아내 120
신란親鸞(1173~1262) 조도종의 두 번째 지도자 418~420
신종神宗 송나라 6대 황제(1067~1085 재위) 394
쑨원孫文(1866~1925) 중국 혁명의 지도자·정치가 640, 648, 651, 659
아가멤논Agamemnon 『일리야드』의 미케네의 왕 119
아게노르Agenor 그리스신화에 나오는 페니키아의 왕 71
아그니Agni(바이슈바나라Vaisvanara) 불의 신 110
아그하 무함마드 야히야 칸Agha Mohammad Yahya Khan(1917~1980) 파키스탄 대통령(1969~1971 재임) 626
아나우라타Anawrahta(?~1077) 버마 바간 왕조의 창건자(1044~1077 재위) 499~502
아나욱페툴룬Anaukpetlun(1578~1628) 통구 왕조의 4대 왕(1606~1628 재위) 505
아난타Ananta 인도 신화에 등장하는 뱀신 113
아다드Adad 바빌로니아의 신 51
아르다시르 1세Ardashir I(?~242) 사산 왕조 페르시아의 창시자(226~241 재위) 88
아르주나Arjuna 『바가바드 기타』의 주인공 114~118, 123, 124, 350
아리만Ahriman 어둠과 악을 상징하는 신 75
아마테라스Amaterasu(天照) 일본의 여신 409, 417

아미오Amiot 중국에 거주한 예수회 선교사 478

아미타불阿彌陀佛 대승불교에서 가장 중요시되는 부처 141, 246, 418, 779

아벳느고Abednego(아사랴Azariah) 58

아벨, 안토니Anthony Abell 말레이시아의 영국인 총독 735

아부 바크르Abu Bakr(570?~634) 이슬람의 초대 정통 칼리프(632~634 재위) 277~279

아부 알파들Abu al-Fadl 348, 352

아불카이르 칸Abulkhayir Khan(1693~1748) 카자흐스탄의 칸 671, 674, 676

아브드 알라흐만Abd al-Rahman 이슬람 우마이야 왕조의 마지막 칼리프(756~788 재위) 287

아브드 알말리크Abd al-Malik 이슬람 우마이야 왕조의 5대 칼리프(685~705 재위) 12, 283, 285

아브라함Abraham 이스라엘 민족의 조상 73, 277, 278

아소카Asoka(기원전 304?~기원전 232) 마우리아 왕조의 3대 왕(기원전 273~기원전 232 재위) 12, 125, 131~139, 146, 239, 240, 619

아슈르나딘슈미Ashur-nadin-shumi 아시리아 센나케리브 왕의 아들이자 바빌론의 통치자 55

아슈르나시르팔 2세Ashurnasirpal II 신아시리아 왕(기원전 883~기원전 859 재위) 51

아슈르바니팔Ashurbanipal(기원전 685~기원전 627) 아시리아의 마지막 왕(기원전 668~기원전 627 재위) 50~52, 230, 231

아슈르-슈라트 왕비Ashur-shurrat 아슈르바니팔의 아내 52

아슈르Ashur 아시리아 제1왕국의 수호신 51, 230, 231

아스타르테Astarte(바빌로니아의 이슈타르, 이난나) 고대 페니키아의 여신 67, 68

아시카가 다카우지足利尊氏(1305~1358) 무로마치室町 시대를 연 일본의 무사 418

아시카가 요시미쓰足利義滿(1358~1408) 일본 아시카가足利 막부 쇼군 429

아시카가 요시아키足利義昭 무로마치 막부의 마지막 쇼군 420, 421

아야톨라 압둘 카심 카샤니Abdul Qasim Kashani 이란의 반영 운동 주창자 573

아우구스툴루스, 로물루스Romulus Augustulus(463~?) 서로마 최후의 황제(475~476 재위) 261

아우랑제브Aurangzeb(1618~1707) 무굴 제국의 제6대 황제(1658~1707 재위) 344, 347, 357, 358, 362

아웅산Aung San(1915~1947) 버마의 독립운동 지도자 718, 732

아이티우스, 플라비우스Flavius Aetius(390?~454) 서로마의 장군 259~261

아자하리Azahari(1929~2002) 브루나이 반군 지도자 738

아크나톤Akhnaton(이크나톤, 아멘호테프 4세) 이집트 제18왕조의 10대 왕(기원전 1379~기원전 1362 재위) 73

아키노, 베니그노Benigno Ninoy Aquino(1932~1983) 필리핀의 정치가 753

아키노, 코라손Maria Corazon Sumulong Cojuangco Aquino(1933~2009) 필리핀의 정치인,

대통령(1986~1992 재임) 754, 755

아타튀르크, 무스타파 케말 Mustafa Kemal Atatürk(1881~1938) 터키 초대 대통령(1923~1938년 재임) 12, 546, 554, 563, 582~585, 759

아톤Aton(아텐Aten) 태양신 73

아트라하시스Atrahasis 바빌로니아 신화의 대홍수에서 살아남은 사람 15, 29, 31, 40

아틸라Attila(406?~453) 훈족의 왕 12, 150, 151, 253~262

아파네아Apanea 박트리아 왕국의 공주 84

아파르스바민Apparsvamin 금욕주의를 표방한 힌두교 시인 146

아프로디테Aphrodite 그리스 여신 67, 68

아프수Apsu 바빌로니아 창세 신화의 신 68

아후라 마즈다Ahura Mazda 조로아스터교의 주신, 절대선 75

악바르, 자랄 웃 딘 무함마드 1세Jalal ud-din Muhammad Akbar I(1542~1605) 무굴 제국의 3대 황제(1556~1605 재위) 12, 20, 323, 347~354, 361

안와르 웃 딘Anwar ud din 카르나타카의 무굴 지도자 367, 369

안녹산安祿山(703?~757) 중국 당나라 때 반란을 일으킨 무장 387, 388, 444, 445

안티알키다스Antialcidas 그리스 박트리아 왕(기원전 115~기원전 95 재위) 138

안티오코스 1세Antiochus I(기원전 324~기원전 262) 시리아 셀레우코스 왕조의 2대 왕(기원전 281~기원전 261 재위) 84~86

안티오코스 3세Antiochus III(기원전 242?~기원전 187) 시리아 셀레우코스 왕조의 6대 왕(기원전 223~187 재위) 86, 87, 137

알딘, 기야스Ghiyath al-Din … 가지 말리크

알라디al-Radi(907~940) 아바스 왕조의 칼리프(934~940 재위) 286

알렉산드로스 대왕Alexandros the Great(기원전 356~기원전 323) 마케도니아의 왕(기원전 336~기원전 323 재위) 15, 61, 80~86, 124, 126, 133, 137, 241, 330, 692

알로펜Alopen(阿罗本) 네스토리우스파 기독교 전도사 383

알리 이븐 아비 탈리브Alī ibn Abī Ṭālib(598년?~661) 이슬람의 칼리프(656~66 재위) 19, 277, 279, 289

알마디al-Mahdi(744?~785) 아바스 왕조의 칼리프(775~785 재위) 265, 269

알만수르al-Masur(709?~775) 아바스 왕조의 칼리프(754~775 재위) 287

알무크타디르al-Muqtadir(895~932) 아바스 왕조의 칼리프(908~932 재위) 286

알부케르케, 알폰소 데Alfonso de Albuquerque(1453~1515) 포르투갈령 인도 총독 361, 362, 521, 522

알사이드, 누리Nuri Pasha al-Said(1888~1958) 이라크의 수상 571

알탄 칸Altan Khan(1507~1582) 몽골 타타르족의 추장 447, 448

알프 아르슬란Alp Arslan(1029?~1072) 셀주크 왕국 2대 술탄(1063~1072 재위) 291~296, 440

압둘 라만, 툰쿠Tunku Abdul Rahman(1903~1990) 말레이시아의 정치가 733~736

압둘 살람 아레프Abdul Salam Arif(1921년~1966) 이라크의 2대 대통령(1963~1966) 571, 572

압둘 아지즈 이븐 사우드Abd al Aziz ibn Saud(1876~1953) 사우디아라비아의 2대 국왕(1932~1953 재위) 557

압둘 카림 카셈Abd al-Karim Qassem(1914~1963) 이라크의 정치가 571, 572

압둘라Abdullah 트랜스요르단 국왕 565

압둘라 2세Abdullah 요르단 왕(1999~재임중) 570

애틀리, 클레멘트Clement Richard Attlee(1883~1967) 영국 정치가, 노동당 당수 563, 564, 620~625, 731~733, 745, 759

앨런비, 에드먼드Edmund Henry Hynman Allenby(1861~1936) 영국 총사령관·전략가 545, 555

야마가 소코山鹿素行(1622~1685) 일본 에도 시대의 유학자이자 병법학자 423

야마모토 이소로쿠山本五十六(1884~1943) 연합함대 사령관 653

야마시타 토모유키山下奉文(1885~1946) 일본 군인 725, 727

야소바르만 1세Yasovarman I 크메르 왕조 4대 왕(889~900 재위) 490~493

야율대석耶律大石(1087~1143) 서요의 초대 왕 436, 438, 440

야율아보기耶律阿保機(872?~926) 요나라의 초대 황제(916~926 재위) 436

야율이열耶律夷列 서요 야율대석의 아들 438

야율직노고耶律直魯古 서요의 마지막 왕(1177~1211 재위) 440, 441

야율초재耶律楚材(1190~1244) 몽골 제국 칭기즈 칸의 참모 330, 436, 453~460, 463

양귀비楊貴妃(본명 양옥환楊玉環, 719~756) 당나라 현종의 비 387~389

양기梁冀(?~159) 후한의 대장군 204

양제煬帝(569~618) 수나라의 2대 황제 379

에레슈키갈Ereshkigal 수메르의 여신 36, 37

에르도안, 레제프 타이이프Recep Tayyip Erdogan(1954~) 터키 국무총리(2003~) 584

에를랑가Erlanga 스리비자야 왕조의 발리 왕자 512

에사르하돈Esarhaddon 아시리아의 왕(기원전 680~기원전 669 재위) 55, 57

에스겔Ezekiel(에제키엘Ezekiel) 유대 예언자 64, 72

에스트라다, 조셉Joshep Estrada(1937~) 필리핀의 정치가, 대통령(1998~2001 재임) 755, 756

에우로페Europe 그리스 신화의 여신 71, 72

에우티데모스 1세Euthydemus I 그리스 박트리아 왕국의 왕(기원전 223~기원전 c. 200) 137, 138

에이사이榮西(1141~1215) 일본 가마쿠라 시대의 승려 419, 420

에제키엘Ezekiel …▶ 에스겔

엔닌圓仁(794~864) 일본 헤이안 시대 승려 242

엔릴Enlil 수메르의 신 31, 65

엔키두Enkidu 아시리아·바빌로니아의 전설적인 영웅 40, 62

엔키Enki(아카드어로는 에아) 수메르의 신 31, 36, 65~67, 72

여호야킴Jehoiakim(기원전 609~기원전 598) 유대 왕 58

영락제永樂帝(1360~1424) 명나라의 3대 황제(1402~1424 재위) 12, 425~430, 472, 520

영제靈帝(156~189) 후한의 12대 황제(168~189 재위) 204, 205

영허즈밴드, 프랜시스 에드워드Francis Edward Younghusband(1863~1942) 영국 군인 680~684

에르투룰 베이Ertugrul Bey 카유족의 족장 315

예수Jesus 기독교의 시조 12, 16, 90, 91, 239, 269~275, 420, 422, 478, 637

오고타이 칸Ogodei Khan 몽골 제국 2대 왕(1229~1246 재위) 450, 452, 457~460

오광吳廣(?~기원전 208) 농민반란 주동자 191

오다 노부나가織田信長(1534~1582) 일본 전국시대의 무장 419~422

오르한 1세Orhan I(1284~1361) 오스만투르크 제국의 2대 왕(1326~1361 재위) 314, 315, 319

오삼계吳三桂(1612~1678) 중국의 무장 431

오스만 1세Osman I(1258~1326) 오스만투르크 제국의 건국자(1299~1326 재위) 315

오웰, 조지George Orwell(1903~1950) 영국의 대문호 582

오케아노스Oceanos 대양의 신 68, 69

옹정제雍正帝(1678~1735) 청나라 5대 황제(1722~1735 재위) 476

왕건王建(877~943) 고려 초대 왕(918~943 재위) 401, 403

왕망王莽(기원전 45~기원후 23) 신나라 건국자 196, 199

왕안석王安石(1021~1086) 송나라의 문필가이자 정치가 394

왕오Wang O 원나라 유교 학자 462, 463

요시다 시게루吉田茂(1878~1967) 일본의 정치가 665, 761

용텐갸초Yonten Gyatso(1589~1617) 티베트의 4대 달라이라마 448

우라노스Uranus 하늘의 신 67, 68

우르남무Ur-Nammu 수메르 도시국가 라가시의 왕 43

우르바노 2세Urbanus II(1042?~1099) 1차 십자군을 창시한 로마 교황(1088~1099 재위) 296~299

우르반Urban 헝가리인 기술자 319

우마르 1세Umar I(우마르 이븐 알하탑Umar ibn al-Khatáb, 586~644) 이슬람의 2대 정통 칼리프(634~644 재위) 279~282

우마르 이븐 알하탑Umar ibn al-Khatáb …▸ 우마르 1세

우바시 칸Ubashi Khan 카자흐스탄의 칸 671

우트만 이븐 아프란Uthman ibn Affran(574?~656) 이슬람의 3대 칼리프(644~656 재위) 279

우통U Thong(1315~1369) …▸ 라마 티보디 1세

우투Utu 수메르의 신 65, 66, 74

우트나피스팀Utnapishtim 길가메시의 조상, 바빌로니아 판 아트라하시스 39, 40

원효元曉(617~686) 신라의 승려 400

웰즐리, 리처드Richard Wellesley(1760~1842) 네 번째 인도 총독 372~375, 607, 707

웰즐리, 아서Arthur Wellesley Wellington(1769~1852) 웰링턴 공작, 영국의 군인이자 정치가 20, 344, 372~375

위만衛滿 위만조선의 창시자 198

위징魏徵(580~643) 당나라의 재상 380~382

윌리엄 5세William V(1748~1806) 네덜란드의 통치자 707

유방劉邦(기원전 247~기원전 195) 전한의 태조 고황제(기원전 202~기원전 195 재위) 182, 191~193, 233, 424, 425

유영劉英 초楚나라 왕 202, 203

응오꾸옌Ngo Quyen(吳權, 897~944) 베트남 최초의 왕조 응오 왕조의 창시자(939~944 재위) 184, 484

응오딘디엠Ngo Dinh Diem(吳廷琰, 1901~1963) 남베트남의 대통령(1955~1963 재임) 746, 747

응우옌반티에우Nguyen Van Thieu(阮文紹, 1923~2001) 베트남의 군인·정치가 748, 751

응우옌카오이Nguyen Cao Yy 베트남의 부대통령 748

의정義淨(635~713) 당나라 승려 507, 508

의종毅宗 명나라의 17대이자 마지막 황제(1628~1644 재위) 432

이난나Inanna(이슈타르Ishtar, 아스타르테Astarte) 수메르의 여신 35~38, 61~67

이디 아민Idi Amin(1928~2003) 우간다의 대통령(1971~1979 재임) 580

이릉李陵(?~기원전 74) 한 무제 휘하의 용장 234~237

이븐 루스탐Ibn Rustam 페르시아 전설 속의 영웅 306

이븐 바투타Ibn Battuta(1304~1368) 모로코 출신의 여행가 333~335

이븐 할둔Ibn Khaldun(1332~1406) 이집트의 역사학자 467

이사야Isaiah 유대의 예언자 60

이삭Isaac 아브라함의 아들 279

이성계李成桂(1335~1408) 조선의 초대 왕(1392~1398 재위) 403, 404

이세민李世民(599~649) 당나라 태종(626~649 재위) 379

이순신李舜臣(1545~1598) 조선시대 명장 12, 404~406, 647

이슈타르Ishtar 아카드판 이난나 여신 62, 67, 231

이스마엘Ishmael 아브라함의 아들 277, 278

이연李淵(566~635) 수나라의 장수 379

이자성李自成(1606~1645) 명나라에서 반란을 일으켜 대순국大順國을 세움 430~432

이차돈異次頓(502/506~527) 신라 최초의 불교 순교자 399

인노켄티우스 11세Innocentius XI(1611~1689) 240대 로마 교황(1676~1689 재위) 317

인드라Indra 고대 인도의 신 33, 110, 121, 341, 486

인조仁祖(1595~1649) 조선의 16대 왕(1623~1649 재위) 406

인종仁宗(1109~1146) 고려의 17대 왕(1122~1146 재위) 402

일디코Ildico 게르만족 제후의 딸 261

일투트미시Iltutmish(?~1236) 맘루크 왕조 3대 술탄 329

자비에르, 프란시스Francis Xavier 예수회 선교사 420

자야바르만 2세Jayavarman II 앙코르 왕국의 초대 왕(802~834 재위) 494

자야바르만 5세Jayavarman V 앙코르 왕국의 왕(968~1001 재위) 497

자야바르만 7세Jayavarman VII 496

자야바르만 8세Jayavarman VIII 크메르 제국의 왕(1295~1308 재위) 496

자영子嬰(?~기원전 206) 진나라의 3대이자 마지막 왕 190, 191

자한기르Jahangir 348, 352, 353

자한다르 샤Jahandar Shah(1661~1713) 무굴 제국의 황제 359

잘랄 알딘 몰라비 루미Jalal al-din molavi Rumi(1207~1273) 페르시아 시인 307

장릉張陵(85?~157년?) 중국의 도교의 원류 오두미도의 개조 180, 181

장쉐량張學良(1898~2001) 중국 군인이자 정치가 650

장제스蔣介石(1887~1975) 중국 정치가 648, 649~651, 655, 656, 660, 664

장칭江青(1913~1991) 마오쩌둥의 세 번째 부인 659, 751

장훤張萱 당나라의 궁정화가 241

저우언라이周恩來(1898~1976) 중국 정치가 629, 649, 659

정화鄭和(1371~1433년?) 명나라 초기의 환관제독 21, 427~430, 485, 515~517, 521

제베Jebe 칭기즈 칸 휘하의 명장 440, 441

제우스Zeus 고대 그리스 신 71, 104, 119

조고趙高(?~기원전 207) 진나라의 환관 190, 191

조광윤趙匡胤(927~976) 송나라의 태조(960~976 재위) 390

조비曹丕(187~226) 위魏나라의 초대 황제(220~226 재위) 205

조을祖乙 상나라의 13대 황제 158

조조曹操(155~220) 삼국시대 위魏나라의 시조 205

조지 5세George V(1865~1936) 영국의 왕(1910~1936 재위) 587

존스, 윌리엄William Jones(1746~1794) 영국인 판사 111

존슨, 린든Lyndon Baines Johnson(1908~1973) 미국의 36대 대통령(1963~1969 재임) 747

주공단周公旦 주 문왕의 아들 173

주왕紂王(?~기원전 1046) 상나라의 마지막 황제 155, 167

주원장朱元璋(1328~1398) 중국 명나라의 초대 황제(1368~1398 재위) 424, 425

주희朱熹(1130~1200) 송나라 시대 주자학의 대성자 12, 397

지기스문트Sigismund(1368~1437) 헝가리 왕(1387~1437 재위), 신성로마 제국 황제(1411~1437 재위) 315, 316

지의智顗(538~597) 수나라의 천태대사天台大師. 중국 천태종의 개조開祖 245, 246

지장보살地藏菩薩 143

진나, 무함마드 알리Mohammed Ali Jinnah(1876~1948) 파키스탄 총독 621

진승陳勝(?~기원전 208) 농민반란 주동자 191

진시황秦始皇(기원전 259~기원전 210) 중국 최초의 통일왕국 황제(기원전 246~기원전 210 재위) 12, 17, 136, 171, 176, 177, 181~190, 193, 249

질제質帝 후한의 10대 황제(146~147 재위) 204

짠지타Kyanzittha(1030~1112) 버마 바간 왕조의 3대 왕(1084~1112 재위) 502

쩐꾸옥뚜언Tran Quoc Tuan 베트남의 장군 486

쩐난뚜언Tran Nhan Tuan 베트남의 황제 486

찬드라굽타Candragupta(기원전 349?~기원전 298?) 인도 마우리아 왕조의 창시자 126~127

찬드라굽타 1세 Chandragupta I 인도 굽타왕조의 창시자(320~335 재위) 146

찬드라굽타 2세 Chandragupta II 인도 굽타왕조의 제3대 왕(380~413/ 415재위) 150

찰스 2세Charles II(1630~1685) 영국 스튜어트 왕조의 제3대 왕(1660~1685재위) 366, 367

찰스 콘윌리스 경Sir Charles Cornwallis(1738~1805) 인도 총독 372

챔스퍼드 경Chelmsford(1868~1933) 영국 식민지 총독 612

처칠, 윈스턴Winston Churchill(1874~1965) 영국의 정치가 558~560, 567, 582, 619, 620, 653, 732, 733

초이발산Choybalsan 몽골의 정치가 696

최승로崔承老(927~989) 고려의 재상 401, 402

최제우崔濟愚(1824~1864) 동학 창시자 644

최충헌崔忠獻(1149~1219) 고려 후기의 무신집권자 402, 403

춘니徵貳 베트남 독립운동을 이끈 여걸 199~201

춘차크徵側 베트남 독립운동을 이끈 여걸 199~201

출라롱콘Chulaongkorn … 라마 5세

츠지 마사노부辻 政信(1901~1961) 일본의 참모 장교 725

측천무후則天武后(624~705) 중국 유일의 여황제(690~705 재위) 385~389

치축데첸赤祖德贊, Tri Relpachen 티베트의 8대 왕(815~841 재위) 446, 447

치송데첸赤松德贊 티베트의 왕(755~797 재위) 446

칭기즈 칸Genghis Khan(1155?~1227) 몽골 제국의 건국자 12, 20, 21, 261, 306, 307, 330, 393, 403, 434, 436, 440, 441, 449~460, 467, 683, 692

카니슈카Kanishka 인도 쿠샨 왕조의 3대 왕 139, 141, 144, 240, 242

카르티르Kartir 사산 왕조의 사제 89

카우틸랴Kautilya 마우리아 왕국의 재상 127

카이사르, 율리우스Gaius Julius Caesar(기원전 100~기원전 44) 고대 로마의 정치가 82

칼라지Khalaji 맘루크의 술탄 330, 331, 341

칼리야Kaliya 인도 신화의 뱀신 115

캄비세스 2세Cambyses II 페르시아 아케메네스왕조 7대 왕(기원전 530~기원전 522 재위) 78

캐리, 윌리엄William Carey(1761~1834) 영국 침례교 선교회의 설립자 594, 595

커즌, 조지Lord George Nathaniel Curzon(1859~1925) 인도 총독 611, 612, 681~685

캐서린Catherine(1638~1705) 포르투갈의 공주 366, 367

케네디, 존John Fitzgerald Kennedy(1917~1963) 미국 35대 대통령(1961~1963 재임) 747

케르타나가라Kertanagara 마자파히트 왕국의 조상이자 싱가사리 왕조의 시조(1268~1292 재위) 514, 515

콘스탄티누스 대제Constantine the Great(274~337) 로마 황제(306~337 재위) 90, 91

콘스탄티누스 11세Constantine XI(1405~1453) 동로마의 마지막 황제(1448~1453 재위) 318

쿠빌라이 칸Khubilai Khan(元世祖, 1215~1294) 몽골제국 제5대 칸이자 중국 원나라의 시조 308, 416, 424, 460~465, 484, 496, 504, 514, 515

쿠출루크Cuchulug 441, 449

쿠쿨리Kukkuli 미탄니 왕국 장수 53, 53

쿠투브 우딘 아이바크Qutb-ud-din Aybak(?~1210) 인도 맘루크 왕조 최초의 술탄 327

크라수스, 마르쿠스 리키니우스Marcus Licinius Crassus(기원전 115~기원전 53) 로마의 장군 224
크라수스, 푸블리우스 리키니우스Publius Licinius Crassus(기원전 82?~기원전 53) 마르쿠스
　　리키니우스 크라수스의 큰아들로 카레 전투에서 전사 224
크롬웰, 올리버Oliver Cromwell(1599~1658) 영국의 정치가이자 군인 529
크리슈나Krishna 비슈누의 제8화신 114~116, 120, 123, 138, 144, 350
크리파Kripa 인도 서사시의 대표적인 영웅이자 전사 116~118
크세르크세스Xerxes 페르시아 제국 황제(기원전 486~기원전 465 재위) 78, 79
클라이브, 로버트Robert Clive(1725~1774) 영국의 군인이자 정치가 366, 369~371
토곤 테무르妥懽怙睦爾 …▶ 순제
키루스 2세Cyrus II(기원전 585?~기원전 529) 페르시아 제국 건설자(기원전 559~기원전 529 재위) 59, 60,
　　73~78, 574
타도 마하 반둘라Thado Maha Bandula 버마의 용장 588, 589
타라크시타Śantaraksita(725~788년?) 인도의 학승 446
타부얀塔不煙(감천황후感天皇后, 1143~1150) 요나라 야율대석의 비 438
타빈슈웨티Tabinshwehti(1512~1550) 버마 퉁구 왕조의 초대 왕(1531~1550 재위) 505
탐무즈Tammuz …▶ 두무지
태무제太武帝(408~452) 북위의 3대 황제(423~452 재위) 249
테오도시우스 2세Theodosius II(401~450) 동로마의 황제(408~450 재위)
테-우만Te-umman 엘람족의 왕 52
테티스Tethys 그리스의 여신 68, 69
투글루크, 무함마드 이븐Muhammad ibn Tughluq(1300?~1351) 이슬람 구리드 왕조
　　술탄(1325~1351 재위) 330~333, 337
트라야누스Marcus Ulpius Trajanus(53~117) 로마 황제(98~117 재위) 88
투르게네Toregene(1242~1246) 몽골 제국 오고타이 칸의 비 460
트라일로카낫, 보로마Boromma trailokanat(트라일록Trailok, 1431~1488) 타이 아유타야 왕조 9대
　　왕(1448~1488 재위) 534
트루먼, 해리Harry Shippe Truman(1884~1972) 미국 33대 대통령(1945~1953 재임) 563, 655~657,
　　663, 664, 731
티무르Timur(帖木兒, 1336~1405) 티무르 제국의 건설자(1370~1405 재위) 18, 22, 309, 310, 344,
　　434, 467~472, 672
티아마트Tiamat 아시리아·바빌로니아 신화의 여신 68, 69
틱꽝득Thich Quang Duc(釋廣德, 1897~1963) 베트남의 고승 747

파르바티Parvati 힌두교 여신 105, 340

파머스턴Viscount Palmerston(1775~1865) 영국의 정치가 631, 633~635

파이살Feisal 이라크 왕 554~561, 567, 571

판제란 판궁Pangeran Panggung 북 자바 술탄의 형 518~520

피르다우시Ferdowsi(920?~1020년?) 이란의 시인. 『왕서王書』를 저술 306

페르디난드 마젤란Ferdinand Magellan(1480~1521) 스페인 항해가 523

페리, 매튜Matthew Calbraith Perry(1794~1858) 미국의 군인으로 동인도함대 사령관 641, 642

펠리페 2세Felipe Ⅱ 스페인 왕(1556~1598 재위) 523, 526

포카스Phocas(?~610) 동로마의 황제(602~610 재위) 93

폴 포트Pol Pot(1925~1998) 캄보디아 크메르루주의 지도자 750

폴로, 마르코Marco Polo(1254~1324) 베네치아의 상인이자 여행가 395, 396, 450, 461~465

푸미폰 아둔야뎃Bhumipol Adulyad(라마 9세, 1927~) 타이 국왕 537

푸시야미트라Pusyamitra(기원전 180~기원전 c. 144?) 고대 인도 숭가 왕조의 첫 번째 왕 136

프라판차Prapanca 마자파히트 왕국의 궁정시인 514

프로이스, 루이스Luis Frois(1532~1597) 예수회 선교사 422

프리드리히 1세Friedrich I(바르바로사Barbarossa, 1122~1190) 독일의 왕이자 신성로마 제국의
  황제(1152~1190 재위) 303

프리드리히 2세Friedrich II(1194~1250) 로마의 황제(1215~1250 재위) 304, 305

프삼티크 1세Psamtik I 이집트 제26왕조 초대 왕(기원전 664~기원전 610 재위) 57

플라비우스 율리우스 발렌스Flavius Julius Valens Augustus(328~378) 동로마의 황제 254, 255

플루타르크Plutarch(46?~120년?) 그리스의 역사학자 82

피르다우시Firdawsi(935~1020) 페르시아 서정시인 306

피아 차크리Phya Chakri 현 타이의 시조(1782~1809 재위) 639, 540

피아 탁신Phya Taksin 타이 톤부리 왕조의 초대 왕(1767~1782 재위) 537, 539

필리페 드 브리토 에 니코테filipe de brito e nicote 포르투갈의 용병장 505

필리푸스Marcus Julius Philippus(?~249) 로마 황제(244~249 재위) 89

하갈Hagar 아브라함의 첩 277

하룬 알라시드Garun al-Rashid(763~809) 아바스 왕조의 5대 칼리프(786~809 재위) 287, 288

하리하라Harihara 비슈 신과 비슈누 신의 혼합 490

하멩꾸부워노Hamengkubuwana 자바의 술탄 707

하산 텔리Hasan Teli 수피교 성자 351

하진何進(135~189) 후한 말기의 실권자이며, 하태후의 오빠 205

하타, 모하마드Mohammad Hatta(1902~1980) 인도네시아의 정치가이자 경제학자 740
하페즈 알아사드Ḥāfiẓ al-Assad(1930~2000) 시리아의 대통령(1971~2000 재임) 568
함무라비Hammurabi(기원전 1810?~기원전 1750) 바빌로니아 제1왕조의 6대 왕 45~47
항우項羽(기원전 232~기원전 202) 중국 진나라의 무장 191
해브로크, 헨리Sir Henry Havelock(1795~1857) 영국 대령 601~604
헌원軒轅 전설상의 제왕으로, 삼황오제 중 하나 166
헌제獻帝(181~234) 후한의 마지막 황제(189~220 재위) 205
헤라Hera 고대 그리스 여신 104
헤라클리우스, 플라비우스Flavius Heraclius(575~641) 동로마 제국 헤라클리우스 왕조의 황제(610~641 재위) 93
헤로도토스Herodotus(기원전 484?~기원전 425년?) 고대 그리스의 역사학자 67, 77, 230, 254
현장법사玄奘法師(602?~664) 중국의 순례자 339, 384, 385
현종玄宗(685~762) 당나라 6대 황제(712~756 재위) 387~389
혜문惠文 진나라의 26대 왕(기원전 337~기원전 311 재위) 176
혜원慧遠(334~416) 정토종을 세운 동진의 승려 246
호노리아Honoria 서로마 황제 발렌티니아누스 3세의 여동생 257, 258
호메로스Homeros(기원전 800?~기원전 750) 고대 그리스의 작가 39, 119
호메이니, 아야톨라 루홀라Ayatollah Ruhollah Khomeini(1902~1989) 이란의 종교가이자 정치가 573~575
호스니 자임Hosni al-Za'im 시리아 대통령 568
호스로 2세Khusrau II 사산 왕조 페르시아 23대 왕(590~628 재위) 91~94
호조 도키무네北条時宗(1251~1284) 가마쿠라 막부 8대 싯켄執權의 섭정 415, 417
호조 도키요리北条時頼 가마쿠라 막부의 5대 싯켄 415
호치민胡志明, Ho Chi Minh(1890~1969) 베트남 대통령(1954~1969 재임) 12, 722, 745, 746, 749
호해胡亥(기원전 231~기원전 207) 진나라 2대 황제(기원전 210~기원전 207 재위) 190
홍수전洪秀全(1814~1864) 청나라 말기 태평천국운동의 지도자 638
환제桓帝(132~167) 후한의 11대 황제(146~167 재위) 204
효공孝公(기원전 381~기원전 338) 전국시대 진나라 왕(기원전 361~기원전 338 재위) 176
효문제孝文帝(467~499) 북위의 7대 황제(471~499 재위) 206, 249~251
후베르튀스 반 묵Hubertus van Mook 네덜란드령 동인도 제도의 부총독(1942~1948 재임) 741
후비슈카Huvishka 인도 쿠샨 왕조의 왕(155?~189? 재위) 145
후세인 이븐 탈랄Hussein ibn Talal(1935~1999) 요르단의 왕(1952~1999 재임) 570

후세인, 사담Saddam Hussein(1937~2006) 이라크 전 대통령(1979~2003 재임) 568, 571, 572

훌라구 칸Hulagu Khan(1218~1265) 칭기즈 칸의 아들 306~309, 461

흐루시초프, 니키타Nikita Khrushchev(1894~1971) 소비에트 연방의 국가원수 겸 공산당 서기장 702

희창姬昌(기원전 12세기경~기원전 11세기경) 후에 문왕으로 추존된 주나라의 시조 168, 169, 173

히로히토裕仁(1901~1989) 일본의 124대 천황(1926~1989 재위) 665

히에로니무스, 유세비우스Eusebius Hieronymus(영어 이름은 제롬Jerome, 345?~419?) 로마의 가톨릭 성인 270